南明史

（上）

顾诚 著

北京日报出版社

图书在版编目（CIP）数据

南明史 / 顾诚著. -- 北京：北京日报出版社，2022.3（2025.6 重印）

ISBN 978-7-5477-4022-4

Ⅰ.①南… Ⅱ.①顾… Ⅲ.①中国历史－南明 Ⅳ.①K248.4

中国版本图书馆 CIP 数据核字（2021）第 146449 号

审图号：GS（2021）7830 号

南明史

作　　者：	顾　诚
责任编辑：	王　莹
特邀编辑：	丁　虹　　沈　骏
特约编辑：	胡宝亮
封面设计：	王　晓
出版发行：	北京日报出版社
地　　址：	北京市东城区东单三条8-16号东方广场东配楼四层
邮　　编：	100005
电　　话：	发行部：（010）65255876
	总编室：（010）65252135
印　　刷：	三河市龙大印装有限公司
经　　销：	各地新华书店
版　　次：	2022年3月第1版
	2025年6月第18次印刷
开　　本：	890毫米×1270毫米　1/32
印　　张：	33.75
字　　数：	800千字
定　　价：	129.90元（全2册）

版权所有，侵权必究，未经许可，不得转载
凡印刷、装订错误，可调换，联系电话：010-87681002

我与明史（代自序）

顾　诚

　　我1934年11月出生于江西省南昌市。1950年高中一年级时患病休学，痊愈后尚未到开学时间，正好南昌市人民政府干部训练班招生，我就报名参加，录取后学习3个月，分配到南昌市人民检察委员会工作。1957年考入北京师范大学历史系。参加高考，以求深造，自然是希望多读点书，在业务上有所成就。但客观形势却不允许，入学以后大量的时间被政治运动和繁重的体力劳动所侵占。4年的大学生活，我从课堂上学得的知识相当有限，倒是在那个特殊的年代里通过一些非正常的途径培养了独立治学的能力。

　　1959年夏天，我所在的年级同学参加勤工俭学，任务是给故宫博物院明清档案部（后来的中国第一历史档案馆）整理档案，地点在校内工会俱乐部，故宫的工作人员用汽车把档案运来。原来的档案是按时间（日期）顺序用纸包裹的，我们的工作是拆包后按内容分类再加包裹。这批档案是乾隆末到嘉庆初的，正是白莲教起义和湘黔川三省交界地区苗民起义的时期。一个暑假我亲手接触了这么多清代原始档案，大开了眼界。完成这项工作后，新学期刚开始，本年级同学又全体出动去密云县劳动，我在工地只住了一个晚上，接到通知回校另有任务。站在拉物料的大卡车上回到学校，才知道系里为体现全面发展，要拿出科研成果于新中国成立10周年时向党献礼，课题自己选择。时间紧迫得很，幸好刚整理过故宫档案，就决定以乾嘉苗民起义为课题去故宫借档案。故宫明清档案部的同志真慷慨，一口答应。把这部分档案借来后，我立即没日没夜地苦读、摘要，另从校图书馆借来严如煜的《苗防备览》和相关地方志做参考，稍稍清理出个头绪就动手写"书"，实际是一边看一边写。系里派了两位同班患肺结核病刚刚痊愈正在休养的同学（王君、张建华）协助，做提修改意见和誊清工作。经过一个月的苦干，7万多字的誊清稿终于在10月初交到系里，题目就叫《清代乾嘉年间的苗民起义》。那时我们的思想真单纯，完成了任务，档案归还故宫，成稿既不署名，上交后也未留下片纸只字，这本誊清稿究竟怎么"献礼"，下落如何，就一概不问了。在学生阶段，有机会自选题目独立进行"研究"，可说是一次很好的锻炼。这是我接触明清史的开始。

大学期间真正读了点书是在"三年困难"时期。这一时期学生的粮食定量虽然没有减少，副食品却严重缺乏，不仅肉类每月凭票供应半斤，食油二两，连蔬菜也少到只能用水煮，不能炒。营养严重不足，许多同学得了浮肿病。同学们虽然每天饥肠辘辘，却换来了读书的时间。在物资极度缺乏的情况下，同学们在精神上却如释重负。我个人的经历又有点不同。1960年初，中宣部和教育主管部门正抓全国高校的统编教材，世界现代史是重要领域。由北京大学、中国人民大学、北京师范大学、北京师范学院（今首都师范大学）、河北师范学院（今河北师范大学）抽调世界现代史教师和少数学生组成编写组，由北大周一良先生负责，成立了一个大组的领导班子。编写组先在人大铁狮子胡同校舍内，不久搬到北京大学，住进刚建成的十三公寓，几个月以后又搬到二里沟的北京市委党校四号楼，从工作开始到初稿完成大约有一年多时间。可笑的是，我被调去时是历史系三年级学生，世界现代史是四年级开设的课程，换句话说是去编写自己还没有学过的课程的全国通用教材。尽管颇为奇特，我在边干边学中逐渐适应，到后半年还担任了分组的组长，除了自己分担的章节以外，要负责修改组内教师撰写的稿子。由于在编写工作中表现出初步的工作能力，1961年暑假前结束世界现代史编写工作回到学校，即被通知毕业后留系工作，从此开始了我的教师生涯。

留系工作后，系主任白寿彝先生正搭班子研究中国史学史，成立了一个小组，组内有赵光贤先生、郭澎、一位姓赵的先生，还有我。当时，白先生住在西单武功卫，我们大约每月去他家一次，汇报工作并听取指示。白先生分配给我的任务是探讨明代史学。经白先生同意，我先阅读了王世贞的史学著作，如《弇州史料》《弇山堂别集》，参考一些相关评论史料，写了一篇《王世贞的史学》，交给白先生。他又指示我去研究《明史》的纂修过程，这个课题有新中国成立前出版的李晋华先生写的《明史纂修考》，白先生的意思是偏重史学思想方面兼顾明史的纂修过程。我提出可否逐步进行，由于当时万斯同的《明史稿》颇难见到，就先从王鸿绪的《横云山人史稿》同《钦定明史》入手。经白先生同意后，自己买了一部线装本《明史》，借来《横云山人史稿》，逐篇对读，凡遇《钦定明史》做了修改处，哪怕一句话，甚至关键性的几个字都抄录下来。对读完毕，把两部书不同处列表写出，这份对照表一共有50多张大幅稿纸。再查阅

《清实录》等书中有关撰修明史的记载，特别是康熙皇帝几次谕旨，最后写成一篇《从王鸿绪的〈明史稿〉到〈钦定明史〉》的论文。把论文稿连同对照表呈交白先生，他转交赵贞信先生处理，从此不知下落。依稀记得我的论文基本意思是：康熙审阅了《明史稿》后，发觉其中对明朝皇帝和某些大臣的指斥甚多，很不满意，指示纂修大臣应严格掌握分寸；后来修成的《钦定明史》显然体现了康熙的意图，删改之处多是掩饰明朝统治者的阴暗面。白先生给我的新任务是研究谈迁的《国榷》。工作刚开始，白先生又另有打算，对中国史学史研究组的人员和工作方法进行全面调整，原先组内人员由系里另行安排工作，另选了两位年轻教师和外校来进修史学史的教师重组史学史课题班子，组内人员从研读《史记》打基本功开始。人事变动的内幕有时很难说清楚，我离开史学史组绝不意味着白先生对我的工作不满意，后来他曾两次找我谈要我回史学史组，是党总支没有同意。在史学史组待了一年，即1961年9月到1962年8月，最大的收获是认真阅读了上述几种明史基本史籍，还在中国书店买了一部木刻本的谷应泰的《明史纪事本末》、石印本昭梿的《啸亭杂录》、线装本魏源的《圣武记》以及中华书局排印的"晚明史料丛书"等著作，自行研读，基本上掌握了明代历史的线索，也培养了我对明清史的爱好。这以后我的工作岗位虽屡经变动，仍不能忘情于明清史。如1965年发表在《光明日报》史学版上的《对朱元璋政权性质转化问题的商榷》一文就是当时的"业余"作品。

离开史学史组以后，系里把我调到世界现代史教研室。1965年暑假后，我作为历史系三年级的班主任和同学一道赴山西长治参加农村"四清"。在乡下期间，接到系里通知，学校成立了外国问题研究所，我和系里三位更年轻的教师被调到外研所美国问题研究室。上班时我们室负责阅读新到的美国报纸、杂志，从中选择问题，整理成系统的资料。到现在我还是不清楚为什么在当时的时代背景下，会允许外研所花费宝贵的外汇订阅多种外国刊物（除美国问题研究室订阅美国报刊外，外国教育、苏联文学、苏联哲学三个研究室也订了不少国外相关报刊），而且在当时也没有一个上级部门过问我们的工作。这样糊里糊涂地跟着转了几年。混到1971年，我除了上班时间勉强应付外，星期日和业余时间就用来研读明清史。这里，我要特别感谢历史系资料室管理员马国靖先生，那时校图书馆和系资料室都一概封闭不准借阅，我私下找着她，请代帮忙借些书看，她毫不推辞地答应了，在下午下班后系里师生都去食堂吃饭的时候，带我进入资料室挑选书籍藏在大书包里带回宿舍阅读。读完后又以同样方式请她换借其他书籍。这种秘密活动如果被发现，马先生是要吃大亏的，幸好每借一次书总得隔相当一段时间，持续的时间虽长，却从未被人撞见过。另外，有一点也附带说一下，在"文化大革命"之前我摘录的明清史资料已经不少，有那么一堆（我不习惯用卡片，因为卡片既贵又太小，一条长的史料得抄几张卡片，所以改用小张稿纸和笔记本抄录）。"文化大革命"初期，我静下心来把书籍和抄录的史料检阅一遍，把其中凡是可能作为思想政治问题上纲的东西统统送到当时颇为兴旺的废纸收购摊，按1斤1角多钱的价格全卖了。在处理抄摘的史料时我留了个心眼儿，把有关农民起义的史料保存起来，即便有人看到这也是历史上的"红线"材料，而从朱元璋起的与帝王将相有关的史料都进了造纸厂。这就是后来重理业务以探讨明末农民起义为起点的一个重要原因。1971年以后干的私活就是探讨明末农民战争，外研所实行坐班制，只有星期日和晚上时间可以利用，从系资料室能借到的书又非常有限，我就利用每年一个月的探亲假到南京图书馆查阅地方志和

5

其他史料。当时南京图书馆在颐和路二号，离我哥哥家近在咫尺，但南图也不对外开放。靠着哥哥多年在江苏省政府工作的关系，他找了一位负责这方面工作的熟人开了一张介绍信，大意是"因革命工作需要"派某某同志来查阅有关古籍。南京图书馆在不开馆的情况下破例让我在二楼阅览室阅读。一个月时间看来不长，可是带有目的地专心致志读书，还是收获不小的。几次南京之行，解决了不少在北京找不着书看的困难。回想起来，许多学术界同行是在1976年"四人帮"垮台，甚至1978年党的十一届三中全会以后才重理旧业，我多争取了5年左右的时间（尽管不是全部时间），不能不说是一件幸事。

1977年我再也不愿意留在外国问题研究所了，正式写报告要求回历史系中国古代史教研室工作。外研所的负责人见我态度坚决，同意我回系。不料到系里一谈，系领导除表示欢迎外，却让我到世界现代史教研室工作，这种安排完全不符合我的原意，我就说："我的专业是明清史，如果系里要我去世界现代史教研室，那我还不如留在外研所不回来。"系领导知道事情不能弄僵，就笑着说："到中古史教研室也可以，不过你不要说自己的专业是明清史，就说是兴趣吧！"这年10月我终于回到了历史系中国古代史教研室，但系领导的话明显地表现出不相信我在明清史方面有什么专长，不过有兴趣而已。为了证明自己在这方面还是下过功夫的，我决定要尽快拿出点成果，选的题目就是《李岩质疑》。这个问题我探讨的时间相当长，材料和基本论点早已形成，很快我就把稿子写了出来，1978年5月发表在《历史研究》杂志上。由于观点新颖，立论有据，在国内外引起了比较广泛的注意。李岩的问题在郭沫若的名著《甲申三百年祭》和随后的《关于李岩》中占了相当大的篇幅，而前者因曾作为延安整风文献流传甚广，影响远远超过史学界。1964年到1965年还在报刊上展开了一场李岩评价问题的学术讨论。我的文章却是依据可靠史料证明在李自成起义军中并不存在这位"制将军李岩",如果一定要说历史上存在李岩,那就是李自成另有一个名字叫李延(或传写成李炎、李兖、李严),就像某些史籍中的"李公子"实际上指的是李自成一样。做出这样一个判断绝不是轻率的,我在探讨明末农民起义的过程中,除了细读清初几部有关"流寇"的专著外,还广泛查阅了当时任职官员的文集、相关记载、档案和地方志,仅以地方志为例,凡是起义军到过的府、州、县志就查了1000多部。在这样相当彻底的普查基础上,不仅未能查到一条可以证明李岩存在的史料,反而找出许多证据表明史籍中有关李岩的生平、事迹全不可靠。那么,清初以来的一些史籍中为什么会冒出那么多栩栩如生的李岩"事迹"呢?在反复研究之后,终于从计六奇的《明季北略》卷二十三中得到启发,那些包括李岩在内的许多荒诞之词都是来自小说。1644年旧历七月间,距离李自成起义军撤出北京、南明弘光朝廷建立不过两三个月,化名西吴懒道人创作的《剿闯小史》即已刊刻成书发卖,清初这部小说又做了补充,先后改名为《定鼎奇闻》和《新世宏勋》,类似的还有《樵史通俗演义》等,这些书既收集了邸报之类的材料,有部分真实性,但也羼入了大量作者虚构的情节,其中就包括了李岩的故事。由于小说出现较早,在民间流传甚广,清初史家编纂有关"流寇"的史籍时就已经真伪莫辨,误采入书。最典型的是康熙十年成书的计六奇《明季北略》,该书明确记载引用了《新世宏勋》(见商务印书馆排印本第558页),而卷二十三《补遗》则几乎全是照《新世宏勋》的原文删削而成,这就是李岩的"事迹"在《明季北略》中最为丰富的原因。郭沫若《甲申三百年祭》引用得最多的史籍正是《明季北略》。以上就是虚构人物李岩被误认为信史的大致过程。直到查出李岩"事迹"的由来后，我才断定李岩如明末清初河南人郑廉所说是"乌有先生"。自然，学术界不少人仍然认为确有李岩其人其事，这也是很正常的。我只想说，自从《李岩质疑》于1978年发表之后，我继续阅读了相当多的明清之际的史籍文献，至今未发现一条可以证明李自成之外存在着另一个"李公子"或李岩的可靠证据。把李岩的问题写得这么长，只是说明治史的不容易，类似的情况在我探讨过的课题中还有很多。

1984年我的《明末农民战争史》由中国社会科学出版社出版。这部书在史料的收集、史事的考证、论点的分析上都较之前人有相当大的推进。书的下限只写到李自成的大顺政权、张献忠的大西政权覆亡为止，大顺军和大西军余部的抗清斗争拟放在《南明史》中叙述。南明的历史在辛亥革命前后和抗日战争时期都曾经受到爱国志士的关注，掀起过热潮，先后有柳亚子、谢国桢等先生的专著问世。但是，南明史覆盖面太广，它包括了清方扑灭各地抗清武装谋求统一的活动，南明几个小朝廷的史实，大顺军、大西军先后联明抗清的历程，郑成功等在东南沿海的斗争，以及清统治区内反清复明的活动。不仅头绪纷杂，而且各种史籍、文献的记载又常常互有出入，最困难的还是由于南明是失败的一方，大量文献资料被毁灭，留下的部分中时人记载的数量极大，而作者入清以后往往有所顾忌，不愿据事直书，再加上清朝统治稳定后屡兴文字狱，大量收缴销毁"违碍"书籍，更增加了关键史料不足的困难。为了整理出头绪，尽量恢复历史的原貌，只有大量查阅档案、文集、各种私家记述、地方志等文献和非常有限的实物，进行综合研究。《南明史》直到1996年才完稿，次年由中国青年出版社出版。有人评论这部著作是"十年磨一剑"，其实我很难说清自己在这部书稿上花费的岁月。因为南明史资料的收集工作有相当一部分是在探讨明末农民起义的史实时就已同步进行,开始写作初稿固然是在1982年11月《明末农民战争史》交稿以后,可是中间又停顿了两三年,原因是《明末农民战争史》交稿后曾同中国社会科学出版社签订了合同,预定在三至五年内交出《南明史》稿。大约写了一半章节的初稿,出版社通知我,他们奉命集中力量出版"当代中国"丛书,无力顾及其他书籍,建议《南明史》推迟交稿,这意味着单方面废除合同。而我当时正对明代卫所制度颇感兴趣,认为明代卫所制度绝不像一般史籍中说得那么简单,似乎只是明前期的一种军事制度,中期以后即为募兵制度所取代,而是同明帝国许多领域密切相关的重要课题。最初感到卫所制度值得研究还同李岩问题有关。许多史籍里都说李岩是河南杞县举人,大司马李精白(大司马即兵部尚书,李精白在天启年间任山东巡抚,加兵部尚书衔)的儿子。查李精白的材料时,除了弄清他同"李岩"毫无关系,还发现他祖上是山东曹县人,明初跟随大将军徐达北征后定卫于颍川卫;颍川卫位于南直隶阜阳县境,而隶属于河南都司。因此,李精白作为卫籍人士必须到河南开封去参加乡试,而不能像同居于阜阳县境内的民籍生员要到南京乡试。《阜阳县志》选举志表列本县举人名单中相当一部分下注"河南中式",这些参加河南乡试中举的就是世代居住于阜阳县境内而属于颍川卫籍的人。从此,我开始注意到明人传记中卫籍的问题,如李东阳、焦竑、杨嗣昌、史可法、何腾蛟、王锡衮以至清初著名学者王夫之、万斯同都是卫籍,他们上距祖军原籍少则四代,多则八九代。但卫籍人士的籍贯在史籍中弄得很乱,有的写祖军原籍,如说史可法是河南祥符人,李东阳是湖广茶陵人;有的又写世代所居的卫籍。这不仅在写人物传记时常造成混乱和谬误,更重要的是令人难以明白明太祖实行的卫所制度在人口迁徙、边疆开发等方面起到的深远影响。

在阅读《明实录》和《清实录》时常常看到大量卫所是呈现为一种地理单位的记载（如水旱地震灾害、兴建城池之类）。如果说卫所仅是明代的一种军事组织，那么，入清以后约一百来年怎么还保存那么多明代的"军事组织"？清代文献（如实录、官员奏疏、地方志）中常见改卫所为州县或在内地把卫所人丁、田地并入附近州县的记载，这些都说明卫所在明代建立以来很大程度上是一种军事系统管辖下的地理单位。以前的史籍中也曾注意到明代一些卫所是管辖一片地方的，因而有"实土卫"与"非实土卫"的说法。史学大师谭其骧先生主编的《中国历史地图集》明代部分也标明了大片边疆地区归某某都司、行都司管辖，为研究明代疆域做出了重大贡献。我在广泛探讨明代各种类型卫所的基础上，提出了明帝国疆土是分为两大系统管辖的论点，即行政系统（县、州——府、州——布政使司、直隶府、州——六部）和军事系统（卫、直隶都司的千户所——都司、行都司、直隶卫——五军都督府）各自管辖两种不同的"地理单位"。州县是一种明显的地理单位，绝大多数卫所也是一种地理单位就比较难以理解。我只是按实际情况指出绝大多数卫所中有的管辖土地周边四至比较清晰，而相当一部分内地卫所管辖的屯田往往分散在附近州县的自然境内或辖地与州县犬牙交错，在地图上是无法标示出来的。尽管如此，这些卫所的土地与人口不属州县管辖，其数字也不纳入州县统计之内。由此就涉及社会经济领域中的几个重大课题，一是明帝国的耕地数，二是明代官、民田数，三是清初耕地数较明代是增加还是减少，等等。国内外史学界关于明初以来存在两种相距甚大的全国耕地数始终得不到正确解释，都同卫所问题有关。我探讨的结果是指出《明实录》中每年末所记"是岁天下田地数"仅仅是由户部综合以州县为基础的行政系统数字，没有包括军事系统管辖的耕地（屯田和卫所辖区内的民田）在内，因而是不全面的；而为国内外史学家判定为不可信的明初以来约850万顷以上的数字则包括了行政与军事两大系统的耕地数，只有这一数字才是真实可靠的。至于史学界长期关心的明代官、民田数大抵都是依据《明史·食货志》所说"官田视民田得七之一"。我则指出这同样是行政系统辖地内的官、民田数，就全国而言，军事系统的屯田全部属于官田，若把这一部分计算在内，明代官田在总田额中所占比例就要大得多。对于清初顺治末年至康熙前期全国的耕地数字，学者们常根据《清实录》与《明实录》绝大多数年份所记数字相比，误认自顺治末年起清代耕地数已超过明朝万历清丈以前的数字。我则指出自明末以来连年战乱、灾荒频仍，田地抛荒极为严重，何况顺治后期全国尚未统一，耕地数较之明朝全盛时期是大幅度下降的，即由万历三十年的1100万顷减至500万顷左右。清代耕地数的上升并超越明代经历了相当长的时期。这一论断只需把清代所修方志中"赋役"类所记"原额"与历年数普遍查对一下即可认定，况且还有许多官、私文书可以印证。就是说，《清实录》中所记数字并没有错误，问题是清代包括卫所在内的全国耕地数都已汇集到户部。我对卫所的基本观点已发表在《明前期耕地数新探》《卫所制度在清代的变革》《谈明代的卫籍》《明帝国疆土的管理体制》4篇论文里。原来设想进一步收集史料，围绕卫所问题对明帝国相关领域的影响和到清代的改制进行综合研究，写一部专著，但这项工作深入不易，距成书还有相当一段距离。

我对明清史的兴趣比较广泛。为了探讨朱元璋大明帝国的建立，不能不上溯到元末社会和元末群雄争霸；而为适应教学和指导研究生的需要，对明清史籍也必须较广泛地阅读。人的精力毕竟有限，深入研究一个比较大的课题往往需要多年的时间才能做得比较像样

11

子。比如明清社会的演变，它们在中国历史上的地位和在世界史上的位置理应成为明清史工作者研究的中心课题，自己在这方面只能随时注意积累材料，远谈不上做深层次探讨。20世纪90年代以来，读书之志未减，写出的论文却寥寥可数，自觉汗颜。只是为应付约稿，写了几篇元末明初史事的稿子，如《靖难之役与耿炳文、沐晟家族》，中心内容是论证耿炳文在靖难之役中于真定死难，而绝大多数史籍（包括《明史》本传）都说他在战败后被建文帝召回，由李景隆接替，燕军占领京师（南京）后，耿炳文腼颜投降，永乐初刑部尚书郑赐、都御史陈瑛劾奏耿炳文"衣服器皿僭饰龙凤、玉带僭用红鞓"（《明太宗实录》卷三十五记于永乐二年十月，"上曰：先朝老臣亦为此乎，命速改之"。未言炳文自杀。《明史》卷一百三十《耿炳文传》记于"燕王称帝之明年"则当为永乐元年，并云"炳文惧，自杀"）。我查考出耿炳文的妹妹是沐英续配夫人，黔国公沐晟的生母。沐晟后来为表哥耿琦写的墓志铭明言舅父耿炳文战死于真定，朝廷（指建文帝）痛惜不已，以很高的规格予以祭葬。永乐初廷臣劾奏本指其葬礼"逾制"，碑文肯定有碍于新主子，《明太宗实录》记永乐帝"命速改之"也是指的坟墓应予毁改。这正如永乐元年十月礼部言开平王常遇春祠坟"建文中增修过度，请复其旧。从之"（《明太宗实录》卷二十四，按，常遇春女为建文帝嫡母）。所以，说耿炳文在南京投降了永乐帝，后来畏罪自杀根本不可信。又如朱文正是朱元璋大哥的儿子，由于他在大明立国前夕被叔父朱元璋处死，《明太宗实录》等书中只记载他被任命为大都督、扼守南昌抗击陈友谅围攻，然后是得罪而死，其他事迹都因忌讳而付之阙如。由于材料缺乏，诸家明史多不为他单独立传。我依据颇为罕见的朱元璋《御制纪非录》等书把朱文正同朱元璋的关系和大致生平草成一文，题为《朱文正事迹稽考》，即肯定他是没有看到大明帝国建立的开国元勋。至于沈万三的故事，我在儿童时代就听过他家有聚宝盆。近年来随着文学、艺术、旅游等事业的发展，沈万三的老家江苏昆山市周庄声名大噪，可是沈万三究竟是个什么人物，什么时代的人，却大抵是依据明朝以来的传说和野史笔记把他说成是明初洪武年间的首富，后来被朱元璋充军云南。由于宣传得太火爆了，我觉得有必要认真探讨一下。除手头摘录的史料外，我还集中一段时间去北京图书馆查阅元末明初人士文集和相关的明、清地方志。终于查清了沈万三（沈富）本人和他的家族的基本情况，依据他的几个子侄的墓志铭等确切史料，断定沈万三在元朝末年已经去世，并没有活到明朝建立，史籍中有关他在洪武年间的活动纯属讹传。不过，他和弟弟沈万四（沈贵）的后裔在洪武年间确实是江南巨富，最后在洪武二十六年被网入蓝玉党案遭到抄家灭族之祸。这篇文章澄清了广泛流传的沈万三故事，对于了解元末明初地主豪绅的经济实力和朱元璋致力于消除"隐患"也不无帮助。

　　上面大致谈了自己学习明清史的过程和心得。几十年来能做出一些成绩，得益于勤奋。我觉得养成坐图书馆的习惯非常重要。从20世纪70年代后期起的很长一段时间里，我除了上课和其他必须参加的活动外，往往是整天到北京图书馆善本部、古籍部和科学院图书馆看书。早晨带上稿纸、笔记本和一个馒头蹬车直奔图书馆，中午休息时间吃个馒头，在附近转悠一会儿，继续阅读摘抄史料，直至闭馆才回家。读书的方法是提出书后，先翻阅一遍，遇到有价值的史料，把事先准备好的小纸条夹在书内作为标记，大约看到一半，就动手抄录。一条史料抄在一张稿纸上，半天时间差不多总是七八张（按行不按格抄写），字数少的可达到十张，一天下来总有十几张；笔记本大抵是记下与当时研究问题无关的零星史料或简要备忘录。晚上一定要把摘抄的材料仔细阅读一遍,遇有语句不通等情况,可能有误字漏字,用红笔画出,第二天再核对原书,从而在很大程度上避免了摘抄史料时的笔误。检阅所抄材料还会发现有的问题应从其他史籍中寻找印证,即记于笔记本上,以便及时提取书籍。骑自行车去图书馆,冬天是最困难的,有时顶风而行实在费劲,严寒甚至会冻得手指麻木。这种工作方式确实有点辛苦,但在图书馆中一坐,好书在手,乐在其中,回家后检阅收获,每有意外之喜。且不说关系到历史上重大问题的史实,就拿我在《明末农民战争史》后面附的"大顺政权所设各地官员表"来说,多数是从地方志的"灾祥""兵燹""纪事"之类记载中查出的,每找到一个大顺政权任命的地方官员的名字和职务都能使我高兴一阵。这部书出版后,我在读书的过程中还发现一些新的史料,可以为该表补充十名以上官员。坐图书馆可以充分利用时间潜心研读,有时还需要到外地图书馆去查阅。为了写《南明史》,1992年,我到昆明去阅读云南省图书馆的藏书和参观云南省博物馆的藏品,因须阅读的书籍较多,连原来计划途经贵阳时去安龙实地考察一下都限于时间只好作罢。有时因情况不明,重要史籍会失之交臂。如研究明代的耕地数字,我提出明代疆土由行政系统和军事系统分别管辖的论点,虽然依据了大量的地方志和其他相关记载的材料加以论证,但最能说明问题的是万历十年山西巡抚辛应乾主持编制的《山西丈地简明文册》,原书就藏在北京大学图书馆。这部书的前三册是山西布政司所辖各府州地亩及征粮数,第四册和第五册则是山西都司所辖耕地屯田与征收籽粒数。直到1991年山西省社会科学院张海瀛先生的研究论文发表后(《明史研究》创刊号),我才知道还存在这么一部极有价值的文献。1993年他的《张居正改革与山西万历清丈研究》出版,将《山西丈地简明文册》全部影印附于书后，使这一原始文献得以广泛流传。举出这个例子是想说明治学的第一步收集史料并非易事。这方面的事例不胜枚举，在不断读书的过程中往往发现自己发表过的著作中存在缺陷和失误。知识是没有止境的，在我涉猎过的明清史领域内，我清醒地认识到自己的知识相当有限，许多问题仅具一般常识，甚至毫无所知。实事求是地对待学问，实事求是地看待自己，切忌把治学看得太容易，切忌过高估计个人的能耐。至于在理论和观点问题上，则遵行"百家争鸣"的方针，不必强调一律，既不想把个人看法强加于他人，也不想违心迎合某种思潮或论点。这就是我对本文《我与明史》的总体看法。

原版序论

南明的历史在我国史册上占有重要的地位，它包括了大顺军攻克北京以及随之而来的清兵进入山海关问鼎中原以来一直到康熙三年（1664）夔东抗清基地覆灭的各地反清运动的历史。从不同的角度看，它是群雄争霸，又是明朝的延续，也是清初历史的一个主要组成部分。称之为南明，是因为以崇祯皇帝朱由检为首的在北京的明朝廷业已覆亡，这段时期的战斗主要在南方展开，又是在复兴明朝的旗帜下进行，而弘光、隆武、鲁监国、永历朝廷都是在南方建立的。但是，抗击清朝的暴虐统治，并不仅仅局限于南方，陕西、甘肃、山西、河北、山东、河南等地的抗清运动连绵不断，波涛迭起，清廷统治者多次感到患生肘腋，不得不动用重兵围剿。这是就地域而言，南明史的覆盖面并不只限于南方。如果就时间来探讨，南明史的上限过去和现在的史学家大抵是以弘光朝廷在南京继统为标志，本书作者认为南明的历史应该从甲申三月十九日北京被大顺军攻克、崇祯朝廷覆亡开始。这是因为朝廷虽然覆亡，明朝政权仍然控制着江南半壁江山，尽管在具体时间上（1644年三月至五月）相差不远，但我们应该着眼于全国形势的演变，而不能拘泥于南明帝位的继统。如果因为甲申三月十九日到同年五月初三日明朝统治区没有皇帝（或监国）而把这段时间排除在南明史以外，就会在后来的历史叙述中难以自圆其说，因为弘光帝被俘在1645年五月，隆武帝继统在同年闰六月；隆武帝被擒杀在1646年八月，永历帝继统在同年十月，其间都有一两个月的帝位空缺。"国统"三绝不等于南明史三绝，这是稍加思索就能明白的道理。同样理由，南明史的下限不以1662年永历帝朱由榔被俘杀告终，而是以李来亨茅麓山战役作为结束。当然，把南明史的下限一直拉到清康熙二十二年（1683）施琅进军台湾，郑克塽、刘国轩投降，也是一种认识和叙述的方法，因为郑氏家族在台湾始终奉行明朝永历正朔，虽然皇帝和朝廷早已不存在。本书没有采取这种方法，原因是康熙十二年到二十年（1673—1681）发生了三藩之变，其间郑经是参与了的。三藩之变同明清之际的一系列重大事件有密切关联。三藩（若考虑到原定南王藩下的孔四贞、孙延龄夫妇与缐国安等人，也可以说是四藩）的形成实际上是由于满洲贵族因自身力量不足以征服全国不得不笼络一部分汉族军阀，而且这次变乱也确实带有民族斗争的色彩；可是把三藩之变同南明史扯在一起毕竟不大合适。所以，在本书中叙述郑氏家族事迹仅限于郑成功去世为止。

这本书同过去各种南明史著（自清初以来）相比较，有两个主要的特点：一是它基本上是以大顺军余部、大西军余部、"海寇"郑成功等民众抗清斗争为主线，而不是以南明几个朱家朝廷的兴衰为中心。二是贯串全书的脉络是强调历时二十年汉族和其他民族（如西北等地的回族、西南等地的多种少数民族）百姓反抗满洲贵族征服斗争终归失败的主要原因是内部矛盾重重、钩心斗角，严重分散、抵消了抗清力量。多尔衮、福临等满洲贵族不仅代表着一种比较落后的生产方式，而且兵力和后备兵员非常有限，单凭自己的八旗兵根本不可能征服全国，汉族各派抗清势力的失败在很大程度上是自己打倒了自己。说得准确一点，明清易代，是中华民族内部落后的、人数不多却彪悍的满族上层人士，勾结汉族中最反动的官绅地主，利用矛盾坐收渔翁之利，窃取了农民大起义的胜利果实。满洲贵族入主中原以后，在较为先进的汉文化影响下，自身发展取得阶段性的飞跃。清王朝在一段时期里是朝气蓬勃的，国势相当强盛，对于中国这个多民族国家的发展起了重要的积极作用。然而，就另一方面来说，满洲贵族推行的民族歧视政策引起国内政局大动荡，打断了中国社会发展的正常进程，也是不容忽视的。

　　历史进展的事实提供了最有力的证据。中国在明朝中期以前在世界上处于领先地位，中期以后在科学技术等方面已经逐渐落后，但是直到明朝末年中国同西欧国家之间的差距并不大，被大顺军推翻的明朝最后一个皇帝朱由检统治时期还是孜孜于引进西方科技，特别是火器和历算，不少士大夫也抛除畛域之见，注意吸收西方的新知识，尽管他们的目的是挽救行将灭亡的明帝国。清朝统治的建立是以全国生产力大幅度破坏为代价的，稳定后的统治被一些人大加吹捧，称之为康雍乾盛世。正是当中国处于这种"盛世"的一百多年里，同西方社会发展水平的距离拉得越来越大。"盛世"过后不到五十年（如果按照某些学者吹捧康、雍、乾三帝的思路来看，乾隆之后在位二十五年的嘉庆也应该算是个励精图治的好皇帝，至少不能说是无道昏君），爆发了中英鸦片战争，随之而来一幕幕丧权辱国的悲剧，使大清帝国的腐朽落后暴露无遗。本书作者在所著《明末农民战争史》中以确凿的事实证明了大顺军推翻明王朝接管整个黄河流域几乎对社会生产没有造成什么破坏，并且扫荡或狠狠打击了那些严重阻碍生产力发展的贵族官绅势力。如果这一势头不被满洲贵族和变节的吴三桂等汉族军阀官绅所打断，中国社会将在明代已经取得成就的基础上实现较快的发展，近三百来年的历史也许是另外一种样子。"以史为鉴"是中国的传统，可惜过去绝大多数史家制作的镜子里，侏儒们被拔高了，坚毅挺拔的形象被歪曲了，甚或被挤出了镜框以外，成了道地的哈哈镜。本书作者力图运用可靠的史实，重新描绘明清易代的这段历史；由于材料的不足，肯定不能尽如人意。希望通过这部书的出版，给读者提供一些较为接近真相的描述和论点。

也许有人在看了这本书以后，会断言作者批判的锋芒只是指向清朝统治者（包括满洲贵族和汉族官绅中的拥清派），而对起自农民的大顺军和大西军则出于偏爱而处处掩饰。这是不正确的。因为书中首先批评了李自成领导的大顺政权在关键时刻在政治上和军事部署上犯下了难以挽回的大错，后面又指出了在李自成牺牲以后大顺军始终没有形成一个较为稳定的领导核心，长期各自为战，未能在抗清斗争中发挥更大作用。对张献忠的非议在《明末农民战争史》内已说得很清楚；孙可望在前期是位出类拔萃的人物，后来飞扬跋扈，导致大局逆转，终致众叛亲离，仓皇出降，本书毫无回护之处。至于南明政权的腐朽、内讧本书同样做了如实的揭露。读者不难发现，书中不仅鞭笞了朱由崧、朱常淓、朱由榔等南明统治者的昏庸懦弱，对一些直到现在仍备受人们景仰的人物如史可法、何腾蛟、瞿式耜、郑成功都颇有微词。有的读者可能会问：你对南明许多杰出人物是不是指责得过分了一点？我的回答很简单，如果这些著名人物都像历来的史籍描写得那么完美，南明根本不会灭亡，这些人也将作为明朝的中兴将相名

19

垂青史。

　　历史进程的必然性和偶然性是史学界长期关心的问题。在我看来，必然性只有一条：就是社会要发展，要前进，其间可能出现短期的逆转和曲折。至于统治王朝的建立和统治者的更替大抵都属于偶然因素。只不过人们太习惯于把既成事实当作历史必然，就本质而言，这同封建史籍中的"天命眷顾"没有多大区别。明朝自万历中期以来，朝政日益腐败，内忧外患纷至沓来，覆亡不可避免，接替的可能是大顺王朝，可能是清王朝，甚至可能是孙可望掌握实权的朝廷，也不能排除在较长时间处于分裂的局面。本书作者着重分析的是各派势力的成败得失，而以哪一种势力取胜对中国社会生产破坏最小，最有利于推动我国社会前进为褒贬的标准。讲必然性，我认为在当时社会条件下，明朝覆亡以后，中国仍将建立一个封建王朝，社会仍将处于封建制度的框架内（商品经济的发展或萎缩将视社会生产力的发展或破坏而定），只有这一点是肯定的。差异在于各派势力实行的政策和手段不同，对中国社会发展进程的影响也将不同。如果把既成事实都说成是历史的必然，那么，学习和研究历史就没有多大用处。历史科学的万古长青，就是教导后来者借鉴历史上成功的经验，避免重蹈失败的覆辙，使我们的事业做得更顺一些，不要倒行逆施，为中华民族的兴盛做出贡献。时髦了一阵的"史学危机"论可以休矣，明智的中国人将从自己丰厚的历史遗产中汲取教益，把振兴中华的宏伟事业推向前进。

凡 例

一、这部书以学术价值为前提。不满足于"言必有据""无一字无出处",而是力求在史实上考订准确。有些问题难以下结论,只好暂时存疑,同时在正文或注解中指出疑点所在。

二、引用材料尽可能保持原文,不改译成现代汉语——尽管这样做对某些读者不方便,但史学工作者和有一定文化素养的文史爱好者大抵是喜欢看到史籍原文的。凡属本书作者认为是后人托名伪造的文献一概摒弃不用,如明末遗民刘彬的《晋王李定国列传》之类。

三、南明史事头绪纷杂,本书既不能写成通鉴体,又不能写成纪事本末体,为方便计大致按照时间顺序就问题分章节叙述,章节间尽量互相照应。

四、在时间上年份一般注明相应的公历,月日一律用旧历，以便于查对引用书目。

五、对南明以来包括"正史"、野史、"遗民"作品直至近人影响较大的著作中存在的谬误或偏见，在适当地方依据准确史料予以澄清，以免以讹传讹。

六、本书引用史料大多数是作者在各图书馆和档案馆阅读时抄录的笔记，虽在摘录时经过核对，力求准确，但也不敢说绝对没有笔误。如果有人未见原书而从本书中转引史料，请注明引自本书。这不仅是著作权问题，更重要的是对读者负责和学术上的良心体现。

七、在史学著作中附上插图和地图，有助于增加读者阅读的兴趣并提供方便。本书在撰写过程中也颇有此意，收集了一些图片。然而，南明史牵涉面太广，选用插图和绘制地图成了一个难题。何况，南明是失败的一方，保留下来的实物绝大多数不是最有代表性的。如果要照顾到方方面面，势必出现能找到什么就拿出什么，未必能取得较佳效果。南明实物图片在相关著作中制版印出者业已不少，如台湾出版之《郑成功全传》书首图片即多达五十一页，永历"敕命之宝"已在数种书籍中刊出图片，南明一些重要人物的文籍也往往附有作者画像、手迹照片，各政权发行的货币见之于多种图集。本书若大批选入既缺乏新鲜感，又必然加重读者负担。犹豫再三，暂付阙如。如有再版机会再视情况而定。

目 录

第一章　明朝覆亡后的全国形势　　001

第二章　弘光朝廷的建立　　038

第三章　弘光朝廷的偏安江淮　　082

第四章　大顺政权的覆亡　　130

第五章　弘光政权的瓦解　　145

第六章　清廷统治者推行的民族征服和民族压迫政策　　194

第七章　各地抗清运动的兴起　　216

第八章　隆武政权同鲁监国的争立　　237

第九章　隆武政权的作为和覆败　　261

第十章　大顺军联明抗清　　　　　　　　　　292

第十一章　大西军的经营云南　　　　　　　　317

第十二章　郑成功起兵与鲁监国在浙闽抗清　　343

第十三章　永历朝廷的建立　　　　　　　　　370

第十四章　郑成功在闽粤沿海地区的军事活动　404

第十五章　吴胜兆、王光泰等的反清　　　　　423

第十六章　金声桓、李成栋的反清归明　　　　442

第十七章　北方各省的反清运动　　　　　　　480

第一章
明朝覆亡后的全国形势

第一节 明帝国的分崩离析

公元1644年，在中国干支纪年中为甲申年。这一年的历史上充满了风云突变、波涛迭起的重大事件，阶级搏斗和民族征战都达到高潮，又搅和在一起，在中华大地上演出了一幕幕可歌可泣、惊心动魄的场面。拿纪年来说，在明朝是崇祯十七年，清朝是顺治元年，大顺政权是永昌元年。三种纪年代表着三个互相敌对的政权，从此开始了逐鹿中原的斗争。

甲申三月十九日，大顺军攻克北京，明朝崇祯皇帝朱由检自缢身死，当天大顺皇帝李自成进入北京，标志着明朝的覆亡。在短短的两三个月里，大顺政权凭借兵威和深得民心，迅速地接管了整个黄河流域和部分长江流域的大片疆土，统治区包括了现在的陕西、宁夏、甘肃、青海、山西、河南、河北、北京、天津、山东全境以及湖北、

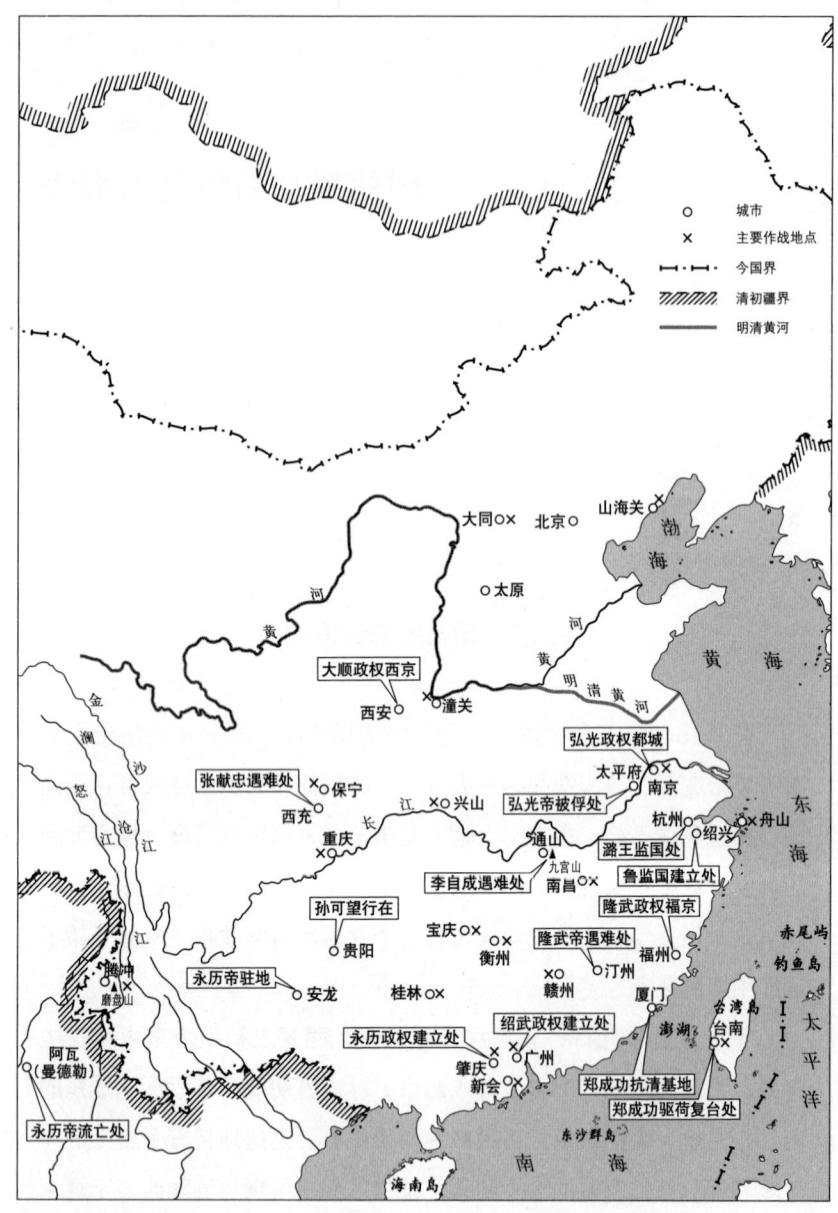

南明史事示意全图

江苏、安徽的部分地方。山海关外的明朝军队在平西伯吴三桂、辽东巡抚黎玉田的带领下撤入关内，并且同山海关总兵高第一道投降了大顺政权；清廷乘机派郑亲王济尔哈朗等收取了关外地区，这样就形成了大顺政权同清政权隔关相峙的局面。以崇祯帝为首的明中央朝廷葬身于农民起义的烈火中，并不意味着明朝统治的全面结束。当时，明朝残余势力盘踞的地方还很大。除了张献忠领导的大西军正处于进军四川途中以外，江淮以南的半壁江山仍然在明朝委任的各级官员统治之下，他们自居正统，继续奉行崇祯年号，从这个意义上说，南明的历史是从北廷的覆灭开始的，至于立君继统则是拥明势力内部的事。换句话说，历来的史籍把弘光朝廷的建立作为南明史的开端并不完全准确。

综观甲申三月至四月中旬的全国形势，可以做以下的概括：大顺政权和大西军是农民起义中形成的新兴势力，他们同明帝国一样是以汉族为主体的；区别是明朝残余势力控制的地区内继续维护着官绅地主的封建统治，而大顺军和大西军的领导人虽然已经有明显的蜕化倾向，但尚未达到质变的程度，他们实行的政策基本上仍然是打击官绅地主、保护农民利益。1644年春天和夏初，大顺军所向无敌，占领了包括北京在内的整个黄河流域，这一广袤地区的百姓欣喜若狂。连官绅地主除了极少数死心塌地效忠朱明王朝，绝大多数都认为明朝气数已尽，转而寄希望于大顺政权。长期以来，人们受"成则为王，败则为寇"的传统观念影响，以为官绅地主与大顺政权一直势不两立，这是不完全正确的。事实上自从1643年十月明陕西三边总督孙传庭部主力被大顺军歼灭以后，明朝官绅眼见大势已去，政治态度发生了根本的转变。他们当中的绝大多数人把明亡顺兴看成是历史上常见的改朝换代，为了自身利益纷纷归附以李自成为首的大顺政权。尽管其中有的人争先投靠，希冀跻身于新兴的大顺朝定鼎功臣之列；有的人虽心怀疑惧，但为形势所迫而随大溜。总之，在大顺军被清军击败以前，汉族官绅中的大批文官武将都以投靠大顺政权为唯一出路，而不可能设想去投靠偏处辽东的一个语言、风俗都有很大差异的满洲贵族为主体的清政权。顾炎武《日知录》中有一段话很值得注意："有亡国，有亡天下。亡国与亡天下奚辨？曰：易姓改号，谓之亡国；仁义充塞，而至于率兽食人，人将相食，谓之亡天下。……保国者，其君其臣，肉食者谋之；保天下者，匹夫之贱，与有责焉耳矣！"[1]在汉族官绅看来，大顺政权取代明朝只是"易姓改号"，朱明王朝的挣扎图存是宗室、皇亲国戚、世袭勋臣之类"肉食者"的事，同一般官绅士民没有多大关系；而满洲贵族的入主中原则是"被发左衽"（剃头改制），"亡天下"了；天下兴亡，匹夫有责，都应当奋起反抗。这就是甲申之春汉族军民官绅的心理状态。正因如此，大顺军在短短三个月时间里就占领了包括京师在内的整个黄河流域，除了在宁武和保定两地稍遇抵抗以外（在保定城里"代帝亲征"的大学士李建泰也是主张投降的），到处是一派望风归附的景象。如史料所载，"晋民倡乱者皆传贼不杀不淫，所过不征税，于是引领西望"[2]；京师百姓也"幸灾乐祸，俱言李公子至贫人给银五两，往往如望岁焉"[3]。崇祯末年曾在朝廷任职的熊开元记，"癸未（1643）、甲申（1644）间，臣待罪圜扉，闻都人望贼如望岁，不啻三百矛刺心而血欲洒而无从

---

[1] 顾炎武《日知录》卷十三，《正始》条。
[2] 戴延栻《半可集》卷一，《蔡忠襄公传略》。
[3] 刘尚友《定思小纪》。

也"[1]。大顺军占领北京时,不仅"百姓欢迎"[2],明朝廷在京的两三千名官员自尽的只有二十人,其他"衣冠介胄,叛降如云"[3]。国子监生陈方策塘报中说:"我之文武诸僚及士庶人,恬于降附者,谓贼为王者之师,且旦晚一统也。"[4]史可法在奏疏中痛心疾首地说:"在北诸臣死节者寥寥,在南诸臣讨贼者寥寥,此千古以来所未有之耻也!"[5]

北京的明朝官员争先恐后地前往大顺政权吏政府报名请求录用,如少詹事项煜"大言于众曰:大丈夫名节既不全,当立盖世功名如管仲、魏征可也"[6]。给事中时敏声称:"天下将一统矣!"他赶往报名时吏政府大门已关闭,一时情急,敲门大呼:"吾兵科时敏也!"才得以放入[7]。考功司郎中刘廷谏朝见时,丞相牛金星说:"公老矣,须白了。"刘连忙分辩道:"太师用我则须自然变黑,某未老也。"勉强被录用[8]。首席大学士魏藻德被关押在一间小房里,还从窗户中对人说:"如愿用我,不拘如何用便罢了,锁闭作何解?"[9]1644年七月刘泽清致吴三桂信中写道:"三面环观,曾有谁不降贼?"[10]次年八月在清摄政王多尔衮面前的一场争论也反映了当

---

[1] 熊开元《鱼山剩稿》卷一,奏疏,隆武元年(1645)十一月二十二日疏。
[2] 查继佐《国寿录》卷一,《左中允刘理顺传》。
[3] 谈迁《国榷》卷一百一。
[4] 李天根《爝火录》卷二。
[5] 《史可法集》卷二,"为时事万分难支,中兴一无胜着"等事疏。
[6] 彭孙贻《平寇志》卷十。
[7] 彭孙贻《平寇志》卷十。
[8] 张正声《二素纪事》。
[9] 杨士聪《甲申核真略》。
[10] 《明清史料》丙编,第一本,第九十二页。

年情况。都给事中龚鼎孳等人指责内院大学士冯铨是明朝阉党；冯铨反唇相讥，说龚鼎孳曾投顺"李贼，竟为北城御史"。多尔衮问此事实否，龚说："实。岂止鼎孳一人，何人不曾归顺？魏征亦曾归顺唐太宗。"龚鼎孳急不择言，像项煜一样把李自成比为唐太宗，虽受到多尔衮的斥责，却是大顺军入京后绝大多数明朝廷官员的真实写照[1]。

明朝辽东军队和官员奉命撤入关内勤王，由平西伯吴三桂、辽东巡抚黎玉田带领于三月十三日全部进关，驻扎在昌黎、滦州、乐亭、开平一带[2]。当他们得知大顺军已经占领北京，明朝廷覆亡时，就同山海关总兵高第一道接受了李自成的招降，归附大顺政权；黎玉田被委任为大顺政权四川节度使，奉李自成之命与明朝投降总兵马科领军西行收取四川。至此，秦岭、淮河以北的明朝军队已全部收编，地方除辽东外均为大顺政权所接管。

第二节　大顺政权在政治上和军事上的失误

历史曾经给予李自成为首的大顺政权统一全国的机会。1644年春天，大顺军以秋风扫落叶之势迅速接管了包括山海关在内的黄河流域全部疆土，推翻了以朱由检为代表的明朝二百七十七年的统治。摆在李自成面前的任务是怎样才能站稳脚跟，实现一匡天下的目的。这一任务实际上取决于两点：一是他应当认识到辽东兴起的满洲贵族建

---

[1]　《清世祖实录》卷二十。
[2]　乾隆三十九年《永平府志》卷二，《封域志·纪事》。

立的清政权是同大顺政权争夺天下的主要对手，加强针对辽东的防务是新生的大顺政权存亡的关键。二是在汉族文官武将大批倒向自己的情况下，大顺政权必须在政策上做出重大调整，尽量缩小打击面，由打击官绅地主改为保护他们的利益。这二者是互相关联的。崇祯朝廷的覆亡除了它的腐败以外，主要原因是战略上两线作战，陷于左支右绌的窘境，造成两大对手力量不断地膨胀。大顺政权既然继承了明王朝的"遗产"，为避免重蹈崇祯朝廷的覆辙，理应在最大限度上争取汉族各阶层的支持。自明中期以后，缙绅势力已经成为社会上举足轻重的力量，能不能争取到他们的支持直接关系到大顺政权在管辖区内的稳定和遏制并随后解决辽东的民族对抗。

　　从当时形势分析，大顺政权的领导人如果能够高瞻远瞩，对全国形势有清醒的认识，完全可以采取正确的对策。首先，李自成必须放弃对官绅地主实行的追赃助饷政策，代之以轻徭薄赋、整顿吏治。就财政而言，李自成1643年以前，为维护贫苦农民利益实行三年免赋，以没收明朝藩王家产和对官绅追赃助饷来解决数量日增的军队和政权经费的需要，有其历史的必要性。占领北京以后，接收了明朝皇帝的内帑，没收同朱明王朝关系密切的宗室、国戚、勋贵（指明朝开国、靖难以来所封世袭公、侯、伯爵）、太监的全部家产，可以解决军队和政权的经费，即便需要向官绅士民征派部分赋役，为数也相当有限。只要采取这一措施，就足以赢得绝大多数汉族官绅的支持，结成共同对付满洲贵族的阵线。在这种情况下，清方面临的不是原先腐朽没落的明王朝，而是一个新兴的、充满活力的以汉族为主的政权，双方的力量对比将发生很大的变化，特别是随着时间的推移，大顺政权日益巩固，清方在人口（兵源数量）、物资方面的劣势肯定会越来越明显。

然而，以李自成为首的大顺军领导人并没有依据形势的变化在政策上做出必要的调整。他们仍然以农民利益的维护者自居，在管辖区内继续实行打击官绅地主的追赃助饷政策。学术界有一种流行的观点，认为农民起义中建立的政权都是封建政权。李自成起义军从1642年（明崇祯十五年）下半年开始在河南一些府县建立地方政权，1643年在襄阳建立中央政权，次年正月在西安正式立国建号。按照这种观点，甲申三月明王朝的灭亡不是被农民起义推翻，而是为一个新兴的封建政权所代替。可是，持上述观点的人却缺乏把自己的逻辑贯彻到底的勇气，因而陷于自相矛盾的境地。也有的史学工作者认为以李自成为首的农民政权推行的"免赋"政策并不是免征而是减免，这是不正确的。大量史实表明，大顺政权（包括其前身）在1644年六月兵败退回西安以前，在广袤的地区内都是以追赃助饷代替按田亩计征的赋税。各地文献都表明大顺政权委派的官员到任后几乎毫无例外地拘拿明朝官绅追赃助饷。如甲申三月，刘芳亮部占领大名府，"布州县伪官，毒掠缙绅"[1]。进占广平府之"次日，拷掠乡绅，以官职大小定银数之多寡，惨不可言"[2]。高阳县令王瑞图到任后，"奉贼令逼索乡绅，名曰助饷"[3]。灵寿县"伪令郭廉持符至灵寿，勒乡绅捐饷，恣为横暴"[4]。肥县县令石传声下车伊始即"置乡

---

[1] 康熙十一年《重修大名府志》卷六，《年纪新志》；又见康熙十五年《元城县志》卷一，《年纪》。

[2] 乾隆十年《永年县志》卷十二，《兵纪》。

[3] 雍正八年《高阳县志》卷六，《杂志·兵事》。

[4] 康熙二十四年《灵寿县志》卷七，《孝义》；又见同书卷一，《地里》附《纪事》。

绅于狱，比饷银"[1]。临城县令段献珠履任后，"索饷银，毁坊扁，免荒税"[2]。派往山东的大顺军将领郭升"以精贼数万略行齐鲁，张官置吏，四出赴任，旬日间遍于海岱。……奉其敕追掠缙绅，桁杨接踵，相望于道"[3]。济南府"有户政府从事张琚者，谓之催饷司，拷掠宦家子，俾助饷。其被掠者以万历来科目为断，计三十余家。刑具夹榜外，有铁梨花、吕公绦、红绣鞋之名"[4]。阳信县"夏四月，逆闯伪令搜罗邑绅子弟赡贽助饷，各五百金，勒限追比"[5]。邹平县令王世传上任后"阳言赡贽租，刑逼乡官，渐及富户，谓之追饷"[6]。北京聚集着明朝廷大批中央机构的官员，从三月下旬开始，未被大顺政权选用的官员大抵发往各营追赃助饷，"言卿相所有，非盗上则剥下，皆赃也"[7]。四月初八日，李自成发现这一举动在政治上已经造成不利影响，下令停止，被押官僚无论完赃与否一律释放，但各地的追赃活动一直延续到大顺军战败西撤为止。与此同时，我们却没有见到大顺政权在甲申五月以前有征收赋税的记载。某些文献由于文字含混给人以大顺政权在退回西安以前就曾征收赋税的印象，如果仔细研究一下其内容，不难发现所"征"得的银、粮一般都是整数，稍有常识的人都知道按亩计征的赋税不可能是整数，只有追赃才会出现这种情况；另一种是征发制造军需物品的翎毛（制箭用）、钢铁等，也不

---

[1] 雍正十年《肥乡县志》卷二，《纪事》。
[2] 康熙三十年《临城县志》卷八，《述考志·事迹》。
[3] 乾隆五十三年《德州志》卷十二，艺文，程先贞《何振先传》。
[4] 乾隆三十七年《历城县志》卷四十一，列传七，《忠烈》。
[5] 乾隆二十四年《阳信县志》卷三，《灾祥》。
[6] 康熙三十四年《邹平县志》卷四，《职官》。
[7] 吴殳、戴笠《怀陵流寇始终录》卷十八。

能说是正规的赋税制度。这些都说明大顺政权在北京的鼎盛时期没有制定赋税政策,仍然停留在追赃助饷的阶段。

应当承认大顺政权追赃助饷政策的革命性,它证明李自成虽然已经即位称帝,大将们受封侯、伯等爵,他们并没有忘记自己的穷苦兄弟,没有放弃维护农民利益的基本宗旨。但这也表明处于十字路口的大顺政权在关键时刻跟不上形势,陷于茫然失措的境地。李自成一方面采取了部分办法招徕官绅,一方面又大范围地以追赃助饷打击这个阶层。在追赃过程中官绅们巧取豪夺所得的家资难以保住,而且往往遭到刑拷,官绅体面扫地以尽,这对于大批归附大顺政权的官绅地主来说确实是始料未及的。官绅地主归附大顺政权,正是为了保护自身利益不惜在政治上变节,把过去痛骂的"闯贼"李自成当作新的靠山。然而,他们当中的绝大多数失望了,明朝廷中央官员被录用的占少数,地方官员由于大顺政权选用的原则是以未曾出仕的举人为重点,吸收的明朝官员所占比例很小,就整个官绅地主而言基本上处于被打击的地位。他们在饱尝铁拳之后,不胜愤慨地说:"是岂兴朝之新政哉,依然流贼而已矣。"[1]当大顺军所向无敌时,官绅们慑于大顺政权的兵威,一般不敢公开反抗,但已经暗中"人人饮恨,未及发也"[2]。有一种记载说庶吉士周钟因有文名受到丞相牛金星的重视,他积极参加大顺政权的活动,常说"江南不难平也"。一些明朝官员私下对他说:"闯残杀太甚,万难成事。"周钟回答道:"太祖(指朱元璋)初起亦然。"[3]其实,朱元璋在天下未定之时是"礼贤下士"

---

[1] 郑廉《豫变纪略》卷六。

[2] 王庹《伪官据城记》,见《荆驼逸史》。

[3] 钱𰀁《甲申传信录》卷五。

的，对官员的大批屠戮和谪戍是在坐稳了皇帝的宝座以后。周钟的比拟并不适当，只是反映了被大顺政权录用的少数官员的一种希望。总之，李自成等大顺军领导人未能依据客观形势的变化及时调整政策，在接管区内大搞追赃助饷，把业已倒向自己的官绅地主推回到敌对地位，是极不明智的。当人们津津乐道"闯王进京"后如何如何腐化变质终于导致"群众"不满，归于失败的时候，本书作者却认为正是由于以李自成为首的大顺政权没有完成封建化的质变，才被汉族官绅勾结满洲贵族所扼杀。

在军事部署上，也突出地反映了李自成等大顺军领导人缺乏战略眼光。从万历末年起辽东的满洲贵族军事力量日益崛起，成为明朝廷棘手的课题，而明末农民战争的全过程又是同明清之战交织进行的。为了抵御满洲贵族的进犯，明朝廷多次从陕西三边抽调兵将。按情理说，李自成在西安决策大举东征，以推翻明王朝为目标时，就应当对下一步迎战清军做到胸有成竹。事实却完全相反，他几乎没有意识到清军将是同自己争夺天下的主要对手。这首先表现在他在北京地区集结的军队不足以抵御清军大规模的进犯。大批主力部队分布在西北、湖广襄阳等四府、河南等地；进占山西、畿辅、山东以后，兵力进一步分散。这种部署对于稳定大顺政权统治区的局势虽然有积极作用，但是分兵驻防的结果势必造成在京师和京东地区缺乏足够的兵力。例如，李自成在湖广荆襄地区部署了以大将白旺为首的七万兵马，当大顺军向北京推进时，明军左良玉部乘机进攻湖广承天、德安；河南刘洪起等地主武装也同左良玉相呼应，颠覆当地的大顺政权。白旺上书请援，李自成即当决定派绵侯袁宗第带领一支相当庞大的军队由陕西奔赴湖广先击败左良玉部，随即北上河南平定了叛乱，直到大顺军在山海关战败，袁宗第和白旺的军队仍滞留于河南与湖广。这种局部的胜利只是导致了全局的失败。白旺七万之众完全可以牵制住左良玉部，不在于一城一地的得失，袁宗第所统右营为大顺军攻城野战的五大主力之一，本应调到北京地区，等到稳定辽东局势以后再回头收拾左良玉等手下败将，是易如翻掌的。李自成计不出此，说明他对用兵的轻重缓急缺乏战略头脑。

占领北京以后，李自成的麻痹轻敌思想进一步暴露出来。当时他身边的军队总数大约有十万人，受封侯爵的大将有刘宗敏、李过、刘芳亮、张鼐、谷英，加上明朝投降过来的军队，兵力也还可观。然而奇怪的是，李自成在大同留下了大将张天琳镇守，在真定委任了大将马重僖为节度使，唯独在京东山海关一带没有派遣"老本"嫡系大将去镇守。他的着眼点仅限于招降撤入关内的吴三桂、黎玉田和关门总兵高第，对关外虎视眈眈的清军却置之度外。开初，李自成对吴三桂、黎玉田率领的辽东官兵和山海关总兵高第的招降进行得很顺利，吴三桂在大顺政权"许以父子封侯"的条件下同黎玉田、高第一道归附大顺政权，吴三桂奉李自成之命率部由永平府前往北京"朝见新主"；黎玉田被委任为大顺政权四川节度使。李自成在招降了辽东和关门明朝官军后，似乎认为京东的问题已经解决，对清廷出兵干涉的危险毫无认识。他在山海关地区的军事部署只是派了几天以前在居庸关投降的明朝总兵唐通率领原部八千兵马接管山海关防务，而没有派大顺军嫡系大将出镇该地区。从他下令吴三桂率部进京和派原驻畿辅地区的明朝投降总兵马科率原部一万兵马同黎玉田一道远征四川来看，他根本没有料到清廷对明朝覆亡必然有分羹之心。似乎在他看来清兵在辽东的用兵和三次深入内地都是明朝的事，大顺政权从未同清军交锋，彼此无冤无仇，可以相安无事。也许是出于这种天真的考虑，他既不派大顺军主力前往山海关一带布防，又把同清军作战最有经验和实力的吴三桂部调来北京（召吴三桂本人入见是一回事，命其率部赴京又是一回事。联系到李自成命马科率部前往四川，很可能是想让吴三桂率部执行南下之类的任务），充分说明李自成对清军即将参加逐鹿中原的严峻形势毫无认识。即使不发生吴三桂叛变，仅凭唐通八千兵马也绝对抵挡不住清军的进犯。何况，李自成进京后，如果对吴三桂安抚得当，并立即派遣大顺军高级将领率主力协同吴军镇守山海关一带，吴三桂叛变的可能性很小，京东的局势也将比较稳定。

许多人轻信了封建史籍对大顺军的污蔑之词，断言李自成进京后领导集团腐化变质，丧失民心，终归失败。这种观点完全不符合事实。且不说不少亲历甲申燕京之变的人士记载大顺军在京期间纪律严明；就以时间而言，三月十九日大顺军进京，四月初十日左右得知吴三桂率部叛变回军攻占山海关，十三日晨李自成、刘宗敏亲率大军离京平叛，其间最大时限为二十三天。中国历史上许多王朝肇建伊始欣欣向荣，若干年之后壮志消磨，出现文恬武嬉的局面；却没有听说过在二十天左右就腐化得丧失战斗力的。再说，大顺军失败撤离北京后，清军入京立即将北京中、东、西三城居民全部逐出，下令剃头，总不会更得民心吧，为什么没有失败呢？可见，大顺政权之所以站不住脚，不是因为领导层变质，失去贫苦群众的支持；恰恰相反，由于它尚未完成质变，继续执行打击官绅地主的政策，引起缙绅们的强烈不满，因而不可能稳定自己的统治区，把汉族各阶层人士结成抗清的一致势力。军事上部署的失误又导致满洲贵族得以勾结汉族官绅，构成对大顺军压倒性的优势。说李自成等大顺军领导人因骄致败，是指他们目光短浅，骄傲轻敌；而绝不能

013

解释为他们骄奢淫逸。明清之际，中国向何处去？这是历史上的一个重大问题，正确地总结这段历史，才能吸取经验教训，有效地利用我国丰富的社会、政治、军事遗产。

第三节　吴三桂叛变与山海关之战

吴三桂，辽东中后所人（今辽宁省绥中县）[1]，出身辽东军阀世家。他的父亲吴襄、舅父祖大寿[2]都曾任明朝总兵，同当地的将领官绅有着盘根错节的关系。由于祖大寿和三桂之兄吴三凤等明朝将领先后降清，吴三桂和他的部属又与清方营垒增添了一层暧昧关系。1644年三月，他被崇祯帝加封为平西伯，率部进关勤王，由于放弃关外土地，官绅家属和相当一部分辽东百姓跟随进关，安插未定，明朝就覆亡了。摆在吴三桂面前的形势是严峻的，他同山海关总兵（又称关门总兵）高第一共只有五万之众，在明末盛行的"家丁"制度下，其中真正能征敢战、装备较佳的兵马只占少数。他们局促于关内永平府一隅之地，处于清、顺两大新兴势力之间，继续效忠明室是不现实的，因为以朱由检为首的明廷已经不存在，弘光朝廷还没有建立，他

---

[1] 顺治五年二月十五日吴三桂"为恳请天恩事"揭帖称"本藩生于辽，长于辽，有祖先坟园葬立中后"，见《明清档案》第七册，A7—115号。《清史列传》卷八十，《吴三桂传》说他是"辽东人"，过于笼统。《清史稿》卷四百七十四，《吴三桂传》云："吴三桂，字长伯，江南高邮人，籍辽东。"这里说的江南高邮人，是指他祖上从军以前的原籍，传至吴襄、吴三桂已无实际意义。三桂字月所，写作"字长伯"亦误。

[2] 按，祖氏为吴三桂继母，见《清世祖实录》卷二十一，顺治二年十一月吴三桂奏言。吴襄原任明辽东总兵，直到崇祯十六年底才调回北京，见崇祯十六年十一月十三日兵部塘报，《明清史料》乙编，第六本，第五七四页。

们同淮河以南的残明势力相距太远、音信不通，可走的道路就只有在降顺、降清之间做出选择。

清廷对吴三桂进行招降是比较早的，1642年（明崇祯十五年、清崇德七年）四月，清军攻克松山、锦州后，皇太极就致书吴三桂告以其舅氏祖大乐、祖大寿等"因系将军之戚"俱获保全，劝他"翻然悔悟，决计归顺"。又命三桂之兄吴三凤及祖可法、张存仁、裴国珍、胡弘先、姜新、陈邦选等以亲属、旧谊的关系写信晓以利害，竭力劝说其降清[1]。十月，皇太极再次致书吴三桂："大清国皇帝敕谕宁远城吴大将军：今者明祚衰微，将军已洞悉矣。将军与朕，素无仇隙，而将军之亲戚，俱在朕处。惟将军相时度势，早为之计可也。"同时，又命祖大寿写信给吴三桂道：

> 宁锦间隔，不相通问者岁余矣。春时松山、锦州相继失陷，以为老身必死无疑。不期大清皇帝天纵仁圣，不但不加诛戮，反蒙加恩厚养。我祖氏一门以及亲戚属员，皆沾渥泽。而洪总督、朱粮厅辈亦叨遇优隆。自至沈阳以来，解衣推食，仆从田庐，无所不备，我已得其所矣，奉贤甥勿以为虑，但未知故乡光景何如耳。以愚意度之，各镇集兵来援辽左，未一月而四城失陷，全军覆没，人事如此，天意可知。贤甥当世豪杰，岂智不及此耶？再观大清规模形势，将来必成大事。际此延揽之会，正豪杰择主之

---

[1]《清太宗实录》卷六十，除皇太极敕谕外，收有张存仁、祖可法、裴国珍、吴三凤、胡弘先书信的主要内容。陈邦选、姜新书信见《明清史料》丙编，第一本，第八十五、八十六页。

时，若率城来归，定有分茅裂土之封，功名富贵，不待言也。念系骨肉至亲，故尔披肝沥胆，非为大清之说客耳。惟贤甥熟思之。虎骨靶小刀一柄，是贤甥素常见者，故寄以取信。[1]

次年正月，吴三桂给祖大寿的回信"犹豫未决"。皇太极再次致书劝他"急图归顺，勉立功名"[2]。然而，在一年多时间里，吴三桂自觉回旋余地尚大，并没有接受清廷的招降。

到1644年三月明亡之时，吴三桂等撤入关内的辽东官员却很快决定接受大顺政权的招降。做出这一抉择首先是因为吴三桂等人获悉大批明朝文官武将都归附了大顺，其中不少人（如唐通、白广恩）在过去辽东战事中曾同吴三桂共事，大顺政权已是众望所归，颇有统一天下之势；其次，大顺政权同明王朝一样是以汉族为主体的政权，吴三桂等辽东官绅军民更易于接受；第三，吴三桂所部辽东官兵一直处于同清军对峙的地位，而同大顺军并没有多大恩怨，即如史籍所说："以清兵仇杀多次，不欲返颜，乃修表谋归李贼。"[3]第四，就个人前途着想，吴三桂虽有一部分亲属降清，但他的父母等直系亲属居住在北京已处于大顺政权控制之下，归降或敌视大顺政权必将直接影响到他们的命运。何况，曾在辽东共事的总兵白广恩、姜瓖、马科、唐通等人都已跻身于大顺朝新贵之列，唐通兵力远逊于其，三月间才投向大顺就受封为定西伯，由他出面劝降，"盛夸自成礼贤，啖以父子

---

[1] 《清太宗实录》卷六十三。
[2] 《清太宗实录》卷六十四。
[3] 《吴三桂纪略》，见《辛巳丛编》。

封侯"[1]，对吴三桂有很大的吸引力。正是由于以上原因，吴三桂、黎玉田、高第迅速决定投靠大顺政权。山海关防务由李自成派来的唐通接管[2]。

三月二十二日，吴三桂在永平府（府治在今河北省卢龙县）张贴告示，有"本镇率所部朝见新主，所过秋毫无犯，尔民不必惊恐"等语[3]，证明他已率领部下兵马前往北京准备接受李自成的新命了。三月二十六日左右，吴军行至河北玉田县，离北京已经不远了，吴三桂突然改变主意，由投降大顺转持敌对态度。产生这一急剧变化的原因在史籍中有三种说法：一是吴三桂听说他的父亲吴襄被大顺政权拘捕追赃[4]，一是误信从京中私自逃出的奴仆谎报吴襄全家被大顺军抄没[5]，第三种被人们津津乐道的说法是吴三桂留在北京的爱妾陈圆圆

---

[1] 《清史列传》卷七十九，《唐通传》。
[2] 顺治元年六月山海关总兵高第"为钦奉令旨恭报挑过兵马实数仰祈睿鉴事"揭帖（原件藏第一档案馆）中明确讲到"伪镇唐通"调取关镇马匹和关门兵丁"投顺流寇"。高第上疏时距山海关战役不过一个多月，完全可以证明唐通接管了山海关防务，并且又证明了吴三桂、高第等辽东、关门兵将确实一度投降了大顺政权。
[3] 《吴三桂纪略》，见《辛巳丛编》。
[4] 张怡《謏闻续笔》卷一记：吴三桂"闻其父大将军襄为所系，索饷二十万，乃惊曰：此诱我，剪所忌耳。乃率兵还。"杨士聪《甲申核真略》记："吴襄者，三桂父也，在京为都督，被获将夹，复宥而宴之。吴知终不免，遣人贻书于子云。"下文又说："吴襄书达三桂，并不言被夹，而赍书人误传已夹。三桂大痛愤，以道里日期计襄必死矣。"
[5] 彭孙贻《流寇志》（即《平寇志》）卷十一记载他听人转述吴三桂的幕客讲，吴三桂已决策投降李自成，"至永平，遇父襄苍头与一姬连骑东奔，惊问之，则襄姬与苍头通，乘乱窃而逃，诡对三桂曰：'老将军被收，一门皆为卤，独与姬得脱，东归报将军，将军速为计。'三桂乃翻然复走山海，拥兵自守，使人乞师，共击贼也"。谈迁《国榷》卷一百一云："吴三桂讹闻父襄遇害，即日自玉田还山海关。"

（又名陈沅）为大顺军将领所掠，于是"冲冠一怒为红颜"[1]。真实情况已难考定。吴三桂投降大顺，本意是维护和扩张自身利益，从北京传来的消息使他疑窦顿生，猜测李自成的召见很可能是一种骗局，将对自己采取不利行动。于是，他骤然变卦，带领部下兵马直奔山海关，从背后对镇守关门的唐通部发起突然袭击。唐通的兵力大约只是吴三桂部的五分之一，加以变生意外，猝不及防，山海关遂被吴三桂占领。唐通率残部撤往离山海关不远名叫一片石的地方，大顺政权委任的其他官员也纷纷逃回[2]。

吴三桂的叛变，使山海关地区顿时彤云密布，笼罩着一片紧张的战争气氛。当地人士佘一元《述旧事诗》云"吴帅旋关日，文武尽辞行。士女争骇窜，农商互震惊"[3]，真切地反映了百姓们的惶惧不安。跟吴三桂采取同一立场的只有原山海关总兵高第和卫城（清代的临榆县）一小撮缙绅地主。关、辽两镇兵力合计不过五万，山海关一隅之地又难以筹措粮饷，"维时内无军需，外无援旅，人心汹汹，不保朝夕"[4]。吴三桂当然明白凭借这一点军事和经济实力根本不足以同大顺政权抗衡，更谈不上在顺、清夹缝中求生存。他决定回师夺取山海关实际上意味着他在同大顺政权决裂之时已经把投靠清廷作为出路。为了给自己增添一些本钱，他不是率部出关以丧家之犬的形象

---

[1] 吴伟业《圆圆曲》，见《吴梅村诗集笺注》卷十；参见钱𰚾《甲申传信录》卷八，《吴三桂入关之由》。

[2] 佘一元《哭李赤仙二律》诗序中说："平西伯中途闻变，旋师山海，各官星散。"见光绪四年《临榆县志》卷二十。

[3] 光绪四年《临榆县志》卷九，《舆地编四·纪要》。

[4] 光绪四年《临榆县志》卷二十，佘一元《哭李赤仙二律》序，其《述旧事诗五首》之三亦云："仓库净如洗，室家奔匿多。关辽五万众，庚癸呼如何？"

向清方投降，而是玩弄手腕，一面"遣人东乞王师"，以京东要塞山海关城为见面礼；一面"遣人给贼缓师"，"以待本朝大兵"[1]。

李自成获悉吴三桂叛变占领山海关的消息后，经过紧张的商议，决定一面安抚吴襄，以吴襄的名义写信规劝吴三桂，希望借父子之情使他幡然变计；一面做好武力解决的准备，出兵平叛。四月十三日晨，李自成、刘宗敏亲自统率大军向山海关进发。随行的有明朝太子朱慈烺、永王、定王、晋王、秦王和吴襄等人，这说明李自成仍希望通过君、亲之义招降吴三桂。然而，由于吴三桂同清方勾结已成定局，招降的可能性不复存在了。

同李自成的麻痹大意相反，清廷统治者并不满足于占领辽东，随着明王朝的急剧衰微，他们趁火打劫的野心迅速膨胀起来，初期是想同农民军瓜分明帝国。皇太极去世前不久，对天下大势已做出了相当准确的判断，他说："以朕度之，明有必亡之兆。何以言之？彼流寇内讧，土贼蜂起，或百万，或三四十万，攻城略地，莫可止遏。明所恃者惟祖大寿之兵，并锦州、松山之兵，及洪承畴所领各省援兵耳，今皆败亡已尽，即有召募新兵，亦仅可充数，安能拒战？明之将卒，岂但不能敌我，反自行剽掠，自残人民，行赂朝臣，诈为己功；朝臣专尚奸谀，蔽主耳目，私纳贿赂，罚及无罪，赏及无功。以此观之，明之必亡昭然矣。"[2]在这以前，他命多罗饶余贝勒阿巴泰为奉命大将军统兵伐明时就曾指示："如遇流寇，宜云尔等见明政紊乱，激而成变。我国来征，亦正为此。以善言抚谕之。申戒士卒，勿

---

[1] 光绪四年《临榆县志》卷二十一，《事实编四·乡型下》，程儒珍《关门举义诸公记》。

[2] 《清太宗实录》卷六十五。

误杀彼一二人，致与交恶。"[1]由此可以窥知清廷早已处心积虑利用汉族内部阶级拼斗谋取渔翁之利。1643年八月皇太极病死，幼子福临即位，清廷实权落入摄政王多尔衮手中。次年正月，蒙古鄂尔多斯部落来告大顺军已经占领陕西[2]，多尔衮等立即在正月二十七日派使者往陕北同大顺军联络，信中说："大清国皇帝致书于西据明地之诸帅：……兹者致书，欲与诸公协谋同力，并取中原，倘混一区宇，富贵共之矣。不知尊意何如耳。惟速驰书使，倾怀以告，是诚至愿也。"[3]大顺军榆林守将王良智收到来信时，李自成已亲统大军向北京推进。王良智虽将清廷来信一事报告了李自成，但大顺军领导人对清廷统治者急切于分享胜利果实的企图并没有给以重视。

联络大顺军共同灭明的图谋既未达成，多尔衮等清廷统治者也绝不肯放过扩张自身利益的良机。这年三月，清廷决定大举伐明。出师之前，范文程上书摄政诸王，指出明朝灭亡的大势已定，"窃惟成大业以垂休万世者此时，失机会而贻悔将来者亦此时"。"盖以为明劲敌者我国也，抑则流寇也。正如秦失其鹿，楚、汉逐之。虽与明争天下，实与流寇角也。"[4]这就为多尔衮等人用兵提供了总体战略方针。四月初，传来了大顺军攻克北京、明廷覆亡的消息。多尔衮决定趁大顺军立脚未稳，迅速出兵。当时在清都沈阳的朝鲜使者向本国报告说："顷日九王（指多尔衮）闻中国本坐空虚，数日之内，急聚兵马而行。男丁七十以下，十岁以上，无不从军。成败之判，在此一

---

[1] 《清太宗实录》卷六十三。
[2] 《清世祖实录》卷三。
[3] 《明清史料》丙编，第一本，第八十九页。
[4] 缪荃孙《云自在龛笔记》所载有徐元文、韩菼跋文的范文程启本；参见《清世祖实录》卷四。

举。"[1]四月初九日，清摄政睿亲王多尔衮"统领满洲、蒙古兵三之二及汉军恭顺等三王、续顺公兵，声炮起行"[2]。动员兵力之多连清方人士也说"前后兴师，未有如今日之大举"[3]。清廷这次出兵同崇祯年间三次入口大不一样，战略目的已由掠夺财物子女变为进取中原。因此，多尔衮接受范文程、洪承畴的建议，严格约束军纪，规定"有抗拒者必加诛戮，不屠人民，不焚庐舍，不掠财物……军民秋毫无犯"[4]。进军路线则采纳了洪承畴的意见，准备由蓟州、密云破边墙而入，避免顿兵山海关坚城之下。

四月十五日，清军行至翁后，意外地遇上了吴三桂的使者副将杨珅、游击郭云龙，携带求援书信，内云："三桂受国厚恩，悯斯民之罹难，拒守边门，欲兴师问罪，以慰人心。奈京东地小，兵力未集，特泣血求助。……王以盖世英雄，值此摧枯拉朽之会，诚难再得之时也。乞念亡国孤臣忠义之言，速选精兵，直入中协、西协；三桂自率所部，合兵以抵都门，灭流寇于宫廷，示大义于中国。则我朝之报北朝岂惟财帛，将裂地以酬，不敢食言。"[5]多尔衮当即决定改变进军路线，直趋山海关。他在回信中说："伯虽向守辽东，与我为敌，今亦勿因前故尚复怀疑。……今伯若率众来归，必封以故土，晋为藩王，一则国仇得报，一则身家可保，世世子孙长享富贵，如山河之永也。"[6]很明显，吴三桂的信在措辞上经过斟酌，以明朝孤臣的

---

[1] 吴晗辑《朝鲜李朝实录中的中国史料》上编，卷五十八。
[2] 《清世祖实录》卷四。
[3] 吴晗辑《朝鲜李朝实录中的中国史料》上编，卷五十八。
[4] 《清世祖实录》卷四。
[5] 《清世祖实录》卷四。
[6] 《清世祖实录》卷四。

名义请求清方合兵共讨农民军，尽管当时明朝廷并不存在，"裂地以酬"也不是他所能决定的，无非是为自己投靠清朝蒙上一层遮羞布而已。多尔衮洞察其心，直截了当地以晋封藩王为诱饵，招降吴三桂。到吴三桂得知李自成亲统大顺军主力迫近山海关，再次派郭云龙催促清军火速来援时，就请求多尔衮"速整虎旅，直入山海"[1]。四月二十日，多尔衮接信知道形势紧迫，为了防止大顺军占领山海关，下令兼程前进。次日，清军以一天二百里的速度急行军，于当晚到达距关城十里的地方驻营。这时，大顺军与吴三桂、高第部关、辽兵正在激战之中。

为了明白山海关战役的胜负，分析一下参战各方兵力情况是必要的。大顺军开赴山海关时留下了老弱兵员一万守北京，随李自成、刘宗敏前往平叛的兵马为十万名[2]；吴三桂、高第的关、辽兵合计约为五万；而清军当时的全部兵力为十万[3]，除了摄政郑亲王济尔哈朗率领满、蒙八旗军队三分之一留守沈阳一带外，多尔衮所统满、蒙、汉军队为七八万人。自然，在三支军队中清军战斗力最强；吴三桂部是原明朝官军中的精锐；大顺军是自1641年（崇祯十四年）迅速扩展起来的队伍，大部分兵员素质不如清方，但是，他们是一股新兴势

---

[1]　《清世祖实录》卷四。
[2]　大顺军出征山海关的兵马数各书记载相距甚大，清方档案和《清实录》都说是二十万人；有的史籍说只有六万人。时山海关人佘一元《山海石河西义冢记》说战役中"凡杀数万人……然所杀间多胁从及近乡驱迫供刍粮之民，非尽寇盗也"。见佘一元《潜沧集》卷三，又见康熙八年《山海关志》卷九。可见，清方所记二十万除有夸大之处，还把大顺政权征发的民夫计算在内。
[3]　《大义觉迷录》卷一载雍正"上谕"说："至世祖章皇帝入京师时，兵亦不过十万。夫以十万之众，而服十五省之天下，岂人力所能强哉！……其时统领士卒者，即明之将弁；披坚执锐者，即明之甲兵也。"

力，纪律严明，富于朝气，不像明朝官军那样腐败。由此可见，集结在北京地区的大顺军击破吴三桂、高第部原明朝关、辽兵是绰有余裕的；很可能李自成入京之时调集的兵力也仅满足于此。而介于顺、清之间的吴三桂部则具有举足轻重之势：降顺则李自成的兵力约为来犯之清兵两倍，而且山海关要隘不致拱手让敌，即便在同清军作战中局部失利，大顺政权可征调的增援兵力较清方要大得多；吴三桂叛投清方，双方兵力对比和态势就颠倒过来，清、吴联军在数量上也占了优势。大顺政权在政治、军事上的失策，导致了山海关战役的失败和北京、畿辅、山东等地的易手。

四月十三日晨，大顺军由北京向山海关进发。行至三河县遇到了吴三桂派来的使者，谎称吴三桂仍愿意投诚，请求缓师[1]。在这关键时刻，李自成又一次受骗了，他派明朝降官密云巡抚王则尧以兵政府尚书的官衔去山海关同吴三桂谈判，随即放慢了进军速度。从北京到山海关大约五天可达，大顺军却在八天之后即四月二十日才进抵关西。这时，才知道王则尧已被拘押，吴三桂和高第的军队在关内沿石河一线做好了作战准备，除了武力解决，没有招降余地了。四月二十一日上午辰时（约为八时），山海关战役开始[2]。李自成为了全歼关辽兵，防止吴三桂部被击败后引残部出关降清，做出用兵部署：把主力放在石河西，另外派遣部分军队包抄至关内外，进攻山海关的东罗城、西罗城、北翼城。双方激战一昼夜，到二十二日上午吴三桂

---

[1] 光绪四年《临榆县志》卷十九，《事实编二·乡型上》记："时议诈降缓贼，以待本朝大兵。"所派之人为高选、李友松、谭邃寰、刘克望四生员及刘占山、黄镇庵二乡耆，参见同书卷二十一，《事实编四·乡型下》及光绪《永平府志》卷六十五。
[2] 康熙八年《山海关志》卷五，《政事志·兵警》。

军已有不支之势，据守北翼城的一支吴军向大顺军投降[1]。

吴三桂见情况危急，亲自带领部分兵马和当地乡绅冲出关门，请清军立即参战。多尔衮统率的清军二十一日晚驻营距关城十里，二十二日晨进至离关城仅二里的威远台（在名叫欢喜岭的小丘陵上，今名威远城，实误）观战[2]。经过几天的使者往返和亲身考察，多尔衮对吴三桂的处境和降清诚意已洞然于心。吴三桂到后当即"赐坐赐茶，面谕关门为第一功"[3]。他对吴三桂等官绅说道："汝等愿为故主复仇，大义可嘉。予领兵来成全其美。先帝时事，在今日不必言，亦不忍言。但昔为敌国，今为一家。我兵进关，若动人一株草、一颗粒，定以军法处死。汝等分谕大小居民勿得惊慌。"[4]接着又吩咐吴三桂："尔回，可令尔兵以白布系肩为号。不然，同系汉人，以何为辨？恐致误杀。"[5]说完，让吴三桂立即回关准备接应，同时下令清军从南水门、北水门、关中门三路进关。

---

[1] 李光涛《明清档案论文集》中反复论证即使没有清兵助战，吴三桂军"足以制贼"，李自成"必败无疑"，见全书"自序"、第八页、三十九页、八十页、八十一页、七〇〇至七一〇页，台湾联经出版事业公司1986年版。李氏立论完全凭借山海关战役后吴三桂部下将领、义勇绅衿争功文书，似乎连《山海关志》《临榆县志》以及当时当地人佘一元等人著作全未参考。事实上，二十二日上午吴军已有瓦解之势，吴三桂深知危险，亲自率领数百骑同关城绅衿吕鸣章等冲出关外，至欢喜岭上的威远台叩见多尔衮，请求立刻出兵相救。"方见时，忽报北翼城一军叛降贼"（康熙八年《山海关志》卷五，《政事志·兵警》）。李氏之见，偏颇太甚。

[2] 佘一元《述旧事诗》云："清晨王师至，驻旌威远台。平西招我辈，出见勿迟回。"见光绪四年《临榆县志》卷九。

[3] 顺治元年七月督理山海粮储户部员外郎吕鸣章等启本，见《顺治元年内外官署奏疏》。

[4] 康熙八年《山海关志》卷五。

[5] 《清世祖实录》卷四。

清兵进关后,见大顺军从北山至海边排列成一字长蛇阵,多尔衮即令清军沿近海处鳞次布列,吴三桂军排列于清军的右边,采取重点突破战术。这时正值大风扬尘,能见度很低,清军得以从容布阵。少顷,风止,多尔衮一声令下,清军呼啸出击,万马奔腾,飞矢如蝗。大顺军虽拼死抵抗,但强弱易形,兵员同吴三桂军已鏖战一昼夜,面对以逸待劳的清军很快就被击败,阵容大乱,大将刘宗敏也负了伤。李自成立马小岗阜上见败局已定,下令急速撤退[1]。行至永平府范家店时,李自成决定将吴襄处斩[2]。二十六日,回到北京,又杀吴三桂家属三十四口,可见李自成对吴三桂的勾引清兵、叛变欺诈极为痛恨。而吴三桂却在山海关战役刚刚结束就率领关辽军民剃发降清,由多尔衮承制封为平西王。

山海关战役是明清之际直接影响全国局势发展的一场关键性战役,对于推翻明朝后究竟是大顺朝廷还是清朝廷统治全国关系重大。战役的结果是清胜顺败,根本原因在于李自成等大顺军领导人目光短浅,政策和战略上犯了一系列重大错误。山海关战役的意义标志着:一、大顺军的历史使命从此由推翻明王朝转变为抗清斗争;二、清廷统治者梦寐以求的入主中原迈出了关键的一步;三、以吴三桂为倡首在汉族官绅中迅速形成了一股不可忽视的拥清派。

---

[1] 不少史籍记载清军投入战斗以前,大顺军毫无觉察,等到发现突阵而来的是清军,立即失魂落魄地奔逃。这和当时情况不符。大顺军同吴三桂部作战时包围了山海关,吴三桂往威远台请清军参战时是"冲"过大顺军阵地的,清军随即入关,大顺军不可能不知道。问题是获悉清军进至山海关地区,大顺军领导人已来不及撤调援军,只有凭手头兵力付之一掷了。

[2] 乾隆三十九年《永平府志》卷三,《封域志·纪事》。

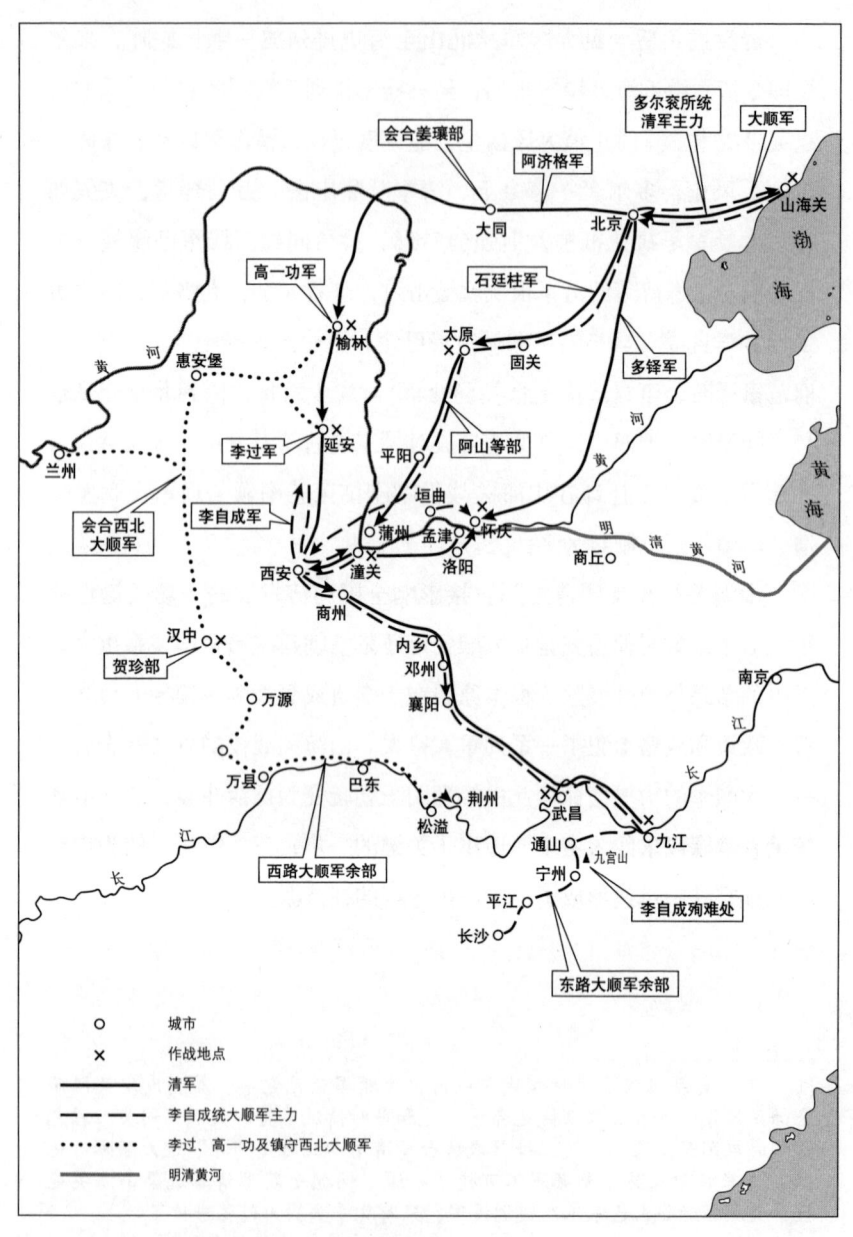

1644—1645年清军与大顺军作战图

第四节　清军占领北京和大顺军西撤

大顺军败回北京以后,李自成曾经考虑过据守北京,二十七、二十八两日采取了备战措施,责令军民火速拆除城外羊马墙及护城河旁房屋[1]。但是,经过斟酌,大顺军领导人终于决定放弃北京,主动西撤。这是因为大顺军在北京地区不可能集中一支足以固守待援的兵力,跟踪而来的清军一旦围城,大顺政权的领导人物和败回兵将就可能成为瓮中之鳖;加上城内居民亲眼看到大顺军败阵而回的狼狈情况,讹言四起,潜在的敌对势力也待衅而动。在这种形势下,李自成断然决定二十九日在北京举行即位典礼后,立即率部西撤。离京前"分付阖城人民,俱各出城避难"[2],同时下令放火焚毁明代宫殿和各门城楼。大顺军撤退时,"城中扶老携幼西奔者络绎不绝",一些明朝降官如龚鼎孳、涂必泓等人也自动随军西行[3]。这说明大顺政权在当时仍有相当威望,城中官民对此后局势的变化尚难逆料。

清军在山海关地区做了短暂的休整,即向北京进发。四月三十日晚上,多尔衮在蓟州获悉大顺军已经撤离北京,命令多铎、阿济格和吴三桂等带领精兵火速追击,目的是进一步重创大顺军,尽量截留被大顺军运走的金银财物。他自己率领部分兵力于五月初二日由朝阳门进入北京。当时北京城里的官绅士民并不清楚吴三桂已经投降清朝等情况,纷纷传说吴军杀败大顺军,夺回明太子朱慈烺,即将送回北京即位,因此准备了皇帝的卤簿法驾出城迎接。没想到昂然而来的是

---

[1] 杨士聪《甲申核真略》记此事云,"恐东兵攻城,故亟去之"。他本人也被抓去城外拆羊马墙。

[2] 李天根《爝火录》卷三引当时塘报。

[3] 徐应芬(聋道人)《遇变纪略》。

清摄政王多尔衮,许多人大吃一惊偷偷溜走,少数官僚则将错就错地把多尔衮迎入劫后仅存的武英殿,拜倒在爱新觉罗皇室脚下。

五月初八日,清军在庆都(今河北省望都县)城东追上大顺军。李自成命蕲侯谷英率兵阻击,被清军击败,谷英阵亡。接着,清军又在真定(今河北省正定县)再次获胜。大顺军在畿辅已无法立足,经井陉退入山西,留精兵扼守固关[1]。追击的清军于五月十二日返回北京。

京师的再次易手,在明朝官绅中又一次造成重大的影响。大顺军进京时绝大部分明朝官绅都报名请用,清兵占领北京后相当一批汉族官绅出于民族隔阂不愿出仕清朝,纷纷南下。杨士聪在一封信中就说:"弟联艎南来缙绅不下百余人";"昨闻泛海诸臣,漂没者七十余艘。乐哉诸臣,幸得免于一留再留"[2],其他先后南窜的官员为数当更多。顺治元年七月清吏部左侍郎沈惟炳在奏疏中写道:"大清入来,规模宏大,安民和众,恩已着矣。而京官南去不返,似怀避地之心;高人决志林藏,似多避世之举。见在列署落落晨星,何以集事而襄泰运哉。"他建议"急行征聘,先收人望","此兴朝第一急务也"[3]。在争取汉族缙绅势力上,清廷显然技高一筹。大顺政权的追赃助饷,随后建立的南明弘光政权又以从逆的罪名追究南逃官绅曾经投降"闯贼"而大兴"顺案",都使相当一部分官绅大失所望,另寻出路。多尔衮进京初期比较谨慎,遇事多听从范文程、洪承畴等汉族

---

[1] 边大绶《虎口余生记》。
[2] 《甲申核真略》附《答孙兴公书》,所谓"一留再留"是出仕大顺和清朝的一种隐晦说法。
[3] 顺治元年七月吏部左侍郎沈惟炳揭帖,见《明清史料》甲编,第一本,第六十九页。

官僚的建议。为了取得汉族官绅地主的支持,他以为明帝复仇讨贼相标榜,进京后的第三天就下令:"官民人等为崇祯帝服丧三日,以展舆情。著礼部、太常寺备帝礼具葬。"[1]鉴于明朝后期党争激烈,在京的明朝官僚绝大多数又投降过大顺政权,多尔衮不失时机地广为招徕,入京之初就"大张榜示,与诸朝绅荡涤前秽"[2]。"令在京内阁、六部、都察院等衙门官员,俱以原官同满官一体办事"[3]。不久又进一步明确宣布:"凡文武官员军民人等,不论原属流贼,或为流贼逼勒投降者,若能归服我朝,仍准录用。"[4]这就是说不管是东林—复社党人还是魏忠贤阉党,是明朝官员还是大顺政权官员,只要归附清朝就官复原职,甚至加官晋级。其中突出的例子如涿州人冯铨在天启年间依附魏忠贤,爬到大学士,崇祯初革职为民,多尔衮入京后即以书征至,委任为内院大学士,而且因为他熟悉朝廷典故排名第一,位列范文程、刚林、祁充格、宁完我之前。冯铨受宠若惊,请求将名次移后,多尔衮说:"国家尊贤敬客,卿其勿让。"[5]陈名夏在大顺军进京后曾报名任职,清军入关他逃回南方,却被南明弘光朝廷视为"从贼逆臣",要捉拿归案,他走投无路被迫重返北京投靠清廷,历任显官,一直做到大学士。顺治初年,清吏部向朝廷请示:周伯达在明朝任陕西关西道,在大顺政权中任甘肃节度使;刘达原为明朝临汾知县,大顺时期任巡按河南直指使,究竟应按明朝官级还是按

---

[1] 《清世祖实录》卷五。
[2] 徐应芬《遇变纪略》。
[3] 《清世祖实录》卷五。
[4] 《清世祖实录》卷八。
[5] 《清史列传》卷七十九,《冯铨传》。

大顺官级授职？清廷决定按大顺所授较高官职录用[1]。陈之龙在明朝为监军道，大顺政权委任为宁夏节度使，降清后仍任巡抚[2]。黄尔性在崇祯末年任明朝汉中府通判，大顺政权授职"道员"（防御使），降清后被英亲王阿济格委任为宁夏巡抚；富平县举人赵兆麟归附大顺政权后，仕至神木道（神木防御使），降清后也由阿济格委任为郧阳抚院。顺治三年正月，清廷吏部建议把他们降为道级官员，摄政王多尔衮裁决仍以"都堂"（巡抚）任用[3]。多尔衮还经常命降清的汉族官员荐举人才，形成门生旧友相率入朝的局面。自从明朝中叶以来，缙绅势力迅速膨胀，成为各地举足轻重的社会力量。多尔衮采取大包大揽、求"贤"若渴的方针，就奠定清朝统治而言是最成功的一着。1645年（清顺治二年、明弘光元年）正月，吏科都给事中朱徽在一份奏疏中说："去岁五、六月间，人心粗定，引避者多，寮署一空，班行落寞。及摄政殿下宽仁好善之意，播于远迩，暨圣主膺篆御图以后（指上年十月清帝爱新觉罗·福临在北京即位），瑞叶天人，然后东西响应，多士云集，乃有今日，岂易易哉。"[4]这段话颇能说明清廷为争取汉族官绅的支持确实煞费功夫，效果也是很明显的。

在经济上，清廷也实行维护官绅地主利益的政策，宣布凡被起义农民夺去的田产一律"归还本主"[5]。甚至连"前朝勋戚赐田、已

---

[1]《清世祖实录》卷二十五。按，原文把周伯达的官职写作甘肃巡抚，刘达为两河巡按御史，是以明清官制来称呼大顺同级官员的。

[2] 陈之龙降清之初被英亲王阿济格委任为陕西三边总督，见《明清史料》甲编，第二本，第一○四页；不久改任凤阳巡抚。

[3]《清初内国史院满文档案译编》中册，第二五六页。

[4]《明清档案》第二册，A2—119号，参见《清世祖实录》卷十三。

[5]《清世祖实录》卷十五。

业，俱备照旧"[1]。同时规定各地征收田赋一律按万历年间册籍，停征崇祯时期加征的辽饷、剿饷和练饷。对于明朝世代受匠籍制度束缚的手工业工人也全部放免，取消他们对封建官府的人身依附关系。1645年（顺治二年）五月下诏："免山东章邱、济阳二县京班匠价。并令各省俱除匠籍为民。"[2]对明朝早已失去军事职能的卫所制度也着手改革，把卫所军士改为屯丁，遇有缺额"永不勾补"[3]。这些措施反映了清廷统治者鉴于明朝不顾人民死活横征暴敛终于导致自身覆亡，有意于减轻百姓负担的愿望。尽管清初社会生产大面积破坏，加以频繁用兵，军需孔急，朝廷颁布的"恩诏"很大程度上口惠而实不至。如时人谈迁记载："都人谣曰：恩诏纷纷下，差官滚滚来。朝廷无一事，黄纸骗人财。"[4]说明顺治年间和康熙初期的宣布减免赋税并没有多大实际意义，甚至由于奉差官员的敲诈勒索反而加重了人民的困苦。但是，这些政策具有长期性质，对于稳定人心，使流离失所的人口同抛荒的土地逐步重新结合起来，无疑有积极作用，为尔后社会生产的恢复和发展创造了比较有利的条件。

多尔衮刚进关时曾经严令沿途军民一律剃发结辫，遵从满俗。入京后又命令京师官民为崇祯帝吊孝三日后即剃发改制。这一举措立即引起汉族各阶层居民的强烈反感。当时在北京的朝鲜使臣回国后评论道："入关之初，严禁杀掠，故中原人士无不悦服。及有剃头之举，民皆愤怒。或见我人泣而言曰：'我以何罪独为此剃头乎'；如

---

[1] 《明清史料》甲编，第一本，第七十五页引顺治元年谕旨。
[2] 《清世祖实录》卷十六。
[3] 参见《清世祖实录》卷十五，顺治二年三月户、兵二部议复顺天巡抚宋权疏条。
[4] 谈迁《北游录》纪闻下。

031

此等事，虽似决断，非收拾人心之道也。"[1]由于清廷立脚未稳，朝廷内新归附的汉官非议甚多，在野的更惊畏不至，多尔衮不得不暂时收敛，五月二十四日谕兵部道："予前因归顺之民无所分别，故令其剃发以别顺逆。今闻甚拂民愿，反非予以文教定民之本心矣。自兹以后，天下臣民照旧束发，悉从其便。"[2]同年七月，又规定"近简用各官，姑依明式速制本品冠服，以便莅事"[3]。

清廷占领北京初期采取的措施，在相当程度上改变了汉族居民记忆犹新的清军三次深入内地屠杀掳掠的残暴形象，特别是对汉族文武官绅招徕有方，不仅使自己迅速在畿辅以及附近地区站稳了脚跟，也为此后征服全国奠定了基础。

第五节　畿南、山东、晋北地方官绅反对大顺政权的叛乱

大顺军在山海关战役中失败的消息传开以后，原大顺政权管辖区内的明朝官绅认为时机已到，迅速纠集兵力发动叛乱，推翻当地的大顺政权。这些发动和参与叛乱的官绅绝大部分是以明朝为正统的，他们对山海关战役和清军入京的情况并不大了解，有的只知道大顺军被吴三桂部杀败；有的虽然知道清军入关，也以为只是吴三桂借用清方兵力。因此，他们打的旗帜大抵是"擒贼复明"。

四月二十七日，山东德州乡绅明朝御史卢世㴶、赵继鼎、主事

---

[1] 《朝鲜李朝实录中的中国史料》上编，卷五十八。
[2] 《清世祖实录》卷五。
[3] 《清世祖实录》卷六。

程先贞、大学士谢陞之弟生员谢陛发动叛乱，推举逃难到该地的明宗室庆藩奉国中尉、香河知县朱帅𨱇为盟主，假称济王[1]，号召远近。山东和北直隶的许多地方官绅群起响应，不到一个月就占领了山东省德州、省会济南府、东昌府、青州府、临清州、武定州、高唐州、滨州、海丰、蒲台、沾化、莱芜、陵县、乐陵、利津、济阳、商河、齐东、乐安、朝城、恩县、平原、德平、临邑、禹城、阳信、武城、宁津；北直隶的河间府（包括河间、任丘、肃宁、兴济、阜城等八州县）、大名府、景州、冀州、沧州、吴桥、故城、武邑、交河、献县、武强、东光、饶阳、衡水、清河、曲周等，共四十多个地区[2]。朱帅𨱇在明朝宗室内的地位很低，只是由于原封在山东境内的鲁王、德王、衡王不是南逃就是被大顺军俘获，找不到合适人选，竟被推为"济王"作为复明的号召。朱帅𨱇发布的檄文中说："不佞派居天裔，义切君亲，适税驾于德城，快凶流之正罪，谬当推戴，统众专征。……闻吾君犹存六尺之孤，况寰宇不止一成之藉。史司马（指明南京兵部尚书史可法）整旅江南，旌旆夹舳舻并进；吴总戎（指吴三桂）扬旍塞北，清兵挟汉将齐驱，屡有捷音，多方响应。知匡复之不远，识中兴之有期。……於戏，新市、平林究扫除于汉祖，思明、庆绪畸摇夺夫唐基，繇来滔天之恶必亡，伊我列祖之灵未坠。共成义举，早睹昌时。"[3]可见山东和河北南部的汉族官绅反叛大顺，是以"中兴"明朝为宗旨的。尽管以朱帅𨱇为代表的山东、畿南官绅对大顺政权极为仇视，他们的意图是要恢复明朝，在明室"天位未定"之

---

[1] 康熙十二年《德州志》卷十，《纪事》。
[2] 顺治元年七月庆藩奉国中尉朱帅𨱇启本，原录本藏第一档案馆。
[3] 康熙十二年《德州志》卷十，《纪事》；另据乾隆五十三年《德州志》卷十二《艺文》校补。按，这件檄文为德州生员李嗣宬代作。

际权宜设官置吏，以待"匡复"。清朝官员后来说他"假济王聚众，欲称尊号"，"遍授乡绅以侍郎、卿、寺之名"[1]；指责朱帅锨想自称尊号是他入清以后的政敌诬罔之词，但他确实曾经以"济王"的名义任命了一批不伦不类的官员，现存第一档案馆就有"山东济王府兵部主事臣张吕韬"于七月十三日给清廷的奏本[2]。朱帅锨檄文里明说"闻吾君犹存六尺之孤"，又特别提到"史司马整旅江南"，他自己只是"统众专征"，并没有用监国以上的名义，这些都说明朱帅锨和他的拥戴者仅限于为即将继统的明朝新君从大顺政权手中"收复失地"而已。

大顺军撤入山西以后，清军停止了追击，返回北京休息整顿，大约有一个月时间没有采取军事行动，所占地方不过是京师附近一带。李自成又一次犯了战略性的重大错误。他不是坐镇太原，火速从陕西等地调集军队入晋，加强山西防务；相反，却同刘宗敏等高级文官武将率领主力继续西撤，于六月初渡过黄河，返回西安。尽管他在固关留下了大将马重禧；在大同、阳和留下了制将军张天琳；在晋东南长治地区留下了大将刘忠；路过省会太原时留下明朝降将陈永福守御，"且授以坚壁清野之计"[3]；在晋西北保德地区留下了降将唐通；晋南临汾地区又有绵侯袁宗第统兵万人屯于挂甲庄[4]。兵力似乎颇为可观，但这些留守山西的军队各守汛地，缺乏一员威信卓著的将

---

[1] 顺治元年六月二十九日招抚山东户、工二部侍郎王鳌永启本，原件藏第一档案馆。
[2] 顺治朝奏本第五号，藏第一档案馆。
[3] 康熙二十一年《阳曲县志》卷十二，《丛纪》。
[4] 雍正七年《临汾县志》卷五，《兵氛》。挂甲庄在临汾县城东北，见同书卷一，《图考·疆域图》。

领统一指挥。由于大顺政权覆败后档案材料毁灭殆尽，我们无法得知李自成为什么要那么匆促地返回西安，为什么连长期担任前线总指挥的刘宗敏也没有留镇山西。清军占领畿辅地区后，山西就成了大顺政权同清方对峙的前线，李自成部署之不当又一次证明了他缺乏战略眼光。

五月初十日，一度投降大顺政权的明大同总兵姜瓖发动叛乱，"阳和军民约与镇城军民内应，于是杀（张）天琳及伪中军张黑脸，恢复大同"[1]。姜瓖占据大同地区后，初期也是以复明为号召，他拥戴"境内枣强王朱鼎𠴾续先帝之祀"，"委以国政"[2]。按时间推算，这时李自成正在太原地区，却没有对这一雁北重镇发生的重大变故采取任何措施，而是继续西撤。姜瓖随即在清方拉拢下，很快归附了清廷。六月十六日，他接到清兵部信牌传达多尔衮的令旨："大同总兵官姜瓖忠诚为国，擒杀伪将，平定大同、阳和等功，予甚嘉悦。但立枣强摄理国事，以延先祀等语，甚觉不宜，其枣强王可照旧守其本等爵级。……"姜瓖立即遵令用顺治年号"大张榜示，通行布告军民人等"[3]。这样，大同的复明变成了归清。

明恭顺侯吴惟英之弟吴惟华在多尔衮进京时拜迎马首，自告奋勇前往山西替清朝招安地方。多尔衮欣然同意。六月，吴惟华离京赴晋，在两三个月里联络一些明朝文官武将先后招降了代州、繁峙、崞

---

[1] 顺治九年《云中郡志》卷十二，《外志》附《逆变》。
[2] 《清世祖实录》卷五。按，朱鼎𠴾或作朱鼎珊，𠴾字为言旁，不符合明宗室命名原则。
[3] 顺治元年六月二十四日大同总兵姜瓖条陈，见《明清史料》丙编，第五本，第四〇一页。

县、五台[1]、攻克静乐、定襄等州县[2]，从而使清朝控制区扩大到太原以北。

姜瓖在大同叛变投清以后，又发生了唐通在晋、陕交界地区的叛乱。顺治元年八月初六日，清廷以摄政王多尔衮名义写信招降唐通。[3]唐通和姜瓖、吴三桂等人一样都擅长于见风转舵。大顺军兵败撤出畿辅后，他奉李自成之命镇守同陕西相邻的军事要地保德州、偏关地区。由于姜瓖的叛变，大同地区落入清方之手，唐通估计大顺政权难以同清廷抗衡，就在八月下旬以保德州为据点发动叛乱，文告改用明崇祯年号，西渡黄河袭击陕西府谷县，同大顺政权镇守陕北的毫侯李过激战达半月之久。由于变生意外，李过部损失较大。唐通占领了山西保德州、岢岚州、永宁州（今山西省吕梁市）、河曲县、兴县、岚县、临县和陕西府谷县、葭州（今佳县）一带。清朝委任的山西总兵高勋和唐通有一面之交，于九月初三日派人往保德招降唐通，初七日唐通回信表示愿意归附清朝。[4]十月十一日，他正式拜表投降清廷，改用顺治年号。[5]清廷于十一月将唐通由定西伯加封为定西侯。[6]唐通的叛变，不仅使山西北部全部沦入清方之手，而且由

---

[1] 顺治元年七月二十日督抚兵民招安山西大同等处地方恭顺侯吴惟华题本，见张伟仁主编，台湾联经出版事业公司出版《明清档案》第一册，A1—29号，参见罗振玉《清初史料丛编》所收《顺治元年八月吏曹章奏》。

[2] 顺治元年八月初一日吴惟华题本，见《明清档案》第一册，A1—71号。

[3] 《清世祖实录》卷七。

[4] 顺治元年九月初九日山西总兵高勋揭帖，见《明清档案》第一册，A1—104号。

[5] 顺治元年十月十一日唐通"为钦奉敕旨事"奏本，见《明清档案》第二册，A2—17号。

[6] 顺治元年十二月唐通揭帖残本，见《明清档案》第二册，A2—101号。

于唐军占领了府谷、黄甫川、清水营和葭州一带，在黄河西岸的陕西境内也建立了据点，对大顺政权的陕北防务构成了威胁。李自成深为愤慨，下令把唐通的母亲和儿子处死。[1]

　　历史证明，大顺政权在驾驭明朝降将上犯了一系列错误。从1644年到1645年，归附大顺的明朝旧将几乎毫无例外地叛变投敌，对于整个局势的逆转影响极为巨大。李自成的嫡系部队既不如清朝满洲八旗兵强劲，对于来附的明朝将领本应授予高官显爵，改编其军队；即便要任人器使，也应以嫡系大将统精兵为主，降将为辅。李自成宽厚有余，警惕不足，往往任用刚刚投降过来的明朝将领率领原部兵马独当一面。结果风向一转，叛乱四起，终致土崩瓦解，教训是非常深刻的。

---

[1] 顺治十一年正月二十日正黄旗正钦尼哈番唐通奏本，原件藏第一档案馆。

第二章
弘光朝廷的建立

第一节　继统问题上的纷争和史可法的严重失策

　　大顺军的攻克北京和崇祯帝的自尽，标志着明王朝的覆亡。但是，淮河以南绝大部分地区仍然处于明政府管辖之下。当大顺军向北京进军时，南方部分官员知道京师难保，已经做了从海路迎接太子朱慈烺来南京监国的准备。三月二十九日，即在北京失守十天之后，消息就传到了江苏淮安。四月初八日，淮安巡抚路振飞根据塘报向当地官绅宣布了京师失守的重大变故。[1]这里有两点值得注意，一是淮安距留都南京不远，南京六部等高级官员虽然很快得到了北京陷落的消息，却由于崇祯帝和他三个儿子的下落不明，

---

[1]　滕一飞《淮城纪事》，见冯梦龙编《甲申纪事》，《玄览堂丛书》影印本。

不敢轻举妄动，他们严密封锁消息，"禁讹言"，内心里却焦急不安。"诸大老每集议事堂，惟相向攒眉，竟日无一语。或仰视屋之罘罳，咄嗟而已。间曰：'事如不可知，将奈何？'竟以靴尖蹴地作叹息声，各各散走，以为常。"[1]另一点是北京失陷的消息传到淮安时，福王朱由崧[2]、潞王朱常淓[3]以及周王、恒王都因逃难泊居于淮安城西湖咀。[4]朱由崧和朱常淓也必然想到这一事件对自己的前途可能发生的影响。

南京在明朝初年是帝国的首都，永乐年间迁都北京以后，南京作为留都一直保留了六部、都察院等一整套与北京相对应的中央机构。这种两京制度的特点是：皇帝和内阁大学士等决策人物都在北京，北京的六部等衙门是名副其实的中央权力机构；南京各衙门多为虚衔，公务清闲，任职官员被称为"吏隐"，但地位一般不低于北京相对应的衙门官员。在留都握有实权的是南京参赞机务兵部尚书、南京守备太监和提督南京军务勋臣。

自从大顺军兵临北京城下之日起，朝廷的一切政令无法发出，南京的高级官员大概在接到崇祯皇帝"命天下兵勤王"的诏书以后就再收不到邸报了。召兵紧急勤王和随之而来的音信不通，使南京各衙门大臣、守备太监、勋臣们越来越感到不安。四月初一日，以南京兵部尚书史可法领衔发布了"号召天下臣民起义勤王捐赀急

---

[1] 陈定生《书事七则》。

[2] 朱由崧是明神宗的孙子，老福王朱常洵的长子，生于万历三十五年（1607）七月十五日，是崇祯帝朱由检的堂兄（朱由检生于万历三十八年十二月二十五日）。

[3] 朱常淓是神宗的侄儿，其父老潞王（翊镠）原封河南卫辉府。万历四十六年闰四月常淓袭封潞王，比朱由检、朱由崧高一辈。

[4] 上引《淮城纪事》。

事"的南都公檄，檄文中提到"南北之耗莫通，河山之险尽失"之类的"宗社危情"[1]，表明他们已经笼罩在一种不祥的预感之中。四月初七日，史可法率兵渡江准备北上"勤王"；几天之后，他误信了一个不可靠的消息，写信给南京詹事府詹事姜曰广说，崇祯帝已乘舟由海道南下，太子也从间道得以逃出，南京的官员们信以为真，一个个喜形于色，奔走相告。[2]谁知第二天就传来了朱由检在三月十九日自尽于煤山的消息，这消息在四月十七日被从北京逃出来的原大学士魏炤乘证实。朝廷既已全部覆亡，作为留都的南京很自然地成了明朝半壁江山的政治中心。这里当政和在籍的大臣如雷轰顶，顿时乱成一团。对于他们来说，当务之急是立君。由于崇祯帝的三个儿子都被大顺军俘获，未能逃出北京，在没有直系皇位继承人的情况下，南京及其附近地方的大臣、勋贵、太监和拥兵自重的将帅就在拥立哪一位藩王的问题上展开了一场钩心斗角的争执。以血统亲近而言，崇祯帝的祖父神宗朱翊钧的子、孙还有福王朱由崧、惠王朱常润、桂王朱常瀛（瑞王朱常浩原封汉中，李自成军入陕他逃至四川重庆，甲申六月被大西军处死）；神宗兄弟的儿子则有潞王朱常淓。按照封建伦序观念，自然应该首先考虑福王、桂

---

[1] 计六奇《明季南略》卷一，《南都公檄》条。
[2] 陈定生在《书事七则·书甲申南中事》内记载他亲自往见姜曰广，"姜公见余，握手喜曰：有一佳讯，昨史公书来，云：'上已航海而南，东宫亦间道出矣。'出司马札示余，余时喜不胜"。这一讹传在李清《三垣笔记》中也有记载："北都既陷，蒋辅德璟以致政抵高邮，云先帝已北来，有见之天津，与周后及内官数十人俱装饰一样。且云郡邑不宜遽设龙亭哭临。"蒋德璟在北京失守前夕以大学士致仕南归，史可法相信他的话自在意料当中。杨廷麟诗云："可怜海上传南狩，犹向延秋望六师。"（《杨忠节公遗集》卷四，《恭挽大行烈皇帝六首》）杨廷麟时在江西，可见这一消息传布甚广。

王、惠王。而在福、桂、惠三王中朱由崧又处于优先地位，这是因为：第一，三亲藩中福藩（老福王朱常洵）居长；第二，桂、惠二藩比崇祯帝高一辈，不如朱由崧援引"兄终弟及"（实际是弟终兄及）继统更为适宜；第三，桂、惠二王在崇祯十六年（1643）张献忠部进入湖南时逃往广西，距南京较远，福王却近在淮安。福王朱由崧在伦序和地理上占了明显的有利地位。在这里，我们应当特别注意东林—复社中一些骨干人士在继统问题上所起的恶劣作用，他们的一些偏见深入人心，一直沿袭到现在。事实上，当时的有识之士都主张由福王朱由崧继统，如淮抚路振飞"遗书南京兵部尚书史可法，谓伦序当在福王，宜早定社稷主"[1]。刘城《上阁部史公书》中说："自都门失守，大行皇帝凶问频传，虽所传不一，大略颇同，公率先诸臣奉迎福藩殿下，临莅南京，此中外臣民之愿也。"下文说他见到的诏旨仍用监国名义，"未有御极之意"，他极力主张应该"早上尊号"，理由是"伦序应在福藩，大宝之御无可迟滞之端"[2]。给事中李清、章正宸，进士郑元勋等人也持相同态度。李清记载："北都变闻，在籍钱宗伯谦益有迎潞王议。扬州郑进士元勋密语予：'予语里人解少司马学龙曰：福从此始矣，神宗四十八年，德泽犹系人心，岂可舍孙立侄？况应立者不立，则谁不可立？万一左良玉挟楚，郑芝龙挟益，各挟天子以令诸侯，谁禁之者？且潞王既立，置福王于何地？死之耶？抑幽之耶？是动天下之兵也，不可。"接着又说章都谏正宸力主应"以福藩为国本"，"时草野闻

---

[1] 归庄《左柱国光禄大夫太子太师吏部尚书兼兵部尚书武英殿大学士路文贞公行状》，见《归庄集》卷八。
[2] 刘城《峄桐集》，文，卷七。

立潞，皆不平；及（福）王监国，人心乃定"[1]。然而，江南士绅中的一部分东林党人却从狭隘私利出发，强烈反对由福藩继统，原因是朱由崧的祖母是备受神宗宠爱的郑贵妃，从万历到天启朝廷上围绕着储君问题展开的"妖书""梃击""移宫"等轰动一时的案件都同郑贵妃有关，何况正是由于东林党人的力争，神宗和郑贵妃希望立福王朱常洵（朱由崧的父亲）为太子的图谋才化为泡影。因此，他们担心一旦朱由崧登上帝位，重翻旧案，自己在政治上将会失势。在籍礼部侍郎钱谦益当时被视为东林党魁，他两次从原籍常熟赶往南京，以"立贤"为名，到处游说，提议迎立潞王朱常淓。支持钱谦益的有南京兵部侍郎吕大器、南京户部尚书高弘图、右都御史张慎言、詹事府詹事姜曰广等人。一度具有举足轻重地位的首席大臣南京兵部尚书史可法是倾向于东林党的人物，他内心里对拥立福王有所顾忌，但又认为应该按伦序迎立神宗的子孙。

　　各种南明史籍在迎立问题上记载非常混乱，原因是弘光既立，先前持异议者不免改口，局外人士又难免轻信风闻和自我揣测，弄出种种误解。比较而言，最可靠的记载是直接参与其事的姜曰广所

---

[1] 李清《三垣笔记》卷下，《弘光》。祁彪佳（时任苏松巡按）在自己写的日记中也描写了五月初一日福王朱由崧到达南京时，"所过民家俱供香花，纵市人瞻仰，都人以纱灯数百盏来迎。生员、孝廉时有伏谒于道傍，人情欢豫"。次日，他在奏本中说："昨者殿下驾入南都，士民欢悦，夹道拥观，即此人情，可卜天意。"见《祁忠敏公日记·甲申日历》。

著《过江七事》[1]。按姜氏记载，当时"江南北诸绅"（指钱谦益等热衷于东林门户之见的官绅）"群起拥潞王"。作为实权人物的史可法处于进退两难的境地，他是东林党人左光斗的得意门生，自然对拥戴福藩继统心存疑虑，但又担心舍亲立疏将引起更大的政治风波。经过反复考虑，他暗自决定前往浦口同凤阳总督马士英商量在桂王与福王之中选定一人。史、马密商的结果是"以亲以贤，惟桂乃可"[2]。至于惠王朱常润不在议立之列是因为他迷信佛教，不懂世事。（朱常润次年降清后给清廷的奏疏中说："臣自髫年皈依释教，性甘淡薄，只知焚祝，毫无外求。"[3]）第二天，史可法亲自写信给南京高级官员说明定策意见："迎桂者何？以福、惠之有遗议也，乃舍而立桂也。其潞藩则仿古兵马元帅之制暂借统兵马。"[4]南京的官绅对于这个折中方案比较满意，由南京礼部准备乘舆法物前往广

---

[1] 《过江七事》是弘光初任大学士的姜曰广被排斥后记叙自己在南京的亲身经历之作，史料价值很高。清代一些学者见到的传抄本大概未署作者姓名，而陈定生（贞慧）著有《书事七则》，由于书名相似，误挂于陈定生名下。谢国桢《晚明史籍考》、柳亚子《羿楼旧藏南明史料书目提要》（见《怀旧集》第一六八页）承袭其讹，均误。只要仔细研究这部书，不难确定作者只能是姜曰广，其根据如下：一、陈定生一局外书生不可能知道其中委曲；二、书中所记过江七事全部以姜曰广的言行为核心，不可能为陈定生或他人所作；三、最重要的证据是甲申十月从北京逃回南京的张鹿征（曾出任弘光朝锦衣卫指挥使，清初改名张怡）著《謏闻续笔》卷一记："南都初建，着数多舛，见姜公曰广所记七事。"其下引"计迎立""持逆案""正纠参""裁镇将"等均节取姜氏《过江七事》原文。以张怡当时的地位和他对明代史事的关心，不致弄错作者。确定《过江七事》的著者为参与迎立并出任大学士的姜曰广，才不致将该书视为仅据风闻的泛泛之作。参见张怡《白云道者自述》。

[2] 姜曰广《过江七事》。

[3] 顺治二年十一月十九日朱常润奏本，见《顺治录疏》。

[4] 姜曰广《过江七事》。

西迎接桂王。就在这一关键时刻，马士英由浦口回到凤阳，突然得到报告守备凤阳太监卢九德勾结总兵高杰、黄得功、刘良佐决定拥立福王朱由崧。这里有几点值得注意：一、卢九德在万历末年曾在宫中为老福王朱常洵服役，由他出面联络三镇当出自朱由崧的幕后策划。李清记载："时王闻，惧不得立，书召南窜总兵高杰与黄得功、刘良佐协谋拥戴。刘泽清素狡，先附立潞议，至是以兵不敌，改计从杰等。"[1]二、高杰、黄得功、刘良佐的积极参与拥立显然是为了攫取"定策之功"增强自己在政治上的地位。三、史可法之所以要亲赴浦口同马士英会商，正是因为士英身为凤阳总督，直接节制着高、黄、刘等总兵，借以取得军队支持。不料变生意外，马士英眼看手下大将全部自行投向福藩，如果再遵守同史可法达成的协议，自己只会被驾空、被淘汰，权力的欲望使他顾不上什么信义，抓住时机向福王朱由崧表示效忠。史可法还蒙在鼓里，继续写信给马士英申说朱由崧"贪、淫、酗酒、不孝、虐下、不读书、干预有司"七不可立的理由。[2]马士英既已改变初衷，参加拥立福王的行列，史可法的来信等

---

[1] 李清《南渡录》卷一。
[2] 黄宗羲《弘光实录钞》卷一。谈迁时为高弘图幕客，在《枣林杂俎》仁集，《史相国督师》条记："而史先柬士英，有福藩不忠不孝等语。士英意胁之。史求还故牍，终不相忘。"又说："嘉善吴进士亮中云，见史相国手札，福世子荒淫酗酒，不曾读书，云云。"彭士望曾在史可法幕中任职，也说："史复马书有不忠、不孝、不仁、不知之语。"见《耻躬堂诗钞》卷十六，《山居感迩》诗。陈鼎《东林列传》卷二十三《吕大器传》云：吕大器时以兵部侍郎"兼署礼部，主潞议，不肯署，右都御史张慎言、詹事姜曰广皆然之，方列福王不孝、不弟等六事贻可法及士英。"李清《南渡录》卷一记："南都诸臣……方列王不孝不弟等七款贻漕督史可法，转贻士英为立潞王。"同书卷四又记弘光元年二月行人司行人朱统钅类攻击姜曰广语："曰广诬圣德有七不可。"按，史可法时任南京兵部尚书，不应称之为"漕督"；"七不可立"福王的条款无论是谁归纳出来的，史可法赞同并致书马士英当系事实。

于直接指斥行将即位的皇帝，把权力的剑柄交到了马士英手里。马士英立即以凤阳总督和三镇名义正式致书南京守备太监韩赞周宣布拥立福王朱由崧。当南京各大臣被韩赞周邀请到家中传阅马士英的书信时，虽然不少人感到震惊，但是他们既无兵权，立桂、立潞的方案又已胎死腹中，失去了凭借，只好违心地表示同意。拥立潞王朱常淓的主要策划人物钱谦益的表现就颇为典型："钱谦益侍郎触暑步至胶东（指高弘图）第中，汗渴，解衣，连沃豆汤（指解暑之绿豆汤）三四瓯。问所立？胶东曰：'福藩。'色不怿，即告别。胶东留之曰：'天子毋容抗也。'钱悟，仍坐定，遽令仆市乌帽，谓：'我虽削籍，尝经赦矣，候驾龙江关。'"[1]东林党魁的态度如此，其他原先追随拥潞的人也可想而知了。[2]山东总兵刘泽清一度支持东林骨干拥立潞王，当他得知高杰、黄得功、刘良佐三镇的动向后，自知兵力不敌，立即随风转舵加入了拥立福王的行列。四月末，福王继统已成定局。

由于拥立定策问题对弘光一朝政局的影响极大，有必要做一点分析。前面说过，当时江南东林党人在朝、在野的势力很大，他们中间的骨干分子以"立贤"为名主张舍弃神宗嫡系子孙而拥立穆宗之孙潞王朱常淓，后来的事实证明朱常淓并不"贤"，他们的真正用意是排除福王以确保崇祯时期东林—复社党人在政治上的操纵权，特别是如果潞王以较远的宗支而被迎立，钱谦益等人有"定策"之功肯定可以飞黄腾达。一度处于权力中心的史可法优柔寡断，设想出拥立桂王

---

[1] 谈迁《枣林杂俎》仁集，《异议》条。按，谈迁曾任高弘图幕客，所记当可信。

[2] 南京兵部侍郎吕大器（史可法的副手）原来积极支持钱谦益拥立潞王，五月初三日福王朱由崧出任监国，他"心怵前议，欲请后日即登极"，借以换取朱由崧的好感。见李清《南渡录》卷一。

的折中方案，以为桂、福二藩都是神宗嫡支，以桂抗福可以满足东林党人反对立福藩的愿望，又带着这个方案亲赴浦口同掌握实际兵权的凤阳总督马士英商量，自以为事出万全。结果风云突变，无论他主张拥立的是不是神宗嫡系，在朱由崧眼中他始终是反对自己黄袍加身的重要人物。就当时情况来说，帝位候选人桂、惠二亲藩离南京较远，福、潞二藩近在淮安，史可法既然主张按照伦序迎立，就应该当机立断，把颠沛潦倒之中的福王朱由崧接来南京继统。这样，朱由崧必将对他刮目相看，马士英和四镇也没有可乘之机。当初私下酝酿立君人选时，史可法曾经对姜曰广说："以齐桓之伯也，听管仲则治，听易牙、开方则乱。今吾辈之所立者，岂其不惟是听，而又何患焉？"[1]这表明史可法知道落魄之中的福王只要爬上皇帝的宝座，享尽人间富贵就心满意足，在这样一个同"察察为明"的崇祯帝截然相反的庸主下，朝廷大政必然落在自己这帮"君子"手里，事情可以办得很顺当。可是，史可法的这句话一传出去，"拥潞者闻之大哗。以询诸绅，又颇于福推恶。可法于是引避不言矣"[2]。

古语说："当断不断，反受其乱。"史可法多少有点门户之见固然是原因之一，但他的致命弱点是缺乏雄才大略，总想处处应付，八方妥帖，最后落得个事与愿违。张怡有一段话说得很有意思："弘光皇帝以播迁之余，丁大乱之后，九庙之焰未息，万姓之席未贴，虽卧薪枕鼓，不足示其殷忧；布衣帛冠，不足表其恭俭。而圣质等于肉糜，皇衷习于市肆，卧深宫而枕宦者，爱比顽童；开后庭以待丽华，惟湛旨酒。李煜、孟昶合为一人，归命、东昏将与同传矣。然而治乱

---

[1] 姜曰广《过江七事》。
[2] 姜曰广《过江七事》。

不关其意，故上每任人而不疑；贤才各极其材，故下亦任事而不忌。向使李纲、寇准之流为之相，韩、岳、宗泽之俦为之将。将相同心，不忧中制，中外一德，可弥外忧，即发兵诛不道，远逊萧王（指东汉光武帝刘秀），岂敷天同左袒，至出赵构下哉！"[1]这话是颇有见地的。

在随机应变上，史可法显然不是马士英的对手。当史可法在南京被拥潞、拥嫡各派人士弄得左右为难时，特约马士英会商于浦口，推心置腹地谈了各方面的纷争和自己的折中意见，马士英认为这是自己参与定策的重要机会，正如他后来所说："立桂，史意也。予曰：亦佳，但须速耳。"[2]他甚至在同史可法达成协议后曾经邀请南京各衙门官员赴浦口当面宣布这一决定，借以显示自己是参与定策迎立桂王的第二号人物。谁知南京六部等大臣认为凤阳总督不过是地方高级官僚，无权召集朝廷大臣开会。自感扫兴的马士英回到凤阳，得知太监卢九德同高杰、黄得功、刘良佐已决定拥立福王，开始是大吃一惊，然而他毕竟屡经宦海浮沉，老于世故，看准了朱由崧要当皇帝已难阻止，有将帅统兵为后盾，有太监在旁翊赞，不足之处正是缺少一员大臣。马士英立即转向，同高杰、黄得功、刘良佐、卢九德等人在凤阳皇陵前立誓拥戴福王，成了定策第一文臣。为了取得在即将建立的南明朝廷首席大学士职位，他抓住史可法为拥立桂王而列举福王七不可立的来信作为把柄，又针对南京等地东林党人拥潞之声甚嚣尘上，带领兵马护送朱由崧直抵浦口，并且在立福已成定局的情况下发出表文声称："闻南中有臣尚持异议，臣谨勒兵

---

[1] 张怡《谀闻续笔》卷四。
[2] 姜曰广《过江七事》。

五万，驻扎江干，以备非常，志危险也。"[1]这一着棋实在厉害，南京最高文臣史可法知道自己上了大当，攻击福王的书信落在马士英手里，白纸黑字，有口难言，他除了满腹悔恨地默默跟随福王朱由崧由浦口乘船前往南京就任监国以外，别无其他选择了。弘光一朝党争的激化、武将的跋扈，最后导致覆亡，关键都是从这里蔓延开来的。李清写道："使诸臣果以序迎，则上何至书召四镇，士英与杰又何得居功？非钱谦益、吕大器误之而何？"[2]钱谦益、吕大器固然是拥立潞王的主谋人物，但是真正一度拥有决策大权的是史可法[3]，他在这样的重大问题上态度游移，没有断然决定拥立福王，致使朱由崧求助于镇将，从此大权旁落，应当负主要责任。[4]

[1] 姜曰广《过江七事》。祁彪佳时任苏松巡按，在日记中记载，他四月二十九日"晤吕东川（兵部侍郎吕大器）于兵部火房。袖中出马瑶草（士英字）书云：已传谕将士奉福藩为三军主，而诸大帅且勒兵江上，以备非常矣"。见《祁忠敏公日记》《甲申日历》，可相参证。
[2] 李清《三垣笔记》卷下，《弘光》。
[3] 夏完淳《续幸存录》《南都大略》中说："南枢史可法实司拥立事。"
[4] 关于南京立君的争执，各书记载颇有差异。如谈迁记：四月十四日史可法、张慎言、高弘图、姜曰广、吕大器等集议监国，"高、张之意属于雒阳（指福王，原封洛阳）；史颇不然之，意在卫辉（指潞王，原封卫辉府）。恐北耗未确，逡巡未决"。至二十七日，"史尚书之手札至，意专卫辉。寻又札云：雒阳、卫辉并南下，当拈阄孝陵之前，云云。亡何，总督凤阳马士英书来，奉福王发淮安，将及矣。即日守备南京太监韩赞周出迎。二十九日，王舟泊燕子矶，诸公驰候"（《枣林杂俎》仁集《定策本末》条）。李清《南渡录》卷一记："时北都失守，毅宗惨崩，以伦以序应属福王，而迎立潞王之议起。……时以废籍少宗伯两入留都倡议者，钱谦益也。于是，兵部侍郎吕大器主谦益议甚力，而右都御史张慎言、詹事姜曰广皆然之。丁忧山东佥事雷演祚、礼部郎中周镳亦往来游说。独逆案为民阮大铖与凤阳总督马士英密，且心冀燃灰，书言不可。"黄道周在《兴元纪略》中说史可法、张慎言等"咸主清河（指潞王）"（见《黄漳浦集》卷三十二，杂著）。

第二节　朱由崧的监国和称帝

四月二十九日，福王朱由崧在史可法陪同下，乘舟抵达南京城外燕子矶，南京官绅均往朝见。五月初一日，朱由崧登岸，先拜谒孝陵然后从朝阳门进城，驻于内守备府。谈迁记载了他目睹朱由崧进入南京的情况："初，迁闻王谒陵，出朝阳门外，万众伏候。见王乘辇，角巾半污旧，手摇白竹扇，有陇亩风。窃心幸之。不料淫佚败度，为怀愍之续也。"[1]文武百官朝见后商议立福王为主究竟应当立即登极为帝还是暂用监国名义，这里的区别是登极后就没有改变的余地，监国则尚有退步。有的大臣考虑到崇祯三子下落不明，而他们之中任何一人都是较各藩王更符合继承帝位的人选，因此主张再等待一段时间。初三日，朱由崧在南京就任监国，用黄金铸造监国宝，颁谕天下说：

……孤避乱江淮，惊闻凶讣，既痛社稷之墟，益激父母之仇。矢不俱生，志图必报。然度德量力，徘徊未堪。乃兹臣庶，敬尔来迎，谓倡义不可无主，神器不可久虚，因序谬推，连章劝进，固辞未获，勉循舆情，于崇祯十七年五月初三日暂受监国之号，朝见臣民于南都，孤凤夜竞竞，惟思迅扫妖氛，廓清大难。德凉任重，如坠谷渊，同仇是助，犹赖尔臣民。其与天下更始，可大赦天下。"[2]

---

[1] 谈迁《枣林杂俎》仁集《定策本末》条。
[2] 李清《南渡录》卷一。

就任监国之后，朱由崧依照廷臣会推，任命原南京兵部尚书史可法为东阁大学士兼礼部尚书，入阁办事；马士英加东阁大学士、兵部尚书、右副都御史衔，仍任凤阳总督。不久又以原詹事府詹事姜曰广为礼部左侍郎，与原礼部尚书王铎，二人兼东阁大学士入阁办事。以张慎言为吏部尚书，召刘宗周为都察院左都御史，其他衙门官员也先后做了安排。按照史可法、高弘图、张慎言等人的意向是尽量让"正人"占据要津，使朝廷建立之始有一番新气象。开初在安排朝廷重臣上，他们得以如愿以偿。然而，这种局面很快就改变了。争夺朝廷权力的较量先从首辅开始。按明代制度，南京兵部尚书位居留都百官之首，弘光朝廷初立，史可法就成为当然的首席大学士。在定策问题上史可法既被马士英出卖，得不到朱由崧的信任，包括勋臣在内的一些小人立即随风转舵。姜曰广记载，魏国公徐弘基等原先顶奉史可法不啻天人，"权寄稍移，下石随起"，竟然倡言可法"勤王无功""可杀"[1]。马士英拥立福王本意就在攫取权力，他绝不会满足于加几个空衔而官居原职。于是，他先利用诚意帮刘孔昭争入内阁，当遭到其他官员以"我朝从无勋臣入阁之例"为理由坚决反对时，刘孔昭立即回答说："即我不可，马瑶草（士英字）何不可？"朱由崧与马士英早有默契，当即决定召士英入阁辅政。史可法明知自己指斥福王的把柄落在马士英手里，现在马士英既以"定策"首功备受朱由崧青睐，被召入阁辅政，江北不能没有重臣督师，因此，他"自请督师淮扬"。五月十二日朱由崧批准史可法出任督师[2]。

五月十五日，朱由崧正式即位为皇帝，改明年为弘光元年。第

---

[1] 姜曰广《过江七事》。
[2] 《国榷》卷一百一。

二天，马士英入阁主持政务兼任兵部尚书。史可法于十八日陛辞[1]。二十日渡江往淮阳督师[2]。尽管在整个弘光时期，史可法的加衔都略高于马士英，但在朱由崧监国仅半个月之即被排挤出外，足以说明他的失势。黄宗羲有以下一段议论："士英之所以挟可法，与可法之所以受挟于士英者，皆为定策之异议也。当是时，可法不妨明言：始之所以异议者，社稷为重、君为轻之义；委质已定，君臣分明，何嫌何疑而交构其间乎？城府洞开，小人亦失其所秘，奈何有讳言之心，授士英以引而不发之矢乎？"他接着写道："臣尝与刘宗周言之，宗周以为然。语之可法，不能用也。"[3]这未免是书生之见。因为关键在于史可法在议迎立时列举了福王"七不可"的理由，对朱由崧的人品做了全面的攻击；弘光既立，作为人臣的史可法不可能无"讳言之心"，何况以"社稷为重"做解释等于说朱由崧不适合肩任宗社之重担。李清记马士英曾密疏言："上之得位，由臣及四镇力，其余诸臣皆意戴潞藩；今日弹臣去，明日且拥立潞藩矣。上信其言，为雨泣久之。以后一切朝事，俱委士英。"[4]史出马入，在许多史籍中认为是弘光朝廷夭折的一个重大关键。诚然，史可法远较马士英清廉正直，但如果认为他留在朝廷秉政，就可以保障江左，进而恢复中原，那就未免对史可法的政治眼光和魄力估计太高了，也不了解南明酝酿立国之时史可法受东林党骨干分子的牵制业已铸下大错。他本

---

[1] 计六奇《明季南略》卷一《诸臣升迁推用》条。按，此条上文云：五月初三日，"高、刘二帅书至，请可法渡江，欲其卸权于士英也"。初九日，"马士英自请入朝，拜疏即行"。这表明朱由崧、马士英、高杰、刘良佐等事先就已经在首席大学士人选上达成协议。

[2] 李清《南渡录》卷一；黄宗羲《弘光实录钞》卷一载于十八日。

[3] 黄宗羲《弘光实录钞》卷一。

[4] 李清《三垣笔记》卷下，《弘光》。

人不可能得到新天子的信任还在其次，真正的关键在于按伦序应继承帝位的朱由崧眼看将被东林诸公排斥，为了登上大宝不得不求助于武将，这样才造成了本来无功可录的武将一个个以定策元勋自居。马士英的政治投机虽然保证了他个人地位的上升，但是导致弘光一朝武将跋扈局面的并不是他，而是史可法。一度掌握着拥立大权的史可法未能抓住这个稍纵即逝决定社稷安危大计的机会，定策之功落入军阀之手，弘光既立，无论他在朝辅政，还是在外督师，都改变不了武将胁制朝廷、无意进取的局面。史可法自食苦果，被迫让出首辅之位过江督师，只是证明他决策错误，事机已失，无可挽回。一批倾向东林党的士大夫大喊大嚷"秦桧在内，李纲在外"，国将不国，其实为时已晚。后来的史学家没有弄清事情的因果关系，重复旧说，无助于总结历史的经验教训。在历史上，当权人物可以犯这样、那样的错误，但在关键时刻的关键问题上一步错则步步错，史可法的悲剧正是从这里展开，弘光一朝的毫无作为以至于土崩瓦解主要原因也在这里。有关南明的大量史籍众说纷纭，大抵都没有说到点子上，本书特三致意焉。

第三节　四镇的形成和跋扈自雄

任何一个国家政权要想有所作为，必须首先保持内部稳定。内部稳定又在很大程度上取决于朝廷威望和文武官员的齐心合力。纵观明代史事，文臣、武将势力虽有消长，朝廷的威信却是至高无上的。大致来说，明初重武轻文，公侯多为开国、靖难元勋。然而，太祖朱元璋、成祖朱棣都是雄才大略的御将之材，勋臣地位虽高，仍不足以对朝廷构成威胁。明中期以后，承平既久，重文轻武之风积重难返，即以用兵而言，出任统帅者均为文臣，直至崇祯年间沿袭未改，武将拥兵自重虽已显露端倪，但迄于明朝北廷覆亡，除了崇祯帝有意包庇的左良玉以外，将领们还不敢违抗朝廷的调遣和朝廷所派重臣的节制，更谈不上操纵朝廷军国重务了。南明几个朝廷最大的特点和致命的弱点正在于依附武将。武将既视皇帝为傀儡，朝廷徒拥虚名，文武交讧，将领纷争，内耗既烈，无暇他顾，根本谈不上恢复进取。南明之不振种因于此，这种局面的始作俑者正是史可法。

史可法在定策问题上犹豫不决，导致朱由崧乞援于武将。弘光既立，高杰、黄得功、刘良佐、刘泽清以败军之将坐收"定策"之功，军阀操纵朝廷的局面业已形成。史可法自知铸下大错，还想竭力挽回。五月初八日他呈上"敬陈第一紧急枢务事"的启本中说：

从来守江南者，必于江北。即六朝之弱，犹争雄于徐、泗、颍、寿之间，其不宜画江而守明矣。但此时贼锋正锐，我兵气靡，备分则力单，顾远则遗近，不得不择可守之地，立定根基，然后鼓锐而前，再图进取。臣以为当酌地利，急设四藩。四藩者：其一淮、徐；其一扬、滁；其一凤、泗；其一庐、六。以淮、扬、泗、庐自守，而以徐、滁、凤、六为进取之基。凡各属之兵马钱粮，皆听其自行征取。如恢一城、夺一邑，即属其分界之内。……而四藩即用靖南伯黄得功、总镇高杰、刘泽清、刘良佐，优以礼数，为我藩屏，听督臣（指马士英）察酌，应驻地方，相机固守。江北之兵声既振，则江南之人情自安。黄得功已封伯，似应进侯；杰、泽清、良佐似应封伯。左良玉恢复楚疆，应照黄得功进侯。马士英合诸镇之功，爵赏似难异同。卢九德事同一体，听司礼监察叙。"[1]

姜曰广记："弘光御极，群臣上言：'皇上龙飞应运，实惟总兵官，至高杰、黄得功、刘良佐、刘泽清早决大计，拥立圣躬，功在社稷，宜锡五等爵，剖符延世。'诏曰：'可。'"[2]这说明史可法、姜曰广等人急于弥补自己在拥立问题上的失误，尽量笼络四镇换取朱由崧和支持他上台的人的好感，实际上是步马士英的后尘。然而，马士英已占先者，五月初九日到达南京。次日，朱由崧召见史可法、高弘图、姜曰广、马士英四人，让他们迅速议定用人、守江、设兵、理饷的事宜。十一日，史可法再次上启本除了重申设立四镇外还谈到了督师问题，他说："有四镇，不可无督师，应驻扬州，适中调遣。"[3]弘光朝廷决定封高杰为兴平伯，镇守徐州、泗州地区；刘良佐封广昌伯，镇守凤阳、寿州地区；刘泽清封东平伯，镇守淮安、扬州地区；靖南伯黄得功加封侯爵，镇守滁州、和州一带。[4]史可

---

[1] 史可法的这件启本各书详略不一，系时也不一致。这里是依据《史可法集》卷一、计六奇《明季南略》卷一所载校补而成。启本中提及马士英事，在《史可法集》中作"至督臣频年讨贼，望重劳深，今既总统诸军，似应特行优异，此又自有睿裁，不俟臣言之赘矣"，文字虽与《明季南略》稍异，但史可法的意图是给马士英加官晋爵，仍旧"总统诸军"，不让他真正入阁办事是很明显的。

[2] 姜曰广《过江七事》。

[3] 《史可法集》卷一《启为遵旨速议等事》。按，史可法初八日、十一日两件启本，在李清《南渡录》卷一中被合并为一，牵连书于五月甲辰（十七日）下，显然不妥，朱由崧在十五日即帝位，官员上言当用奏疏，史可法所上为启本当在其监国之时，马士英初九日到南京入内阁办事在可法第二件启本中也有明确反映。

[4] 温睿临《南疆逸史》卷四十九。

法提出的四镇驻地和所谓进取之基都在南直隶境内，督师驻地更近在江北咫尺之地扬州。当时的一些人士都看出了史可法的毫无远图，意在保住江南。李清在采录了这两篇启本后感慨地写道："然于青、兖、开、汝（指山东、河南一带），似置之不讲矣。"[1]张岱说："以史阁部之设四镇，不设于山东、河南，乃设于南畿数百里之内，此则阁部之第一失著。"[2]曾任商丘知县的梁以樟上书史可法说："守江非策也。公今以河南、山东为江南屏蔽，仿唐、宋节度、招讨使之制，于山东设一大藩，经理全省，以图北直；于河南设一大藩，经理全省，以固山、陕，择大臣才兼文武者任之，厚集兵饷，假以便宜。于济宁、归德设行在，以备巡幸，示天下不忘中原，如此克服可期。若弃二省而守江北，则形势已屈，即欲偏安，不可得矣！又四镇咸跋扈，宜使分不宜使合，务别其忠顺强梗之情以懋劝之，而阁部大树兵以自强，乃可制也。""可法心然其言，然卒不能用。"[3]

从表面看，这些议论都很正确。但考察一下当时的各种因素，史可法有不得已的苦衷。甲申五、六月间，南方诸臣只知道大顺军已占领整个黄河流域，前锋直逼淮上，高杰、刘泽清率部南逃，在这种形势下史可法为防止大顺军饮马长江，做出守淮、守江的部署有其特定的背景。六月中旬以后，大顺军兵败西撤，畿南、山东、河南等地官绅反叛大顺政权，陷于一片混乱当中。就弘光朝廷而言，趁清军尚未南下之时，出军北上，会合这些地方的官绅武装，扩大自己的管辖区，自然不失为一着高棋。史可法未必看不到这一点。问题

---

[1] 李清《南渡录》卷一。
[2] 张岱《石匮书后集》卷三十八。
[3] 《鹿樵纪闻》卷上。

是，高杰、黄得功、刘良佐、刘泽清已因"定策"有功，备受弘光帝和马士英的宠信，志骄气盈，一心追求的是在江北争夺繁华之地，既可过太平日子，又可就近要挟朝廷。史可法出任督师时已是"失势悯墨"之人，他根本指挥不了"四镇"，只好奔走调停于四镇之间，如奉骄子，一筹莫展。

下面对四镇的来历做一简单介绍。

黄得功，字虎山，开原卫人[1]，出身行伍。崇祯年间长期在南直隶的江北地区、河南一带同张献忠、革左五营等部义军作战，升至庐州总兵。明亡前夕随马士英平定河南永城叛将刘超，论功封为靖南伯。

刘良佐，字明辅，北直隶人，因常骑一匹杂色马，人称花马刘。崇祯年间统兵在宿松、庐州、六安一带同义军作战，升任总兵官。北都覆亡时他带的军队驻在河南正阳地区，甲申四月应凤阳总督马士英邀请率部进入南直隶，"沿途淫劫，临淮民闻其将至，严兵固守。良佐怒，攻之，不下"[2]。马士英让他移驻寿县一带。关于刘良佐有一点需要特别注意，他的弟弟刘良臣早在1631年（明崇祯四年）大凌河之役时任游击，就已随总兵祖大寿投降清廷。[3]后来清军南下时，他不战而降当与此有关。

高杰，字英吾，陕西米脂人，原为李自成部将，绰号翻山鹞，投降明政府后多次参加对农民军的追剿，升任总兵。甲申初大顺军渡河东征，明朝武将大批归附，高杰因为同李自成有宿怨，不敢投降，率部由陕西经山西、河南怀庆一直逃到山东。高部进入山东时，见地

---

[1] 《鹿樵纪闻》卷上。《南疆逸史》卷四十九本传作合肥人，从军遂隶辽阳籍。

[2] 李清《南渡录》卷一。

[3] 《清史列传》卷七十八《刘良臣传》。

方百姓对明朝廷已失去信心，盼望大顺军早日到来。为了顺利通过各州县并取得粮饷，高部将领竟然冒充为大顺军。康熙年间金乡知县沈渊记载了当地的一件掌故："犹忆闻之老者，谓当崇祯甲申三月（当为二月，见注）有号翻天鹞子者，高杰麾下将也。挟逃兵数千人假名'闯王安民'，兵薄金乡城。方是时，寇贼充斥，金乡官民守城，城门昼夜闭，而见贼言如此，喜其安民，方谋牛酒迎劳，且遥问安民何如？贼且作宣诏状，有'禁掳、禁杀，敢违者斩无赦'诸语，彼军士则狂走如鹜，汹汹不可遏，守者方疑之。"[1]高杰在夺路狂奔之际，派使者到寿州同凤阳总督马士英联系。士英得知他部下有兵三万、马骡九千，立即回信让高杰部屯驻徐州，听从自己节制。[2]高杰赴寿州谒见马士英后回镇徐州，不久就凭借太监卢九德的穿针引线，成了"定策"元勋。

刘泽清，字鹤洲，山东曹县人，出身行伍，崇祯末年升至山东总兵。大顺军迫近北京时，崇祯帝命他率部火速入卫京师，他谎称坠马受伤，拒不奉诏。不久大顺军进入山东，他带领主力向南逃至淮安。在南京诸臣商议立君的问题上，他起初迎合东林党人钱谦益、吕大器等主张拥立潞王朱常淓，后来得知黄得功、高杰、刘良佐和马士英已经决策拥立福王朱由崧，他自知兵力不敌，立即摇身一变，加入

---

[1] 乾隆三十三年《金乡县志》卷二十，艺文，沈渊《马义烈女祠碑阴记》；同书卷七，宦绩，《段可举传》记："甲申三月十六日，妖贼翻天鹞托闯官安民，计在赚城。"按，顺治十三年《新修丰县志》卷九《灾祥》记："十七年二月十六日，高杰兵数万由丰适徐，城门昼闭，民大恐。"金乡、丰县接境相邻，两县志所记均为十六日，但一作三月，一作二月，从当时形势看应为二月。

[2] 谈迁《国榷》卷一百。

了拥福的行列。[1]四镇中高杰、黄得功兵力较强。高杰、刘泽清是望风而逃的败将，本应受到朝廷的惩罚；黄得功、刘良佐在甲申年间也无"功"可录，只是由于他们以兵力做后盾使朱由崧得以如愿以偿登上皇帝的宝座，都成了定策功臣。五月十七日，黄得功进封为靖南侯、高杰为兴平伯、刘泽清为东平伯、刘良佐为广昌伯；世守武昌的左良玉虽然没有参加定策，但他兵多将广，也进封为宁南侯。四镇的形成本不是因为为明室收复"失地"中做出过什么贡献，而是因为在策立上对朱由崧个人有功。就弘光、马士英而言，需要凭借他们的兵力慑服江南士绅；四镇也自恃有功，"天子乃我辈所立"，从此骄悍跋扈，一味麇集于南直隶江北地区争夺"善地"以自肥，进而挟制朝廷。

　　关于四镇封爵的问题，种根于迎立新君上的分歧。具体情节各书记载不完全相同。应廷吉记甲申十一月史可法对他说："天下事已不可为。先帝变日，予待罪南枢，分固应死，转念天下国家之重，庶几主器得人，希绍一成一旅之烈，不意决裂至此！揆厥所由，职由四镇尾大不掉。为今之计，惟斩四臣头悬之国门，以为任事不忠之戒，或其有济。昔之建议而封四镇者，高弘图也；从中主张赞成其事者，姜曰广、马士英也；依违其间，无所救正者，余也。"[2]黄宗羲的说法是："马士英既借四镇以迎立，四镇遂为士英所结。史可法亦恐四镇之不悦己也，急封爵以慰之。君子知其无能为矣。"[3]姜

---

[1]　李清《三垣笔记》卷下，《弘光》。
[2]　应廷吉《青燐屑》卷上。
[3]　黄宗羲《弘光实录钞》卷一。林时对在《阁部史忠靖公以四藩防江记》一文中也说"议立四藩，画地而封"是史可法的主意。贵池诸生刘城上书指出用人不妥，"公得书果悔，而事已无及"。见《留补堂文集选》。

曰广记："先是，封事起仓卒，诸将条上事宜，上许焉。一切诛戮、署置、盐课、商税以及正供之赋，俱得便宜从事，俨然藩镇矣。"姜曰广和北大司寇（刑部尚书）解学龙等上言若不改变，"深酿地方忧"。马士英回答道："史送之，令吾夺之，不能！"[1]弘光帝即位不久，江西总督袁继咸朝见时面奏："封爵以劝有功。无功而伯，则有功者不劝；跋扈而伯，则跋扈者愈多。"朱由崧表面上赞成袁继咸的意见，叹气说："事已成，奈何？"[2]实际上正如六月二十日国子监典籍李模疏中所言："今日拥立之事，皇上不以得位为利，诸臣何敢以定策为名？甚至定策之名加之镇将。镇将事先帝，未闻效桑榆之收；事皇上，未闻彰汗马之绩。案其实亦在戴罪之科。予之定策，其何敢安？"[3]这话说到了问题的实质。南明的几个朝廷都是由武将拥立和操纵，但从来驾驭不了武将。武将既不以是否为国出力受赏罚，而是靠挟制朝廷加官晋爵，一旦形势不利，倒戈相向，保全富贵，自在意料当中。总而言之，南明立国之初，底子就没有打好，作为关键人物的史可法没有断然决策迎立福王朱由崧，利用皇权稳住大局，收拾残疆，是重大的失策；朱由崧眼看有当不上皇帝的危险，急忙派人召镇将拥立，授以"定策"之名。从此太阿倒持，军人专政，国已不国。军阀之间又矛盾重重，勇于私斗，怯于公战；文臣或依附某一军阀为靠山，或束手无策，放言高论者有之，引避远遁者有之，坐看江河日下，国土沦丧。南明之未能比拟于东晋、南宋，其源全出于此。后来在赣州殉难的隆武朝大学士杨廷麟曾赋诗寄慨云"帝京何

---

[1] 姜曰广《过江七事》。
[2] 李清《三垣笔记》卷下，《弘光》。
[3] 《弘光实录钞》卷一。

日复，请将近承恩""王室犹多难，书生且论功"[1]，对弘光至隆武朝事做了简要的概括。

四镇既以定策功封爵，"人人有门生天子心"，桀骜不驯。督师大学士史可法在讲话时常引用"圣旨"，高杰大不以为然，当面顶撞道："旨、旨，何旨也！尔曾见皇极殿中有人走马耶！"黄得功有一次跪着听使者宣读诏书，觉得不合自己的意思，不待读完就爬起来，"攘袂掀案，大詈曰：去！速去！吾不知是何诏也！"[2]在极其重视君臣之分的中国封建社会里，这种场面是很罕见的。他们对廷臣有所不满时，就上疏云"乞付军前正法"。刘泽清在陛见弘光帝时大言无忌地说："祖宗天下，为白面书生坏尽，此曹宜束之高阁。俟臣杀贼后，取而拂拭用之，以听其受享可也！今请罢制科勿设便。"[3]史可法在军中写信给大学士高弘图，"盛言'镇锋恶，盍谨避之！'"[4]四镇的气焰如此嚣张，皇帝和廷臣也无可奈何，马士英虽然投机附和镇将得以位居首辅，但他同样受制于四镇和左良玉，毫无作为。[5]

四镇的驻地为：黄得功驻真州（今江苏省仪征市）、刘良佐驻寿州、刘泽清驻淮安，高杰原受命安顿家口于扬州城外然后统兵北征。可是，高杰贪图扬州富庶，要求将家口安置于城内。扬州的百姓见高杰部下士卒在附近村庄到处抢掠焚杀，"烟火蔽日""僵尸遍

---

[1] 杨廷麟《杨忠节公遗集》卷四《山中闻鸣鸟凄然噫之》。
[2] 姜曰广《过江七事》。
[3] 姜曰广《过江七事》。
[4] 姜曰广《过江七事》。
[5] 刘献廷《广阳杂记》卷一记弘光时马士英打算任用王重掌选事，"为高杰所参而止。疏中目重为狡童。藩镇骄横至此，从来所未有也"。

野",纷纷罢市登陴,不让高军入城。高杰恼羞成怒,于六月初七日下令攻城。扬州进士郑元勋从中调停,同高杰面议只让官兵家眷安置城内,不在城内驻军。不料扬州百姓群情激愤,当场击杀郑元勋。督师大学士史可法亲自来到扬州城外的高杰军营里,婉转劝说,一味姑息牵就,"阁部之行也,以川兵三百自随,杰疑之,可法即分与二百人,然杰疑如故。……杰防可法甚严,一切出入文移必呈杰始达可法。……可法留杰营月余,不得要领"[1]。经过反复磋商,最后决定把扬州附近的瓜洲作为高军安顿之地。

江北四镇是这样跋扈自雄,世镇武昌的宁南侯左良玉在崇祯年间就已尾大不掉,自行其是。弘光监国和即位的诏书颁到武昌,他一度拒绝开读,在湖广巡抚何腾蛟、部下监纪副总兵卢鼎等人的劝说下,才勉强开读成礼。南明其他将领如郑芝龙、方国安等人见大将如此,也各自盘算自身利益,不以国事为念。

第四节 弘光朝廷内部党争的激化

明后期的党争是统治集团内部矛盾激化的表现,它贯串于万历以后整个的生活中,一直延续到南明。崇祯在位的十七年间党争基本上限于在朝、在野的官绅当中;弘光以后军阀势力介入,朝中文臣往往以武将为靠山,使党争变得更加复杂尖锐。在一定意义上可以说,党

---

[1] 李清《南渡录》卷一。祁彪佳在日记中也说:"史道邻出淮阳视师,所携亲兵为总镇高杰所分,不能受约束。乃以南都随征将官于永绶、刘肇基、陈可立等家眷及亲丁暂住于京口。"见《祁忠敏公日记》《甲申日历》六月十三日条。

争是导致明朝灭亡的一个重要原因。

　　南明第一个朝廷——南京政权从酝酿建立开始,就发生立福、立潞的争议,所谓"立贤""立亲"不过是表面文章,实质上是不同利益集团为争夺新政权垄断地位的一场争斗。弘光即位的时候,全国已处于四分五裂的状态,清朝、大顺以至张献忠的大西政权都面临一个争取人才为己所用的问题,弘光政权也不例外。在争取人才方面,史可法是比较清醒的,当五月初起草监国诏书时,原稿起用废臣一款内有"除封疆(指任职期间所管地方失守)、逆案、计典、赃私不准起用"一语,他认为"国事之败坏非常,人才之汇征宜广,未可仍执往时之例",把这句话删去。一两天后正式发布时,连史可法也不知道是怎么回事,仍照原本发出。[1]后来史可法上言又引马士英奏曰:"监国诏书,据阁臣史可法疏谓,逆案等事俱抹去,而吕大器添入之。是以戎臣而增减诏书也。"[2]总之,集中于南京附近江浙人文荟萃之地的一批官僚(他们大多是东林—复社人士)有一个如意盘算,一方面趁北都陷没,朝臣除极少数"死节"以外几乎都投降了大顺政权成为"从贼伪官";一方面又以不准起用"逆案"等旧例为理由阻挡另一批在野官绅入仕,这样可以为自己控制从中央到地方的全部要津铺平道路。由于历史的原因,他们担心福王朱由崧即位可能掀翻逆案,使自己在政治上失势。朱由崧不得不凭借四镇武将的支持登上帝位,由此形成武将无功封爵、跋扈自雄的局面。四镇的遥控朝

---

[1] 史可法《请尊主权化诸臣水火疏》,见《史可法集》卷一。
[2] 黄宗羲《弘光实录钞》。按,当时南京六部官员有缺,吕大器以南京兵部侍郎兼署礼部事,颁诏为礼部职掌。吕大器性格刚强,删改监国诏书稿文大概是事实,但说他以"戎臣"增减则不妥。见陈鼎《东林列传》卷二十三《吕大器传》。

政，使东林—复社党人垄断朝政的图谋遭到重大挫折，这本来是他们自己种下的苦果。然而，一贯以清流自命的东林—复社骨干从来不肯承认自己私心自用，而是集中火力攻击投机取巧的马士英和他援引的阮大铖，似乎事情全坏在马阮乱政，掀翻逆案，正人君子联袂而去，众小人翩翩入朝，终于导致南京弘光政权的覆亡。这种观点由黄宗羲创立的浙东史派发扬光大，流传三百多年，至今尚未廓清。

弘光初立的时候，大臣多是东林—复社人士心目中的正人君子。这种局面没有维持多久，姜曰广、高弘图、张慎言、刘宗周等人相继被排挤出朝。然而，这并不是掀翻逆案的结果，直到弘光朝廷覆亡，列名魏忠贤逆案中的人物极少起用。何况，弘光朝廷面对的是大顺和清方，起用不起用逆案官绅无关大局。清兵进入北京后留用大批降闯官员、礼聘逆案首魁冯铨，是其成功之策，而不是失败之着。弘光朝廷内部矛盾酝酿和激化始终是围绕"定策"问题展开的。就东林—复社骨干人士而言，本意是从帮派利益出发反对迎立福王，福王既立，"天位已定"，东林—复社骨干人士希望破产。四镇和及时转舵的马士英以定策之功自诩，扬扬得意。东林—复社人士妒意倍增，他们不敢把矛头指向"当今皇帝"，只好把马士英作为攻击的靶子。

马士英固然不是救时之相，但把他打入另册，列入《明史》奸臣传是毫无道理的。至于把他同阮大铖挂在一起称之为"阉祸"更是无中生有。马士英热衷于权势，这在明末官场上是一种极为普遍的现象。在政治态度上，他原来倾向于东林—复社，陈子龙自撰年谱云："贵阳（指马士英），先君同籍也，遇予亦厚。其人傥荡不羁，久历封疆。于门户之学，非素所深研也。"[1]杜登春《社事始末》说：

---

[1] 《陈子龙诗集》附录二。

"南中建国，贵阳马士英为娄东（指复社首领张溥）好友，一时拥戴窃柄，甚引重东林，起用钱（谦益）、徐（汧）、陈（子龙）、夏（允彝）诸君子。……复社中失节者（指在北京投降大顺政权）贵阳阳加叹恨，阴为矜怜，悉欲置末减。及福藩恣用私人，搜罗珰孽，而阮大铖辈尽起而谋国是，外则附贵阳以招权纳贿，内则实为珰人翻局之计。"[1]东林—复社人士抨击马士英最激烈的是他起用阮大铖。由于阮大铖名列崇祯初魏忠贤逆案，于是把掀翻逆案作为马士英的一条主要罪状，全线出击。然而，这条罪名能否成立很值得研究。

第一，阮大铖为人小有才，本非志节之士，这是一回事；他的列名魏忠贤逆案是否恰当又是一回事。归庄写道："怀宁阮大铖，初本清流（东林）……阮在垣中（六科给事中）资既深，佥都御史左浮邱（光斗）其同乡也，因欲其掌科，而高邑冢宰、无锡都宪疑其人，以为不可；嘉善魏廓园（大中）初还朝，即转吏科都给事中。阮谓资应属己，而魏夺之，遂激而入邪人之党。……激成阮入彼党，未始非失计。盖阮实有可用之才，惜诸君子无使贪使诈之作用也。"[2]当魏忠贤声势煊赫之时，阮大铖并没有明显的劣迹，在朝时间也极短。他之所以列入"钦定逆案"原因是崇祯帝继位，魏忠贤刚刚垮台，朝廷上两派势力的争斗尚未明朗化，阮大铖急于入朝做官，草拟了两份内容不同的奏疏，一是专攻魏党，一是所谓"合并共算"，也就是既攻魏党又攻东林。他派人把疏稿送往北京请友人杨维垣相机行事。不料，杨维垣取己所需，把后一疏封进。这件两面开弓的奏疏通过邸报流传后，东林人士为之大哗。阮大铖因此以"阴行赞导"的罪名列入

---

[1] 杜登春《社事始末》，见《昭代丛书》续编卷十六。
[2] 《归庄集》卷十，杂著，随笔二十四则。

逆案第三等，永不叙用。平心而论，东林—复社人士门户之见极深，他们把阮大铖打成逆案很难自圆其说，比如说他谒见魏忠贤后随即行贿给魏的门子赎出名刺，就是莫须有的罪状；说他在魏忠贤得势之时即辞职还家是早已看出魏忠贤必定垮台，更站不住脚。阮大铖在魏忠贤垮台之后还看不清政局的走向，怎么能说他在天启年间就预知朱由校会短命、崇祯帝将即位？总之，"阴行赞导"的罪名难以成立。阮大铖触霉头是在崇祯初出于投机得罪了东林党人。王思任说他"时命偶谬，丁遇人疴，触忌招愆，渭泾倒置，遂放意归田，白眼寄傲，只于桃花扇影之下，顾曲辩挝"[1]。阮大铖政治上失意，借寓南京编演新戏，交结朋友，声歌自娱，这在当时的留都也是极平常的事。不料，顾杲、吴应箕、陈贞慧这批公子哥儿看得老大不顺眼，心想秦淮歌伎、莺歌燕舞乃我辈专利，阮胡子来凑什么热闹。崇祯十一年（1638）八月，他们写了一篇《留都防乱公揭》广泛征集签名，对阮大铖鸣鼓而攻之，文中充满了危言耸听的不实之词。阮大铖挂名"钦定逆案"，有口难辩，一败涂地；陈贞慧等人自以为痛打落水狗，功德无量。

  崇祯十四年（1641），东林—复社人士以不光彩的手段，重贿司礼监太监，使周延儒再次出任首辅。阮大铖为了东山再起，一面参与拼凑贿金，一面向"东林诸君子"苦苦哀求："所不改心以相事者，有如兹水。"一些东林人士表示谅解，又遭到周镳等人的坚决反对。周延儒既然得到阮大铖的资助，又碍于东林骨干的要挟，采取折中办法，接受阮大铖的推荐，起用其同年好友、革职遣戍的原宣府巡抚马

---

[1]《王季重十种》，浙江古籍出版社排印本，第七十七页，《十错认春灯谜记序》。

士英为凤阳总督。马士英自然对阮大铖有怀恩必报之念。他出任弘光朝廷首席大学士以后，就以定策和边才为名竭力推荐阮大铖，上疏说："臣至浦口，与诸臣面商定策。大铖从山中致书于臣及操臣刘孔昭，戒以力扫邪谋，坚持伦序。臣甚韪之。但本官天启年间曾任吏科都，同官魏大中争缺，本官虽近让，与当时诸臣嫌隙遂开，因牵入魏忠贤逆案。其实本官既未建祠，未称功诵德，径坐以阴行赞导。夫谓之赞导，已无实迹，且曰阴行，宁有确据？故臣谓其才可用，罪可宥也。"马士英的上疏立即遭到东林—复社人士的强烈反对。他不顾其他阁臣异议，亲自票拟，六月间取得弘光帝同意："召逆案为民阮大铖冠带来京陛见。"[1]阮大铖出仕已成定局；八月，弘光帝又依从安远侯柳祚昌的提议，不经朝臣会议，直接任命阮大铖为兵部添设右侍郎。[2]

第二，马士英建议起用阮大铖原意只是报知遇之恩，并没有掀翻"逆案"的意思，比起史可法开"逆案"之禁要保守得多。这点从他在奏疏中为阮大铖开脱"阴行赞导"的逆迹可以得到证明。陈子龙记载他曾劝告马士英不要"犯天下之怒"起用逆案人物阮大铖，马士英回答说："逆案本不可翻也，止以怀宁一人才，不可废耳。"[3]马士英本是倾向东林的人物，他没有很深的门户之见，爬上首席大学士之后，颇想联络各方面人士，特别是东林—复社的头面人物，造成众望所归、和衷共济的局面。阮大铖被废置多年，不甘寂寞，安排适当官职，任才器使，对弘光政权并不会造成多少损害。相形之下，东

---

[1] 李清《南渡录》卷一。
[2] 李清《南渡录》卷二。
[3] 《陈子龙自撰年谱》，见《陈子龙诗集》附录二。

林骨干的迂腐褊狭令人惊异。他们当中的许多人出仕以来从来没有什么实际业绩，而是以讲学结社，放言高论，犯颜敢谏，"直声名震天下"，然后就自封为治世之良臣，似乎只要他们在位，即可立见太平。实际上根本不是这么回事。甲申夏初，明朝南方官绅处于国难当头之时，东林—复社的主要人物关心的焦点不是如何共赴国难，而是在残存的半壁江山内争夺最高统治权力。排除福王继统的阴谋破产后，他们又出于防微杜渐的考虑唯恐阮大铖被起用导致整个"逆案"掀翻。于是，抓住马士英推荐阮大铖一事大闹朝堂。名望甚高的刘宗周九月初三日上疏说："大铖进退，关江左兴衰。"[1]人们议论明末以来的党争时，往往受东林骨干人士的影响，偏颇特甚。黄宗羲起的作用最为恶劣。他因为反清义士夏允彝的遗著《幸存录》持论比较公允，竟然大动肝火，专门写了一篇《汰存录》痛加驳斥，指责夏允彝"是非倒置"，所著《幸存录》是"不幸存录"。黄宗羲的基本论点只是一句话，东林人士是"君子"，与东林异调者为"小人"。夏允彝书中说："东林之持论高，而于筹边制寇，卒无实着。"黄宗羲真不愧是刘宗周的弟子，反驳道："夫筹边制寇之实着，在亲君子远小人而已。"这无异是说，东林—复社人士孜孜以求的正是一派掌权，达不到目的就破口大骂。被东林—复社人士奉为圭臬的刘宗周就是抱着这种态度行事的，他的儿子刘汋记载："有朝绅为马士英解于先生曰：枢辅甚向慕先生；先生不吝一见，无有不归命者。所贵大君子以其能化小人为君子，今日国事为重，不宜拒绝太深。先生不答。后士英所亲再四言之，先生亦不答。"[2]

---

[1] 刘宗周《刘子全书》卷十八《纠逆案邪臣疏》。
[2] 刘宗周《刘子全书》卷四十，刘汋《刘子年谱录遗》。

李清等人记载:"马辅士英初亦有意为君子,实廷臣激之走险。当其出刘入阮时,赋诗曰:'苏蕙才名千古绝,阳台歌舞世无多。若使同房不相妒,也应快杀窦连波。'盖以若兰喻刘、阳台喻阮也。"[1]可见,马士英并没有排挤东林—复社人士的意思。直到弘光元年二月,诚意伯刘孔昭上言:"珰案昭雪,专为阴行赞导原无实迹者言之耳,若献媚有据,岂应翻案?"弘光朝廷接受了这一意见,下令"逆案无得滥雪"[2]。又说明,整个弘光在位时期,并没有"掀翻逆案"。东林—复社人士的记载中常见一种说法:马士英、阮大铖针锋相对地提出:"彼攻逆案,吾作顺案相对耳。"实际上大量材料证明,朝野人士中对在北京投降大顺政权的官员大加挞伐和主持分等定案的主要是以气节自命的东林—复社人士。马士英曾经上疏要求惩办从"贼"诸臣,其中一段云:"更有大逆之尤如庶吉士周钟劝进未已,上书于贼,劝其早定江南。昨日病中,东镇刘泽清来见,诵其劝进表一联云:'比尧舜而多武功,迈汤武而无惭德。'臣闻之不胜发指。其伯父周应秋、周维持皆为魏忠贤走狗,本犯复为闯贼之臣,枭狡萃于一门,宜加赤族。而其胞兄周铨,尚厕衣冠之列;其亲堂弟周镳,俨然寅清之署,均当从坐,以清逆党。"[3]这份奏疏斥责周应秋等"为魏忠贤走狗",显然没有掀翻逆案的意思。弘光一朝诛杀"从贼伪官"仅光时亨、周钟、武愫三人,周镳的被牵连勒令自

---

[1] 李清《三垣笔记》卷下,《弘光》。姜曰广《过江七事》云:士英已而时录一小词示曰广:"若使同官不相妒,也应快杀窦连波。"夏完淳《续幸存录》所记"阳台歌舞世无多"作"阳台欢舞世间无"。《鹿樵纪闻》所引字句与夏基本相同,但"快杀"作"乐杀"。姜曰广为当事人,所记可证确有此事。

[2] 李清《南渡录》卷四。

[3] 李清《南渡录》卷一。

杀，另有原因，这里不再细说。

总之，把弘光一朝的党争说成是马、阮阉党同东林—复社"正人君子"的较量并不正确。核心问题始终是围绕着"定策"而展开的。李清记载了八月间在弘光帝面前的一场争论："时阁臣士英与曰广同诋上前，曰广曰：皇上以亲以序合立，何功？士英厉声曰：臣无功，以尔辈欲立疏藩，绝意奉迎，故成臣功耳。"[1]阮大铖的起用虽出于马士英的推荐，但他的受到重用，由削职为民被任为兵部侍郎、兵部尚书巡视江防，原因是他力主拥立福王，从而得到朱由崧的信任。弘光即位之后，原先主张立潞王朱常淓或持保留态度的大臣内心明白自己已经失势，朝廷大权实际上落入了"定策"武臣和迎合四镇的马士英等人手中，而这种局面又是他们一手造成的。他们像哑子吃黄连一样有苦难言，一部分人借攻阮大铖、攻四镇，想稳定自己的地位，结果败下阵来，自行引退，如兵部侍郎吕大器、大学士高弘图、姜曰广，吏部尚书张慎言；另一部分人则委曲求全，如史可法被迫交出首席大学士的职务，"自请督师"。弘光元年（1645）三月史可法在一篇奏疏中痛切陈词："臣草疏甫毕，哀痛不胜，溯流穷源，因致追恨诸臣误国之事非一，而门户二字实为祸首。从门户生畛域，从畛域生恩怨，从恩怨生攻击。所以《春秋》之始，首严朋党之诛。而门户之名，竟结燕都之局！"[2]可见，他也意识到自己深受"门户"牵制之害。另一位东林钜子钱谦益的表现更具特色。他在南京立国前竭力鼓吹立潞；马士英、阮大铖得势后，又摇身一变，为马、阮唱赞歌。在奏疏中说："臣观三十年来，文臣出镇，克奏肤功者，孙承宗

---

[1] 李清《南渡录》卷二。
[2] 李清《南渡录》卷五。

后马士英一人耳。"又说:"先帝钦定逆案,一时握笔之臣,未免轻重有心,故出故入。……逆案之故入者,阮大铖当周宗建攻逆阉时实赞其议,安有引人攻阉而身反赞导者?"[1]由于他转变得快,由礼部侍郎升任尚书。

弘光立国仅仅一年时间,大臣联袂而去,给人们一种印象似乎是马、阮奸臣当道,驱逐群贤。实际上是因为参与定策者多为大臣,在定策中持异议者自必不安其位。另一个原因是那些致仕回家的大臣并没有料到清兵南下,弘光政权迅速瓦解,他们原以为可以雍容有度地在家乡或借寓之地(如张慎言)过乡绅日子,等待朝廷局面改观时东山再起。自然,他们又一次失算了。事实证明,弘光一朝的大臣当中没有一个安邦定国之材。

朝廷大臣矛盾激化,旷日持久的唇枪舌剑,置国事于不顾。一些有识之士也感到国难当头,应当捐弃门户之见。七月,户科给事中熊汝霖上言:"臣观目前大势,无论恢复未能,即偏安尚未稳。孜孜讨究,止应有兵饷战守四字,今改为异同恩怨四字。"[2]"徐谕德沔里居,感愤时事,贻同事书曰:今日贤邪之辨,不可不明,而异同之见,不可不化。以君民为心,则和一之至,不必合党同群,而自无不同。以职掌为务,则猷念各分,不必破党涣群,而自无不异。用人者执此为衡,其忠君爱民,精白乃心者为君子,否则小人;修职就业,竭节在公者为君子,否则小人。"[3]可是,弘光政权一直是在大臣和军阀的钩心斗角中苟且偷安,在内讧中粉墨登场,在内讧中分崩离析。

[1] 李清《南渡录》卷三。
[2] 李清《南渡录》卷二。
[3] 李清《三垣笔记》下,《弘光·补遗》。

第五节　清廷接管畿南、山东等地和山东百姓的抗清斗争

1644年五月，大顺军西撤以后，山东、河北等地的大顺地方政权被明朝官绅颠覆；清军占领了北京附近地区，由于强制推行剃头等政策，京师附近的居民惶惧不宁，许多地方揭竿而起反对清朝的统治。三河、昌平、良乡、宛平、大兴、霸州、东安、武清、漷县、天津等地"盗贼""千百成群"[1]，以至"辇毂近地，几同化外"[2]，连京师所用的西山煤炭也因为道路阻隔无法运入城内。京师内外百姓流言四起，盛传清军将有屠民之举。[3]多尔衮等清廷统治者一再辟谣，安定民心，同时派兵遣将进行扫荡，"辇毂之下，盗贼窃发，及至捕获，少长尽置于法"，连"老稚不能弯弓操刃者"也滥加屠戮。[4]在这种情况下，清廷需要一段稳定自己在京畿地区的统治和养兵蓄锐的时间。何况大顺军尚扼守山西，清廷有所顾忌，不敢轻易以主力南下。因此，畿南、山东和豫东地区在两三个月里处于近似权力真空的局面。

弘光朝廷的按兵不动，给清廷以可乘之机。早在五月十二日，清都察院参政祖可法、张存仁就上言："山东乃粮运之道，山西乃商贾之途，急宜招抚。若二省兵民归我版图，则财赋有出，国用不

---

[1] 顺治元年七月二十九日吏科都给事中孙承泽启本，见《明清史料》丙编，第五本，第四一三页。
[2] 顺治元年八月初五日兵部右侍郎金之俊启本，见《明清史料》丙编，第五本，第四一六页。参见《清世祖实录》卷五有关各条。
[3] 《清世祖实录》卷五、卷九。
[4] 《清世祖实录》卷十六。直到顺治五年八月，清廷还一度下令收缴畿辅民间一切武器和马匹；顺治六年三月弛禁，原因不是太平无事，而是"良民"受限，"贼反得利"，见同书卷四十、卷四十三。

匿矣。"[1]同月二十五日，清廷派明降臣方大猷为监军副使招抚山东。六月初四日，又派明降臣王鳌永以户、工二部侍郎名义招抚山东、河南。[2]同月初十日，多尔衮派固山额真觉罗巴哈纳、石廷柱统兵收取山东[3]，十四日派固山额真叶臣领兵收取山西[4]。觉罗巴哈纳、石廷柱先声夺人发出檄文说："奉摄政王令旨，各调兵马前往山东等处。所过地方官民出郭迎接，违者以抗师治罪。"同时又以平西王吴三桂名义大张文告，云为安抚残黎事称"摄政王简选虎贲数十万南下，牌仰山东等处速速投降"[5]。二十一日，巴哈纳等带领的清军进抵德州。朱帅𨰴和参与反叛大顺政权的明朝官绅"仍欲拒命"，不愿归附清朝。[6]只是由于"济王"部下都是些乌合之众，又得不到龟缩于江淮一带南明阁部史可法等人的支援，德州知州张有芳唯恐贻祸地方，到处游说，朱帅𨰴等被迫解散部众，拜表归顺清廷。[7]畿南、山东大批州县就这样拱手让给了清朝。

值得注意的是，奉命收取山东的清军不仅兵力有限，而且由于清廷也看出自己真正的对手是大顺军，所以二十九日觉罗巴哈纳、石廷柱报告已平定了霸州、沧州、德州、临清之后，多尔衮并没有叫他

---

[1] 《清世祖实录》卷五。
[2] 《清世祖实录》卷五。
[3] 《清世祖实录》卷五。
[4] 《清世祖实录》卷五。
[5] 南沙三余氏撰《南明野史》卷上。原文作六月初二日，可能为十二日之误。
[6] 顺治元年六月二十九日招抚山东、河南等处户、工二部右侍郎王鳌永启本，原件藏第一档案馆。
[7] 据朱帅𨰴顺治元年七月二十二日给清廷的揭帖，说他在颠覆山东、河北大顺地方政权后，遣使往吴三桂处打听北京消息。"六月初八日才得返报，初九日遂遣使纳款，具明称王之故，以谢僭拟之罪"。见《明清档案》第一册，A1—33号。但王鳌永等人都认为他缺乏降清诚意。

们继续南下,而是在七月初三日下令将觉罗巴哈纳、石廷柱部调往山西,会同叶臣部合攻太原等地的大顺军。[1]这两部清军调走以后,王鳌永、方大猷临时拼凑了一些散兵游勇,不仅战斗力单薄,数额也只有几千人。顺治元年七月初三日清兵部右侍郎金之俊报告:"山东全区,并无一贼","但目下虽幸无贼,独苦无官"。奉朱批:"□(东)省并无一贼,抚臣亟当推用。这事情吏、兵二部确议速复。"[2]弘光君臣一味偏安江左,毫无进取之意,王鳌永、方大猷仅凭清朝的声威到处接管山东未附各州县。七月十二日王鳌永启本中说:"臣于六月二十九日在德州拜疏后,七月初一日行至平原,值恩县土贼猖獗,恩、平两县相距二十余里,臣因留驻平原二日,遣官安抚。旋以省城(济南)土贼告急,人心汹汹,历城县知县朱廷翰络绎遣人催臣入省。臣随于初四日至禹城,初五日至济南,土贼闻臣至,各望风解散。臣亦分头遣官宣布圣朝德意。即有一二顽梗,地方官自足制之,可以不烦大兵。"下文说第二天(初六日)明权德府事泰安王朱由椠率领明德藩各郡王宗室具表归降,山东掌印都司苏邦政、济南府推官钟性朴等文武官员、乡绅也纷纷投顺。随后明朝署东昌道事工部主事于连跃以东昌府、临清州归附,青州府通判李懋学、推官彭钦以青州府城归附,而当时"省城营兵尽汰,中原全无,文武佐贰亦缺,无官可遣"[3]。直到八月间山东许多地方仍不愿归附清朝,例如距省会济南并不太远的新泰县在大顺政权委派的县令周祚鼎坚持下,

---

[1] 《清世祖实录》卷六。
[2] 顺治元年七月初三日兵部右侍郎金之俊启本,见《明清档案》第一册,A1—12号。不久,方大猷即被委任为山东巡抚。
[3] 顺治元年七月十二日招抚山东、河南等处户部右侍郎兼工部右侍郎王鳌永"为恭报收抚地方事"启本,原件藏第一档案馆。

六次拒绝王鳌永、方大猷的招降。[1]在这前后山东各地百姓的反清义举此伏彼起，都是一种自发的斗争，从来没有得到南明弘光朝廷的支持。

自从明末以来，山东一省地方性的农民起义连绵不断，明朝廷的统治已经很不稳固。大顺政权接管该省后，由于实行免赋政策，派遣的官员奉公守法，吏治严明，受到当地贫苦百姓的拥护。原先所谓的"土贼"有的自行解散归农，有的改编为大顺政权的地方武装，一度出现了多年未见的平静局面。大顺军主力西撤后，明朝官绅乘机颠覆大顺地方政权，实行反攻倒算，许多地方的农民又自发地组织武装同官绅势力作对。如靠近北直隶的冠县在大顺县令逃跑后，有"土贼裴守政、马瑞恒、刘桐相等蜂起"，两年后才被清政府镇压下去。[2]胶东地区随着大顺政权的瓦解也陷入一片混乱之中，许多地方在当地义军控制之下，原明朝设置在登州的防抚曾化龙也掌握部分兵力，盘踞地方。五月间，灵山卫义军张大雅、张千出、韩继本，高密县义军单之赏、张宇等部围攻胶州。六月初六日，曾化龙派登州守将滕胤玉等统兵击退义军，解胶州之围。昌邑县土豪李好贤率众向曾化龙投降，张大雅、张千出被擒杀。可是，曾化龙得知清军占领京畿以后，却丢下防守地区，同胶州知州郭文祥一道航海南逃。胶东地区处于无政府状态。清廷在这年秋天任命柯永盛为胶镇总兵，轻而易举地接管了该地。这一地区的义军胶州韩继本，高密单之赏、张宇，即墨黄宗贤、周六、丘尚佐、王尔玺，平度腽搭毛、翟五和尚、张广等部先

---

[1] 顺治元年八月二十二日山东巡抚方大猷启本，原件藏第一档案馆。
[2] 道光十一年《冠县志》卷十《纪变》。

后被柯永盛部清军扫灭。[1]《即墨县志》载："无赖贼郭尔标倡众为乱,诸孽附之。贼之在姑密胶东者亦相与为响应,众十余万,号十四营,环围即墨。"[2]当地绅衿先向明朝官员请援,毫无所得,改向清胶州总兵柯永盛求救,才将义军击溃。其时声势特别浩大的是兖州府、济宁州、曹州以至沂州府属蒙阴县[3]一带的农民起义。嘉祥满家洞有宫文彩"僭称擎天王,拥贼二万有奇",傅家楼等地还有马应试(大顺政权授掌旅之职)、李文盛、宋二烟、杨鸿升、杨之华、阎清宇等领导的武装,为众不下数万。在大顺军西撤后,他们仍然"坚事逆闯","安心附逆,旗帜之上大书闯贼年号"[4]。顺治元年九月,清山东巡抚方大猷在"为塘报事"揭帖中写道:"嘉祥地方满家洞土寇聚众数万攻破冯家等堡二十余处,杀人不计其数,捕官率领乡兵俱被杀伤,势甚紧急,恐该县被陷……"[5]

面对各地风起云涌的反清运动,清朝委派的官员束手无策,七月间巡抚方大猷在启本中说:"今则无百姓、无官、无兵,而总因无饷。虽奉令旨准免三分之一,部臣王鳌永复推广德意请免新、练二饷。臣又除去荒地,止就成熟者姑征一分。然究竟民无以应也。久已抛弃农业,渐有从贼巢中观望来归,而一旦闻有开征之示,掉臂而返,有以相率从贼为得计者。此开征两字求之一百四州县中不过

---

[1] 康熙十二年《胶州志》卷六《事纪》。
[2] 乾隆二十八年《即墨县志》卷十《艺文》,李笃行《御寇全城记》,范德显《解围记》。
[3] 康熙二十四年《蒙阴县志》卷八《兵燹》。
[4] 顺治元年九月河道总督杨方兴揭帖,见《明清史料》甲编,第一本,第八十五页。
[5] 见《明清档案》第一册,A1—158号。

十数处耳。"[1]方大猷的启本说明了山东百姓留恋大顺政权的免征赋税，才以永昌年号为旗帜奋起抗清，这和当地明朝官绅的动向正好相反。它还清楚地反映了清廷虽然在名义上接管了山东，统治力量却非常单薄。

这年九月二十九日发生了青州之变。事情的经过是，原属大顺政权的一支军队同主力失去了联络，在旗鼓赵应元[2]和投降了大顺政权的明朝官员杨王休率领下来到青州。九月二十九日晨以入城拜会为名，乘机夺门而入。当时清廷委任的招抚山东、河南户、工二部侍郎王鳌永正在城内，赵应元派步兵上城头摆垛，自己带着骑兵直入王鳌永的部堂辕门。王鳌永以为赵应元是率部前来归降，突然看到兵将持刀露刃蜂拥而进，仓皇躲避到上房。后来听见人声鼎沸，"城内震地"[3]，又翻过院墙藏到姓房的乡绅家中。赵应元下令搜捕，"扬言拿获部堂者赏金五十两，拿获部堂下官一员者赏银十两"[4]。王鳌永被军士搜获，赵应元下令把他处斩。

赵应元收复青州，并不是为了重建大顺地方政权。据文献记载，他自己声称："我也不愿做皇帝，只是扶立明朝一人。"[5]清山

---

[1] 顺治元年七月二十四日山东巡抚方大猷启本，原件藏第一档案馆。

[2] 吴伟业《绥寇纪略》卷九记李自成在崇祯十六年（1643）杀贺一龙事时说："自成先用贺锦、刘希尧以收一龙之心臂曰赵应元，俾慰诱其众。"可见，赵应元原先是"革左五营"的将领，后属李自成。

[3] 顺治元年十月初五日山东巡抚方大猷题本，原件藏第一档案馆。参见顺治元年十月初三日方大猷"为塘报事"题本，《明清档案》第二册，A2—6号。

[4] 顺治元年十月初五日山东巡抚方大猷题本，原件藏第一档案馆。参见顺治元年十月初三日方大猷"为塘报事"题本，《明清档案》第二册，A2—6号。

[5] 顺治元年十月初五日山东巡抚方大猷题本，原件藏第一档案馆。参见顺治元年十月初三日方大猷"为塘报事"题本，《明清档案》第二册，A2—6号。

东巡抚方大猷的题本中说他以"拥立衡藩为号召计"[1]，定于十月初八日"扶衡王坐殿"。这位衡王却是个脓包，他在七月间已在王鳌永招诱下向清廷献上降书[2]，唯恐赵应元拥戴复明将招来杀身之祸，只知"涕哭，眼肿如桃"[3]。赵应元为了增强抗清力量，"四门竖旗招兵：有马给银四两八钱，骡兵给银三两八钱，步兵一两八钱，外加一钱"。山东昌乐、寿光等县的抗清武装首领赵慎宽、秦尚行、郭把牌、翟五和尚都派人来青州会商合作事宜。[4]

青州事件发生后，在省会济南的清山东巡抚方大猷惶惶不安，他手头只有兵马六百多人，防守省城还不够，只好请求清廷发"真满洲官兵一万，星夜南驰"。[5]清廷得报知道事态严重，派梅勒章京和托、李率泰领兵赶赴山东。十月初六日，和托、李率泰部到达济南，初八日前往青州。[6]早已降清的明青州守备李士元献计智取，他同清廷委任的青州道韩昭宣[7]等官绅暗中勾结，进入青州城内充当说客。李士元对赵应元威胁利诱，劝他转投清方，由巡抚上疏清廷解释

---

[1] 顺治元年十月初五日山东巡抚方大猷题本，原件藏第一档案馆。参见顺治元年十月初三日方大猷"为塘报事"题本，《明清档案》第二册，A2—6号。
[2] 《清世祖实录》卷六。
[3] 顺治元年十月初九日山东巡按御史朱朗镁"为第六次紧急塘报事"题本，见《明清档案》第二册，A2—11号。
[4] 见上引《明清档案》第二册，A2—11号。
[5] 见上引顺治元年十月初五日方大猷题本。
[6] 顺治元年十月初十日河道总督杨方兴"为恭报大兵赴青剿贼日期以慰睿怀东顾事"启本，见《明清档案》第二册，A2—15号。
[7] 韩昭宣原为明朝宁远兵备道，降清后于顺治元年七月被委任为山东布政司参议兼按察司金事青州道，见《清世祖实录》卷六，又见顺治元年九月《北直河南山东山西职官名籍》，收入《史料丛刊初编》。韩昭宣后来在原籍山西反清被杀，见下文。

青州之变"只以总督虐民诛之,其余不戮一人,今复以全城归命天子,则通侯之赏可立至矣"。赵应元果然受骗,带了甲士数百名出城同清将和托等会面,双方钻刀歃血对天起誓。当天晚上,赵应元在府城北门的瞻辰楼设筵,大张酒乐。清军按李士元等约定的计划,伏兵城外。席间炮声突发,李士元、韩昭宣和随从当场击杀赵应元、杨王休,赵军大乱。清军拥入城中,格杀招降余党,青州的反清事件遂告失败。[1]

第六节　1644—1645年河南的形势

1644年夏季以后,河南的局势也很复杂。大顺政权原已遍设官员的这块中原地区,已经由于主力西撤而四分五裂。大顺军只控制着豫西等部分地区,其他地方一部分为死灰复燃的明朝官绅所窃据,一部分被所谓"土寨豪杰"的地头蛇盘踞;清方也乘虚而入,攫取了河南省黄河以北的怀庆、彰德、卫辉三府。现简述如下:

五月间,明归德府知府桑开第得到大顺军战败放弃北京的消息,立即勾结原崇祯朝督师丁启睿的弟弟丁启光(任明朝参将)发动叛乱,逮捕大顺政权归德府管河同知、商丘、柘城、鹿邑、宁陵、考城、夏邑县令,于六月间解送南京向弘光朝廷献俘邀赏。[2]明河南援剿总兵许定国也纠集一批散兵游勇窃据睢州一带。原明朝兵部尚书张

---

[1] 安致远《李将军全青纪事》,见康熙六十年《青州府志》卷二十二《艺文》。参见《清史列传》卷四《和托传》,卷七十八《王鳌永传》,《清世祖实录》卷九。

[2] 郑廉《豫变纪略》卷六;陈济生《再生纪略》卷下。

缙彦在北京投降了大顺,这时逃回新乡招集官绅、土寇,同许定国相勾结,与大顺政权为敌。

河南各地的土贼也乘势拥起,如刘洪起据汝宁,韩甲第据许州,李际遇据登封,李好据裕州,刘铉据襄城,"分辖各数百里,拥众各十余万"[1]。这些人的来历一般是明末地方性的反叛武装,后来同当地乡绅勾结,蜕变成一种封建割据势力。其中刘洪起兵力较强,他接受明朝的招抚,1644年春夏在河南发动叛乱,擒杀大顺政权委派的地方官员,被大顺政权绵侯袁宗第击败,率领残部逃入湖北,托庇于明将左良玉麾下。其他土贼由于实力有限,在崇祯末期往往在明朝廷和李自成农民军之间摇摆,哪方得势就倒向哪方。大顺军西撤后,他们当中不少人立即起来反叛,"愤张旗帜直书'杀贼报仇'四字"[2]。仅韩甲第就"擒伪官十有余人",颠覆了许州一带的大顺政权,但河南大顺军随即发起反击,在九月间将韩甲第剿杀。刘洪起也卷土重来,领兵直至永宁、杞县一带,与开封府推官陈潜夫一道为明朝收复"失地",并在柳园(开封城北)击败大顺军陈德部(陈德乃陈永福之子,原为明将,后来又投降清朝)。弘光朝廷得报后,委任陈潜夫为巡按御史,刘洪起为总兵官。不久,又任命张缙彦为河南总督,越其杰为河南巡抚(越其杰是马士英的姻亲)。

清廷方面也在稳固对畿辅地区统治的同时,把势力扩展到河南北部。七月,任命杨方兴为河道总督,苏弘祖为分巡河北道,申朝纪为分守河北道(按,明、清的河北道管辖范围是河南省黄河以北的彰德府、卫辉府、怀庆府,同现在的河北省无关),罗绣锦为河南巡

---

[1] 顺治元年七月国子监司业薛所蕴启本,原件藏第一档案馆。
[2] 顺治元年七月国子监司业薛所蕴启本,原件藏第一档案馆。

抚；[1]八月又任命祖可法为河南卫辉总兵官，金玉和为河南怀庆副将（不久提升为怀庆总兵）[2]。八九月间，清廷委任的文官武将先后到任，基本上控制了河南省黄河以北地区。

可见，在1644年夏秋，河南省成为明、清、顺三方争夺的焦点之一。这年九月十八日，清山东分巡东昌道李栖凤报告他探听到的河南情况是："河南舞阳以东汝宁一带地方俱属总兵刘洪启（起）将官分据……河北（即指上述河南省黄河以北三府）一带地方俱属营头张天乙管，河南睢州一带地方俱属总兵许定国管。八月十二日定国率领兵马将归德府城池残破，蹂躏不堪。金陵口南至许州、舞阳、西平、遂平、临颍、郾城、扶沟、鄢陵、汝宁迤南等处地方俱属总兵刘洪启（起）管。流寇改禹州为均平府，襄县、南阳、襄阳、河南府（洛阳府）以西流寇牛头目领兵一支在各处镇守，以西俱流寇官，而郾城委知县二员，一属弘光，一属西寇。河南各处非兵即寇，各占一方，无处宁静。"[3]李栖凤的描述大致反映了当时河南三方对峙的情势，清方虽然已经在黄河以北三府设官，但当地的"土贼"营头势力还很大，统治并不稳固。

上面扼要介绍了1644年夏秋山东、河南两省的情况，不难看出清廷自五月至十月主力没有南下，以多尔衮为首的领兵诸王都群集在北京（郑亲王济尔哈朗原留守沈阳，九月才护送顺治帝来京）休息，只派了固山额真叶臣等人统兵进入山西同大顺军作战。大顺军西撤

---

[1] 《清世祖实录》卷六。
[2] 《清世祖实录》卷七。
[3] 《明清史料》，丙编，第五本，第四四二页。参见康熙《上蔡县志》卷十二《编年志》；康熙《西平县志》卷十，外志《灾变附近代兵革》；康熙《汝宁府志》卷十《武备·军功》；康熙《光州志》卷十《丛纪考》等地方志。

后，山东、河南的大顺政权基本瓦解，随即出现归属问题。除了豫西仍在大顺政权控制下，其他一些农民起义色彩较浓的地方武装依然心向大顺以外，绝大多数地区的明朝官绅和土豪强在擒杀大顺政权委派的官员以后，是以复明为旗号的。弘光政权由于"定策"引发的纷争以及武将以"拥立"之功蒙受上赏，于是文恬武嬉，坐失良机，主力部队如镇守武昌的左良玉部和建藩开府于南直隶境内的江北四镇都按兵不动。督师大学士史可法虽然在口头上也谈要恢复鲁、豫，乃至燕京，然而形格势禁，一筹莫展。李清记："初四镇垂涎扬郡，可法不得已，许有警时各安顿家眷，谓彼此有分，可免独踞。且谓之有警，则无警不得驻耳。然以调停故，坐羁北伐，识者恨之。"[1]

---

[1] 李清《南渡录》卷二。

第三章
弘光朝廷的偏安江淮

第一节　基本国策——"借虏平寇"

对于清初我国社会的主要矛盾，史学界有不同意见。有的人认为从清兵入关占领北京起，民族矛盾就成了主要矛盾；也有人认为由明至清阶级矛盾一直处于主要地位。这些看法很值得商榷。因为如果认为阶级矛盾始终是主要矛盾，那就不能正确解释为时二十年左右仁人志士的抗清运动，更不能公正评价大顺、大西农民军联明抗清的正义性。而认为清军入关就标志着民族矛盾已经成为主要矛盾，显然不符合事实。甲申五月，无论是满洲贵族建立的清廷，还是在南京继统的弘光朝廷，都把大顺农民军视为死敌。直到清兵南下，弘光朝廷覆亡，清廷推行一系列民族征服、民族压迫政策，民族矛盾才上升为主要矛盾。[1]

---

[1]　参见1980年8月出版《清史论丛》第二辑载拙文《论清初社会矛盾》。

在弘光立国的一年时间里，特别是在其前期，朝廷上下几乎全都沉浸在借用满洲贵族兵力扫灭"流寇"的美梦中。可以说"联虏平寇"（或称"借虏平寇"）是弘光朝廷的基本国策。奉行这一国策的背景已见上述。但是，还有必要指出它的基本思想有其历史渊源。崇祯年间，杨嗣昌任兵部尚书和大学士，深知朝廷兵力、财力不足以支持两线作战，曾经提出了"攘外必先安内"的建议[1]，具体内容是同清方达成和议，每年输送白银、缎帛等物，清方以少量人参、貂皮之类回报，实行互市；然后集中兵力扫除"流寇"。这在当时是迫不得已的办法，但并没有借助清方兵力对付义军的意思。随着整个局势的恶化，一些幕僚人士开始从总结历史经验出发，考虑借用北方少数民族兵力共同镇压汉族内部的农民起义。茅元仪写的《平巢事迹考》[2]和姚康撰《太白剑》[3]都是以唐朝末年平定黄巢起义作为借鉴，替执政大臣出谋划策。这两本小册子毫无学术价值，编纂的目的是借古喻今。茅元仪曾在大学士孙承宗幕中任职，姚康则曾充任南京兵部尚书史可法的幕僚。他们以唐朝平定黄巢起义为题目著书立论，用意是借历史经验说明唐朝平定像黄巢起义这样大规模的农民反抗，光靠有郭子仪、李光弼这样的大将不够，还需要借用李克用的沙陀兵，招降像朱温这类义军叛徒，才有中兴之望。

弘光朝廷建立的时候，正值吴三桂降清，联兵击败大顺军，占领北京。弘光君臣由于情报不明，对吴三桂同清朝的关系并不清楚，以为是吴三桂借清兵击败了"闯贼"，收复神京，一个个兴高采烈，

---

[1] 杨嗣昌《杨文弱先生集》卷九，《敬陈安内第一要务疏》。
[2] 收入曹溶《学海类编》第十六册。
[3] 桐城姚康休那著《太白剑》，所见为光绪乙未冬姚五桂堂重刊本。

称之为"功在社稷"的"义举"[1]。五月二十七日,大学士马士英疏"陈恢复大计"说:"吴三桂宜速行接济,在海有粟可挽,有金声桓可使;而又可因三桂以款虏。原任知县马绍愉、陈新甲曾使款奴。昔下策,今上策也。当咨送督辅以备驱使。"[2]次日,弘光朝廷即决定"封关门总兵平西伯吴三桂为蓟国公,给诰券、禄米,发银五万两、漕米十万石,差官赍送"[3]。大学士王铎起草的加封赏赉吴三桂、黎玉田的敕谕颇能说明问题。在《敕谕破贼总兵官》一文中写道:"闻尔星统关兵大挫贼锐……是用晋尔侯世爵,加坐蟒一袭,纻丝八表里,银二百两,示宠异也。又尔部下士卒蓐食未饱,已令海上运漕十万石、银五万两接济犒劳……"[4]在《敕谕辽东巡抚黎玉田》文中写道:"兹特晋尔秩为兵部尚书,加赏纻丝十八端,银一百两,示旌也。且令漕米接济……"[5]王铎入阁在六月间,弘光君臣还不知道吴三桂四月下旬已经投降清朝被封为平西王;而黎玉田投降了李自成,这时正任大顺政权四川节度使,根本没有同吴三桂一道勾引清兵。弘光朝廷的消息不灵,于此可见。

人们常常受传统观念的影响,给史可法和马士英描绘成截然不同的脸谱。事实却表明,史可法与马士英之间的差异比后来的许多

---

[1] 李清《南渡录》卷一。
[2] 李清《南渡录》卷一;《国榷》卷一百一载于二十九日,文字略有不同,如"因三桂款建,使为两虎之斗"。
[3] 《南渡录》卷一;《国榷》卷一百一。
[4] 王铎《拟山园选集》(北京图书馆善本部藏顺治十年刊八十一卷本)第二卷。按,诸书均记弘光朝廷封吴三桂为蓟国公,大学士王铎起草的敕谕中却明言"晋尔侯世爵",很可能弘光朝廷对吴三桂封爵有个升格过程,几个月前吴三桂被崇祯帝封为平西伯,弘光朝廷初拟晋封侯爵,不久又决定加封公爵。
[5] 王铎《拟山园选集》卷二。

史学家想象的要小得多。他们两人的品质高下主要是在个人操守方面，而在基本政策上并没有多大分歧，都是"联虏平寇"方针的赞决者。正是这一方针导致了弘光政权的土崩瓦解。史可法在甲申六月间上疏道：

先帝以圣明之主，遭变非常，即枭逆闯之头，不足纾宗社臣民之恨。是目前最急者，莫逾于办寇矣。然以我之全力用之寇，而从旁有牵我者，则我之力分；以寇之全力用之我，而从旁有助我者，则寇之势弱。近辽镇吴三桂杀贼十余万，追至晋界而还。或云假虏以破贼，或云借虏以成功，音信杳然，未审孰是？然以理筹度，此时畿辅之间必为虏有。但虏既能杀贼，即是为我复仇。予以义名，因其顺势，先国仇之大，而特宥前辜；借兵力之强，而尽歼丑类，亦今日不得不然之着数也。前见臣同官马士英已筹及此。事期速举，讲戒需迟。今胡马闯（闻）已南来，而凶寇又将东突，未见庙堂之下，议定遣何官，用何敕，办何银币，派何从人？议论徒多，光阴易过。万一虏至河上，然后遣行，是虏有助我之心，而我反拒之；虏有图我之志，而我反迎之。所重者皇上之封疆，所轻者先帝之仇耻，既示我弱，益长虏骄，不益叹中国之无人，而北伐之无望邪！伏乞敕下兵部，会集廷臣，既定应遣文武之人，或径达虏主（指顺治帝），或先通九酋（指清摄政王多尔衮）。应用敕书，速行撰拟，应用银币，速行置办。并随行官役若干名数，应给若干廪费，一并料理完备。定于月内起行，庶款虏不为无名，灭寇在此一举矣。"[1]

左都御史刘宗周六月间也上疏建议"亟驰一介，间道北进，或檄燕中父老，或起塞上夷王……苟仿包胥之义，虽逆贼未始无良心"[2]。总之，吴三桂的引狼入室，在弘光朝廷决策大臣中无不认为是一大快事，都主张应该尽早同吴三桂取得联系，借清军之力共灭"流寇"。

当朝廷大佬沉浸于"借虏平寇"的幻想中时，个别中下级官员反而比较有远见，主张应以自强为主。吏科都给事中章正宸上疏道："今日江左形势视之晋、宋更为艰难，肩背腹心，三面受敌。"他要求朝廷既须"念先帝、先后殉社稷之烈"，又应"念三百年生养黔黎尽为被发左衽"，"断宜以进取为第一义。进取不锐，则守御必不坚"。他对形势的分析是："近传闯渠授首，未可轻信。贼计甚狡，必亡走入秦，度暑必尽锐而出，与献贼合，睥睨长江。……又闻虏踞宫阙，动摇山东。而当国大臣仓惶罔措，但绍述陋说，损威屈体，隳天下忠臣义士之气，臣窃羞之，臣切痛之。""失今不治，转弭秋高，虏必控弦南指，饮马长、淮；而贼又驰突荆襄，顺流东下。瓦解已成，噬脐何及？"[3]章正宸指责当国大臣绍述的"陋说"是指崇祯年间兵部尚书陈新甲主持的同满洲贵族和谈；他不赞成把清军看成

---

[1] 史可法《为款虏灭寇庙算已周，乞敕速行，以雪国耻事》奏疏，见冯梦龙《甲申纪事》，《玄览堂丛书》第一一五册。按，史可法这篇奏疏在清代刊印《史忠正公集》时因避讳改题为《请遣北使疏》，文字亦有删改。冯氏著作刊于弘光年间，史可法尚任督师大学士，自应以此本为准。

[2] 李清《南渡录》卷一。

[3] 冯梦龙《甲申纪事》。

义师，相反指出有披发左衽的危险。六月，给事中马嘉植上言："今日可忧者，乞师突厥，召兵契丹，自昔为患。及今不备，万一饮马长、淮，侈功邀赏，将来亦何辞于虏？"[1]

七月上旬，弘光朝廷召集群臣讨论派遣使臣同清方联络事宜。兵科给事中陈子龙参与了集议，又经过弘光帝召对后，感到当国大臣"求好太急"，乃以"通敌实出权宜，自强乃为本计，恳乞严谕使臣无伤国体，更祈大诫疆臣急修武备事"上疏言事。疏中说："自东敌逆节，兵衅不解几三十年，中国虚耗，实为祸本。但以运逢百六，寓宅东南，国家事力难支两敌，而东敌会师杀贼，为我报仇，虽蓄谋难测，而执词甚正。因之通好，少纾目前，以便并力于西，此亦谋国之苦心也。……以臣愚计，是行也，所授词于使臣者，第云彼以好来，我故以金帛报谢其酋长，犒劳其士卒，以见中朝之有礼；许之互市，以中其所须，使其马首不亟南可已。若夫地界、岁币等事或因遇机会有利国家是在大夫出疆之义耳，似不宜求好之太急也。……祖宗之地诚尺寸不可与人，然从来开疆辟土，必当以兵力取之，未闻求而可得者也。……若夫约敌灭贼以报不共戴天之仇，如唐人用回纥之师，事诚有之，然必中国自有信臣精卒如李、郭之将，朔方、陇右之兵而后可。若专恃他人之力，如宋人借金以灭辽，借元以灭金，则益其疾耳。"接着，他建议朝廷："密敕诸将奋同仇之气，大整师徒。俟冬春之间，敌骑牵制于三晋，我则移淮泗之师以向俟谷，出全楚之甲以入武关，令川汉之将联络庄浪甘宁之义旅，或攻其胁，或捌其背，使敌当其一面，而我当其三面，不特逆贼可以一举荡灭，而大功不全出

---

[1] 李清《南渡录》卷二。

于敌,则中国之威灵震而和好可久矣。"[1]

章正宸、陈子龙等主张的自强之道,在弘光朝廷上全然行不通。原因是朱由崧登上帝位靠的是联络四镇,四镇既以"定策"封爵,已无进取之心,朝廷内部的纷争又造成文武大臣顾不上妥善经营北方事务。

弘光朝廷初建之时,大顺军在西面占领着湖北襄阳、荆州、德安、承天四府,东面进迫淮河流域,史可法、马士英等人针对当时的情况做出的军事部署是扼守武昌至南直隶一带。随着清兵占领畿辅,大顺军西撤,全国形势发生了很大的变化,山东和河南东部一度出现归属莫定的局面。在三方对峙的态势下,由于大顺政权已无力东顾,这一广袤地区就成了南明和清方争夺的焦点。上文已经说过,畿南、山东、河南官绅发动叛乱,颠覆当地的大顺政权,是以恢复明室为号召的。弘光朝廷本应乘此有利时机出兵北上,尽量扩大自己的统治区。这样,既可以防止清军南下,也不失为一种自强之道。然而,史可法、马士英等弘光朝廷重臣却裹足不前,一味株守江南。他们的内心怯弱是非常明显的,且不说万历末年以来明廷在同满洲贵族的征战中屡遭重大失败,一年之内的事实也表明弘光朝廷的主要军事支柱如左良玉、高杰、刘泽清都是避战先逃的败军之将,大顺军既被清军击败,可知强中更有强中手。于是,他们自以为最高明的策略是不越雷池一步,免得"挑激"清军,授以南下的口实。然后,卑词逊礼结好于清廷,维持偏安局面。史可法、马士英等人未必看不到南明军队即使不北上同清方争夺山东、河南,清廷迟早也会南下收取鲁、豫,同弘光朝廷接壤争地。但直到覆亡前夕,他们始终抱着和谈(款虏)的

---

[1] 陈子龙《兵垣奏议》。

幻想，摆出一副谨慎可怜的样子，企图博得清廷的欢心。弘光朝廷这种先天的软弱性，使清廷不费吹灰之力轻易接管了黄河中下游大批州县。这些地区的许多官绅得不到弘光朝廷的兵力保护，被迫归附清朝。

时人张怡是在清军进入北京以后南下的，他途中看到的情景是："过德州界，一路乡勇团结，以灭贼扶明为帜，所在皆然。至济南，回兵数千自相纠合，队伍整肃，器械精好。浚河置榷，凡舟必盘诘乃得过。即以所浚之土堆集两岸，仅容步，不可骑。而沿河民家塞向堼户，留一窦以通出入，防守颇严。引领南师，如望时雨。既闻弘光登极，史公督师，无不踊跃思郊。每遇南来客旅，辄讯督师阁部所至。使斯时乘其锐而用之，数十万义士因粮于众，人自为战，大功可立也。日复一日，坐失事机，灰忠义之心，隳朝食之气，谋之不臧，土崩瓦解，伊谁咎哉！"[1]参与济宁、兖州、济南反叛大顺、恢复明政权的郑与侨在《倡义记》中写道："是役也，当四海无主之日，前无所依，后无所凭，只以绅衿忠愤、乡勇血诚，遂使大憝立剪，名义以新。无奈江南诸执政鼠斗穴中，虎逸柙外，置李贼不共戴天之仇于不问，可胜叹哉！"[2]张怡、郑与侨痛斥了史可法、马士英不顾民族大义，顿兵不进，坐看国土沦丧的卑怯行径。实际上这正是弘光朝廷自以为得计的坐山观虎斗，避免引火烧身的退让政策必然导致的结果。上自朱由崧、史可法、马士英，下至南明地方官僚，当时都是以大顺政权为贼，视清方为友，存在一种强烈的感激清方、畏惧清方的混合心理。

---

[1] 张怡《謏闻续笔》卷一。
[2] 乾隆五十年《济宁直隶州志》卷三十一，艺文。

在弘光朝廷的影响下，黄河流域明朝官员颠覆大顺地方政权以后，表现出来的彷徨失所，兵部职方司监军赞理主事凌駉的态度具有典型意义。他参与朱帅锹等人擒杀山东等地大顺官员时，以明臣自居；朱帅锹投降清朝以后他也晕头转向地跟着清廷委派的官员瞎忙，自告奋勇招抚两河（指今河南省）。八月初二日，清招抚山东、河南等处右侍郎王鳌永向清廷奏报："原任监军兵部职方司主事凌駉才猷博大，动合机宜，招抚两河事本官一力肩承，祈量改兵垣职衔，以便行事。"同月十三日多尔衮令旨批准"凌駉改授兵科给事中"[1]。八月二十九日凌駉给清廷上疏，年号称顺治元年，用的却是明朝授予的原衔和汉字官印[2]；到九月十二日，他改用清廷授予的"招抚河南等处地方兵科给事中"官衔，上钤满汉合璧关防[3]。与此同时他又给南明弘光朝廷不断报告军情[4]。后来清军南下，凌駉才恍然大悟，坚决反清，在河南归德府被杀[5]。他在那段时间里忽清忽明、亦清亦明的异常表现并不是他本人想左右逢源，而是深受弘光君臣奉行的"联虏平寇"政策的影响。甲申九月十一日，弘光朝廷"命巡按御史凌駉便宜联络北直、河南乡绅义士"，凌駉上言道："方今贼势犹张，东师渐进。然使彼独任其劳，而我安享其逸，恐亦无以服彼心而伸我论。为今日计，或暂假便宜，权通北好，合兵讨贼。名为西伐，实作东防。俟逆贼已平，国势已立，然后徐图处置。若一与之抗，不惟兵力

---

[1] 《顺治元年八月吏曹奏章》，见罗振玉《清初史料丛编》。
[2] 见《明清档案》第一册，A1—120号。
[3] 同上书，第一册，A1—142号。
[4] 杨士聪《甲申核真略》记凌駉"为虏用，出示称顺治元年。然駉于南都亦发疏不绝"。
[5] 参见温睿临《南疆逸史》卷十一《凌駉传》。

不支，万一弃好引仇，并力南向，其祸必中江淮矣。……夫有山东，然后有畿南，有畿南，然后有河北。临清者，畿南、河北之枢纽也。与其以天下之饷守淮，不若以两淮之饷守东。伏望皇上择一不辱命之使臣，联络北方，以弭后患，宣慰山东州县，以固人心。"[1]这说明凌骃内心里是向着弘光朝廷的。问题是包括史可法在内的南明君臣一味苟且偷安，以坐山观虎斗为上策，不愿派兵北上。

弘光朝廷在大顺军西撤后，对山东等地只做了一些表面文章。如五月十一日山东济宁官绅叛杀大顺政权官员，"传檄各路，号召忠义，一路由沂州达登莱，一路由济南达天津，一路由临清达河朔，一路由宿、徐达淮阳，一路由曹、单达颍、寿，以颍州守任民育济（宁）人也。民育见檄遣诸生李道生赍至南都。督辅史公手札褒奖"[2]。弘光朝廷于六月间任命王燮为山东巡抚[3]，丘磊为山东总兵；八月"命原任蓟督王永吉戴罪总督山东军务，仍同陈洪范等料理酬北事宜"[4]，十月十三日"马士英奏赐永吉斗牛服，以隆接待北使之体"[5]；九月十六日又任命王溁为登莱东江等处巡抚[6]。似乎弘光君臣并没有忘记山东，问题是没有武力做后盾，委任的方面大

---

[1] 李清《南渡录》卷三。
[2] 乾隆五十年《济宁直隶州志》卷三十一，艺文，郑与侨《倡义记》。
[3] 《南渡录》记六月二十五日任命王燮为山东巡抚，黄宗羲《弘光实录钞》记于二十八日。
[4] 李清《南渡录》卷二。
[5] 谈迁《国榷》卷一百三。
[6] 王溁任命为登抚日期，《南渡录》记于九月十五日，《国榷》记于同月十六日。

员根本不敢赴任，朝廷虽一再催促也无济于事[1]。李清记："王齐抚夑、王东抚溁辞朝后，皆恇怯不行，观望淮上。虽疏纠旨催，充耳而已。予言于马辅士英，谓国法宜振。士英但曰：人言我愦愦，后人当思我愦愦。"[2]档案材料表明，弘光任命的巡抚、总兵仅派了几个使者进入山东清军未到的地方颁诏、遣牌，虚应故事就万事大吉。七月，清招抚山东、河南侍郎王鳌永给内院的启本中说："南都情形昨有小疏入告，不知当作何方略？昨丘磊有遣牌系山东总兵，遣牌至济南缴。又闻有李中书赍捧哀诏沿河而来。"[3]同月二十四日清山东巡抚方大猷启本中说："目下大兵已西，而江南传喜诏之官已封识济宁之库藏而去。"这种类似儿戏的举动适足以示弱，清廷随即命令方大猷将"济宁库藏……速行察解"[4]。八月初三日，原起兵反叛大顺政权的济宁知州朱光和当地乡绅潘士良、任孔当等人因为得不到南明弘光朝廷一兵一卒的支援，终于在清委山东巡抚方大猷的招致下，归顺了清朝。[5]

到八月间，奉使清廷的兵部左侍郎左懋第等奏："山东人心亟可

---

[1] 《国榷》记八月戊寅（二十二日）、辛巳（二十六日）连催玉夑、丘磊赴任。

[2] 李清《三垣笔记》卷下，《弘光》。

[3] 《明清档案》第一册，A—125号，启本首页有"顺治元年八月初一日到"字样，可知作于七月。这位"李中书"很可能就是上引郑与侨《倡义记》中说的诸生李道生，他奉任民育之遣至南京，弘光朝廷大约给了个"中书舍人"的空衔。

[4] 顺治元年六月二十四日山东巡抚方大猷启本，原件藏第一档案馆。

[5] 顺治元年九月初五日河南（道）总督杨方兴"为钦奉遵依事"启本，见《顺治录疏》。李清《南渡录》卷二记，八月间弘光朝廷收到"山东济宁知州朱光、生员孙胤泰、乡民魏立芳等各疏请兵。既而不行，命补道官而已，不能救也"。

收拾。命下廷议。时吏民人自为守,抚、镇不至,无所禀承。清人传檄责郡县献籍,渐奉遵依。识者惜之。"[1]九月二十六日史可法奏言:"各镇兵久驻江北,皆待饷不进。听胡骑南来索钱粮户口册报,后遂为胡土。我争之非易,虚延岁月,贻误封疆,罪在于臣。适得北信,九陵仍设提督内臣,起罪辅冯铨,选用北人殆尽;或不忘本朝,意图南下,逃匿无从,是河北土地、人才俱失矣。乞速诏求贤,遍谕北畿、河北、山东在籍各官及科甲贡监,但怀忠报国,及早南来,破格用之。从之。"[2]史可法的奏疏不是主张南明军队向北推进就地因粮用人,而是借口镇兵缺饷,请求皇帝发诏求贤,让河北、山东的官绅南下,言外之意就是放弃山东、河北等地的百姓和土地。史可法节制的四镇之一东平侯刘泽清原是山东总兵,家在山东曹县,尽管当时清方驻山东兵力极少,清廷任命的山东巡抚方大猷在启本中自称"手无一兵"[3],刘泽清并没有趁势收取桑梓之地。八月底,他派部将刘可成、阮应兆等率领一千多兵马前往临清祭祖[4],在曹县"杀死乡官一十七家、百姓无算",又在济宁同恢复明朝的回兵打仗,以泄私愤。九月初三日搬取家眷,招兵数百名撤回淮安。[5]刘泽清的这次"出兵"山东如入无敌之境,史可法不可能不知道,他的所谓"待饷不进"、山东等地"我争之非易",完全是明末官场中

---

[1] 谈迁《国榷》卷一百二。
[2] 《国榷》卷一百三。
[3] 《明清史料》丙编,第五本,第四三六页。
[4] 顺治元年九月初六日河道总督杨方兴"为塘报事"启本原件。
[5] 顺治元年九月山东巡抚方大猷"为塘报事"揭帖中说阮应兆为副将,见《明清档案》第一册,A1—158号;上引杨方兴启本中则说阮应兆是刘泽清标下参将。

惯用的敷衍之词，倒是"贻误封疆，罪在于臣"，可称实供。明翰林院官杨士聪是山东济宁人，他不胜感慨地写道："其下东省，止一人一马，责取遵依，无不应者，积威之所劫也。及济宁不应，亦遂惨淡而去；继至者乃有十三人。使南中有千人之旅渡河先至，呼吸可通，二东（指明代山东、登莱二抚辖地，即今山东省）岂遂为虏有乎？"[1]

"君王莫听捐燕议，一寸山河一寸金。"[2]弘光朝廷立国之初，在许多史籍中被描写成"正人盈朝"的局面，似乎事情全坏在后来马士英、阮大铖结党乱政，正人君子联袂而去，以至于亡国。这是东林—复社人士的门户之见。事实上，当政的文武大臣（包括史可法在内）都是一批鼠目寸光的政治侏儒。大量材料证明，他们共同的特点都是以起义农民为敌，而对多次犯中原，这时已经攘取畿辅等地的清方则一味退让，在"借虏平寇"的如意算盘下，围绕"定策""逆案""顺案"争权夺利。对他们来说，只要能保住江南这块最肥沃的土地就足以荣家安身，黄河流域的大片疆土，数以千万计的百姓全被忘在脑后。倒是不肯入阁的崇祯朝大学士蒋德璟旁观者清，在疏中说："昔晋、宋在江南时，河淮以北皆虏，故不得不偏安。今奴雏（指顺治帝）方幼，诸虏争权，河淮之北，奴骑不到。而闯寇闻亦久奔，间有一二逃将士兵假名行劫而已。中原士民，椎牛洒酒，以待王师之至。但使中外合力，文武同心，分道北征，指日清廓，大非晋、宋可拟也。"[3]然而，他的话没人听。当政大臣史可法、马士英等

---

[1] 杨士聪《甲申核真略》（附录十二则）。
[2] 《金史》卷七十五《左企弓传》。
[3] 李清《南渡录》卷二。

人唯恐出兵北上有同清廷争地之嫌，一味以"通好"为上策。

第二节　清廷对南明弘光政权态度的变化

　　山海关战役后，清廷轻易地占领了北京及其附近地区，开初在总体战略上并没有定见。个别满洲贵族甚至主张"宜乘此兵威，大肆屠戮，留置诸王以镇燕都而大兵则或还守沈阳，或退保山海，可无后患"。摄政王多尔衮却因为皇太极曾经说过"若得北京，当即徙都，以图进取"，不同意就此止步。[1]不过，多尔衮设想的移都北京以图进取，究竟进取到多大范围，也心中无底。当时正在北京的张怡记载道：多尔衮刚入北京，为崇祯帝举哀三日，随即令汉族官民剃发改制。"剃发令下，有言其不便者曰：'南人剃发，不得归。远近闻风惊畏，非一统之策也。九王（多尔衮）曰：'何言一统？但得寸则寸，得尺则尺耳。'"[2]

　　六月间，多尔衮发布文告说："深痛尔明朝嫡胤无遗，势孤难立，用移我大清宅此北土。厉兵秣马，必歼丑类，以靖万邦。非有富天下之心，实为救中国之计。咨尔河北、河南、江淮诸勋旧大臣、节钺将吏及布衣豪杰之怀忠慕义者，或世受国恩，或新膺主眷，或自矢从王，皆怀故国之悲，孰无雪耻之愿？予皆不吝封爵，特予旌扬。其有不忘明室，辅立贤藩，勠力同心，共保江左者，理亦宜然，予不汝禁。但当通和讲好，不负本朝，彼怀继绝之恩，共敦睦邻之谊。"下

---

[1]　吴晗《朝鲜李朝实录中的中国史料》，上编，卷五十八。
[2]　张怡《䛇闻续笔》卷一。

文又说:"若国无成主,人怀二心,或假立愚弱,实肆跋扈之邪谋;或阳附本朝,阴行草窃之奸宄。斯皆民之蟊贼,国之寇仇。俟予克定三秦,即移师南讨,殪彼鲸鲵,必无遗种。於戏,顺逆易判,勉忠臣义士之心;南北何殊,同皇天后土之养。布告天下,咸使闻知。"[1]这件由清廷实际最高统治者颁发的诏书,在措辞上是颇有讲究的。它反映了多尔衮等人对于自己的实力究竟能够控制到多大的地盘还没有把握。因此,一方面把清方准备接管的地方暂限于河北、河南、江淮,即长江以北,示意"不忘明室"的南方汉族官绅可以"辅立贤藩","共保江左";另一方面,又预先留下伏笔,以便一旦有机可乘时,可以随即宣布江左政权并非明朝"贤藩",而是"假立愚弱",那时移师南讨"民之蟊贼,国之寇仇",就是名正言顺了。

　　清军入关初期,兵力有限,特别是满族人口稀少,补充兵员颇非易事。原来的明帝国虽分裂为山西以西的大顺政权和以南京为中心的南明政权,但地域辽阔,实力也相当可观。多尔衮摸不清底细,不敢贸然行事。在吴三桂的接引下,占领了北京和畿辅地区已属意外,

---

[1] 顾炎武《明季实录》,谈迁《国榷》卷一百二载此诏于六月辛未(十五日),尾注"中书舍人华亭李雯所草"。彭孙贻《流寇志》卷十三也在同日下记:"工部主事李逢甲为贼刑辱而死,其子李雯留京师,为清朝中书,九王(即清摄政王多尔衮)命作檄谕江南曰:……"这几种书的记载内容大致相同,个别字句略有出入。顺治年间刻本李雯《蓼斋集》附录了他起草的这件诏书,证明顾炎武、谈迁、彭孙贻所记可靠。现存顺治元年七月二十二日内院大学士冯铨、洪承畴"为甄别人才以慎职掌事"启本中说:"又有廪生李雯,兵部侍郎金之俊举荐,诸台臣同赴内院公荐。臣等取试一月,见其学问淹贯,文理精通,堪于制敕房办事。此二员皆应先授试中书舍人,例支半俸。"二十三日奉令旨:"是,吏部知道。"可见李雯在六月间就已经进入清廷内院试用,他起草的文书颇得清廷重臣的欣赏。

他初期的意图很可能是勾结南明，共平"流寇"，实现南北分治。这一方针对于南明弘光政权具有很大的吸引力，他们鉴于自身的腐败无能，苟且偷安，因而对清方代平"流寇"表现出极大的兴趣。以为此策既行，自己坐享江南财赋充盈之地，依然可以过着纸醉金迷的太平日子，"联虏平寇"就成了弘光朝廷一厢情愿的上策。

然而，清廷的政策很快发生了变化。根本原因在于随着中国社会的发展，南方的经济地位不断上升，宋代以前出现过的南北分治的经济相对平衡的基础已经不复存在。从元代以来以北京为中心的北方地区上自朝廷、达官贵人，下至部分军民都仰赖于南方漕运的粮食和其他物资。这种经济上的依赖性不是仅靠南方"朝廷"以"岁币"形式提供议定的金银、绸缎之类就能够解决的。降清的汉族官僚对此深有了解，例如甲申五月兵部右侍郎金之俊上言："西北粒食全给于东南，自闯乱后，南粟不达京师，以致北地之米价日腾。"[1]同年九月，清河道总督杨方兴说得更明确："不得江南，则漕运阻矣，将何以成天下？"[2]其次，降清的官僚中相当一部分是南方人士，他们唯恐出现南北朝的局面，自己将同故乡亲属分隶两个对立政权，关河阻隔，骨肉仳离，因而竭力怂恿满洲贵族决策南征，并且大谈其江南民风脆弱，不难平定。第三，事态的发展也为多尔衮等人决策提供了依据。自从五月间清军占领畿辅以来，除了在七月间发生过大顺军由山西反攻，占领井陉县城以外，南京的弘光政权龟缩于江淮以南，数十万大军割据自雄，鱼肉当地百姓，连大顺军西撤后归属未定的畿辅南部（约相当于今河北省南部）、山东、河南都没有采取有力措施加

---

[1] 《清世祖实录》卷十六。
[2] 《国榷》卷一百三。

以"收复"。这几个因素凑在一起,使多尔衮等清廷决策人认定没有必要承认南明弘光朝廷,干脆以清代明,走统一全国之路。

七月二十八日,清摄政王多尔衮命弘光朝廷派来的副将何拱薇、参将陈万春带了一封信给史可法,全文如下:

清摄政王致书于史老先生文几:予向在沈阳,即知燕京物望咸推司马。及入关破贼,与都人士相接,识介弟(指史可法堂弟史可程)于清班,曾托其手勒平安,权致衷绪,未审何时得达。比闻道路纷纷,多谓金陵有自立者。夫君父之仇,不共戴天。《春秋》之义,有贼不讨,则故君不得书葬,新君不得书即位,所以防乱臣贼子,法至严也。闯贼李自成,称兵犯阙,手毒君亲;中国臣民,不闻加遗一矢。平西王吴三桂介在东陲,独效包胥之哭。朝廷感其忠义,念累世之宿好,弃近日之小嫌,爰整貔貅,驱除狗鼠。入京之日,首崇怀宗帝、后谥号,卜葬山陵,悉如典礼。亲郡王、将军以下,一仍故封,不加改削;勋戚文武诸臣,咸在朝列,恩礼有加。耕市不惊,秋毫无犯。方拟秋高气爽,遣将西征,传檄江南,联兵河朔,陈师鞠旅,勠力同心,报乃君国之仇,彰我朝廷之德。岂意南州诸君子,苟安旦夕,弗审事机,聊慕虚名,顿忘实害,予甚惑之!国家之抚定燕都,乃得之于闯贼,非取之于明朝也。贼毁明朝之庙主,辱及先人。我国家不惮征缮之劳,悉索敝赋,代为雪耻。孝子仁人,当如何感恩图报?兹乃乘逆寇稽诛,王师暂息,遂欲雄踞江南,坐享渔人之利。揆诸情理,岂可谓平?将以为天堑不能飞渡，投鞭不足断流耶？夫闯贼但为明朝崇耳，未尝得罪于我国家也。徒以薄海同仇，特伸大义。今若拥号称尊，便是天有二日，俨为劲敌。予将简西行之锐，转旆东征；且拟释彼重诛，命为前导。夫以中华全力受制溃池，而欲以江左一隅兼支大国，胜负之数，无待著龟矣。予闻君子爱人以德，细人则以姑息。诸君子果识时知命，笃念故主，厚爱贤王，宜劝令削号归藩，永绥福禄。朝廷当待以虞宾，统承礼物，带砺山河，位在诸王侯上，庶不负朝廷伸义讨贼、兴灭继绝之初心。至南州诸彦，翩然来仪，则尔公尔侯，列爵分土，有平西之典例在。惟执事实图利之。挽近士大夫好高树名义，而不顾国家之急，每有大事，辄同筑舍。昔宋人议论未定，兵已渡河，可为殷鉴。先生领袖名流，主持至计，必能深维终始，宁忍随俗浮沉？取舍从违，应早审定。兵行在即，可西可东。南国安危，在此一举。愿诸君子同以讨贼为心，毋贪一身瞬息之荣，而重故国无穷之祸，为乱臣贼子所窃笑，予实有厚望焉。记有之：为善人能受尽言。敬布腹心，伫闻明教。江天在望，延跂为劳。书不尽意。[1]

多尔衮的书信反映了清廷对南明政权态度的全方位转变，即自封正统，否认弘光朝廷的合法地位，要求它无条件投降。信中充满了恫吓之词，甚至说什么"且拟释彼重诛，命为前导"，连抗清劲旅大

---

[1] 多尔衮致史可法书见《清史列传》卷二《多尔衮传》，《史可法集》所载文字略有出入。

顺军也被"借用"来作为迫胁手段，从另一方面看也反映了多尔衮自知兵力有限，以虚无缥缈的"联闯平南"壮大声势。按情理说，史可法阅读了多尔衮的来信，应当对清廷咄咄逼人的野心洞然于心，急讲自强之道。然而，他却依旧幻想通过和平谈判达到"联虏平寇"偏安江左的目的。他命进士黄日芳起草回信，黄日芳的答书原稿"词颇峻"。史可法审阅时唯恐触怒清廷，说"不必口角也"，亲手"删润"定稿[1]。其全文如下：

> 大明国督师、兵部尚书兼东阁大学士史可法顿首谨启大清国摄政王殿下：南中向接好音，法随遣使问讯吴大将军，未敢遽通左右，非委隆谊于草莽也，诚以大夫无私交，《春秋》之义。今倥偬之际，忽捧琬琰之章，真不啻从天而降也。讽读再三，殷殷致意。若以逆成尚稽天讨，为贵国忧，法且感且愧。惧左右不察，谓南中臣民偷安江左，顿忘君父之仇，故为殿下一详陈之。我大行皇帝敬天法祖，勤政爱民，真尧舜之主也。以庸臣误国，致有三月十九日之事。法待罪南枢，救援无及，师次淮上，凶闻遂来，地坼天崩，川枯海竭。嗟乎，人孰无君，虽肆法于市朝，以为泄泄者之戒，亦奚足谢先帝于地下哉！尔时南中臣民哀痛，如丧考妣，无不抚膺切齿，欲悉东南之甲，立

---

[1] 谈迁《枣林杂俎》仁集《寓书史可法》条记："史相国在扬州，清人寓书云：摄政王致书史相国执事，云云。自称本朝抬出，史相国字平行。黄纸如诏敕，又碌圈其句。华亭包尔庚于沔黄日芳处见之。"按，史可法在弘光朝方任大学士，多尔衮信原文称其为"相国"，上录书信仅称"老先生"，可能是后来修改。

剪凶仇。而二三老臣，谓国破君亡，宗社为重，相与迎立今上，以系中外之心。今上非他，即神宗之孙、光宗犹子，而大行皇帝之兄也。名正言顺，天与人归。五月朔日，驾临南都，万姓夹道欢呼，声闻数里。群臣劝进，今上悲不自胜，让再让三，仅允监国。迨臣民伏阙屡请，始于十五日正位南都。从前凤集河清，瑞应非一。即告庙之日，紫云如盖，祝文升霄，万目共瞻，欣传盛事。大江涌出柟梓数万，助修宫殿，是岂非天意哉！越数日，即令法视师江北，刻日西征。忽传我大将军吴三桂假兵贵国，破走逆成。殿下入都，为我先帝、后发丧成礼，扫清宫阙，抚戢群黎，且免剃发之令，示不忘本朝。此等举动，震古烁今，凡为大明臣子，无不长跽北向，顶礼加额，岂但如明谕所云感恩图报已乎！谨于八月，薄治筐篚，遣使犒师，兼欲请命鸿裁，连兵西讨。是以王师既发，复次江淮。乃辱明诲，引《春秋》大义来相诘责。善哉言乎，然此文为列国君薨，世子应立，有贼未讨，不忍死其君者立说耳。若夫天下共主，身殉社稷，青宫皇子，惨变非常，而犹拘牵不即位之文，坐昧大一统之义，中原鼎沸，仓卒出师，将何以维系人心，号召忠义，紫阳《纲目》踵事《春秋》，其间特书如莽移汉鼎，光武中兴；丕废山阳，昭烈践祚；怀、愍亡国，晋元嗣基；徽、钦蒙尘，宋高缵统，是皆于国仇未剪之日，亟正位号，《纲目》未尝斥为自立，卒以正统予之。至如玄宗幸蜀，太子即位灵武，议者疵之，亦未尝不许以行权，幸其光复旧物也。本朝传世十六，正统相承，自治冠带之族，继绝存亡，仁恩遐被。

101

贵国昔在先朝，凤膺封号，载在盟府。后以小人构衅，致启兵端，先帝深痛疾之，旋加诛僇，此殿下所知也。今痛心本朝之难，驱除乱逆，可谓大义复著于《春秋》矣。若乘我国运中微，一旦视同割据，转欲移师东下，而以前导命元凶，义利兼收，恩仇倏忽，奖乱贼而长寇仇，此不惟孤本朝借力复仇之心，亦甚违殿下仗义扶危之初志矣。昔契丹和宋，止岁输以金缯；回纥助唐，原不利其土地。况贵国笃念世好，兵以义动，万代瞻仰，在此一举。若乃乘我蒙难，弃好崇仇，规此幅员，为德不卒，是以义始而以利终，贻贼人窃笑也，贵国岂其然欤？往者先帝轸念潢池，不忍尽戮，剿抚并用，贻误至今。今上天纵英明，刻刻以复仇为念。庙堂之上，和衷体国；介胄之士，饮泣枕戈；人怀忠义，愿为国死。窃以为天亡逆闯，当不越于斯时矣。语云："树德务滋，除恶务尽。"今逆成未伏天诛，谍知卷土西秦，方图报复。此不独本朝不共戴天之恨，抑亦贵国除恶未尽之忧。伏乞坚同仇之谊，全始终之德，合师进讨，问罪秦中，共枭逆成之头，以泄敷天之愤。则贵国义闻，照耀千秋，本朝图报，惟力是视。从此两国世通盟好，传之无穷，不亦休乎！至于牛耳之盟，则本朝使臣久已在道，不日抵燕，奉盘盂以从事矣。法北望陵庙，无涕可挥，身陷大戮，罪当万死。所以不即从先帝于地下者，实为社稷之故。传曰："竭股肱之力，继之以忠贞。"法处今日，鞠躬致命，克尽臣节而已。即日奖帅三军，长驱渡河，以穷狐鼠之窟，光复神州，以报今上及大行皇帝之恩。贵国即有他命,弗敢与闻。惟殿下实明鉴之。[1]

史可法的复信措辞极为软弱。他只是为弘光朝廷继统的合法进行辩解,反复表达"连兵西讨"的愿望,企图在镇压大顺军后两国世通盟好。对于降清的吴三桂,多尔衮信中一再以清方所封平西王称之,树之为"典例";史可法不但不敢稍加指斥,还以赞赏口气说"我大将军吴三桂假兵贵国";至于弘光朝廷的偷安江左,自朱由崧即位到史可法回信已过了整整四个月,一兵未发,史可法无以自解,仅以清军入关为由,说是"王师既发,复次江淮",原因是为了避免同清方摩擦。古今中外,谈判桌上能取得多大成就首先取决于实力做后盾。包括史可法在内的弘光朝廷内部矛盾重重,暮气沉沉,缺乏战略眼光,一味退缩观望,坐失事机。信中虽提到"天下共主""大一统之义""光复神州"之类的言辞,但通篇却流露出苟且偷安的心理。这封信在当时所起的作用只能是增长多尔衮之流的骄狂气焰,对后世而言也不是一篇激励人心的佳作,把它采入本书只是因为它反映了南明弘光朝廷当权人物的基本政策,而这种政策正是导致弘光朝廷覆亡的重要原因之一。

---

[1] 各种史籍载史可法答多尔衮书文字有不少出入。这里主要是根据《史可法集》《清史列传·多尔衮传》、商务印书馆排印本《明季南略》卷七校读而成。这封信的起草人,谈迁说是黄日芳,计六奇《明季南略》卷二说是出自史可法幕宾何亮工之手,彭士望曾在扬州史可法幕中效力,说是乐平人王纲代笔,见《耻躬堂文钞》。温睿临《南疆逸史》卷五《史可法传》云:"可法表上其书,劝朝廷为自强计,而自为书答曰:'阅贵国来书,以本朝立君为非是,幕府窃怪之。夫国破君亡,宗社为重,经纶草昧,正利建侯之日也。夫是以二三元老,谓大位不可久虚,神人不可以无主,相与迎立今上,以系天下之心。……人臣无境外之交,贵国即有他命,不敢与闻。'"双方来往信件史可法都奏报了弘光朝廷,殆无疑问。

第三节　左懋第为首的北使团

弘光朝廷既然热衷于"联虏平寇",派出使团同清廷勾结就成了当务之急。六月初三日,前都督同知总兵官陈洪范自告奋勇,奏请北使,命来京陛见。[1]十三日,陈洪范入朝[2]。十九日,应天安庆等处巡抚左懋第"以母死北京,愿同陈洪范北使。许之"[3]。七月初五日,"进左懋第南京兵部右侍郎兼右佥都御史,经理河北,联络关东军务;兵部职方郎中马绍愉进太仆寺少卿;都督同知陈洪范进太子太傅"[4],组成了北使团。次日,"上面谕北使左懋第、陈洪范、马绍愉。礼部尚书顾锡畴呈祭告梓宫文及通清虏御书、颁臣民圣谕、吴三桂等诰券"[5]。二十一日,使团由南京出发,携带"大明皇帝致书北国可汗"的御书、赐"蓟国公"吴三桂等人的诰敕[6],白银十万两、黄金一千两、绸缎一万匹[7];"前往北京谒陵,祭告先帝;通谢清王,并酬谢剿寇文武劳勋"[8]。在松山降清的总兵祖

---

[1] 《国榷》卷一百二;《南渡录》卷一。
[2] 《国榷》卷一百二。
[3] 《国榷》卷一百二。
[4] 《明清史料》甲编,第一本,第四十页,《奉使兵部右侍郎左懋第等揭帖》所列使团官衔为"钦命奉使兵部右侍郎加一品服兼都察院右佥都御史左、太子太傅中军都督府左都督陈、太仆寺少卿加二品服兼兵部职方司郎中马",陈洪范当为左都督。
[5] 《国榷》卷一百二。
[6] 李清《三垣笔记》卷下。
[7] 《清初内国史院满文档案译编》中册,第六十页记陈洪范等带来的谢礼有银十万两,金九百八十一两,各种锦缎二千五百余匹。
[8] 顺治元年八月二十九日巡按山东监察御史朱朗镁"为据报先行请旨事"启本引弘光使臣陈洪范所发传牌语。

大寿的儿子锦衣卫指挥祖泽溥也随团北行[1]。

弘光朝廷还下令运送漕米十万石接济吴三桂。沈廷扬在崇祯年间曾多次办理从海上运送南方漕米到天津和辽东松山的事物，有较丰富的经验。弘光登极后他上言："臣历年海运，有舟百艘，皆高大完好，中可容二百人。所招水手，亦皆熟知水道，便捷善斗，堪充水师。今海运已停，如招集水师，加以简练，沿江上下习战，臣愿统之，则二万之众，足成一军，亦长江之卫也。"当时有廷臣建议由海路出师北伐，沈廷扬非常高兴，说："诚使是策得用，吾愿为前军以启路。"可是，弘光朝廷无意出兵北上，只让他率船队运粮接济吴三桂。镇守淮安地区的东平伯刘泽清看中了他这批船只，派兵据为己有，运粮之举才没有实现。[2]

按情理说，弘光朝廷既然正式派出使团去同清方谈判，应当有一个明确的方案，作为讨价还价的基础。实际情况却并非如此。使团出发前，朱由崧"命会同府部等官从长酌议。或言：'以两淮为界。'高辅弘图曰：'山东百二山河决不可弃，必不得已，当界河间耳。'马辅士英曰：'彼主尚幼，与皇上为叔侄可也。'"[3]八月初一日，马绍愉致吴三桂信中说，讲定和好之后"便是叔侄之君，两家一家，同心杀灭逆贼，共享太平"[4]。很明显，马士英的意思是明、清分境而治，从两国皇帝的年龄考虑，弘光为叔，清帝福临为侄，多少给明朝廷争点体面。东平伯刘泽清七月三十日给吴三桂的信

---

[1] 李清《南渡录》卷二。按，祖大寿是吴三桂的舅父，派祖泽溥同行显然有联络吴三桂的意思。
[2] 李聿求《鲁之春秋》卷十《沈廷扬传》。
[3] 李清《三垣笔记》卷下。
[4] 《明清史料》丙编，第一本，第九十八页。

中告以弘光朝廷已经任命了山东总督、巡抚、总兵,建议由吴三桂于"畿东界境内开藩设镇","比邻而驻",并且借用苏秦佩六国相印的典故,要吴三桂"勋勩两国而灭闯","幸将东省地方,俯垂存恤"[1]。首席谈判代表左懋第更是心中无底,他在《辞阙效言疏》中写道:"陛下遣重臣以银币酬之,举朝以为当然。臣衔命以山陵事及访东宫、二王的耗往,而敕书中并及通好之事。陵京在北,实我故都,成祖文皇帝、列宗之弓剑已藏,先帝先后之梓宫未奠,庶民尚依坟墓,岂天子可弃陵园?□□(房酋)若好义处榆关(山海关)以东,而以勋臣吴三桂为留守,春秋霜露,不损抔土。而南北互市,榆关为界,如往年辽阳故事。中国之商利蔓(参字的异体,指人参)貂,□□之人利缯絮,华□各安其所,各得其欲,中国之利,亦□之利。此臣所知也。然道路传闻,闯贼盘踞晋中,以多寇守紫荆、倒马、井陉等关,似贼不甘心于□而与为难者。果尔,则吴镇鼓君父不共之仇,□□效始终不渝之义,鼓行而西,破贼于晋,追贼及秦,必殄之乃已。即我国家亦当兴师十万,以声闯贼之罪而诛之。□□□命(当为'东房效命'),可代我师。臣过扬州,昭冏臣万元吉云:'□若肯为我杀贼,当有以饷之。饷之名美于金缯,而有杀贼之实。饷之名,用兵则用饷,兵止则饷止,而非岁币之比。'臣思其言,是一道也。而二者之外,非臣所知。"[2]很明显,弘光君臣急于同清廷联络,借满洲贵族的兵力平定大顺军,连己方的方案都没有酝酿成熟,就草率地行事了。

使团出发时,左懋第感到朝廷赋予他的任务不明确,上疏要求

---

[1] 《明清史料》丙编,第一本,第九十二页。
[2] 左懋第《萝石山房文钞》卷一。

澄清："臣衔以经理河北、联络关东为命，带封疆重寄之衔，而往议金缯岁币，则名实乖。况以此衔往虏所，将先往夺地而后经理乎？抑先经理而后往乎？此衔之当议者也。"[1]又说："臣业《春秋》，素遵孔子内华外□（夷）之训，而使臣为酬□（虏）行。臣原请者，收拾山东，结连吴镇，并可取臣母之骸骨。而今以酬□（虏）往，臣窃内痛于心。"[2]接着。他建议："如皇上用臣经理，祈命洪范同绍愉将使，而假臣一旅，偕山东抚臣收拾山东以待，不敢复言北行矣。如用臣同洪范北行，则去臣经理、联络之衔，但衔命而往，谒先帝梓宫，访东宫、二王消息，赏赉吴三桂等，并宣酬虏之义。而绍愉似无遗也。"[3]左懋第的意思很清楚，他的请求北行是为了收拾山东，不愿扮演乞怜于清廷的角色。然而，史可法、马士英等朝廷重臣"联虏"心切，听不进他的意见。"时可法驻泗州，与懋第相见，谓曰：'经理，具文耳；通和，诏旨也。公宜疾行毋留。'以故所至山东豪杰稽首愿效驱策者，皆不敢用，慰遣而已。"[4]在史可法等人的逼迫之下，左懋第违心地踏上了北行之路，在前途渺茫之中，他所能做的只是不屈于清廷，保持自己的民族气节而已。

弘光朝廷派陈洪范为北使重臣，本意是考虑到他久历戎行，同吴三桂等人有交情[5]，便于联络，却没有料到陈洪范的主动请行包

---

[1] 李清《南渡录》卷二。
[2] 左懋第《萝石山房文钞》卷一。
[3] 李清《南渡录》卷二。
[4] 温睿临《南疆逸史》卷九《左懋第传》。
[5] 甲申八月初一日陈洪范致吴三桂书中说"朝议佥谓洪范与老亲台托谊葭莩"，可见两人有亲戚关系，见《明清史料》丙编，第一本，第九十三页。十二月十五日，陈洪范南还，上言："初，礼部荐臣与吴三桂同里戚谊，意清之破贼，必三桂为政。其事殊不然。"

107

藏祸心。早在这年六月十六日，降清的明朝参将唐虞时就上疏摄政王多尔衮道："若虑张献忠、左良玉首鼠两端，则有原任镇臣陈洪范可以招抚。乞即用为招抚总兵。臣子起龙乃洪范婿，曾为史可法标下参将，彼中将领多所亲识，乞令其赍谕往招，则近悦远来，一统之功可成矣。"同月二十六日，多尔衮同意了唐虞时的建议，以摄政王名义"书招故明总兵陈洪范"[1]。九月二十五日，"招抚江南副将唐起龙自军中奏报：臣抵清河口，闻南来总兵陈洪范已到王家营；臣随见洪范，备颂大清恩德，并赍敕缘由。洪范叩接敕书，开读讫。所赍进奉银十余万两、金千两、缎绢万匹；其同差有兵部侍郎左懋第、太仆寺卿马绍愉。臣先差官赵钺驰报，即同洪范北上。其行间机密，到京另奏"[2]。这样，陈洪范就成了弘光北使团中的清方奸细。

九月初五日，使团进入山东济宁州，这里已归属清朝，随即把南明派遣的护送兵马发回。十五日，至临清，原明朝锦衣卫都督骆养性时任清朝天津总督，派兵来迎接。十八日，抵德州，清山东巡抚方大猷大张告示云："奉摄政王令旨：陈洪范经过地方，有司不必敬他，着自备盘费。陈洪范、左懋第、马绍愉止许百人进京朝见，其余俱留置静海。祖泽溥所带多人，俱许入京。"二十九日，行至河西务，因清顺治帝定于十月初一日在北京即位，使团暂停前进。十月初

---

[1] 《清世祖实录》卷五。按，《清初内国史院满文档案译编》中册，第四十五页，在六月二十六日下记"大清国摄政王谕陈大将军曰"，云云。较清实录记载更为完整，可资参考。但信中说"请将军传谕史先生及左、刘、金、刘煌、刘、于、王八将军……"显有误译，当为下文所记左良玉、于永绶、高杰、金声桓、刘肇基、黄得功、刘泽清诸将。
[2] 《清世祖实录》卷八。陈洪范《北使纪略》载：八月"廿一日至宿迁。忽接□（房）使唐起龙等六人赍□摄政王书与本镇，事涉嫌疑，不敢遽进，当即具疏奏闻。"《清实录》所记时间当为收到唐起龙奏疏之日。

五日,才到张家湾,清廷差礼部官又奇库来迎。十二日,使团捧弘光"御书"从正阳门入城,清方安置于鸿胪寺居住,严加防范。十三日,清礼部官来鸿胪寺问:"南来诸公有何事至我国?"使臣答道:"我朝新天子问贵国借兵破贼,复为先帝发丧成服。今我等赍御书来致谢。"清朝官员说:"有书可付吾们。"使臣告以"御书"应面递清廷最高统治者,不能交礼部。清官说:"凡进贡文书,俱到礼部转启。"使臣声称自己所赍乃"天朝国书",不是进贡文书,双方坚持不下。次日,清内院学士刚林等来到鸿胪寺,指责江南"突立皇帝",即不承认弘光朝廷的合法性。使臣争辩说南京所立乃神宗嫡孙,伦序应立。争论不休,刚林蛮横地说:"毋多言,我们已发大兵下江南。"左懋第回敬以"江南尚大,兵马甚多,莫便小觑了",不欢而散。使团赍来的弘光"国书",清方拒绝接受;朝廷和使臣致送吴三桂的书信,拜会降清大学士冯铨、谢陞的名帖,也因吴、冯、谢三人死心塌地投靠清廷,不屑一顾。[1]十五日,清内院官带领户部官员来收银币,计银十万两、金一千两,蟒缎已运到者二千六百匹。弘光朝廷另赐"蓟国公"吴三桂白银一万两、缎二千匹,也一并收去。二十六日,刚林来到鸿胪寺向左懋第等人传达多尔衮的命令:"你们明早即行。我已遣兵押送至济宁,就去□知尔江南,我要发兵南来。"左懋第等见清方态度强硬,毫无和谈之意,仅要求赴昌平祭告陵寝,议葬崇祯帝。刚林断然拒绝道:"我朝已替你们哭过了,祭过了,葬过了。你们哭甚么,祭甚么,葬甚么?先帝活时,贼来不发兵;先帝死后,拥兵不讨贼。先帝不受你们江南不忠之臣的祭!"随即取出檄文一道,当场宣读,指责南京诸臣"不救先帝为罪一;擅立

---

[1] 计六奇《明季南略》卷二《北事》。

皇帝为罪二；各镇拥兵虐民为罪三。且夕发兵讨罪"。次日，清方派员领兵三百名押送使团南返[1]。十一月初一日行至天津，陈洪范"于途次具密启请留同行左懋第、马绍愉，自愿率兵归顺，并招徕南中诸将"。多尔衮得报大喜，立即派学士詹霸带兵四五十骑于初四日在沧州南十里处将左、马二人拘回北京，面谕陈洪范"加意筹画，成功之日，以世爵酬之"。[2]同月二十六日，多尔衮致书豫亲王多铎："伪弘光所遣左懋第、马绍愉、陈洪范前已俱令南还。因洪范密启请留懋第、绍愉，伊自愿率兵归顺，且言在南之左良玉、余永寿（按，当作于永绶）、高杰、金声桓、刘肇基、黄得功、刘泽清各拥重兵，皆可说之来降。随追留懋第、绍愉，独令洪范南还。王其察彼情形，随时奏报。"[3]

陈洪范回南京途中特地进入高杰军营，"杰留与饮。洪范具言清势方张，二刘（指刘良佐、刘泽清）已款附状。杰曰：'彼欲得河南耶？请以北京与我互易之。'洪范见语不合，方持杯在手，即伪为中风状，坠杯于地，曰：'痼疾发矣！'舆归，夜遁去"。[4]十二月十五日，陈洪范返抵南京，一面散布"和平"气氛，麻痹弘光君臣，时人谈迁记载："予尝见陈洪范云：清房深德我神宗皇帝，意似可和。"[5]一面密奏"黄得功、刘良佐皆阴与囗（虏）通"[6]，意在挑

---

[1] 以上时日据陈洪范《北使纪略》；左懋第《恭复谕旨疏》也说"臣等自十月二十七日囗（虏）兵随向南行"，见《萝石山房文钞》卷一。

[2] 《清世祖实录》卷十一。

[3] 《清世祖实录》卷十一。

[4] 张怡《謏闻续笔》卷四。

[5] 谈迁《国榷》卷一百三，排印本第六一六八页。

[6] 顾炎武《圣安纪事》上。

110

起朝廷对黄得功、刘良佐的猜疑,以便自己乘机行事,拉拢黄、刘叛变投清。弘光朝廷见左懋第、马绍愉被拘留,陈洪范却被释回,事有可疑,认为陈可能是清廷的间谍,却并未追究,仅令其回籍了事。[1]

弘光君臣派出的北使团没有相应的武力做后盾,适足以自取屈辱,真可说是"赔了夫人又折兵"。左懋第被拘禁于北京,清廷曾多次劝说其投降。左懋第坚贞不屈,到弘光朝廷覆亡后,被清廷处死,时为1645年闰六月十九日。[2]

北使的失败,在弘光朝廷内引起了巨大的反响。少数官僚已经看出清廷以代明"复仇"为名推行灭明之策,要求当政诸公改弦易辙,不要沉浸于"借虏平寇"的美梦之中,认真做好防止清兵南侵的准备。御史沈宸荃上疏说:"虏、贼今日皆为国大仇。自东沈失事三十年来,兵财尽耗于虏,故贼起而乘之。及贼逆不容诛,复巧借复仇之名,掩有燕、齐,是我中国始终受虏患也。故目前之策,防虏为急,贼次之。以讨贼为先声,以防虏为实着。何也?虏势已急,贼势已稍缓也;贼罪可声,虏之罪未可声也。故于讨贼,则以某师扼吭,某师捌背,某师捣坚。或姑再遣一使,阳约为掎角之势,以大振复仇之声,而其实节节皆为防虏计,此所为以讨贼为先声,以防虏为实着也。虏明知不受款矣,而我款之者不嫌谆复,凡金人所以愚宋,我转用以愚虏。贼见我与虏尚通,则必不敢复与虏合。贼为虏强,尽力备虏,而我亦得专意防虏。虏防既固,然后乘贼隙徐图之,此所为以款

---

[1] 黄宗羲《弘光实录钞》。按,曹寅《楝亭集·楝亭文钞》,《重修周栎园先生祠堂记》云:"顺治二年乙酉,前明背约羁使臣,王师南伐,破淮阳,席卷而下,草昧廓清,东南底定。"曹氏所书完全背离事实,清朝蛮横地羁留了弘光使臣左懋第等,双方并没有签约。

[2] 见《南疆逸史》卷九《左懋第传》;《流寇长编》卷十八。

虏为虚声，以御贼为实着也。"[1]

可是，作为督师大学士的史可法却另唱一个调子，他在疏中写道："屡得北来塘报，皆言虏必南窥，水则广调丽舡，陆则分布精锐，尽河以北，悉染腥膻。而我河上之防，百未料理，人心不一，威令不行。复仇之师，不闻及于关、陕；讨贼之约，不闻达于虏庭。一似君父之仇，置诸膜外。近见虏示，公然以逆之一字加南，辱我使臣，蹂我近境，是和议固断断难成也。一旦寇为虏并，必以全力南侵；即使寇势尚张，足以相距，虏必转与寇合，先犯东南。宗社安危，决于此日。"这段文字似乎说明史可法看到了清兵南下是主要的危险，然而语言的混乱透示出思想的混乱。既然明知清廷拒绝接收弘光"国书"，使臣被辱，"和议固断断难成"，又说什么"讨贼之约，不闻达于虏庭"。更荒谬的是，他以小人之心度君子之腹，把自己梦寐以求的"联虏平寇"推而广之，断定如果大顺军兵力尚强必然会同清军结为联盟，"先犯东南"。接着提出建议："今宜速发讨贼之诏，严责臣等与四镇，使悉简精锐，直指秦关。"[2]显然，直到北使失败以后，史可法仍然不改初衷，以大顺农民军为主要敌人。

第四节　弘光朝廷的军政和财政

在南京建立的弘光朝廷就人力、物力而言，较清方、大顺政权占有非常明显的优势。它控制着半壁江山，淮河以南是当时中国人口

---

[1] 李清《南渡录》卷四。
[2] 李清《南渡录》卷三。

最密集、经济最发达的地方，而且受战乱破坏最小。然而，弘光统治集团的腐朽比起崇祯朝还有过之而无不及，内部又陷于严重的倾轧纷争之中。特别是作为政权主要支柱的军队已经蜕化成了将领维护和扩张私利的工具。他们敌视人民，又都是农民军或清军的手下败将，怯于公战，勇于私斗；遇敌望风而逃，视民如俎上之肉。弘光时期江南文人冯梦龙有这样一段话：

……而余更有虑者，在军政之未立。夫军政之未立，非无兵也，有兵而若无兵，且其害更胜于无兵，是以虑也。古者用兵宁使饷浮于兵，不使兵浮于饷。今未具饷而先聚兵，兵既聚而饷不足。于是倡为打粮之说，公然扫掠民间，掠妇女则为妻妾，掠丁壮则为奴仆。一兵家属多者至十余人，朝廷养一兵不能并养其十余人之家属，其势益不得不出于扫掠。而有兵之处，闾里皆空，未馘一二贼兵，先添万千兵贼。百姓嗷嗷，无所控诉，良可痛已。不特此也，兵既有家属，势不能草居露宿，于是占民间之居，用民间之物，兵富而民贫，兵乐而民苦。才一征调，则又有安插家小之说，拣择膏肥，迁延月日，势所必至。……兵之恋恋室家如此，即使驱之赴敌，亦内顾之意多而进取之意少。求其死绥立功，尚安可得？此弊不革，恐饷终无时而足，兵终无时而可用也。[1]

正是由于兵不可用，当大顺军西撤、清军在畿辅地区休整之

---

[1] 冯梦龙《甲申纪事·叙》，见《玄览堂丛书》第一〇七册。

时，山东、河南两省的官绅、土贼处于群龙无首，徘徊观望之际，弘光朝廷兵将虽多，却麇集于江淮地区追欢逐乐，毫无进取之意。督师大学士史可法和他节制的四镇为了掩盖内心的怯弱，在粮饷问题上大做文章。八月二十六日史可法奏称："臣皇皇渡江，岂真调和四镇哉！朝廷之设四镇，岂直江北数郡哉！四镇岂以江北数州为子孙业哉？高杰言进取开、归，直捣关、洛，其志甚锐。臣于六月请粮，今几月矣，宁有不食之卒可以杀贼乎？"[1]又说："近阅诸臣条奏，但知催兵，不为计饷，天下宁有不食之兵、不饲之马，可以进取者？目前但有饷银可应，臣即躬率櫜鞬，为诸镇前驱。"[2]同月二十八日，东平伯刘泽清"奏进取之计，募数十万之兵，储数十万之饷，备马十余万，整顿器械一二年，乃可渡河"[3]。那么，史可法和他的部将是不是真缺饷呢？甲申五月建立江北四镇的时候，规定每镇额兵三万，每年供应米二十万石、银四十万两，由于当时一石米约值银一两，所以有的史籍径直写作一镇岁饷六十万，四镇合计每年二百四十万。这年九月十二日"东平伯刘泽清屯淮安，治府壮丽，日费千金。总督田仰从泽清燕游，为奏请乞饷。上谕：东南饷额不满五百万，江北已给三百六十万，岂能以有限之财供无已之求？田仰与刘泽清不得全事呼吁"[4]。从五月算起，四个月发了相当于一年半的银饷，应当说十分丰裕了。何况立镇之初还把江北一部分地方的屯粮、商税等收入拨给四镇，怎么能说粮饷不足进取呢？

---

[1] 谈迁《国榷》卷一百二。
[2] 李清《南渡录》卷二。
[3] 谈迁《国榷》卷一百二。
[4] 《国榷》卷一百三。

史可法为官廉洁，也很勤勉，治文书往往夜以继日。他对四镇的兵额和应发、已领饷数应当是清楚的，对四镇将领的搜括地方、荼毒百姓也心中有数。在奏疏中，他竟然同四镇唱一个调子，危言耸听，原因是他在明末官场中久经磨炼，对当时文恬武嬉的积弊司空见惯，也积累了一套应付朝野舆论的伎俩。我们不应忘记，史可法初任西安府推官时洪承畴、吴甡都是他的顶头上司，也是他非常佩服的人。洪承畴统十三万精锐明军被清军歼灭殆尽；吴甡在崇祯十五年任大学士时宁可丢官也不敢出任督师同李自成等部农民军作战，这些给他在心理上造成的压力可想而知。如果说他充当推官、守道、兵备道、巡抚等官职时能以洁身自好、任劳任怨博得好评的话，在形势把他突然推上权力的峰层时，他的个人品德完全弥补不了客观需要而他本人又不具备的雄才大略和果断魄力。史可法在调处四镇、保境安民上确实颇费心机，过分责备固然不当，但他畏清若虎，奉四镇为骄子，使这些军阀顿兵江北，一味鱼肉人民。史可法本人也认为有四镇做南京小朝廷的屏障，自己的督师大学士就可以安然无事地当下去。就实际情况而言，史可法出任督师整整一年，耗费了江南百姓的大量粮饷，一筹莫展，坐看黄河流域大好河山沦入清方之手，说他姑息养奸，喂虎贻患，并不过分。

弘光朝廷拥有淮河以南辽阔的地盘，在北都覆亡以前，明朝廷每年要从江南各地搜括大量粮食、银钱、布帛等财物，弥补北京宫廷、诸多衙门以及九边庞大的耗费。按理说，北方各地既已相继沦没，分属大顺和清方，弘光朝廷在财政上应该是绰有余裕的，百姓的负担至少不应加重。实际情况却并不是这样。由于豢养大批只知祸国殃民的军队，统治集团的贪欲有增无已，弘光朝廷的财政竟然入不敷出。

早在福王朱由崧出任监国的时候，南京的大臣们草拟恩诏，有人主张依照旧例列入减免赋税的条款，借以争取民心。当时的实权人物南京兵部尚书史可法却拒绝采纳，他说："天下半坏，岁赋不过四百五十余万，将来军饷繁费，则练饷、剿饷等项未可除也。"[1]对照大顺政权的"三年免征"和清朝多尔衮进入北京后立即宣布废除三饷，赋税按万历年间的册子征收，多少可以看出弘光政权完全继承了崇祯朝竭泽而渔的赋税政策。只是在自己管辖不到的地方，弘光君臣才慷慨地施与恩惠，如五月十五日登极诏书中宣布："自弘光元年始，山东钱粮全免三年，北直钱粮全免五年。"[2]这不过是毫无实际意义的政治宣传罢了。

弘光政权在军事上毫无作为，军费开支却极度膨胀。李清记："上即位后，楚镇（指左良玉部）及四镇频以匮告，而司兵惟务姑息，不知汰无用，核虚名。楚镇兵五万余，需银一百八万；四镇兵各三万，需饷二百四十万，本色一百万。五镇不足恃，且还为我虞。居重驭轻，有京营六万，需饷一百二十万，锁上游，控江北，复有江督、安抚、芜抚、文武操江、郑鸿逵郑彩、黄斌卿、黄蜚、卜从善等八镇，共兵十二万，计饷二百四十万。合之七百余万，而川、楚、东、豫督、抚、镇不与焉。……乃大司农综计所入止六百万，关榷俱在焉。而七百万外有俸禄、国用之增；六百万内有水旱灾伤之减。太仓既无宿储，内帑涸无可发，漕粮改折，此盈彼诎。"[3]到

---

[1]《国榷》卷一百一。李清《南渡录》卷一记，甲申五月弘光朝廷"命十七年练饷已征者尽数起解，无得乾没，至明年全免。旧饷、辽饷速催"。

[2] 管绍宁《赐诚堂文集》卷五《宣谕山东北直地方安抚官民奖劝义旅诏》《宣谕北直人民诏》。

[3] 李清《三垣笔记》卷下，《弘光》。他的另一部著作《南渡录》卷三记，甲申九月"时正项所入止六百二十万，养军所出至七百五十余万，通计每年正项缺一百五十万"。

这年十一月，工部与户部上言："今天下兵马钱粮通盘打算，缺额至二百二十五万有奇，户部见存库银止一千有零耳。"[1]

财政既入不敷出，户部采取的对策是变相加征。甲申十二月决定"凡民间田土，熟田每亩二分，熟地每亩五分，山塘每亩一厘，给予弘光元年契尾一纸"[2]，合计江南一年另"加折色银五十万六千四百五十余两，道路哗然"[3]。地方官胥趁机横征暴敛，剥民肥身。时人辛升作《京饷》诗云："一年血比五年税，今岁监追来岁银。加二重头犹未足，连三后手急须称。可怜卖得贫儿女，不饱奸胥一夕荤。"《县令》诗云："世局于今又一更，为民父母虎狼心。鞭笞只作肉鼓吹，痛哭如闻静好音。"[4]弘光朝廷敲骨吸髓地搜括民财以奉骄兵悍将，史可法不可能不知道。他节制的四镇之一刘泽清在淮安大兴土木，建造连云甲第庭园，一心经营自己的安乐窝，有人说其豪华程度"僭拟王宫"[5]。有一种记载说，史可法微服私行至淮上，竟被督工头目抓去当苦力，碰上刘泽清来察看营建情况，他才扔下肩上的巨木大叫："学生效劳三日矣！"[6]联系到他出任督师以后，黄得功和高杰等人为争夺富庶繁华的扬州打得不可开交，史可法对从老百姓身上榨取了多少血汗钱，用到了什么地方，是非常清楚的。1645年（明弘光元年、清顺治二年）二月，吏科右给事

---

[1] 《南渡录》卷三。
[2] 李清《甲申日记》丝集。
[3] 大学士王铎"谨揭为国赋万不可加，急宜停止事"，见《拟山园选集》卷十二，奏疏。
[4] 辛升《寒香馆遗稿》卷三《世变十更》。
[5] 顾公燮《丹午笔记》，江苏古籍出版社，1985年排印版，第七十八页。
[6] 参见郑廉《豫变纪略》卷八。

中陈燕翼疏中说："今奴（指清朝）、贼（指大顺军）相持，胜负未决，中国之利正在此时，行间将、吏，不闻一筹一策，用间用奇，而但知张口向内添官索饷。"[1]这既是对四镇等将领的批评，也是对史可法的针砭。

江南百姓为供应四镇和左良玉的兵马，被压榨得髓干血尽，而这批军阀在清军南下以前鱼肉人民，为非作歹，给驻地百姓带来了无数的灾难；一旦清军南侵，除个别将领如黄得功外，几乎全部领兵投敌，充当清廷征服、镇压各地抗清斗争的帮凶，加速了自身和此后几个南明政权的覆亡。

在弘光立国的一年时间里，取之于民是那样无孔不入，所得金钱却几乎没有用于救济灾民、兴修水利等实政。除了豢养军队以外，财政收入的另一部分耗费于皇帝、宫廷和官僚，供他们过着穷奢极侈的生活。朱由崧即位于南京，这里原有的宫殿经过二百多年的风雨蠹蚀，自然早已坍塌废圮，难以居住。然而，国难当头，未必没有巍峨辉煌的宫殿就不成为中兴之主，后来的鲁监国、永历帝颠沛流离，有时以坐舟权当水殿，在军事上比起弘光还稍胜一筹。朱由崧被拥上宝座以前到处漂泊，生活来源断绝，处处乞怜于较殷实的宗藩和官僚，一登大位立即想在生活上同承平时期的皇帝看齐。他下令为自己和太后修建宫殿，为筹备大婚四处购买珠宝，为追欢逐乐置办歌儿舞女；一些在他倒霉时曾出力相助的人也蜂拥而至，共享富贵。"修兴宁宫、建慈禧殿，大工繁费，宴赏皆不以节，国用匮乏。"[2]弘光君臣的大肆搜括民财，经营自己的安乐窝，其直接结果一是大失人心，二

---

[1] 《南渡录》卷四。
[2] 计六奇《明季南略》卷五《朝政浊乱昏淫》。

是文官武将囊橐既富，身家之念重，一旦形势危急，多数非降即逃，卒至以国予敌。

第五节　弘光朝廷的腐败

　　古语说："生于忧患，死于安乐。"这句话对弘光朝廷来说是最恰当不过的了。弘光君臣既然一厢情愿地"借虏平寇"，自身毫无振作之意，一味满足于偏安江左。他们只想利用江南富庶的物质条件过着灯红酒绿、纸醉金迷的生活，其腐朽程度较之崇祯时期有过之而无不及。

　　许多史籍都记载，朱由崧酗酒好色，追欢逐乐，不以国事为念。他说："天下事，有老马在"[1]，把军国重事委托给马士英，自己则同一班佞倖干着昏天黑地的勾当。

　　"寡人有疾，寡人好色。"朱由崧的荒淫在历史上可以同许多亡国之君媲美。他刚刚登上皇帝的宝座就以"大婚"为名派出内官在南京、苏州、杭州等地挑选"淑女"。太监屈尚忠之流乘机作威作福，"都城内凡有女之家，不问年纪若何，竟封其门，受金然后释放，又顾别室。邻里哭号，唯利是图"[2]。八月，兵科给事中陈子龙上疏说："昨忽闻有收选宫人之举，中使四出，搜门索巷，凡有女之家不问愿否，黄纸帖额即舁之而去，以致闾井骚然，人情惶骇，甚非细故也。……今未见明旨，未经有司，而中使私自搜采，不论

---

[1]　《圣安本纪》卷四。
[2]　武英殿大学士王铎"谨揭为选择淑女速当严禁，不可太滥事"，见《拟山园选集》卷十二，揭一。

名家下户，有夫无夫，界以微价，挟持登舆，宜小民之汹汹也。"[1]弘光帝以大婚为名，搜索民间绝色闺女，几乎成了他关心的头等大事。在南京遍索不能如意，又派出内监前往苏州、浙江等地选拔。祁彪佳日记中载，1645年二月十二日，"因奉旨选婚，越中嫁娶如狂，昼夜不绝"。三月二十四日又记，"得道瞻侄书，知两女俱中后妃之选"[2]。这时距离弘光朝廷的覆亡还剩不到两个月。野史所载更是穷极形象。谈迁写道：弘光"登极初，日召对辅臣，或昼再接。浃月以来，时免朝。八月，选民女入宫，征教坊妓六十四人"。又云："甲申秋，南教坊不足充下陈，私征之远境。阮大铖、杨文骢、冯可宗辈各购进。大内尝演《麒麟阁》传奇剧，未终，妓人首戴金凤者三。盖宫例承幸戴金凤以自别也。上体魁硕，一日毙童女二人，厚载门月裹骸出。……上初立，都人忻忻，谓中兴可待。不数月，大失望，有苏台麋鹿之惧。"[3]朱由崧派内官捕捉蟾蜍，配制春药；内官们公然打着"奉旨捕蟾"的旗号督促百姓捕捉，被民间称之为"虾蟆天子"[4]。甲申除夕，朱由崧"悄然不乐，亟传各官入见。诸臣皆以兵败地蹙俱叩头谢罪。良久，曰：'朕未暇虑此，所忧者梨园子弟无一佳者，意欲广选良家，以充掖庭，惟诸卿早行之耳。'或对曰：'臣以陛下忧敌未宽，或思先帝。岂意思及于此？'遂散出"[5]。

朱由崧的好酒贪杯，沉湎于醉乡之中，见诸许多记载。"相传弘光初，刘先生（指刘宗周）入见，以饮酒谏。上曰：'为卿故不

---

[1] 陈子龙《兵垣奏议》《论选官人疏》。
[2] 《祁忠敏公日记》《乙酉日历》。
[3] 谈迁《枣林杂俎》仁集《从龙内臣》《女伎》二条。
[4] 王应奎《柳南续笔》卷一。
[5] 抱阳生《甲申朝事小纪》卷八《弘光失德》条。

饮。'然有难色。先生徐曰：'若饮止一杯亦无害。'上曰：'因卿言，止饮一杯。'后进饮，内侍以大金爵至，不却；饮至半，不举爵。内侍已知其意，斟满焉。复饮至半爵，又斟。如是不已，名虽一杯，实无算爵也。"[1]张履祥在记载了这一传说后说"兹事有无未可知"，但大学士王铎在奏疏中进谏道："若夫饮酒……卜夜烧炬，且梨园弟子鼓声咚咚，大非所以恸北都先帝之灵而存哀悼之心也。"[2]可见朱由崧的失德败度确有其事，并非野史作者的轻信流言蜚语。

掌握朝廷实权的马士英、阮大铖等人也是醉生梦死，利用手中的权力鬻官肥家。"宫室服用，百役并作，皆援全盛之例，费无纪极。于是开事例，贱其值以招纳来者。士英辈因而乾没。民间有'中书随地有，都督满街走，监纪多如羊，职方贱如狗。荫起千年尘，拔贡一呈首。扫尽江南钱，填塞马家口'之谣"[3]。姚廷遴记："弘光即位南京，无一善政。用马士英为相，卖官鬻爵，贿赂公行。民间传诵京中有《西江月》词一阕云：'弓箭不如私荐，人材怎比钱财？吏兵两部挂招牌，文武官员出卖。四镇按兵不举，东奴西寇齐来。虚传阁部过江淮，天子烧刀醉坏。"[4]应廷吉也记载："尔时弊政难以枚

---

[1] 张履祥《杨园先生全集》卷三十四《见闻录四》。《甲申朝事小纪》云，弘光于内庭悬一对联云："万事不如杯在手，百年几见月当头。""傍注东阁大学士王铎奉敕书"。

[2] 王铎《为用刑当慎、饮酒当节，圣心最宜敬谨事疏》，见《拟山园选集》卷十二。

[3] 《鹿樵纪闻》卷上。夏完淳《续幸存录·南都杂志》作："都督多如狗，职方满街走。相公止爱钱，皇帝但吃酒。"

[4] 姚廷遴《历年纪》，见《清代日记汇抄》，上海人民出版社1982年4月排印本，第五十二页。

举。南都人士复书《西江月》一词于演武场，云：'有福自然轮着，无钱不用安排，满街都督没人抬，遍地职方无赖。本事何如世事？多才不若多财。门前悬挂虎头牌，大小官儿出卖。'"[1]文人辛升鉴于弘光政权的腐败，作《世变十更》诗，其中《官方》一首云："世局于今又一更，天教害气满朝廷。科场久作招商店，选部尤开闹市门。甫戴进贤忘布素，一行作吏满金银。弥天塞地皆黄白，何处秋壶一片冰。"[2]阮大铖公然以行贿作为理财妙方："大铖自受事以来，凡察处降补各员，贿足则用。尝语礼科沈胤培曰：'国家何患无财，即如抚按纠荐一事，非贿免，即贿求，但令纳银若干，于官应纠者免纠，欲荐者予荐，推而广之，公帑充矣。'"[3]弘光朝廷的政以贿成，腐败已极，由此可见一斑。

即便是那些自命与马、阮党见不同的官绅在生活上也大抵是追欢逐乐，寻花问柳，过着燕巢幕上的日子。甲申九月二十八日，余煌在一封信里不胜愤慨地描述了江南官绅的昏淫："尤可异者，国难初闻，宴衎不彻；哭临未毕，声伎杂陈。而俨然乡衮与愚顽同其欢谑，略无改容。近且架凌云之台，演彻夜之剧，怪诞淫亵，错出争奇，妇女若狂，通都填咽。而一二领袖之家，皆巨室也，争夺梨园，彼此相斗，家僮至于破额，长吏为之解纷。如此景象，岂复成世界乎？君亲荼毒，宗社邱墟，宫阙惨于离黍，山陵同于藁葬，此乾坤何等时也，而般乐急敖，倍于承平。夫独非臣子乎？夫何至于此极也！弟与忧者，不在奴，不在贼，不在兵饷；窃以为神州陆沉，必自此病狂丧

---

[1] 应廷吉《青燐屑》卷上。
[2] 辛升《寒香馆遗稿》卷三。
[3] 李清《南渡录》卷三。

心始。披发野祭，百年为戒，此辛有所见而深悲也。"[1]河南郾城人李发愚甲申年间到达南京以后大失所望，作诗云："怪底新朝无个事，大家仍做太平官。"[2]

弘光朝廷建立于风雨如磐之时，却置军国重事于脑后，不仅文恬武嬉，还热衷于不急之务，粉饰太平。比如盈廷而议，给二百多年前被明太祖朱元璋处死的开国功臣傅友德、冯胜等人，被明成祖朱棣杀害的建文朝忠臣追加谥号、恢复名誉。工科给事中李清在弘光朝廷中是比较正派的人物，也乐此不疲，多次上疏倡导"盛典"，弥补历朝之阙。温睿临在《南疆逸史》李清传中评论道："时庙堂无报仇讨贼之志，但修文法，饰太平。而清于其间亦请追谥开国名臣及武、熹两朝忠谏诸臣，加成祖朝奸谀大臣胡广、陈瑛等恶谥；又请追封冯胜、傅友德为王，赐之谥，皆得议行。然人讥其所言非急务也。"早在甲申五月下旬御史郭维经就上言："圣明御极将两旬矣，一切雪耻除凶、收拾人心之事，<u>丝毫未见实着</u>。且伪官纵横于凤、泗，悍卒抢掠于瓜、仪，焚杀劫掠之惨，渐过江南；丰镐一片地，不知将来成何光景。而庙廊之上，不闻动色相戒，惟以漫不切要之务，盈庭而议，以致乘便门而为钻窥之隙穴，斗疾足而作富贵之阶梯。举朝人心，如狂如醉。"[3]同年七月兵科给事中陈子龙也上言道："自入国门将再旬矣，惟遣此使得一聆天语，不识密勿之臣英谋宏议日进几何？但见官署寂寥，人情泄沓，交鞍击毂，宛然泰阶之风；好爵高班，无异升平之日。从无有叹神州之陆沉，念中原之榛莽者，岂金陵佳丽之区，

---

[1] 余煌《余忠节公遗文》《与祁世培书》，见《越中文献辑成书》。
[2] 乾隆十八年《郾城县志》卷十五，人物，《李发愚传》。
[3] 李清《南渡录》卷一。

六朝风流之地,可供清谈坐啸耶?清歌漏舟之中,痛饮焚屋之下。臣诚不知所终矣。"[1]弘光朝廷的苟且偷安达到了丧心病狂的程度,一旦清兵南下立刻土崩瓦解,就是毫不奇怪的事了。

第六节　清廷对大顺和南明用兵策略的变化

顺治元年十月,清军不仅占领了畿辅地区,还接管了山东。十月初三日,叶臣等部清军攻克山西省会太原,大顺军守将陈永福突围逃走[2],山西大部分地区归附了清廷。当时,河南省的局势相当混乱,大顺军已撤到豫西,其他地区大抵处于军阀(如驻睢州总兵许定国)、土匪(如李际遇、刘洪起、李好)的控制之下;弘光朝廷虽然任命了总督、巡抚、巡按,但只是虚有其名,根本行使不了管辖权。

由于弘光朝廷的一味退缩,唯恐出兵山东、河南将影响北使议和,清廷乘机站稳了脚根。十月间,多尔衮决策分兵两路征服全国。具体部署是:一路由英亲王阿济格、平西王吴三桂、智顺王尚可喜等统兵取道山西北部和内蒙古进攻陕北,得手后向南推进,摧毁以西安为中心的大顺政权;另一路由豫亲王多铎、恭顺王孔有德、怀顺王耿仲明等率领南下,消灭弘光朝廷。十月二十四日,清廷檄谕河南、南

---

[1] 陈子龙《兵垣奏议》《恢复有机疏》。按,疏尾有崇祯十七年七月二十日奉旨,可知上疏在这以前;谈迁《国榷》卷一百二载于八月十八日,误。
[2] 康熙二十一年《阳曲县志》卷十三《丛纪》。有的史著误记陈永福在为大顺政权守太原时阵亡,但清方奏报及地方志中都记载城破时陈永福逃走。《清初内国史院满文档案译编》中册,第六十九页记,顺治二年六月太原府推官报告,"流贼陈总兵官被败遁走时",太原府附郭阳曲县令曾乘乱窃取大批银、米。

京、浙江、江西、湖广等处文武官员军民人等曰："尔南方诸臣当明国崇祯皇帝遭流贼之难，陵阙焚毁，国破家亡，不遣一兵，不发一矢，如鼠藏穴，其罪一。及我兵进剿，流贼西奔，尔南方尚未知京师确信，又无遗诏，擅立福王，其罪二。流贼为尔大仇，不思征讨，而诸将各自拥众，扰害良民，自生反侧，以启兵端，其罪三。惟此三罪，天下所共愤，王法所不赦。用是恭承天命，爰整六师，问罪征讨。……若福王悔悟前非，自投军前，当释其前罪，与明国诸王一体优待……"[1]显然，这道檄文是欲加之罪何患无辞，它完全否定了弘光朝廷的合法地位，明确宣布要对南明动武。

鉴于当时弘光朝廷的腐败和内部纷争，确实很难指望它组织有效的防御。然而，就多尔衮的战略部署而言，却是完全错误的。因为清廷除了留下少数兵马驻防京师及其附近地区外，主要的兵力同时投向西面、南面两个方向，两路大军势必越走越远，呼应不灵。阿济格西征时已经把宣府、大同两镇降兵尽调随征，"搜括无遗"，总兵力也只达到八万人。[2]而大顺军在山海关战役中是在同吴三桂部激战了两天之后才被清军主力击败的，兵力收缩到陕西一带迎战阿济格一路兵马，胜负还是个未知数。迹象表明，当时李自成已经得到了清军将进犯陕北的情报，在陕北地区镇守延安的有大顺政权所封毫侯李过（改名李锦），镇守榆林的是高一功，他们都是李自成的亲信，兵力相当可观。李自成计划在陕北打一个大胜仗，狠煞清军威风。因此，亲自率领大批精兵猛将由西安源源北上。《洛川县志》记载："自成遣其部伪侯刘、贺、辜、高等来援。已而，自成亲至，率伪汝侯刘宗

---

[1] 《清世祖实录》卷十。
[2] 顺治元年十二月十三日清宣大总督吴孳昌启本，原件藏第一档案馆。

敏踞洛浃旬。"[1]《白水县志》也记载："清顺治元年冬十二月，贼闯自同州逾白（水），北趋延安逆战。未几，复自延安逾白（水）趋同（州）。"[2]这两条材料证明，在甲申之冬，李自成统领西安地区的大顺军主力取道同州（今陕西省大荔县）、白水，一直进到洛川，离延安已经不远了。如果清方战略计划没有发生变化，那么，李自成、刘宗敏指挥大顺军主力和李过、高一功部陕北驻军同阿济格部清军决战，胜负尚在未定之天。阿济格部一旦战败，大顺军势必乘胜追击，华北局势就将改观。

然而，就在这个关键时刻清廷改变了多铎部的进军方向，原因是驻守山西平阳（今临汾市）和河南西部的大顺军向河南怀庆地区发动了反攻，并且取得了胜利。大顺军的怀庆战役是在清廷命将出师以前部署的。十月初四日，山西垣曲大顺军马、步二万余人已经向东推进；同日在河南兰阳（今兰考县）又出现一支大顺军队伍带有"许多旗帜、马匹欲渡未渡"，有渡河进攻铜瓦厢（由于黄河改道，现铜瓦厢在黄河南岸东面）的迹象。十月初六日，清河南巡抚罗绣锦向朝廷发出了紧急求派援兵的奏疏，其中说："该臣看得西贼盘踞垣曲，渐至济源、狐岭，各路分贼狡诈多端。怀属地方正冲两路，而潞安（今山西省长治市）一股直抵彰属（指彰德府，府治在今河南省安阳市），均可虑也。臣已分调守卫（指卫辉府，府治在今河南汲县）之卒以接应，又报南岸贼兵沿河窥渡。伏乞敕部将臣前请大

---

[1] 康熙六年《洛川县志》卷上五之赋《杂志》附。按，文中"伪侯刘"当指磁侯刘芳亮，贺、辜、高等难以确定为何人。

[2] 顺治四年《白水县志》卷上，《扼要》。

兵速催马兵兼程前来协力扫荡，而战守俱有赖矣。"[1]同月十五日罗绣锦又向清廷发出"为紧急塘报事"启本，说："马贼一万有余，步贼二万有余，后未到者还有五六万，要克取怀（庆）、卫（辉）等府，见今离怀三十里外扎营。……贼之狡谋，其意不止在怀属，而意欲占据河口。况大河以南，尚有贼氛，万一通联，势所难图。……伏乞亟敕兵部，速催大兵星夜兼程前来，以济救援。"[2]

怀庆战役从十月十二日开始，大顺军连续攻克济源、孟县，清怀庆总兵金玉和领兵出战，在柏香镇几乎全军覆没，金玉和与副将常鼎、参将陈国才等均被击毙[3]。大顺军乘胜进攻怀庆府治沁阳县，清卫辉总兵祖可法连夜带领军队进入沁阳固守待援。消息传到北京，多尔衮大为震惊。他认识到如果让多铎按原定计划统军下江南，畿辅、山西、河南的防守兵力严重不足，后果不堪设想。因此，他立即下令多铎改变进军方向，由南下转为西进，先解沁阳之围，然后进攻潼关，打开入陕门户，同阿济格部清军南北合击大顺军。上引《洛川县志》记载李自成、刘宗敏统领大军北上，走到洛川时忽然停留了整整十天，唯一可以解释的原因就是已经得到多铎部清军向潼关推进的消息。在北面和东面都出现强敌压境的情况下，大顺军领导集团立刻陷于左右为难的被动地位。李自成只好顿兵不进，等待进一步的消息，何方吃紧即率主力驰向何方。这说明，大顺军发动的怀庆战役虽然取得了局部的胜利，却改变了整个战略态势，把两路清军主力都吸引到自己方面来了。

---

[1] 《钦差巡抚河南等处地方提督军务兼理河南都察院有副都御史罗绣锦谨启为塘报紧急贼情急请大兵事》启本原件。
[2] 《清代农民战争史资料选编》第一册（上），第二十四页。
[3] 顺治二年闰六月二十五日兵部侍郎朱马喇等"为遵旨查明死事官兵事"题本，见《顺治录疏》。参见《清世祖实录》卷十七。

多铎部清军暂缓南下，使南京的弘光朝廷得以继续苟延残喘，其统治集团的决策人物如朱由崧、马士英、史可法之流的目光短浅、侥幸图存和敌视人民则暴露得淋漓尽致。在阿济格、多铎两大主力全部投向陕西战场同大顺政权一决雌雄的时候，清廷在畿辅、山东、豫东部署的兵力相当有限，只留下肃亲王豪格带领为数不多的军队扼守黄河。甲申、乙酉（1644—1645）之交，多铎部同大顺军展开潼关战役时，南明河南总兵许定国驻守于睢州，私下派人同清方接洽投降事宜，豪格回信让他把儿子送来充当人质，而对于许定国要求派清军过河接应则以"未奉旨意"加以拒绝。这不仅证明豪格所部清军数量不多，而且说明清廷实权人物多尔衮也深知自己在整个华北地区兵力单薄，不敢轻举妄动，以免同南明军队发生正面冲突。弘光朝廷任命的山东总督王永吉派人侦得"建州精骑尽往征闯，北直、山东一带皆单虚"，向朝廷建议：

> 臣近闻西安已破，流贼败走汉中，不胜踊跃，继又不胜忧疑也。虏乘虚击贼，所向披靡，其气必骄。向屡入内地未逢敌手，今见国家新创，半年以来未能出门一步，其心必懈。骄与懈皆犯兵家之忌。若简骁劲马步一枝，直走开、归，进窥曹、单，防其抄袭淮阳，为正兵；以骁劲马步二枝，疾趋沂、济，为奇兵，电击星驰，计日而可复二城。若二城既复，兖、济、临、德遂成破竹。军声一振，青、齐豪杰响应，土兵民马、铳炮军资，远近辐辏，联络犄角，攻其无备，必建奇功。盖当此内外凋敝时，须破釜沉舟决一死斗。倘欲动出万全必胜之策，实无此策。臣不胜踊跃者此也。若谓长河、长江，未必直称天堑；一番挑

激,彼必速来,殊不知奴虏虎视中原,意欲并吞天下。特与逆贼相持,不暇倾巢压境耳。今西安破陷已真,虏既入陕,寇复入川,宣、云、秦、晋、东、豫、荆、襄,胡马进退自由,前无所牵,后无所掣,全副精神总在江南,纵不挑而激之,能保其不投鞭而问渡哉!臣不胜忧疑者此也。……昔齐人有乘势待时之说,今有势可乘,无时可待,过此以往,事变愈多,日益忙乱矣。[1]

江西总督袁继咸也上疏说:"闯为虏败,虽可喜,实可惧。虏未及谋我者闯在耳。闯灭,非江南谁事?"[2]王永吉、袁继咸的奏疏都是在清军击败大顺军、占领西安以后,主张趁清军主力仍在陕西的时机派军北上。就战略而言已经迟了一步,但毕竟提出了积极防清是当务之急。可是,大学士马士英、史可法唯恐出兵黄河流域收取山东等地,将触怒清廷,引火烧身。阶级的偏见、生活上的苟且偷安使他们利令智昏,幸灾乐祸地按兵不动,让清廷得以集中兵力打败大顺军,控制区扩大到整个北方。事实证明,史可法、马士英都是政治庸人,他们的政治眼光远在王永吉、袁继咸之下。我们有理由相信,多尔衮等清廷决策人敢于在几个月时间里把几乎全部主力投入西北一隅,正是依据各方情报,估计到弘光朝廷不会有什么动作。东线无战事,给满洲贵族提供了利用汉族内部纷争各个击破的大好机会。弘光朝廷愚不可及地推行消极避战的"借虏平寇"政策,直接导致了自身的覆亡。

---

[1] 李清《南渡录》卷四。尽管王永吉后来投降了清朝,他在任职弘光朝廷时的建议还是颇有见地的。
[2] 李清《甲申日记》丝集。

第四章
大顺政权的覆亡

第一节 潼关战役和多铎部清军占领西安

清朝豫亲王多铎、智顺王孔有德、怀顺王耿仲明统领的军队在怀庆地区击败当地大顺军后，于孟津县渡过黄河，十二月十五日进至陕州（今河南省三门峡市陕州区）。大顺军张有曾部驻于灵宝县城外，因兵力有限，被清军击败。多铎部在二十二日推进到距离潼关二十里的地方立营。李自成得到这个准确情报，知道驻防潼关的巫山伯马世耀部下只有七千余兵马，难以抵御多铎统率的大批清军。[1]

---

[1] 潼关战役在《清世祖实录》和《潼关志》中有相当准确的记载。吴伟业《绥寇纪略》卷九《通城击》中依据不可靠的传闻写道："（乙酉）二月，本朝大兵至潼关，攻之，伪巫山伯马世耀以六十万众大败，潼关破，世耀死。"钦定《明史》的作者竟然连本朝实录和档案也未能寓目，在卷三百九《李自成传》中采用吴氏旧文云："顺治二年二月，我兵攻潼关，伪伯马世耀以六十万众迎战，败死，潼关破……"战役时间和情节全部错误。由此可见，《明史》在清代推为信史，实则谬误甚多。

一旦潼关失守，西安在所难保，因此他亲自同刘宗敏、刘芳亮等大将带领原拟赴陕北的大顺军主力赶往潼关。

　　清廷对夺取潼关的战略意义高度重视，做了充分的准备。十二月内增派固山额真阿山、马喇希等统兵经山西蒲州渡河协征[1]，并且急调红衣大炮供攻关之用。十二月二十九日，潼关战役开始。大顺军主将刘宗敏先战，失利。次年（顺治二年，1645）正月初四日，刘芳亮领兵出战，又被清军击败；李自成亲自率领马、步兵迎战，多铎命令八旗兵全力反击，大顺军再次失利，步兵损失很多。初五、初六两天，大顺军连续利用夜间袭击清军营垒，都没有取得效果。初九日，清方红衣炮军到达；十一日，清军进逼潼关口。大顺军"凿重壕，立坚壁"加强防守。清军先用红衣大炮轰击，随即大举进攻。在不利的情况下，大顺军仍然顽强拼搏，力图扭转战局，先派骑兵反击，又调遣部分兵马迂回到清军阵后突击，都被清军击败。[2]

　　正在这个关键时刻，清英亲王阿济格部大批军队已经进入陕北，尽管李过、高一功在延安、榆林英勇抗战，阿济格为了夺取西安，只留下大同总兵姜瓖率领一批明朝降将继续攻城，牵制陕北大顺军，自己却统领大军南下，向西安推进。李自成深知原驻西安主力已经调到潼关，如果继续在潼关同多铎部硬拼，西安必将被阿济格部攻占，大顺政权的文武官员、将士家属以及重要物资都很难保住。在两路清朝大军的合击下，李自成被迫决定主动放弃陕西，另寻出路。十一日潼关战役明显不利，他同刘宗敏、刘芳亮等率领来援主力奔回西安，十三日到达，当天就带领兵马、部分文职官员、家属和财物由

---

[1]　《清世祖实录》卷十二。
[2]　《清世祖实录》卷十四。

西安经蓝田、商洛向河南撤退。十二日,留守潼关的巫山伯马世耀向清军伪降,潼关失守。这天晚上,马世耀派人秘密送信给李自成,请他回师潼关,自己从中响应,内外夹击,击破多铎部清军。不料密使被清军截获,第二天,多铎以打猎为名,在潼关西南十里的金盆口设下埋伏,然后谎称举行宴会,把马世耀部下的马匹器械全部解除,一声号令,埋伏的清军突然冲出,把马世耀和他部下七千余名大顺军将士全部屠杀。[1]

潼关战役持续了十三天,这是决定大顺政权能不能保住西北地区的关键一战。大顺军失败了,正月十八日多铎部占领西安。不久,阿济格部也到达西安。清摄政王多尔衮命多铎部按原定计划往攻南京,阿济格部负责追剿大顺军。

关于大顺军放弃陕西及其他西北地区进行战略转移的问题,需要澄清史籍中常见的一种错误。许多著作都以为李自成放弃西安,经商洛进入河南、湖北的时候,是带领了陕西和西北各地的大顺军一道转移的。实际上,李自成带领的只是原驻西安一带的大顺军主力,随行的有汝侯刘宗敏、泽侯田见秀、磁侯刘芳亮、绵侯袁宗第、义侯张鼐等大将,大顺政权的高级文官丞相(大顺的正式官衔是左平章国事)牛金星、军师宋献策等人,还有包括皇后高氏在内的眷属,兵员约为十三万。由于多铎、阿济格两路重兵迫近西安,李自成不可能等待驻防陕北和其他西北地区的大顺军会合后才做战略转移。这以后的一段时间里,大顺军由于南撤的路线不同,形成了东、西两大集团。

---

[1] 康熙二十四年《潼关志》卷下《兵略第八》。《清世祖实录》卷十四记:"守潼关伪吴山伯马世尧率所部七千余众迎降,计获马千余匹,辎重甲仗无算。十三日大军入潼关,察获马世尧遣往自成处奸细,遂擒斩世尧。"按,吴山伯马世尧当即巫山伯马世耀之讹。

东路即上述李自成亲自率领的主力,由陕西商洛经河南到达湖北襄阳,会合驻守当地的白旺部继续东下武昌等地的大顺军;西路是原防守陕北的李过、高一功部在清军占领西安以后无法直接南撤,而向西转移会合其他驻守西北的大顺军取道陕西汉中南入四川,然后顺江到达湖北荆州地区。下面就大顺军两路撤退的经过分别予以叙述。

多铎部清军占领潼关以后,休兵二日,正月十六日由潼关进发,十八日占领西安,曾派护军统领阿尔津等领兵追击大顺军,由于李自成在五天前即已率军经蓝田、商洛向河南撤退,阿尔津无功而返。[1]1645年(顺治二年、弘光元年)二月,多铎和阿济格均驻于西安。[2]这月初八日,多尔衮分别向多铎和阿济格发出命令:

谕定国大将军和硕豫亲王多铎曰:闻尔等破流贼于潼关,遂得西安,不胜嘉悦。初曾密谕尔等往取南京,今既攻破流寇,大业已成,可将彼处事宜交与靖远大将军和硕英亲王等。尔等相机即遵前命趋往南京。大丈夫为国建功正在此时,汝其勉之。其随英亲王、豫亲王之汉军自固山额真、梅勒章京以下兵丁、绵甲、红衣炮均分为二,著英亲王、豫亲王各行督领。若相去已远,可仍如旧。至于英亲王等奉命征讨乃为己事越境至土默特、鄂尔多斯地方,枉道索取驼马,复转入边,以致逗遛,其罪非小,特谕汝等知之。现今流寇余氛,责令英亲王等追剿。

谕靖远大将军和硕英亲王阿济格曰:尔等自京起行在

---

[1] 《清世祖实录》卷十四。
[2] 《平南王元功垂范》卷上。

先,定国大将军和硕豫亲王等起行在后。今豫亲王等已至潼关,攻破流寇,克取西安,尔之兵未知尚在何处。此皆由尔等枉道越境,过土默特、鄂尔多斯地方妄行需索,转而入边,以致逗遛故也。今已命豫亲王恪遵前旨,往定南京。尔等可仍遵前旨,将流寇余孽务期剿除,以赎从前逗遛之咎。勿以流寇已遁,西安既平,不行殄灭,遽尔班师。其随英亲王、豫亲王之汉军,自固山额真、梅勒章京以下兵丁、绵甲、红衣炮均分为二,著英亲王、豫亲王各行督领。若相去已远,可仍如旧。[1]

二月十四日,多铎在西安休整兵马近一个月,即率军出关,招降了驻守河南府(今河南省洛阳市)的大顺军平南伯刘忠,三月初五日取道归德(今河南省商丘市)向南推进,致力于摧毁弘光政权。[2]

第二节　陕北战役和大顺军放弃西北

当李自成亲自率领驻守西安地区的大顺军主力移往潼关与多铎部清军决战时,清阿济格统领的军队也已经进入陕北。其部下有固山额真谭泰等满军、平西王吴三桂、智顺王尚可喜以及从宣府、大同、山西抽调的汉族降附军,兵力相当雄厚。大顺军方面的部署是亳侯李过(改名李锦)守延安,高一功守榆林。阿济格军入边墙后,命姜瓖

---

[1] 《清世祖实录》卷十四。
[2] 《清世祖实录》卷十五。

统领明朝投降兵将围攻榆林，自己带领满、汉主力经米脂攻延安。李过部为保卫延安同清军展开了激烈的战斗。双方曾七次交锋，其中大顺军两次乘夜间出城反击，都因兵力不够未能奏效。[1]据尚可喜的叙述："贼李锦据延安与肤施县城相犄角，王分兵围之二十余日，未下。王敕诸将佯攻肤施，而阴勒精兵薄延安城，猝用大炮击之，贼不支，遂宵遁。王与固山（指谭泰）分追，馘斩甚众，卤获其甲马器械不可胜计。""冬十二月，克延安。"[2]延安失守后，李过部向西转移；阿济格即率清军主力南下西安。榆林战役的经过据清方将领报告："惟榆林守将高一功乃闯贼旧党，坚拒相抗。英王因西安事大，统兵南征。所遗各镇官兵攻围榆林，恐兵马众多，无人总统，看得大同镇臣姜瓖威望素著，于十二月三十日委以总督重权统摄诸军，职（清委榆林总兵王大业自称）同宁武总兵高勋、宣府领兵副将今加总兵职衔康镇邦俱听指挥，料区区一城自难久守，可计日而下也。"[3]又唐通报告："本年正月初五日，臣自绥德赴双山与贼写战书一纸，将一切利害与贼高一功说明，要战即约定日期即来交战，如不战领兵困城。正月十二日差炭窑上百姓投书；十四日未时贼走，榆林有存仓米八百石、豆八十石，民间精壮百姓抢去；止有老弱千余。"同日夜间，唐通与阿济格委任的榆林巡抚赵兆麟（原为大顺政权官员）、姜瓖等派遣的"拨儿马"二百名进入榆林；十六日姜瓖、

---

[1]《清初内国史院满文档案译编》中册，第二七二页。
[2]《平南王元功垂范》卷上。
[3] 顺治二年正月十三日榆林总兵王大业揭帖，见《明清史料》丙编，第五本，第四六九页。

康镇邦、王大业也进驻榆林。[1]这说明高一功据守榆林半月之后，主动放弃该地，实力没有多大损失。[2]《怀远县志》记载，1645年正月中旬，"高一功拒战于常乐，败奔响水，十六日清兵入城（指怀远县城）安抚。姜瓖追至波罗，又大破之，高贼遁去"[3]。

李过、高一功率部撤离陕北，是在李自成放弃西安以后，从延安到西安之间有阿济格、多铎两路清军主力，已经不可能按李自成南撤路线行进，因此，他们采取向西转移，先到宁夏的惠安堡[4]，然后会合了镇守西北甘肃、青海（当时为西宁卫）等地的大顺军党守素、蔺养成、贺篮等部一道向南撤退。至于其他一些奉大顺政权的命令驻于西北地区的原明朝归附将领如马科、左瓖、牛成虎等都先后在清朝招诱下拜表投降。李过、高一功等大顺军旧部为了同李自成统率的主力会师，采取的路线是由陕西汉中入蜀，顺长江东下湖北。不料，镇守汉中地区的大顺军旧部贺珍、罗岱、党孟安、郭登先四将却已变节降清[5]，公然动武阻击李过、高一功等部大顺军过境。经过一番

---

[1] 顺治二年五月初八日定西侯镇守保德州总兵唐通启本，见《明清史料》丙编，第五本，第四七九页。

[2] 康熙十二年《延绥镇志》卷五之二《纪事志》；康熙十九年《延安府志》卷九《纪事》都记载："二年正月十五日，我大清兵至榆林。伪权将军高一功、伪节度使周士奇遁走。"

[3] 道光二十二年《怀远县志》卷四下《纪事》。按，怀远即现在的陕西横山县。

[4] 顺治二年五月二十二日陕西总督孟乔芳"为遵旨传谕事副奏"，见《明清档案》第二册，A2—203号，原文云："又据康元勋供称，高一功从榆林反至宁夏地方，攻陷惠安堡，杀死通判一员。"惠安堡地名今仍旧，在宁夏回族自治区境内。

[5] 顺治二年五月二十二日陕西总督孟乔芳"为分拨降兵伏祈圣鉴事副奏"，见《明清档案》第二册，A2—201号。

激烈的战斗，李过、高一功等部终于冲破了贺珍等的防区[1]，由汉中南下四川太平、东乡、达州、夔州等处，然后顺江东下，在1645年夏抵达今湖北省荆州地区[2]。这就是大顺军放弃西北向南撤退的西路军。许多史籍弄不清楚大顺军从西北撤退时是分东、西二路的，撤退的兵员、领导人、时间和路线都不相同，往往混为一谈，把李过、高一功也说成随李自成一道东下，这是违反历史事实的。实际情况是，从清军进攻陕西开始，李自成同李过、高一功等就再也没有见过面。从后来的情况看，李自成、刘宗敏统率的大顺军主力（东路军）遭到阿济格部穷追猛打，领袖人物牺牲，实力损失很大，部下余众各奔前程，有的降清（如王体中等），有的依附南明何腾蛟（如郝摇旗），有的孤军作战（如刘体纯），有的转入李过、高一功部下；而李过、高一功领导的经四川入湖广的部队却成了后期大顺军联明抗清的主力。

第三节 李自成的牺牲和大顺政权的失败

1645年正月十三日，李自成率领西安地区的大顺军主力经陕西蓝田、商洛撤入河南。由于撤退时携带家属和辎重，行军速度相当

---

[1] 顺治二年三月二十五日陕西总督孟乔芳启本中说："汉中府流贼总兵贺珍、党孟安、罗岱、郭登先等四员已经投表归顺矣。"下文说"贺珍等杀死李锦"当系传言讹误，见《清代农民战争史资料选编》第一册（上），第三十三页。顺治二年十一月二十八日贺珍揭帖中说："李道余尊伪侯伯李锦、高一功、李友、田虎等数营之众，蹂躏地方，职复驱剿逃溃。"见同书第四十七页。李过、高一功等在汉中突破贺珍等堵击的时日未见记载，从孟乔芳启本中可以肯定在顺治二年（1645）三月二十五日以前。

[2] 顾山贞《客滇述》记，顺治二年"四月，李自成部将一只虎（李过绰号一只虎）陷太平、达州、夔州、新宁等处，寻遁入湖广"。

缓慢。《商州志》记："次年乙酉即顺治二年也，潼关之战，自成不支，率众东窜。遂尽由商，自正月十五日行至月终。"[1]河南《内乡县志》载："国朝顺治二年春，英王统兵追逆闯入潼关。逆闯败奔内乡县，正月二十九日歇马，三月十八日始拔营去。"[2]《邓州志》记："顺治二年春二月，李自成屠邓州。清兵入潼关，自成败奔邓州，弥漫千里，老弱尽杀之，壮者驱而南下，留精兵三千平城、塞井灶。自武关至襄、汉间，千里无烟。"[3]从这些记载中可以看出，1645年正月下旬到三月中旬，李自成亲自统率的大顺军集中在河南省西南部地区。

清英亲王阿济格原奉命西征大顺政权，由于他迂道至蒙古鄂尔多斯部落索取马匹，耽误了时间[4]，被豫亲王多铎部夺得了攻取潼关、占领西安的头功，因而受到清廷的训斥，责成他"将流寇余孽务期剿除，以赎从前逗遛之咎"[5]。阿济格不敢怠慢，把料理西北事务交给陕西总督孟乔芳，随即统兵猛追李自成部大顺军。据阿济格报告，这年三月到四月，他带领的满汉军队先后在河南邓州、湖北承天（今湖北省钟祥市）、德安（今湖北省安陆市）、武昌、富池口（今湖北省阳新县境）、桑家口、江西九江等七地，接战八次，大顺军都被击败。[6]这里所说的八次战役，并不都是双方主力交战，却反映

---

[1] 康熙四年《续修商志》卷九。
[2] 康熙三十二年《内乡县志》卷十，兵事。
[3] 顺治十六年《邓州志》卷二，郡乱。按，武关在陕西商南县西。
[4] 《清初内国史院满文档案译编》中册，第一四五页记顺治二年八月二十八日议阿济格罪，其中一条为"未曾奉旨，途经鄂尔多斯、土默特地方，各收一千匹贡马"。
[5] 《清世祖实录》卷十四。
[6] 《清世祖实录》卷十八。

了从西安撤退的大顺军行军路线和清阿济格军的追击情况。[1]

大约在三月下旬，李自成率领的大顺军主力到达湖北襄阳一带。当时，他麾下的士卒有从西安、河南带来的十三万，又把原先部署在襄阳、承天、德安、荆州四府的兵员七万调集随营，合计二十万众，"声言欲取南京，水陆并进"[2]。由白旺统率的这支驻屯襄阳、荆州一带的重兵是李自成在崇祯十六年（1643）带领主力北上歼灭孙传庭部秦军时留下守卫"襄京"的一支精锐部队，目的是扼制明左良玉军乘虚尾追。李自成决策把襄、荆四府驻防主力调集跟随主力东下，是因为想抢在清军之前夺取以南京为中心的江南地区，需要这支比较完整的生力军。但是，这次集中兵力是失策的。因为：一、自古以来夺取或保卫江南必据守襄、荆；二、大顺军放弃黄河流域以后，唯一的后方基地只剩下襄阳、荆州、承天、德安四府，这一地区一旦放弃就变成无后方作战。镇守大将白旺曾经提出过异议，以为这一地区经过一年多的经营，已经比较巩固，驻防军也不弱，应当固守。但是，李自成没有采纳他的意见。所以当阿济格部清军尾追而来时，大顺军后方空虚，缺乏兵力阻滞清军前进。白旺部主力随李自成东下后，襄阳等四府轻易地被清军占领。如《襄阳府志》记载"清顺治二年三月，英王帅师至襄，伪将伪官倾城去"，阿济格委任降清的明朝

---

[1] 张玉书《纪灭闯献二贼事》叙述邓州之役的情况是："时贼自西安收败卒出蓝田，分道鼠窜，由西而南，豫楚之间所至皆贼，而独不得自成所在。会谍者言河南邓州贼兵甚众，噶布什贤、噶喇额真席忒库率兵薄其城。城溃，乃贼余党也。斩抗敌者数十人，余悉就抚。"见《张文贞公集》卷七。参考顺治《邓州志》的记载，李自成所统主力在该州休整时间较长，三月十八日拔营去，阿济格军追至邓州肯定在这以后。

[2] 《清世祖实录》卷十八。

郧阳抚治徐起元移镇襄阳。[1]德安府志记载："白旺夜遁，……伪掌旅诸逆遍搜遗民掳下江南。国朝兵至……委伪官陈吾鼎（大顺政权德安府同知）为巡道，胡鈊（大顺政权安陆县令）为知府，从难民请也。"[2]留守荆州重镇的大顺军裨将郑四维面对强敌不敢抵抗，竟然把大顺政权荆州防御使孟长庚杀害，向清方投降。[3]这样，尽管李自成的主观意图是夺取江南为基业，实际结果却是他从崇祯十五年（1642）冬开始建立的各级地方政权全部瓦解，大顺军又回到了原先流动作战的状态。

当李自成统率大顺军由襄阳、承天向汉川、沔阳推进时，南明镇守武昌的宁南侯左良玉连章告急。明江西总督袁继咸以为大顺军可能沿长江北岸向南京进发，带了一支军队赶往湖北蕲春，同左良玉部相呼应。大顺军却从沔阳州的沙湖一带渡过长江，在荆河口击败左良玉部将马进忠、王允成部，一时"武、岳大震"[4]左良玉不敢迎战，在三月二十三日借口接到崇祯帝"太子"密谕，扯起"清君侧"的旗帜全军乘船东下，放火焚毁武昌。李自成带领大顺军进驻劫后烬余的武昌后不久，阿济格部清军就追踪而至，"围武昌城数匝"[5]。刘宗敏、田见秀领兵五千出战，被清军击败。李自成决定放弃武昌继续东下。[6]这时，大顺军的处境已经相当艰难，既无地

---

[1] 康熙十一年《襄阳府志》卷一《郡纪》。

[2] 康熙五年《德安陆郡县志》卷一《兵事》。

[3] 康熙二十四年《荆州府志》卷四十。

[4] 袁继咸《浔阳纪事》。

[5] 张玉书《张文贞公集》卷七。

[6] 《明史》卷三〇九据吴伟业《绥寇纪略》卷九的说法认为李自成在武昌停留了五天，不确。南明湖广巡抚何腾蛟后来报告，"闯逆居鄂两日……即拔营而上。然其意欲追臣盘踞湖南耳"。

方提供后勤供应，又要保护着随军家属，十万以上的大军随地筹粮，势必出现组织混乱，指挥不灵。南明的江西总督袁继咸在三月下旬向弘光朝廷报告，"闯贼下走蕲、黄，上犯荆、岳"[1]，似乎并没有一个明确的作战方向。四月，清军追到阳新富池口，趁大顺军不备冲入营垒，李自成军又一次失利。四月下旬，在距江西九江四十里处被清军攻入老营，大顺军久历战阵、位居文官武将之首的汝侯刘宗敏被俘，军师宋献策、自成的两位叔父赵侯和襄南侯以及大批随军将领的家属也被清军俘获。刘宗敏和自成的两位叔父当时就被杀害，宋献策却凭借他取得李自成信任的一套江湖占卜骗术投靠满洲贵族。[2]在这前后，丞相牛金星认为大势已去，同儿子牛佺（大顺政权襄阳府尹）私自脱离大顺军，向清方投降。牛佺被委任为清朝黄州知府，后来升任湖广粮储道；牛金星因为在大顺政权中地位极高，在明朝官绅中名声又极坏，清廷不便安排其职务，老死于牛佺官署中。[3]

李自成统率的大顺军在连续遭到清军重创后，实力损失很大，士气低落，为东下南京而准备的几万条船只也被清军缴获，兼之多铎部清军已从归德、泗州直趋南京，原先的战略意图已经无法实现。他不得不改变进军方向，准备穿过江西西北部转入湖南。五月初，李自成行至湖北通山县境九宫山下，突然遭到当地地主武装的袭击。当时

---

[1] 袁继咸《浔阳纪事》。
[2] 《清世祖实录》卷十八。按，大顺政权所封侯爵均为一字侯，"襄南侯"疑有误。谈迁在《北游录》《纪闻》下《宋献策》条记载他在顺治十年到北京后得知"满洲人重其术，隶旗下，出入骑从甚都"。
[3] 牛金星的末路参见耿兴宗《遵汝山房文稿》卷七《牛金星事略》；《明清史料》丙编，第七本，第六一八页；《清世祖实录》卷四十五。

跟随在他身边的只有义子张鼐和二十余名士卒，当地团练不知道这就是名震遐迩的大顺军，更不知道大顺皇帝就在这二十余人之中，就一拥而上。混战当中，李自成和随从侍卫被击杀，张鼐和一名姓刘的伴当逃出，向后续部队报告了这一噩耗。[1]大顺军将士闻讯，悲怒交集，立即对当地团练予以报复性打击。康熙四年《通山县志》记载，"顺治二年五月初四，闯贼数万入县，毁戮四境，人民如鸟兽散，死于锋镝者数千，蹂躏三月无宁宇"[2]。

李自成牺牲于通山纯属偶然。在通常情况下，全军统帅在行军时往往处于队伍的适中位置，李自成当时手下的军队还有几万人，屡败之后进入通山县境，在这偏僻山区为了决定大军的行进方向，亲自带领少数卫士去察看地形道路，也在情理当中。以程九伯为头子的九宫山区团练武装是在对大顺军主力入境一无所知的情况下才敢于动武。但是，李自成带少数随从前行观察，必定距离大军不远；自成牺牲后大顺军扫荡九宫山区应当是同一天的事，所以李自成牺牲的日期可以推断为康熙《通山县志》记载大顺军入境的顺治二年（1645）五月初四日。李自成遇难后，他率领的这支大顺军还有数万之众，其中包括自成的妻子皇后高氏、大将中封侯爵的就有田见秀、刘芳亮、袁宗第、张鼐等，他们为了替领袖复仇，把九宫山区的乡团杀得鸡飞狗走，要说他们会无情无义地丢下自成

---

[1] 李自成殉难地点或归宿问题在学术界分歧颇大。一部分人主张李自成兵败后潜住于湖南石门县夹山寺为僧，即奉天玉和尚，至康熙十三年（1674）圆寂于该寺。但据清英亲王阿济格奏报（见《清世祖实录》卷十八）、南明湖广总督何腾蛟《逆闯伏诛疏》（见《烈皇小识》卷八附）、费密《荒书》、康熙初《通山县志》等原始文献，可以确定是牺牲在湖北通山县九宫山下。

[2] 康熙四年《通山县志》卷八《灾异》。

（大顺皇帝）的遗体，任其暴尸荒野，很难令人置信。联系到后来大顺军余部联明抗清后仍然称李自成为先帝，高氏为太后，备受敬仰；而清方和南明隆武政权都未能找到李自成的"首级"献功，[1]唯一的解释是李自成的遗体由随行的大顺军秘密安葬，其地点很可能就在九宫山区。由于大顺军当时已经失去了自己的管辖区，正值天气炎热，不可能一直抬着大顺皇帝的遗体流动作战，又不可能为李自成修建公开的陵墓，以免为尾追而来的清军所发掘。据康熙《宁州志》（宁州即今修水县）记载，大顺军占领该地在五月十三

---

[1]　《清世祖实录》卷十八，顺治二年闰六月阿济格奏："贼兵尽力穷窜入九公山，随于山中遍索自成不得，又四出搜缉。有降卒及被擒贼兵俱言自成窜走时携随身步卒仅二十人，为村民所困，不能脱，遂自缢死。因遣素识自成者往认其尸，尸朽莫辨，或存或亡，俟就彼再行察访。"《烈皇小识》卷八附湖广等地总督何腾蛟隆武元年的奏疏中说："天意亡闯，以二十八骑登九宫山，为窥伺计，不意伏兵四起，截杀于乱刃之下，相随伪参将张双喜系闯逆义男（按，张双喜即张鼐，自成收为养子，改名李双喜，西安建国大顺时封为义侯，何腾蛟称之为"伪参将"当是他札授为参将，大顺军制中没有参将之职），仅得驰马先逸；而闯逆之刘伴当飞骑追呼曰：'李万岁爷被乡兵杀死下马，二十八骑无一存者。'一时贼党闻之，满营聚哭。及臣抚刘体仁（纯）、郝摇旗于湘阴，抚袁宗第、蔺养臣（成）于长沙，抚王进才、牛有勇于新墙，无不众口同辞。……张参将久住湘阴，郝摇旗现在臣标，时时道臣闻之死状。嗣后大行剿抚，道阻音绝，无复得其首级报验。……"阿济格、何腾蛟作为清方、南明的当事大员都是从归附的大顺军将士口中得知李自成死于九宫山乡兵之手的准确消息，双方都必然想尽办法取得李自成的"首级"向各自的朝廷献功。何腾蛟在奏疏中含糊其辞地说"嗣后大行剿抚，道阻音绝，无复得其首级报验"，实际上这一地区已落入清方之手，他无法派人前往查验。阿济格从清廷领受的任务是追剿"闯贼"，李自成之死对他来说是头等大事，为确定这一重大"功绩"，他曾派"素识自成"之人前往辨认。大顺军为报仇雪恨在九宫山区曾杀了不少人，阿济格的查验人员在众多的尸骸中并未能找到李自成的遗体，只好用"尸朽莫辨"一语掩盖他们的劳而无功。这正是本书作者推断李自成已由他的亲属和部众秘密安葬（并且会有相称的殉葬品）的主要依据。

日[1]，考虑到通山县与宁州接境，大顺军之所以在五月初四日后过了差不多十天才进入宁州，原因就是在此期间需要料理李自成的安葬等善后事宜。

李自成的牺牲标志着大顺政权的最终覆灭，大顺军余部从此在联明抗清斗争中揭开了新的篇章。

---

[1] 康熙十九年《宁州志》卷一《祥异》；卷五《列传·宦绩·万仁传》。

第五章
弘光政权的瓦解

第一节　南渡三案——大悲、伪太子、"童妃"

朱由崧既以亲藩得继大统，对于最具帝位继承人资格的崇祯三子自然唯恐其不死。早在甲申七月间就仅仅依据一个卑微小官（未到任之阳春县典史顾元龄）的传言宣布太子和定、永二王已经遇害。[1] 弘光元年（1645）二月正式下诏"谥皇太子慈烺曰献愍，永王慈焕曰悼，定王慈灿曰哀"[2]，借以掩人耳目，杜绝民望。实际上，自从大顺军在山海关战败起，兵荒马乱，各方面的人士大抵都弄不清崇祯帝三个儿子的下落。尽管在1644年冬有"北太子""南太子"案，清初号称"朱三太子"的案件层见迭起，但唯一可以相信的是定王朱慈

---

[1] 李清《南渡录》卷二。
[2] 同上，卷四。按，永、定二王名字诸书颇有出入。这里是引文，不便更改。

焕长期隐姓埋名，充当私塾教师为生，到康熙四十七年（1708）才在山东汶上县被清政府捕获，全家处斩[1]。

朱由崧登上了皇帝的宝座，挫败了某些东林—复社人士拥立潞王朱常淓的计划。围绕帝位的钩心斗角，并没有就此平息。弘光立国一年之内，先后发生了"妖僧"大悲、伪太子、"童妃"三大案。这三个案件表面上是孤立的，互不相涉，却都贯串着对朱由崧继统不满的政治背景。

一、大悲案。1644年十二月，忽然有个和尚来到南京，自称是明朝亲王，从兵乱中逃出做了和尚。弘光帝派官员审讯他的来历，大悲起初信口开河说崇祯时封他为齐王，他没有接受，又改封吴王。声称"潞王恩施百姓，人人服之，该与他作正位"。弘光君臣见他语无伦次，形迹可疑，严加刑讯，才弄清大悲是徽州人，在苏州为僧，确实是个骗子。经过九卿科道会审后，将大悲处斩。[2]

二、假太子案。1644年十二月，鸿胪寺少卿高梦箕的奴仆穆虎从北方南下，途中遇到一位少年，结伴而行。晚上就寝时发现少年内衣织有龙纹，惊问其身份，少年自称是皇太子。抵南京后，高梦箕难辨真假，急忙送往苏州、杭州一带隐蔽。可是，这少年经常招摇于众，露出贵倨的样子，引起人们的注意，背后窃窃私议。高梦箕不得

---

[1] 参见孟森《明烈主殉国后记》，收入商鸿逵先生编孟森《明清史论著集刊》上册。孟氏指出朱慈焕所供六子名为和字辈，末一字均为土字部，完全符合明太祖所定宗室命名原则；但他把朱慈焕自述孙名曾裕误信为"钰宝"，说是"皆童稚随意所称乳名"。我在1984年版《明末农民战争史》第二六八页提出慈焕给孙儿命名为曾裕实隐其曾祖父（朱由检）临御天下之意。

[2] 大悲案据弘光时任工科都给事中的李清所撰《南渡录》卷四，《三垣笔记》卷下，《弘光》。计六奇《明季南略》卷六《大悲僧假称定王》条说他是齐藩庶宗，冒充定王，受审时口称："今潞王贤明，应为天子，欲弘光让位。"

已密奏朝廷，弘光帝派遣内官持御札宣召。弘光元年（1645）三月初一日，这个少年从浙江金华到了南京，被交付锦衣卫冯可宗处看管。第二天，弘光帝面谕群臣道："有一稚子言是先帝东宫，若是真先帝之子即朕之子，当抚养优恤，不令失所。"[1]随令侯、伯、九卿、翰林、科、道等官同往审视。大学士王铎曾经担任东宫教官三年，自然熟悉太子的模样，一眼就看出是奸人假冒。他在奏疏中说：

> 臣一见即咤之曰："此假人假事，犁丘之鬼也，太子岂其然乎？"臣同旧礼部尚书北京端敬殿中侍班三年，例当考满升荫，为妒者沮之。尚记先帝东宫大目方颡，高声宽颐，厚背首昂，行步庄，立度肃。今臣立于面前曰："汝识我不？"应曰："不也。"曾谓三年侍班几之离者二尺有咫而不识臣为谁耶？臣已确知其伪矣。臣又问："讲书在何殿？"曰："文华。"岂知其在端敬殿也。又问："几上位置何物？"臣暗记其有讲读数目十个算子，乃竟懵懵罔知也。臣大怒……即昌言告诸臣曰："此人明明是假，此事确确可憾……"大咤曰锦衣卫命左右即缚之。无几何，此子乃垂涕长跪以求，哀愍曰："小人原是赝质，不过为人所玩弄，徒以此恐喝于诸侯耳。小人王其姓，之明其名，高阳人，父纯，母徐氏，有引小人者阴以诓诱。"[2]

---

[1] 王铎《拟山园选集》卷十一，奏疏四。"三月初二日奉上谕。"
[2] 王铎《拟山园选集》卷十一，奏疏四《为奸人假冒可恨，大干法纪，恳乞皇上乾断事》。

王铎会同群臣审视后的奏疏是相当可信的。我们不应忽视，弘光立国之时许多官员曾经在崇祯朝廷上任职，见过太子朱慈烺的并不止他一个。如曾经担任东宫讲官的刘正宗、李景廉"皆言太子眉长于目"，他们看了伪太子之后都不认识[1]；弘光帝"又命旧东宫伴读太监丘执中往认。之明见执中，亦不识也。于是群疑稍解"[2]。时任协理詹事府事礼部尚书的黄道周记载："王之明者，顽童，故驸马都尉王昺之侄孙，途穷附高鸿胪之仆穆虎者欲南趋苟活，而穆虎居为利，遂谓子舆复出也。廷诘之日，诸讲官侍从谂视无一似东朝者，之明亦茫然。而靖南疏至，辄持两端，讼言不可诛，诛之祸起。"[3] 从现存史料中可以看出当时在弘光朝廷上的官员都知道北来"太子"纯属假冒，没有人提出过异议。问题是这件事直接牵涉到弘光帝位的合法性，对朱由崧继统不满的人乘机兴风作浪，散布流言蜚语，于是围绕着"太子"的真伪在不明真相的百姓和外地文官武将中掀起了一片喧哗。弘光朝廷越说是假，远近越疑其真。这事一直闹到清军占领南京，弘光朝廷覆亡，方告平息。[4]

三、"童妃案"。这个案件的大致情况是：1641年（崇祯十四年）李自成起义军攻破洛阳，老福王朱常洵被俘杀，世子朱由崧侥幸逃出。经过长期颠沛流离之后，忽然时来运转被拥戴为皇帝。1645年（弘光元年）初，河南有一个姓童的妇人面见南明河南巡抚越其杰，自称是德昌王（朱由崧）的继妃，乱离中与朱由崧失散。越其杰和广

---

[1] 李清《三垣笔记》卷下，《弘光》；又见《南渡录》卷五。
[2] 李清《南渡录》卷五。
[3] 黄道周《黄漳浦集》卷三十二，杂著《兴元纪略》。
[4] 黄道周在同上书中记："三月朔日，入汉西门，上惊怪甚。"黄道周在同一天离开南京赴绍兴祭禹陵，日期当可靠。

昌伯刘良佐深信不疑，一面奏报，一面派人护送来南京。朱由崧立即否认，宣布童氏为假冒。三月初一日，童氏送抵南京，下诏狱由锦衣卫审讯。童氏自述"年三十六岁。十七岁入宫，册封为曹内监。时有东宫黄氏，西宫李氏。李生子玉哥，寇乱不知所在。氏于崇祯十四年生一子，曰金哥，啮臂为记，今在宁家庄"[1]。朱由崧批驳道："朕前后早夭，继妃李殉难，俱经追谥。且朕先为郡王，何有东、西二宫？"[2]这是符合实际情况的，按明朝典制，亲郡王立妃由朝廷派员行册封礼。《明熹宗实录》载，天启二年十月传制遣"工科给事中魏大中、行人司行人李昌龄封福府德昌王由崧并妃黄氏"[3]。童氏称入宫邸时朱由崧有东、西二宫已属荒唐，更不可能又有什么"曹内监"为她举行册封礼。朱由崧没有儿子，"玉哥""金哥"之说也是空穴来风。一些史籍记载，童氏在送往南京途中，地方文武官员纷纷拜谒，她举止轻浮，毫无大家风范，"凡所经郡邑，或有司供馈稍略，辄诟詈，掀桌于地；间有望尘道左者，辄揭帘露半面，大言曰：免！闻者骇笑"[4]。童氏一案与大悲、假太子案基本相似，肯定她不是朱由崧的王妃（崇祯十四年河南巡抚高名衡题本内明白说过"世子继妃李氏"于洛阳城破之时投缳自尽），后来某些野史又说她是误认（如说她原为周王宫妾，或说是邵陵王宫人），也有揣测她是在朱由崧落魄之时曾与之同居，但这些说法同童氏自己编造的经历都不符合。就案件本身而言，无论童氏是冒充，是误认，还是与朱由崧有过

---

[1] 李清《三垣笔记》卷下，《弘光》。
[2] 李清《南渡录》卷五。
[3] 《明熹宗实录》卷二十七。
[4] 《三垣笔记》卷下，《弘光》；林时对《荷牐丛谈》卷四《南都三疑案》。

一段旧情,都不应成为南明政局的焦点。

"童妃"案和假太子案的喧嚣一时,实际上是某些东林—复社党人在幕后掀风作浪。历史上无赖之徒冒充头面人物屡见不鲜,即以南明来说,永历初也出现了假弘光帝(一个和尚)骗得许多地方官的信任,但都没有像弘光一朝这样闹得乌烟瘴气。究其根源,正在于东林—复社中的一些骨干分子视"门户""声气"重于国家、社稷,他们爱走极端,甚至唯恐天下不乱。在这些人看来,福藩继统等于万历以来自己在党争中最大的失败,因此一遇风吹草动,不管真相如何,抓住"把柄"大做文章,必欲推倒福藩另立新君才肯罢休。人们常常受旧史籍影响,以为东林—复社人士大体上都是骨鲠正直之人,其实它是一个很复杂的团体,其中光明磊落者固不乏人,但由于明末东林—复社名满天下,往往具有左右朝政的势力,许多热衷名利的人也混迹其间,变成一个大杂烩。东林—复社人士的"别正邪、分贤佞"实际上是自封"正人""君子",为独揽朝政造舆论。由于他们当中的骨干分子为夺取权力往往采取阴谋手段,难以弄清详细情况,但对弘光帝进行人身攻击,借"三案"大肆发挥的都是自命为东林—复社的"君子",由此也可以看出其端倪。浙东史派的创始人黄宗羲就是其中有代表性的一位。他撰写的《弘光实录钞》以"国史"自居,对弘光迎立做了如下的描写:

> 北都之变,诸王皆南徙避乱。时留都诸臣议所立者。兵部尚书史可法谓:"太子、永、定二王既陷贼中,以序则在神宗之后,而瑞、桂、惠地远,福王则七不可(原注:谓贪、淫、酗酒、不孝、虐下、不读书、干预有司也)。惟潞王讳常淓素有贤名,虽穆宗之后,然昭穆亦不

远也。"是其议者,兵部侍郎吕大器、武德道雷演祚。未定,而逆案阮大铖久住南都,线索在手,遂走诚意伯刘孔昭、凤阳总督马士英幕中密议之,必欲使事出于己而后可以为功。乃使其私人杨文骢持空头笺,命其不问何王,遇先至者,即填写迎之。文聪至淮上,有破舟河下,中不数人,或曰:"福王也。"杨文骢见之,启以士英援立之意,方出私钱买酒食共饮。而风色正顺,遂开船。两昼夜而达仪真。可法犹集文武会议,已传各镇奉驾至矣。士英以七不可之书用凤督印印之成案,于是可法事事受制于士英矣。[1]

黄宗羲的这段记载许多地方不符合事实,比如派杨文骢携带空头笺不问是哪位藩王迎来南京,拥上帝位,就共享定策之功,简直是一派胡言。史可法在迎立问题上受了马士英的欺骗确有其事,但说马士英"用凤督印印之成案"却毫无意义,因为史可法的信如果是伪造的,盖上凤阳总督印也不起作用;史可法"七不可立"的信件落在马士英手里,不盖凤督印仍是个重大把柄。黄宗羲这段"高论"中关键是"或曰:福王也"。采取这种史笔实际意味着弘光帝是未经"验明"的朱由崧"正身"。关于弘光太后,黄宗羲也恣意诋毁道:甲申七月"壬辰,皇太后至自民间。太后张氏,非恭皇(指老福王朱常洵)之元配也。年与帝相等,遭贼失散,流转郭家寨常守文家,马士英遣人迎之至。其后士英挟之至浙,不知所终。或言:帝之不蚤立中宫,而选择民间不已者,太后之故也"。[2]他的弟子万斯同深得老师

---

[1] 黄宗羲《弘光实录钞》卷一。
[2] 《弘光实录钞》卷一。

真传, 昌言无忌地写道:

> 河南府（即洛阳）破时，福王为贼所啖，诸子未有存者。府中数宦侍逃至怀庆，无所得食。其中有福府伴读李某者貌颇似福王次子通城王。乃相与谋曰："诸王子不接外臣，谁能谛知？事在吾辈耳，何忧无食。"乃以通城避难闻于县，遂达上（指崇祯帝）前。上深念叔父荼毒，世子已死，即以李袭福王爵。马士英因立以为帝。其后太后至，弘光趋迎，屏人密语者久之，遂为母子。弘光在位且一年，不立后，与太后寝处如夫妇，初非蒸继母也。童妃固通城王之元配，弘光固不令入宫，恐败事也。[1]

黄宗羲的好友林时对撰《南都三大疑案》说:

> 洛阳既陷，福王常洵被闯贼所脔，宫眷逃窜。世子由崧得一护卫军牵率过河，寓太康伯张皇亲第，人无识者。甲申四月，巡按中州御史陈潜夫送至凤督马士英处，遂同四镇拥立为弘光帝。登极后，太后亦自河北至。帝不出迎，群臣奉凤舆至内殿下舆，帝掖后至殿隅，密语移时，群臣拱立以俟，秘弗闻。半晌始下拜恸哭，人皆疑揣。乔大理圣任先生在班行目击者，曾面语余。或云：帝实非真世子，福藩有一审理貌类，因冒认。语时戒勿泄，同享富贵。又云：入宫后，与帝同卧起。事真伪不可知，第来时既不迎，逾顷始拜

---

[1] 转引自戴笠、吴殳《怀陵流寇始终录》卷十八。

哭。而出奔时又不同行，自往芜湖就靖国，太后偕马士英至浙，则事属可骇。一疑案也。[1]

再看另一复社人士钱秉镫的说法：

> 初，福世子没，德昌郡王以序当立。士英抚凤时，有以居民藏王印首者，取视，则福王印也。询其人，云有负博者，持以质钱。士英因物色之。上与士英初不相识，果德昌耶？非德昌耶！但据王印所在以为世子耳。甲申国变后，遂拥戴正位，以徼援立之功。童氏但知德昌即位，以故妃诸阙求见，而不知今日之德昌，非昔日之德昌也。

结论是："童氏出身不可考，而决为德昌王之故妃也。"[2] 钱秉镫的好友金堡也记载道：

> 予闻弘光伪福邸也。福邸已被难，其妃有弟与一内侍偕走，诈称福邸。既登极，内侍惧福不敢言。童妃至，伪福邸恐事露，遂致之死。马士英特欲立福邸翻东林之局，遂使东南半壁拱手以奉之清耳。[3]

把上引黄宗羲、林时对、钱秉镫、金堡的叙述联系到一起，分

---

[1] 林时对《荷牐丛谈》卷四。
[2] 钱秉镫《所知录》卷二。
[3] 金堡《偏行堂集》卷九《书米忠毅公传后》。

明看出这种流言蜚语有一个共同的目的，即以"童妃案"作为突破口，彻底否定弘光帝就是朱由崧，而肯定其是一个异姓子弟的冒牌货。言外之意，马士英等"奸雄"为了攫取定策之功，放着潞王朱常淓这样的正宗"贤王"不立，却拉来一个身份不明的人拥上皇帝宝座，无怪乎要亡国灭祀了。

鉴于黄宗羲创立的浙东史派对后世影响很大，而且他和门户好友在当时兴风作浪对弘光朝廷的稳定造成了严重影响，有必要揭穿他们散布的种种谎言。

朱由崧确实是个昏庸荒淫的君主，但他的身份无可怀疑。老福王朱常洵的正妃邹氏从未生子，朱由崧是侧室所生庶长子。1617年（万历四十五年）二月，他十岁时封为德昌王[1]，后来因福藩无嫡子，被立为福世子[2]。1641年（崇祯十四年）正月二十一日，李自成军攻破洛阳，老福王朱常洵被杀，朱由崧和嫡母邹氏乘乱逃出，暂居于黄河以北的孟县。同年河南巡抚高名衡向朝廷报告："世子亦尚无子女，流离孤苦，惟有母子相依，诚可悲矣。"下文又详细报告了从洛阳逃出的福府官员侍从共二百零九名，其中包括右长史、承奉副、典宝、典膳、黄服、随侍司执事、书堂官、内执事，此外还有"王亲"邹存义（福王妃邹氏之弟）等五人。[3]有这样一大批王府

---

[1] 《明神宗实录》卷五五〇、五五四、五五五、五五八、五七〇。谈迁《国榷》卷一〇一记："万历丁未十月癸未生由崧，戊午七月甲辰封德昌王。"朱由崧生于七月，谈迁误为十月；戊午为万历四十六年，年月全错。又《国榷》卷九十七记，崇祯十三年十一月壬寅日"福世子由榘薨"，亦误，李清《南渡录》卷四记弘光元年二月乙亥日"追封皇弟由榘颍王，谥冲"。

[2] 参见《国榷》卷九十八。

[3] 崇祯十四年河南巡抚高名衡题本，见《明清史料》壬编，第五本，第四一三至四一四页。

官员和王亲跟随，要说朱由崧是个假冒的福王世子简直是奇谈怪论。何况崇祯十四年时福藩一败涂地，生活无着，到处乞怜，谁也不会预测到他后来会入继大统。崇祯帝对亲叔的遇难深表关切，据弘光时吏部尚书（崇祯朝任刑部尚书）徐石麒的奏疏说："福王殉难，先帝尚遣一勋臣、一黄门、二内侍验审含殓。"[1]二月，命驸马都尉冉兴让、司礼太监王裕民、给事中叶高标携银赴河南慰问福世子[2]。九月，"命福世子由崧还河南（指洛阳）"[3]。1643年（崇祯十六年）朱由崧袭封福王；洛阳再陷后，朱由崧逃到卫辉府[4]，因穷困潦倒曾经向潞王朱常淓借银，后来又一道南逃淮安。这些材料都证明从洛阳被义军攻破到崇祯朝廷覆亡，明廷和地方官员从来没有怀疑过朱由崧的福王世子身份。上文已经说过朱常淓是朱由崧竞争帝位的主要对手，如果朱由崧来历不明，朱常淓绝不可能缄默不语。弘光初立之时，苏松巡按祁彪佳在五月二十八日的日记中记载："潞王承奉李君来晤，言今上（指朱由崧）遇难，潞藩周旋诸事。"[5]这就证明当朱由崧落难时，潞王深知其身份，曾经在生活上给以接济。朱常淓通过他身边的承奉大谈当年旧事，意在表明自己不仅无意同血统更近的福藩争夺帝位，还以过去有恩于"今上"希望得到应有的照顾。何况，弘光即位后封嫡母邹太后的弟弟"邹存义为大兴伯，并予世

---

[1] 温睿临《南疆逸史》卷七《徐石麒传》。
[2] 《国榷》卷九十七、九十八；孙承泽《山书》卷十四。
[3] 《国榷》卷九十八。
[4] 康熙三十四年《怀庆府志》卷九《古事》记：崇祯"十四年辛巳，贼陷河南府，德昌王北渡入怀庆"。彭孙贻《平寇志》卷五记："命怀庆知府程之鹏护卫世子。"同书卷八又记：崇祯十七年二月初三日"怀庆兵变，福王同母走，出东门与母相失，走卫辉，依潞王"。
[5] 《祁忠敏公日记》《甲申日历》。

袭"[1]，封原配黄氏兄弟黄九鼎为雒中伯、黄金鼎官都督同知[2]，这些"懿亲"不可能不认识朱由崧。全祖望等人硬说朱由崧不准童氏入宫是怕暴露自己假冒的真相，在情理上根本讲不通。

　　黄宗羲等人最大的诬罔表现在对弘光皇太后邹氏的造谣生非。从河南迎接到南京来的太后是老福王朱常洵的原配邹氏。邹氏是明神宗在万历三十一年为朱常洵选的王妃[3]，按当时惯例，选后、妃的年龄都在十四五岁，邹氏生年约在万历十七年（1589）左右，到1644年大概是五十五岁。甲申（1644）八月，大学士高弘图奉命往广陵驿迎接，随行的幕客谈迁记载："恪恭仁寿皇太后邹氏，福恭王之元妃也，于上为嫡母。"下面又引太后弟邹存义叙述邹氏辗转流离的经过相当详细。邹太后到达南京时，弘光上迎笺中说"属国家之多艰，鹤发添忧；闵霜雪之入鬓，凤舆飞辖"[4]，足证邹氏到南京时已是一位老妪。时任工科都给事中的李清记，甲申八月辛未日，"皇太后至南京……各官迎江干，上跪迎洪武门内，各泣下"[5]。当时迎接太后的场面相当大，文武百官朝见的很多。后来弘光帝与邹太后由南京出逃时本是一路，途经溧水遭乱兵阻截才各奔东西（详情见下文）。邹太后到达杭州后朝见过她的大臣也不少，只是又出现另一种谣言说邹太后是马士英的母亲冒充的，这种谣言不值一驳，却证明太

---

[1] 李清《三垣笔记》卷下，《弘光》。
[2] 李清《南渡录》卷五。
[3] 刘若愚《酌中志》卷十七。福王朱常洵婚期在万历三十二年正月，见《明神宗实录》卷三九二。
[4] 谈迁《枣林杂俎》仁集《慈銮》条，谈迁自述笺文是他起草的。后来他在《北游录·纪咏下》有《泊广陵驿记甲申八月陪高相国迎慈銮于此追感》诗。
[5] 李清《南渡录》卷二。

后春秋已高。黄宗羲、林时对等人对弘光母子极尽诬蔑之能事，绝不仅是"道听而途说，德之弃也"，而是在南明政权肇建伊始之时反对福藩继统的一股暗流不择手段展开的政治斗争。

清人戴名世对这段公案做了以下论断："呜呼，南渡立国一年，仅终党祸之局。东林、复社多以风节自持，然议论高而事功疏，好名沽直，激成大祸，卒致宗社沦覆，中原瓦解，彼鄙夫小人，又何足诛哉！自当时至今，归怨于屠主之昏庸，丑语诬诋，如野史之所记，或过其实。而余姚黄宗羲、桐城钱秉镫至谓帝非朱氏子。此二人皆身罹党祸者也，大略谓童氏为真后，而帝他姓子，诈称福王，恐事露，故不与相见，此则怨怼而失于实矣。"[1]杨凤苞也说："及谓福王亦伪，乃出东林、复社爱憎之口"，"盖阮大铖欲尽杀东林、复社诸君子，向后诸君子追憾其事，并恨王之任大铖也。造言污蔑之不已，复奋断曰：'是非明之宗室也。'甚疾之之词尔。"[2]杨氏的基本论断是正确的，但他认为这类谣诼蜂起乃"诸君子追憾其事"，恐怕未必。因为抓住伪太子、"童妃"案大闹是在弘光在位时期，弘光朝廷的内部纷争严重影响了自身稳定，无暇北顾，特别是一些东林—复社人士依附地处南京上游的世镇武昌的军阀左良玉，更增加了弘光君臣的不安全感。马士英、阮大铖明白要扼制住拥立潞藩的暗流，必须援引江北四镇兵力做后盾。从这个意义上说，弘光朝廷迟迟未能北上进取，同东林—复社党人的兴风作浪有密切的关系。杨凤苞还说："明末南都之亡，亡于左良玉之内犯。"[3]左良玉的兴兵东下，固然有

---

[1] 戴名世《弘光朝伪东宫伪后及党祸纪略》，见《戴名世集》，中华书局1982年版，第三七四页。

[2] 《南疆逸史》中华书局1959年版附杨凤苞跋文。

[3] 《南疆逸史》中华书局1959年版附杨凤苞跋文。

避免同大顺军作战和跋扈自雄等原因,但他扯起"救太子""清君侧"的旗帜却同某些东林—复社党人所造舆论一脉相承。

上面批驳了黄宗羲、林时对、钱秉镫等人的荒诞,并不是仅限于探讨史料的真实性,更无意于钻究宫闱秘事,而是说这三人的记载透露了弘光朝廷上党争的激烈情况。真正的策划者未必是他们,因为弘光一朝党争闹得势同水火,而黄宗羲等人在当时朝廷上并没有地位,掀不起那么大的风浪。直至社稷倾覆,江山变色,东林—复社党人仍把责任全归之于弘光昏庸、马阮乱政,自我标榜为正人君子,实际上他们自己也是一批追名逐利、制造倾轧的能手,对弘光朝廷的覆亡负有直接责任。

第二节 睢州之变和史可法南窜

弘光朝廷的督师大学士史可法是"联虏平寇"方针的主要倡导者和执行者。1644年十二月,赴北京"酬虏通好"的如意算盘遭到清方断然拒绝,正使左懋第、副使马绍愉被拘留,陈洪范回到南京,除了掩盖自己暗中降清的种种无耻行径以外,也报告了北使的失败。史可法在奏疏中说:"向所望者,和议获成,我因合敌之力以图贼,而遂其复仇雪耻之举。今使旋而兵踵至,和议已断断无成矣。向以全力图寇而不足者,今复分以御敌矣。""今和议不成,惟有言战。"[1]似乎他在考虑同清军作战了。然而,史可法的真实意图仍然是尽量避免同清方兵戎相见,继续一厢情愿地谋求与清军配合镇压大顺农

---

[1] 《史可法集》卷二《和议不成请励战守疏》。

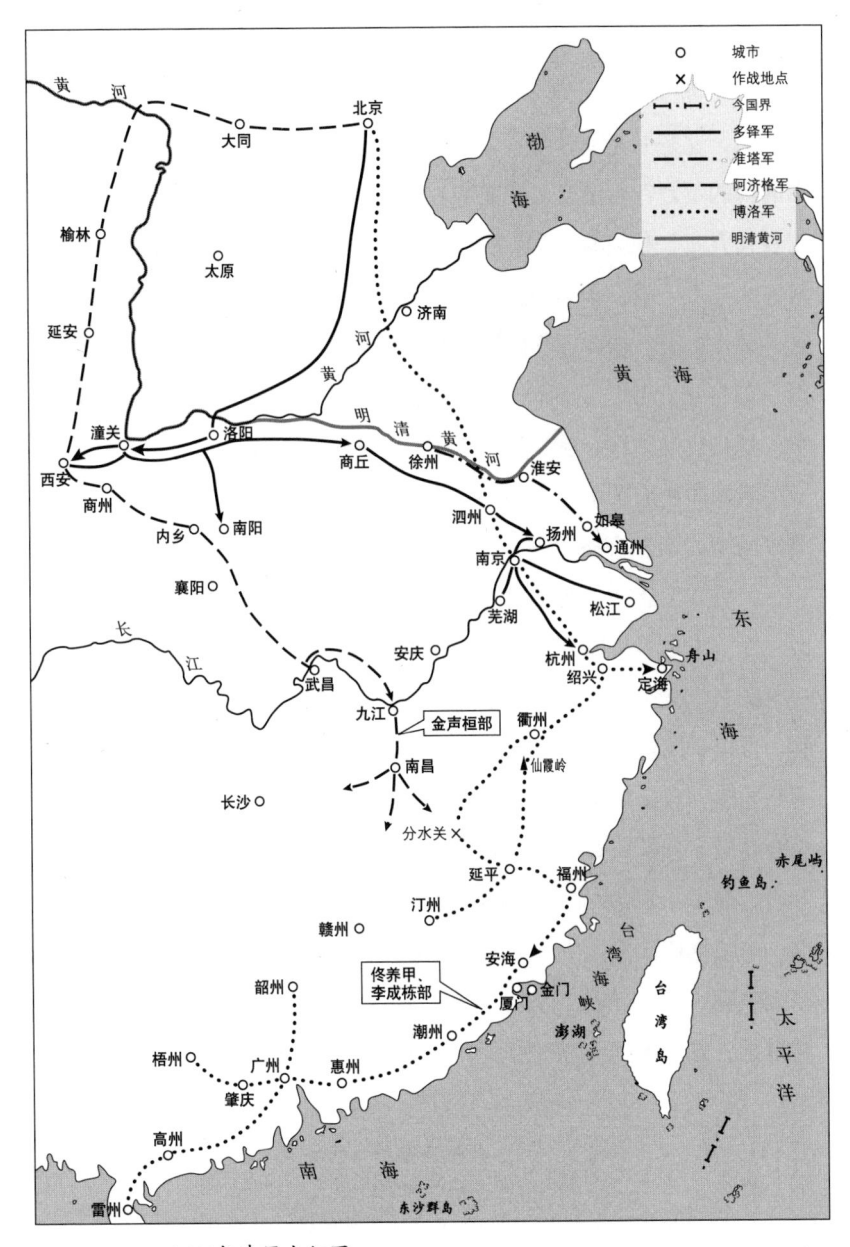

1645—1646年清军南征图

民军。

　　1645年（弘光元年、顺治二年）初，史可法亲自安排了高杰率军北上，这是弘光朝廷唯一一次向黄河流域推进的军事行动。只是进军的目的不是针对清廷，而是想在扑灭"流寇"中充当清军的盟友。正月初九日，他奏称："陈潜夫（河南巡按）所报，清豫王自孟县渡河，约五六千骑，步卒尚在覃怀，欲往潼关，皆李际遇接引，长驱而来，刻日可至。据此，李际遇降附确然矣。况攻邳之日，未返济宁，岂一刻忘江北哉！请命高杰提兵二万，与张缙彦直抵开、雒，据虎牢；刘良佐贴防邳、宿。"[1]可见，史可法的部署是明军北上至开封地区后即向西面荥阳、洛阳一带推进。高杰出师时，也曾给驻守黄河北岸的清肃亲王豪格写信，信中说："关东大兵，能复我神州，葬我先帝，雪我深怨，救我黎民。前有朝使谨赍金币，稍抒微忱。独念区区一介，未足答高厚万一，兹逆成跳梁西晋，未及授首，凡系臣子及一时豪杰忠义之士，无不西望泣血，欲食其肉而寝其皮，昼夜卧薪尝胆，惟以杀闯逆、报国仇为亟。贵国原有莫大之恩，铭佩不暇，岂敢苟萌异念，自干负义之愆。杰猥以菲劣，奉旨堵河，不揣绵力，急欲会合劲旅，分道入秦，歼逆成之首，哭奠先帝。……若杰本念，千言万语，总欲会师剿闯，以成贵国恤邻之名。且逆成凶悖，贵国所恶也；本朝抵死欲报大仇，贵国念其忠义，所必许也。本朝列圣相承，原无失德，正朔承统，天意有在。三百年豢养士民，沦肌浃髓，忠君报国，未尽泯灭，亦祈贵国之垂鉴也。"[2]高杰信中一再表达的

---

[1]　计六奇《明季南略》。按，此书商务印书馆版卷七、中华书局版卷三均作"单怀"，当系"覃怀"之误，指河南省怀庆府武陟县一带。
[2]　《明季南略》商务印书馆排印本卷七，又见张岱《石匮书后集》卷三十八《高杰传》，文字略有不同。

"会师剿闯"显然体现了史可法的意图,以"分道入秦"夹攻大顺军向清廷表明弘光朝廷并非如清方指责的那样"不出一兵一卒",以便在幻想中的和谈里给自己增添一点筹码。可是,清廷征服全国的方针已经确定,根本不愿考虑联合南明的问题了。豪格在回信中乘机再次招降,而对"合兵剿闯"则不予理会,全信如下:"肃王致书高大将军,钦差官远来,知有投诚之意,正首建功之日也。果能弃暗投明,择主而事,决意躬来,过河面会,将军功名不在寻常中矣。若第欲合兵剿闯,其事不与予言,或差官北来,予令人引奏我皇上。予不自主。此复。"[1]

1645年(弘光元年)正月初十日,高杰同河南巡抚越其杰、巡按陈潜夫带领军队来到睢州。镇守该地的明河南总兵许定国已经秘密同清方勾结,并且按照豪格的要求把儿子许尔安、许尔吉送往黄河北岸清军营中充当人质。[2]高杰大军进抵睢州使许定国惶恐不安,进退失据。他深知自己的兵力敌不过高杰,请求豪格出兵支援又遭到拒绝,只有横下心来铤而走险。他一面出城拜见高杰,谬为恭敬;一面暗中策划对付办法。高杰已经知道了许定国把儿子送入清营的消息,为防止他率领部下把睢州地区献给清朝,想凭借自己的优势兵力胁迫许定国及其部众随军西征。十二日,许定国在睢州城里大摆筵席,名义上是为高杰、越其杰、陈潜夫接风洗尘。越其杰劝告高杰不要轻易进入睢州城,以防变生意外。高杰一介武夫,自以为兵多势重,许定国绝不敢轻举妄动,只带了三百名亲兵进城赴宴,越其杰、陈潜夫陪

---

[1] 《明季南略》卷七。
[2] 顺治二年二月初六日许定国给清廷奏本,见《明清档案》第二册,A2—138号。有的史籍记许定国二子名尔忠、尔显,误。

同前往。许定国事先埋伏下军队,用妓女劝酒,把高杰等人灌得酩酊大醉。半夜,伏兵猝发,把高杰和随行兵卒全部杀害,越其杰、陈潜夫惊慌失措,逃出睢州。[1]第二天,高杰部众得知主将遇害,愤恨不已,立即攻入睢州对军民大肆屠杀,进行报复;许定国率部过河投降清朝。[2]

高杰死后,军中无主,部下兵马乱成一团。黄得功等又想乘机瓜分高杰部的兵马和地盘,双方剑拔弩张。"时人为之语曰:谁唤番山鹞子来(高杰在农民军中绰号翻山鹞),闯仔不和谐(黄得功号黄闯子)。平地起刀兵,夫人来压寨(原注:邢夫人也),亏杀老媒婆(原注:史公也),走江又走淮,俺皇爷醉烧酒全不睬。"[3]史可法出兵配合清军"讨贼"的计划全盘落空了,他十分伤心,亲自赶往高军营中做善后工作,立高杰子为兴平世子,外甥李本深为提督,胡茂祯为阁标大厅(中军),李成栋为徐州总兵。高杰妻邢氏担心儿子幼小,不能压众,她知道史可法没有儿子,提出让儿子拜史可法为义父。这本来是史可法增进同高部将士感情的一个机会,然而史可法却因为高部是"流贼"出身,坚决拒绝,命高杰子拜提督江北兵马粮饷太监高起潜为义父。[4]由此可见史可法政治偏见之深和不通权变。

二月间,史可法从徐州回到白洋口(今江苏省宿迁市境洋河)。

---

[1] 郑廉《豫变纪略》卷八记睢州之变于正月十二日,李清《南渡录》所记同。戴笠、吴乔《流寇长编》卷十九记十二日高杰率兵五百入城,十三日夜被许定国袭杀。康熙《睢州志》记于正月十三日。

[2] 参见《南渡录》卷四。《明清档案》第二册,A2—158号,镇守河南挂镇北将军印总兵官许定国奏本,封面朱批:许"定国计杀高杰,归睢有功,知道了。征南大兵不日即至河南",云云。

[3] 应廷吉《青燐屑》。

[4] 应廷吉《青燐屑》。

当时正值清军主力在阿济格、多铎带领下追击大顺军，聚集于陕西，河北、山东、河南一带的清军并不多。例如，1645年正月奉命驻守山东的肃亲王豪格在奏疏中报告许定国送儿子为人质后请他派兵渡河"卫其眷属，臣因未奉上命，不敢渡河"。高杰统兵进抵睢州城外，许定国担心脱不了身，派人请求豪格火速来援；豪格仍以"未经奉旨，不敢擅往"为由，拒不发兵。[1]清廷和豪格在这段时间里表现出罕有的持重，证明阿济格、多铎两军西进后，清方在包括北京在内的整个东部兵力非常单薄。何况，清政府在畿辅、山西、河南、山东的统治尚未稳固，不仅曹州满家洞等地的农民抗清活动如火如荼，士大夫中心向明朝的也大有人在。睢州之变，高杰作为一军主帅遭暗算，他的部下实力并没有多大损失。史可法本来应该趁高杰部将因许定国诱杀主帅投降清朝的敌忾之心，改弦易辙，做出针对清方的战略部署，至少也应利用许定国逃往黄河以北，清军无力南下的时机，稳定河南局势。可是，他在高杰遇害后却失魂丧魄，仓皇南逃。沛县著名文人阎尔梅当时正在史可法幕中，劝他"渡河复山东，不听；劝之西征复河南，又不听；劝之稍留徐州为河北望，又不听"[2]，"一以退保扬州为上策"，即所谓："左右有言使公惧，拔营退走扬州去。两河义士雄心灰，号泣攀辕公不驻。"[3]这就是被许多人盛誉为"抗清英雄"的史可法的本来面目。

---

[1] 《清世祖实录》卷十三。
[2] 阎尔梅《阎古古全集》卷二《已矣歌》引。
[3] 阎尔梅《阎古古全集》卷二《惜扬州》诗并引。

第三节 左良玉率兵东下

左良玉是崇祯朝崛起的军阀之一。他自崇祯十二年（1639）玛瑙山战役之后长期拥兵自重，蹂躏地方，朝廷无可奈何，一味姑息牵就。弘光登极的时候，他坐镇武昌，位处南京上流，扼据战略要地，部下实力又比较强大。朱由崧登极诏书颁发到武昌时，他开初不愿承认，在湖广巡抚何腾蛟、巡按黄澍等人的劝说下，才同意开读，表示拥戴。然而，他此时的跋扈自雄却比在崇祯时期更加明显了。由于弘光帝主要是依靠马士英会同黄得功、高杰、刘良佐、刘泽清四镇拥立的，左良玉没有参与，算不上定策功臣。陈子龙记载，"上之立也，不与推戴，心常怏怏。既专制荆楚，益桀骜"[1]。朝廷对马士英的信赖，视四镇如骄子，都引起了他的反感。湖广巡按御史黄澍本是个龌龊小人，在左良玉同弘光朝廷之间猜忌日深的情况下，不仅没有居中调停，反而以左良玉的兵力为后盾，企图在弘光朝廷中提高自己的地位。甲申六月十八日，黄澍在弘光朝廷上痛斥马士英，不过是有恃无恐地借题发挥而已。[2]

到1645年三月，李自成部在清阿济格军的追击下经陕西商洛、河南西部邓州一带进入湖北襄阳地区时，左良玉不敢同大顺军主力作战，又故技重演，率部顺江东窜。当时南京正为假太子、"童妃"等案件闹得满城风雨，马士英、阮大铖的掌权又在官绅中引起强烈不满，这就给左良玉提供了避战东下的借口。三月二十三日，左良玉伪称奉先帝太子密谕前往南京救护，以讨伐马士英为名，全军乘船顺

---

[1] 陈子龙自撰年谱，见《陈子龙诗集》附录二。
[2] 谈迁《国榷》卷一百二。

江东下。[1]临行之时，下令把武昌居民屠戮一空。这件事在吴晋锡《半生自记》中记载如下：

> 初，黄直指（直指即御史，黄澍时为湖广巡按御史）自触士英深忌，郁郁久泊道河，适传假太子至南，直指阴乘小舆夜见宁南，谓拔营往南中可图大事。宁南夙有此志，以两台调和之故未发，一闻直指言，从之。欲劫抚军（指巡抚何腾蛟）以行，以抚军素爱民，非尽杀省中之民不可。宁南传令无少长戮之。楚民以抚军仁爱，争匿都院中，抚军坐于门，向内坐，听百姓入。余役以投文至，抚军命之随；宁南见百姓以都院为藏身地，复令从院后破垣入，举火焚之，匿者悉死于火。抚军即解印付家人令速出城，无为所得。宁南胁抚军行，余役乃奔。宁南欲与抚军同舟，抚军曰：另与小舟为便。宁南遣四副将守之，置抚军舟于后。黎明，各船俱发。抚军舟次汉阳门跳入万丈江涛中，守者惧诛，赴江死。抚军顺流二十里至竹牌门，遇一渔舟救之起，则关帝祠前也。未几，家人持印来，亦会于此。

---

[1] 袁继咸《浔阳纪事》。《明季南略》卷三载《左良玉参马士英八罪疏》《左良玉讨马士英檄》《又檄》三文，北京图书馆藏有左良玉檄文抄本。按，侯方域《壮悔堂集》《宁南侯传》中说："良玉乃兴兵清君侧，欲废弘光帝，立楚世子。"李清《南渡录》卷五记，新升广西总兵黄斌卿于九江附近连败左军，"获其奏檄、书牍甚众，内贻礼部尚书钱谦益一牍，有废置语。斌卿初欲奏闻，恐为诸人祸，乃止"。

四月初一日，左良玉兵至九江，邀江督袁继咸到舟中相见。[1]左良玉从衣袖中取出"皇太子"密谕，"设坛刑牲，与诸将歃盟。武人不知春秋大义，一时欣然附和"，逼勒袁继咸一同前往南京"清君侧，救太子"。袁继咸认为"皇太子"真伪未定，密谕"不知何人传来"，正言厉色道"先帝之旧德不可忘，今上之新恩不可负"，并且向诸将下拜，请求他们"爱惜百姓"。左良玉回答道："谋陷太子，臣下所为，与今上无干。若爱惜百姓，大家本心，先生何必过虑？"随即拿出"誓文、檄文"给袁继咸看了一遍。袁继咸回城后，命部将坚守九江，不准左兵进城。不料部将张世勋已经同左部将领私下勾结，夜间纵火焚烧全城，顿时大乱起来，袁部诸将不能存身，劈门而出，同左军合营；左良玉部兵乘势入城杀掳淫掠。袁继咸于绝望当中准备一死了之。左良玉派部将张应元把他掳入舟中，袁继咸一再投水自尽，都被救起。左良玉竭力向他表达自己并没有推翻弘光帝的意思，要袁继咸一道东下"调护兵将"；监军李犹龙也再三劝说徒死无益，不如见机行事。袁继咸无可奈何，只好同左良玉及其麾下诸将约定严禁烧杀抢掠。[2]正当左军由九江准备东下时，四月初四日左良玉"以久病之躯，恸浔变之惨，一时殒命"[3]，距九江之变只有三天。

---

[1] 左军到达九江的时间，《国榷》载于四月初五日，《南渡录》卷五与《明季南略》卷二载于初四日，康熙十二年《德安府志》卷八《灾祥》载于四月初二日；此处据袁继咸本人《为密报藩师东下根由并陈江州被焚情形统祈圣鉴事奏疏》，见《浔阳纪事》。袁继咸的官衔是"总督江楚应皖等处剿寇事务"，驻节于江西九江，有的史籍称之为江西总督，并不完全准确。

[2] 九江之变在南明诸书中记载互歧，此处均以袁继咸《浔阳纪事》为准。

[3] 袁继咸《六柳堂遗集》余卷，附《家僮禀帖》云："左宁南要护先帝太子，与黄澍爷带兵马下南京，进城（指九江）挟请老爷（指继咸）同行。不料月初四日左宁南老爷大疾死于舟中，其子总爷左梦庚假称左老爷卧病在床，代替管事。"

关于左良玉的统兵东下直到病死九江舟中，南明人士记载常有恕词。如李清记："继咸正冠裳带将就死。黄澍入署拜泣曰：'宁南无异图，公以死激之，大事去矣。'副将李士春密曰：'隐忍之，至前途，王阳明之事可图也。'继咸以为然，出城面责良玉。良玉疾方剧，望城中火光，大哭曰：'予负袁公！'呕血数升，是夜死。"[1]谈迁记："左良玉兵至九江。袁继咸过见于舟中，俄见岸上火起，报曰：'袁兵烧营，自破其城。'良玉浩叹曰：'此我兵耳，我负袁临侯也。'呕血数升，病遂革。"[2]从当时实际情况来看，左良玉早已成为一个拥兵割据的军阀，勇于虐民，怯于大战。他的统兵东下主要是避免同李自成率领南下的大顺军作战，假借伪太子"密诏"赴南京"救驾"显然是一派谎言，离开武昌时就大肆屠戮，对弘光朝廷任命的巡抚、总督等方面大员任意拘留，心目中既无朝廷，也无百姓。其直接后果是导致弘光朝廷加速瓦解。

左良玉死后，部下诸将推其子左梦庚为留后，把袁继咸拘禁在船中，继续引兵东下，先后占领彭泽、东流、建德、安庆，兵锋直抵太平府。[3]

弘光朝廷接到上游督、抚、镇臣关于左良玉叛变率师东下的报告，大为恐慌，马士英决定由兵部尚书阮大铖会同靖南侯黄得功、广昌伯刘良佐以及池口总兵方国安等人组织堵剿。黄得功的军队被调到长江以南的太平府（府治在当涂，辖芜湖、繁昌等县），刘良佐军部

---

[1] 李清《南渡录》卷五。
[2] 谈迁《国榷》卷一百一。
[3] 清顺治二年十一月江宁巡按毛九华揭帖中说："池州府所辖六县，本年四、五月间已被左兵到处攻焚掳掠，在在空城，惟余贵池一县止于焚毁四关"，见《明清档案》第三册，A3—166号。

署于对岸江北。在清军南侵,左良玉又顺江内犯的形势下,弘光帝曾经召对群臣,商讨对策。刑部侍郎姚思孝,御史乔可聘、成友谦说:"左良玉稍缓,北尤急,乞无撤江北兵马,固守淮、扬,控扼颍、寿。"弘光帝也认为江北兵马不宜调离汛地太多,回答道:"刘良佐兵还宜留江北防守。"马士英唯恐左兵至京,自己身家性命难保,气急败坏地指着姚思孝等人大骂:"尔辈东林,犹借口防江,欲纵左逆入犯耶?北兵至,犹可议款,若左逆至,则若辈高官,我君臣独死耳!臣已调良佐兵过江南矣。宁死北,无死逆。"[1]马士英明知这时清军重兵已经进入江苏北部,却怂恿弘光帝手诏命督师大学士史可法抽调兵马过江拱卫南京[2]。史可法于四月初二日领兵过江,行至草鞋峡时得到报告黄得功等部已击败左兵。史可法请求入朝召对,面见弘光帝说明对社稷的主要威胁来自清方而不是左良玉部,因此在兵力部署上他不赞成从江北抽调大批主力去对付左军。马士英却担心史可法名位居前,入朝以后自己的首辅将保不住,加上清军南下的消息日益紧迫,又建议朝廷下旨:"北兵南向,卿速回料理,不必入朝。"史可法接到诏书后大失所望,登上南京城郊的燕子矶,"南面八拜,恸哭而返"[3]。

南京城中的情况也颇为微妙。在左部叛军进逼池州,清兵大举南下的危急关头,弘光帝发出了"上游急,则赴上游;敌急,则御敌"的旨意[4],完全处于被动局面。马士英、阮大铖也明白无论集中兵力

---

[1] 李清《三垣笔记》卷下,《弘光》。
[2] 应廷吉《青燐屑》。
[3] 应廷吉《青燐屑》。
[4] 《南渡录》卷五。

对付任何一方，南京都有陷落的危险。因此，他们暗中已做了拥兵出逃的准备，马士英事先任命其次子马銮为京营总兵，以贵州兵为主掌握了一部分亲信部队；兵部尚书阮大铖也"昼夜以兵环卫其私室，控弦被铠，厢房书室中暗为衷甲"[1]。四月十四日，弘光帝召见大臣时，武英殿大学士王铎竟然认为马、阮组织抵御左兵不力，请求让他自己"领兵视师上江以遏左兵重敌"。由于"士英不肯谢此兵柄，迟之又二日矣"，王铎急不可耐，又在十六日上疏说："臣察得金山一带西至龙潭，兵不满七百，枢臣饰以为数十万，此何时尚以此固宠迍君欤？"接着说："时不能持久，使左之众兵得乘胜顺流而下，吾无类矣。今皇上以本兵（兵部尚书）印纛授臣，臣勉竭死力西上，以当其势，以报朝廷。"[2]然而，一贯拥兵自重的马士英和自诩知兵的阮大铖岂肯把兵权拱手让人？王铎的自告奋勇也就不了了之。

到1645年五月，清军多铎部占领南京、芜湖等地，阿济格部击败大顺军，一直追到江西九江和江北的湖北州县。左梦庚部下有总兵十员、兵卒数万，既不敢迎击西来的阿济格军，又不敢东下与多铎部交锋，甚至不愿南下江西暂时避开清军主力，竟于五月十三日在九江至东流的长江中率领部下兵马向清军阿济格部投降[3]。同左梦庚一道降清的有湖广巡按御史黄澍。明朝江督袁继咸在左梦庚武力裹胁下变成清方俘虏。他在五月二十日绝笔中写道："臣不即死江州，原欲从中挽救，以纾京师之急，幸已还师（指左军西退），更欲再为联结，以收桑榆之效。不意囗（虏）追闯至浔，诸镇甘负国恩，遣使投

---

[1] 王铎《拟山园选集》卷十二，揭一。
[2] 王铎《拟山园选集》卷十二，揭一《为江上防兵最急，急以兵柄授臣，前赴防守事》。
[3] 日期见袁继咸《六柳堂遗集》余卷《附家僮禀帖》。

降,京师之危若累卵矣。臣在坎困中,不能申包生之义,惟有矢文山之节,以一死报二祖列宗,且不敢负所学也。"[1]六月初三日,袁继咸被胁迫往见清英亲王阿济格,长揖不拜,阿济格极力劝他降清,"仍做九江总督",遭到断然拒绝,最后被押解到北京英勇就义。[2]

第四节 扬州失守

清军击败大顺军,占领陕西以后,摄政王多尔衮不失时机地着手部署主力南下。他任命了陕西三边总督孟乔芳[3]等西北地方军政官员从事善后事宜,把主要兵力集中于收取江南,统一全国的大业。弘光朝廷"借虏平寇"的如意算盘终于实现了,然而,朱由崧、马士英、史可法既然怕引火烧身,在清军主力西进时幸灾乐祸,不敢派重兵北上山东、河南,这时,他们就只能自食苦果了。

摧毁南明弘光朝廷的清军实际上是三路齐头并进。多铎部由陕西出潼关,经洛阳东进至商丘,然后向南直趋泗州、扬州,进攻南京,得手后分兵攻取太平府(今安徽省当涂县)、芜湖,其主要对手是高杰部、刘良佐部、黄得功部明军,是为中路。英亲王阿济格部尾随李自成部大顺军由陕西商洛、河南邓州,入湖北襄阳、荆州、武

---

[1] 袁继咸《六柳堂遗集》余卷,绝笔三。
[2] 谢国桢《南明史略》第七十七页记:"汉奸金声桓领导着清军进入九江,攻陷南昌,只有总督袁继咸拒守南昌,为清兵所执,不屈身死。"袁继咸在九江变乱后即被左梦庚裹胁随军,并未至南昌。谢氏所记与事实不符。
[3] 在顺治二年四月清廷任命孟乔芳为陕西三边总督以前,这个职务由阿济格委任降官陈之龙署理。

昌，直到江西九江一带，除击溃李自成带领的大顺军外，乘势解决左良玉部明军，同多铎部在今安徽省境内会师，是为西路。另一部清军由原驻山东的固山额真准塔率领，南下徐州，沿运河水陆并进，收取宿迁、淮安、兴化、通州（今江苏省南通市）、如皋以及长江以北滨海地区，这支清军攻击的目标主要是刘泽清部明军，是为东路。应当说，清廷动用的兵力是相当雄厚的。三月间，多铎奏报：二月十四日已派遣部分兵马抵达河南，"招降流贼镇守河南伪平南伯刘忠，旋得平定江南之谕，即于三月初五日率师南征"[1]。同月二十五日又报："三月初七日，臣统兵出虎牢关口，固山额真拜尹图等出龙门关口，兵部尚书韩岱、梅勒章京伊尔德、侍郎尼堪等统外藩蒙古兵由南阳路，三路兵同趋归德。"[2]四月初五日，多铎统大军从归德府南下，沿途州县望风归附。十三日清军至泗州，明守泗总兵率部南逃，清军遂在这天晚上渡过淮河。

在左良玉部东下、清军南侵的紧急情况下，史可法惊慌失措，胸中漫无主见。应廷吉记载，当时一部分南明军队驻于高邮，史可法一天之内三次发出令箭，上午令邳宿屯田道应廷吉"督一应军器钱粮至浦口会剿"左良玉部叛军；中午令"诸军不必赴泗，速回扬州听调"；下午又令"盱眙告急，邳宿道可督诸军至天长接应"。应廷吉对诸将说："阁部方寸乱矣，岂有千里之程，如许之饷，而一日三调者乎！"史可法本人在四月十一日赶赴天长，檄调诸军援盱眙，忽然得到报告盱眙守军已经投降清朝，他对部队几乎完全失去控制，"一

---

[1] 《清世祖实录》卷十五。按，明代称洛阳为河南府，这里说的"河南"，就是洛阳。

[2] 《清世祖实录》卷十五。

171

日一夜冒雨拖泥，奔至扬州"[1]。十七日，清军进至距离扬州二十里处下营，次日兵临城下[2]。史可法"檄各镇援兵，无一至者"[3]。实际上史可法节制的刘良佐和原高杰两藩的将领就在这几天里不战而降。四月十九日高杰部提督李本深率领总兵杨承祖等向清豫亲王多铎投降，广昌伯刘良佐也率部投降；二十一日总兵张天禄、张天福带领部下兵马投降，随即奉多铎之命于二十四日参加攻取扬州[4]。扬州城里只有总兵刘肇基部和以何刚为首的忠贯营，兵力相当薄弱。由于城墙高峻，清军的攻城大炮还没有运到，多铎派人招降史可法、淮扬总督卫胤文，遭到严词拒绝。二十一日，甘肃镇总兵李栖凤和监军道高岐凤带领部下兵马四千入城，两人的意思却是劫持史可法，以扬州城投降清朝。史可法毅然说道："此吾死所也，公等何为，如欲富贵，请各自便。"李栖凤、高岐凤见无机可乘，于二十二日率领所部并勾结城内四川将领胡尚友、韩尚良一道出门降清。史可法以倘若阻止他们出城投降恐生内变为理由，听之任之，不加禁止。

当清军初抵城下时，总兵刘肇基建议趁敌大众未到，立脚未稳，出城一战。史可法却说："锐气不可轻试，且养全锋以待其毙。"在城守方面，"旧城西门地形卑下，城外高阜俯瞰城下，势若建瓴，且为兴化李宦祖茔，树木阴翳，由外达内，绝无阻隔，枝十回互，势少得出。诸将屡以为言。公以李氏荫木，不忍伐也。且言，诸

---

[1] 应廷吉《青燐屑》卷下。王秀楚《扬州十日记》说，四月十四日督镇史可法从白洋河失守，踉跄奔扬州。按，史可法当时并未到白洋河。
[2] 《清世祖实录》卷十六。
[3] 《青燐屑》卷下。
[4] 顺治二年九月徽宁池太等处提督张天禄"启为亟查功绩事"清册；顺治四年七月招抚江南大学士洪承畴"为议设苏松常镇四府提督、总兵、将领清册"；均见《史料丛刊初编》。

将以此地为险，吾自守之"[1]。二十四日夜间，清军用红衣大炮轰塌城墙[2]，"城上鼎沸，势遂不支"。二十五日，扬州陷落，刘肇基战死，扬州知府任民育、何刚等壮烈牺牲，史可法被俘后遇难。[3]

　　对于史可法的誓死不降，应当充分肯定他的民族气节。长期以来，许多学者和文人墨客受明清门户之见的影响，对史可法存在着一种特殊的偏爱，不顾史实做了过分的渲染。纵观史可法的一生，在整个崇祯年间并没有多少值得称赞的业绩；他的地位和名望迅速上升是在弘光时期。作为政治家，他在策立新君上犯了致命的错误，导致武将窃取"定策"之功，大权旁落；作为军事家，他以堂堂督师阁部的身份经营江北将近一年，耗费了大量的人力、物力、财力，却一筹莫展，毫无作为。直到清军主力南下，他所节制的将领绝大多数倒戈投降，变成清朝征服南明的劲旅，史可法驭将无能由此可见。即以扬州战役而言，史可法也没有组织有效的抵抗。某些史籍说他坚守扬州

---

[1]　《青燐屑》卷下：归庄《先兄监纪君行状》记载他哥哥归昭的仆人城破逃回后说"吾主从阁部守西门"，可证史可法确实防守该处，见《归庄集》卷八，第四四二页。

[2]　胡有升《镇虔奏疏》卷下《续祈皇恩俯查前劳以励后效疏》中说："攻打扬州，臣带领甲喇红衣大炮打破城池，功居头等。"

[3]　史可法殉难扬州的具体情况在各种史籍中记载不一致，但为清军俘杀则无疑问。《思文大纪》卷七记，隆武二年（1646）五月"监军兵部主事黄师正进督师史可法遗表。上曰：可法名重山河，光争日月，至今儿童走卒咸知其名。方当击楫渡江，速图恢复，乃为强镇力阻，奸党横行，竟赍志以殁也，惜哉！读遗表，令人愤恨，应得赠恤祭葬易名未尽事宜行在该部即行详议具奏。闻其母、妻犹陷寇穴，一子未知存亡，作何获寻，黄师正多方图之"。按，史可法遗表在现存各种版本的史可法集中均未见。

达十天之久[1]，给清军重大杀伤，也不符合事实。史可法自己在四月二十一日写的遗书中说：清军于十八日进抵城下，"至今尚未攻打，然人心已去，收拾不来"[2]。多铎下令攻城以前，史可法即已"自觉愦愦"，把军务交幕僚处理[3]。二十四日清军开始攻城，不到一天扬州即告失守。史可法作为南明江淮重兵的统帅，其见识和才具实在平凡得很。比起江阴县区区典史阎应元、陈明遇率领城中百姓奋勇抗清八十三天，相去何止千丈。顺治十年（1653）谈迁路过扬州，曾经专程到梅花岭寻谒史可法衣冠冢，回首往事，不胜感慨，写道："江都地多陵阜，故名广陵，城坚濠广，四野曼延，正利步骑，雄闻晋唐，今西门摧颓，岂史氏尚不逮李庭芝耶？"[4]于惋惜之中也指斥了史可法的无能。总之，史可法的一生只有两点值得肯定：一是他居官廉洁勤慎，二是在最后关头宁死不屈。至于他的整个政治生涯并不值得过分夸张。明清易代之际激于义而死焉者多如牛毛，把史可法捧为巨星，无非是因为他官大；殊不知官高任重，身系社稷安危，史可法在军国重务上的决策几乎全部错误，对于弘光朝廷的土崩瓦解负有不可推卸的责任。

清军占领扬州以后，多铎以不听招降为由，下令屠城。他在"谕南京等处文武官员人等"的令旨中说："昨大兵至维扬，城内官员军民婴城固守。予痛惜民命，不忍加兵，先将祸福谆谆晓谕，迟延

---

[1] 谢国桢《南明史略》第七十一页云："在这样险恶情况下，可法还抗拒清兵，坚守孤城，支持了有十天的工夫。"黎士弘纂辑《阁部史公守扬州府纪事》云"十五日，清兵豫亲王率房骑至城下"，见郑达编《野史无文》，事实上明清双方当事人记载清兵进抵扬州城下在十八日。
[2] 《史可法集》卷四《二十一日遗笔》。
[3] 《青燐屑》卷下。
[4] 谈迁《北游录》，纪程。按，李庭芝为南宋灭亡时的著名抗元将领。

数日，官员终于抗命。然后攻城屠戮，妻子为俘。是岂予之本怀，盖不得已而行之。嗣后大兵到处，官员军民抗拒不降，维扬可鉴。"[1]扬州居民除少数破城前逃出和个别在清军入城后隐蔽较深幸免于难者以外，几乎全部惨遭屠杀，"城中积尸如乱麻"[2]。王秀楚依据亲身经历写了一本《扬州十日记》对清军自四月二十五日至五月初一日在扬州的暴行做了比较详细的记载，如二十七日，"杀声遍至，刀环响处，怆呼乱起，齐声乞命者或数十人或百余人；遇一卒至，南人不论多寡，皆垂首匐伏，引颈受刃，无一敢逃者。至于纷纷子女，百口交啼，哀鸣动地，更无论矣。日向午，杀掠愈甚，积尸愈多，耳所难闻，目不忍睹"。直到五月初二日才安官置吏，"查焚尸簿载其数，前后约计八十万余"[3]。

史可法牺牲了，在南明士绅中仍被视为抗清复明的英雄备受敬仰。洪承畴被清廷派到南京任招抚江南大学士时，有人在乌龙潭写了一副对联："史册流芳，虽未灭奴犹可法；洪恩浩荡，未能报国反成仇。"[4]1648年（顺治五年）正月下旬在巢县、无为州还发生了假借史可法名义起兵抗清的事。宣城人朱国材曾任史可法记室，清军南下后他躲在巢县某周姓人的家里，"敝衣草履，形容枯槁，曰：'我史阁部也，苦身劳形，志存恢复。今约会兵数万，刻日齐集，大事可图也。但机事贵密，不可轻泄。'"有盐城起义失败的厉豫避难巢县，同朱国材结盟，以史可法的名义号召士民，正月二十五日集众一千多

---

[1] 云巢野史编《两都怆见录》《南都》，见胡慕椿辑《乡国纪变》第一册。
[2] 归庄《先兄监纪君行状》，见《归庄集》卷八。
[3] 古代典籍记载兵员数字和被屠杀人数往往夸大，扬州城内当时未必有这么多居民。《明季南略》卷三云："扬州烟爨四十八万，至是遂空。"
[4] 谈迁《枣林杂俎》仁集，《江宁谣》条。"成仇"为"承畴"的谐音。

人乘夜攻破巢县，二十九日又攻克无为州。几天以后，清援军赶到，"获贼首朱国材、厉豫，从贼者尽歼灭，仍误杀良民无数"[1]。当朱国材冒充史可法号召反清复明之时，巢县生员祖谦培、无为州生员沈士简等十余人都"头巾蓝衫"前往谒见，共图义举，后来遭到清政府的无情镇压。[2]这个"伪史阁部案"说明史可法在南明绅民中享有很高的声望。

清军攻克扬州前后，江北明朝官军几乎毫无斗志，一矢未发即仓皇投降。高杰部官军在其子兴平侯世子高元照、提督李本深、总兵李成栋等带领下先后降清；广昌伯刘良佐也率部投降。东平侯刘泽清在清军南下时，"将原管淮阳十四州县土地、人民、兵马、钱粮留交总兵柏永馥"代理，自己同山东总督王永吉、总漕都御史田仰等带着一批文武官员乘船逃往海上。这时南京已经陷落，清固山额真准塔统偏师由山东南下，五月十八日占领徐州，没有遇到任何抵抗就接管了邳州、宿迁、睢宁、沭阳、桃源、清河等县，二十八日柏永馥率部投降，淮安失守。六月，准塔和清朝委任的巡抚赵福星派人持书信往海上招降刘泽清等人。刘泽清即在闰六月二十四日赴淮安投降。[3]据多铎向清廷奏报，来降的南明总兵多达二十三员、副将四十七员，马

---

[1] 康熙十二年《巢县志》卷四《祥异》。
[2] 顺治五年闰四月江宁学政魏琯揭帖，见《明清史料》己编，第一本，第四十六页。淮阳巡按揭帖残件，见《明清史料》己编，第一本，第四十八至五十页。
[3] 顺治二年六月初一日准塔与赵福星揭帖，《明清史料》甲编，第二本，第一一三页；参见同书第一一八页"原任藩镇淮海招讨总兵官东平侯刘泽清揭帖"。田仰与李太监（李国辅）乘沙舟逃到福山、金山一带"假名倡义"，顺治二年九月间被清军击败，见《明清史料》甲编，第二本，第一五八页，顺治三年五月苏松巡按赵弘文揭帖。

步兵共计二十三万八千三百名。[1]仅这一批在江北投降清朝的南明兵员数目就超过了多铎、阿济格两路兵力的总和。何况还有左良玉之子左梦庚带领麾下十五员总兵全军降清；黄得功部将田雄、马得功的叛变投降。弘光五大藩镇这样望风而降，并不是兵将不堪一战，而是他们凭借"定策"等原因形成尾大不掉的势力集团，有挟制朝廷之心，无忠贞报国之志。他们所关心的既然只是保住自己的荣华富贵，一旦强敌压境，自然以归顺"叙功"为上策。后来展开的历史场面表明这五藩下的总兵李成栋、李本深、金声桓、李国英、田雄、马得功、徐勇等人都拥有相当的战斗力，他们为清廷征战时往往发挥出超越满军的作用。李成栋、金声桓等举兵反清时，满洲贵族也视之为畏敌。弘光朝廷依赖笼络藩镇而立，又以藩镇叛降而亡，这个历史教训是非常深刻的。

第五节　弘光帝出逃和清军占领南京

扬州失守，史可法殉难的消息传到南京，弘光朝廷顿时陷入一片惊慌失措之中，朱由崧等人开初还对长江天险寄予希望。五月初五日，清军进抵长江北岸，初九日多铎命梅勒章京李率泰带领南明降将张天禄、杨承祖等部于黎明时分在瓜洲以西十五里处乘船渡江，在金山击败明防江水师郑鸿逵军，随即登上南岸，占领镇江，

---

[1]　《清世祖实录》卷十七。

后续满、汉官兵先后渡江。[1]初十日，弘光帝仅同马士英和少数宦官商议后，连朝廷其他公卿大臣也不告知，更不做任何部署，就在凌晨离城出逃。[2]

天亮以后，南京城内的官绅军民听说皇帝和首席大学士已经逃走，立即乱成一团。一些百姓拥入狱中，把自称"崇祯太子"的少年请出来登武英殿即位，年号仍称崇祯十八年。然而，以南京守备勋臣忻城伯赵之龙为首的勋戚大臣却决定降清，派人前往清营接洽。据当时在城中的兵科右给事中吴适记载，十四日午后清军先锋数十骑直抵洪武门外，忻城伯赵之龙、保国公朱国弼赍降表由城墙上缒下往清营接洽投降事宜。十五日，多铎率清军主力进至南京城外，赵之龙、朱国弼同魏国公徐久爵，隆平侯张拱日，大学士王铎、蔡奕琛，礼部尚书钱谦益，左都御史李沾等三十余名高官显贵大开城门，出迎于郊。[3]清兵进城搜索警戒后，十七日多铎才进入南京，随即把南京城中东、北两区汉族居民尽行驱出，供清军居住。[4]

---

[1] 《清世祖实录》卷十七记多铎奏报只说命李率泰领兵渡江，实际上渡江打头阵的正是刚刚降清的张天禄、杨承祖等部，张天禄自报功绩说："五月初九日，天禄亲自统领副将杨守壮、张思达、高谦、延士依……共自备大小船一百余只督率官兵奋勇首先至江南，连破水师总兵郑鸿逵兵营三处，已经启知。"见《史料丛刊初编》所收顺治二年九月徽宁池太提督张天禄"为亟查功绩事"启本。参见同书内顺治四年七月招抚大学士洪承畴奏报清册。

[2] 弘光帝与马士英一道出逃，计六奇《明季南略》、夏完淳《续幸存录》等书记载分别出逃，均误。

[3] 吴适《南都变略》，见顾公燮《丹午笔记》，江苏古籍出版社1985年版第一四四页。

[4] 张怡记："乃豫王犹疑惧，未敢即入，驻兵天坛，先遣相城中驻牧地，乃以东、北二城与之，限三日迁尽，十九暮议始定，二十日始迁，而二十一日辰刻驰骑四占，不许搬运物件矣。"张怡家宅亦在划归清军驻扎区内，家中财物多被侵吞，见《謏闻续笔》卷一。

上文已经指出，按明朝永乐以后的两京制度，在南京掌握实权的三个人是南京兵部尚书、守备南京勋臣、镇守南京太监；其他勋臣和六部、都察院大臣不过虚有其名。魏国公虽然是开国第一功臣徐达的后代，只是在各种典礼时排班居首，摆摆样子罢了。决策降清的正是守备南京勋臣赵之龙，他在弘光出逃后，立即派兵驱散拥立伪太子的百姓，同时大张告示宣布向清军献城。张怡记载，崇祯末年"陪京缺守备勋臣，部推忻城伯赵之龙。陛辞日，上赐坐、赐茶，东宫、二王侍。上曰：'留都根本重地，朕已简用二人，一为司礼太监韩赞周，此人忠诚勤慎，足当守备之任；一为兵部尚书史可法，朕未识面，然人争言其材，朕亦询得之。今得卿而三，朕无忧矣。然赞周扫除长耳，可法起家孤寒。若卿与国休戚，较二臣更异，知必尽心，副朕委任也。'其后可法、赞周皆竭忠死事，而卖卢龙一道者，即与国休戚者也，伤哉！"[1]明朝的勋臣主要是开国与靖难功臣的后裔，这些娇生惯养的贵族子弟只知托庇祖宗余荫，过着穷奢极侈的生活，一旦国难当头，除个别稍有志节者以外，大抵是身家之念重于国家，卖降恐后势在必然。崇祯帝固然看错了人，但即便另派一名勋臣守备南京也不大可能出现什么奇迹。韩赞周在清军进入南京后自杀，但他的情况同赵之龙不同。弘光既立，他的地位就被深受朱由崧宠信的司礼监秉笔太监卢九德取代。卢九德则投降了清朝，顺治三年底他仍想按明朝旧例督理苏杭织造为清廷统治者效犬马之劳。不料碰了一鼻子灰，清廷谕旨说："卢九德不当列名疏内，况秉笔太监本朝无此职衔，着削正严饬。"[2]

---

[1] 张怡《謏闻续笔》卷四。
[2] 顺治四年正月二十一日工部左侍郎佟国胤"为奏明应征钱粮以供织造事"题本，见《顺治录疏》。

南京作为朱元璋开国之地、明朝两京之一，自从大顺军攻克北京以后，有的人把它看成复兴的中心，有的人则把它视作苟且偷安之所，仅仅一年就这样糊里糊涂地沦陷了。周在浚作《台城晚眺》一词云："纵步且闲游，禾黍离离满目秋。玄武湖中风浪起，嗖嗖，虎踞龙盘一夕休。江水不知愁，犹自滔滔日夜流。更有无情天畔月，悠悠，曾照降幡出石头。"[1]江山依旧，人物全非，寄托了几分悲愤、无限哀思。

从1644年三月大顺军攻克北京到次年清军占领南京，明朝的文官武将绝大多数好像蓬草一样随风而转。大抵而言，风云气少，儿女情多。这同明后期吏治的腐败有密切关系。然而，当历史处于大转折时期各种人物的表现往往显得千差万别，很难准确地纳入一定的模式。张怡记载，"清兵入城，百官争投职名求用，前定北来诸臣之罪喙长三尺者，至是膝软于绵，面厚于铁，不自觉矣"[2]。张怡身经两京之变，都未出仕"新"朝，发表一通诛心之论自在情理之中。但是，正如我们不能把大顺军占领北京后投降的明朝官员贬之为"从贼"或赞之为"参加农民革命"一样，降清的官员也不能一概而论。钱谦益就是一个相当特殊的例子。弘光朝兵科右给事中吴适记载，他在五月十三日"晚晤少司马梁眉吾（云构），知文武大臣已修降表赴大清军矣。十四日大雨，访宗伯钱谦益，不晤，但令人传语：'宜速往浙中择主拥戴，以图兴复。'余笑谢之"[3]。这说明他列名降清时，仍寄希望于兴复明朝。降清后他除了向多铎献上礼物，还亲自写信劝江南

---

[1] 蒋景祁编《瑶华集》卷五《南乡子》。
[2] 张怡《谀闻续笔》卷一。
[3] 《南都变略》，见《丹午笔记》。

士绅归附清朝:"钱谦益首树降旗,素与受兹(中书舍人王介福字)善,谓之曰:娄东汝故土,当疾驰归,以户籍献,大官可得矣。"[1]祁彪佳在日记中也写道:"六月初五日,抄钱牧斋手书数通,称北兵为三代之师,谆谆劝邑中归顺。"同月十一日项下,他又记了这样一条:"先是,钱牧斋有密启上潞藩。"[2]意在拥戴朱常淓。两三个月后,他给臭名昭彰的冯铨(时任清内院首席大学士)[3]写信,"言安辑江南事宜,内有招抚阮大铖之语"。清廷对这封信颇为重视,交给即将出任招抚江南总督军务的内院大学士洪承畴抄录一份。[4]这就是后来清方录用阮大铖的缘由。南明一些史籍(如钱秉镫《所知录》等)都说阮大铖降清是冯铨荐引,却不知道居中引线搭桥的却是这位东林巨子。钱谦益降清后被挟持北上,清廷授予其礼部侍郎的官职,一年后告病回籍。这以后长期从事反清复明的活动,屡冒杀身之祸。归庄在《祭钱牧斋先生文》中写道:"先生喜其同志,每商略慷慨,谈谦从容,剖肠如雪,吐气成虹。感时追往,忽复泪下淋浪,发竖鬘鬆。窥先生之意,亦悔中道之委蛇,思欲以晚盖,何天之待先生之酷,竟使之赍志以终。"[5]这段话是比较公正的。关于钱谦益晚年致力于复明活动下文还将提到,当然不可能全面叙述。

---

[1] 《研堂见闻杂录》,收入神州国光版《烈皇小识》册。

[2] 《祁忠敏公日记》《乙酉日历》。

[3] 钱谦益同冯铨的关系较好,文秉《烈皇小识》卷五记载,崇祯十年钱谦益与弟子瞿式耜为大学士温体仁构陷下狱,钱除求援于太监曹化淳外,还让密友冯舒求冯铨设法帮助,见面后,冯铨说道:"钱谦益的事,我都晓得了,如今已不妨,你可回去,教他安心。"

[4] 顺治二年八月内院大学士冯铨揭帖,见《明清档案》第三册,A3—59号。

[5] 《归庄集》卷八,上海古籍出版社1984年版,第四七一页。

第六节　弘光帝被俘

五月初十日夜间，朱由崧同马士英等逃出南京后，原来的意图是避往浙江杭州。不料途经溧水县时遭到当地土兵的拦截抢掠，混乱之中，马士英的儿子马銮[1]带领勇卫营兵拥簇着弘光帝奔往太平府（府治在当涂），太平府官不知道是怎么回事，闭门不纳，又转入芜湖投靠靖国公黄得功[2]；马士英则以随身兵力护卫皇太后邹氏辗转赴杭。鉴于各种野史对弘光和邹太后失散情况多有讹误，这里引用黄道周的两段记载以昭信史。

黄道周在奏疏中说："恭闻皇太后陛下自五月十一日与圣驾分离，南渡溧水，过独松关，遂涉余杭，东至临安。"[3]在另一篇文章里他又写道："实五月十有一日上与慈禧宫（邹太后）同出都门，马辅以其母与圣母同为乘舆，渡溧水，为土兵所掠。马辅之子统家兵八千人遽拥上西行。马家父子知之，上与慈禧宫邈然不知也。抵杭之

---

[1] 1645年二月，马士英题授其次子署理勇卫营务，接替太监李国辅。见李清《南渡录》卷四。

[2] 张怡《謏闻续笔》卷一云："弘光至太平，以靖南家属所寓也。城门闭不纳，露宿郊外。上命卢监（卢九德）召大铖、大典等。十三日，靖南、大铖等至，咸咎上不当轻出。上亦悔，因命三爵饮靖南曰：'愿仗将军威力。'靖南沥觞于地，曰：'所不尽犬马以报者，有如此酒。'于是痛哭，将士皆感激。……遂扶上登舟，十七至芜湖。"

[3] 黄道周《黄漳浦集》卷四《恭慰皇太后兴居并述义师情縣疏》。查继佐《国寿录》卷二《广德州知州赵公传》记载："乙酉五月，上弃都走茅山。茅山乡之人以清兵至，约持梃自为卫，不知驾过此，夜举火乱逐，上失所在，而士英独以其卫卒二千余人南行，欲入杭州……"同书《钱塘知县顾公传》又记："乙酉五月十四日，马士英弃上茅山，自以兵二千余人先至杭。……廿六日太后始以六七舆至杭，居总兵府。"茅山在江苏句容县东南，与溧水县相近。两书所记基本相符。

日,诸士民从马辅求圣驾,马辅但云:'圣驾亲征,早晚奏捷,何皇皇为?'熊给事雨殷就坐中责马辅:'亲征重事,何首辅不知,而专属之乃子?'俛首无以应也。"[1]可见马士英是同弘光帝、邹太后一道逃出南京,行至溧水后才东西分窜。某些史籍记初十日晚上朱由崧在太监卢九德的唆使下秘密出逃,马士英、阮大铖第二天早晨才得知皇帝跑了,匆忙收拾细软逃离南京,是一种讹传。[2]

黄得功在击败东犯的左梦庚军后领兵屯驻于芜湖,对京城的变故一无所知,皇帝的突然驾到使他大吃一惊。问明缘由后,他不胜感慨地说:"陛下死守京城,以片纸召臣,臣犹可率士卒以得一当。奈何听奸人之言,轻弃社稷乎!今进退无据,臣营单薄,其何以处陛下?"[3]尽管他已经意识到朱由崧张皇失措,无可救药,仍然决定效忠到底,把这位昏聩的皇帝迎接进自己的军营。据说,弘光在芜湖曾下诏"郑彩、黄蜚、方国安、杜弘域、卜从善皆晋伯爵,大铖、大典拜左、右相,共统师扈上回銮,复为守御(南京)计。然已无及矣"[4]。

清军统帅多铎得知弘光出逃,自然不会放过。进南京后即命刚刚投降的刘良佐率领部卒充当向导,派多罗贝勒尼堪,护军统领图赖,固山额真阿山,固山贝子吞齐(后文屯齐)、和托等领兵经太

---

[1] 《黄漳浦集》卷二十四《潞王监国记》。
[2] 例如《明季南略》卷四《马士英奔浙》条。按,此据中华书局版,商务印书馆版此条在卷六。
[3] 温睿临《南疆逸史》卷四十九《黄得功传》。
[4] 张怡《谀闻续笔》卷一。

平追至芜湖。[1]在刘良佐现身说法的招诱下，加上满洲重兵压境，黄得功部下将领田雄、马得功决定降清。黄得功不知军心已变，把刘良佐派来招降的使者处斩，引兵出战。叛军趁黄得功不备，暗中猝发一箭，射中得功喉部。黄得功自刎而死。[2]弘光帝被田雄等活捉献给清方。有一种记载描写了当时的场面："田雄负弘光皇帝于背，马吆唤（马得功的外号）执弘光二足。弘光恸哭，哀求二人。二人曰：'我之功名在此，不能放你也。'弘光恨，啮田雄项肉，流血渍衣。"[3]

至于朱由崧被俘的时间，据顾景星记黄得功事云："大清王师奄

---

[1] 张天禄顺治二年九月"亟查功绩事"启本中说，他在五月"十七日奉王爷命令随贝勒王爷赴芜湖剿抚靖南侯黄得功官兵，招降总兵卜从善、马得功、田雄、丘越、于永绶，续又招降总兵杜弘域"（见《史料丛刊初编》）。

[2] 诸书记载黄得功中暗箭事不完全一致，多说是刘良佐部下所射。如彭而述记："帝微服出走至公所，未及整櫜，追兵适至，公曰：'岂非天哉！门庭之寇（指左梦庚军）既薄于西，而北来之众亦复压境，一人蒙尘，有死无二。'乃舍舟上马力战。会刘良佐已在北军，谓公曰：'勿动，吾有说。'镞已中公喉。公素与良佐亲密，不意遂为所卖，知事不济，乃拔刀自刎而死。"见《读史亭文集》卷十三，传上《黄靖南传》。《野史无文》《明季南略》所记大抵相同。《清初内国史院满文档案译编》中册，第七十七页记，清军占领南京后，"询问故明福王遁往何处，知者告称已逃往太平府。遂遣贝子吞齐、和托率满蒙军之半追之。至距太平府八十里处，闻福王复走芜湖县，昂邦章京随又率护军、前锋兵连夜趋击。福王登舟渡江而去，我昂邦章京图赖遂据江口，伪靖国公黄得功之兵逆战，击败之，敌兵皆坠水。我军尽夺其舟，截其去路。田、马两总兵官缚福王来献，黄得功中流矢死"。

[3] 郑达《野史无文》卷十一《黄斌卿传》。参见《清世祖实录》卷十七，顺治二年六月辛酉日多铎奏疏。浙江总督张存仁奏稿残件中说："总兵田雄收黄蜚溃败之卒，缚弘光以投诚。"以其"劳苦功高"建议清廷授以提督之职，见《明清史料》己编，第一本，第二十页。

至，公中流矢，仰天自刭，五月二十八日未时也。"[1]如果记载无误，弘光当在同日被俘。但是，《明季南略》卷四《刘良佐挟弘光回南京》条却说："二十四日乙巳，刘良佐以弘光到，暂停天界寺。"同书《弘光拜豫王》条内又记："五月二十五日丙午，……弘光以无幔小轿入城，首蒙包头，身衣蓝布衣，以油扇掩面。太后及妃乘驴随后，夹路百姓唾骂，有投瓦砾者……"《清世祖实录》卷十七仅依据奏报记"缚福王及其妃来献"，没有具体月日，也未提及太后，事实上邹太后当时在杭州，《明季南略》所记肯定有错误。

弘光朝廷当国的整整一年时间里，正处于内忧外患日益加深之际，君臣上下有可为而不为，朝野人士不仅没有因北都的覆亡而振作起来，反而在腐败、内讧、争权夺利上远远超过了崇祯时期。时人张岱痛骂朱由崧，说："自古亡国之君，无过吾弘光者，汉献之孱弱、刘禅之痴呆、杨广之荒淫，合并而成一人。王毓蓍曰：'只要败国亡家，亦不消下此全力也。'"[2]又说："弘光痴如刘禅，淫过隋炀，更有马士英为之颠覆典型，阮大铖为之掀翻铁案，一年之内贪财好杀，殢酒宣淫，诸凡亡国之事，真能集其大成。"[3]朱由崧的昏庸荒淫固然是事实，作为皇帝自然要负重要责任，但弘光朝廷继承的是党争、腐败、武将跋扈，忙于权力的再分配导致的内耗才是弘光朝廷土崩瓦解的最主要原因。

---

[1] 顾景星《白茅堂集》卷十三《六合望黄靖国祠》。另据顺治二年十二月初六日浙江总兵田雄奏本，自称"本年五月……即率兵投诚，朝见豫王。……六月内蒙豫王札委镇守浙省"，见《明清史料》甲编，第二本，第一三七页。可以肯定弘光被俘在五月下旬，具体日期尚有分歧。
[2] 张岱《石匮书后集》卷三十二《乙酉殉难列传》。
[3] 张岱《石匮书后集》卷五，《明末五王世家》。

第七节　潞王朱常淓监国和降清

　　弘光一行从南京仓皇出逃，在溧水失散之后，大学士马士英带着贵州兵四百护卫朱由崧的母亲邹太后前往浙江。途经广德州时，知州赵景和怀疑其中有诈，关闭城门不让进城。马士英大怒，攻破该城，把赵景和处斩，大肆抢掠之后才离去。五月二十二日，马士英奉邹太后到达杭州，潞王朱常淓以及在杭州的官员都来朝见。当时，马士英还希望朱由崧到达太平、芜湖后依靠黄得功等部兵力扭转战局。不久，阮大铖、朱大典和总兵方国安等逃来，才知道黄得功兵败自杀，弘光帝被俘。马士英没有指望了，就同在杭州的官僚商量请潞王朱常淓监国。六月初七日，文武官员朝见邹太后，请命潞王监国。邹太后随即发布懿旨给朱常淓："尔亲为叔父，贤冠诸藩。昔宣庙东征，襄、郑监国，祖宪俱在，今可遵行。"[1]

　　以太后懿旨名义命潞王监国，是为了给朱常淓即位继统增添合法性。然而，这时的形势已经同上年江南立国时大不一样，朱常淓唯恐出任监国将成为清方打击的主要目标，拒绝接受；在弘光太后流着眼泪反复劝说下，他才勉强答应。[2]

　　六月初八日，朱常淓就任监国。黄道周记："八日己未，潞藩始监国，诸臣朝见毕，潞藩素服过谢慈禧宫。马士英、阮大铖、朱大

---

[1] 林时对《荷牐丛谈》卷四《蠡城监国》。"宣庙东征"指明宣宗朱瞻基亲统大军往山东平定汉王高煦的叛乱。
[2] 祁彪佳记："初九日，家仆从武林来，乃知潞于初七日受皇太后命，初八日登监国之位矣。盖奸人为假报，武林日日报捷，日日迎驾。……及初六下午大珰数人来，乃不能掩。初七日，皇太后请潞藩谕以监国之意。潞王坚辞。太后泣谕再三，乃受命。初八日登监国位，杭民大悦。"见《祁忠敏公日记》《乙酉日历》。

典、袁宏勋、张秉贞、何纶十余人各彩服黄盖腰黄白入谢。皇太后服淡黄衣白襦，左右侍女各素葛衣。受朝御毕，潞藩见余素服角带，与马辅并立，问：'此为谁？'余出袖中名单付李承奉。殿下欣然，谓：'先生真一代忠良，今日幸共任大事。'又执马辅袖云：'先生每事与黄先生商量。'马辅傲然不屑也。而朱大典遽云：'黄家不知事，吾从行在为圣驾开道来，何不问我，辄问黄家讲话？'余谢云：'既为圣驾开道，今日圣驾安在？'遂散出。从潞府面朝时，马、阮、朱、袁俱未到，余先至殿中，殿下遽请见，命坐赐茶罢，问：'今日何以教我者？'余云：'用贤才，收人心，破故套，行王道，为今日要务。'殿下辄云：'和气致祥，家不和事不成。今日之事，先生与马辅思量。'余云：'事有思量不得者，如苍素迥不相入。如今日在两浙，要用两浙人望所归。刘宗周是江东老成，如何坚不召用？'殿下云：'马辅恐刘家来又分别门户。'余云：'只为门户两字，破我乾坤。今奈何又听其邪说？'殿下云：'马辅今手握重兵，如何不与商量。'余云：'俱非职意想所及。'谢出，见何侍御，乃知马辅与阮、朱诸人议监国且不即真，以俟北人动定……"[1]

朱常淓出任监国后，任命浙江巡抚张秉贞为兵部尚书[2]，以嘉

---

[1] 《黄漳浦集》卷二十四《潞王监国记》。同书同卷收黄道周《逃雨道人舟中记》云："七日，余舟至武林，而潞王已监国，乃复以迎驾，讨贼为请。而马、阮、朱、袁已俱在藩邸，偃蹇自若；阮大铖犹魄恧，自称死罪；朱大典直鹜然云：'吾开导在前，安知圣驾所在？'马辅则云：'小儿亦导驾去，不知小儿何在？无由复知圣驾。'是日，再具启请潞府行监国事宜凡七条，皆朝夕所可行者，而马辅持未下。是午，潞府赐食，而高起潜、孙元德、李进三内侍见陪，而元德脱巾狎坐，起潜作恣睢语，又宛然曩时矣。余请欲商略诸事宜，而李进辞以懿驾在内。见此沓沓，不足共事，遂决计趣归。"

[2] 康熙二十五年《杭州府志》卷三十七《事纪下》。

湖道吴克孝接任巡抚，以潞府曾长史为监军御史前往方国安营，"令发兵分守千秋岭、独松关、四安镇等处"，翰林简讨屠象美兼兵科监阁部兵往苏州同总兵王之仁堵遏；又令御马监太监李国翰、司礼监太监高起潜扼防平望。[1]但是，实权仍在马士英一伙手中。黄道周在启本中指出清兵占领南京以后，浙江、江西各地官绅如原任戎政尚书张国维、右庶子杨廷麟、江西巡抚李永茂等人纷纷召募义兵，证明民心可用，"克复之业，早有同心，皆喁喁引领以待。殿下诚得黄钺一麾，应期毕集，上清钟山之尘，次复燕京之业，以仰附鳞翼，传世无疆"[2]。黄道周只谈了浙、赣两省的义兵情况，实际上当时清军尚未占领的地方还相当大，他的意旨仅在于说明浙江未尝不可以守，劝朱常淓不要只看到马士英、阮大铖等掌握的少数兵力。所以，他在朱常淓监国的第二天就建议十天之内即位为帝，"使群臣百官有所瞻依"[3]。

可是，朱常淓却是个扶不起的阿斗，监国次日（六月初九日）就按照马士英的意见，派陈洪范去同清军讲和，以割让江南四郡为条件。陈洪范在弘光朝廷初立时曾随同左懋第去北京通好，暗中投降了清朝，被派回江南充当内奸。他回到江南以后写了一篇名为《北使纪略》的文章恬不知耻地宣扬自己效忠于明朝廷，背后却到处散布清军势大难敌，劝人及早投降，被人称为"活秦桧"[4]。这次，又在马士英主持下作为监国潞王的代表，乘坐悬挂着"奉使清朝"旗帜的船

---

[1] 林时对《荷牐丛谈》《蕺城监国》。
[2] 《临安旬制记》卷二。
[3] 黄道周《潞王监国笺》，见《黄漳浦集》卷七，笺。
[4] 林时对《荷牐丛谈》卷四《蕺城监国》。

只[1],去同清方密商卖国事宜了。初十日,朱常淓命黄道周为大学士入阁办事;马士英却唯恐黄道周入阁将影响自己揽权,把监国的令旨缴回不予公布[2]。

就在朱常淓、马士英仍梦想苟且偷安的时候,清军却迅速地向杭州逼进。清豫亲王多铎收取了南直隶十四个府、州后,"随令波罗(即博洛)贝勒、固山额真摆因兔阿山等率领满洲将领摆牙喇兵丁一半、阿里哈兵丁、蒙古固山兵丁各三分之一,乌真超哈兵丁全营向浙江进发,直趋杭州驻马"[3]。六月十一日,清兵进抵塘西,马士英又故技重演,交回内阁印信,私自逃入郑鸿逵的兵船。正碰上方国安部下的士卒前来索饷,把马士英从郑氏兵船上拖走。"马辅踉跄挥涕,坠水中,一足单跣,从方兵入营中";阮大铖、朱大典则从富阳乘舟遁往婺州[4]。

这时,陈洪范同清军统帅贝勒博洛已经勾结妥当,回到杭州同张秉贞一道劝朱常淓投降。朱常淓贪生怕死,决定奉表降清。总兵方国安和侄儿方元科原先率领兵马护送弘光帝到芜湖,朱由崧被俘以后,他们又来到杭州,所部兵马还有一万左右,准备拥立潞王保卫杭州。没想到朱常淓已决意降清,在方军同清军战于涌金门下时,朱常

---

[1] 南园啸客辑《平吴事略》记:"顺治二年乙酉六月初九日,大清兵抵嘉兴,时马士英在杭,命督府陈洪范与大清议和,过嘉兴,舟旗书'奉使清朝'。"张道《临安旬制纪》卷二也说:"时士英方遣陈洪范使北,议割江南四郡以讲和",洪范坐舰悬旗书'奉使清朝'四字"。
[2] 黄道周《逃雨道人舟中记》云:"十日午有令旨移余阁内商略诸大政,而马辅缴回令旨。十有一日,传有红谕颁行所请六事,而□骑已抵塘西。"
[3] 顺治二年闰六月定国大将军多多(即多铎)等"为塘报事"奏本,见《顺治录疏》。
[4] 黄道周《逃雨道人舟中记》,见《黄漳浦集》卷二十四。

涝竟丧心病狂地"以酒食从城上饷满兵"[1]。方元科等极为愤慨，东渡钱塘江，后来参加拥立鲁监国的行列。

六月十四日，清军不费吹灰之力占领杭州[2]。博洛趁势派出使者招降浙东各府州和避居这一地区的明藩王。"时周王寓萧山，惠王寓会稽，崇王寓钱塘，鲁王寓临海。贝勒遣骑修书，以参、貂等物为贽，邀诸王相见。鲁王以道稍远，辞疾不至。周、惠两王渡江偕崇王赴召。寻送南京，同弘光帝、潞王俱北去。"[3]湖州、嘉兴、绍兴、宁波、严州等府州官也纳土降清。

1645年七月，多尔衮得到潞王朱常淓等投降，江、浙一带不战而定的捷报后，认为南方用兵已经基本结束，起自塞北的满洲兵将又难以忍受江南暑热，于是他下令多铎、博洛班师回朝，弘光帝和潞王、惠王，周、崇等藩以及在南京投降的弘光朝廷高官显爵王铎、钱谦益、赵之龙、徐久爵[4]等都随军带回北京。南京改为江宁府，任命多罗贝勒勒克德浑为平南大将军同固山额真叶臣接替多铎、博洛镇守该地；同时任命内院大学士洪承畴为"招抚江南各省地方总督军务兼理粮饷"，会同勒克德浑、叶臣接管江南各地。八月，洪承畴、勒

---

[1] 钱肃润《南忠纪》，中华书局1959年《晚明史料丛书》本。

[2] 康熙二十五年《杭州府志》卷三十七《事纪下》。

[3] 林时对《荷牐丛谈》卷四《蠡城监国》。按，顺治二年十一月十八日"明已薨周王朱恭枵内助臣程氏率未封五子朱绍烿奏本"中自称"遭逆闯残害，南迁湖州，浮居异土三载有余"，可见所谓周王是朱恭枵第五个儿子，尚未袭封。又据顺治二年十一月二十五日"故明崇王世子沐恩臣朱慈燆"给清廷奏本，可知朱慈燆是明崇王朱由樻世子，亦未袭封。惠王朱常润是神宗的儿子，弘光帝的亲叔，同帝室血统关系最近；但他自幼迷信佛教，对国事民生漠不关心，所以崇祯帝自缢后，明朝官绅从未考虑过由他继统。朱常润降清后，送到北京，给清廷上了谢恩、乞恩两件奏疏，现存。

[4] 魏国公徐久爵在《清世祖实录》卷十七中因满文音译误为徐州爵。

克德浑、叶臣到达南京[1]；办理交接事务后，多铎等人于九月初四日自南京起程返京[2]。对于俘、降明朝诸王，清廷在七月间曾规定明宗室岁给养赡银，亲王五百两、郡王四百两、镇国将军三百两、辅国将军二百两、奉国将军一百两，中尉以下各给地三十亩。[3]在押送北京途中，朱由崧的嫡母邹太后跳入淮河自尽。朱常淓被清军挟至北京后，于顺治二年十一月上疏清廷"恭谢天恩"。疏中自称："念原藩卫郡（指河南卫辉府，府治汲县）塞遭逆闯之祸，避难杭城，深虑投庇无所。幸际王师南下救民水火，即率众投诚，远迎入境。"对清廷给以"日费""房屋"感激不尽，表示要"结草衔环""举家焚顶"祝颂清朝统治者"圣寿无疆"[4]。即便是这样摇尾乞怜，也没有逃脱被宰割的命运。次年（1646）五月，朱由崧、朱常淓以及其他降清的明朝藩王都在北京被杀。清廷宣布的罪状是这些明朝藩王"谋为不轨"，企图拥立潞王朱常淓造反。[5]实际上，清廷统治者一方面对朱明王朝有号召力的人物处处提防，力图斩尽杀绝；另一方面又为了减少征服过程中的阻力，把明朝亲、郡王起送北京，所费既不多

---

[1] 顺治五年二月二十六日洪承畴题本，见《明清档案》第七册，A7—119号。
[2] 顺治二年十月招抚江西孙之獬揭帖，见《明清史料》丙编，第六条，五〇七页。
[3] 《清世祖实录》卷十九。
[4] 顺治二年十一月初九日"沐恩朱常淓谨揭为恭谢天恩事"，原件藏第一档案馆。
[5] 《清世祖实录》卷二十六记同时被杀的有"鲁王等十一人"，理由是他们"不知感恩图报，反妄有推立，鲁王等私匿印信，将谋不轨"。这里所说的鲁王都是潞王的讹写。清初相当一部分档案是满文写成的，修实录时改译汉文，就常常发生同音、近音异字的错误。按，陆圻《纤言》记："丙戌（1646）四月初九日，有得蜡丸飞书告诸王同谋灭清者，同日太子、弘光、潞王、秦王等九王俱被戮于市。

又便于看管。随着各地抗清斗争的逐渐高涨，清廷才不顾自己许下"给以恩养"的诺言，把他们全部处斩，以消除后患。

潞王朱常淓的监国由于时间极短，又毫无作为，在南明史上不过是一个小插曲。历来的史家因为他的政权从未有效行使过权力，注意甚少[1]。但是，从历史的因果关系来看，朱常淓的降清仍是一个关键问题，值得加以分析。

首先，它证明了明朝北京覆亡以后，麇集在南京一带的官绅为解决继统问题而展开的立亲、立贤的争执不过是汉族官绅内部的一场权力之争，"立贤"的对象朱常淓在本质上同朱由崧毫无二致。时任工科都给事中的李清记载道："陪都既失，人咸恨不立潞藩。时张奉常希夏奉敕奖王，语予曰：'中人耳，未见彼善于此。'又叶主政国华为予言：'潞王指甲可长六七寸，以竹管护之。又命内官下郡县求古玩。'倪廷尉胤培尝曰：'使王立而钱谦益相，其不支与马士英何异？'"[2]

其次，弘光政权垮台以后，朱常淓本来是皇位继承问题上最少争议的人选，就连不久以后成为隆武皇帝的朱聿键当时正在杭州，也拥护他出任监国。如果朱常淓稍有民族气节，把抗清的旗帜树起来，即便一时守不住杭州，南方各地的抗清势力也比较容易形成一个核心。只是由于他的降清，才紧接而来出现了朱明宗室的两个远派子孙唐王朱聿键同鲁王朱以海的争立；在朱聿键的隆武政权垮台以后，又爆发了朱聿键之弟唐王朱聿鐭援引"兄终弟及"之义同桂藩朱由榔的

---

[1] 谢国桢氏说："黄道周等劝潞王在杭州监国，他没有听从，反而苟且偷生地投降了。"（见《南明史略》第七十六页。）朱常淓降清是事实，但说他未出任监国则不妥。

[2] 李清《三垣笔记》附识下，《弘光》。

争立。这两次争斗都严重地分散和抵消了南方的抗清力量,给清廷征服全国提供了有利的机会。从这个角度来观察,朱常涝的望风纳降确实是关系匪浅的,他应当被作为民族败类绑在历史的耻辱柱上受到无情的鞭挞。

第六章
清廷统治者推行的民族征服和民族压迫政策

第一节　多尔衮的失算

1645年夏天，清廷在军事上取得的胜利是十分惊人的。到这年五月，大顺农民军不仅失去了全部占领的地方，其领袖李自成——大顺国皇帝也在清阿济格部追击下逃入湖北通山县被乡团打死，大顺政权已经名实俱亡了，只剩下一支还有相当实力的武装，史学界一般称之为大顺军余部。同月，南京弘光朝廷在多铎统领的清军面前几乎毫无抵抗，就土崩瓦解了。南明原来拥兵自重的江北四镇和左梦庚部军队都争先恐后地向清朝投降。这种离奇的现象，对各方面都产生了极大的影响。大顺农民军元气大损，陷于群龙无首的境地，不再扮演逐鹿中原的主角。忠于明朝的官绅士民也震惊不已，他们当中许多人迷恋的东晋、南宋偏安局面被无情的事实打得粉碎。可是，对于清廷的最高统治者摄政王多尔衮来说，胜利却来得太容易，他以为清朝的两大对手大顺、南明都已经被彻底打垮，剩下的事不过是接管地方，享受胜利果实而已。

这年闰六月初七日，多尔衮传谕兵部道："江南地方南直、江西、湖广三处已经归顺，浙江、福建、广东、广西、四川、云南、贵州七省遵依表文尚未报到，应速行遣官招抚，在京文武官员不拘见任、家居及士民人等，有情愿输忠效力的，准赴兵部报名，验实，赍捧敕谕，给赐路费、马匹前去。事竣，有功重加升赏。该部即出示晓谕。"消息一公布，一些热衷功名的无耻之徒立即看准这是凭借清朝兵威，以三寸不烂之舌谋取富贵的大好机会，于是自告奋勇，要求出使。崇祯初年名列魏忠贤逆案的孙之獬自称"臣妻放足独先"以巴结满洲贵族，是个不折不扣的卑污小人。这时又急不可耐地上疏说"志士忠臣每思垂名竹帛"，并称自己占卜了一课，"得辞云：'时乘六龙为帝使东，宣达诏命无所不通。'今皇上龙飞正时乘也，若臣得奉命则为帝使矣。无所不通则成功矣。一生勋业留俟今日，臣不敢违天自逸，以取谴戾"[1]。以算命吉辞公然形之于奏疏，不仅愚昧可笑，更说明其寡廉鲜耻。刑部江西司员外郎丁之龙奏称自己原是湖广镇远卫应袭指挥同知，与贵州镇远府同城（按明朝制度，镇远卫和镇远府均在今贵州省自然境内，但卫属湖广都司，府属贵州布政司），"臣生在镇远，黔属地方远近皆其比邻，士民俱通声息……矧黔士之在京者止臣一官，向欲输诚疏请招抚，未敢出言干渎今蒙圣谕，益切梦寐之思，愿效捐糜之志，招抚全滇……"[2]二十三日，清廷正式任命

---

[1] 顺治二年闰六月初十日"礼部左侍郎孙之獬谨奏为感恩图报事"，见《顺治录疏》。

[2] 顺治二年闰六月初十日"刑部江西司员外郎丁之龙奏为俯允输忠招抚滇黔早裨安定以佐庙谟以效捐糜事"，见《顺治录疏》。

恭顺侯吴惟华加太子太保衔招抚广东；孙之獬加兵部尚书等衔招抚江西；黄熙胤以兵部右侍郎等衔招抚福建；江禹绪为兵部右侍郎招抚湖广；丁之龙以兵部右侍郎招抚云贵各地方。[1]七月初六日又补派都督同知谢宏仪为右都督加都察院右副都御史衔招抚广西[2]。

多尔衮想不战而胜，意图是很明显的。然而，他却完全估计错了形势，骄狂地以为天下已定，征服者的面貌顿时暴露无遗。从此开始全面推行一系列民族压迫和民族歧视政策。汉民族被激怒了，大江南北掀起了汹涌澎湃的抗清运动。

第二节　清兵的滥杀无辜百姓

清廷统治者从努尔哈赤、皇太极到多尔衮，都以凶悍残忍著称于史册。"顺我者昌，逆我者亡"这句话对他们不完全适用，因为他们的做法通常是"城门失火，殃及池鱼"。就是说一遇抵抗，破城得地之后不分军民，不论参与抵抗或未参与抵抗，通通屠杀或掠取为奴婢。努尔哈赤在辽东的屠戮汉民，皇太极时三次深入畿辅、山东等地的屠杀抢掠在许多方志中有明确记载，连经历了文字狱闹得最厉害的乾隆时期的御用文人纪昀也在《阅微草堂笔记》里透露了他一

---

[1]　《明清档案》第三册，A3—23号，吏部尚书阿代等题本残件，参见《清世祖实录》卷十八。按，丁之龙曾致书南明湖广等地总督何腾蛟，以"威谊"关系劝他"上观天命，下审时宜"，纳款于清，见《清代农民战争史资料选编》第一册（上），第四十四页，编者注为"缺年月、佚名、启本稿"。

[2]　《清世祖实录》卷十九。

家在清军屠刀下的遭遇[1]。多尔衮进关之初,为了取得汉族官绅的支持曾经一度有所收敛。从顺治二年四月遣兵南下开始即以民族征服者自居,杀戮立威,演出了一幕幕惨绝人寰的屠城悲剧。"扬州十日""嘉定屠城"因为有专书记载为人们所熟知。此外像1649年(顺治六年)郑亲王济尔哈朗占领湖南湘潭后的屠城;同年平定大同总兵姜瓖为首的山西反清运动,不仅大同全城军民被屠戮殆尽,"附逆抗拒"州县也不分良莠一概屠杀;1650年平南王尚可喜与耿继茂攻克广州时的屠城,这类血淋淋的事例在史籍中屡见不鲜,充分暴露了满洲贵族标榜的"吊民伐罪"的伪善。顺治六年正月,多尔衮道貌岸然地说:"君,父也;民,子也。父残其子,情理之所必无。况诛戮所以惩有罪,岂有无故杀人之理?自元年以来洗民谣言无时不有,今将六年矣,无故而屠戮者为谁?民肯从此回想,疑心必然冰释。"[2]几天之后,他就"谕大同城内官吏兵民人等曰:姜瓖自造叛逆大罪,摇惑众人,诱陷无辜,尔等被围城中,无所逃避。止因姜瓖一人作恶,遂致无罪众人同陷死地。朕命大军围城,筑墙掘濠,使城内人不能逸出,然后用红衣火炮攻破,尽行诛戮"[3]。同年二月,"兵部以总兵官任珍阵获伪官兵四十九名,俱抚养不杀奏闻。得旨:凡平定地方降者抚之以示恩,抗者杀之以示惩。如此则人皆感恩畏死求生而来归矣。今平西王等将阵获之人抚而不杀……此事甚不合理。尔部其移咨平西王吴三桂、墨尔根侍卫李国翰知"[4]。古语云:"杀降不祥。"

---

[1] 纪昀《阅微草堂笔记》卷二十一《滦阳续录》三。
[2] 《清世祖实录》卷四十二。
[3] 《清世祖实录》卷四十二。
[4] 《清世祖实录》卷四十二。

清军往往以"恶其反侧"等借口将来降军民屠戮一空。顺治八年福临亲政以后，把各地屠戮无辜的责任全部推到多尔衮身上，说："本朝开创之初，睿王摄政，攻下江、浙、闽、广等处，有来降者，多被诛戮。以致遐方士民，疑畏窜匿。"[1]实际上，清兵的滥杀无辜根源于满洲贵族的迷信武力和民族歧视，多尔衮不过是他们中的代表人物罢了。在清廷上同多尔衮争夺权利的"辅政叔王"郑亲王济尔哈朗统师出征时表现出同样的野蛮，就是一个证据。只是因为这种疯狂的屠杀政策不仅没有吓倒汉族人民，反而激起更加顽强的抵抗，清廷在屡遭覆师失将之后，才被迫在政策上做出部分调整。

第三节　强迫汉民剃头改用满族衣制

山海关战役后，多尔衮曾下令沿途各州县官民剃头留辫。进入北京以后，遭到汉族居民的强烈反对，在朝汉族官员遵令剃发的为数寥寥，不过孙之獬等最无耻的几个人[2]。不少官员观望不出，甚至护发南逃，畿辅地区的百姓也常揭竿而起。多尔衮见满洲贵族的统治还不稳固，自知操之过急，被迫宣布收回成命。顺治元年五月二十日

---

[1]　《清世祖实录》卷一百二，顺治十三年元月癸巳日条，又见同卷七月庚午日条。

[2]　孙之獬在明朝天启年间投靠太监魏忠贤，成为阉党。崇祯初销毁《三朝要典》时，他抱《要典》哭告太庙，为世人所不齿。清兵占领北京后，他宦兴大发，向多尔衮等人摇尾乞怜，上疏说"臣妻放足独先，阖家剃发效满制"，得以录用。有的书记载他入朝时想挤入满洲官员班列，满官认为他是汉人不予接受；转入汉班，汉族官员又因为他已经剃发改制加以拒绝，弄得孙之獬进退失据，狼狈不堪。

谕旨中说："予前因归顺之民无所分别，故令其剃发以别顺逆。今闻甚拂民愿，反非予以文教定民心之本心矣。自兹以后，天下臣民照旧束发，悉从其便。"[1]次年五月大顺政权和弘光政权相继被摧毁后，多尔衮认为天下大定了，六月悍然下令全国男性官民一律剃发。初五日，即在接到攻占南京的捷报之时即遣使谕豫亲王多铎，命令"各处文武军民尽令剃发，倘有不从，以军法从事"[2]。十五日谕礼部道："向来剃发之制，不即令画一，姑令自便者，欲俟天下大定始行此制耳。今中外一家，君犹父也，民犹子也；父子一体，岂可违异？若不画一，终属二心。……自今布告之后，京城内外限旬日，直隶各省地方自部文到日亦限旬日，尽令剃发。遵依者为我国之民；迟疑者，同逆命之寇，必置重罪。若规避惜发，巧辞争辩，决不轻贷。"[3]同年七月，又下令"衣冠皆宜遵本朝之制"。[4]

中国是一个以汉族为主体的多民族国家，汉族本身也是由多种民族融合而成的。汉族人士可以当皇帝，少数民族人士当然也可以君临天下。无论是从哪一个民族为主体建立的中央政权都绝不应该强行改变其他民族的风俗习惯，这是一个起码的立国原则。多尔衮等满洲贵族陶醉于眼前的胜利当中，自以为可以为所欲为了。他所说的"君犹父也，民犹子也；父子一体，岂可违异"，完全是强词

---

[1]　《清世祖实录》卷五。
[2]　《清世祖实录》卷十七。
[3]　《清世祖实录》卷十七。《清初内国史院满文档案译编》中册，第八十五页，记六月十四日"大学士洪承畴为京城汉人剃发事，启皇叔父摄政王曰：今者剃发，应先令官员剃发，民人稍缓。王谕：予为此事思之期年，今思，君犹父也，民犹子也，予非不仁，惟念新旧宜一体故也"。次日（即十五日）下达剃发令。
[4]　《清世祖实录》卷十九。

夺理,一派胡言。他自己的祖辈和父亲努尔哈赤在反叛明朝以前,世世代代都是明帝国的臣属,以接受明朝廷的封号、官职、敕书为荣;明朝的汉族皇帝从来没有强迫女真族蓄发戴网巾,遵从汉制,难道不是铁一般的事实吗?清廷统治者把不肯放弃本民族长期形成的束发、服制等风俗习惯的汉族官绅百姓视为"逆命之寇",一律处斩,这种凶残暴行在中国历史上极为罕见。

本来,清廷统治者特别是处于最高决策地位的多尔衮如果聪明一点(按,多尔衮的封号为睿亲王,睿即满文聪明的汉译,顺治元年清廷文献中还有译为"颖王"[1]的,意思都是"聪明之王"),1645年(顺治二年)五月弘光朝廷和大顺政权覆亡之际,曾经出现过一个对清廷(也包括整个中国)以较少代价实现统一的机会。当时的情况是,不仅清廷凭借其优势兵力接管南明各府县没有遇到多大的反抗,而且连大顺军余部也以不剃头为条件有意归附清廷[2]。实现统一以后,也没有必要强行勒令剃发改制。满洲贵族当权稍久,仿效者必多,移风易俗,贵在自然。明清之际,中国仍处于封建性农业社会,占人口绝大多数的农民和相当一部分官绅地主居住于乡村,他们同朝廷、官府的关系主要表现在照章输赋服役,一辈子没有进过城的农民多得很,中央朝廷的更迭对他们来说是天高皇帝远。只要不被朝廷、官府逼急了,就是所谓"承平之世"。一旦严令剃头,"朝廷"的威严直接加到自己的脑袋上,其后果可想而知。剃发令一下,不仅原先准备降清的人立即改弦易辙,连已经归附的州县百姓也纷纷揭竿

---

[1] 顺治元年五月十五日摄政郑王吉儿哈朗奏本中即称多尔衮为"摄政颖王",影印件见《明清档案》第一册,A1—3号。

[2] 参见顺治二年十一月梅勒章京屯代"为申报地方情形仰祈圣鉴事"揭帖,见《明清史料》丙编,第六本,第五一二页。

而起，树帜反清。满洲贵族以"留头不留发，留发不留头"的野蛮手段强迫汉族百姓改变自己的风俗习惯的记述在史籍中多如牛毛，由此引起的反抗以至于大规模的武装斗争几乎遍及全国。许多地方的抗清斗争不始于清廷接管之时，而起于剃发令颁布之日。江阴人民壮烈的据城抗清就是在清朝委派的知县宣布剃发之后，相率"拜且哭曰：头可断，发不可剃"[1]的情况下爆发的。

剃发令在清初各地引起的震动极大，它激起了汉族各阶层人士的反对，导致了长期的政局不稳以致生灵涂炭。时人陈确记："去秋新令：不剃发者以违制论斩。令发后，吏诃不剃发者至军门，朝至朝斩，夕至夕斩。"[2]顺治二年十月，原任陕西河西道孔闻謤奏言：

> 近奉剃头之例，四氏子孙又告庙遵旨剃发，以明归顺之诚，岂敢再有妄议。但念孔子为典礼之宗，颜、曾、孟三大贤并起而羽翼之。其定礼之大莫要于冠服。……惟臣祖当年自为物身者无非斟酌古制所载章甫之冠，所衣缝掖之服，遂为万世不易之程，子孙世世守之。自汉、唐、宋、金、元以迄明时，三千年未有令之改者，诚以所守者是三代之遗规，不忍令其湮没也。即剃头之例，当时原未议及四氏子孙，自四家剃发后，章甫缝掖不变于三千年者未免至臣家今日而变，使天下虽知臣家之能尽忠，又惜臣家未能尽孝，恐于皇上崇儒重道之典有未备也。……应否

---

[1] 许重熙《江阴城守记》。
[2] 陈确《告先府君文》，见《陈确集》卷十三。

蓄发，以复本等衣冠，统惟圣裁。[1]

孔闻謤搬出孔子这块大招牌，又引金、元二代为例，满以为可以为孔家抵挡一阵，保住先世蓄发衣冠。不料碰了个大钉子，"得旨：剃发严旨，违者无赦。孔闻謤疏求蓄发，已犯不赦之条，姑念圣裔免死。况孔子圣之时，似此违制，有玷伊祖时中之道。著革职永不叙用"[2]。同年十一月，多尔衮往京东地区打猎，有人报告丰润县生员张苏之子张东海"不行剃发"。多尔衮当即派人将张东海斩首，其父杖责五十，革去生员名色，庄头和邻里四人分别受杖。[3]顺治四年，浒墅关民丁泉"周环仅剃少许，留顶甚大"，被地方官拿获，以"本犯即无奸宄之心，甘违同风之化，法无可贷"为由上奏，奉朱批"着就彼处斩"，县官也以失察"从重议处，家长、地邻即应拟罪"[4]。陕西紫阳县因地处偏僻，重山叠嶂，"向化者稀，人皆带发"。清军击败该处抗清义师后，下令"一寨凡有男子十名者，即著该县收头发三十两解验，方准免剿，编里输纳国课"[5]。顺治五年，黄州府广济县民胡俊甫因居住乡村，一度患病卧床，没有剃发。知府牛铨（原大顺政权襄阳府尹，丞相牛金星之子）下乡踏勘荒田，胡俊甫不知清朝法度厉害，竟然莽撞地跑到知

---

[1] 顺治二年十月初三日孔闻謤揭帖，原件藏第一档案馆。《清世祖实录》所载文字已做改易删削。

[2] 《清世祖实录》卷二十一。

[3] 《清初内国史院满文档案译编》中册，第一八六页。

[4] 顺治四年八月二十八日江宁巡抚周伯达"为缉获留发奸民事"题本，见《明清档案》第六册，A6—69号。

[5] 顺治四年五月二十二日陕西巡抚黄尔性塘报，见《明清史料》丙编，第六本。

府大人面前诉说灾荒困苦。深得"时中之道"的牛铨一眼瞥见这个蓄发违制之人,不禁心花怒放,立即解往湖广总督罗绣锦处请功。结果"胡俊甫立正典刑,乡保张赞宇、邻佑张生祖、夏正德各鞭一百",该县知县郝光辅也以失察罚俸示惩[1]。顺治十年,刑部擒获了两个没有剃发的人,"供系唱旦戏子,故此留发;在外戏子似此尚多"。顺治皇帝立即颁诏:"剃头之令,不遵者斩,颁行已久,并无戏子准予留发之例。今二犯敢于违禁,好生可恶。着刑部作速刊刻告示,内外通行传饬,如有借前项戏子名色留发者限文到十日内即行剃发;若过限仍敢违禁,许诸人即为拿获,在内送刑部审明处斩,在外送该管地方官奏请正法。如见者不行举首,勿论官民从重治罪。"[2]

顺治十一年(1654)三月发生的陈名夏案很值得注意。陈名夏自顺治元年冬降清后,一直受到清廷最高统治者多尔衮、福临的信任,官居吏部尚书、内院大学士。大学士宁完我劾奏他"结党怀奸"疏中说:"名夏曾谓臣曰:'要天下太平,只依我一两事,立就太平。'臣问何事?名夏推帽摩其首云:'只须留头发、复衣冠,天下即太平矣!'臣笑曰:'天下太平不太平,不专在剃头不剃头。崇祯年间并未剃头,因何至于亡国?为治之要,惟在法度严明,使官吏有廉耻,乡绅不害人,兵马众强,民心悦服,天下自致太平。'名夏曰:'此言虽然,只留头发、复衣冠,是第一要紧事。'臣思我国臣民之众,不敌明朝十分之一,而能统一天下者,以衣服便于

---

[1] 顺治五年二月湖北巡按曹叶卜揭帖,见《明清档案》第七册,A7—139号。
[2] 《明清史料》甲编,第六本,第五三三至五三四页《列款上闻残本》。参见《清世祖实录》卷七十八。

骑射，士马精强故也。今名夏欲宽衣博带，变清为明，是计弱我国也。"[1]接着列举陈名夏结党营私罪状多款。顺治帝命群臣会勘，"名夏辩诸款皆虚，惟留发、复衣冠所言属实"[2]。最后以"诸款俱实"定罪，陈名夏被从宽处以绞刑。很明显，宁完我歪曲了陈名夏的观点。陈名夏并没有要求"变清为明"，叫满洲八旗兵也换上不便于骑射的宽衣博带。他只是出于对爱新觉罗皇室的一片忠心，建议不要改变汉民族的风俗习惯而已。这点连顺治皇帝也心里有数，过了半年对冯铨说："陈名夏终好！"[3]1658年（顺治十五年）清军占领四川垫江县，总督李国英派李先品任该县知县。先品拒绝了派兵护送上任，只要求准许他便宜行事，得到李国英的同意。他"以一仆一骑之官，始至则吏民皆蓄发襃衣博带来迎，而伪副将陈瑞云拥卒千人戎服执兵伺道旁，意叵测。先品咸慰劳之，居二日，出示一切冠服听民自便。民皆欢呼。李公闻，大怒，檄问状，立限三日去发，不去即引兵进剿。先品匿其檄，为文以报，略曰：'职以孑身入不测之地，百无可恃，所恃者人心尔。愚民久乱，闻蓄发则喜，闻剃发则惊，发短心长，为乱必速。故辄奉便宜之令，少缓其期。顷者忽下严檄，谓职养寇，骤议加兵，职一身生死何足言，特虑走险之民旦夕生变，重为幕府忧也。惟公图之。'李公大悟，为缓期，民得无动"。[4]中国有以史为鉴的优良传统。历史经验告诉我们，无论哪一个民族、哪一个社会集团当权，都必须尊重各民族的

---

[1] 《清世祖实录》卷八十二。
[2] 《清史列传》卷七十九《陈名夏传》。
[3] 谈迁《北游录》，记闻下《陈名夏》条。
[4] 乾隆《新繁县志》卷九，流寓。

风俗习惯，违反了这一原则肯定要引发社会的大动荡。清初满洲贵族的倒行逆施造成的严重后果就是一个沉痛的教训。

第四节　圈地和"投充"

　　清初的圈地主要是在畿辅地区（今北京市、天津市和河北省）推行的。顺治元年十二月，以多尔衮为首的满洲贵族为了自身私利和解决移都北京后大批满族居民迁移入关定居的生计，发布了圈地令。名义上说是把近京各州县"无主荒田""分给东来诸王、勋臣、兵丁人等"[1]，实际上却是不分有主无主大量侵占畿辅地区汉族居民的产业。"圈田所到，田主登时逐出，室内所有皆其有也。妻孥丑者携去，欲留者不敢携。其佃户无生者，反依之以耕种焉。"[2]顺治二年二月，多尔衮"令户部传谕各州县有司，凡民间房产有为满洲圈占、兑换他处者，俱视其田产美恶，速行补给，务令均平"[3]。话说得冠冕堂皇，既然以掠夺为目的，"均平"就只能是一句政治谎言。同年六月顺天巡按傅景星在奏疏中说："田地被圈之民，俱兑拨硗薄屯地。"[4]十一月，通州乡民郝通贤等三十人联名上奏："去年十二月奉旨分地东兵圈种，约去三千余顷。虽有拨补，率皆名偿实无，更苦赔纳租赋。……忽今月初四日，有差艾大人将通地尽圈牧

---

[1]　《清世祖实录》卷十二。
[2]　史惇《恸余杂记》《圈田》条。
[3]　《清世祖实录》卷十四。
[4]　《清世祖实录》卷十七。

205

马，计通地不过五千余顷，前圈种三千余顷，兹再圈二千四百余顷，而通地尽圈，而通民无地播种矣。"[1]

史籍中对圈地给当地居民带来的灾难留下了许多记载，以直隶雄县为例，"凡圈民地请旨，户部遣满官同有司率笔帖式、拨式库、甲丁等员役，所至村庄相度畎亩，两骑前后牵部颁绳索以记周四围而总积之。每圈共得几百十晌，每壮丁分给六晌，晌六亩。……圈一定则庐舍场圃悉皆屯有，而粮籍以除。乌瞻靡止，惟所骇散向南，多道殣也。常岁圈内间有纡莱，计亩请于部，不受，交有司收籍，更择他沃壤以偿。是以歧路尽鸠鹊，中泽少雁鸿矣。雄其虚存版籍哉！……圈则倍占，退仅虚名，以致丁男流离，城郭为空"。[2]康熙《庆都县志》也有类似描写："国初，鼎革之初，圈占民间地土以界从龙之众，诚为敦本固圉之至计也。其被圈之地拨附近军地补还。无如奉行者草率从事，止提簿上之地，希完拨补之局，遂使良法美意不获实及。是被占者不毙于圈占，而毙于拨补也。即如庆邑所拨真定卫地并不知坐落何处。其簿上四至竟有以鸡、犬、驴、羊、春分、秋水种种不堪字样填写塞责。地既难于认种，不得不照簿议租，取归本县纳粮。"[3]

受地的八旗贵族、官兵还借口土地瘠薄，不断新圈拨换。仅顺治四年正月一次圈占的畿辅四十一县沃地就多达九十九万三千七百零七垧[4]。由于汉族官员以圈地上亏国课、下病民生，上疏力争，清廷

---

[1] 原奏本影印件见《明清档案》第三册，A3—136页。
[2] 康熙十年《雄县志》卷上；又见姚文燮《无异堂文集》卷七《圈占记》。
[3] 康熙十七年《庆都县志》卷二。
[4] 《清世祖实录》卷三十。

每次下令圈占时都声称"以后无复再圈民地，庶满汉两便"。实际上欲壑难填的满洲贵族往往食言自肥，直到康熙二十四年发布了"嗣后永不许圈"的谕旨才告结束。

圈地之外，又有所谓的"投充"。它既是满洲贵族奴役汉族人口的重要途径之一，又为进一步侵占汉民耕地房产大开了方便之门。投充旗下为奴本来的意思是，畿辅地区大量土地既被满洲圈占，原住汉族百姓被剥夺了资生之业，满洲贵族、官兵自己又不从事耕作，清廷乃以"为贫民衣食开生路"为名听任汉民投入旗下以奴仆身份耕种田地。[1]这在生产关系上较之汉族居住区早已盛行的封建租佃制是一种倒退，劳动者变成了农奴，人身依附关系大大加强了。何况自愿投充很快就变得面目全非，许多地方都出现了"满洲威逼投充"，或"耕种满洲田地之处庄头及奴仆人等将各州县村庄之人逼勒投充，不愿者即以言语恐吓，威势迫胁"[2]。特别是出现了大批带地投充者。带地投充的原因大致有两种，一种是地主或有地农民希冀投入旗下后可以免除赋役，即如《怀柔县志》所载："按怀邑地亩自旗圈之后，所余民地无几。奸黠者又将民地投入旗下，名曰带地投充。其始不过借旗名色希免征徭，其他仍系本人为业。厥后所投之主竟为己业，或将其地另卖，或收其家口另派庄头。向之田连阡陌者，今无立锥，虽悔憾而无及矣。"[3]另一种是当地恶棍为虎作伥，凭空捏指他家人口、田地一齐投充旗下；旗人利在得产，不容分辨，把许多不在圈占范围之内的汉民连地带口强行鲸吞。顺治三年四月，御史

---

[1] 《清世祖实录》卷十五。顺治八年七月初三日上谕中明确地说"投充者，奴隶也"，见《明清史料》甲编，第六本，第五三〇页《列款上闻残本》。

[2] 《清世祖实录》卷十五。

[3] 康熙四十年《怀柔县新志》卷四《赋役·地亩》。

苏京奏言："投充名色不一，率皆无赖游手之人，身一入旗，夺人之田，攘人之稼；其被攘夺者愤不甘心，亦投旗下。争讼无已，刁风滋甚，祈敕部严禁滥投。"[1]次年三月，清廷"谕户部：前令汉人投充满洲者，诚恐贫穷小民失其生理，困于饥寒，流为盗贼，故谕愿投充满洲以资糊口者听。近闻汉人不论贫富，相率投充；甚至投充满洲之后，横行乡里，抗拒官府，大非轸恤穷民初意。自今以后，投充一事，着永行停止"。[2]这道谕旨不过是搪塞反对意见的一纸空文，因为最热衷于接受带地投充的正是以多尔衮为首的满洲权贵。多尔衮本人收纳的投充人数已足定额，又以他的儿子多尔博的名义接受投充六百八十余名，"尽皆带有房地富厚之家"[3]。顺治十二年正月，左都御史屠赖等奏言："近闻八旗投充之人，自带本身田产外，又任意私添，或指邻近之地，据为己业；或连他人之产，隐避差徭。被占之民，既难控诉，国课亦为亏减。上下交困，莫此为甚。"[4]直到清中期乾隆四年还下令"禁止汉人带地投充旗下为奴，违者治罪"[5]，可见持续时间之长。

满洲贵族、官兵通过圈地和接纳投充掠夺畿辅地区汉族居民的土地数量十分惊人。如遵化州由于圈占和投充，剩下的纳税民地不到原额的百分之一[6]；蓟州不到原额的百分之二[7]；东安县更是彻底，

[1] 《清世祖实录》卷二十五。
[2] 《清世祖实录》卷三十一。
[3] 《清世祖实录》卷五十九。
[4] 《清世祖实录》卷八十八。
[5] 《东华录缀言》，见《佳梦轩丛著》。
[6] 康熙十一年《遵化州志》卷四《田赋》。
[7] 康熙四十三年《蓟州志》卷三。

"尽行圈丈讫，并无余剩"[1]。清初诗人方文有诗云"一自投充与圈占，汉人田地剩无多"[2]，真切地描绘了当时的状况。

满洲八旗人员采取这种赤裸裸的掠夺方式，侵占了大片土地和大批劳动力，过着衣租食税的生活。他们之中的达官显贵所占耕地人口尤多，一般都委用"汉人悍猾者"充任庄头[3]，有的还授予庄头低等品级的官员顶戴，既便于管辖庄园内的农奴，又可以抵制州县官的钳束，借以保证源源不绝的剥削收入。这就是满洲贵族在畿辅地区建立的一种民族利己主义的新秩序。

第五节　严酷的缉捕逃人法

缉捕逃人是清初满洲贵族推行的另一项恶政。尽管它引起汉族官民的激烈反对，清廷统治者为维护满洲利益却顽固地坚持，成为朝野关注的一个重大问题。逃人问题的出现由来已久。明朝末年清军在辽东和深入畿辅、山东等地的多次战役中，俘获了大批汉民，他们被分赏给旗下充当奴仆。仅崇祯十一年冬至十二年春，清军在畿辅、山东一带就掠去汉民四十六万二千三百余人[4]；崇祯十五年冬至十六年夏，清军再次深入畿辅、山东，"俘获人民三十六万九千

---

[1] 康熙十二年《东安县志》卷四《赋役》。

[2] 方文《嵞山续集》《北游草》。

[3] 康熙三十一年《光州志》卷十一《艺人》上，胡延年《冥击记》。该文还说："从龙者不自治其地，委臧获经理之，谓之庄头。是庄头者凭借宠灵，莫敢谁何。于是贫而黠者、厚资而敛怨者、巨憝元恶贯盈而惧诛者，皆蝇营附入之，择人而食，无宁日也。"

[4] 《清太宗实录》卷四十五。

名口"[1]。入关以前，清军先后俘掠的汉族人口至少在一百万以上。当时就有不少人忍受不了虐待和思乡之苦，寻机逃亡，清军入关以后，在征战过程中又掠得大批人口[2]，加上圈地和投充被抑逼为奴的人数激增，满洲八旗贵族和兵丁一般不从事社会生产，他们侵占的庄园和家内劳动都是以落后的奴隶制强迫旗下奴仆承种、服役。被驱迫为奴的汉人本身既过着毫无自由的牛马生活，子孙也被称为家生子儿难以摆脱世代受奴役的命运。他们之中一部分人因走投无路而悲愤自尽，康熙初年"八旗家丁每岁以自尽报部者不下二千人"[3]，康熙帝也说："必因家主责治过严，难以度日，情极势迫使然。"[4]而更多的人则走上了逃亡之路，其中不少是在战争中被掠为奴的汉人，思家心切，盼望有朝一日能挣脱枷锁，同家乡亲人团聚。于是，旗下奴仆的大批逃亡在清前期华北等地愈演愈烈。顺治三年五月，多尔衮在谕兵部时说："只此数月之间，逃人已几数万。"[5]旗下奴仆的大批逃亡直接影响到满洲各级人等的"生计"。清廷为维护满人利益和自身统治，严厉地推行"缉捕逃人法"。

"捉拿逃人一款，乃清朝第一急务。"[6]朝廷专门设立兵部督捕侍郎负责追捕审理，地方官也以缉捕逃人作为考绩的重要标准。由于

---

[1] 《清太宗实录》卷四十六。
[2] 例如顺治二年八月辛巳日谕兵部："俘获人口，照例给赏登城被伤之人。"见《清世祖实录》卷二十。
[3] 《清史稿》列传五十《朱之弼传》。
[4] 参见《清圣祖实录》卷三十、四十三、一百九。
[5] 《清世祖实录》卷二十六。
[6] 顺治十二年三月刑部尚书刘昌等题本，见《清代档案史料丛编》第十辑，第八十至八十一页。

"逃人"是满人的劳动力,满人自然不愿意自己的"财产"蒙受损失,由满洲贵族制定的缉捕逃人条例的特点是薄惩逃人,重治窝主。"新朝立法重逃人,窝隐之家祸切身。"[1]汉族官僚以立法不公平连篇累牍地上疏争执,逃人法屡次变更。大致而言,奴仆一次、二次逃亡处以鞭笞后发回原主,三次逃亡处以绞刑;收留逃人的窝主则由处斩籍没"减为鞭笞",不久又从重处治,"有隐匿逃人者斩,其邻佑及十家长、百家长不行举首,地方官不能觉察者,俱为连坐"。顺治六年又改为"隐匿逃人者免死,流徙"[2];后来因为逃亡者有增无已,在满洲贵族纷纷告计下又严惩窝藏,"逃人三次始绞,而窝主一次即斩,又将邻佑流徙"[3]。到顺治十四年已出现"历来秋决重犯,半属窝逃";顺治皇帝也觉"于心不忍",再次放宽为"将窝逃之人,面上刺窝逃字样,并家产人口发旗下穷兵为奴"[4]。缉捕逃人法的屡经变更,从一个侧面反映了社会上日益激化的满汉民族矛盾在朝廷内部也有所体现。清朝最高统治者当然总是偏向满洲的,他们多次惩办就逃人问题上疏陈言的汉族官员,斥责汉官"于逃人一事各执偏见,未悉朕心。但知汉人之累,不知满洲之苦。……向来血战所得人口,以供种地牧马诸役。乃逃亡日众,十不获一。究厥所由,奸民窝隐,是以立法不得不严。若谓法严则汉人苦,然法不严,则窝者无忌,逃者愈多,驱使何人?养生何赖?满洲人独不苦乎?"[5]这无异是说,在清朝统治下满人依靠"驱使"汉人来"养生"是理所

---

[1] 杨苞《桐川纪事》,康熙乙巳刊本。
[2] 《清世祖实录》卷四十三。
[3] 《清世祖实录》卷八十八。
[4] 《清世祖实录》卷一百七。
[5] 《清世祖实录》卷九十。

当然的，汉族百姓受不了奴役而逃亡，满人就苦不堪言了，真是十足的强盗逻辑。清廷为了维护这种极其野蛮落后的奴隶制，不惜堵塞言路。顺治三年十月，多尔衮谕告群臣："有为剃发、衣冠、圈地、投充、逃人牵连五事具疏者一概治罪，本不许封进。"[1]十二年三月，顺治皇帝又"再行申饬，自此谕颁发之日为始，凡章奏中再有干涉逃人者，定置重罪，决不轻恕"[2]。

缉捕逃人给汉族百姓造成了无数灾难。史料记载："国初最重逃人。逃人，旗下逃避四方者也。一丁缉获，必牵一二十家，甚则五六十人。所获之家固倾家而荡产矣；其经过之处，或不过一餐，或止留一宿，必逐日追究明白，又必牵连地方四邻。故获解逃人，必有无数无辜者受其累。凡地方获逃人，先解典史录供，然后解县。县官视逃人如长上，不敢稍加呵叱；惟严讯株连之人，夹者夹，桚者桚，监禁者监禁。逃人亦暂寄监，奉之唯恐不至。蠹吏狱卒，更导之扳害殷实有家者，于中攫取货财。逃人高坐狱中，而破家者不知其几矣。"[3]

历代君主往往颁发教训百姓的谕旨若干条，作为他们奉公守法的行为准则。清朝初年这种皇皇谕旨中就专列了一条"戒窝逃以免株连"。康熙初山东莱芜知县叶方恒召集绅民宣讲道：

> 上谕说："戒窝逃以免株连。"本县如今说这窝逃。山左（即山东）当时屡经残破，俘获的比别处独多；后来又

---

[1]　《清世祖实录》卷二十八。
[2]　《清世祖实录》卷九十。
[3]　素心室主人编次《南沙枕秘四种》，见《明清资料钞》第二册。

有投充,又有驾身,又有拐卖,甚至有拉铁橛的,顶冒逃人名姓,种种变幻,不可枚举。总之,逃人的路数愈宽,那窝逃的陷阶愈密。正如鼎镬在前,豺虎在后,须是时时吊胆,刻刻惊心,思量那窝隐之害。常为了一个逃人拖累你们数十个纳粮当差替朝廷种田种地的好百姓在内,岂不可痛可惜。……但目今功令森严,一为了逃人就是你父子夫妻都也不能照顾,何苦为了一人坑害一家老小的性命。本县还有句唤醒你们的实话,如今旗下也都宽大了,要那逃人回去,不过使唤,不过发到屯子里种地,有甚难过日子,你今逃出来担惊受恐,虑人稽查,东村住住,西村住住,流来流去,没一日安稳居停,还要逃到隔属雇短工、做乞丐,藏头露尾,终久被人拿了,甚合不着。不如回心转意,投奔旧主,若能小心服役主子,自然欢喜加厚于你。[1]

尽管清朝统治者一再标榜"满汉一体",实际上以征服者自居,奉行崇满歧汉政策。严厉惩办窝藏逃人就是这种政策的一项体现。顺治六年(1649)九月,靖南王耿仲明统兵南征广东,由于他的军中收留了旗下逃人被察觉,在江西吉安府境畏罪自杀。[2]顺治七年六月,广西巡抚郭肇基等人因为"擅带逃人五十三名",竟被一律处

---

[1] 康熙《莱芜县志》卷十《艺文志》,《康熙九年十一月初一日知县叶方恒传集绅袍士民乡约人等宣讲本年十月初九日钦奉上谕》。叶方恒在讲辞中说到他自己从康熙八年二月到九年三月在莱芜和泰安就拿解过逃人四十七起。按,顺治十二年陷害顾炎武的就是这个人。
[2] 《清世祖实录》卷四十六。

死，家产全部抄没。[1]耿仲明、郭肇基贵为王爷和方面大员，但他们毕竟是汉人，隐匿逃人直接触犯了满族的利益，就难免一死。到顺治十年因春夏久旱，"农民失业"，清帝下诏修省，兵部左侍郎卫周胤遵谕陈言，云"多宽逃人一次，多累百姓数家"，建议放宽隐匿逃人之罪，特别是"缙绅生儒，或不知情，偶有误犯，以身系朝廷在官之人，与平民又似当有分别"。经兵部会商，提出缙绅（包括现任官和闲任官）、举人、监贡生若犯有隐匿罪从轻改为降级、革职、革去功名和罚银给逃人之主。奉旨依议。汉族绅衿才免遭刑戮或给主为奴[2]，但齐民不在此例。

雷厉风行地缉捕逃人，造成了一系列社会问题。如顺治十年淫雨成灾，"直隶被水诸处，万民流离，扶老携幼，就食山东。但逃人法严，不敢收留，流民啼号转徙"，惨不忍言[3]。魏裔介作《哀流民歌》云："田庐水没无乾处，流民纷纷向南去。岂意南州不敢留，白昼闭户应蹲踞。檐前不许稍踟蹰，恐有东人不我恕。上见沧浪之天，下顾黄口小儿，命也如何！……彼苍者天，哀此黎庶。"[4]地方官府和居民慑于逃人法，一味驱赶；流民走投无路，往往被迫揭竿而起。如龚鼎孳所说："畿辅之民圈占以后，田庐荡然。年来水涝频仍，道殣相望。近以逃人众多，立法不得不严，而有司奉行未善，使流徙者竟无所归。……今闻山东一带流民复千百成群，携男挈女，蚁

---

[1] 《清世祖实录》卷四十九。
[2] 《兵言》，顺治年间刻本。按，卫周胤遵谕上疏在顺治十年四月十四日、十六日奉旨着兵部议奏。《清世祖实录》卷七十四于四月十七日下记因亢旱求言，日期有误。《清史列传》卷七十八《卫周胤传》记顺治十年"七月应诏陈时事五款"，即此疏之略文，月份亦误。
[3] 《清世祖实录》卷七十七。
[4] 魏裔介《兼济堂诗集选》卷十七。

聚河干，望救无门，逃生无路。当此严风密霰，坠指裂肤之时，此辈衣不掩胫，食不充腹，流离沟壑。……万一愚冥无知，不肯束手就毙，一旦良民化而为乱民，即发兵剿除亦非难事，而使数万生灵顿作刀头之鬼，究其所自，亦止是无衣无食，茫无投奔之百姓耳。"[1] 魏裔介也在疏中说："往昔墨勒根王（多尔衮）之时，隐匿逃人，其法甚严。凡有犯者，家长坐斩。尔时天下嚣然，丧其乐生之心，盗贼蜂起，几成燎原之势。"[2]

---

[1] 龚鼎孳《定山堂文集》卷三《敬陈民困疏》。
[2] 魏裔介《魏文毅公奏议》卷一《查解宜责州县疏》。

第七章
各地抗清运动的兴起

第一节　江南绅衿的动向

弘光朝廷覆亡后，清廷统治者错误估计了形势，以为江南大势已定，一面派员招降未下各地，一面严令推行剃头改制。在这种民族危难关头，江南的汉族士绅面临着何去何从的严重考验。大致而言，江南士绅虽然对弘光朝廷的所作所为非议甚多，不少人已感到有覆国灭祀的危险。太常寺少卿沈胤培同友人陆云龙私下议论时事，云龙说："似乎要败。"沈说："还似等不得要败。"[1]兵科给事中陈子龙在甲申九月间请告回籍，自云"及予归而政益异，木瓜盈路，小人成

---

[1] 李清《三垣笔记》卷下，《弘光》。

群。海内无智愚，皆知颠覆之期不远矣"[1]。但是，当弘光朝廷骤然土崩瓦解，江山易主时，他们并没有充分的思想准备。一部分文武官员于无可奈何之中遵奉清朝功令剃发归顺，其中有的是企图保住自己的既得利益，有的是另有图谋。另一部分人则护发自裁，以消极抵制态度保持自己的名节。更多的人则奋起反抗，不惜以血肉之躯为复兴明朝而献身。

然而，历史的进程是非常复杂的。简单地以曾否剃发（甚至一度出任清朝官职）并不能准确地反映当时绅民的政治倾向。即以学术界关注的所谓清初"遗民"而言，没有剃头改制的恐怕是绝无仅有。他们在清朝统治未稳固以前大抵致力于反清复明，天下局势已定以后大多数采取同清廷不合作对策。遗民们诗文中留恋故国的心声随处可见，然而也不免出现个别为清廷或清朝官员歌功颂德的文字。历史上确有一批表里如一，绝不做违心之论的硬汉，但多数人并不是这样。每当处于大动荡、大转折时期，各色人物的表现纷呈繁杂，只有实事求是地具体分析才可以做出比较公正的评价，并进而通过这些人物的活动研究历史的进程。

1645年夏，迫于清廷严旨剃发改制的明朝文官武将人数极多。从表面来看，多尔衮等满洲贵族制定的"一统之规"颇有成效。正如上面引用的小故事里所讲的"发短心长"，成功中潜伏着巨大的危机。降清文官如钱谦益、李建泰、丁启睿等人，武将如姜瓖、金声桓、李成栋、王光泰等人不久都在不同场合中展开反清复明活动，其声势之猛烈、地域之辽阔，完全出乎清廷意料，几乎有难于招架之势。

---

[1] 陈子龙自撰年谱，见《陈子龙诗集》，上海古籍出版社1983年版第七〇二页。

拒不剃发,以死自誓者为数也不少。其中最著名的有苏松巡抚祁彪佳、少詹事徐汧、左都御史刘宗周。下面以刘宗周为例做一点剖析。

刘宗周,字起东,学者称为念台先生,浙江绍兴府山阴县人,在明末天启、崇祯年间被视为学问渊博、品行端方的正人君子。他和福建铜山的黄道周(号石斋)备受东林—复社人士的景仰。由于他的弟子黄宗羲等人对他推崇备至,流风所及,人们往往产生一种错觉,似乎只要刘、黄诸君子掌握朝政,明帝国就有中兴之望。其实,刘宗周和黄道周都不是栋梁之材。他们"守正"而不能达变;敢于犯颜直谏而阔于事理;律己虽严而于世无补。就迂腐和偏狭而言,宗周更甚于道周。他毕生追求的是一种自我完美。由于这种"完美"是以自我为中心的,往往显得矫情做作。刘宗周生活的年代正值多事之秋,为了表现自己进退有"廉耻",他连"君有命,不俟驾"的儒家信条也丢在脑后,从被任命为四品官太仆寺少卿起"必三四辞而后受事"[1]。考虑到当时的交通条件,使者穿梭于道,因循经年他才雍容有度地进京任职。这正如俗语所说"急惊风遇着慢郎中",想依靠这种人挽救危局无疑是缘木求鱼。弘光政权建立以后,他的行为也极其诡异。被起用为左都御史时他既不用旧官衔,也不用新官衔,而自称"草莽孤臣"。上疏说,淮抚路振飞把家眷送出城外是倡逃,"可斩也";高杰、刘泽清率军南逃"可斩也"。在明末江淮诸臣中,路振飞敢于同南下的大顺军抗衡,对明朝而言可谓忠心耿耿。刘宗周却以总宪的名义上疏建议处斩;高杰、刘泽清手握重兵,又以定策拥立之"功"新邀封爵,根本没有可杀之势。夏完淳说:"宗周谓泽清等可

---

[1] 刘汋《刘子年谱》录遗,见《刘子全书》卷四十。

斩也。泽清固可斩也；处南都之势，发此危言，不足以壮国威，且速其祸。于是，四镇合疏纠宗周去；（姜）曰广继之。……朝堂与外镇不和，朝堂与朝堂不和，外镇与外镇不和，朋党势成，门户大起，房寇之事，置之蔑闻。"[1]据归庄说：刘宗周"后亦自悔其失言"，"自悔其劾公（指路振飞）之误"。[2]刘宗周的慷慨陈词，主观上是显示自己的凛凛正气，客观上却加剧了弘光朝廷内部的矛盾。当刘泽清等勋臣认为他自称"草莽孤臣"和建议弘光帝进驻中都凤阳是犯上作乱的大阴谋（凤阳没有城墙，有高墙五所，囚禁宗室罪犯）时，他又极力辩驳，声称自己"不受杀"。特别奇怪的是，黄道周被召为礼部侍郎，他写信加以阻止，说什么"际比乱朝，义不当出"。黄不听从他的意见，他又结怨于道周。弘光朝廷覆亡的时候，道周奉使绍兴祭禹陵，这里正是宗周的家乡，多次请见，等了一个多月，他不仅避而不见，还在扇面上写诗一首叫黄道周滚蛋。待到潞王朱常淓至杭州降清，浙西岌岌可危时，他派人到处找黄道周，道周已经随唐王朱聿键赴闽。他才后悔"未免当日拒绝太深耳"[3]。在浙江各地绅衿开始起兵反清时，他却决定绝食自尽。门生劝他道："死而有益于天下，死之可也；死而无益于天下，奈何以有用之身轻弃之？"他回答道："吾固知图事贤于捐生，顾余老矣，力不能胜。"宗周当时已六十八岁，起义抗清确有一定困难，可是，他的门人王毓蓍投水自尽的消息传来，他说："吾讲学十五年，仅得此人。"可见他的所谓"正命"不在年老。绝食几天后，他谈自己的感受道："吾日来静坐小庵，

---

[1] 夏完淳《续幸存录》，见《中国内忧外患丛书》版，第六十至六十一页。
[2] 归庄《左柱国光禄大夫太子太师吏部尚书兼兵部尚书武英殿大学士路文贞公行状》，见《归庄集》卷八。
[3] 刘汋《刘子年谱》录遗，见《刘子全书》卷四十。

胸中浑无一事，浩然与天地同流。盖本来无一事，凡有事，皆人欲也。"沧海横流，黎民涂炭，社稷危如悬发，刘宗周却轻描淡写地说成"原无一事"。第二天，传来了金华举义兵抗清的消息，门生劝他忍死以待。他说："语云：'正其谊不谋其利，明其道不计其功。'功利之说倡，此国事所以不竟也。"最后终于饿死[1]。刘宗周作为忠臣留名青史的目的达到了，他一生好名，与其说他是以身殉国，不如说是以身殉名。从征服者的清朝来说，自然最欣赏这种表率人物。

第二节　江阴等地百姓的自发抗清

清军占领南京，活捉弘光帝以后，派出使者招抚南直隶各府县。绝大多数地方都慑于清朝兵威，纳土投降。其间，只有杨文骢带领一支军队闯入苏州，把清政府派来招抚苏松地区的黄家鼎等处斩。但是，杨文骢却没有把当地绅民组织起来据城固守，而是乘清军来到之前主动放弃该地，退往浙江。江南各地的绅民迫于剃发令，群情激奋，纷纷自发举兵抗清。首先高举义旗的是常州府属的一个小小县城——江阴县。

在弘光政权迅速瓦解的大变动中，江阴县的明朝知县林之骥解印去职，清政府委派的知县方亨上任后遵照清廷法令张贴布告叫百姓剃发。闰六月初一日，生员许用等人在孔庙明伦堂集会，一致决定："头可断，发决不可剃也。"正在这时，常州府发来严令剃发的文书，其中有"留头不留发，留发不留头"的话。方亨叫书吏把府文写

---

[1] 黄宗羲《子刘子行状》卷下，见《黄宗羲全集》第一册，第二四八页。

成布告张贴，书吏写到这句话时，义愤填膺，把笔扔到地上说："就死也罢！"消息很快传遍全城，立刻鼎沸起来。方亨见士民不从，秘密报告常州府请上司派兵"多杀树威"。这封密信被义民搜获，于是在初二日把方亨等逮捕，推典史陈明遇为首，以"大明中兴"为旗号，自称江阴义民正式反清。陈明遇虽然胸怀忠肝义胆，却感到自己缺乏军事组织才能，在他推荐下江阴士民把乡居的原任典史（弘光时调升广东英德县主簿，未赴任）阎应元迎接入城担负守城重任。阎应元入城后立即把全城的户口分别丁壮老幼详加调查，挑选年轻力壮的男子组成民兵，会合乡兵二十余万人分班上城，每个城垛十名，按时换班。由武举人王公略守东门，汪把总守南门，陈明遇守西门，应元自任守北门。他和陈明遇兼负昼夜巡查四门的责任。对城中过往行人严加盘诘，肃清内奸。为了解决军械粮饷供应等问题，阎应元同绅民商议后，委任擅长理财人士负责把城内公私所藏物资分类征集，统一分配使用。在阎应元的领导下，很快就做到了人尽其才，物尽其用，各方面的工作做得井井有条。[1]

---

[1] 本节材料多参考《江阴城守纪》、许重熙《江阴城守后纪》、沈涛《江上遗闻》。《江阴城守纪》叙述最详细，署名为长洲韩菼作，前有"康熙乙未孟冬月长洲慕庐氏韩菼谨识"的序文。谢国桢氏《晚明史籍考》轻信了这一说法。其实，这篇"韩序"一开头就说："江头片壤，沾国家深仁厚泽，百有余年矣。"中间又说："圣朝宽大，锡以通谥。"给明末尽节诸公赐以通谥是清高宗在位时的事，显然是乾隆年间一位有心者整理旧文，托名于韩菼。韩菼曾任清朝礼部尚书，死于康熙四十三年，序尾康熙乙未为五十四年，韩氏已殁十一年。何况，《江阴城守纪》中记载攻守双方战斗伤亡事多不实，如说清朝七王、翼王、十王都在江阴城下阵亡，纯属讹传。韩菼在康熙时颇受宠信，参与朝廷撰述，以他的地位不可能不知道清初并无亲王、郡王或其他高级将领在江阴阵亡之事。史学界一些人疏于查考，既误信此文为韩菼所作，又据此推断韩菼地位甚高，所记必不误。从这篇文章的内容来分析，作者大概是熟悉江阴城内抗清活动的一个文人，对城外的清军则不甚了解。

江阴百姓抗清的消息传开以后，清常州知府宗灏派兵丁三百人赶来镇压，闰六月初五日被江阴义民歼灭于秦望山下。清军统帅多铎见江阴蕞尔小城竟敢于抗命，派降将刘良佐领兵来攻。刘良佐部兵数万自闰六月下旬包围江阴县城，屡攻不利，一再派使者用弓箭射书信入城招降，甚至亲自来到城下现身说法，要阎应元投降。应元在城头痛斥良佐的背叛明朝，说："有降将军，无降典史！"刘良佐无言可对。多铎先派恭顺王孔有德"率所部兵协攻"[1]，接着又派贝勒博洛和贝勒尼堪带领满洲兵携红衣大炮前往攻城。[2]博洛来到江阴城下，认为刘良佐曾任明朝伯爵，手握重兵，却连一个江阴县城也攻不下来，打了他一顿板子。刘良佐惭恨不已，督促部下拼命攻城。阎应元、陈明遇鼓励城乡义勇扼守危城，多次派徽商程璧等人出城联络各地义师来援，却始终没有得到江浙救兵。坚持到八月二十一日，清军集中大炮轰击城东北角，城墙崩塌，清军蜂拥而上，江阴失守。陈明遇巷战而死，阎应元负伤后投湖，被清军从水中拖出，不屈遇害。清军屠城至二十三日午后才"出榜安民"，城内百姓仅剩"大小五十三人"而已[3]。当时人士写了一副对联赞扬江阴百姓的英勇牺牲精神："八十日戴发效忠，表太祖十七朝人物；六万人同心死义，存大明

---

[1] 《清世祖实录》卷四十四，顺治六年五月改封孔有德为定南王授金册文。
[2] 博洛参与江阴战役除见《江阴城守纪》外，亦见《清史稿》卷二一七《博洛传》。尼堪参与此役除见《清史稿》卷二一六《尼堪传》外，《清世祖实录》卷五十七记，顺治八年五月复封尼堪为敬谨亲王军功册上云："用红衣炮攻克江阴。"
[3] 《江阴城守纪》卷下。

三百里江山。"[1]

　　江阴士民的奋勇抗战，在两个多月里顶住了数万清军的围攻；城破以后，还拼死巷战，"竟无一人降者"。《江阴城守后纪》的作者总结道："有明之季，士林无羞恶之心。居高官、享重名者，以蒙面乞降为得意；而封疆大帅，无不反戈内向。独陈、阎二典史乃于一城见义。向使守京口如是，则江南不至拱手献人矣。"在福州继统的隆武皇帝听说泾县和江阴百姓的坚贞不屈，深为感动，说："吾家子孙即遇此二县之人，虽三尺童子亦当怜而敬之。"[2]江阴战役虽然不像一些野史所记清朝"七王""翼王""十王"都阵亡于城下[3]，但参加攻城的确有后来晋封为亲王的博洛（端重亲王）、尼堪（敬谨亲王）和恭顺王孔有德。在江南各地望风披靡之时，阎应元、陈明遇以微末下吏凭借江阴百姓的支持，竟然面对强敌，临危不惧，坚持了近三个月，实在是南明史上光彩夺目的一页。学术界一些人为史可法大唱颂歌，本书作者却认为更值得歌颂的是阎应元、陈明遇为首的江阴百姓，在他们面前，史可法的官愈大、权愈重，就愈显示出其作为之渺小。

　　和江阴百姓抗清同时，嘉定县民也因清政府强迫剃发起兵。弘光朝廷覆亡后，六月十四日嘉定已经沦入清方之手，二十四日清朝委

---

[1]　《江阴城守后纪》说："时为之语曰：……"按，托名韩菼撰《江阴城守纪》则说这是阎应元在城破后亲笔所题，后一联云："十万人同心死义，留大明三百里江山。"

[2]　邵廷寀《东南纪事》卷一。

[3]　谢国桢撰《南明史略》第八十五页也说，江阴之战清军"丧亡了'三位王爷和十八员大将'"。可见这种说法深入人心，但毫不足信。清初有多少位亲王、郡王，死在何时，斑斑可考，研究清史的人都知道没有任何一位"王爷"在江阴阵亡；"十八员大将"也是一种讹传。

任的知县张维熙上任。闰六月十二日颁布剃发令，嘉定百姓愤愤不平，拒不从命。有人征询著名乡绅侯峒曾（天启五年进士，弘光时任通政司左通政使）的意见。他毅然回答："闻徐太史汧护发自裁，何不奋义？即不可为，乃与城存亡，未晚也。"[1]就是说，他反对刘宗周、徐汧的只顾自身名节的消极抵制，主张积极地起兵抗清。十七日侯峒曾带领两个儿子侯玄演、侯玄洁，进士黄淳耀及其弟黄渊耀入城倡义反清复明。他们同当地士绅会议后，决定率领百姓上城画地而守。"立挨门出丁法，分上中下三等：上户出丁若干，衣粮自备，仍出银若干，备客兵粮饷，并守城头目灯烛之费；中户出丁若干，衣粮自备，仍出银若干；下户止出一丁，分堞而守，每丁日给钱六十文，衣粮灯烛悉自备。城上分四隅，自某地至某地止，分属各图，每图择一人为长。日入后，当事者亲自巡历，以稽勤惰。其大事专属峒曾、淳耀处分"，城上竖立白旗，大书"嘉定恢剿义师"[2]。

嘉定绅民起义反清后，清吴淞总兵李成栋（原为高杰部将，曾任明朝徐州总兵）立即领兵来攻。侯峒曾、黄淳耀等人想借用城外乡兵扼阻清兵。可是，四乡乡兵都是临时组织起来的农民，根本没有作战经验，人数虽多，却难以同正规清军作战。即如史料所言："诸乡兵未谙兵势，争裹粮厉兵而来。峒曾、淳耀等亲自临城，勉以忠义，言与泪俱，人皆感奋。因下令诸乡勇能鼓众赴敌者，每人先给白布二疋，仍每日颁折饷银二钱；有能得敌人首级者，每颗给银十两。""七月初一日，会兵砖桥东，不下十余万人，排挤拥塞，纷呶

---

[1] 张岱《石匮书后集》卷三十四《江南死义列传·侯峒曾传》。按，徐汧六月十一日投水自尽。
[2] 《嘉定屠城纪略》。

如聚蚊，多适为累。清兵每战必分左、右翼；乡兵不识阵势，呼为蟹螯阵。每发挑战，多不过十余骑，皆散落不集一处。诸乡兵遥见兵出，拥挤益甚，手臂摩戛，轧轧作声。"[1]这种乌合之众自然抵挡不了清军。双方才一交锋，乡兵就不战自溃，"走者不知所为，相蹈藉而死"，许多人被挤入河中淹死，"尸骸乱下，一望无际"[2]。

七月初三日，清军大举攻城；次日城破，侯峒曾奋身投入池中，被清兵拖出斩首，其子玄演、玄洁遇害，黄淳耀、黄渊耀等自缢。李成栋下令屠城，"兵丁遂得肆其杀戮，家至户到，小街僻巷，无不穷搜；乱苇丛棘，必用枪乱搅，知无人然后已。丁兵每遇一人，辄呼：蛮子献宝！其人悉取腰缠奉之，意满方释"。"虽至穷苦，必以一簪一珥系肘间，曰：此买命钱也！""遇他兵胁取如前，所献不多，辄砍三刀，至物尽则杀。故僵尸满路，皆伤痕遍体，此屡砍使然，非一人所致也。予邻人偶匿丛篠中得免，亲见杀人情状；初砍一刀，大呼：都爷饶命！至第二刀，其声渐微，已后虽乱砍，寂然不动。刀声劐然，遍于远近；乞命之声，嘈杂如市，所杀不可计数。其悬梁者、投井者、断肢者、血面者、被砍未死手足犹动者，骨肉狼藉，弥望皆是，亦不下数千人。三日后自西关至葛隆镇，浮尸满河，舟行无下篙处……"[3]这就是史册上臭名昭彰的嘉定屠城。

昆山县绅民在原郧阳抚院王永祚、翰林院编修朱天麟、知县杨永言等倡议下，杀清委知县阎茂才（原为明朝该县县丞），起兵反清，推废将王佐才为帅。顾炎武、归庄等爱国志士都积极参与义举。

---

[1] 《嘉定屠城纪略》。

[2] 《嘉定屠城纪略》。

[3] 《嘉定屠城纪略》。

七月初六日，清军破城，朱天麟等逃出，王佐才被俘杀。清军屠城，士民死难者数万人[1]。

在吴淞地区起兵的义师有镇南伯黄蜚、吴淞总兵吴志葵等人，弘光朝吏部考功司主事夏允彝任监军。义军一度进攻苏州，副总兵鲁之玙带领三百人突入该城，被清军设伏击杀[2]。黄蜚、吴志葵退守泖湖。八月初六日，清军用小船截断泖湖出口，乘风纵火，明军水师船只高大，运转不灵，被烈火焚毁。黄蜚、吴志葵都被活捉，九月初四日在南京遇害。[3]夏允彝见兵败无成，于九月十七日在淞塘投水自尽[4]。

吴日生等人在太湖中的义军给清军的打击最沉重。吴日生，名易[5]，吴江县人，崇祯十六年进士，曾在史可法幕中任参军。弘光朝

---

[1] 据顾炎武、归庄年谱云昆山城破，"死者四万人"。温睿临《南疆逸史》卷三十六《王佐才等传》作"士民男女死者数十万"，当为夸大之词。

[2] 侯玄涵作《吏部夏瑗公传》记，吴志葵与陈子龙、徐孚远等与陈湖义兵阴相勾结，"志葵与参将鲁之玙率舟师三千，自吴淞江入淀、泖，窥苏州"。见《夏完淳集笺校》第五一九页，陈湖当即澄湖，淀、泖当即淀山湖、泖湖。

[3] 顾炎武《都督吴公死事略》，引自《顾亭林诗文集》，中华书局1983年排印本，第二二二页。按，顾炎武记黄蜚、吴志葵战败于黄浦。他书有记黄蜚为总兵、吴志葵为副总兵、鲁之玙为参将者，南明官制紊乱，炎武撰文乃据吴志葵从弟所作行状，文尾又说他自己"有再从兄子清晏以武进士为宝山守备，亦从公死于黄浦"。当较为可信。

[4] 夏允彝自尽时间有记于八月者，王弘撰作《夏孝子传》定为九月十七日，见《夏完淳集笺校》第五四五至五四六页。

[5] 吴日生之名各书记载不一致，有的作吴易，有的作吴昜。顾炎武有《上吴侍郎昜》诗，王蘧常据此断言当作吴昜，见《顾亭林诗集汇注》第九十五页。柳亚子《怀旧集》内《明季吴江民族英雄吴日生传》依据吴日生1636年自刻制举文署名吴易，证明日生确名吴昜。又陈子龙等在崇祯末年编刊的《皇明经世文编》卷首有宋徵璧撰凡例，提及"吴日生易"为其"良友素知"，当不致误。

廷覆亡后，他和举人孙兆奎同入太湖起兵抗清。闰六月十一日攻入吴江县，杀清知县朱廷佐（原明朝吴江县丞）。他们利用清军不擅水战的弱点，凭借太湖辽阔的水域和四通八达的水上航路同清军作战。1646年（顺治三年）正月十五日，太湖义军再度攻入吴江县，杀署县事孔胤祖及县承张允元[1]。同年三月二十五日，吴日生等聚集一千多条船只，声言再攻该县。清署县事陈日升吓得魂不附体，向驻守苏州的江宁巡抚土国宝、吴淞提督吴胜兆呼救。吴胜兆派副将汪懋功领兵堵剿。二十六日双方在梅墩交战。吴日生知道清军不习水战，事先派部下操舟好手混于民间，清军抢掠百姓船只载兵追击，这些健儿即扮成水手为之操舟，行至湖中，纷纷跳入水中，取出工具把船只凿沉，清军淹死近千名，汪懋功也被击毙。太湖义军一时声势浩大，隆武朝廷和鲁监国政权都给吴日生加官晋爵，以示鼓励。清政府也视其为心腹之患，想尽办法予以摧毁。1646年六月，吴日生在嘉善赴宴，被清政府探知，派兵擒获。吴日生牺牲后，清军继续对湖中义军剿抚兼施，到次年才基本上平定了太湖地区的武装抗清斗争，一部分有志之士则转入地下活动。

第三节 英霍山区的抗清斗争

位于湖北、安徽、河南三省交界地带的大别山区层峦叠嶂，形势非常险要，明朝末年称之为英霍山区，革左五营义军曾经在这里安

---

[1] 顺治三年八月江宁巡抚土国宝揭帖，见《明清史料》己编，第一本，第十八页。

营扎寨，抗拒官军的追剿；当地一些地主官绅为了对付农民军，也据险结寨，相互连保。1645年清军南下，弘光朝廷覆亡，江南百姓迫于清廷的剃发令奋起抵抗时，这一地区的绅民也闻风而动，利用原先的山寨作为抗清的据点。其中比较著名的是所谓蕲黄四十八寨。

湖北黄冈县白云寨主易道三、大岐寨主王光淑联络附近四十多个山寨，"阻遏粮饷，违抗剃令"[1]，商定遇有清军来犯，互相救援。崇祯末年曾经担任过兵部尚书的张缙彦由于在河南站不住脚，逃到英山，被四十八寨"推为盟主"[2]。在湖北、安徽、江西都被清军占领的情况下，英霍山区的联寨抗清，虽然形同孤注，却因为扼据鄂、皖通道，牵制了清军的行动。1645年（顺治二年）十一月，清湖广总督佟养和与湖广巡抚何鸣銮会商，决定派黄州总兵徐勇领兵进剿。十一月十五日，徐勇率部进抵白云寨，次日大举进攻，大岐寨主王光淑统领各路兵数万人来援，双方苦战一天，互有伤亡。十七日，徐勇重新调整部署，把所部清军分为三路，寅时鸣炮为号，同时杀出。王光淑见西路抵敌不住，亲自前往策应，不料被清兵用枪搠于马下，当阵活捉。各路寨兵见王光淑被擒，无心恋战，纷纷逃窜，清军乘胜追杀数千人。白云寨主易道三心寒胆落，向清军投降。徐勇下令将大岐、白云、泉华等寨城屋一律拆毁。十二月初三日，徐勇引兵进至蕲水县（今湖北省浠水县）斗方寨，把该寨四面包围。斗方寨内除

---

[1] 顺治二年十二月二十日湖广巡抚何鸣銮为塘报事题本，见《明清档案》第三册，A3—183号。

[2] 顺治二年十二月二十八日招抚江南各省地方内院大学士洪承畴"为恭报旧枢投诚归顺事"题本，见《明清档案》第三册，A3—191号。同年十一月江宁巡按毛九华揭帖中也说："四十八寨系邵兵道（邵起）所练……张部台名缙彦者主持其间"，见《明清史料》丙编，第六本，第五一八页。

了寨主周从勋本部义军外，还有从英山请来的援兵副将陈福所部四百人。陈福见清军势大难敌，竟暗中带领千总二名于夜间往清军营中投降。徐勇当即面授机宜，让他们返回斗方寨充当内应，约定次晨以炮为号，里应外合。初四日，周从勋正在寨上指挥，清兵攻至寨门，举放号炮，陈福立即配合清军活捉周从勋与张缙彦委任的英山知县刘时叙，斗方寨城屋全部放火焚毁。王光淑、易道三、周从勋、刘时叙被解到武昌斩首示众[1]。

就在英山一带的抗清义军遭到徐勇所统官兵镇压时，被四十八寨推为盟主的张缙彦却腼颜手书投降信札，表示愿与道臣李昇、邵起（邵为分巡汝南道，李不详）一同归顺清朝。这封信经清安庆巡抚李犹龙转达给在南京的内院大学士洪承畴。由于在崇祯年间洪承畴任职陕西时张缙彦是他的下属，"知信甚深"，洪承畴向清廷力保，准其投降[2]。张缙彦等降清后，英霍山区的抗清斗争仍在继续。义师拥戴明朝宗室朱常巢在太湖县司空山寨，号称荆王，先后趁清军不备，袭破太湖、宿松二县。直到1648年（顺治五年）金声桓、王得仁在江西反清时，蕲黄义师还曾配合活动。

第四节　皖南各地的抗清斗争

1645年黄得功遇难，部将降清后，太平府属当涂、芜湖、繁昌

---

[1]　上引《明清档案》第三册，A3—183号。参见顺治三年正月招抚湖广右佥都御史江禹绪揭帖，见《明清史料》甲编，第二本，第一四四页。
[2]　上引《明清档案》第三册，A3—191号。

三县落入清方之手。休宁县人金声（崇祯朝曾任监军御史等职）和江天一起兵于徽州府，接着在六、七月间有邱祖德（四川成都人，明末仕至山东巡抚，因曾任宁国府推官，寄寓于该地）响应于宁国，尹民兴响应于泾县，朱盛浓、吴应箕响应于石埭县。义军先后收复了已递降表的青阳、石埭、建德、东流、宁国、旌德等县。清政府在今皖南只据有太平府属三县和南陵、宣城、贵池等县。金声等人得知隆武帝在福州即位，派使者前往奏捷。隆武帝非常高兴，派中书舍人童赤心携带诏书敕印，任命金声为右都御史、兵部右侍郎提督南直军务。清军提督张天禄、池州总兵于永绶等统兵分别进剿。七月初四日，尹民兴部进攻南陵县城，初九日被张部清军击败。当时，宁国府管辖的六县百姓因不肯剃头，群起反抗。清方一份奏疏中说："是时宁国府城外遍地逆民。"七月十六日，尹民兴自泾县，万曰吉、金声自宁国县与刘鼎甲、吴之球等部义军围攻宁国府治宣城县，射伤清知府朱锡元。张天禄派总兵丘越前往镇守，副将杨守壮、赵大捷等赴援。八月十二日，围攻宣城的义师被清军击败，军师邱祖德被俘，"供与金声、万曰吉同行举事，愿死，等语"[1]。第二天，刘鼎甲、吴之球也被活捉。八月十六日，清将张天禄、卜从善、杨守壮、李遇春等率军进攻泾县，尹民兴见敌军势大，在当晚逃出城外，次日城破。清军把参与守城的三千余名民兵全部处斩。九月十一日，张天禄决定分兵两路攻取徽州，副将胡茂祯、张应孟由宁国进军，他自己与卜从善、李仲兴、刘泽泳由旌德进军。二十日，张天禄部经翚岭、新岭直抵绩溪

---

[1] 顺治二年十一月巡按江宁等处监察御史毛九华"为恭报池太徽宁广德府州情形事"揭帖，见《明清档案》第三册，A3—166号。

城下,"金声已出南门逃出,杨守壮追及,生擒之"[1]。二十二日,徽州府城降清;十月上旬黟县、祁门、婺源(今属江西省)也先后具文投降。吴应箕在石埭、青阳被清军占领后,仍然到处招兵,准备重整义师,不幸于十月十三日在乘顶山遭到清军追击,被擒后因伤重身死[2]。金声、江天一被解至南京,十月十八日遇害。万曰吉、尹民兴、朱盛浓先后逃出,继续从事反清复明运动[3]。皖南的抗清斗争至此以失败告终。

[1] 见上引《明清档案》第三册,A3—166号。张岱《石匮书后集》卷三十七《黄道周金声列传》记金声兵败被擒事云:"先是,声与黄澍为文字知己。后以澍挟左良玉称兵犯阙,请诛士英,益附澍。丙戌,清兵至徽,徽不即下,澍携数十人仓皇至城下,自言湖广逃回,来与协力。声信而纳之。为内应,城陷,遂缚声槛送留都,见清督师洪承畴。声大声问洪曰:尔识我否?承畴曰:岂不识金正希。洪亦问曰:尔识我否?声曰:不识也。承畴曰:我便是洪亨九。声喝曰:咄,亨九受先帝厚恩,官至阁部,办卤阵亡,先帝恸哭辍朝,御制祝版,赐祭九坛,予谥荫子,此是我明忠臣,尔是何人,敢相冒乎?承畴闻之,面颊不出一语。"温睿临《南疆逸史》卷十四《金声传》记"九月二十日,故御史黄澍导大兵入绩溪,声为杨守壮所获⋯⋯(押至南京)总督欲降声,礼而馆之。不欲。十月十八日,牵诣通济门",同时遇害者有江天一。按,张岱所记金声被俘时间(丙戌,1646)、地点(徽州府城歙县)均误。温氏所记时日,情节与清方相符,但清江宁巡按毛九华奏疏中未提及黄澍做向导事。

[2] 顺治二年十一月江宁巡按毛九华揭帖,见《明清史料》丙编,第六本,第五一六页。

[3] 万曰吉后来因秘密从事反清活动,在南京被捕遇害;前页注释中所引该件档案云:"万贼为都司刘自什射死"显系讹传。尹民兴、朱盛浓先后参加了隆武政权和永历政权,见温睿临《南疆逸史》卷四十八《朱盛浓传》。

第五节　陕西各地的抗清运动

1645年（顺治二年）正月，李自成、刘宗敏率部撤离西安，接着李过、高一功会同西北部分地区的大顺军也撤出陕西。清军两大主力分别在三月间由陕西转入河南：多铎部取道归德南下进攻弘光朝廷；阿济格部则紧追由李自成亲自率领的大顺军主力。留在陕西的清军力量自然相当单薄。于是，一些抗清武装乘时而起，其中影响较大的有贺珍、武大定、孙守法等部。

贺珍原是大顺军旧部，当清朝重兵入陕、大顺政权瓦解的时候，他伙同罗岱、党孟安、郭登先以汉中之地投降清朝，由英亲王阿济格札授汉中总兵。[1]陕北等地大顺军在李过、高一功、李友、田虎等率领下取道汉中入川时，他率部阻击，被李过、高一功等奋力击败，兵马损伤不少。接着在1645年六月左右，张献忠派军北攻汉中，贺珍又"诈称大清兵威迎敌"，献忠兵不知虚实，退回四川。[2]这年九月，清廷"以汉中投诚总兵贺珍御贼有功，授为定西前将军"[3]。然而，这只是表面文章，实际上对他却是严密监视，处处提防。早在这年五月清陕西总督孟乔芳就在奏疏中说："惟新招汉中贺珍、罗岱、党孟安、郭登先四总兵，查得此辈原非明朝旧官，俱是流贼起手头目。曩自败遁盘踞汉中，臣屡发谕帖，示以我皇上

---

[1] 清陕西三边四川等地总督孟乔芳在顺治二年四月题本中说："惟汉中距省千余里，流贼伪总兵贺珍、党孟安、罗岱、郭登先等，臣发谕招抚，亦已归顺。"见《孟忠毅公奏议》卷上。
[2] 顺治二年闰六月初十日陕西三边总督孟乔芳"为再报四川情形以图治理事"奏本，见《顺治录疏》抄本。
[3] 《清世祖实录》卷二十。

威德，并陈之利害，方畏威投顺，缴送伪印。罗岱亲至西安，臣已调拨延安驻扎，与总兵姜瓖同居一城，以为钤制；贺珍、郭登先亦调凤翔，再为分拨；止留党孟安统兵一万仍住汉中，以为进剿张逆（指张献忠）并防汉中城池。但四将俱系逆闯亲信之人，恐狼子野心反复不定，俱在陕西深为不便。伏乞我皇上将贺珍、郭登先以有功名色升调宣大或山东一带地方安置，实为解散之计也。党类既散，总（纵）有叵测，亦无能为矣。"[1]

孟乔芳阴行解散的方针引起了贺珍等人的警惕。当时多铎、阿济格统领的清军主力都已远离陕西，孟乔芳节制的官兵只有一万二千余名，除四千五百名是他的标兵外，其他如凤翔总兵董学礼部六千名、宝鸡总兵高汝砺部五百名等都是刚刚投降过来的。[2]孟乔芳兵力既不足，妄想以一纸文书解除贺珍等人的兵权，结果适得其反。正如他在闰六月初十日题本中所说："汉中新招总兵贺珍、罗岱、郭登先、党孟安，臣见蚁聚汉城，行牌调出栈道，欲以弭其逆萌、消其凶势也。其中罗岱乃曹操（罗汝才）亲信之人，非贺珍族类，臣已调赴延安讫。贺珍等仍驻汉中，肆行屠掠，屡行檄调，借口汉民保留支吾不前。且四川州县既降，残黎皆我赤子，张逆愤恨吴宇英投顺我朝，围攻月余，珍等坐视不救，以致陷毙，大拂来归之望。"接着，他又建议派明朝旧将康镇邦、董学礼领兵前赴汉中，以同镇汉中及入川为

---

[1] 顺治二年五月二十二日总督全陕军务刑部左侍郎孟乔芳"为分拨降兵伏祈圣鉴事"奏本，见《明清档案》第一册，A2—201号。
[2] 孟乔芳顺治二年六月十六日"为清报官军数目酌定经制事"题本，见《孟忠毅公奏议》卷上。

名伺机改编贺珍部，接管地方。[1]七月初二日，清兵部侍郎朱马喇题本内引用了孟乔芳所说贺珍等原是"狼子野心，阳顺阴逆"的话，而新委汉中总兵尤可望手中无兵，建议暂驻西安，等待固山额真和罗会（何洛会）所统清军到达后再"相机进取，以图万全"[2]。事情的发展并没有按照孟乔芳的上述分拨计划进行，长期镇守汉中的贺珍不愿意轻易放弃这块地盘，顺治二年十一月二十八日的一份揭帖表明他已识破孟乔芳的意图，擒杀党孟安、郭登先，借以巩固自己的权势。在揭帖中他自我表功说，清军入陕后"即称顺治年号，具文投诚，蒙英王并督臣孟乔芳嘉与维新，札授汉中总兵。继□李逆余孽伪侯伯李锦、高一功、李友、田虎等数营之众，蹂躏地方，职复驱剿逃溃。并矽阳顺阴逆、播害地方之党孟安、郭登先，是以汉属地方安堵，民获衽席"[3]。孟乔芳的如意算盘落空，双方矛盾迅速激化。半月后，贺珍就举兵反清。

1645年十二月中旬，贺珍领兵进攻凤翔县城。十七日晚上，该城驻防副将武大定、石国玺率部响应，贺珍一度占领该县。十二月二十二日，武大定杀"本镇总兵何世元、固原兵备道吕鸣夏等"[4]。不久，因清朝援兵赶到，贺珍部才撤离凤翔[5]。贺珍反清后，原地

---

[1] 孟乔芳"为再报汉中情形并陈开川事理仰祈圣鉴以奏荡平事"题本，见《孟忠毅公奏议》卷上。

[2] 顺治二年七月初二日兵部侍郎朱马喇等"谨题为再报汉中情形并陈开川事理仰祈圣鉴以奏荡平事"，见《顺治录疏》抄本。

[3] 顺治二年十一月二十八日贺珍揭帖残件，《明清史料》甲编，第二本，第一三三页。

[4] 顺治三年陕西巡抚雷兴启本残件，见《清代农民战争史资料选编》第一册（上），第六十页。

[5] 陕西三边总督孟乔芳"为贪枭通贼事"揭帖，见《清代农民战争史资料选编》第一册（上），第五十五页。

方武装孙守法、胡向宸等主动领兵前来联络，共同抗击清军。孙守法原来是明朝陕西副总兵，1643年（崇祯十六年）冬，大顺军占领陕西后，他逃入终南山中，与大顺军为敌。[1]1645年（顺治二年）清军入陕，他又拥戴明朝秦王的儿子为号召，在五郎山进行抗清。[2]贺珍、孙守法、胡向宸等探听得知陕西清军不多，合议一举夺取省会西安。从十二月下旬起，贺珍等部马、步兵七万进攻西安，一时声势颇盛，清廷委派的陕西巡按黄昌胤以及泾阳知县张锡蕃也向义军投降（后来两人都被清政府捕杀）[3]。清朝陕西三边总督孟乔芳据城扼守，急请固山额真李国翰领兵来援。1646年（顺治三年）正月初五日，清军在西安西郊击败义军[4]，同月二十五日又"歼贼连营于乾州"[5]，稳定了西安地区的局势。随着清廷派遣的定西大将军何洛会带领的满、汉兵的到来，陕西清军不断增强，贺珍、武大定、孙守法等部转移到兴安一带。

贺珍、孙守法、武大定的反清是以复明为号召的。如孙守法以秦王的儿子为"秦王"，在顺治三年"正月内印刷伪示，妄称弘光年

---

[1] 李清《南渡录》卷四引兴平伯高杰疏云："陕西实授副将加都督同知孙守法，当贼入关，势力不支，左（光先）、白（广恩）诸大将俱已俯首投顺，独守法挺身不屈，置家属妻子罔顾，径削发奔入终南山，号召乡勇，必欲恢剿复仇。"

[2] 《清初内国史院满文档案译编》中册，第二〇二至二〇三页记载，何洛会、孟乔芳奏报"驻西安府秦王有二子"，顺治二年十一月初十日有土贼"孙率"将秦王一子带往吴郎山。同书第一七七页记十月间"孙率"已往五郎山。可知"吴郎山"为五郎山之误，"孙率"为"孙帅"之误，即孙守法。

[3] 《清世祖实录》卷二十三。

[4] 康熙七年《咸宁县志》卷七《杂志·祥异》记："顺治二年十二月，贺珍围会城，邑民多被蹂躏。三年正月五日始败去。"参见《清世祖实录》卷二十三，顺治三年正月辛酉日定西大将军何洛会奏报。

[5] 见前引顺治三年陕西巡抚雷兴启本残件。

号"；这年三月间原大顺军光山伯刘体纯率部由河南进入汉中，同贺、孙等部会合，"四月内抄传伪票，又改隆武年号"，"孙守法自称总督五省总督"[1]。五月三十日，刘体纯、贺珍、孙守法等部攻克兴安州，清守道、参将等官被俘。[2]

正当陕西各地抗清运动高涨的时候，清廷先后派何洛会、肃亲王豪格统领大军入陕。1646年六月，守法退回五郎山；八月，武大定败于兴安境内；九月，王光泰败归郧城，又败走房、竹。丁亥年（1647）正月，守法奔石子城；二月，走长安石鳖谷。三月朔，守法破宁州，与高勋等据兴安州之乔麦山。清陕西三边总督孟乔芳引兵攻之。四月八日，伏甲深林，以轻骑诱守法出，擒之。守法犹执铁鞭格杀数十人乃死，传首西安。大定入蜀。[3]

---

[1] 顺治三年六月二十九日陕西汉羌总兵尤可望揭帖，见《清代农民战争史资料选编》第一册（上），第七十三至七十四页。《南疆逸史》卷三十八《孙守法传》云："隆武帝闻之，遣使间道封守法、大定俱为伯。"

[2] 顺治三年六月二十九日陕西汉羌总兵尤可望揭帖，见《清代农民战争史资料选编》第一册（上），第七十三至七十四页。《南疆逸史》卷三十八《孙守法传》云："隆武帝闻之，遣使间道封守法、大定俱为伯。"

[3] 《南疆逸史》卷三十八《孙守法传》。

第八章
隆武政权同鲁监国的争立

第一节 隆武政权的建立

1645年六月十一日,唐王朱聿键见潞王朱常淓已经决定投降,不胜愤慨,在一批文官武将的支持下,离开杭州前往福州筹办监国。倡先拥戴朱聿键的实际上是靖虏伯郑鸿逵,黄道周在这年六月十九日记载:六月十一日,清兵进抵塘西,马士英被方国安兵裹胁而去,他"与德公、麂子赤亟移舟至富春,遂不知临安动静。惟闻岸上鼓吹响甚,则朱大典、阮大铖翱翔从富春拿舟欲入婺州者矣。予至桐庐,郑靖虏檄所在扶驾,恫疑久之,见其人乃称圣驾盖唐王,非潞王也。大典适过访,亦云:'唐藩未还封,安得至此!'诸人旨以虏信甚迫,临安不能孤存,潞王闭阁修斋,亦度不能修康王(指宋高宗赵构)故事。郑为桑梓,不作段熲、张方,能作如此事,须当与众推之。十有三晚,始从舟中晤唐殿下,慷慨以恢复自任,遂同诸臣交拜,约成大业。明日，乃具小启，共请监国。虽靖虏意，亦以板荡之会，非太祖亲藩不足复襄大业也"[1]。

　　封建时代帝位的继承，血统的亲疏是个重要条件。唐藩朱聿键是朱元璋第二十二子朱桱的八代孙，在谱系上同崇祯皇帝相距很远，按常规是轮不到他的。黄道周等大臣参与郑鸿逵的推举有三个原因：一是朱由检的叔父、兄弟只剩下在广西的桂王，而当时的南明政治中心却在东南，朱常淓、朱常润降清以后东南士绅急于解决继统问题，不得不就近从疏藩中推选。二是明朝唐藩封地为河南南阳，这里正是东汉开国皇帝刘秀的故乡，在黄道周等人看来真可谓"起南阳者即复汉家之业"，"以今揆古，易世同符"了。[2]隆武时任督师阁部的杨廷麟也在诗中写道："中兴自古旧南阳"[3]，这虽带有颂圣的意味，却也反映了相当一部分扶明官绅的心理状态。三是朱聿键在明朝藩王中确实是位鹤立鸡群的人物。他虽出生于王府，却从小就饱经患难，原因是他的祖父唐端王不喜欢长子（朱聿键之父），有立爱子之意。朱聿键即皇帝位后写的一篇自叙中说："……端王子追封裕王，裕王万历二十二年立为庶子，长子即朕也。家庭多难，端不悦裕，囚在内官宅。母毛娘娘生朕于万历三十年（1602）四月初五日申时……。祖不悦，而生祖之母为曾祖母魏悦之。八岁延师，仅辩句读。十二

---

[1]　黄道周《逃雨道人舟中记》，见《黄漳浦集》卷二十四，记。据此可知黄道周的参与拥戴是在六月十三日晚上，第二天具启请朱聿键监国。《思文大纪》卷一云黄道周六月十一日上第一疏，十二日上第二疏，日期稍误。又，文中德公指涂仲吉，见《临安旬制记》卷二；黄道周《答杨伯祥太史书》中亦提及涂德公，见《清江杨忠节公遗集》卷六，同书卷四杨廷麟有《涂德公内史过访》七言诗。

[2]　《思文大纪》卷一。

[3]　《清江杨忠节公遗集》卷四《赠李尚书二首》。

238

岁,曾祖母薨,祖即将朕与父同禁,篝佛灯日夜苦读。禁十六年,朕二十八岁尚未报生焉。崇祯二年(1629)二月,父为叔鸩,朕誓报仇。赖有司之持公,天启心于祖考念,请于烈庙,奉敕准封。本年十二月十二日,祖考亦薨,朕乃奉藩。五年六月初二日受封;九年六月初一日请觐;七月初一日报仇(指杀其叔父);二十日请勤王,八月初一日起行,十一日见部咨,寇梗回国;十一月二十一日奉降迁之命,责朕以越关、擅毙。十年三月二十二日到凤阳高墙;五月大病,中宫割股。十二年朱大典请宥;十四年韩赞周请宥;十六年路振飞请宥更切。十七年二月十三日奉旨,'该部即与议覆',而有三月十九日之事,不及全受先帝之恩矣,痛哉!……"[1]

读了这篇自叙,可以知道朱聿键和其他藩王的经历有很大的不同,虽说贵为王孙,在出生后的四十三年里除七年奉藩以外,其余岁月都是在逆境中度过的。多灾多难的经历使他受到了其他藩王所没有的磨炼,增加了许多阅历,在国家处于危难时期正是充当最高统治者的有利条件。黄道周写的劝他接受监国的表文中就有这样的文字:"险阻备尝,晋公子之播迁,良有以也;闾阎亲历,史皇孙之艰难,岂徒然哉!"[2]朱聿键正是在这样一种特殊条件下,被推上了维系明统的监国和帝位;他是位胸有大志的人,自然也正中下怀。

六月十五日,黄道周第三次请监国疏中说:"近闻清逼武林,人无固志。贼臣有屈膝之议,举国同蒙面之羞。思高皇创业之艰,退一尺即失一尺;为中兴恢复之计,早一时即易一时。幸切宗社之图,勿

---

[1] 《思文大纪》卷二;李天根《爝火录》卷十一。两书所载文字略有不同,互作校改。另据邵廷寀《东南纪事》卷一记:"福王初立,大赦,聿键出高墙,封南阳王,遣官送寓平乐,未至而南都陷。"
[2] 《思文大纪》卷一。

固士大夫之节。神器不可以久旷，令旨不可以时稽。亟总瑶枢，以临魁柄。"经过这徒具形式的三推三让以后，朱聿键表示"万不得已，将所上监国之宝，权置行舟。……俟至闽省，面与藩镇文武诸贤共行遵守"[1]。十七日，朱聿键行至浙江衢州，就在检阅军队时发布誓词，表示将亲提六师"恭行天讨，以光复帝室；驱逐清兵，以缵我太祖之业"[2]。表明他已公开接受监国重任。闰六月初六日，由南安伯郑芝龙等迎接入福州。次日，正式就任监国。二十天以后，又在臣僚的拥戴下于闰六月二十七日即皇帝位，纪元从本年七月初一日起改称隆武元年，以福州为临时首都，政府名为天兴府，以原福建布政使司作为行宫。这就是南明史上第二个政权，一般称为"隆武政权"。

朱聿键以明朝疏藩即位称帝，尽管他颇想有一番作为，重建明朝江山，可是他一年以前还是高墙中的罪宗，既缺乏自己的班底，又没有足够的名分，这一先天弱点使他不能不依赖倡先拥立的福建实权人物郑芝龙、郑鸿逵兄弟。即位后他就以拥戴之功加封郑芝龙为平虏侯、郑鸿逵为定虏侯、郑芝豹为澄济伯、郑彩为永胜伯。为了收揽人心，任命黄道周、蒋德璟、苏观生、何吾驺、黄鸣俊、陈子壮、林欲楫、曾樱、朱继祚、傅冠等二十余人为大学士，入阁人数之多，在明代历史上从未有过。[3]任命张肯堂为吏部尚书，何楷为户部尚书，吴春枝为兵部尚书，周应期为刑部尚书，郑瑄为工部

---

[1] 《思文大纪》卷一。

[2] 《思文大纪》卷一。

[3] 有的史籍记隆武朝一年多时间里入阁为大学士者有三十余人。姓名见之于《思文大纪》者有二十四人，从朱大典的列名阁衔，参考其他文献，隆武帝对鲁监国所授阁臣一律承认，授予大学士官衔，问题是有的没有接受，统计上难以准确。

尚书，曹学佺为太常寺卿[1]。

隆武朝廷建立后，颁诏各地，得到了两广、赣南、湖南、四川、贵州、云南残明政权的承认。

第二节　鲁王朱以海监国浙东

1645年（顺治二年）六月，潞王降清，浙江省会杭州被清军占领，不少州县也递上降表，归顺清朝。"闰六月初旬，颁开剃之令，人护其发，道路汹汹；又郡县奉檄发民除道开衢为驰马之地，人情益恇扰。"[2]在这种情形下，亡国之痛以强迫剃头为引线迅速点燃了一场反清的熊熊烈火。闰六月初九日，明原任九江道佥事孙嘉绩起义于余姚，杀清朝委署知县王玄如；初十日，生员郑遵谦起兵于绍兴；十二日，又发生了宁波的抗清运动。

浙东的反清起义，和福建的隆武政权有一个重大区别：浙东是在本地当权官绅已经投降清朝以后，一批有志之士激于剃头改制，揭竿而起，不顾杀身亡家的危险而展开的反清复明运动。它的骨干成员大多数是些社会地位比较低的明朝生员和中下级官员。

浙东民风比较强悍，1643年在东阳爆发了许都领导的反对贪官的运动，很短时间就攻克了附近几个县，明政府束手无策，绍兴府推官陈子龙凭借个人关系对许都进行招抚，保证他的生命安全，不料许都投降后却被巡按御史左光先处死。[3]郑遵谦同许都是生

---

[1]　《东南纪事》卷一。
[2]　林时对《荷牐丛谈》卷四，《蠡城监国》。
[3]　许都事件见陈子龙自撰《年谱》，《陈子龙诗集》附录一。

死之交，东阳起事后，他也准备响应，被其父郑之尹（曾任山西按察司佥事）关在房里，才未能实现。1645年六月，潞王降清后，浙东郡县也望风归附，绍兴府通判张愫降清被任为知府，彭万里任会稽知县。郑遵谦的父亲郑之尹也亲赴杭州剃发降清。深怀报国之心的郑遵谦却大义凛然地决定起兵反清。他联络一批志同道合的朋友和郡将，慷慨声称："天下事尚可为，我欲举义旅，何如？"得到大家的支持。于是在闰六月初十日树立大旗，招兵誓师，有众数千人。他下令把张愫、彭万里处斩，自称义兴元帅。为了解决义军粮饷问题，郑遵谦召集曾任明朝尚书的商周祚、姜逢元等缙绅开会，要求他们拿出钱来。有的缙绅诉说家境贫困，难以应命。郑遵谦大骂道："若受高官厚禄数十年，今国破君亡，尚欲拥厚资安享耶？"命人拖出斩首，阔老们吓得胆战心惊，只好答应按额输饷。正在这时，他的父亲郑之尹从杭州回来，见形势陡变，大吃一惊，跪在遵谦面前磕头大哭道"汝幸贷老奴命，毋使覆宗"，妄想以父子之情劝说遵谦不要同清朝作对。郑遵谦毫不动摇，绝裾而去。《南疆逸史》的作者温睿临在记述这件事时不胜感叹地写道："明之绅士，大约荣利禄，趋声势，私妻子是计耳。宁有君父之戚，家国之感乎哉！故闯至则降闯，献至则降献，一降不止则再，其目义士皆怪物耳！"[1]这段话颇能说中肯綮，明末清初大多数高官显贵在天翻地覆的大变乱之际，最关切的是千方百计维护自己聚敛起来的巨额财富，国家民族的利益被置之度外。

继绍兴府之后，又发生了宁波府的反清运动。宁波府同知朱之葵、通判孔闻语已纳款于清贝勒博洛，博洛随即委任之葵为知府、闻

---

[1] 温睿临《南疆逸史》卷五十三。

语为同知。鄞县生员董志宁首先倡义反清，聚集诸生于学宫商议，其中著名的还有王家勤、张梦锡、华夏、陆宇爔、毛聚奎，这就是某些史籍中说的"六狂生"。董志宁等决定起兵时，曾遍谒在籍各乡绅，均遭拒绝。闰六月初十日，清知府朱之葵为清军运粮至姚江，因道路不通返回鄞县。同日，孙嘉绩派人来鄞县约其门人林时对起兵响应。林时对曾任明朝吏科都给事中，他在十一日和沈延嘉、葛世振、徐殿臣等商议后，认为原太仆寺卿谢三宾"饶于资，向监军山左，曾身历戎行，宜奉之为主"，四人一道前往恳求，谁知谢三宾坚持不允，曰："势如压卵，若辈不畏死耶？"无论林时对等怎样劝说，峻拒如故[1]。林时对等于失望之余，与董志宁等人商量决定推原刑部员外郎钱肃乐为盟主，十二日邀集众乡绅到城隍庙开会。清知府朱之葵、同知孔闻语也来观察动静。当时，除了策划者以外，被邀而来的乡绅们还不清楚是怎么回事，听说知府、同知莅临，竟然降阶迎接。董志宁、林时对当机立断，撕毁之葵、闻语的名刺，宣布拥戴钱肃乐起兵反清。几千名围观百姓欢声雷动，当即拥簇着钱肃乐到巡按署中任事，隶属于海防道的两营兵和城守兵也表示支持抗清。朱之葵等见局面翻转，向百姓哀告饶命，得以释放。宁波府城鄞县自此复为明守。

当时，驻于定海的浙江防倭总兵王之仁业已投降清朝，贝勒博洛命他继续担任原职[2]。宁波府城反清后，谢三宾为了保住身家性命，派人携带亲笔书信前往定海请王之仁出兵镇压，信中说："瀹瀹讻讻，出自庸妄六狂生，而一稚绅和之。将军以所部来，斩此七人，

---

[1] 林时对《荷牐丛谈》卷四，《蕋城监国》。
[2] 王之仁在1645年六月清军入浙时一度降清，顺治二年闰六月定国大将军豫王多多（多铎）等"为塘报事"奏本中说："防倭浙江总兵官王之仁归顺，所部将领官兵共二万五千名。"见《顺治录疏》抄本。

事即定矣。某当以千金为寿。"[1]钱肃乐也派倪懋熹为使者前往定海策反王之仁。两位负有完全相反使命的使者几乎同时到达定海。倪懋熹抵定海后,听说头天有位姓陈的秀才上书王之仁,斥责其降清,被王处斩,仍毅然入见。一见面,王之仁说:"君此来,大有胆。"倪说:"大将军世受国恩,贤兄常侍(指崇祯朝太监王之心)攀髯死国,天下所具瞻,志士皆知其养晦而动也。方今人心思汉,东海锁钥在大将军,次之则瀛洲黄将军(指黄斌卿)、石浦张将军(指张名振),左提右挈,须有盟主,大将军之任也。"王之仁连忙制止他说下去,叮嘱道"好为之,且勿洩",让儿子王鸣谦陪倪懋熹去东阁吃饭。然后,又接见谢三宾的使者,给他一封回信,"但曰以十五日至鄞,共议之"。谢三宾的使者见王之仁惠然肯来,以为不负主命,当即回鄞。王之仁在谢三宾的使者离开后,对倪说:"语钱公,当具犒师之礼。"[2]十五日,王之仁果然统兵来到鄞县,召集诸乡老聚会于演武场。谢三宾自谓得计,欣欣然赴会,以为钱肃乐、钱志宁等必定溅血于眼前。不料,坐定之后,王之仁从靴子里取出谢三宾的密信,当众朗读。三宾大惊,不顾一切冲上去想夺回原信。王之仁喝令部下士卒把谢三宾拿下,对钱肃乐说:"是当杀以祭纛否?"谢三宾"哀号跪阶下,请输万金以充饷。乃释之"。由于王之仁兵员较多,参与反正,宁波的反清局势迅速稳定,对浙东其他府县也具有很大影响。

---

[1] 全祖望《鲒埼亭集》卷七,《明故兵部尚书兼东阁大学士兼吏部尚书谥忠介钱公神道第二碑铭》。按,"瀹瀹讻讻"当作"嗃嗃讻讻",出自《诗经》,意为小人擅作威福。

[2] 全祖望《鲒埼亭集》卷八,《明建宁兵备道佥事鄞倪公坟版文》。林时对《荷牐丛谈》卷四《蠡城监国》说,派往王之仁处的使者为华夏、王家勤。

总兵方国安是浙江人[1]，潞王降清时他率部众一万多名由杭州退至钱塘江东岸，和王之仁部构成反清武装的主力。这样，浙东地区的反清运动风起云涌，慈溪县有沈宸荃、冯元飏起义，石浦参将张名振也带兵来会合；慈溪知县王玉藻、定海知县朱懋华、奉化知县顾之俊、鄞县知县袁州佐、象山知县姜圻纷纷提供粮饷、招募义兵。

浙东各地反清运动兴起后，明原任管理戎政兵部尚书张国维和在籍官僚陈函辉、宋之普、柯夏卿商议，认为急需迎立一位明朝宗室出任监国，而当时在浙江的明朝亲、郡王只有在台州的鲁王朱以海没有投降清朝，自然成了浙江复明势力拥立的唯一人选。闰六月十八日，张国维等人奉笺迎朱以海出任监国；二十八日又再次上表劝迎。朱以海到达绍兴后，于七月十八日就任监国[2]。以分守台绍道公署为行在，立妃张氏为元妃，改明年为监国元年。这意味着朱以海为首的监国政权在乙酉年七月到十二月仍沿用弘光元年年号[3]。顺便说一

---

[1] 方国安的籍贯据黄道周说是浙江萧山；张岱在《石匮书后集》中记是浙江诸暨。

[2] 翁洲老民《海东逸史》卷一。林时对《荷牐丛谈》卷四亦记："王于七月自台至蠡城，以守道署为行宫。各官奉表劝进，即监国位。"按，张岱《石匮书后集》卷五《鲁王世子》记："鲁王于是年六月至绍兴监国"；徐芳烈《浙东纪略》记，"八月初三日乃抵越城，遂以分守衙署作行宫焉"。时间稍有出入。但张岱在同书卷四十五《陈函辉传》中对鲁王朱以海的拒绝降清和在台州被奉为监国"颁诏诸镇"有较详细的记载。总之，朱以海收到浙东起义官绅请求他出任监国的表笺约在闰六月下旬，他到绍兴就任则为七月。《思文大纪》记载，在唐、鲁之争激化时，隆武帝在一件敕文中特别强调以监国登极的先后作为正统所在的最重要的根据，声称"今朕先监国登极四十日"。唐、鲁都是疏藩，无法同桂藩等血缘关系亲近者相比，他说自己继承大位早于鲁王四十天，应属可信。

[3] 徐芳烈《浙东纪略》云：九月"初旬内，江上诸藩文移往来，突称洪武乙酉。大宗伯陈盟具疏改正，奉旨俱允。"《南疆逸史》卷二十《方逢年传》则云："监国始称洪武乙酉年，逢年入直改称鲁监国元年。"

下，史籍中有"监国鲁某年"和"鲁监国某年"的不同用法，从现存鲁监国颁发的印信来看，两种纪年方法都曾使用过。隆武政权是以当年七月改元，鲁监国则是次年（1646）改元，在1645年下半年仍沿用弘光元年[1]。

鲁监国政权成立后，张国维、朱大典、宋之普被任命为东阁大学士，不久又起用旧辅臣方逢年入阁为首辅。任命章正宸为吏部左侍郎署尚书事，陈函辉为吏部右侍郎，李向春为户部尚书，王思任为礼部尚书，余煌为兵部尚书，张文郁为工部尚书，李之椿为都察院左都御史[2]。孙嘉绩、熊汝霖、钱肃乐起义有功，均加右佥都御史衔督所部义师；进封大将方国安为镇东侯，王之仁为武宁侯，郑遵谦为义兴伯[3]，而以大学士张国维为督师，统率各部兵马。

鲁王朱以海出任监国是在潞王朱常淓投降后，浙东士大夫迫于清廷强制推行剃发令而自发组织的抗清政权，带有很大的地区性特色。参与拥立鲁藩的官绅开初并不知道唐王朱聿键已经在福州继统，他们在拥立朱以海之后立即处于进退两难之势。就亲疏而言，唐王和鲁王都是明太祖朱元璋的后裔，在谱系上与崇祯帝相距甚远；在拥立时间上，唐藩略早于鲁藩，而且由监国称帝；地域上，唐藩为首的隆武政权得到了除浙东以外各地南明地方政权的承认，鲁监国政权只局促于浙东一隅之地。闽、浙的纷争使南明业已呈现的劣势进一步恶化

---

[1] 浙江省博物馆曹锦炎、王小红二君寄赠《南明官印集释》一文，对鲁监国颁发印信有详细考证，颇具说服力，谨此致谢。

[2] 黄宗羲《行朝录》卷三《鲁王监国》。李之椿任左都御史见林时对《荷牐丛谈》卷四《蠡城监国》；但该书记以朱兆柏为吏部尚书，余煌为礼部尚书兼管枢政，王思任为侍读学士。按，参考查继佐《鲁春秋》等书可知监国政权文武官员常有升转。

[3] 据黄宗羲、查继佐记郑遵谦封义兴伯在是年十一月。

了。在国难当头的时候,朱明王朝的宗室有的屈膝降敌,轻信清廷给予"恩养"的空言;有的利用国无常主,妄图黄袍加身,哪怕过上一天皇帝瘾也好。而相当一批文官武将也以拥立定策作为自己飞黄腾达的机会,演出了一幕幕兄弟阋墙、钩心斗角的闹剧。瞿式耜在一封信中写道:"以我观之,分明戏场上捉住某为元帅,某为都督,亦一时要装成局面,无可奈何而逼迫成事者也。其实自崇祯而后,成甚朝廷?成何天下?以一隅之正统而亦位置多官,其宰相不过抵一庶僚,其部堂不过抵一杂职耳。"又说:"其见在朝廷者,干济则平常,争官则犀锐,部曹则想科道,科道则想督抚,毕智尽能,朝营暮度,无非为一身功名之计。其意盖谓世界不过此一刻,一刻错过便不可复得矣!彼其胸中,何尝想世界尚有清宁之日,中原尚有恢复之期也哉!"[1]这段文字是在永历元年写的,但所指出的南明残余势力醉生梦死,热衷于乱中窃权却是概括了弘光以来的普遍现象。从宗藩到官僚大抵都是利令智昏,为眼前的名利争得不可开交。

朱以海的出任监国,是在特殊条件下形成的。明第一代鲁王朱檀,朱元璋第十子,封于山东兖州。其九世孙朱以派嗣封鲁王,1642年(崇祯十五年)清兵南下山东,攻破兖州,朱以派遇难。其弟朱以海也几乎被清军杀害,死里逃生后于崇祯十七年二月袭封鲁王[2];同年三月,大顺军攻克北京,进兵山东,朱以海南逃,弘光时寓居浙江台州。朱以海亲身经历了国破家亡、颠沛流离的患难生活,培育了他对清廷的仇恨,在清兵侵入浙江时坚持了民族气节,并且毫不犹豫地在强敌压境之时毅然肩负起抗清的旗帜,甚至亲临前线犒

---

[1] 《瞿式耜集》卷三《丁亥正月初十再书寄》。
[2] 谈迁《国榷》卷一百。《监国纪年》云:"十七年二月甲戌王嗣位。"

师,这是难能可贵的。但是,他毕竟是深养王宫之中的龙子龙孙,过惯了腐朽荒淫的贵族生活,既缺乏治国之才,又不肯放弃小朝廷的荣华富贵。李寄有《西施山戏占》诗描绘了朱以海监国时的状况:"鲁国君臣燕雀娱,共言尝胆事全无。越王自爱看歌舞,不信西施肯献吴。"诗后原注:"鲁监国之在绍兴也,以钱塘江为边界。闻守江诸将日置酒唱戏,歌吹声连百余里。当是时,余固知其必败矣。丙申年(1656,顺治十三年)入秦,一绍兴娄姓者同行,因言曰:'余邑有鲁先王故长史某,闻王来,畏有所费,匿不见。后王知而召之,因议张乐设宴,启王与各官临家。王曰:将而费,吾为尔设。因上数百金于王。王乃召百官宴于庭,出优人歌伎以侑酒。其妃亦隔帘开宴。余与长史亲也,混其家人得入。见王平巾小袖,顾盼轻溜,酒酣歌作,王鼓颐张唇,手象箸击座,与歌板相应。已而投箸起,入帘拥妃坐,笑语杂沓,声闻帘外。外人咸目射帘内。须臾三出三入,更阑烛换,冠履交错,偓偓而舞,优人、官人,几几不能辨矣。'即此观之,王之调弄声色,君臣儿戏,概可见矣。何怪诸将之沈酣江上哉!期年而败,非不幸也。"[1]这宛如一幅太平天子的行乐图。

---

[1] 《李介立诗钞》卷二,转引自邓之诚《清诗纪事初编》第四十八页。按,娄某所云鲁先王故长史即张岱之父张耀芳。耀芳曾任鲁府右长史,崇祯五年去世。张岱《琅嬛文集》有《贺鲁国主册封启》,内云:"某愧非禾木,实为世臣。"《砚云甲编》第八帙,张岱《梦忆》记:"鲁王播迁至越,以先父相鲁先王,幸旧臣第。岱接驾。……睿量宏,已进酒半斗矣,大犀觥一气尽。……转席后又进酒半斗,睿颜微酡。进辇,两书堂官掖之不能步。岱送至阃外,命书堂官再传旨曰:'爷今日大喜,爷今日喜极。'……"李聿求《鲁之春秋》卷二十记:"张岱,字宗子,山阴人,参议汝霖子。汝霖尝官山东副考官,与鲁王藩邸有旧。监国驻绍兴,幸岱第,授职方主事,未几辞归。"张汝霖为张岱之祖父,李聿求弄错了一辈。顺便说一下,张岱原以为自己同鲁监国有上述特殊关系,可望重用,后来未能如愿,在所著《石匮书后集》中对鲁监国多有微辞,实欠公允。

鲁监国政权的腐败还表现在任用皇亲国戚上面。元妃张氏的哥哥张国俊招权纳贿，任用匪人。著名的例子如谢三宾这样鲜廉寡耻的小人，被迫参加鲁监国政权后，竟然走国舅的后门出任大学士。其用人行政由此可见。张岱对朱以海的评论是："从来求贤若渴，纳谏如流，是帝王美德。若我鲁王，则反受此二者之病。鲁王见一人，则倚为心膂；闻一言，则信若蓍龟，实意虚心，人人向用。乃其转盼则又不然，见后人则前人弃若弁髦，闻后言则前言视为冰炭。及至后来，有多人而卒不得一人之用。附疏满廷，终成孤寡，乘桴一去，散若浮萍；无柁之舟，随风飘荡，无所终薄矣。鲁王之智，不若一舟师，可与共图大事哉！"[1]

在军事上，鲁监国政权处于抗清前线，却并不能有效地利用当地的兵力和财力。浙东的抗清事业本来是孙嘉绩、熊汝霖、钱肃乐等官绅士民凭借一股正气，不愿降清，得到百姓支持而干起来的，说明民心可用。可是，领兵大将方国安、王之仁来到之后，立即接管了浙东原有营兵和卫军，自称正兵；孙嘉绩、熊汝霖、钱肃乐等虽被授予督师官衔，部下只有临时招募而来的市民、农夫，称之为义兵。方国安、王之仁凭借兵力优势，竭力主张"分地分饷"：正兵应该瓜分全部正饷，即按亩计征的正额田赋；义兵只能食义饷，即通过劝输等办法取得的银米。这实际上沿袭了弘光时四镇和左良玉等军阀割据余习，使义兵处于没有固定粮饷来源而自生自灭的困境。鲁监国命廷臣会议，方国安、王之仁派来的司饷官员坚决要求全部田赋由正兵自行分地征收，遭到许多廷臣的反对。户部主事董守谕奏曰："分饷分地非也。当以一切正供悉归户部。核兵而后给饷，核地而后酌给之先

---

[1] 张岱《石匮书后集》卷五《鲁王世家》。

后。所谓义饷者,虽有其名,不可为继。"[1]这本是正常朝廷财政军费开支的通行办法,却被方、王使者坚决拒绝。另一户部主事邵之詹建议以绍兴府田赋归户部,宁波府田赋供王之仁,金华府归朱大典,其他地方归方国安,意在使监国政权多少还有一点财政支配权。可是,连这样一个不得已的折中办法仍然遭到方、王的断然反对。最后,还是把浙东各府县每年六十余万钱粮由方、王二军自行分配。浙东各处义师断绝了粮饷来源,大多散去;连督师大学士张国维直接掌管的亲兵营也只有几百人。

第三节 唐、鲁政权的对立与纷争

上文说过,弘光朝廷覆亡,潞王屈膝降清,使南明帝系再次中断,唐藩朱聿键、鲁藩朱以海以远系宗室先后被福建、浙东官绅将领拥戴继统。这是在消息不灵的混乱状态下出现的一国二主局面。不久,随着情况的明朗化,唐藩为首的隆武朝廷建立时间稍先,又得到其他各省南明地方政权的支持,鲁监国政权就处于进退两难的境地。按道理说,退位归藩可以使南明政权至少在名义上实现统一;然而朱以海黄袍加身容易,一旦退位依旧过寓公生活难免驽马恋栈,何况拥立他的大臣也有的不愿放弃自己"定策"之功,担心转入隆武朝廷将不受重视。唐、鲁对峙的局面一直拖延不决。

九月,隆武帝派遣兵科给事中刘中藻为使者,前往绍兴颁诏,宣布两家无分彼此,鲁监国委任的朝臣可以到隆武朝廷中担任同等官

---

[1] 黄宗羲《行朝录》卷三《鲁王监国纪年上》。

职。对于是否承认隆武朝廷的正统地位,在鲁监国大臣中掀起了一场轩然大波,赞成开读诏书和反对开读的大约各占一半。大学士朱大典、督师钱肃乐、大将方国安认为"大敌当前,而同姓先争,岂能成中兴之业?即权宜称皇太侄以报命,未为不可;若我师渡浙江,向金陵,大号非闽人所能夺也"[1]。"圣子神孙,总为祖宗疆土。今隆武既正大统,自难改易;若我监国,犹可降心以相从"[2]。这说明他们的意见是赞成闽浙联合,接受隆武朝廷的正统地位,以免浙东独树一帜,孤立无援。可是,大学士张国维、督师熊汝霖、大将王之仁、国舅张国俊等却坚决反对。[3]张国维的疏中说:"国当大变,凡为高皇帝子孙,皆当同心勠力,共图兴复。成功之后,入关者王,比时未可言上下也。且监国当人心涣散之日,鸠集为劳,一旦南拜正朔,鞭长不及,悔莫可道。"[4]熊汝霖说:"主上原无利天下之意,唐藩亦无坐登大宝之理。有功者王,定论不磨。若我兵能复杭城,便是中兴一半根脚,此时主上早正大号,已是有名。较之闽中乘时拥戴,奄有闽

---

[1] 李聿求《鲁之春秋》卷五《钱肃乐传》。
[2] 徐芳烈《浙东纪略》。
[3] 查继佐《国寿录》卷三《张国维传》。
[4] 《鲁之春秋》卷三《张国维传》。张岱《石匮书后集》卷四十《张国维传》记鲁监国授国维为建极殿大学士兼兵部尚书。隆武颁诏浙东,授国维为东阁大学士,敕辅鲁王监国。廷臣多欲开诏。国维曰:"继大统者,世治先嫡长,世乱先有功。唐殿下提兵北伐,则国维当为前驱。若止为闭户天子,反以官爵分浙东办卤(虏)之心,则恢复无期,中兴何日!是太祖高皇帝之罪人也。不敢奉诏。手敕凡七至,而国维终不发。谓使臣曰:张国维但知今日江上收文武人才,治战守具为急,不知东阁大学士为何官,可即以此语报唐殿下。"查继佐《国寿录》卷三《张国维传》记:"丙戌,闽师至浙,国维以前内外臣尝奉表于唐,恐有内变,使剑伏阙曰:今日复有以和闽为言者,臣立剑斩之。""今日请太祖高皇帝坐评此案,唐鲁得失,岂以寻丈哉!"

越者,规局更难倒论,千秋万世,公道犹存。若其不能,而使闽兵克复武林,直趋建业,功之所在,谁当与争?此时方议迎诏,亦未为晚。"[1]甚至还有人说出"凭江数十万众,何难回戈相向"的话[2],不惜动武争夺帝位。朱以海见朝臣中不少人主张尊奉隆武帝,愤愤不平,宣布退归藩位,于九月十三日返回台州。十月初一日,主张承认隆武朝廷为正统的大臣开读了诏书。然而,在张国维、熊汝霖等人的坚持下,终于决定拒绝接受隆武政权诏书,重新迎回朱以海。唐、鲁争立从此愈演愈烈。

1646年正月,隆武帝命都御史陆清源携带白银十万两前往浙东犒师,却被鲁监国部将杀害[3]。由于鲁监国政权中许多文官武将向隆武朝廷上疏效忠,朱聿键也加意笼络,给他们进官封爵。朱以海针锋相对采取挖墙脚措施,在这年四月间派左军都督裘兆锦、行人林必达来福京"以公爵封芝龙兄弟"[4]。隆武帝闻讯大怒,将来使囚禁。

---

[1] 《鲁之春秋》卷四《熊汝霖传》。查继佐《鲁春秋》记:"九月,唐诏至,文武诸臣疏请开读,惟兵部尚书国维、都御史汝霖、中书舍人谢龙宸正色争之。监国不果开诏。以会稽孙桀疾上仪注罪之。唐诏略云:朕与王约,朕未有子,得金陵为期,当让位皇侄,布衣角巾,萧然物外。时廷臣速会稽备仪注上。国舅张国俊勇(恚)王怒,王誓不夺。龙宸字云生,遂手批唐使者刘中藻于殿上。已敕檠别转,而以乡荐受香为会稽知县。鲁文武内外诸臣咸私表于唐,不闻监国。诸原以二(□、房)唐前后厄,自失重援,势必饷竭,无所呼,且唐诏特至公,诚一家也。悉从唐使者中藻附表称贺。国维、汝霖等知之,不以闻,原其隐也。"

[2] 徐芳烈《浙东纪略》。

[3] 翁洲老民《海东逸史》卷一云:"闽中遣佥都御史陆清源解饷十万给浙东。方国安纵兵搜之,拘清源不遣,盖马(士英)、阮(大铖)所拘也。"他书多云陆清源被杀。

[4] 《思文大纪》卷五。

不久，又杀鲁监国所遣使者总兵陈谦，更引起了郑芝龙的不满[1]。由此可见，唐、鲁争立不仅是两个南明政权的对立，而且在两个政权内部也引起了严重纷争，尽管唐、鲁政权都以反清复明为宗旨，很大一部分精力却消耗在内部矛盾上。与此相应的是，文官武将的升迁不是以抗清功绩为据，而是被作为拉拢的一种手段。隆武、鲁监国两政权封爵拜官的人数很多，大抵都是因在内部倾轧中有"功"。在这种情况下，根本不可能组织有效的防清阵线。就当时的形势而言，隆武朝廷得到了南方绝大部分明朝地方政权的承认，鲁监国仅凭浙东一隅之地与之相抗是极不明智的。他和忠于他的大臣明知在南明管辖区内竞争不过隆武政权，却幻想攻克杭州后进取南京，先拜孝陵，建立超过隆武朝廷的威望。以监国政权的兵力要实现这种战略目标显然是不现实的。何况，即便旗开得胜，如愿以偿地拿下了留都南京，唐、鲁对峙的局面也将继续下去。由于鲁监国坚持同隆武朝廷分庭抗礼，地理原因监国政权处于抗清的前线，给福建提供了屏障，隆武朝廷的实权人物郑芝龙对这种局面心中窃喜，按兵不动有了借口。

朱以海既自外于隆武朝廷，不惜以高官厚爵收买支持者，流风所及，官职紊滥。"时远近章奏，武臣则自称将军、都督，文臣自称都御史、侍郎，三品以下不计。而江湖游手之徒，假造符玺，贩鬻官爵，偃卧丘园而云联师齐楚，保守妻子而云聚兵千万。"礼部尚书吴钟峦上疏请严加查核，"募兵起义者则当问其册籍花名，原任职官者则当辨其敕书札付"[2]，但在当时情况下根本行不通。

---

[1] 陈谦与郑芝龙关系甚密。林时对记鲁监国封陈谦为镇威伯。
[2] 黄宗羲《海外恸哭记》。

第四节　鲁监国政权的抗清活动

尽管鲁监国政权的建立分散了抗清的力量，但是朱以海等人为了保有浙东，进而恢复失地，还是采取了一些积极措施。除了沿钱塘江布防外，方国安、王之仁等部曾渡江配合当地义师收复富阳、于潜。1645年八月间一度进攻杭州，未能得手。这年九月清浙闽总督张存仁奏报："叛贼方国安、王之仁从富阳渡江犯杭城。遣副将张杰、王定国督兵往剿，斩首四千级，余贼复盘踞富阳。又令定国往余杭防剿，至关头，遇贼对垒，我师奋勇掩杀，追至小岭二十余里，斩获无算，阵擒国安子士衍等，斩之。"[1]

十一月，鲁监国晋封方国安为越国公、王之仁为兴国公，并且筑坛拜方国安为大将，节制诸军。十二月十九日，朱以海亲自到钱塘江边西兴犒军，每名士兵赏银二钱，"责限过江，攻取杭城"[2]。二十四日，方国安、马士英、王之仁派总兵三员领兵二万多名于五鼓从朱桥、范村、六和塔三处过江，直至张家山、五云山、八盘岭等处，迫近杭州府城。清总督张存仁与梅勒章京朱马喇、济席哈、和托、总兵田雄、张杰等分兵三路迎击，明军大败，被俘的副将有十一人，参将、游击、都司、守备四十八人[3]。这次渡江攻杭战役失败后，

---

[1]　《清世祖实录》卷二十。又同书卷二十一勒克德浑奏报满军朱玛喇、和托、济席哈出战，当为同一战役。

[2]　顺治二年十二月二十九日浙江等处总督张存仁"为塘报官兵大捷事"揭帖，见《明清档案》第三册，A3—193号。黄宗羲记：十一月"上募军于江上，驻跸西兴"，当为十二月事。

[3]　上引《明清档案》第三册。A3—193号。按原文济席哈作几什哈，和托作合托。揭帖中还提到熊汝霖也率义兵由牛头堰过江参加进攻杭州战役，亦被击败。

254

鲁监国政权的将领壮志顿消，基本上转为划江扼险的守势。查继佐上鲁监国书中说："自十二月廿四日之后，我兵一挫，□骄益逞。乃诸镇养尊，将心万不足恃，而私斗者互见，无所为兵律也。米价腾沸，过常数倍，财竭则内必变，民情已汹汹可虑。……而举朝泄泄，犹然饰太平之容，岂以示□镇静如谢安之于秦乎？臣未能为之解也。"[1]

第五节　靖江王朱亨嘉之变

正当唐、鲁二藩在福建、浙江争立的时候，分封于广西桂林的靖江王朱亨嘉也不甘寂寞，梦想黄袍加身。明代的靖江王是太祖侄儿朱文正的后裔，在宗室诸王当中谱系最远，按宗法观念他根本不具备继统的资格。然而，自从崇祯帝自缢北都覆亡以后，朱明王朝宗室中不少人心中窃喜，妄图乘乱谋取大位，朱亨嘉正是其中的一个。1645年（明弘光元年、清顺治二年）五月，清军占领南京，弘光帝被俘，七月间消息传到广西，朱亨嘉认为机会来了，"即借勤王为名，有妄窥神器之心"[2]。他对左右亲信孙金鼎等人说："方今天下无主，予祖向于分封之日以粤西烟瘴不愿就封，马皇后慰之使行，于是以东宫仪卫赐之。目今东宫无人，予不俨然东宫乎！太子监国自是

---

[1] 查继佐《敬修堂钓业》，上鲁监国书第十篇，见浙江古籍出版社《海东逸史》外三种。乙酉十二月攻杭州战役是鲁监国政权的一件大事，张岱《石匮书后集》卷四十八《方国安传》也记载了这次战役。奇怪的是，当时正在鲁监国政权中任兵部主事的黄宗羲竟然阙而不载，不知所为何事。温睿临《南疆逸史》卷四《监国鲁王》全据黄氏记述，也未载此役。

[2] 瞿式耜《丙戌九月二十日书寄》，见《瞿式耜集》卷三，书牍。

祖宗成宪，有何不可？"[1]广西总兵杨国威、桂林府推官顾奕等人也想以拥立为功，三章劝进，推波助澜。八月初三日，朱亨嘉居然身穿黄袍，南面而坐，自称监国，纪年用洪武二百八十七年。[2]改广西省会桂林为西京[3]。杨国威被委任为大将军，封兴业伯；孙金鼎为东阁大学士；顾奕为吏科给事中[4]；广西布政使关守箴、提学道余朝相等在桂林的官僚都参与拥戴[5]。为了扩大影响，争取多方支持，朱亨嘉还派使者前往湖南、贵州等地颁诏授官，[6]檄调柳州、庆远、左江、右江四十五洞"土狼标勇"，以增加自身兵力。当时，广西巡抚瞿式耜、巡按郑封正在梧州，得到靖藩僭位的消息，立即檄令思恩参将陈邦傅保持戒备，又以巡抚印文通知土司"狼兵"不得听从靖江王调令。朱亨嘉深知广西巡抚的态度直接关系到自己"事业"的成败，企图加以笼络。他先派顾奕为使者，携带诏令任命瞿式耜为刑部尚书，遭到瞿式耜的严词拒绝。[7]八月十二日，朱亨嘉亲自统兵来到梧州，把瞿式耜拘捕，十九日押回桂林软禁于靖江王府，不久

---

[1] 雷亮功《桂林田海记》。

[2] 雷亮功《桂林田海记》；参见光绪《临桂县志》卷十八《前事志》。

[3] 吴晋锡《半生自记》卷下。

[4] 《桂林田海记》说顾奕被任为"翰林院修撰"。

[5] 光绪《临桂县志》卷十八《前事志》。

[6] 吴晋锡《半生自记》云："伪诏余为兵科给事，余挥使者不受。"《思文大纪》卷五记贵州情况说"先是，靖庶伪诏颁行，（贵州巡抚范）鑛固却之，且励兵固圉，至是以拱戴疏至"，隆武帝为之"欣然"，给范鑛加衔为都察院右都御史。

[7] 瞿玄锡作瞿式耜及夫人邵氏"合葬行实"，见《虞山集》。

移居刘仙岩。[1]

　　靖藩的自立同当时的两广高级官员态度游移有关。隆武帝在福建即位后颁诏南明管辖区，两广、贵州等地的官员并没有立即表态（举行开诏宣读仪式和上疏祝贺）。两广总督丁魁楚心怀观望，有的史籍说他同朱亨嘉有秘密联系，对谋立活动故意采取放纵态度。巡抚瞿式耜在弘光朝廷覆亡后，本来打算奉桂藩安仁王朱由㰒（神宗的孙子，其父桂王朱常瀛已病死）为帝，在接到福州颁发的隆武监国和即位诏书以后，他认为唐王只是太祖的后裔，世系太远，没有及时上疏表态。被朱亨嘉拘留之后，他才秘密派遣家人携带奏疏祝贺朱聿键即位，并且报告朱亨嘉僭位及其必败之势，请求朝廷派遣军队平定叛乱。

　　朱亨嘉自立后，感到广西"地方狭小，兵马钱粮件件有限，难以为守，立志要下广东，先到肇庆会同两广商议而行，以观天下形势，以为保守之资"[2]。他命杨国威留守桂林，自己带领兵马由水路出平乐、梧州，以参赞严天凤、范友贤为将军，充当左、右前锋[3]。不料两广总督丁魁楚已获悉隆武即位后，除了浙江的监国鲁王以外，江南明朝各地政权都表示拥戴，而且隆武帝已给他加衔为大学士[4]。因此，他认为这是自己建功立业的天赐良机，立即派出精兵数千名进至广西梧州，同时差官乘船由小路而来，船头打着"恭迎睿驾"的牌子，借以麻痹朱亨嘉。八月二十二日半夜，丁魁楚兵在

---

[1] 同上。光绪《临桂县志》卷十八《前事志》说：朱亨嘉"令杨国威留守桂林；檄思恩参将陈邦傅以总兵官会于梧州，籍兵千余人，选宗室五百人为亲军，于十五日东行"。时日稍有不同。
[2] 雷亮功《桂林田海记》。
[3] 屈大均《安龙逸史》卷上。
[4] 《思文大纪》卷一。

梧州突然发起进攻，朱亨嘉拼凑的兵马被打得落花流水，自己狼狈不堪地由五屯所、永安、荔浦逃回桂林。[1] "大学士"孙金鼎原是个不齿于士类的充军罪犯，凭借靖江王的宠信同恩恩参将陈邦傅打得火热，结为儿女亲家。亨嘉兵败以后，孙金鼎逃往陈邦傅处避难。陈邦傅翻脸无情，将他处死，"把石灰淹了，解到两广识认明白"，立了一功[2]。这件事在屈大均《安龙逸史》中记载得比较详细：孙金鼎逃到陈邦傅处躲避，邦傅密语参画胡执恭等曰："靖江无谋，动辄败衄，我等若少依违，祸不旋踵矣！幸金鼎自来送死，乘此擒戮，以邀大功，何愁不富贵耶！"合计已定，于是"醉而投之水，仍取其尸，擦灰包扎，即传谕各舡易剿逆旗帜，解功至梧州。广督丁魁楚大喜，叙以首功，官征蛮将军，协东师前赴桂林"[3]。九月初五日，丁魁楚亲自来到梧州，命参将陈邦傅、赵千驷、严遵诰、都司马吉翔等统兵向桂林进发。杨国威同他部下的旗鼓（相当于传令官）焦琏本来就有矛盾，瞿式耜暗中联络焦琏反正，夜间用绳索把陈部将士缒上城墙，一举擒获杨国威、顾奕等。[4]二十五日攻靖江王邸，朱亨嘉被活捉[5]。十月下旬，朱亨嘉和同谋文武官员被押解到广东肇庆。1646年（隆武二年）二月，丁魁楚派马吉翔把朱亨嘉等人押抵福建[6]。隆武帝"命锦衣卫王之臣用心防护，无得疏虞。仍敕刑部侍

---

[1] 光绪三十年《临桂县志》卷十八《前事志》。
[2] 雷亮功《桂林田海记》。
[3] 屈大均《安龙逸史》卷上，又见李天根《爝火录》卷十三。
[4] 参见瞿共美《天南逸史》。
[5] 瞿玄锡撰其父瞿式耜、母邵氏"合葬行实"，见《虞山集》。
[6] 瞿共美《天南逸史》作"归之福京"；《思文大纪》卷五作"械至延中"。马吉翔从此受到隆武帝的赏识，后来成为永历朝廷的重臣。

郎马思理安置靖庶，还要酌议妥当。所刻《靖案》作速颁行，在闽亲、郡各王并令具议来奏，以服天下万世之心，不可草率，亦不许迟误"[1]。同年四月，"安置靖庶人于连江，敕奉新王严加钤束，不许令见一人，透出一字"[2]。"寻命掌锦衣卫事王之臣缢杀之，托言暴疾死。戮杨国威、顾奕、史其文等于市"[3]。

平定朱亨嘉的僭乱后，隆武帝加封两广总督丁魁楚为平粤伯，陈邦傅为富川伯挂征蛮将军印[4]。在给丁魁楚的诰敕中说："卿有闻檄拥戴之大志，又有迅平逆寇之巨绩。王守仁当全盛之时，无推举之事，以卿比之，功实为过。"这种过誉之词反映了朱聿键渴望得到两广官员的支持。靖江王爵由朱亨歅袭封。瞿式耜却因为有意拥立桂藩，受到隆武帝的猜忌，被解除广西巡抚职务，调任行在兵部添注左侍郎；广西巡抚一职由晏日曙接替。

靖藩之变固然暴露了朱亨嘉觊觎大位的野心，隆武帝为稳定自己的地位而表现出来的私心自用也是很明显的。丁魁楚、陈邦傅仅因为投机有功，就加升伯爵，掌握了两广地区的实权，后来在永历朝廷上争权夺利，紊乱朝政，又先后投降清朝，基本上没有起过积极作用，可谓奖赏失当。真正忠于明室的瞿式耜却因有意拥立桂藩而遭到排挤。《思文大纪》卷六记载，直到隆武二年（1646）五月即朱亨嘉之乱平息半年以后，"广西桂林府、全州等州，进贡监国登极表笺四十六通。上虽嫌其迟，然亦念路远阻滞也"。这自然是表面文

---

[1]　《思文大纪》卷五。
[2]　《思文大纪》卷六。
[3]　李天根《爝火录》卷十四。屈大均《安龙逸史》卷上记，"得旨：严天凤、杨国威处斩，贬靖藩为庶人，安置广东博罗县，至县，未几死。"
[4]　《思文大纪》卷四、卷六。

章,正如瞿式耜自己所说:"然余之不服靖江王而甘受其逼辱者,非为唐王也,为桂之安仁王也。""六月到广西梧州。八月随遘靖藩之祸,时闽中已立思文矣。弟心心在神宗之孙,故既受靖祸,而又见疏于隆武。比夺西抚与晏公,遂坚意不赴佐枢之命。"[1]瞿式耜卸任后拒不赴闽就任,在广西梧州、广东肇庆一带留连赋闲。

除了靖江王朱亨嘉的争立以外,还有益阳王的自称监国。1646年(隆武二年)二月,朱聿键下诏禁止益阳王在浙江龙游、遂昌一带私授知县。其中说到益阳王"借受慈禧(弘光太后邹氏)之命,又借勋镇方国安之推奉,近日表奏虽来,公然用监国之宝,不知此宝授自何人?"[2]兵部郎中王期升在太湖奉楚藩宗室朱盛澂称通城王行大将军事,"居然帝制,派饷、卖札、强夺民女,为两山(指太湖中的东、西洞庭山)百姓不容",王期升站不住脚才逃入福建。[3]在南明历史上,这类事件多次发生。朱明宗室觊觎帝位者颇不乏人;部分官绅以"定策"为功,内部纷争不已,文官武将的升迁也深受这种风气影响。弘光、隆武、鲁监国等小朝廷以及妄图自立的某些宗室一脉相传,往往以高官显爵酬谢拥戴者。在民族危机日益深重的情况下,爵禄不用于劝奖抗清有功官员,而以是否效忠于己为依据。南明之不竞,与此颇有关系。

---

[1] 《瞿式耜集》卷三,书牍。
[2] 这件诏书在《思文大纪》卷四内记于二月;《爝火录》载于四月,注云:益阳,辽简王植之裔孙。
[3] 《爝火录》卷十三。

第九章
隆武政权的作为和覆败

第一节 1645年秋到1646年夏的形势

朱聿键在福建即位和朱以海在浙东监国反映了南方绅民的抗清愿望。就当时的形势来看，南明方面弘光朝廷虽然已经覆亡，但南明政权还控制着福建、广东、广西、湖南、贵州、云南几个全省（四川在张献忠为首的大西军控制下）和浙东、赣南地区，人力和财力还相当可观。而清朝统治者在摧毁了大顺政权和弘光政权两大对手后，错误地判断了形势，以为只要稍事招抚，全国即可平定。1645年六月，英亲王阿济格率师"凯旋"；九月，豫亲王多铎也领兵回京，换来了一位年纪很轻的贝勒勒克德浑以平南大将军名义带领一支满洲八旗兵镇守南京。勒克德浑部下的兵员数目不详，但肯定比多铎的兵力少；此外就是奉命招抚江南各省的内院大学士洪承畴和一批投降不久的汉军。如果仅就兵力对比和人心向背而言，南明当局是可以利用清军主力北返的时机有一番作为的。然而，南明地域虽广，各派势力却在很大程度上陷入割据纷争，朝廷虚有其名，无法组织有力的反攻。

唐、鲁的对立削弱了东南的抗清势力。表面上奉隆武正朔的各地大臣也往往私心自用。朱聿键是位有恢复大志的君主，他所采取的政策措施大体上也是正确的。可是，真正效忠于他的人并不多，在福建他受制于郑芝龙、郑鸿逵兄弟；在外的湖广等地总督何腾蛟只知利用隆武帝的信任把湖南和贵州东部视作自己的禁脔，威福自操；广西巡抚瞿式耜意在拥立桂藩，同隆武朝廷貌合神离。向心力比较强的是赣南和广东。隆武帝开初并没有看出何腾蛟的割据自雄心理，对何腾蛟的请官请爵几乎是言必听从，不仅把湖广地区的全权委任给他，还指望他派兵进入江西，把自己从郑氏集团控制下的福建迎接到赣州或者湖南。当时，正是大顺军余部同何腾蛟、堵胤锡达成联明抗清协议、湖广兵力正盛的时候，隆武帝认为浙东、福建有鲁监国、郑芝龙的兵力抗击清军，自己移驻赣州或湖南，可以就近节制赣南、湖广、广东和云南、贵州调来的军队同清方较量，收复失地。然而，他的这一计划既遭到郑芝龙的反对，又得不到何腾蛟的真心支持，终于化为泡影。

大致可以这样说，崇祯朝时虽已出现少数武将拥兵自重的迹象，朝廷的威令基本上还能畅通无阻；弘光时武将跋扈，封疆大臣仍不敢违反朝廷旨意；隆武以后督抚大臣也效法武将，一味盘踞地方，争权夺利，朝廷威令不行，几乎谈不上统一部署、统一指挥。清廷虽有内部倾轧，但掌权者基本上能威福自操，令行禁止。相形之下，清胜明败主要决定于内部凝聚力。

清阿济格、多铎主力北返之后，江南留守兵力相当单薄，拥明势力虽展开了一些反击，但收效甚微，原因在于各自为政，互相观望,甚至坐视清军打掉拥明旗帜下的异己力量,心中窃喜。南明军阀和封疆大吏多数是这样一批鼠目寸光的人物,才使清方得以有限兵力集中使用,达到各个击破的效果。1645年秋天,鲁监国的军队渡钱塘江攻杭州和浙东等地;堵胤锡督忠贞营攻荆州;江西明军和义师也奋起同清方争夺建昌、吉安等府县。兵饷最足的郑芝龙和何腾蛟却一味坐食内地,毫无作为。

由于南明当权人物总是夸张自己的"功绩",隐瞒自己的消极避战,留下的材料虽然很多,却只能把读者导入歧途。为了厘清头绪,借助于清方档案材料就是必要的了。勒克德浑接替多铎和阿济格镇守江南期间,只进行了一次重大的军事行动,这就是援救荆州之役,对手是由大顺军改编而成的忠贞营(荆州战役另述)。当时,清朝对江南的统治远未巩固,兵力又非常单薄。除了驻于南京和杭州的一部分满洲八旗兵以外,湖广(主要指今湖北省部分)、江西以及今安徽省等地区都是由新降附的汉军负责镇守和攻取。勒克德浑领江宁(今江苏省南京市)满军主力援救荆州时,连南京城内外的反清势力也还相当活跃。顺治二年(1645)十一月江宁等处巡按毛九华在一件揭帖中说:"江宁城外九十余村,有王瑄、孙壏、金牛、六塘、聂村、陶村、邓村、龙都八村借练乡兵为名,敢犯天兵,遂经剿洗,自后安堵。"[1]实际上南京城郊义师虽然受到清军的搜剿,地方并没有"安堵",就在勒克德浑统兵西上湖广时,抗清义师趁江宁守御力量空虚,密谋于顺治三年(1646)正月十二日夜间里应外合,夺取该城。由于消息走漏,洪承畴等得以及时防范,"捕斩为首者三十人。至十八日夜,贼首伪潞安王、瑞昌王复率贼兵二万余三路入犯,我兵

---

[1] 《清代农民战争史资料选编》第一册(下),第二九七页。

俱击败之"[1]。洪承畴揭帖中叙述道:"有伪瑞昌王朱谊泝、伪总兵朱君召,奸恶异常,到处号召同谋叛乱。今年正月十九日,既密图江宁,里应外合。职与操江陈锦等诸臣,先事发觉,合满汉官兵,奋力擒剿,旋就底定。然大逆朱谊泝、朱君召犹未就擒,祸本未拔。"下文又说,正月二十三日陈锦、巴山、厫童统兵在南京城外搜剿,杀一百余人,自二十四日起将江宁各城门封闭,"细搜城内逆贼,擒获甚多,俱有瑞昌王伪旨、伪牌札可据"。洪承畴的这件奏疏是在顺治三年八月底写的,这时清廷已派遣贝勒博洛统兵由浙江进攻福建,南京地区的清军仍然很少,所以他在疏中说:"惟是江宁为江南根本重地,远近望以为安危。职先督发原任平南伯、广昌伯下副、参高进库、杨武烈、蔺光元等官兵三千,援剿江西。嗣有山东总兵柯永盛官兵四千移驻江宁,缓急可恃;后将柯永盛官兵改驻江西,则江宁官兵仍觉单薄。今虽有提督总兵张大猷统汉兵四千,皆系提督曹存性所遗营兵,南兵脆弱,全无马匹,即盔甲、弓箭俱称缺乏,尚在设法置备。所恃者,惟巴山满洲官兵,先声足以夺气,临敌足以摧锋,若多行调发,则弹压势轻,恐启奸宄窥伺之渐。"[2]洪承畴的这件密疏透露了南京堪战的汉兵已先后调赴江西,防守兵力只有巴山部为数不多的满军,因此他建议清廷不仅不要再抽调部分巴山部军出征,还应把高进库部汉军调回南京,"庶重地可保无虞"。由此可见多铎部

---

[1]《清世祖实录》卷二十四。
[2] 顺治三年八月三十日招抚江南各省大学士洪承畴密揭帖,《明清史料》甲编,第二本,第一七○页。曹存性原为弘光朝左都督,多铎部清军抵南京时投降,被委任为总管五营提督省城(江宁)军务,其时年已迟暮,顺治二年九月命其孙副总兵曹胤吉进表(见同上书,第一二八、一二九页),部下兵将多系明代南京世袭之军,没有多大战斗力。

"凯旋"后，勒克德浑出征荆州期间和返京休息以后，南京的防守兵力极其单薄。而南明方面对清军的虚实一无所知，清军未到时盘踞地方，苟且偷生；等到清方调集兵力进攻时立即张皇失措，非降即逃。换句话说，清方始终掌握着主动权，休整和进攻交替而行；南明方面在1645年秋到1646年秋这一年里，除了原大顺军反攻荆州、鲁监国的军队同清军相持于钱塘江、忠于隆武政权的赣南军队与金声桓部清军争夺江西以外，兵力最多的郑芝龙部（他完全可以凭借水师优势入长江进攻南京等地）、何腾蛟部（他本应出岳州攻武昌等地），都龟缩于后方，毫无进取之意。南明高官显爵的文恬武嬉，错过了最佳战机，直接导致了浙东的溃败和隆武政权的覆亡。

第二节　隆武帝的政策和举措

隆武朝廷和鲁监国政权都是在国内民族矛盾上升为主要矛盾的形势下建立的，它们的共同特点是抗清复明。由于鲁监国政权控制区太小，影响有限，这里着重叙述隆武朝廷的大政方针。

第一，在总体战略上，弘光朝廷以"平寇"（镇压农民起义）为主；隆武朝廷改为"御虏"（抗清）为主。这自然是形势造成的，正如顺治二年十月清廷派遣的招抚江西孙之獬揭帖中所说："福藩唤醒唐藩之迷，马士英唤醒黄道周之迷。"[1]奉行"联虏平寇"方针的弘光朝廷在南下清军铁骑的冲击下土崩瓦解，拥明势力终于认识到社稷存亡的主要威胁是满洲贵族建立的清朝。朱聿键能够洞察客观条件

---

[1]　《明清档案》第三册，A3—115号。

的变化，总结弘光覆亡、潞王降清的教训，不失时机地树立起抗清大旗，符合汉族百姓反对满洲贵族强制推行的剃发改制等民族压迫政策的愿望，毕竟是难能可贵的。他即位十天后，就诛杀清朝派来招降的使者马得厂，敕谕文武臣民曰："朕今痛念祖陵，痛惜百姓。狂彝污我宗庙，害我子民，淫掠剃头，如在水火。朕今诛清使、旌忠臣外，誓择于八月十八日午时，朕亲统御御营中军平彝侯郑芝龙、御营左先锋定清侯郑鸿逵，统率六师，御驾亲征……"[1]这次亲征由于郑芝龙兄弟的阻挠，没有实现。朱聿键在基本政策上的转变，仍然值得称道。联合农民军共同抗清，是从隆武时期开始的。后来的历史证明，如果没有大顺、大西农民军的联明抗清，南明政权绝对延续不了近二十年之久。

第二，朱聿键针对万历以来党争给国事带来的危害，提出了消除党争，"用舍公明"的方针。就任监国时，他亲自撰写了"缙绅""戎政""儒林"三篇《便览》。其中说："盖国家之治，必文武和于上，始民兵和于下。不然，立败之道也。""孤惟帝王之御世也，必本祖法而出治。治不独出于帝王，必与文武之贤者共之。始于得贤将相，终于得贤百职，四海兆民，方有信赖。民安则华强彝服矣。……帝王量大，则识必高。识高，必用舍公明。又何有乎东林、门户，魏党、马党之纷纷哉！呜呼，三党成，偏安矣；四党成，一隅矣！"下文说，他"监国闽省，创设有司，约率众而本己，官不备以惟人；焦劳昕夜，惟贤是求"[2]。同年八月二十七日，亲出考选推官策题云："历代之受患，莫过于群臣朋党之最大。于今两京之覆，二

---

[1] 《思文大纪》卷二。
[2] 《思文大纪》卷二。

帝之伤，皆此故也。……大明开天，党肇于神庙之季。东林、魏党；门户、马党，交激递变，而有如此之痛效矣。朕今志在荡平，尽去诸党之名，惟在廷严说谎之条，在外正贪婪之罚。……迩日在廷，似犹有不醒之迷，欲启水火之战，朕甚惧焉！何道可底太平大公，令文武真和衷而共济乎？……朕今亦曰：'去寇易，去党难。'然党不去，寇不驱也，审矣。"[1]隆武二年（1646）正月，又在诏书中说："此后真正魏党，亦与一概涤宽。但责后效，不计已往。盖中兴之时事，臣民悔过且与维新，况轻于此者乎！"[2]当时，弘光朝首辅马士英在浙东成了过街老鼠，日子很不好过，要求入仙霞关朝见。隆武帝内心里是欢迎他的，郑芝龙同马士英关系较好，也主张收用马士英。可是，朝廷上许多文臣都表示强烈反对，礼部尚书黄锦、太常寺卿曹学佺等上疏力争。朱聿键只好下诏定士英为"罪辅""逆辅"，让他在江浙"图功自赎"[3]。对于弘光时依附马士英的杨文骢父子，朱聿键优加委任（主要原因是在唐、鲁争立中杨氏父子站在隆武朝廷一边）。隆武二年正月，在给杨文骢之子左都督杨鼎卿的诏书中特别转达了他对马士英的关切："阁部臣马士英，朕必不负其捧主之心，在辅臣亦当痛悔其误陷圣安（弘光帝）之戾。诸臣万疏千章，岂夺朕心公论？"[4]可见，隆武帝在用人取舍上力戒门户之见，不咎既往，只要参与抗清就量才录用。在这一点上，不能不承认隆武帝的见识比那些以正人君子自命的东林—复社骨干人士要高明得多。

---

[1] 《思文大纪》卷三。
[2] 《思文大纪》卷四。
[3] 《思文大纪》卷三。
[4] 《思文大纪》卷四。

第三，隆武帝在南明诸统治者中是比较关心百姓的。为了减轻民间疾苦，他施政的一个重点是整顿吏治，严惩贪污。规定"小贪必杖，大贪必杀"[1]。监察御史吴春枝纠劾邵武通判陈主谟、古田知县吴士燿、汀州知府王国冕贪污虐民。他当即下旨："各官赃私可恨，皆纱帽下虎狼也。若不严惩，民生何赖？都着革了职，该抚速解来京，究问追赃充饷。"[2]当他听说被清朝逼勒剃头的军民往往遭到南明官军诛杀时，特别下诏"有发为顺民，无发为难民"[3]，严禁不分青红皂白地滥施屠戮。隆武元年七月，敕谕总兵何成吾曰："兵行所至，不可妄杀。有发为顺民，无发为难民，此十字可切记也。"[4]史籍记载，给事中张家玉监永胜伯郑彩的军队进入江西，"时大清兵所至令民剃发，而南军遇无发者辄杀不问。难民因是多输牛酒，为间导；南军咫尺不得虚实，饷、导俱绝。家玉设小牌，免死，给予难民，欢呼来归者千百人"[5]。这个政策同清廷的"留发不留头"形成鲜明的对照，显然是更得人心的。

第四，朱聿键的个人品德在南明诸君中也是很罕见的。黄道周在一封信里曾经描述了隆武帝的为人："今上不饮酒，精吏事，洞达古今，想亦高、光而下之所未见也。"[6]不少史籍中都说他喜欢读书，无声色犬马之好。做了皇帝之后，仍然自奉甚俭，敕谕云："行

---

[1] 《思文大纪》卷三。

[2] 《思文大纪》卷三。

[3] 《思文大纪》卷三。瞿式耜丙戌（1646）九月二十日家书中写道："朝廷所谓无发为难民也。庸何伤？"可证隆武这一诏书传到了广西，见《瞿式耜集》，第二五四页。

[4] 邵廷寀《东南纪事》卷一。

[5] 邵廷寀《东南纪事》卷一。

[6] 黄道周《与杨伯祥书》，见杨廷麟《杨忠节公遗集》卷六。

宫中不许备办金银玉各器皿，止用磁、瓦、铜、锡等件，并不许用锦绣、洒线、绒花、帐幔、被褥，止用寻常布帛。件件俱从减省，成孤恬淡爱民至意，违者即以不忠不敬治罪。"[1]他身穿土布黄袍，安贫若素。曾在隆武朝廷任职的钱秉镫作《宫词》六首，其一云："内使承恩新置机，诏传大布织龙衣。六宫罗绮无人着，敕与无戎绣将旗。"其四云："旌旗十万护乘舆，二圣军中共起居。长信宫人骑马出，从龙只有五车书。"诗前有序云："比闻宫中蔬布辛勤如一日也，北狩之祸，天乎，人乎，追思往事，令人痛绝。"[2]

上面谈到的四点都说明朱聿键锐意恢复，颇有中兴之主的气概。南明灭亡以后，有一些遗民甚至认为留都立国之时就应该效法东汉光武帝不考虑亲疏，径直以朱聿键继统。然而历史过程不能悔棋，明朝的制度和1644年夏的局面都绝不允许凤阳高墙（皇室监狱）中被囚的"唐庶人"当皇帝。即便在他被拥上帝位之后，号召力也不很大。朱聿键自知以远藩子孙入继大统事属偶然，必然出现争议。为了取得南明各地宗藩官绅的承认，不得不耍弄权术。例如，鲁监国朱以海是同他争夺帝位的公开对手，桂藩（安仁王和永明王）以神宗之孙是他潜在的竞争对象，就借口自己没有儿子，以"储位"做诱饵希图换取朱以海和朱由㰒、朱由榔的支持。先派给事中柯夏卿为使者加兵部尚书衔携带手书前往绍兴劝说朱以海接受皇太侄的名号，书中说："朕无子，王为皇太侄，同心勠力，共拜孝陵。朕有天下，终致于王。"[3]后来又声称："此永明王（朱由榔）之天下也。永明，神宗

---

[1] 《思文大纪》卷二。
[2] 钱秉镫《藏山阁诗存》卷五《生还集》。
[3] 钱秉镫《所知录》卷一。查继佐《鲁春秋》作："朕与王约，朕未有子，得金陵为期，朕当让位皇孙，布衣角巾，萧然物外。"

嫡孙，正统所系。朕无子，后当属诸永明。"[1]隆武二年七月，曾皇后生了儿子，当时清兵攻破浙东，鲁监国政权瓦解，朱聿键却兴高采烈地以皇太子诞生给官员们加级封赏，以示喜庆。御史钱邦芑上疏道："元子诞生之日，正浙东新破之日，同盟且应见恤，剥肤益复可忧。臣以为是举朝同仇发愤之秋，非覃恩爵赏之时也。且恩泽不宜太优，爵赏不宜太滥。若铁券金章，徒以锡从龙之旧，则将来恢复疆土，何以酬汗马之勋？非所以重名器，劝有功也。"隆武帝置之不理[2]。钱秉镫赋诗寄慨云："当今天子高帝孙，鲁国同是至亲藩。改元本非利天下，域内原宜奉一尊。越东诸臣殊可笑，誓死不开登极诏。天子洒笔亲致书，相期先谒高皇庙。闽中恃越为藩篱，如今越破闽亦危。往事纷争不足论，与国既失应同悲。昨夜中宫诞元子，通侯鹊印何累累？中兴所重在边疆，恩泽冒滥同烂羊。唇亡齿寒古所忌，君不闻元子之诞唇先亡（原注：盖元子生而唇缺也）。"[3]透过这些批评，固然可以看出朱聿键的私心自用，但也明显地反映出他的处境困迫，难以施展抱负。

第三节　郑芝龙兄弟的跋扈

郑芝龙原先是海盗，受明政府招抚后，在崇祯年间曾奉命镇压福建、江西、广东的"山寇"和"海寇"，由参将逐步升到总兵

---

[1]　钱秉镫《所知录》卷二。
[2]　钱秉镫《所知录》卷一。
[3]　钱秉镫《所知录》卷一。按，钱秉镫《藏山阁诗存》卷四《生还集》所收此诗个别字不同，如"昨夜中宫诞元子"作"昨夜室中诞元子"。

官。弘光时加封南安伯。他的接受招安，既为明王朝效力，使东南沿海地区相对稳定；主要意图却是借用朝廷命官身份，扫除海上异己势力，垄断福建、广东等地的对外贸易。到明朝覆亡的时候，他在福建已经拥有左右地方军事和经济的实力。1645年六月，他的弟弟郑鸿逵拥立唐王朱聿键，在福州建立隆武政权，自然是得到他的同意的。然而，这种结合却难免貌合神离。朱聿键以恢复明室为己任，具体目标是首先恢复以南京为中心的江南（他称之为"半功"），进而收复北方（他称之为"全功"）。郑芝龙的用心却大异其趣，他以迎立隆武作为定策勋臣第一，借隆武朝廷的名义巩固自己在福建等地区唯我独尊的地位，带有很大的割据色彩。这样，隆武朝廷从建立开始，就处于一种微妙的状态之中。朱聿键得到了除鲁监国据守的浙江东部地区以外南方各省的支持，至少在名义上他是公认的南明第二个正统朝廷。然而，他的政权是依靠郑氏兄弟的支持才得以建立，又处于郑芝龙集团实力控制下的福建，一切作为都必然要受到郑芝龙的挟制。朱聿键即位以后，大政方针基本上是正确的，他为抵制和摆脱郑氏家族的控制也做了相当大的努力。隆武朝廷建立不久，朱聿键和郑芝龙、郑鸿逵之间的蜜月很快就结束了，随之而来的是一系列控制与反控制的斗争。

朱聿键为了提高朝廷的威望，特别注意网罗人才，以礼敦聘各地名声较高的官员入朝任职，延请入阁的大学士名额超过了明代任何时期。郑芝龙却凭借实力根本不把这些文官看在眼里。朝廷建立不久，就发生了朝班事件。郑芝龙自以为帝由己立，朝见时自然应当排于文武诸臣的前面，首席大学士黄道周却以祖制勋臣从来没有位居班首的先例为理由，坚持不让。在隆武帝亲自干预下，黄道周赢得了表面上的胜利。接着在一次朝见群臣的时候，郑芝龙、郑鸿逵当着皇帝的面挥扇去暑，户部尚书何楷上疏劾奏他俩"无人臣礼"；隆武帝嘉奖何楷敢于直言，立即给他加了左金都御史的官衔。郑氏兄弟怀恨在心，处处加以刁难，何楷被迫请求致仕回籍，隆武帝违心地同意他暂时回乡养病。郑芝龙仍不肯罢休，派部将杨耿在半路上割掉何楷的一只耳朵，借以向朝廷示威。[1]

朱聿键原本希望郑芝龙、郑鸿逵统兵出福建，建功立业。在他的一再训令下，郑芝龙不得不派永胜伯郑彩带兵出杉关，援救江西建昌义师。郑彩到达杉关之后却按兵不动，无论监军给事中张家玉怎样催促，他一概置之不理。不久听说清军将至，拉起队伍就跑，三日夜退到浦城。张家玉极为愤慨，上疏劾奏；隆武帝下诏削去郑彩的伯爵。1646年（隆武二年、顺治三年）正月，又因郑鸿逵部将黄克辉从浙江江山撤退回闽，隆武帝大怒，指责郑鸿逵"始则境内坐糜，今复信讹撤转，不但天下何观，抑且万世遗耻。未有不能守于关外而能守于关内者"，下诏将郑鸿逵由太师降为少师。[2]这些事实表明隆武帝致力于中兴事业，不愿充当郑氏兄弟的傀儡。

随着双方矛盾的激化，隆武帝明白除了离开福建，摆脱郑芝龙兄弟的控制，不可能有任何作为。于是，他决意亲征，目的是第一步把行在移到江西赣州，然后视情况而定，如果江西用兵得手，局势稳定，可以西连湖南何腾蛟部，东接福建郑芝龙部，南靠广东，收就近

---

[1] 李光地《榕村续语录》卷八记载，郑芝龙原意是于半途邀杀何楷。何楷见伏兵持刃突出，心知是郑氏指使，镇静如常，"出谓贼曰：'知君所欲得者，吾头耳，毋及他人。'伸颈命取之。众愕眙许时，曰：'好一个都院，且取若耳可矣。'割耳而去，以已杀报芝龙。隆武闻元子（何楷字玄子，此处避康熙讳）被盗杀，哭几日。当时人作一对曰：'都院无耳方得活，皇帝有口只是啼'"。

[2] 《思文大纪》卷四。

指挥之效。即便江西作战不利，还可以西移湖南，南下广东。朱聿键决策移跸明清双方激烈争夺的江西，而不是迁往比较安全的广东，说明他确实是有恢复之志的，和后来的永历帝不可同日而语。隆武元年八月，江西督师万元吉上疏请移跸赣州，疏中写道："赣（指赣州）居上游，豫（豫章即南昌）不能仰面而攻，且左为楚，右为闽、浙，背为东粤，足以控制三面，宜驻跸。"[1]朱聿键于十二月十六日离开福州，二十六日到达建宁[2]，开始做向西转移的准备。

朱聿键和忠于他的臣僚做的这种战略部署，连当时任清朝江西提督的金声桓也看得很清楚，他在给清廷的奏疏中写道："以臣今日细观福建（指隆武朝廷）陈兵之势，俨然一常山之蛇，以浙东为首，江西为腹，湖南、广西、云贵为尾，敌畏江南满州（洲），故宿重兵于浙东以拒钱塘之渡（这是指鲁监国政权的兵——作者按），乘臣江西兵力之单弱，意欲夺路而出，以震动江宁；何腾蛟拥重兵从上游而动武昌，满州（洲）有数，东南半壁岂不一鼓而复乎？臣计南赣、建昌、广信之贼虽号有三十余万之众，若得满州（洲）二万从江西来，合臣兵二万，臣效前驱，立可蓆灭无余，随由南赣直捣闽广，凭腰肋之间铲为两断，敌人首尾不能相顾，钱塘可一苇而渡矣。然后合力平定云贵，一统之业岂不易易哉！"[3]可见，明清双方都认识到江西在战略上的重要地位。问题是，南明方面隆武帝既调不动郑芝龙的军队由福建入江西，他寄予厚望的

---

[1] 李天根《爝火录》卷十二。
[2] 李天根《爝火录》卷十三；《思文大纪》卷三作："十二月初六日，御驾亲征。"又记："帝手敕凤阳知府张以谦：朕今正位福京，志雪救民。八月十八日，兵发五路。十二月初六日，朕驾亲征。"
[3] 顺治二年十二月十六日金声桓题本，见《明清档案》第三册，A3—177号。

何腾蛟派精兵强将由湖南入江西迎驾也全盘落空；而清方洪承畴却抽调了柯永盛、高进库等部赴江西协同金声桓部作战，先后攻陷吉安、赣州、南安等府。江西战局的逆转，归因于郑芝龙、何腾蛟的私心自用，它不仅直接导致了隆武朝廷的覆亡，而且对后来南明局势的发展影响极大（顺治五年，金声桓、李成栋反清归明时都是在赣州城下屡遭挫败，不能全力北上，详见下文）。

第四节　黄道周的出征和被俘杀

隆武帝锐意恢复，郑芝龙却拥兵自重，挟制朝廷，无意进取，双方的矛盾日益激化。首席大学士黄道周不胜愤慨，自告奋勇督兵出福建，联络江西，援救徽州、衢州一带的金声等部义军，设法为隆武朝廷打开局面。1645年七月二十二日，黄道周勉强拼凑了三千多名士卒踏上了征途[1]，隆武帝派赵士超为兵部职方司主事任军前监纪。掌握兵马钱粮大权的郑芝龙内心窃喜，唯恐其不去，既不拨给精兵，粮饷也只支给一个月的定额。师出不久，兵饷就接济不上。黄道周只好利用自己的声望和书法亲笔书写委任状，沿途召募一些忠贞之士。黄道周虽然身处多事之秋，读过一些兵书，为《广百将传》做了注断，

---

[1] 李世熊《再上石斋黄老师书》中说："先生之行也，召募市人才三千耳，饷不给于国帑，而资于门生故友之助，此一时义激慷慨耳。朝廷才给空门札百十道以当行银，兵家岁月未可解，义助能岁月例输乎？空札可当衣食易死命乎？就令士马饱腾、人人致命，三千未教之卒可枝住诸道分进数十万之方张之寇乎？"见黄宗羲编《明文海》，补遗第五二三七页。郑达《野史无文》卷十二《郑成功传》记："道周与芝龙隙，请督师援广信府，芝龙给羸弱卒三千以往，至则败绩。"这两种书记载道周出师时兵力比较可靠。

却只是纸上谈兵,从来没有指挥过军队。部下兵将大抵是应募而来,缺乏作战经验,凭着一腔热血奋勇向前。施郎(后改名施琅)当时充当偏裨,随同道周出征,他自称"十七岁作贼",凭军事眼光看出依靠这样一支队伍同清朝正规军作战必败无疑。因此,他向黄道周建议,遣散队伍,只带少数经过挑选的人由小路直接进入赣州,以首席大学士督师的名义节制和调遣南赣、湖广、广东、广西等地总督、巡抚、总兵,会师进取。黄道周为人迂执,不达权变,以为自己已有这么一支松松垮垮的军队总比没有好,又把自己的声望估计过高,认为所到之处必将群起响应;何况在他心目中施郎不过一介卑微末将,哪能有什么奇谋良策。施郎见黄道周不采纳自己的意见,不愿陪着他送死,径自返回福建[1]。黄道周到达徽州府境之后,蒙头转向,直到金声兵败被俘,他才弄清楚原来自己的军队同金声部义军只隔一座山。他的兵力能不能解救金声固然是个问题,但至少说明他情报不明,缺乏军事才能。金声部既已覆败,黄道周带领的少数军队又不是清军对手,出兵援徽的目的落了空。他率部从徽州婺源转入江西,一再写信策反清江西提督金声桓,被置之不理。十二月二十四日清军探听到黄道周在婺源县境明堂里下营;第二天清徽宁池太提督张天禄率领宁国总兵胡茂祯、池州总兵于永绶、徽州总兵李仲兴、芜采总兵卜从善分三路围攻,黄道周部下士卒牺牲的有一千多人,余众星散,他本人和文官兵部主事赵士超、通判毛志洁、中书蔡雍、赖继谨,武官

---

[1] 李光地《榕村语录续集》卷八。

游击朱家弟等被胡茂祯部俘虏。[1]顺治三年（1646）二月初二日，黄道周等被押送到南京，洪承畴劝降不成，奏报清廷后于三月初五日将他杀害[2]。隆武帝得到黄道周殉难的消息，非常痛惜，追赠为文明伯，谥忠烈。

第五节　清兵占领浙东与鲁监国航海

1646年（清顺治三年、明隆武二年、鲁监国元年）二月十九日，清廷命多罗贝勒博洛为征南大将军，同固山额真图赖领兵南下，进攻浙江、福建[3]。博洛带领的满洲八旗兵到达南京后，原平南大将军贝勒勒克德浑把东南军务做了交代，就带领本部兵马回北京休息[4]。博洛调集了江南一批明朝降兵降将，积极准备进军事宜。据洪承畴报告，"今钦命行征南大将军贝勒督兵赴浙闽征剿，职会发提督曹存性、总兵李应宗、于永绶、张应梦、贺胤昌、范绍祖、王之

---

[1] 顺治三年二月十九日招抚江南大学士洪承畴揭帖中说十二月二十五日在婺源县一都明堂里"生擒伪阁部黄道周"的是宁国总兵胡茂祯下都司白世彦、张养忠，见《明清史料》甲编，第二本，第一四五至一四六页。又《史料丛刊初编》所收顺治四年七月洪承畴报"徽宁池太安庆广德总兵将领清册"内，不少将领有"顺治二年十二月二十五日徽州婺源明堂头敌破阵"的记录。

[2] 庄起俦编《漳浦黄先生年谱》卷下，见《黄漳浦集》卷首。温睿临《南疆逸史》卷八《黄道周传》说"三月七日"遇害；张岱《石匮书后集》卷三十七则记三月十八日。李光地记黄道周被俘后坚贞不屈、从容就义的情况颇详细，令人肃然起敬，见《榕村语录》卷二十二。

[3] 《清世祖实录》卷二十五。

[4] 《清世祖实录》卷二十七。

纲、苏见乐、冯用等共官兵七千余名"[1]随征。实际上跟随博洛进攻浙东、福建的汉族军队远不止此,例如吴淞总兵李成栋部五千兵马后来也被抽调南下,总数至少在一万名以上。

五月十五日,博洛统率的军队经苏州进抵杭州。这年夏季浙江久旱不雨,钱塘江水涸流细。清军见有人在江中洗澡,水深不过马腹,于是,在五月二十五日分兵两路,一路由主力马步兵组成,从杭州六和塔、富阳、严州一线涉水过江大举进攻;另一路由水师组成,从鳖子门沿海而进,二十九日东西会合,全线出击。方国安等部署的钱塘江防线顿时瓦解,各部明军损兵折将,纷纷逃窜。五月二十九日晚上,鲁监国在张名振等护卫下离开绍兴,经台州乘船逃往海上。[2]次日早晨,博洛过钱塘江,亲自指挥追击[3]。六月初一日,清军占领绍兴[4]。朱以海出逃时,派靖夷将军毛有伦保护宫眷、世子退往台州,毛有伦却改道蛟关以便入海,途中被叛将张国柱截获,送往杭州[5]。鲁监国所封越国公方国安带领马兵五百名、步兵七千名不战而降,先后跟随降清的还有新建伯王业泰、内阁大学士方逢年、

---

[1] 顺治三年六月十六日洪承畴揭帖,见《明清史料》甲编,第六本,第五〇四页。

[2] 佚名《舟山纪略》(收入《明季史料丛书》)记:"丙戌五月二十九日,北兵飞渡钱塘江,荆国公方国安、荡虏伯方元科、阁部马士英先走。巡边阁部张国维护王至台州。……时方、马将献王自全,令洪畴率内司千人守之。畴忽病,于梦中诉逆状。王大惊,召阁臣张国维、陈函辉、柯夏卿、谢三宾、陈盟、宋之普、田仰等定航海之策。(六月)十七日,王哭辞享庙,适富平侯张名振遣中军方简率舻迎,王仓促登舟,军民万余焚香遮道号呼追送。"

[3] 顺治三年六月江宁巡抚土国宝揭帖,见《明清史料》甲编,第二本,第一六〇页。

[4] 查继佐《国寿录》卷三《余煌传》。

[5] 林时对《荷牐丛谈》卷四《蠡城监国》。

谢三宾、宋之普、吏部尚书商周祚、兵部尚书邵辅忠、刑部尚书苏壮，依附于方国安的弘光朝兵部尚书阮大铖、太仆寺卿姜一洪等，武将有总兵陈学贯等十八人，副将以下不计其数。[1]兴国公王之仁见大势已去，流泪说道："坏天下事者，方国安也。敌兵数万屯北岸，倏然而渡。孤军何以迎敌，唯一死而已。"他率领部分兵员乘船数百艘，携带大批辎重由蛟门航海到舟山，打算同隆武帝所封的肃虏伯黄斌卿会师共举。"斌卿伪许之，且曰：顷张国柱犯鲁宫眷，不义，请合声其罪。乃甫出洋，忽炮反攻之仁，尽有其舟。"王之仁对黄斌卿的背信弃义痛恨不已，把家属九十三人的乘舟凿沉，全部溺海而死，鲁监国颁发的敕印也投进大海，自己留下一条大船。竖立旗帜，鼓吹张盖，直驶吴淞江口。当地清兵以为他是前来投降的明朝高官，在六月二十八日送到松江府，吴淞总兵李成栋不敢怠慢，立即转送南京[2]。王之仁见到招抚江南大学士洪承畴时，慷慨陈词，说自己是"前朝大帅，国亡当死，恐葬于鲸鲵，身死不明，后世青史无所征信，故来投见，欲死于明处耳！"洪承畴开初还希望他回心转意，以礼相待，婉言劝他剃发投降。王之仁断然拒绝，大骂洪承畴"反面事仇，先帝赠若官，立庙祠若、祭若，荫若子；若背义亡恩，操戈入室，平夷我陵寝，焚毁我宗庙，若通天之罪，过李陵、卫律远

---

[1] 参见顺治三年七月初六日浙闽总督张存仁、浙江巡抚萧起元联名奏报，《明清档案》第四册，A4—162号；同日张存仁启本，《明清史料》甲编，第二本，第一六三页；李聿求《鲁之春秋》卷一。按，张存仁、萧起元奏疏中说大学士张国维也曾"削发"投顺，但张国维在绍兴失守后不久自尽是毫无疑问的。

[2] 顺治三年七月吴淞总兵李成栋揭帖，见《明清档案》第四册，A4—208号。按，翁洲老民《海东逸史》卷七《王之仁传》、查继佐《鲁春秋》等书记王之仁封爵为宁国公；张岱《石匮书后集》卷四十二《王之仁传》记丙戌三月"以功晋兴国公"，应以李成栋揭帖为准作兴国公。

矣"[1]。洪承畴羞愧满面，无地自容，下令将他杀害。

清军进占浙东府县后，大学士张国维、督师兵部尚书余煌、礼部尚书陈函辉、大理寺少卿陈潜夫等先后自杀。督师大学士朱大典据守金华，誓死不降。博洛亲自统率满、汉军于六月二十三日从绍兴前往金华，二十六日把该城四面包围。由于明军在朱大典指挥下凭城顽抗，博洛从杭州调来红衣大炮，浙闽总督张存仁也奉命带兵参加攻城[2]。清军以绝对优势的兵力猛攻了二十天，直到七月十六日金华才被攻破。朱大典带领家属和亲信将校来到火药局，用绳索捆在火药桶上，点燃引线，轰然一声，壮烈成仁。朱大典在明末官场上以贪婪著称，然而当民族危难之时他却破家纾难，体现了威武不能屈的气节。清军进入金华，借口"民不顺命，因屠之"[3]，又炮制了一场惨绝人寰的悲剧。

关于马士英的末路，诸书记载差异极大。大抵倾向于东林党的人都说他同阮大铖一道投降了清朝，清军追杀隆武帝时在缴获的文书中发现了他降清后给明方的表文，因而处斩。借以证明马士英先为

---

[1] 《石匮书后集》卷四十二《王之仁传》。按，钱肃润《南忠记》《总兵王公传》记王之仁斥责洪承畴的一段话痛快淋漓，但反复提及自己就义后将于九泉下与洪承畴之父相见。承畴父死于是年九月，王之仁的就义据金钟《皇明末造录》卷上记为"八月十五日"；郑达《野史无文》卷十《张名振传》也记载王之仁"八月十五日请死于雨花台之山下"。钱肃润的说法恐不可信。

[2] 顺治三年七月初六日浙江福建总督张存仁启本，见《明清史料》甲编，第二本，第一六三页。

[3] 康熙二十二年《金华府志》卷二十五《祥异》附《历朝变乱》。按，道光三年《金华县志》卷十二《兵燹》记清军攻破金华，前段文字与康熙府志所载相同，只是因屡兴文字狱，编撰者把屠城一句删掉。

奸臣，继为叛贼，死有余辜[1]。然而，根据比较可信的材料，马士英并没有降清。清实录记载，顺治三年六月二十日，"浙闽总督张存仁疏报：副将张国勋等进剿太湖逆贼，擒获伪大学士马士英、长兴伯吴日生、主事倪曼青等。捷闻，令斩士英等，其有功将士，所司察叙"[2]。蒋良骐《东华录》卷五载，顺治三年"六月，浙闽总督张存仁疏报：副将张国勋进剿太湖逆贼，长兴伯吴日生、主事倪曼青俱被获，伪大学士马士英潜遁新昌县山内，都统汉岱追至台州，士英属下总兵叶承恩等降，并报称马士英披剃为僧，即至寺拘获，并总兵赵体元，令斩之"。时人所作《吴城日记》记同年"八月中，闻吴日生、马士英旨下俱论斩讫"[3]。按时间推算，二书完全符合。当时芜湖抗清志士沈士柱有《祭阮大司马文》，开头就说"丙戌长至（指冬至）之后二日，近故降大司马阮公之丧至自浙东"，下文云："使公同受戮西市，一生恶迹补过盖愆。天夺其魄，委赘后方糜烂以死，生与马同丑行，死并不得与马共荣名，天实为之也。"[4]可见，沈士柱在当年冬天即已知马士英不屈遇害，晚节"荣名"。在马士英之前殉难的

---

[1]　华廷献《闽游月记》；钱秉镫《所知录》；温睿临《南疆逸史》等书说马士英降清后在福建延平黯淡滩与阮大铖、方国安一道被清贝勒博洛所杀，甚至绘形绘声地说："贝勒曰：我为天下诛贼臣。剥其皮而尸之。"有人于该处亲见白骨一堆，即马士英、方国安父子，云云。其实，马士英直到被俘杀未曾入闽，阮大铖降清后随军过浙闽交界的仙霞岭猝然病卒，也没有到延平之事。

[2]　《清世祖实录》卷二十六。按，清实录曾多次修改，从蒋氏《东华录》可以看出张存仁奏疏中写的是两件事，修改后的清实录只顾删繁就简，遂致二事合而为一。

[3]　《吴城日记》，江苏古籍出版社1985年版，与《丹午笔记》《五石脂》合印一册，第二二三页。

[4]　黄宗羲《明文海》卷一四〇。

夏允彝论及马士英时稍有恕辞，在马士英之后死难的沈士柱也不掩没其晚节。黄宗羲却一笔抹杀："今古为君者，昏至弘光而极；为相者，奸至马士英而极，不待明者而知之也，有何冤可理？"[1]平心而论，马士英在弘光朝秉政时毫无作为，弘光垮台后他投奔鲁监国和隆武帝，招来的是一片讨伐声。王思任写的"吾越乃报仇雪耻之国，非藏垢纳污之地"一语脍炙人口，就是直接针对马士英的，责令他盂水自裁。张岱以鲁藩旧臣的身份上疏鲁监国，"恳祈立斩弑君卖国第一罪臣"马士英，"疏入，监国召岱至御榻前，诏以先杀后闻。岱即带兵数百人往蹑之，士英宵遁江上，见其私人方国安，挟制鲁王，斥逐张岱。令士英统兵汛地，协守钱塘"[2]。马士英在唐、鲁两政权中几乎成了过街老鼠，他并没有因此就转投清方[3]，而是尽力以抗清的实际行动改变自己过去的不佳形象。清方档案证明，马士英曾经多次参加渡钱塘江攻余杭、富阳以及会攻杭州之役[4]。1646年六月浙东兵败，马士英逃入四明山削发为僧，被俘就义，实属难能可贵[5]。相形之下，黄宗羲、张岱在鲁监国政权处境艰难时，转入清方统治区遵制剃头，以明朝"遗民"自居，既不能见危授命，也大可不必那样义形于色地痛斥"奸臣"马士英以显示自己才是正人君子。在这方面，张

---

[1]　黄宗羲《汰存录》。请注意，沈士柱文收入黄氏编《明文海》。

[2]　张岱《石匮书后集》卷四十八《马士英阮大铖列传》。

[3]　陈名夏因"从贼"不容于弘光政权，即北上投靠清廷，后世史家述及陈名夏时比评价马士英宽厚得多。

[4]　见《清世祖实录》卷二十一，顺治二年十月丁酉日、丁卯日记载；参见《清初内国史院满文档案译编》中册，第一九八页、二五七页。

[5]　《清初内国史院满文档案译编》中册，第三一七页记军中奏报："闻伪鲁王、阁老马士英、国公方国安等适走台州府……将为纸张事只身前往大兰山之马士英擒获解回。"

岱还有点自知之明，《自题小像》一文云："功名耶落空，富贵耶如梦，忠臣耶怕痛，锄头耶怕重，著书二十年耶而仅堪覆瓮，之人耶有用没用？"[1]本书讲的是南明史事，不涉及张岱、黄宗羲等人的文学、学术著作在历史上的贡献。同样，也无意于为马士英当国时期的昏庸辩解。只是由于黄宗羲等人往往出于偏私心理任意歪曲史实，甚至造谣生事[2]，在当时既加剧了南明内部的纷争，对后来的史家又造成了许多人为的困难。在这种情况下，依据可信史料对某些比较重要的人物和事件加以澄清就是必要的了。

第六节　清军占领赣南

顺治三年三月二十四日，金声桓等部攻克吉安。随即由江西提督金声桓部、支援总兵柯永盛部合兵向赣南推进。明督师万元吉计划在皂口据险扼守，然而兵无固志，纷纷南逃。六月初八日，清军前锋即抵赣州城下。由于赣南地区东连福建、西接湖南，又是广东的屏障，战略地位非常重要，隆武朝廷为挽救危局，除令原江西巡抚李永茂（时丁忧告去）、新任巡抚刘广胤（后来改名刘远生）、江西总督万元吉等加强守御外，武英殿大学士杨廷麟原已奉诏入福建，也命他留在赣州"专办江楚事"[3]；并命各地出军火速增援。先后到达赣

---

[1] 张岱《琅嬛文集》卷五。
[2] 黄宗羲记述明清之际史事往往出于门户之见和个人好恶。像魏学濂在甲申三月于北京投降大顺政权，本无可议，黄宗羲因为魏学濂是患难世交，绝力开脱其"从贼罪名"。在弘光帝和其嫡母邹太后事上胡言乱语已如上述。
[3] 彭士望《杨文正公传》，见《耻躬堂集》。

州地区的有御史陈荩[1]从云南召募来的滇将赵印选、胡一青部三千精兵;两广总督丁魁楚派的童以振、陈课部四千人;大学士苏观生遣发的广东兵三千人;湖广总督何腾蛟发总兵曹志建领兵二千名,加上原江西赣州守将吴之蕃、张国祚部和杨廷麟等从雩都调来的受抚阎罗总四营头张安等部,至八月间聚集赣州(隆武帝赐名忠诚府)城内外的明军兵马不下四万。这些从各地抽调来的援军本来就缺乏同心同德精神,利在速战。督师万元吉却不趁诸军初至,锐气方张之时同清军决一雌雄,而以动出万全为由,要等待广东吏部主事龚棻、兵部主事黎遂球招抚的"海寇"罗明受[2]统率的水师来到,以便水陆并举,力创清军。八月二十三日,清军乘罗军不备,夜间在章江上偷袭水师,巨舟八十余艘全被焚毁,船中所载火攻器械付之一炬,罗明受带领残兵逃回广东。次日早晨败讯传来,万元吉、龚棻、黎遂球等抚膺恸悼,追悔莫及。清军趁势于八月二十八日冲破广营,二十九日击败滇军,其他各路援军见势不妙,退往雩都、韶州。赣州城内只有大学士杨廷麟、督师万元吉、兵部尚书郭维经和一批地方官,守城兵卒不过六千名。

清军在九月初九日占领南康县,十五日攻占上犹县,十九日起包围赣州城。双方相持十余日。十月初三日,清军大举攻城:副将高进库、冯君瑞攻南门,副将刘伯禄、贾熊、白元裔、何鸣陛攻东门,副将徐启仁、杨武烈、崔国祥攻西门,副将李士元等攻龟尾。到当天晚上三更时分,清军竖梯登上东面城墙,城内明军仍拼死抵

---

[1] 黄宗羲《弘光实录钞》记弘光朝廷于1644年六月"遣御史陈荩往云南募兵",有的史籍误作陈赓。
[2] 彭士望《杨文正公传》写作罗亚夫。

抗。高进库、徐启仁、李士元、杨武烈、冯君瑞、崔国祥等督促部下官兵由突破口上城大战。至初四日午时，明军抵敌不住，赣州失守。[1]杨廷麟投清水塘自尽，[2]万元吉也投水而死，郭维经入嵯峨寺自焚死，同时遇难者有翰林院兼兵科给事中万发祥，太常寺卿兼守道彭期生（彭孙贻之父），吏部主事龚棻，兵部主事王其㲋、黎遂球等官绅三十余人。[3]

赣州的失守在南明史上具有关键意义，因为以赣州为中心的江西南部是连接福建、湖南的要区，又是广东的屏障。后来，金声桓、李成栋的败亡都同清军扼守这一重镇有密切关系。清军凭借有限兵力攻陷赣州，固然在很大程度上是由于明朝督师万元吉部署不当，但湖广总督何腾蛟的坐视不救也是重要原因之一。隆武帝在福建处于郑芝龙集团束缚之下，一筹莫展，早就有意移驻江西。1646年正月，朱聿键手敕何腾蛟命他"先遣精甲一万，迎朕湖东（指江西省湖东道管辖地区）"；[4]同月给大学士苏观生的手敕中又提到："仍有七省左、右将军印信二颗，顺赍与郝永忠、张先璧恭受，再给楚督臣、抚臣、

---

[1] 顺治三年十月江西提督金声桓、总兵官柯永盛"为飞报官兵奋勇攻克赣城事"揭帖，见《明清档案》第五册，A5—36号。顺治三年十月二十六日柯永盛、金声桓"为恭报克赣大捷事"题本见《明清史料》甲编，第二本，第一七一页。

[2] 杨廷麟死于清水塘见魏禧《崇祯皇帝御书记》，破城时清参将贾熊发现杨廷麟遗体，"以四门扇为棺，瘗之西门外"，后来贾熊镇守宁都，即住于魏禧家。上引题本云："本标右营参将贾熊城头阵斩伪阁部杨廷麟，尸首见存。"

[3] 康范生《仿指南录》。参见黄宗羲《行朝录》卷六《赣州失事》。清军屠城事见康熙二十三年《赣州府续志》卷十二。

[4]《思文大纪》卷四。

镇臣敕各一道……速遣劲兵一万来湖东迎驾。"[1]四月间，隆武帝派太监杨守明、兵部职方司官员路太平来到长沙，督促何腾蛟出兵江西，既可加强赣南防务，又可做迎驾之用。何腾蛟勉强派遣南安伯郝永忠带领部下兵马一万余名经郴州入龙泉（今江西省遂川县），张先璧率部由湖南攸县出江西永新，号称左、右两路"迎驾军"。然而，何腾蛟的所谓"迎驾"只是表面文章，他内心里极不愿意把隆武帝从郑芝龙的牢笼中接到自己的防区。我们不应忘记，朱聿键还是唐王时封藩地在河南南阳，何腾蛟曾任南阳知县，他对朱聿键的敢作敢为有相当了解。朱聿键登上皇帝宝座后，何腾蛟被视为南阳故人，备受青睐，由湖广巡抚擢升为湖广等七省军务总督。李自成在湖北通山县被当地地主武装击杀，何腾蛟明知该地已沦入清方之手，仅据大顺军部将的报告，就飞疏告捷，说成是自己组织团练的"功劳"，隆武帝因此给他加封定兴伯。何腾蛟得意忘形，给湖南地方官员写信道："新上为南阳故人，鱼水之合，吾辈皆有缘也。"[2]然而，何腾蛟只知利用隆武帝的信任，提高自己的声望，毫无知恩报答之念。他唯恐隆武帝进入江西后自己在湖广独断专行的局面将受到扼制。正如王夫之所记："顾腾蛟以便宜制楚，文武将吏皆出其门，不忍失权借。谓章旷曰：上若幸楚，则□（虏）当聚力攻楚，恐未易支也。"[3]于是，他玩弄手段，一面大张旗鼓地派郝永忠、张先璧二将领兵"迎驾"，一面却私下叮嘱他们绝不可假戏真做，万勿进入江西。五月十七日，郝永忠率军从长沙出发，一路上慢慢吞吞，经过衡州，九月初二日才到

---

[1] 《思文大纪》卷四。
[2] 吴晋锡《半生自记》卷下。
[3] 王夫之《永历实录》卷七《何腾蛟传》。

达郴州,即停留该地,观望不前。[1]张先璧部也在行至同江西接境的攸县后就"屯师不进"[2]。这几个月正是清军进攻赣州,隆武帝进退维谷的时候。何腾蛟为了保住自己的权势,竟然置大局于不顾,一连几个月不派使者向隆武帝报告情况。奉命督促郝永忠入赣的杨守明、路太平"皇皇使者,不敢出一语"[3]。到隆武政权覆亡前夕,何腾蛟的使者才姗姗来迟地到达行在觐见,隆武帝大为震怒,责问使者何腾蛟派遣的迎驾军为什么毫无动静,"使者诡辞以对"[4]。不久,隆武帝被清军俘杀,闽、赣、粤相继失陷,何腾蛟在湖南的处境也越来越困难。许多南明史籍叙述隆武朝廷的覆亡都简单地归咎于郑芝龙的降清,如杨凤苞所说:"福京之亡,亡于郑芝龙之通款。"[5]这自然包含部分真实。但隆武帝鉴于郑芝龙的跋扈自雄,寄希望于何腾蛟派精兵迎驾,移跸江西,等了半年多终归落空,何腾蛟实难辞其咎。历来的南明史家大抵以是否死节作为忠佞的唯一标准,带有很大的片面性。临危受命固然值得肯定,因为他们在最后关头表现了民族气节;但如果就因此而掩盖何腾蛟之流的卑污心理,导致大局全盘逆转,一味赞美,称之为"忠臣",奉之为圭臬,显然不符合事实。

[1] 吴晋锡《半生自记》卷下。
[2] 《永历实录》卷七《何腾蛟传》。
[3] 《半生自记》卷下。
[4] 《永历实录》卷七《何腾蛟传》。
[5] 《南疆逸史》跋四。

第七节　隆武帝汀州遇难

清军进占浙东，朱以海逃往舟山一带海岛，鲁监国政权濒于瓦解。博洛即部署清军乘胜入闽。早在这年三月间，清廷所派招抚福建黄熙允的使者苏忠贵就秘密到达福建，"见到郑芝龙，见其有诚意归附"。六月初，清军渡过钱塘江，征南大将军博洛又命苏忠贵"持敕书赍送郑芝龙"[1]。郑芝龙既已决定投降清朝，秘密下令仙霞关守将武毅伯施福（施天福）放弃天险，自动撤退[2]。接着又谎报海盗进犯其家乡安平，上疏道："三关饷取之臣，臣取之海，海警则无家，非专救不可。"隆武帝派内使持手敕云："先生少迟，请与先生同行。"[3]郑芝龙置之不理，径自带领军队返回安平。

八月十三日，贝勒博洛、闽浙总督张存仁、巡抚佟国鼎带领满、汉军从衢州出发，收取福建。[4]十八日，清军未遇任何抵抗，就越过了仙霞岭。[5]不久前降清的阮大铖跟随清军入闽，行至仙霞岭下时忽然头面肿胀，其他官员劝他暂时休息，不要过关。他唯恐失去"立功"机会，坚持随军越岭。为了显示自己身强体健，他争先步行登山，对落在后面的人吹嘘道：你们这些年轻人爬山还不如我这六十

---

[1] 顺治三年八月黄熙允题为招抚郑芝龙情形事本，见《郑成功满文档案史料选译》第一页。

[2] 王沄《漫游纪略》卷一云："仙霞最险……两崖斗绝，中通鸟道，仰高俯下，因险设关，裁容一夫。今已颓废。闽人言，先年郑氏望风送款，预撤守兵，启关以俟，故入闽者无血刃焉。"

[3] 华复蠡《闽游日记》卷二。"三关"指由浙、赣入闽的三个必经关隘，即仙霞关、杉关、分水关。

[4] 江日升《台湾外纪》卷二。

[5] 乾隆十七年《汀州府志》卷四十五《兵戎》。

岁的老头。攀登到山顶，疾病突发，死于岭上。其他官员气喘吁吁到达岭上时，见他坐在大石上一动不动，呼之不应，以马鞭拨其辫子毫无反应，仔细一看，才发现他已经死了。[1]跟随的家人上岭、下岭，几经周折，才在附近居民家中找到几扇门板，勉强收殓。清军过岭后，随即占领浦城，明巡按御史郑为虹不屈被杀。"时有民谣曰：峻峭仙霞路，逍遥军马过。将军爱百姓，拱手奉山河"[2]，对郑芝龙的不战而降做了巧妙的讽刺。

郑芝龙的背叛行径并不是个别的，当清军占领浙东时，隆武朝廷的许多官员眼看大军进逼，为自己的身家性命计，纷纷暗中派人前往浙江向清军投递降表。钱秉镫记载：

> 七月二十五日，上御门。群臣朝罢，将退，上命内臣捧出一盘，覆以黄帕，置御前。上谕群臣曰："朕本无利天下之心，为勋辅诸臣拥戴在位。朕布袍蔬食，晓夜焦劳，有何人君之乐？只是上为祖宗，下为百姓，汲汲皇皇，唯恐负诸臣拥戴之初心。今观诸臣大非初意，昨关上主事搜得关中出关迎降书二百余封，今俱在此。朕不欲知其姓名，命锦衣卫检明封数，捧至午门前对众焚之。班中诸臣宜亦有之，朕俱不问。有之者当从此改心易虑；其本无者益宜矢志竭力，毋贰初衷。特谕。"[3]

---

[1] 钱秉镫《所知录》卷六《阮大铖本末小纪》。当时阮大铖和降清的金华府同知耿献忠在一起，钱氏所记即得自耿献忠（随李成栋反正）之口，相当准确。

[2] 《台湾外纪》第七十四页。

[3] 钱秉镫《所知录》卷一。

八月二十一日，隆武帝从延平行在起程前往江西赣州。他并没有意识到噩运已经临头，在没有多少军队护送的情况下，还带了大批书籍和宗室、随驾官员，根本没有轻装前进。不久，得知清军迫近，隆武君臣大惊狂奔，随驾大学士何吾驺本有足疾[1]，又"坠马垂死"，从间道返回原籍广东[2]。从行的宫人有"一骑而三人者"[3]。二十七日到达汀州（今福建省长汀县），随行的只有忠诚伯周之藩、给事中熊纬带领的五百多名士卒。长汀知县吴德操"吏才非其所长"，隆武帝与随行人员奔至该县时，"需役数千名，民逃不应命"[4]。次日（二十八日），清军追到汀州，隆武帝、曾皇后、沈嫔、陈嫔被俘于赵家塘，周之藩、熊纬被杀[5]。隆武帝、后大约在被俘之日即遇害于长汀。据清实录记载：征南大将军多罗贝勒博洛将军入闽，连下建宁、延平等府，"闻伪唐王朱聿钊遁走汀州，遣护军统领阿济格尼堪、杜尔德等率兵追击，直抵城下。我军奋击先登，擒斩朱聿钊及伪阳曲王朱盛渡、西河王朱盛佺、松滋王朱演汉、西城王朱通简并伪官、伪伯等，抚定汀州。……获伪玺九颗，马骡辎重无算"[6]。江日升《台湾外纪》云："隆武帝后死于汀州府堂，乃顺治

---

[1] 《思文大纪》卷八记，1646年七月"上因首辅何吾驺决意幸汀入虔"，即决策经福建长汀前往江西赣州。同书卷七两次提到何吾驺患足疾，并记隆武帝对吾驺曰："卿足疾，朕亲见蹒跚之状。"
[2] 黄士俊撰《首辅象冈何公墓志铭》，引自马楚坚《明清边政与治乱》第五一五页。
[3] 华复蠡《闽游月记》卷二。
[4] 钱秉镫《藏山阁文存》卷五《吴廷尉鉴在传》。
[5] 乾隆十七年《汀州府志》卷四十五《兵戎》。
[6] 《清世祖实录》卷二十九。按，文中把朱聿键误写成朱聿钊，是因为军中奏报用满文拼写汉字，回译时据音写作剑字，剑、钊二字形近，誊录时误写。

三年八月二十八日。诸家纪事，悉书隆武被执，送福州斩于市。但时有锦衣卫陆昆亨从行，眼见隆武帝后戎装小帽，与姬嫔被难。昆亨脱出。百姓收群尸葬于罗汉岭，竖其碑曰'隆武并其母光华太妃讳英忠烈徐娘娘之墓'。后昆亨归郑，继而为僧，年八十有奇，为口述云。故特表出。"[1]历史上的事件往往会在记载上出现程度不等的分歧，隆武帝的下场也是这类问题之一。江日升批驳了押回省会福州斩首的说法，是有见识的，因为在清方档案文书和福州人士的记载中从未提及这样一个重大事件。还有一种说法是在汀州遇害的是隆武帝的替身，他本人逃到广东五指山当了和尚。这种说法很难令人置信，理由是：第一，当时广东是拥戴隆武朝廷的，朱聿键如果真能逃到广东，毫无必要遁入空门；即令说他心灰意懒，看破红尘，那又同传说中的"帝派使者慰劳群臣"自相矛盾。第二，这一流言从来没有任何一个人出面证实；相反，跟随朱聿键逃难的大学士何吾驺回到广东以后，肯定得到相当准确的消息，才写信给肇庆当局另立新君。

九月十九日，清军在贝勒博洛统率下长驱进至福州[2]。城中百姓纷纷逃窜，留下的人剃发留辫。隆武朝廷工部尚书郑瑄投降，"跪泥沙中永日，贝勒不为礼，徐乃令之去，曰：尔官在明朝若是大乎？兹不便用也，速去！"[3]礼部尚书曹学佺（字能始），是著名的文学家，不屈自缢而死。曾任崇祯、隆武两朝大学士的傅冠避居于邵武府

---

[1] 吴晋锡《半生自记》卷下记："翰林刘季铃曾为余言：车驾次汀州，北兵先通约于汀守。车驾约行，太守以夫马未备为辞，故迟之。有内臣报警，以摇动人心受杖，杖未毕而北兵至矣。季铃时为侍从，事急，袖小帽青衣以进，请上早为计。季铃奔，君臣遂相失。此当日汀州事也。"可与江日升"戎装小帽"之说相印证。

[2] 《思文大纪》卷八；海外散人《榕城纪闻》载于九月十八日。

[3] 《思文大纪》卷八。

泰宁县门人江亨龙家中。"亨龙同子养源私计公常握重兵，大兵索公必连居停，不如自首乃免。"于是，向傅冠假说已被别人告发，藏身不住。傅冠慨然道："一死报国，吾事已毕，鼠子啮肉，所得几何？"当即投缳准备自尽，江养源为了献俘清军邀赏，竟然横加阻止，说："公不生见大兵者，江氏百口立碎矣！"又唆使庄客道："即此族何辜，令为血池乎？"在江氏父子指挥下，傅冠求死不得，被捆绑押往清将李成栋处献功。傅冠为天启二年榜眼，历任礼部尚书、文渊阁大学士，名望很高。江亨龙攀援附会，执贽为门人；一旦局势翻转，立即卖师求荣，拖曳着被捆绑的傅冠踯躅道路间，甚至"有以掌掴公者"。送到李成栋军营后，成栋执礼甚恭，说："公大臣也，释、留当取令旨，非成栋所专。顾国法剃发令特严，异令以逆论。倘委曲相从者，成栋保公无他，此后攀鳞曳尾，惟公之便。"傅冠坚决拒绝剃发，厉声曰："汝知千古有文文山乎，我乡先进也。吾乡无叩头宰相，但有断头宰相耳！"不久，李成栋奉命领兵入粤，傅冠被押送到汀州由镇将李发管押。1646年十一月二十一日在汀州遇难[1]。

---

[1] 傅冠被俘和殉难事迹有多种史籍记载，这里是根据李世熊作《傅相公传》，见黄宗羲编《明文海》，卷三九一。

第十章
大顺军联明抗清

第一节 东路大顺军同何腾蛟的联合与受排挤

1645年五月初，李自成在湖北通山县牺牲于当地地主团练之手后，大顺政权实际上已处于瓦解状态。这主要表现在：一、曾经统治整个黄河流域和部分江、淮地区的大顺政权管辖区由于清军追击和地主官绅的叛乱已经丧失殆尽，尚存的东、西二路大顺军虽然还拥有大约数十万兵员，却回到了崇祯十四年以前的情况，没有立足之地；二、李自成的牺牲带有很大的偶然性，生前没有指定明确的继承人，在大顺军将领中享有较高威望的大将刘宗敏在李自成牺牲以前就已经被清军俘杀，跟随李、刘南撤的东路大顺军各部将领在屡遭失败后，原来的领导体制被打乱，很难形成一个新的统一指挥核心；三、大顺政权的文职官员纷纷降清或脱逃，如牛金星以丞相之尊在撤至襄阳时同他的儿子襄阳府尹牛佺一道向清军投降，军师宋献策被俘后也腼颜降清，重操旧业以占卜取悦于满洲贵族。大顺朝廷不复存在了。

史籍中常有一种误解，以为大顺军从陕西撤退的时候是全部兵马都随同李自成取道商洛、河南进入湖北的。实际上跟随李自成从西安撤退的只是潼关之战后集中于西安的主力，到达湖北襄阳一带时会合了镇守这一地区的白旺所统七万大顺军，他们遭到清英亲王阿济格的穷追猛打，连续失利，李自成、刘宗敏直接率领的就是这支军队，在本书内称之为向南撤退的东路大顺军。毫无疑问，李自成的妻子（大顺朝廷皇后）高氏也在这支队伍当中，从一些史料判断她秉性软弱，不是一个能够继承丈夫遗志、在关键时刻重整残局的人[1]。另一路大顺军是清军占领西安以后，由李锦（李过改名）、高一功带领的陕北榆林、延安地区的驻军会合宁夏、甘肃、青海的驻防军经汉中南下四川，顺江而下进至荆州一带，形成西路大顺军，即后来的"忠贞营"前身。

东路大顺军主要将领有泽侯田见秀，义侯张鼐，绵侯袁宗第，磁侯刘芳亮，光山伯刘体纯，太平伯吴汝义，将领郝摇旗、王进才、牛万才等，他们在李自成牺牲以后，乘清阿济格军东下随即返京之机，先后进入湖南平江、浏阳一带，如刘体纯在五月间即自湖北武昌南入平江，吴汝义、田见秀、张鼐等翻越九宫山，经江西宁州（今修水县）进入平江县。[2]由于史料残缺，我们不十分清楚李自成牺牲

---

[1] 高氏从崇祯十六年冬一直在西安，没有跟随李自成至北京。自成放弃西安时她自然随军南下。自成牺牲后，她在部将保护下经湖南北上湖北，后转入李锦、高一功营中。尽管李锦等联明抗清后，给南明官僚行文时仍尊称她为"太后"，但她在顺治二年秋曾"再三劝谕"李锦军"归服"清廷，见顺治二年十一月清梅勒章京屯代"为申报地方情形"事揭帖，影印原件见《明清档案》第三册，A3—162号。

[2] 乾隆八年《平江县志》卷二十四《事纪》云："五月，其酋刘体纯自武昌入县之北乡；七月，其酋吴汝义自宁州入县东乡，据黄龙、幕阜、东阳诸山；又有田酋亦以是月入据中洞等寨。"参考何腾蛟奏疏，张鼐肯定是由宁州而来。

后，东路大顺军当中发生的变故，只知道在1645年五、六、七月这路大顺军大抵均集结于湖南平江、浏阳地区[1]，总兵力多达二十一万余名。[2]然而这样一支庞大的部伍在屡经挫败之后，已无复当年部署，西安时期地位与刘宗敏相等的田见秀曾以"为人宽厚"得众将心，这时仅有部卒七千，泯然普通一将，几无威信可言。原右营制将军袁宗第仅辖部卒三千，他的老部下刘体纯（曾为右营右果毅将军）却有部众三万，其弟刘体统也有兵二万。原先的裨将郝摇旗拥众四万，王进才更多达七万六千。曾独当一面的左营制将军刘芳亮所部也不过一万。[3]这说明东路大顺军已失去统一的指挥系统，名义上大将们还保存着侯、伯爵位，实际上却是各部为政的松散同盟。

在大顺军进入湖南前一个月左右，明湖广总督何腾蛟正是从武昌左良玉军中脱逃后取道宁州、平江到达长沙。当时湖广北部（后来的湖北省）已沦入清方之手，何腾蛟即在长沙设置行辕，安官设吏，准备以湖南为基地恢复湖广全省。东路大顺军将领到达平江、浏阳后，由于领袖新丧，基地全失，决定同何腾蛟会商联合抗清。[4]

---

[1] 康熙十九年《平江县志》《灾沴》记："乙酉年，闯寇数十万寇县，往来屯驻四阅月，凡上下乡方围三百余里比屋盘踞，深山穷谷焚林竭泽，男妇老幼杀死无算。"

[2] 顺治二年秋总督八省佟养和"为恭报地方情形事"揭帖，原件缺上疏日期，十月初十日到京，见《明清史料》甲编，第二本，第一二一页。

[3] 顺治二年秋总督八省佟养和"为恭报地方情形事"揭帖，原件缺上疏日期，十月初十日到京，见《明清史料》甲编，第二本，第一二一页。

[4] 光绪十七年《黎平府志》卷七上，何琮《先文烈公编年纪略》云，自成牺牲后，"其部下刘体纯、郝摇旗（原注：后名永忠）谓众曰：'吾主不知何往，想大事难成。我等日事劫掠，终非远大之计，今闻何公在长沙，盍往归之？'众应曰：'将军高见，谁不恪遵。'"

294

六月初一日至十五日，大顺军迫近长沙[1]，意在同何腾蛟联络。不料，何腾蛟情报不明，以为进入湘东的大顺军只是些不成气候的"土贼""山寇"，派长沙知府周二南会同原驻攸县燕子窝的副总兵黄朝宣领兵二千前往"扫荡"。大顺军意在和好，主动退让以表诚意，周二南却误以为"草寇"不堪一击，懵懵懂懂地"乘胜"直追。大顺军忍无可忍，于浏阳官渡一举反击，周二南被击毙，"官兵将佐杀伤无算"[2]。何腾蛟得到败讯，才如梦初醒，知道对手是名震遐迩的大顺军。他曾备受挟制的宁南侯左良玉一听说大顺军入楚，即望风而逃，这时他手下只有黄朝宣、张先璧等为数不多的杂牌官军，根本无法迎敌，在一片惊慌失措之中"婴城为死守计"[3]。幸好，东路大顺军将领本意是通过何腾蛟实现联合南明共同抗清，并无攻灭何腾蛟之意。明末清初人士王夫之记载说：何腾蛟"猝闻平江、浏阳间有贼野掠，意为土寇，遣长沙知府周二南率黄朝宣部兵二千人往击之。过、一功既欲降，无格斗志，按兵徐退。二南误以为怯，麾兵进薄其营，刃数贼。贼乃合战，俄顷披靡，二南坠马死之。贼追溃卒，呼欲与通语，皆益丧精魄，骛走归长沙。腾蛟知为大贼，惴惴惟婴城守。过等敛兵不欲迫长沙，执土人纵之诣腾蛟所道意，土人得释即走，亦不为通。久之，稍传闻至腾蛟所。腾蛟乃募人持白牌赍手

---

[1] 康熙四十二年《长沙县志》卷八《灾祥志》附《兵事》记："乙酉，流贼李自成余党刘体纯、一只虎等从武昌、通山、蒲圻、崇阳破通城，陷平江，逾回通岭入长沙界。时邑人林朝宪纠集乡勇，多设疑兵，于西山、官山一带与贼相拒，自六月初一至十五日止斩馘甚众，贼进退维谷，自愿纳款。时督师何腾蛟、偏抚傅上瑞驻节长沙，乃驰报帅府，准其招降，民获粗安。"按，所记事实多有讹误，仅取其时日供参考。

[2] 同上。

[3] 王夫之《永历实录》卷七《何堵章列传》。

书往。过等大喜，遂举军降，腾蛟以便宜各授总兵官……"[1]王夫之的叙述大致反映了当时东路大顺军将领主动提出联合南明抗清的情况，但他对大顺军内部情况缺乏真确了解，错误地把李过和高一功视作东路大顺军的首领。

　　大约在七月间，何腾蛟同东路大顺军达成了"合营"的协议[2]。然而，何腾蛟和他一手提拔的北抚章旷、偏抚傅上瑞对大顺军怀有深刻的敌意和猜忌，合营后"骤增兵数十万"，他们并没有诚意依靠这支久经战阵的抗清队伍；相反，在驻地和粮饷上处处加以刁难。尽管当时湖北绝大部分地方已被清军占领，但湖南全境还在明朝廷有效管辖之下。何况，清英亲王阿济格获悉李自成死讯后以为大功告成，在这年六月间就率领大军回北京避暑了。阿济格凯旋前委任了梅勒章京佟养和（即佟代、佟岱、屯代）为"总督八省军门"，带领少量军队驻守武昌[3]，湖北各地的驻防清军主要是刚刚投降过来的原明朝官军和大顺军叛徒，兵力十分有限。换句话说，

---

[1]　《永历实录》卷十三《高李列传》。

[2]　汪辉《湘上痴脱离实录》记："何公遣人招安，皆被杀。后以郑公福、汪伯立前往，改招安二字为合营，乃允而遵节制。"见《希青亭集》。

[3]　这里有必要做一点小考证。《明清史料》甲编，第二本，第一二一页；丙编，第五本，第四九九页，各收"总督八省军门佟"揭帖一件。丙编，第六本，第五三三页，湖广巡抚何鸣銮揭帖中称他为"督臣佟养和"；第五三九页郧襄总兵王光恩揭帖中也提及"前督臣佟养和"。同书丙编，第六本，第五一一至五一三页收顺治二年十一月"梅勒章京屯代揭帖"（影印件见《明清档案》第三册，A3—162号）。在许多有关明清之际的史学论著中常把佟养和、屯代并提，误为两人。其实，佟养和就是屯代，或写作佟代、佟岱。见鄂尔泰编《八旗通志》卷一八二；《清史稿》卷二四〇；李元度《国朝先正事略》卷二《佟勤惠公事略》附传。《明清史料》丙编，第六本，第五六〇页，顺治三年六月二十一日湖广巡抚何鸣銮启本中提到"上年""同前督臣屯代行令……"亦可佐证。一人数名的原因此处不能细说。

在武昌的清朝湖广总督佟养和与在长沙的明朝湖广总督何腾蛟处境相当类似，都没有多少实力。然而佟养和比何腾蛟更能面对现实，他在六月间到任之后，派出使者对尚未归附的明朝文官武将和大顺军余部广行招抚，委以重任，力求稳定和扩大自己的地盘；唯一对他不利的是清廷严厉推行的剃发改制遭到汉族军民的抵制，使他的招抚政策未能取得更大效果。何腾蛟、章旷之流却因阶级偏见目光短浅，看不到弘光朝廷覆亡后民族矛盾已上升为国内主要矛盾。他们是主张抗清的，对农民军又怀有深刻的敌意，只是在自己的官军打不过大顺军的情况下才被迫达成联合抗清的协议。因此，他们不仅没有利用湖南全省的地盘和物力给大顺军以充分的休整和补给机会，然后凭借这支武装收复湖北等地区，而是对大顺军实行分化和排挤。在东路大顺军中郝摇旗、王进才原来地位较低，他们乘大顺军兵败混乱之时各自掌握了一支数量可观的军队，难免同大顺军封侯封伯的老将产生隔阂。何腾蛟充分利用了这种矛盾，把郝摇旗、王进才收为亲信，郝摇旗被委任为督标副总兵[1]，不久升任总兵，加封南安伯。至于田见秀、袁宗第、张鼐、刘体纯、吴汝义等大顺政权所封侯伯则备受歧视，何腾蛟既不为他们安置驻地，也不供应粮饷，这些农民军被迫就地打粮，又立即被加以掠夺的罪名。何的目的是使他们在湖南站不住脚。这年八月间，田见秀、张鼐、袁宗第、吴汝义、刘体纯、郝摇旗等在清湖广等地总督佟养和的招罗下，曾派使者至武昌同清方联络，要求安置地方供应粮饷。因清

---

[1] 第一档案馆藏有田见秀、吴汝义八月十二日给佟养和的禀帖、郝摇旗八月十七日禀帖，郝摇旗禀帖末在年月日上盖"督标忠兴龙营副总兵官关防"，这是南明何腾蛟颁给的印信，不是大顺政权颁发的，大顺政权官制序列中既没有总督，也没有总兵、副总兵。

方坚持剃头，没有达成协议。不久，除郝摇旗、王进才二部留在湖南外，田见秀等东路大顺军将领都率部北入湖北，在荆州地区同李锦、高一功等九大头领率领的西路大顺军会合。

从当时形势来看，东路大顺军进入湖南之时，显然缺乏一个坚强的核心，提出联明抗清的策略是正确的，但过于软弱。在遭到何腾蛟、章旷等南明顽固派官僚的排挤时，本应以抗清大局为重，发挥自己的主力作用，一面迅速接管湖南全省地方，安抚军民，征派粮饷，休养整顿队伍；一面迫使隆武朝廷及其地方高级官员承认其合法地位。这样，在清军主力北撤、何腾蛟等实力极为薄弱的情况下，东路大顺军可以把湖南经营为抗清基地，取得人力、物力等后方保障，再同由四川东下荆州地区的西路大顺军会合，湖广局势以至整个南明局势必将大为改观。可是，田见秀、张鼐、袁宗第等计不出此，局促于浏阳、平江一隅之地，受到排挤后又移师北上，动摇于明、清之间。这不能不说是方针上的重大失误。在后期抗清斗争中，大顺军未能做出较大贡献，最重要的原因是没有自己的具有相当人力、物力的后方基地做保障，长期在南明顽固派势力和清方的夹缝中勉强支撑，这说明在李自成牺牲以后，东路大顺军组织的混乱和领导人的缺乏魄力。

第二节 李过、高一功等部改编"忠贞营"

1645年（顺治二年、弘光元年），李锦（李过）、高一功等部大顺军由陕西汉中南下，四月间经四川太平（今万源市）、东乡、达州、夔州、新宁等处进入湖北西部山区（西陵峡一带）[1]。经过短期休整后，于六月间率兵东下，占领荆门州、当阳二城[2]。七月二十日，李锦、李友、贺篮、高一功、刘汝魁、马重禧、张能、田虎、杨彦昌九营会攻荆州，"填壕搭梯，扎棚挖窖，百计攻打"[3]；清镇守荆州副总兵郑四维据城顽抗[4]。大顺军围攻了半个月，未能攻克该城。这支大顺军把老营（指随军家属和辎重）安置于松滋县草坪，兵马分驻在湖北荆州府境到湖南澧州一带，"横亘三百余里"[5]。

八月间，原先跟随李自成东下的大顺军余部田见秀、刘芳亮、吴汝义、袁宗第、刘体纯、张鼐、党守素、蔺养成、王进才、牛万才等营虽然同明督师何腾蛟达成合作协议，却得不到粮饷供应，处境相当困难。吴晋锡当时担任南明衡永郴桂团练监军，曾经向何腾蛟建议："此辈久在行间，动则奋，静则玩，及其锋而用之，分路进击，可以大有功。"何腾蛟表面上赞成他的意见，实际上却采纳了长沙道傅上瑞的主张，"以饷绌难之"[6]。田见秀、袁宗第等部大顺军既然在湖南站不住脚，又听说李锦、高一功等部已由四川东下湖北，于是

---

[1] 顾山贞《客滇述》记：乙酉"四月，李自成部将一只虎陷太平、东乡、达州、夔州、新宁等处，寻遁入湖广。"费密《荒书》也记载："四月，自成贼党李赤心等陷太平、东乡、达州、夔府、新宁等处，复入湖广。"按，李锦由隆武帝赐名李赤心是这以后的事。

[2] 顺治二年五月清驾臣李可学奏疏中说，四月间已"闻荆门、当阳等处潜有大贼一只虎等十余股，近十数万"。见《明清史料》丙编，第五本，第四八五页。

[3] 顺治二年十月十二日荆州副总兵郑四维揭帖，见《清代农民战争史资料选编》第一册（上），第四十五页。

[4] 顺治二年七月二十五日荆州副总兵郑四维揭帖，见《明清档案》第三册，A3—40号。

[5] 乾隆十五年《澧州志林》卷十九《兵难》。

[6] 吴晋锡《半生自纪》卷下。

决定移军北上。除了郝摇旗、王进才二部留在何腾蛟麾下外，东路大顺军主力都移营北上，"袁宗第及田、高诸部落夺舡而行，长沙之舡顿尽"[1]，在驻于岳州的马进忠[2]部接应下转入荆州地区。这样，东、西两路大顺军终于会合，李锦、高一功等人才获悉了李自成殉难的详细情形，自成的妻子高氏也转入李锦（自成和她的侄儿）、高一功（高氏之弟）营中。

两路大顺军会师后，实力有所加强，但是显然缺乏一位众望所归的领导者。清方档案记载，"一只虎（李锦）等立李闯三弟为主，将所得明朝玉印（玉玺）付一只虎掌管，囤粮练兵，希图大举"[3]。这很可能反映了东、西两路大顺军将领在推举李自成的继承人上出现分歧。李自成的三弟在大顺军战史上从未有过战功或其他作为，甚至连他的名字都没有可靠记载[4]，后来的事实证明他从未成为大顺军的领导核心，更谈不到恢复大顺政权了。大顺军内

---

[1] 吴晋锡《半生自纪》卷下。吴氏又说："余退而异见之言入矣。失此一机，惜也。"意思是说他离开长沙返回永州以后，长沙道傅上瑞、监军道章旷等排挤大顺军的"异见"被何腾蛟采纳。文中说的"田、高诸部"，高决非高一功，疑误。
[2] 马进忠原来是明末起义军首领，绰号混十万，崇祯年间投降明政府，清英亲王阿济格追击李自成时曾在湖北阳逻镇伪降，阿济格军东下以后，他把清将责令他运载的南征大炮火药车子抛弃江中，径自率兵西上岳州。
[3] 顺治二年十一月三十日荆州总兵郑四维揭帖，见《明清史料》丙编，第六本，第五一五页。
[4] 顺治二年十一月二十二日湖北巡按马兆煃"为飞报紧急军情事"揭帖中说："又一只虎李锦、袁宗第等并蓝、王、刘、牛等九营盘踞荆州，将田见秀、吴汝义等两大营合并，又得明朝玉玺，复立李自成弟，引贼数十万北下。"见《明清史料》丙编，第六本，第五一四页。《清世祖实录》卷二十五两次提及自成之弟名为"李孜"，参考其他文献，自成兄弟均以自字为排行，疑"孜"字为"自"字之误书，下脱一字。

部的缺乏足够的凝聚力，直接影响了这支颇具战斗力的队伍发挥作用。当时，湖北清军主力已经北返，湖南明军远不是大顺军对手，完全可以以大顺军为主体，迫使南明当局合作，凭借湖广地区的人力、物力资源，在抗清斗争中重振雄风。然而，由于大顺军各部的离心倾向，使他们彷徨失所，在明清之间举棋不定。明、清双方鉴于自身兵力不足，又担心大顺军危及自己的辖区，都想加以笼络。清朝湖广当局多次派人招抚，大顺军也虚与委蛇，以"受抚"为名讨荆州、湖南为安插之地。清湖广总督佟养和（佟岱、佟代，也就是下面说的"梅勒章京屯代"）因兵力有限，"招抚心切，即为应允，将田、刘、吴等安插江南；袁、刘、张、党、蔺、王、牛、马安置荆州"[1]。顺治二年十一月佟养和奉调即将离任，以梅勒章京屯代的名称报告九月至十一月的情况说："职差新附移文招抚一只虎李锦六次，人信不还。伊因罪恶深重，不敢就抚。复差兵备道屠奏疏谕以我清□不念旧恶，仍加升赏。该道止差官承二员赴一只虎营。相遇时待以优礼，似有招抚意。伊令先陷去郝总兵具报，请讨地方安插，并请旨封爵数语。职又差副将杜弘场、贾一选将并前恩诏书札盟状复去，仍许以尝德、澧州地方居驻，令其前来。近日闻彼与百姓公买公卖，并不杀掳。又据驻防荆州总兵马进忠数报，皆有归顺之意；兼以伊母（即自成妻高氏）再三劝谕归服。俟差官回日再报。"下文又云："一只虎李锦投札到省，似有归顺之意。其中指取湖南，不肯剃头。职谕以我朝新制，为臣子能遵奉顺从，方见归顺之诚。先发副将杜弘场，次发副将贾一选二次招抚，候回再

---

[1] 顺治二年十一月三十日荆州总兵郑四维揭帖，见《明清史料》丙编，第六本，第五一五页。

报。"[1]清方坚持要李锦、马进忠等人剃头表示归顺的真心，李锦等人却坚决拒绝。"招抚"与"受抚"的表面文章再也掩盖不了互为敌国的严酷立场。李锦等一大批大顺军将领出于民族大义终于同南明隆武政权达成了共同抗清的协议。

李锦、高一功等决策联明抗清同隆武朝廷新任命的湖广巡抚堵胤锡有密切关系。堵胤锡原任长沙知府，崇祯十六年赴京朝觐时长沙被张献忠占领，大西军撤退后他回任长沙，很快被提升为武昌兵巡道，还没有到任又改为湖广提学副使。隆武初立，何腾蛟已升任湖广总督，湖广巡抚一职由堵胤锡接任。何腾蛟驻于长沙，堵胤锡则驻于常德。按体制而言，堵胤锡应受何腾蛟节制，但由于政治眼光不同，两人在对待原农民军的态度上有很大的区别。何腾蛟在长沙、浏阳、平江一带同东路大顺军达成"合营"协议是被迫的，"合营"以后就想方设法加以排挤。堵胤锡却从大局着眼，认识到只有联合农民军共同抗清才有中兴之望。当他得知大顺军各部屯集荆州、澧州一带时，就亲自赶赴湖北荆州地区的草坪李锦等的大营中谈判会盟事宜。何絜记，堵胤锡于1645年八月擢任巡抚，是时自成已死，"有侄锦代领其众，同自成妻弟高一功等渡洞庭湖踞山寨，众尚三十余万，遍肆剽掠。胤锡率左右数十骑突入其营，陈说天运、人心、兴废递变，更谕以忠义，为酾酒为誓，声泪痛激，感动群贼。于是，李锦、高一功遂同田虎、张能、党守素、袁宗第、贺篮、李来亨、塔天保、马某等诸贼首并听命归附，愿奉节度。胤锡乃上疏遣常德举人傅作霖往福建

---

[1] 顺治二年十一月梅勒章京屯代"为申报地方情形仰祈圣鉴事"揭帖，见《明清史料》丙编，第六本第五一一至五一三页。

为诸降将请爵"[1]。十一月，傅作霖到达福建行在，在隆武朝廷里立即引起一番激烈的争论。内阁大学士蒋德璟、路振飞、林增志大为不满，说："李贼破北京，罪在不赦，其党安得封拜？"[2]翰林兼给事中张家玉、顾之俊联名在隆武二年（1646）初上疏力主加封："臣偶阅科抄，见湖广抚臣胤锡'恭遇非寻常之主'一疏，不觉拊膺叹曰：吾皇上中兴在此一举矣。据抚臣称贼将李锦、尚一功（当为高一功）等原系分守西北，倾慕英主，悔罪投诚，转战千里，杀虏逾万，能已见矣。及抚臣单骑入营，貔虎之士不下数万，吴楚秦晋直欲以气吞之，此真百战雄师，天留之以资陛下也。但原疏所谓破格加恩如侯伯等爵，见者未免疑之。臣独以此弥服抚臣大略也。……皇上度半楚力能办虏复办寇乎？借使能办，亦须縻饷数万，杀人数万，血战而仅克之。楚力已竭于西北，而皇上不得一兵之用矣，孰与不縻一饷，不杀一人，一纸诏书坐收数万精兵之用哉！……伏乞皇上念事功难成，机会不再，大破庸常之见，速下诏抚之。请令胤锡即监其军，乘彼锐气，会师金陵。"[3]御史钱邦芑也上言："出空爵一日收三十万兵，免湖南百万生灵涂炭，抚臣此请良善。"[4]隆武帝决定封李锦为兴国侯，诸将封伯有差，改李锦名为李赤心，高一功名为高必正，所部称"忠贞营"[5]。

大顺军同南明隆武朝廷的联合在清方文书中也有反映。顺治二

---

[1] 何絜《晴江阁文钞》《堵太傅传》。
[2] 计六奇《明季南略》卷十二《堵胤锡始末》。
[3] 张家玉《张文烈遗集》卷二下《破格收揽以资中兴大业疏》，引自《沧海丛书》。
[4] 何絜《晴江阁文钞》《堵太傅传》。
[5] 计六奇《明季南略》卷十二《堵胤锡始末》。

年十二月清湖南巡按宋一真揭帖中说，何腾蛟"奉隆武正朔，通联闽、粤，阴结闯孽一只虎，助以糗粮"[1]。次年正月清招抚湖广兵部右侍郎江禹绪也依据署道唐大成的塘报奏称，何腾蛟"与一只虎等贼结为心腹，资之粮饷"[2]。这两件文书中说的何腾蛟都是指南明湖广当局而言，清朝官员并不清楚何腾蛟同堵胤锡在政治见解上的分歧。张家玉的奏疏充分说明主张全面联合大顺军的是堵胤锡，而不是何腾蛟。隆武帝采纳了堵胤锡的建议，派马吉翔为使者前往湖广颁诏。《思文大纪》在1646年（顺治三年、隆武二年）三月下记载："钦赐李锦御营前部左军挂龙虎将军印，御改名曰赤心，并封其母高氏为贞义一品夫人。"接着照录了诰敕原文：朕念赤心以真正英贤昔日托身非所，乃今幡然悔悟，竭奉中兴。虽名臣必待真主，亦赖其有贤母而端慈训也。近据地方督抚连章报其至诚归戴，业已挂印封侯。俟朕驻跸武昌，然后面锡铁券。再允督抚之奏，钦旌母德之贞。尔以善教为慈，赤心以遵母为孝。慈孝既萃于尔门，忠义必恒于功业。特赐尔封为贞义一品夫人，给与恩诏。仍著有司建坊，敕文用"淑赞中兴""朝廷风标万方，尔门芳留百世"。皇后闻之，再三嘉叹，面请加恩，赐尔珠冠一顶，表里四匹，令闻远被，以显纶恩。尔高氏当时以大义训赤心，俾其一德明良于终始。全恢江省，立复金陵，一统功成，尔子拜爵于奉天殿，尔身受恩于坤宁宫，史册昭然，岂不伟欤？尔母子其钦承朕命。[3]

　　这是一份大顺军余部同南明联合抗清的重要文献。分析上下

---

[1] 《清代农民战争史资料选编》第一册（上），第五十三页。
[2] 《清代农民战争史资料选编》第一册（上），第五十五页。
[3] 《思文大纪》卷五。

文，可以明显看出文献的缺略，颁给自成妻高氏的敕中明说李锦业已挂印封侯，上文却只写挂龙虎将军印，未提及封兴国侯。按情理推算，封李锦等以侯、伯肯定在1646年三月以前。高一功改名必正也是在同一时间。

在这里，我们应当注意南明史上第一个同农民军联合抗清的是隆武朝廷。它反映了南明有识之士已经看到国内民族矛盾上升为主要矛盾这一客观事实。在南明官僚中，首先同农民军联合的是何腾蛟和堵胤锡，然而这两人的政治眼光却大有高低之分。何腾蛟的同东路大顺军合营是兵力不敌，实逼处此，在联营之后他给隆武朝廷呈上的是从大顺军将领口中得知消息而写成的《逆闯伏诛疏》[1]，吹嘘自己如何事先布置道臣傅上瑞、章旷"联络乡勇以待"，致使李自成"误死于乡兵，……为千古大快"；接着完全隐瞒自己派周二南、黄朝宣去扫荡被打得落花流水的事实，把东路大顺军的主动提出联合抗清说成是："自逆闯死，而闯二十余万之众，初为逆闯悲号，既而自悔自艾亦自失，遂就戎索于臣。"何腾蛟对大顺军的高级将领拼命贬抑，义侯张鼐仅授参将、郝摇旗授副总兵，其他如袁宗第、田见秀、刘芳亮、刘体纯（疏中作刘体仁）等一概斥之为"伪侯伪伯"，根本不向隆武朝廷请加封赏。他同亲信湖北巡抚章旷沆瀣一气，先是收罗湖南境内的那些害民有余、抗清无心的黄朝宣、曹志建、张先璧、刘承胤等军阀，后来又不惜代价招兵买马拼凑自己的"嫡系"，借以扼制和排挤大顺军。堵胤锡却不愧是南明官员中最具战略眼光的政治家，他深知明朝官军虽多，将领和士卒都腐败已极，要支撑抗清大业的唯一办法就是依靠农民军，使之纳入己范。史籍中常见描写堵胤锡同何腾

---

[1] 《烈皇小识》卷八附此疏。

蛟、瞿式耜等大臣的龃龉不和，而且诸书作者的阶级偏见常导致赞扬何、瞿，贬低堵胤锡，这是很不公正的。如果我们能够较为客观地考察整个南明史，那就不难看出弘光一朝地域辽阔，物产丰盈，兵员及后备力量最大，结果却为"联虏平寇"方针所葬送，数十万官军叛降清朝，反过来为满洲贵族征服江南各地效犬马之劳。隆武以后，朝廷改变方针，由"联虏平寇"转为联合农民军共同抗清，但在南明隆武至永历朝廷中的官绅大多数是把联合农民军作为权宜之计，内心里往往对农民军深怀敌意，私下甚至在某些公开场合仍斥之为"贼"。每当形势危急之时，他们把农民军推到第一线，喘息方定就以种种借口支开农民军。有限的财力都用于培植杂牌"官军"和召募"亲兵"。堵胤锡着眼于民族大义，始终不渝地奉行联络农民军共同抗清的政策。1645年秋，他赴松滋草坪同李锦、高一功等谈判，能够以明朝巡抚之尊拜见李自成的妻子高氏，这种诚意表现了他的高瞻远瞩。堵胤锡在前期同何腾蛟的矛盾，后期同瞿式耜等人的隔膜，主要根源都在这里。

第三节　忠贞营围攻荆州之役

堵胤锡同李锦等大顺军将领达成联合抗清的协议以后，决定不失时机地发动恢复湖北的战役。他建议何腾蛟、章旷统兵由岳州北上，自己同忠贞营一道先攻下荆州，然后引兵东下同何、章部明军会师武昌。当时，湖北清军力量相当薄弱，招抚原大顺军和马进忠的如意算盘已全部落空，形势骤然紧张。这年十二月清湖南巡按宋一真报告说："武昌之南即为岳州，一向为马进忠、王允成分镇负固，不遵剃发，咫尺判为二民，彼此不敢往来，始犹鼠首，今且鸱张。马则受饷纳官，王竟率部南去矣。招抚部臣江禹绪开诚布公，靡不周至，不惟负隅不服，且遽朴杀去使，徒烦文告，终成画饼。闯孽一只虎冲突荆、襄、辰、常之间，兵力甚盛。"[1]忠贞营原驻于荆州地区，这时集中力量攻城，郑四维竭力防守，已有不支之势，一再向湖广总督佟养和紧急呼救。佟养和既无兵可派，又担心何腾蛟部由岳州北攻武昌，于是同湖南巡抚何鸣銮联名向清廷派驻南京的平南大将军贝勒勒克德浑请援。

勒克德浑接到湖广求救文书后，于1645年十二月十八日率领兵马乘船西上，次年正月初十日到达武昌[2]。在听取了地方文武官员说明湖南、湖北的明军动向以后，决定派遣护军统领博尔惠领兵一支南下岳州迎击以马进忠、王允成为前锋的何腾蛟、章旷部；自己统率主力直趋荆州同忠贞营决战。

在这场对湖广局势有关键意义的战役中，何腾蛟与监军道章旷的昏庸无能表现得淋漓尽致。他们在长沙誓师后，兵将"蔽江而下"。正月初二日，何腾蛟、章旷到达湘阴，"期大会于岳州"。张先璧借口购买的马匹未到，逗留不进，"诸镇亦复观望"[3]。几天以后，驻守岳州的马进忠、王允才、卢鼎、王进才四镇听说清满洲八旗兵来袭岳州，竟然不顾汛地，乘船南逃。岳州副将马蛟麟则向清军投

---

[1] 见《清代农民战争史资料选编》第一册（上），第五十三页。
[2] 《清世祖实录》卷二十五。顺治三年正月招抚湖广兵部右侍郎江禹绪揭帖云："今平南大将军贝勒统率大兵已于正月初十日抵武昌矣。"见《明清史料》甲编，第二本，第一四四页。
[3] 吴晋锡《半生自纪》卷下。

降[1]。何腾蛟、章旷在途中忽然遇着南窜的四镇兵，询问原因才知道是勒克德浑大军迫境。其实，博尔惠带领的只是由南京来援的一小部分满军，马进忠等人误认是清朝贝勒大军将到，拔营就跑；何、章面见四将后，不仅没有查明清方兵力和作战意图，鼓励将士继续北进，同样也被满洲兵威的虚声所吓倒，仓皇退回长沙。蒙正发记，何、章领军"至湖口，见王、马诸镇舳舻南溃，何、章二公相顾诧愕，不知所出。四镇到，面讯之，始知为贝勒渡湖故也。其实，贝勒是往西湖袭扑一只虎，非来星沙者也。太仆（监军道章旷加衔太仆寺卿）向督师（指何腾蛟）泣曰：本拟长驱直捣，孝陵（指南京）在望，今未出内地，挠沮若此，将何面目还星沙，某誓死不归也。督师唏嘘解慰，邀太仆且还，再图后举"[2]。何腾蛟志大才疏，心胸狭窄，经常谎报军情，争夺头功。在堵胤锡督领忠贞营猛攻荆州之时，他就向隆武朝廷上疏报称已经"恢复"荆州[3]；然而他亲自节制的明军不战自溃，岳州重镇反被清军占领，来援清军遂长驱直入。二十九日，勒克德浑军进至石首县，他探知忠贞营主力正在围攻荆州，后勤辎重分屯江南，就在二月初二日命尚书觉罗郎球往剿江南，自己统兵乘夜疾驰，初三日早晨即抵荆州城外。李锦等对勒克德浑的千里奔袭毫无所知，仍然指挥部队攻城；清军分两路直冲忠贞营营垒，李锦等猝不及防，被打得大败，向西撤退。[4]觉罗

---

[1] 康熙二十四年《岳州府志》卷十一《战守》记："三年丙戌，贝勒至岳，杀散诸贼，援荆州，败贼一只虎，而马蛟麟投诚，以副将委守岳州。"参见康熙二十四年《巴陵县志》卷九《战守》。

[2] 《三湘从事录》。

[3] 《思文大纪》卷四，隆武元年正月初二日敕谕云："昨据楚督何腾蛟有荆州恢复之报。"

[4] 《清世祖实录》卷二十五；参见康熙二十四年《荆州府志》。

郎球部也出其不意地击败南岸大顺军守兵，夺得船只一千余艘。第二天，勒克德浑又派奉国将军巴布泰等分兵两路追击忠贞营于安远、南漳、襄阳等境。李锦等兵员、辎重损失颇大，被迫退入三峡天险地区。监军堵胤锡堕马折臂，向湖南常德一带撤退。李自成的三弟、原大顺政权泽侯田见秀、义侯张鼐、武阳伯李友、太平伯吴汝义却在彝陵口带领部众五千余人向清军投降。四月初三日，多尔衮接到勒克德浑的捷报后，下令把自成之弟"李孜"、田见秀、张鼐、李友、吴汝义及部下将士统统杀光[1]。

这次会攻湖北战役的失败，主要责任在于何腾蛟、章旷没有按原定计划从岳州北上进攻武昌，并且扼守城陵矶一带长江航道，致使清朝勒克德浑部如入无人之境直趋荆州；堵胤锡、李锦等人以为岳州一带有何腾蛟指挥的军队，不会有东顾之忧，注意力全集中于荆州，结果遭到清军主力偷袭，一败涂地。吴晋锡记："赤心从湖北赴岳，以诸镇兵无一至，为北兵截前队而还。威望之损从兹始也。"[2]由大顺军改编的忠贞营初战失利，被迫退入川鄂交界的贫瘠山区。何腾蛟、章旷自以为得计，他们同自己笼络的一批南明军阀只知在湖南蹂躏地方，浑浑噩噩，得过且过，即便是在勒克德浑率军返回南京以后，也毫无作为，连入湘重镇岳州都未收复。下文将讲到，至清军入湘时，何腾蛟、章旷节制的将领非降即逃，使南明局势日益恶化。

---

[1] 《清世祖实录》卷二十五。
[2] 吴晋锡《半生自纪》。

第四节　何腾蛟经营湖南的举措失当

在南明史籍中，何腾蛟的地位非常显赫。他在弘光朝廷覆亡时拒绝了清方的招降[1]，最后被俘坚贞不屈，英勇就义，值得肯定。然而，在抗清事业中，何腾蛟成事不足，败事有余，也是无可争辩的事实。人们往往不相信"忠臣"误国，南明史上却是屡见不鲜。

1645年三月，左良玉父子率兵顺江东下时，何腾蛟作为湖广巡抚被挟制登舟，跳入水中逃脱，然后取道江西宁州进入湖南长沙。当时湖广的南部（就是后来的湖南省）还处于明朝统治下，隆武朝廷任命他为湖广等地总督。何腾蛟既摆脱了左良玉部的挟制，又深得隆武帝的信任，而且当时清廷用兵重点在东南沿海省份，一时顾不上湖广。何腾蛟实际上掌握了湖广文武官员的任命权和湖南各州县的钱粮，如《永明县志》所记，"乙酉年，明督师何讳腾蛟退守长沙，湖南各府属钱粮俱解督府"[2]。何腾蛟本可以做一番事业，然而，他在用人行政上倒行逆施，举措毫无足称。这首先表现在他既无知人之明，又无御将之才，却私心自用，急于拼凑一帮自己的班底。他伙同章旷、傅上瑞（二人都由他推荐为道员、巡抚）把具有抗清实力的大顺军余部主力排挤出湘，收罗并重用湖南当地的明朝杂牌军队如黄朝宣、刘承胤、曹志建、张先璧之流，为他们请官请爵，奉若骄子。这些人乘机招兵买马，扩充自己的实力，除了危害地方外一无足恃。何腾蛟的亲信章旷原先主张用"南人"（上述黄、刘、曹、张辈）

---

[1] 《明清史料》丙编，第六本，第五四四至五四八页，《抄录招抚湖南文武各官书启本稿》，原件佚名，经核查即清招抚云贵加兵部右侍郎兼右金都御史丁之龙所作招抚何腾蛟及湖广文武官员文稿。

[2] 康熙六年《永明县志》卷九，《兵寇志》，《兵变》。

排斥"响马"（大顺军），眼看这些"南"将割据自雄，连督、抚也指挥不动，又建议道："向谓用北人不如用南人，某谓用外镇不如用亲兵。与其以有用之金钱，养望敌还奔之响马，不如养站得脚跟之南兵；与其以有限之金钱，养进止自如之外镇，不如养可予夺、遣发惟命之亲兵。且有亲兵则可以自强，自强则可以弹压响马，驾驭外镇。此壮威制胜之术也。"[1]何腾蛟非常欣赏他的意见，于是派人分别从广西、贵州等地招募兵将，很快就拼凑成了一支三万多人的"督标""抚标"亲军，其将领有吴承宗、姚友兴、龙见明、覃裕春、满大壮、胡跃龙、向登位等。后来的事实证明，这批乌合之众既弹压不了"响马"，也驾驭不了"外镇"，从未起过"壮威制胜"的作用。既热衷权势又昏庸无能的何腾蛟、章旷之流拼命扩充兵员，不仅丝毫没有增强湖南的抗清实力，反而严重地加重了百姓的负担，弄得民穷财尽，派系林立。王夫之记载："腾蛟既奉便宜之命，骤加派义饷，兼预征一年民田税，每亩至六倍以上。不足，则开饷官、饷生之例，郡邑长吏皆以货为进退；又不足，则开募奸人告密，讦殷富罚饷，朝宣、先璧、承胤皆效之。湖南民展转蔓延，死亡过半。"[2]

---

[1] 蒙正发《三湘从事录》。
[2] 王夫之《永历实录》卷七《何腾蛟传》。在同书卷九《王允成传》中有类似的叙述："时腾蛟粮饷不给，征义饷于民，过旧税三倍。复开告讦罚饷，倾殷富户。请将效之，扎并四出召募，奸民旦裹抹额，夕掠邻右，湖南千里，炊烟几断。"特别有意思的是，在王传中讲了乡居的前金都御史郭都贤（弘光初立时曾授户部尚书，郭拒不到职）见何腾蛟等横征暴敛，民困已极，作诗讽咏。何腾蛟心怀嫉恨，竟对王允成说郭都贤隐居的石门山"积金粟可赡数万人支十年，山径险绝，敌即至不能攻入，任痛饮，拥姬妾坐待太平邪"！说得王允成垂涎不已。次年，清军入湘，王允成率部直奔石门，才知道郭都贤"所居茅庵槿篱，无足据者"，大失所望，转往溆浦、沅州一带。由此可见何腾蛟用心之阴险。

自从岳州失守后，明军扼守岳州南面的新墙与清方对峙。1646年（顺治三年、隆武二年）六月，清湖广当局派总兵祖可法、张应祥进攻新墙，章旷部署的"亲军"大败，满大壮阵亡，龙见明被活捉，姚友兴等闻风丧胆，丢弃汛地南逃，新墙遂为清军占领[1]。只是由于清方动用兵力不多，目的仅限于巩固岳州防线，才没有继续南下。这年九月，何腾蛟、章旷决定大举北伐，由章旷督兵由湘阴进攻岳州，移文制抚堵胤锡督马进忠部由常德北入长江顺流接应。何、章调集的军队除督、抚标下亲军以外，还有王进才部和王允成带领的水师，浩浩荡荡水陆并进，企图一举攻下岳州，进而收取湖北。清岳州守将马蛟麟见明军势大，向武昌请援。清湖广总督罗绣锦仅派参将韩友、高士清、惠之观接应，兵力相当有限。明军进至岳州附近时，马蛟麟同副将李显功不过派数百名骑兵出战，在万由桥击败陆路明军，趁势追杀五十里；接着又击败王允成部水师[2]。章旷失魂丧魄窜回湘阴，把战败的责任推到王进才"新营"（王进才原为大顺军偏将，后归附何腾蛟）身上。这时，堵胤锡节制的马进忠部由长江东下直至湖北嘉鱼县六矶口，"武汉震动"，得到章旷军一败涂地的消息才主动撤退。进

---

[1] 新墙之战，顺治三年七月清偏沅巡抚高斗光揭帖中说："本年六月十九日据总兵祖可法、张应祥塘报湖南大捷等事。……该职看得新墙乃湖南之门户，今已歼其精锐，破其门户矣。有传递抚何腾蛟遁还贵州，其调来土司之兵俱各归本地者，虽风闻未必尽实，然大约人心瓦解，风鹤皆惊，其必然之势也。"（见《明清档案》第四册，A4—186号）。《清世祖实录》卷二十六记这年六月湖广总督罗绣锦报告岳州署总兵官马蛟麟等阵斩"伪帅"满大壮，生擒"伪将"龙现明等。蒙正发《三湘从事录》则记"副将吴承宗、参将满其炅、都司郭泰被执"，承认了新墙战役失败。但他记清方领兵将领为固山祖大受（寿），实为祖可法之讹。

[2] 康熙二十四年《巴陵县志》卷九《战守》。蒙正发在《三湘从事录》中无法否认何腾蛟、章旷招募来的亲兵懦怯无能，就胡言乱语硬说岳州之败是由于王进才部争抢清军马匹所致。

攻湖北的计划受挫后，章旷、堵胤锡来到长沙同何腾蛟会面，堵胤锡"盛称马镇之勇，微弹湘兵之怯"，章旷、何腾蛟愧恨交加，更加仇恨曾为"响马"的大顺军和马进忠部。

第五节　清孔有德等三王兵入湖南

清廷接到征南大将军贝勒博洛的军队平定浙江的捷报以后，为了加速征服南明，于1646年（顺治三年、隆武二年）八月十五日派遣恭顺王孔有德、怀顺王耿仲明、智顺王尚可喜、续顺公沈志祥、右翼固山额真金砺、左翼梅勒章京屯泰（佟岱、佟养和）统领本部兵马南下，进攻湖广和两广，任命孔有德为平南大将军节制各部[1]。孔有德等受命后，回辽东收拾兵马，直到1647年二月初才到达湖南岳州。这月十六日，孔有德、耿仲明、尚可喜三王带领主力由陆路、屯泰由水路，向明军扼守的新墙、潼溪进攻。明军不堪一击，纷纷如鸟兽散[2]。十八日，清军进迫湘阴，章旷同部将逃往长沙，同督师何腾蛟商量对策。当时驻守长沙的澧阳伯王进才建议调驻守常德的马进忠、王允才部前来长沙加强防守力量。不料，马、王二部还在途中，清军就已经直趋长沙城下。王进才眼看兵力不敌，保护何腾蛟乘船南撤。二十五日，清军占领长沙。

---

[1]　《清世祖实录》卷二十七，参见《平南王元功垂范》卷上。
[2]　顺治四年四月湖广巡抚高士俊揭帖中说："二月十六日大兵自岳起营，三王统铁骑由陆路南进，兵部佟（屯泰）由水路前行。"蒙正发《三湘从事录》记是月十五日清军"扑"新墙、潼溪，明军皆溃。此处据清方档案记载。

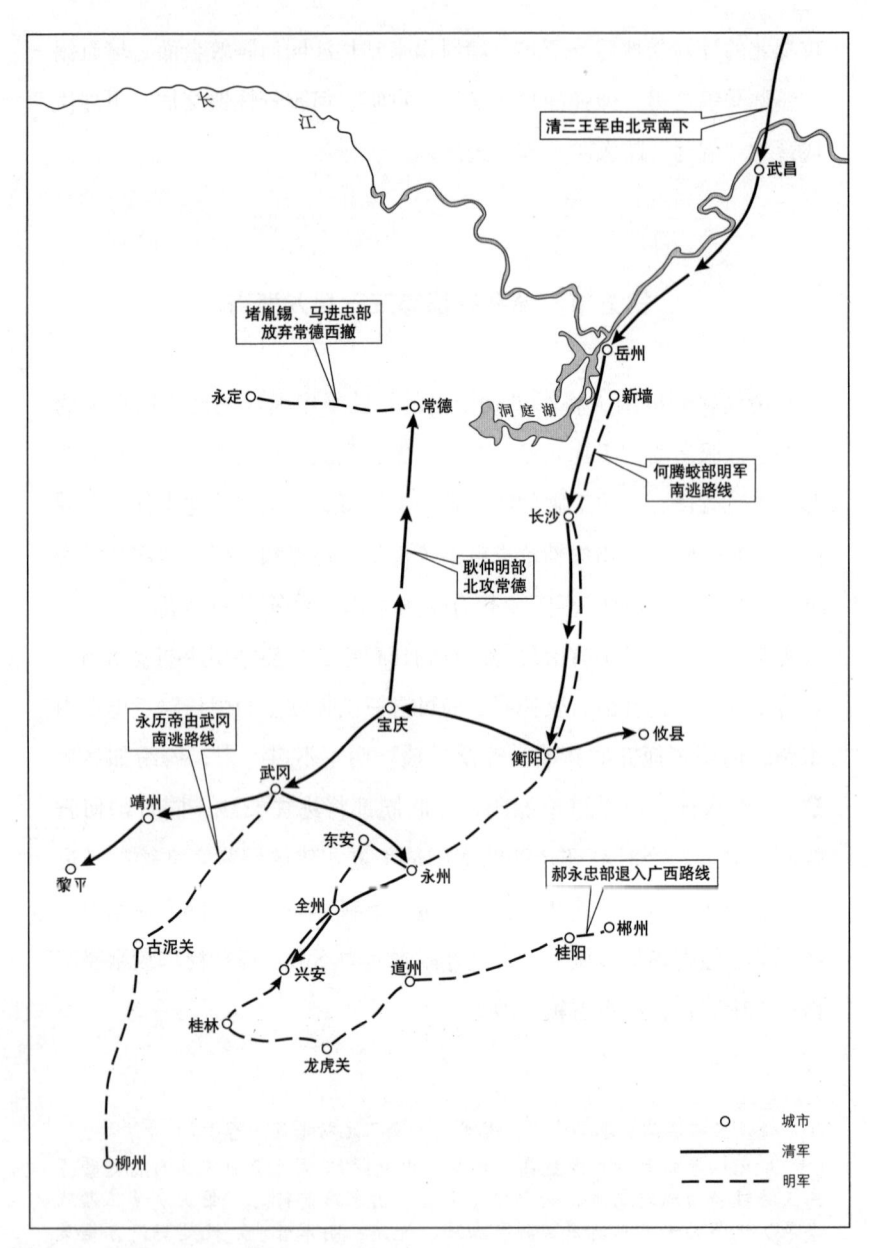

1647—1648年清孔、耿、尚三王南征图

孔有德在占领长沙以后，为解除两翼威胁，在湖南站稳脚跟，派耿仲明进攻常德地区，尚可喜领兵直捣黄朝宣盘踞的攸县燕子窝。同时派人招降驻于浏阳的何腾蛟中军总兵董英。三月初七日，董英率部降清。马进忠、王允才部在援救长沙途中，得知该城已被清军所占，退往湘西山区，常德无军防守，遂为耿部清军占领[1]。尚可喜兵至攸县，黄朝宣不敢迎战，遣人向清军"讨招安。恭顺王不允，要洗他巢"[2]，黄朝宣只好收拾财物领兵窜往衡州。湖南另一明朝将领张先璧则退往宝庆（邵阳）。三月中旬，何腾蛟、章旷先后逃至衡山县。在清军追击下，他俩在云南将领赵印选、胡一青保护下逃到衡州。四月十四日衡州失守，何腾蛟、章旷又逃到永州、东安一带；黄朝宣向清军投降，由于他长期蹂躏地方，百姓怨恨，孔有德为了收买人心，下令把黄朝宣父子处死。

孔有德指挥的清军几乎没有遇到任何抵抗，就占领了湖南大部分地区。当时已入盛夏，清兵在长沙、衡州一带避暑，暂时停止了进兵。永历帝在武冈军阀刘承胤控制下苟延残喘，章旷于八月初八日病死于永州，何腾蛟奔走于武冈、永州之间一事无成。中秋以后，金风送暑，清军即开始向武冈、永州进攻，迅速占领了除湘西部分土司以外的湖南全境。何腾蛟作为南明湖广等地总督和督师，在湖南经营了一年多时间，兵员多时号称十三镇，又提拔了大批亲信文官出任巡抚

---

[1] 上引湖广巡抚高士俊揭帖中说："常德府士民兵马闻大兵南向，俱已逃散，止存空城。"实际情况是马进忠等部奉调援长沙，三月初曾到达新化、湘乡一带。援长沙既已成泡影，常德守军亦空。

[2] 吴晋锡《半生自纪》记："三王兵至衡，黄朝宣率其子降，以为长保富贵。三王先命朝宣之兵释兵械，召朝宣入，历数残暴之罪，支解之，以快人心。"王夫之《永历实录》卷十记黄朝宣投降后被乱箭射死。

等官职，不仅没有收复湖北寸土，而且在清军南下时即全盘瓦解。偏沅巡抚傅上瑞降清，章旷死后接替恢抚的吴晋锡做了清朝统治下的"遗民"，部下将领有的降清，有的逃入广西。这就是何腾蛟经营湖南的业绩。

第十一章
大西军的经营云南

第一节 云南沙定洲之乱

云南在整个明朝统治时期，管理体制和内地各省有很大的区别。明朝廷除了在云南设立了都指挥使司、布政使司、按察司以外，后来又设立了巡抚。由于这一地区土司众多，自洪武年间起沐英（封西平侯，其次子晋爵为黔国公）世代镇守该地。沐氏家族不仅掌握了很大的兵权，在政治上和经济上也具有举足轻重的地位。换句话说，云南在明代处于世袭勋臣和地方流官的双重管辖之下，两者既互相配合，又常出现纠葛。1644—1645年，中华大地风云陡变，特别是张献忠部入川建立大西政权以后，黔国公沐天波同巡抚吴兆元、巡按吴文瀛会商征调汉族和土司军队，以防止大西军入滇，并准备接受南明

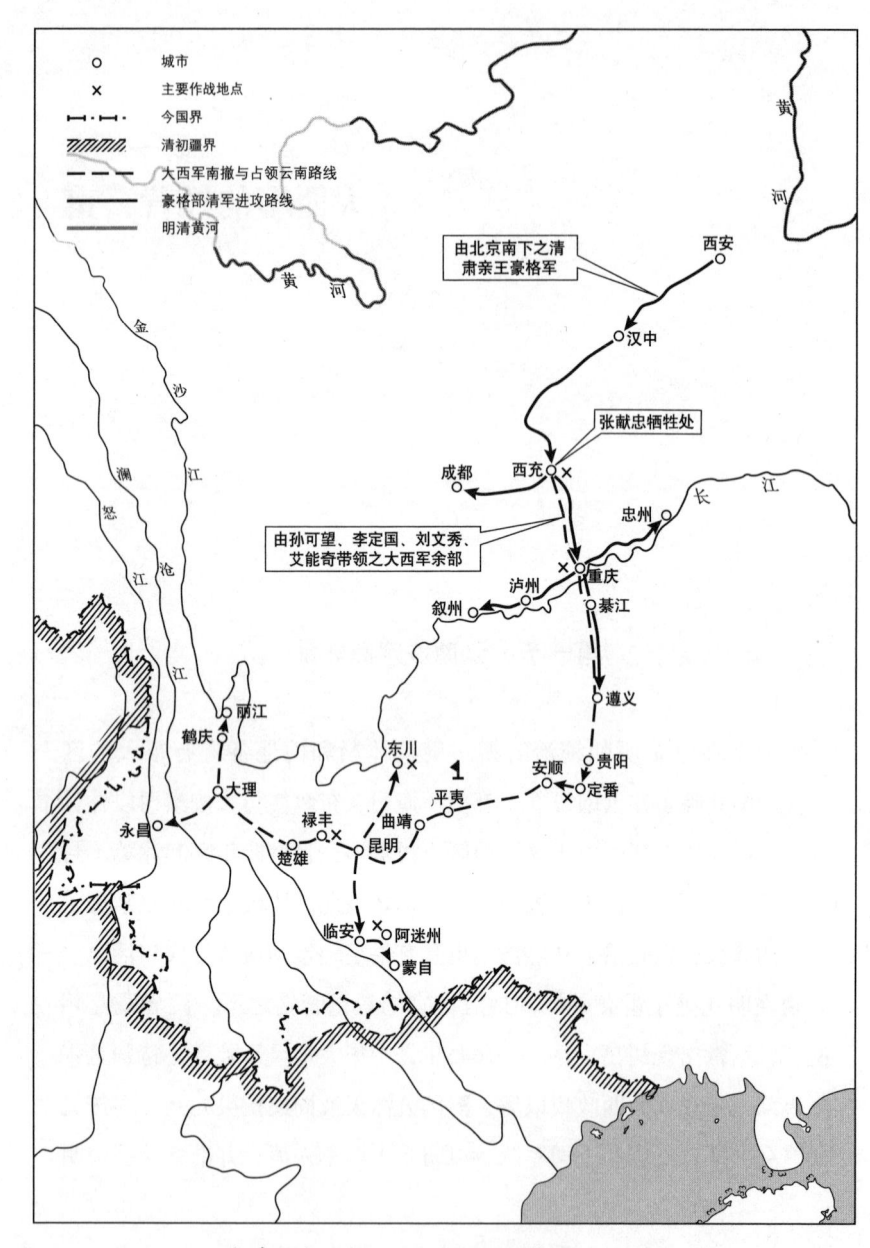

1647—1648年清军击败大西军和大西军入滇图

朝廷的调遣。1645年九月，武定土司吾必奎趁机发动叛乱[1]，声言："已无朱皇帝，何有沐国公。"[2]

叛军先后攻下大姚、定远、姚安，全滇震动。沐天波等人急忙下令调集石屏土司龙在田、嶍峨土司王扬祖、蒙自土司沙定洲、宁州土司禄永命、景东土司刀勋等部，于九月间一举击败叛军，吾必奎及其党羽都被活捉。沙定洲原是王弄土司沙源的儿子，阿迷州土司普名声死后，其妻万氏[3]改嫁定洲，两土司合而为一，势力大增，以临安府生员汤嘉宾（万氏的妹夫）为谋主，暗中筹划利用沐府同云南巡抚和三司官之间的矛盾、各土司的向背不一，发动一场夺取云南权力的政变。于是，沙定洲夫妇统率的土司军在吾必奎叛乱已经平息后，仍滞留于省会昆明。沐天波因定洲之父沙源一贯表现忠贞，不疑有他，在黔国公府内多次设宴招待。沐府二百多年积累的财富使定洲垂涎欲滴，昆明守备力量单薄、汉族统治集团内部的摩擦，更使他感到有可乘之机。1645年十二月初一日，沙定洲部署已定，以告辞为名，亲自率领土卒攻入黔国公府，同时分派部众占领省城各门。由于变生意外，沐天波来不及组织有效的抵抗，在几名心腹卫士保护下带着官印、世袭铁券等物逃往安宁，途中由龙在田、禄永命保护来到楚

---

[1] 康熙三十五年《云南府志》卷五《沿革》记于乙酉九月。雍正九年《建水州志》卷一《建置沿革》作"无谋土酋吾必奎作乱"。
[2] 何是非《风倒梧桐记》卷二；《鹿樵纪闻》作："已忾朱皇帝，安有沐国公。"
[3] 刘献廷《广阳杂记》卷四记万氏之名为万彩云。

雄[1]，这里有金沧兵备道杨畏知镇守[2]，才暂时安顿下来。沐天波的母亲陈氏和妻子焦氏未能随行，仓促中逃入尼庵自尽[3]。

沙定洲占领昆明以后，自称"总府"，"总府"是明黔国公世爵的一般称呼[4]，这表明他已经企图取代沐天波的地位。其妻万氏称主母，"并舆出入，遍谒缙绅。滇中豪右投为谋划者甚众"[5]。沙定洲派兵追拿沐天波，在楚雄被杨畏知集结的军队击败[6]。他在西进失利之后，发兵收取云南各地，在不长时间里除了杨畏知、沐天波控制下的楚雄以西地区外，都归附了沙氏。沙定洲轻而易举地攫得了沐府累世蓄积的财富，"沐氏世镇云南，府藏盈积。佛顶石、青箭头、丹砂、落红、琥珀、马蹄、赤金皆装以箧，箧皆百斤，藏以高板，板库五十箧，共二百五十余库，珍宝不可胜计。定洲运入本峒，累月不绝"[7]。沙定洲虽然发了一大笔横财，但他并不满足于此，取代

---

[1] 康熙五十八年《澂江府志》卷三《沿革》记："赖有宁州土酋禄永命与定洲力战，天波始得西去。永命年十六，知大义，天波爱之，命统彝兵五百驻扎会城内仓山，是以闻变即赴，奈师少无援，至午只剩二十余人，遂夺东门走归宁州。"参看昆明无名氏辑录《滇南外史》。

[2] 康熙五十五年《楚雄府志》卷五《秩官志·名宦》记，杨畏知，陕西宝鸡人，崇祯三年解元，沙乱时任金沧道副使。康熙三十三年《大理府志》卷三《沿革》记为洱海道副使。

[3] 康熙《大理府志》卷三《沿革》记："天波急奔出城，士民拥太夫人陈氏至朝阳庵，夫人焦氏至金井庵，是夜自焚死。"《明末滇南纪略》《坚守楚雄》篇记天波"不暇顾其母、妻，致步行逃难，至蛇山之朝阳庵自焚雉经"。

[4] 参见徐弘祖《徐霞客游记》卷十一。

[5] 康熙三十五年《云南府志》卷五《沿革》。

[6] 康熙三十年《云南通志》卷三《沿革大事考》记，沙定洲军围攻楚雄，杨畏知坚守不下。双方相持到大西军将要入滇时，沙定洲才匆忙撤回军队往援曲靖。

[7] 《鹿樵纪闻》卷中《沙定洲之乱》。

黔国公世镇云南的合法地位才是他的主要目的。因此，沙定洲在策略上尽量争取明朝廷任命的云南官员和在籍的汉族官绅，他不仅下令凡是愿意接受自己指挥的各府县汉族流官一律留任，而且胁迫或伪造云南巡抚吴兆元、在籍大学士禄丰人王锡衮给隆武朝廷上疏，说："天波反，定洲讨平之，宜以代镇云南。"[1]王锡衮在崇祯年间官至吏部左侍郎，隆武时晋升为东阁大学士礼、兵二部尚书督师云贵湖川广五省军务，他由故乡禄丰来到省会昆明时，适逢沙定洲之变，遭到软禁[2]。这年十二月初十日王锡衮写的《风节亭恭纪》一文，对沙定洲叛乱和云南局势做了以下的揭露：

适今新皇（指隆武帝）龙飞海甸，辟网旁招，畀臣以号召恢剿等事。曾不逾日，再晋阁衔，且于滇在事诸臣敕中谆谆及衮。凛兹大义，胡敢苟安。勉强应命，实欲以报新皇者报我烈皇帝。遭逅多艰，为贼臣（指沙定洲）伙计困厄会城，进退维谷，日与诸魔鬼作邻。甚至煌煌颁敕为中贵臣万里恭捧而来者，亦抗阻不容出接。悖逆如此，是尚知有朝廷也哉！封疆重吏（指云南巡抚吴兆元等）不惟不能匡正，而反摇尾听之。滇事真不可言矣。臣衮血性具存，义愤常结，惟有捐躯如赴，俟时而行。即闽中诸弱息者流亦饶有须眉气，如腊月四日之事（十二月初一日沙定

---

[1] 《鹿樵纪闻》卷中《沙定洲之乱》。
[2] 康熙三十五年《云南府志》卷五《沿革》记：1645年夏历"十月，故詹事府正詹事王锡衮起兵禄丰。"下注云："锡衮家居日久，隆武起为大学士，于是自禄丰至省，招集兵马，期赴闽中入卫。"十二月沙定洲占领昆明，"锡衮驻贡院，定洲以兵围之"。

洲叛乱，初四日王锡衮的妻妾被迫自尽）大概可想见，臣复何言。惟是前此中间如委曲出疏皆一般宵小播弄成篇，属草改窜推敲，虽字句无所不用其极。更有一篇没天日的文字，不识构者是何肺肠，以抚军恐被人识破而止，犬豕不食其余，是岂臣衮所忍见。有主使者，有佐助者，其中可历而指也。近又迫挟出咨参杨道（指杨畏知）矣，青天白日之下，魑魅公行；眼见新皇属望盛心，万不能副。恭读御制旨云："朕有堂堂不怕死之身。"有是君定有是臣，臣愿身任之，以对扬我烈皇帝。[1]

他在《自誓》诗中也痛斥沙定洲是"贼党无端舞叛戈"[2]。这里比较详细地摘引了王锡衮陷入虎口时留下的遗文，是因为当时他失去自由，沙定洲等人盗用他的名义向隆武朝廷和云南各地发出奏疏和咨文，造成许多错误的记载。沙定洲之变如何评价，学术界可以讨论，但是说王锡衮支持沙定洲则完全违背事实。

由于当时的政治局势动荡不宁，道路僻远，在福建的隆武朝廷对云南发生的事变弄不清楚，仅仅凭借吴兆元等人署名钤印的奏疏和某些传闻，就发出了"扫除沐天波"的谕旨。《思文大纪》一书在隆武二年（1646）四月内记："云南巡抚吴兆元疏辞敕书印剑。上谕其加意料理，曰：卿久抚戡滇疆，弘宣猷绩，正资善后，毋贻朕南顾忧。扫除沐天波，业有成命。不准辞。务令南人不反，以成一统

---

[1]　《明滇南五名臣集》所收《禄丰王忠节公集》。
[2]　上引《禄丰王忠节公集》。

丰功，朕复另有酬叙。"[1]从这条材料用了"业有成命"一语来分析，说明在四月以前另有一件失载的相关谕旨。吴兆元的辞职表明他也不愿意同沙定洲合作；隆武帝不准他辞职意味着朝廷对云南局势不放心，责成巡抚加强控制。瞿共美的记载进一步说明隆武朝廷对云南的局势若明若暗，大有鞭长莫及之虞："云南抚、按及沐天泽交章称黔国公沐天波造反，有土司沙定洲出奇兵扑灭之。……遂诏天泽袭封。"后来又从另一途径得到报告，是沙定洲叛变，突然攻入黔国公府，"天波仅以身免，母、妻及天泽俱被劫，胁令具疏"，"然地远莫能得要领，朝廷置而不问"。[2]

沙定洲叛乱之后，吴兆元和巡按罗国瓛以及三司官已经没有实权。沙定洲则正在逐步巩固自己的地位，致力于扫灭继续在楚雄以西抗拒的杨畏知和沐天波征集的其他土司势力了。如果他的图谋得逞，势必成为割据自雄的云南王，暂时利用的汉族官绅将被逐步排挤掉，云南同中央朝廷的离心倾向将越来越明显。1647年大西军的入滇，粉碎了沙定洲的美梦，增进了云南同各省休戚相关的联系，应当充分肯定。

第二节　大西军由贵州进入云南

1647年初（顺治三年底），张献忠在西充县境不幸牺牲。大西军急速南撤，面临着严峻的考验。他们后面是穷追而来的强劲清军，

---

[1]　《思文大纪》卷五，收入神州国光社版《虎口余生记》内。
[2]　瞿共美《粤游见闻》。

前面又有南明军队凭借长江扼守，大西军几乎走到了山穷水尽的境地。然而，在孙可望、李定国、刘文秀、艾能奇的领导下，大西军余部一举击破据守重庆的南明总兵曾英部，曾英落水淹死，部众溃逃。大西军渡过长江天险，打开了南进的通途，为实现由黔入滇的战略转移奠定了基础。

张献忠牺牲以后，领导大西军的重任很自然地落到了孙可望的肩上。他立即改变张献忠滥杀无辜的过火行动。1647年正月初一日，大西军余部集中于四川綦江，收集溃散，重整队伍[1]，下令："自今非接斗，不得杀人。"[2]接着，孙可望等率领经过整顿的部队进入遵义，"秋毫无犯"[3]。由于清肃亲王豪格派遣的军队追踪而来，大西军继续南撤，进入贵州，"所过民皆安堵"[4]，顺利地占领了省会贵阳。明贵州按察使张耀、布政司参议曾益、都指挥使陈瑞征等逃到定番州（今贵州省惠水县），拼凑了一批反动武装负隅顽抗。孙可望派定北将军艾能奇领兵进攻，在二月十二日攻克定番，张耀等被处死，曾益自杀。[5]清军前锋在占领遵义和川东部分地区后，因地方残破，到处是一片荒芜，粮食接济不上，被迫"凯旋"回师。大西军在贵州的胜利，使自己摆脱了清军的追击，得以整顿内部和休养士卒。

大西军南下后出现的气象一新，同孙可望等人整肃内部有密切

---

[1] 欧阳直《蜀乱》。
[2] 邵廷寀《西南纪事》卷十二《孙可望传》。
[3] 九峰居士编辑《粤滇纪略》卷二《孙可望陷重庆》；欧阳直《蜀乱》亦云："遵人得免于杀戮。"按，遵义当时属四川省。
[4] 民国《贵州通志》，前事志十七。
[5] 康熙《定番州志》卷二十一，艺文，王睿《殉难记》。

关系。张献忠遇难后，他的妻子和亲信宰相汪兆龄仍然高踞诸将之上，主张照旧行事，即继续推行献忠在世时的过激政策。"时可望等奉伪皇后为主，驻遵义桃源洞。诸贼每早必先往朝，凡事奏请而行。伪宰相汪某辅之……每公会议事，犹傲据诸贼上"[1]。孙可望等人认识到政策上的改弦易辙已经成为大西军生死存亡的关键，必须采取果断行动清除改革的障碍。因此，孙可望、李定国、刘文秀、艾能奇一致决定把"皇后"和汪兆龄处死[2]，四人被张献忠收为养子后均改姓张，这时各自恢复原姓。这样，形成了四将军领导的体制。四人中孙可望原来的地位和威信比较高，年纪稍大，又读书识字，自然成了主要的领导人。

大西军进入贵州以后，豪格统率的清军已经由四川撤回北京，南明杂牌官军又不足以同大西军相抗衡，孙可望等人本来可以把贵州作为基地，休整士马，建立政权。当他们得到云南发生了沙定洲叛乱的消息后，立即决策挥师南下，直取云南。

孙可望等大西军领导人选择云南作为自己的进军目标，是有历史背景的。大西军的骨干多是陕西人，他们虽然长期流动作战于长江南北，还有一段经营四川的经验，可是云南在当时被看成是僻远烟瘴之地，没有对该地的基本了解不可能贸然进兵。早在崇祯十一年至十二年（1638—1639）张献忠受抚于湖北谷城期间，他和部下主要将领同从云南调来的官军就建立过相当密切的关系。当时，奉明朝廷

---

[1] 《粤滇纪略》卷二。
[2] 参见沈佳《存信编》卷一等书。张献忠的"皇后"究竟是谁，各书记载不一致。有的说是明末大学士陈演的女儿；有的说陈氏在献忠生前即已处死。

调遣到湖广的总兵龙在田是云南石屏土司将领[1];张献忠出于策略考虑,曾经拜龙在田为义父,并且从他那里得到了马匹、交枪。[2]明政府派驻龙在田军中的监纪原任知县侯弘文,也因龙在田的关系"与献忠烂熟"。[3]张献忠和龙在田的部下也来往密切,例如龙在田所统土司兵阿来婆"为逆献所喜,常召至帐中商酌事情"[4]。张献忠军同云南土司兵将的过从甚密,甚至在湖北荆州人士中引起不安,"谣言滇兵通贼"。[5]这些材料表明,包括孙可望、李定国、刘文秀、艾能奇在内的大西军高级将领同云南土司龙在田等人是老相识,在湖广时虽然未必会想到后来取云南为基地,但在平时言谈话语中势必对云南各方面的情况有较多的了解。当他们率部来到比较贫瘠的贵州时获悉云南被沙定洲叛军占领,立即决定进军云南,就不是偶然的事了。

有的史籍记载,大西军入滇是接受了龙在田的建议,如《临安府志》云:"孙可望等至贵州,在田说令攻定洲。"[6]明清之际在云南任职的冯甦也记载:"又明年丁亥,张献忠被诛于西充,其义男孙可望等率残兵由遵义入黔。龙在田使人告变,且劝其至滇。可望因诈

---

[1] 方孔炤《抚楚公牍》,引自《桐城方氏七世遗书》。康熙十二年《石屏州志》卷十三《志补》记:龙在田原为该州阿吉黑里长,天启年间随征安效良,有功,署都司衔。崇祯时"奉调入楚援剿流贼,多所劫掠。还滇,自署都督"。

[2] 方孔炤崇祯十二年七月《查参疏》中说:"惟是滇帅龙在田与逆贼交欢时结拜父子……至今逆贼营中之滇儿名马、交趾精铳无不有之。"见《抚楚疏稿》,收入《桐城方氏七世遗书》。方孔炤又说:"陈洪范、龙在田两将主和,收张献忠为干子。……在田以其复铳、复马饵献忠者,两将受其金也。"见同书《西库随笔》。

[3] 方孔炤《抚楚公牍》。

[4] 方孔炤《抚楚公牍》。

[5] 方孔炤《抚楚公牍》。

[6] 嘉庆四年《临安府志》卷十四,人物三《龙在田传》。

称黔国焦夫人弟率兵来复仇。云南初苦沙乱,皆延颈望其来,不知为贼也。"[1]《石屏州志》记:"沙定洲反,沐镇(指沐天波)被围楚雄,在田实左右之。及李定国入滇,在田声势大振。"[2]龙在田对于大西军的决策进滇无疑起了重大作用。

孙可望等率部入滇时,为了减少进军的阻力,事先派出间谍前往云南,利用汉族官绅、部分土司对沙定洲的不满情绪和黔国公在云南长期享有的威望,散布假情报说行将入滇的大西军是沐天波妻子焦氏家族的武装,来云南为沐氏复仇。这一策略果然收到明显效果,"云贵人民深信,一路俱如此传播,故贼兵所至,悉开门降。长驱而来,全无梗阻"[3]。1647年(永历元年、顺治四年)三月二十五日,大西军占领平彝(今富源县),进入云南省境[4]。同月二十八日攻克交水;次日移兵曲靖,歼灭沙定洲所设守军五百名,俘获明云南巡按御史罗国瓛[5]。为了迷惑沙定洲,孙可望等占领曲靖后,不是向西进攻省会昆明,而是南下直趋阿迷州(今开远市),在蛇花口击败沙定洲援军一千名。沙定洲见兵力不敌,又误认大西军确系焦氏

---

[1] 冯甦《滇考》《普、吾、沙乱滇》。谢圣纶辑《滇黔志略》抄本,卷十三《轶事》记龙在田招孙可望等领兵入滇事与《滇考》所载几乎完全相同。

[2] 康熙十二年《石屏州志》卷十三《志补》。

[3] 《明末滇南纪略》(又名《滇寇纪略》)卷二。咸丰二年《南宁县志》卷六《人物·忠烈》记:"蒋懋勋、蒋世勋、张英、陈允济俱卫世职。流寇至,诡言黔国公复仇之师,四人率众迎之。及至,始知其诈。寇迫使降,不屈,同声骂贼,遂遇害。"按,南宁县即云南曲靖府附郭县,不是现在的广西南宁市。

[4] 康熙四十四年《平彝县志》卷二《沿革》记:"四年三月,流寇孙可望、李定国、刘文秀、艾能奇自黔入滇,诡称援师,二十五日屠平彝,二十八日屠交水,二十九日屠曲靖。"

[5] 李恩揆《丁亥纪略》,见《滇系》卷八,又见《滇粹》。

家族所召援兵方能熟知地理先攻其老家,就在四月十八日主动放弃昆明,逃回蒙自故里佴革龙。[1]行前命部将杜其飞把软禁于贡院的明大学士王锡衮杀害。[2]留在昆明城内的明朝巡抚吴兆元等人终于弄明白了入滇的并不是什么焦家救兵,而是大西军,然而他们手头无兵,只有听任绅民投降。四月下旬,大西军经宜良顺利地进入昆明,"二十四日,孙、李诸军入城,秋毫无犯"[3]。

大西军进入昆明以后,经营云南面临许多复杂情况,需要加强核心领导。五月,孙可望、李定国、刘文秀、艾能奇"以事权不一,推可望为帅"[4]。孙可望以"盟主"的身份不失时机地部署兵力平定云南各处叛(依附沙定洲的势力)、顽(指效忠于明黔国公沐天波和杨畏知的势力)集团。李定国带领一支精兵于五月十九日抵达沙定洲重点防御的临安府(府治在建水县),二十二日采取挖掘坑道直至城墙下面填塞火药的"放迸法"轰倒东南面城墙,迅速

---

[1] 康熙十二年《阿迷州志》《人物志·叛乱土司》记蛇花口作蛇夸口。其文云:"丁亥,孙可望至滇,假言为沐国公报仇,定洲兵至曲靖迎敌,败走,归驻蛇夸口。李定国袭之,沙兵复溃,不敢据阿迷川,逼入佴革龙。李定国等兵破临安,探知定洲潜逃,直抵阿迷,屠戮士民,拆毁城垣而去。定洲、万氏复收败卒于佴革龙,竖立木城为自守计。"嘉庆四年《临安府志》卷四《疆域》记:"蛇花口在阿迷州北,为州境之险。有佴革龙山势险恶,逆酋沙定洲恃以为固。"

[2] 昆明无名氏辑录《滇南外史》;康熙五十三年《鹤庆府志》卷四《沿革》。

[3] 南沙三余氏撰《南明野史》卷中。冯甦《滇考》记大西军由陆凉、宜良入省,"宜良知县方兴佐率众持羊酒迎可望,贼喜,不入城。至省,巡抚吴兆元等迎之郊"。

[4] 康熙五十四年《新兴州志》卷二《沿革》。《明末滇南纪略》也记载大西军入昆明之初,"四寇共议推孙可望为盟主,一切诸务皆听令焉"。

占领全城[1]。临安距离沙定洲的家乡阿迷州很近，大西军本来可以趁胜进攻阿迷，不料原昆阳知州冷阳春和晋宁举人段伯美发动叛乱，定国唯恐后方有失，立即"星夜回兵"，于六月二十三日平定了两州的叛乱[2]，沙定洲才得以苟延残喘。

刘文秀统兵由昆明北上，经富民收取武定州、和曲、禄劝等地[3]，然后向西推进，占领鹤庆、丽江、剑川，平定了滇西北地区[4]。孙可望在八月间亲自领兵经禄丰进攻杨畏知、沐天波据守的楚雄、大理等滇西地区。杨畏知的军队在禄丰县城东面的狮子口被大西军击溃，他本人也被活捉[5]，孙可望考虑到他在云南官绅中是反对沙定洲叛乱的代表人物，再三劝他投降。杨畏知坚持不同"流寇"建立的大西政权合作。经过谈判，双方达成妥协：一、不用大西

---

[1] 雍正九年《建水州志》卷十一，艺文记下，杨德沛《佴氏先茔表义碑记》。

[2] 康熙三十五年《云南府志》卷五《沿革》记："昆阳知州冷阳春与晋宁举人段伯美率兵守城拒贼。时定国攻沙定洲党汤嘉宾于临安，闻阳春等起义，星夜回兵，屠二州，尽焚民居房。"道光二十年《晋宁州志》卷十一《补遗志·事略》记："顺治四年四月，流寇孙可望等入滇，李定国追沙定洲至晋宁，秋毫无犯，百姓具牛酒犒军，定国大喜，信宿乃去。去后驿使往来有婪索者，邑举人段伯美率众杀之，又割其从者耳鼻纵之去。定国方攻临安，闻之大怒，撤兵回，遂屠州城。拘男妇于营门，令各出其手以待截，按男左女右；有误出者，并两手截之，惨不可言。既而定国亦以太甚，命开东、西二门，自东门出者生，自西城出者杀之。署知州冷阳春及伯美俱遇害。"

[3] 康熙二十六年《武定府志》卷一《附勘事实》。

[4] 康熙五十三年《鹤庆府志》卷四《沿革》；康熙五十二年《剑川州志》卷二《沿革》。

[5] 康熙五十一年《禄丰县志》《纪事略》；该书首绘禄丰县舆地图城东有狮子口，距城不远。按，《明末滇南纪略》《沐公顺贼》篇记杨畏知在禄丰兵败后与沐天波逃往永昌，不久在永昌同沐天波一道投顺大西军，与当地志书记载有分歧。

年号；二、不妄杀人；三、不焚庐舍、淫妇女[1]。协议中第二条和第三条，大西军进入贵州后就已经做出了政策调整，自无异议；关键是第一条，孙可望等大西军领导人接受了杨畏知的意见，暂以干支纪年，为后来联明抗清铺平了道路。九月，刘文秀带领兵马进抵永昌府（今云南省保山市），以"共扶明后，恢复江山"为条件同沐天波谈判。沐天波亲身遭到沙定洲叛乱的荼毒，弄得家破人亡，自己的兵力又非常有限，决定借大西军复仇，双方很快达成合作协议[2]。沐天波不仅派自己的儿子先行前往大西军营中纳款，还发出檄文责成永昌府推官署金腾道印王运开、通判署府印刘廷栋向大西军缴印投降；遭到两人拒绝后，又派人说服永昌府绅民不得抵抗[3]。由于沐氏家族自明初以来世镇云南，佩征南将军印，在军卫、土司中享有很高的威信，孙可望等人滇后收缴了明朝颁发的文武各官印信，只有沐天波所佩世代相传的"征南将军印"仍予保留，让他行文招抚各土司。于是，迤西一带不战而下，"各土司次第来归"，"去方三月，而迤西尽平"[4]。到1647年十月，云南全省只剩下阿迷州、蒙自地区仍在沙定洲控制之下，北面的东川府（今云南省会泽县）土司禄万亿、禄万兆心存观望，不肯按额纳饷。

---

[1] 邵廷寀《西南纪事》卷八。
[2] 康熙三十三年《大理府志》卷三《沿革》记孙可望于顺治三年（1646）八月至大理，系时有误，当作顺治四年（1647），参见康熙三十五年《云南府志》卷五《沿革》。
[3] 康熙四十一年《永昌府志》卷二十五，艺文，冯甦《三忠臣传》。
[4] 《明末滇南纪略》卷三。按，明朝习惯以云南省会昆明为界，其东曰迤东，其西曰迤西，合言之曰两迤。迤西包括大理、永昌、鹤庆、蒙化、楚雄、武定、永宁、姚安、镇沅、顺宁、丽江、景东十二府；迤东指云南、临安、澂江、寻甸、广西、广南、曲靖、元江八府。见康熙十二年《石屏州志》卷十三《志补》。

1648年（永历二年、顺治五年）五月，孙可望等商议后，决定由定北将军艾能奇率领兵马往征东川。艾军进至距东川府三十里处遭到埋伏于路傍深菁中的禄氏土兵袭击，能奇中毒箭流血不止，连夜抬回昆明，不治身死[1]。孙可望下令厚葬能奇，另派精兵取道壁谷坝，击败禄氏土兵，平定了东川及其附近州县土司，巩固了对昆明东北方面的统治。

　　为了彻底铲除沙定洲的残余势力，这年七八月间由李定国、刘文秀领兵南征阿迷、蒙自。由于道路崎岖，粮饷难继，孙可望"乃起省城民夫，每户夫一名，每名领二斗，至临安交米一斗五升，其五升给夫作口粮；省城每夫一名脚价银二三两不等"，民"乐于挽运，不知其苦"[2]。定国、文秀士马饱腾，迅速击败沙定洲军，攻克阿迷、蒙自，把沙定洲围困在其老寨佴革龙。佴革龙地势险要，却缺乏水源，沙军每乘夜间下山取水。定国等下令于水源处立砦，分兵把守。沙定洲军饥渴难耐，被迫投降。定国、文秀除了把沙定洲、万氏和少数为首者解往昆明外，"招抚附近地方，凡附逆者悉不究，各安农事。如是出降络绎不绝。李定国抚慰赏劳之，出令不许掳掠，违者立

---

[1]　乾隆二十六年《东川府志》卷三《建置·沿革》。按，贵州《定番州志》等书记艾能奇于1647年二月进攻该州时被射死，纯属误传。又，《明末滇南纪略》中写作"禄万钟"，此处以《东川府志》为准。

[2]　《明末滇南纪略》卷四《倡义讨逆》。康熙三十年《通海县志》卷一《沿革事考》记，"戊子年七月，李定国复提兵过通海，入攻沙定洲，派通海军民运粮至佴革龙，死亡几半"。"八月，定国攻破佴革龙擒沙定洲、万氏、汤嘉宾等，由通海械赴云南。十月，磔于市，杀其党数百人。"

斩。自是迤东半壁安堵矣"[1]。十月，沙定洲、万氏、汤嘉宾等在昆明被处死，标志着混战局面暂告结束[2]。在孙可望的部署下，经过一年多时间的东征西讨，平定了云南全省，使当地百姓自明末兵燹以来过上了安宁的生活，连清初人士也记载"孙可望等倡义之名至今人犹称道焉"[3]。

第三节　孙可望等的经营云南

平定全滇在大西军史册上是非常重要的篇章，对于南明永历政权的延续尤有关键意义。就大西军而言，张献忠在世时固然有建军立国的开创之功，但在1644年入川以前流动性过大，所建地方政权旋设旋失，入川后虽有意以四川为基业，在政策上却屡犯过激错误，叛乱蜂起，献忠牺牲前数十万兵马仅拥聚于西充一带弹丸之地。孙可望、李定国、刘文秀、艾能奇等于主帅身亡之后，团结内部，不失时机地挥军入滇，取得了一块稳定的基地，休养补充士马，整顿经营地方，为原大西军在南明抗清斗争中重展雄风蓄积了力量。为了充分认识孙可望等取云南为基业的重大意义，不妨同大顺军做个比较。到1645年

---

[1]　《明末滇南纪略》卷四《倡义讨逆》。康熙十二年《阿迷州志》《人物志·叛逆土司》记，丁酉（1647），李定国率兵击败沙定洲，直抵阿迷，"拆毁城垣而去。定洲、万氏复收败卒于佴革龙竖立木城为自守计。又二年，己丑（1649），李定国自滇统兵直捣其巢，围困数月，定洲（当为定国）诱出定洲、万氏并叛党，擒送云南，磔杀之，滇人称快"。擒杀定洲在戊子（1648），记年有误。
[2]　康熙《云南通志》卷三《沿革大事记》。
[3]　上引《明末滇南纪略》。

李自成牺牲之时，大顺政权已全盘瓦解，大顺军余部既没有建立一个统一的领导核心，以致队伍四分五裂；又没有自己的地方政权，长期寄人篱下，直到后期才在夔东人烟稀少的高山大川之处建立了据点。尽管大顺军后期的主要领导人李过、高一功、李来亨具有宁死不屈的坚贞品质和卓越的指挥才能，但"长沙地小，不足回旋"，给他们活动的舞台太小了。人力、物力的严重不足大大限制了大顺军的积聚力量和开拓局面。在后期抗清斗争中，大顺军余部的战绩远不如大西军，最主要的原因是没有一块比较大又比较富庶的后方基地。大西军自1650年（顺治七年、永历四年）起北出贵州、四川，东进广西、广东、湖南，几次挫败不可一世的清军，成为全国抗清的主力，是同孙可望、李定国、刘文秀等收取和经营云南分不开的。

大西军在平定全滇之后，即"发兵守四川之大渡河，贵州之镇远，中路之雪山关，凡可以入滇之路，悉扼守之"[1]。在将近三年的时间里，大西军同清方和南明朝廷都没有接触，联明以后云南仍在原大西军控制之下。孙可望等在云南的统治由于客观环境的变化，显示了一些特色。大致可以说，它是张献忠大西政权的延续，又在政策措施上做了部分改革。特别是纠正了献忠奉行的过激行为，针对云南地方特点注意团结少数民族，成绩非常显著。现分述如下：

一、在政权建设方面，孙可望等大西军领导人为争取云南汉族官绅和土司的支持，废除了大西国号，许诺"共扶明后，恢复江

---

[1] 《明末滇南纪略》卷四《政图治安》。按，镇远在贵州东部，当时未必能越过贵阳，戍守镇远，疑有误。

山"[1]，但当时还没有同南明永历朝廷建立联系，因此纪年暂用干支。领导体制上，孙可望称平东王，李定国为安西王，刘文秀为抚南王，艾能奇为定北王[2]，四人地位大致相当，孙可望以大哥的身份充当"盟主"主持军政重务。文献记载，可望"大书示命，号召全滇云：孤率三兄弟，统百万貔貅，建国不建统，纪年不纪号"[3]。以杨畏知为华英殿学士兼都察院左都御史，严似祖为吏部兼礼部尚书，王应龙为工部尚书，丁序焜为户部尚书，任僎为副都御史掌都察院事，马兆羲为学院[4]，张虎为锦衣卫。沐天波仍明旧封为黔国公，"提调汉土官兵，加云鹤服色"[5]。府、州、县官员也一概重新任命，委用

---

[1]　《明末滇南纪略》卷三《沐公顺贼》。
[2]　入滇初期，孙可望、李定国、刘文秀、艾能奇的称号，各种史料记载很不一致。冯甦《滇考》卷下云：可望等四人均称王，"城内置四王府"。孙可望发布文告自称"孤"，也是王的口气。康熙三十三年《大理府志》卷三《沿革》记：可望"自称平东王，（杨）畏知力争，乃去王号，称将军"。康熙五十三年《鹤庆州志》卷四《沿革》记："顺治四年，流寇孙可望入滇……伪辅南王（当为抚南王）刘文秀至鹤庆。"1649年（永历三年）十一月初三日瞿式耜奏疏中说："可望未通之先，其自号不过二字王耳，乃反以一字尊王。"见《瞿式耜集》卷一《纠罪镇疏》。看来孙可望等联明以前确已称二字王。但也有说四人称元帅、称将军的，如康熙三十五年《云南府志》卷五《沿革》记："流寇入滇时，定国称安西元帅，文秀称抚南元帅。"康熙五十八年《澂江府志》卷三《沿革》也说，孙可望称平东元帅，李定国为安西，刘文秀抚南，艾能奇定北。康熙十二年《石屏州志》卷六《学校》记："流贼张献忠余党平东将军孙可望、安西将军李定国、抚南将军刘文秀、定北将军艾能奇率众入滇。"乾隆二十六年《东川府志》卷三《建置·沿革》记"五年五月艾能奇死"，原注"伪定北将军"。康熙十二年不分卷本《阿迷州志》《古迹志》记："至戊子年（应为丁亥）流寇入滇，伪将有平东、安西、抚南、定北之号。"
[3]　《永昌府文徵》，文，卷九，陈洪图《鸣冤录》。
[4]　马兆羲诸书多写作马兆熙，《楚雄府志》卷六《选举志》举人、进士表，卷七《人物志》均作马兆羲。马为楚雄人，当以本地记载为准。
[5]　《明末滇南纪略》卷三《沐公顺贼》。

的官吏"皆换伪印，独天波佩旧印不改"[1]。所颁新印篆文由明朝的九叠文改为八叠文，"且重廉吏，除贪酷，不时差人易服色，暗访察，有廉者立加奖擢，贪者立拿斩首，传示各府州县"。命弓匠出身的大西军老部下工部尚书王应龙行巡按事，巡察各地，"访姚安知府谢仪贪酷，孙可望差官持令箭去，立拿于署前斩首传示。全滇之官无一人敢要钱者"[2]。这种雷厉风行的惩治贪污，荡涤了明朝相沿成习的污泥浊水，保证了云南吏治的清廉。

孙可望还"立登闻鼓，凡政有不便于民，许地方头人赴诉，立即除之；有可以便于民者，立即行之"，"又令地方上，不论绅士军民，有为地方起见，即一得之愚，亦许进言，立引见，不许拦阻，即妄诞之言亦不深究。奖节孝，复乡饮，浚海口，省耕省敛，凡有利于民者无不备举。外则土司敛迹，内则物阜民安，为治若此，诚滇南不幸之幸也"[3]。

二、在经济政策上，大西军初入云南时面临紧迫的粮饷问题，在很短的一个时期里实行过打粮和对官绅、土司追饷的办法。打粮即派兵四出，把百姓剩余粮草无代价地没收，受打击最重的虽然是地主，但难免掠及家有少许余粮的农民，使他们的生产积极性下降。大西政权在四川的失败是有过沉痛教训的，因此，孙可望等人很快就代之以切实可行的赋税政策。他们把云南某些州县和卫所管辖的军民田地"分为营庄，各设管庄一人"，营庄由大西军偏裨管理，在辖区内"踏看田地所出，与百姓平分，田主十与一焉。条编半征，人丁不论

---

[1] 康熙三十五年《云南府志》卷五《沿革》；康熙五十八年《澂江府志》卷三《沿革》。
[2] 《明末滇南纪略》卷四《政图安治》。
[3] 《明末滇南纪略》卷四《政图安治》。

上、中、下全征"[1]。就田赋而言，以十分为总额，入官四分，民得六分[2]，农民的负担是比较重的。但是，这一政策的特点是把原先地主向农民征收的田租从一半以上减为十分之一，大大降低了剥削率；又保证了军队和政权的稳定收入。地主们虽然心怀不满，但仍能收取一部分，生活有着，减少了敌对情绪。当时一个士子赋诗云："履亩科租法最奇，畜肥兵饱士民饥"[3]，从侧面反映了这一政策的效果。由于税额为分成制，地主不再能够任意盘剥，农民的生产积极性普遍提高，当年秋成就"倍于曩昔"，次年又"大熟，百姓丰足"，再下一年仍是"大有年，兵民安乐如初"[4]。入滇初期曾严格禁止酿酒，借以避免浪费粮食[5]，随着生产的恢复发展，才解除了这一禁令。

孙可望等还注意保护民间贸易，初入云南时铸造了大西政权的

---

[1] 《明末滇南纪略》卷三《沐公顺贼》。康熙五十八年《澂江府志》卷三《沿革》说："戊子（1648），孙可望以兵食不足，将近省军民田地分为营庄，各设管庄一人，征输运省。"

[2] 冯甦《滇考》卷下云："以官四民六分收。"可见《明末滇南纪略》中所说"与百姓平分，田主十与一焉"，田主所得是从政府所征一半内拨给五分之一。康熙五十八年《澂江府志》卷三《沿革》记在营庄制度下，"军田每亩市斗谷六七斗，民田八斗至一百二斗不等"。又说："是时征谷斗石尚无定数，又有四六同分之议。农民视自种之稻仍如己物，以为可以任意携取，有城内民刁小二者偶于己田内摘去熟稻数穗，拿获以偷盗皇粮详请枭示，激民股栗。"康熙三十五年《云南府志》卷五《沿革》记："亩岁纳谷一石二斗，民私用草一束者或斩或杖。"大致反映了当时的生产水平，即每亩产谷二石四斗。但也很可能在某些地方逐步实行了定额赋。

[3] 《晋宁诗文征》诗征，卷二，黄都《闻山歌有感》，此诗约作于1651年（永历五年、顺治八年）。

[4] 《明末滇南纪略》卷三、卷四。

[5] 康熙《澂江府志》卷三《沿革》记："禁酿酒，违者死（原注：法严而人不敢犯，是以兵食充足）。"

"大顺钱"[1]。为时不久，因废除大西国号，改"铸兴朝通宝，每大者文抵一分，次者文抵五厘"[2]，还有一厘的小平钱。这在云南历史上是值得大书一笔的。云南盛产铜矿，明代虽曾奉朝廷命令铸造铜钱，但多数输入内地各省，当地居民直到万历时交易仍通用贝币，称为肥。天启末至崇祯年间虽由政府提倡，逐渐使用银钱[3]，但民间积习用肥者还很普遍。孙可望等铸兴朝通宝后，下令"禁民用贝，违其令者刖劓之。辛未（当为辛卯，1651）通行"[4]。至此，云南在商品流通过程中才普遍用钱，同其他各省趋于一致，这对于活跃云南和内地经济上的交流具有深远的意义。

对云南的井盐生产也加强了管理，借以消除陋规，增加财政收入。孙可望派总兵史文为盐税司，负责征收盐课和商税。"黑、琅两井之盐归官，令商人在省完工本，领票赴井支盐。由是凡系盐商悉大富，以白镪为瓦砾矣。……每一下操，赏赉动以万计。"[5]清代人士刘孟弘说："按全滇盐政考，井有九：黑、白、琅、云龙、安宁、阿陋、只旧、弥沙、景东也。黑井旧额岁征课二万六千六百两，

---

[1] 康熙三十年《云南通志》卷三《沿革大事记》；康熙三十五年《云南府志》卷五《沿革》；康熙五十三年《鹤庆府志》卷四《沿革》。

[2] 《明末滇南纪略》卷三。按，"兴朝通宝"一分、五厘、一厘计三种存世尚多，用"兴朝"二字为文，解释不一，但肯定不是纪年。

[3] 参见康熙四十四年《平彝县志》卷之三《地理·风俗》、康熙五十四年《楚雄府志》卷一《地理志·风俗》。按，大西军进滇以前，云南已用银、钱，《徐霞客游记》也多处可见，但民间交易中仍多通用贝币。

[4] 倪蜕《滇云历年传》。李天根《爝火录》卷十七也说：铸兴朝通宝后，"凡上纳钱粮，放给俸饷，以至民间一切贸易，皆通之。有不遵行者罪死。……钱法乃大行"。

[5] 《明末滇南纪略》卷三《沐公顺贼》。按，史文为大西军总兵，其全衔为"钦命总理云兴通省盐政税务总镇"，见康熙四十九年《黑盐井志》卷六，史文在永历十年撰《鼎建真武祠玉皇阁碑记》。他后来投降了清朝。

白井一万五百两，琅井二千四百两，云龙等六井共征一万六百四十九两三钱六分。自明季投诚伪官史文开报黑井岁办课九万六千两，每斤征银一分六厘；白井办课二万八千五百六十两，每斤征银八厘；琅井办课九千六百两，每斤征银六厘"[1]。可见，在大西军余部治理云南期间，盐业生产有很大的发展，来自盐课的收入每年多达白银十余万两。通过铸钱、整顿盐课、商税以及田赋制度的改革，为大西军的稳定云南进而出滇抗清奠定了经济基础。

三、在军事方面，孙可望等采取了十分有力的措施，主要包括严肃军队纪律、加强训练、改善军需供应。

整顿军纪：大西军初入云南时为消灭政治上的敌对势力曾经采取严厉的镇压手段，为解决粮饷又曾在短期内实行过"打粮""追饷"措施，因而在一段时间里在云南官绅士民中造成一种恐怖气氛。孙可望等在站稳脚跟后，立即改弦更张，申明军纪，"凡发兵征剿，所过大路，鸡犬不惊，百姓卖酒肉者路旁不断。如兵余小子有擅夺百姓一物者，立刻取斩；如该主不首，连坐；该管官失察，责八十棍。立法若是之严，故民得安息反富庶焉"[2]。史籍中记载了一个典型的例子："有抚右营兵马前往禄丰驼粮，回至草铺歇下，有一兵失手误伤百姓方二岁小儿一个。百姓喊叫，杨总兵得知，将兵拿去责四十棍，断烧埋银十两。不意草铺管庄报与刘文秀。及杨总兵押粮至省回话，刘文秀大骂，要责杨总兵一百棍，众官力保方恕。将打死小儿之

---

[1] 雍正五年《宾川州志》卷十二，艺文，刘孟弘《盐法考略》。康熙四十九年《黑盐井志》卷五《盐法》记："丁亥（1647）流贼据滇，伪提举张逢嘉迎合流贼，压令灶户每月煎盐六十万，以官四灶六起科。官抽盐二十四万斤运省变卖作课，灶存盐三十六万斤在井变卖作本。"

[2] 《明末滇南纪略》卷四《政图治安》。

兵拿去，立刻绑出小西门外枭首，将头传送草铺号令。"[1]士卒误伤小儿致死竟被砍头示众，执法显然过严，但由此可见大西军领导人为防止军队损害百姓利益，不惜矫枉过正。他们很快就得到云南百姓的衷心拥护绝不是偶然的。连封建文人也称赞道："孙可望等立法甚严，兵民相安。"[2]

加强军队建设和训练：大西军进入云南以后，因地处僻远，同内地各方面势力都脱离了接触；然而，孙可望等人却始终密切注视着国内极其尖锐复杂的阶级搏斗和民族征战的进程，随时准备奔赴疆场，重显身手。因此，他们以云南为基地，秣马厉兵，军事训练抓得很紧。史籍记载，大西军平定云南全省之后，"拥兵三十余万，家口倍之"[3]，兵员数量显然比入滇之初有较大的增长，其中既包括了对原明朝官军的改编，也吸收了不少当地少数民族的军队。为了操练士马，在昆明征发数万民工，扩建教场，"日夕操练士卒，三、六、九大操"[4]，从而为不久以后出滇抗清准备了一支训练有素的队伍。

改善军队供应：孙可望等人决定"将各州县田地分与各营头，即令彼处坐就食。凡兵丁日支米一大升，家口月支米一大斗，生下儿女未及一岁者，月给半分，至三岁者如家口。给马分三等：头号者，日支料三升；二号者，日支料二升；三号者，日支料一升。不时查

---

[1]　《明末滇南纪略》卷四《政图治安》。
[2]　《明末滇南纪略》卷四《政图治安》。
[3]　康熙十二年《石屏州志》卷一《沿革志》。
[4]　《明末滇南纪略》卷三《沐公顺贼》。同书卷四《政图治安》一节又记："兵马三日一小操，十日大操，雨雪方止。"

339

验,瘦者责治有差"[1]。军需供应也做了妥善的安排:"安杂造局四所,不论各行匠役,尽拘入局中打造。凡兵之弓箭、盔甲、交枪之类有损坏者送至局内,挂下营头、队伍、姓名,三日即易以新什物。每贼兵有家口者,每冬人给一袍子;无家口者,一袍之外人给鞋袜各一双、大帽各一顶。如是养兵,果士饱马腾。"[2]

四、在社会治安方面,大西军初入云南时,为了防止官绅和土司的破坏,一度沿袭在成都时期的戒备措施,对昆明的居民实行严格的户籍制度和行动限制:"户设一牌,书大小男妇姓氏悬之门首,以备查核。严门禁,不许妇女出入;凡男人出入,各以腰牌为据,牌上写本身年貌住址。城外入城者持腰牌挂于月城之左廊,事毕出仍取去,门上放出。城内出者持腰牌挂于月城之左廊,事毕入仍取去;有牌,守卒始放人。远来者面上打印为号,有印,门卒始放出。若是之严,总贼畏土司之众多,恐有不测,深防若此。"[3]至于各府、州、县,虽然委任了文职印官,但实权大抵掌握在分布各地的武将手里。随着形势的稳定,社会生活日趋正常,孙可望等大西军领导人不失时宜地放松了对居民的军事管制。如昆明原归都督王尚孔领导的四城督捕管辖,大约一年以后即撤销四城督捕,"百姓皆归昆明县管理"[4]。到己丑年(1649)元宵节,在昆明"大放花灯,四门唱戏,大酺三日,金吾不禁,百姓男妇入城观玩者如赴市然"[5]。自

---

[1] 《明末滇南纪略》卷四《政图治安》。
[2] 《明末滇南纪略》卷三《沐公顺贼》。冯甦《滇考》卷下记:"取各郡县工技悉归营伍,以备军资。"
[3] 《明末滇南纪略》卷三《盘踞滇城》。
[4] 《明末滇南纪略》卷四《政图治安》。
[5] 《明末滇南纪略》卷四《政图治安》。

明末以来多年不见的升平景象，竟然在大西军进滇不到两年时间里就出现了，连原先心怀敌意的士绅也为之赞叹，称之为有"熙皡之风"[1]。

为了争取地主士绅的支持，孙可望等相当注意争取他们的合作。入滇之初，孙可望就在八月间亲自去文庙祭祀孔子，接着命吏部尚书兼管翰林院事的严似祖主持考试生员，"取士三十三名，观政选官"[2]。对于生活有困难的士子还给予关怀，"开仓赈济寒生，每人谷一斗焉"[3]。这些措施使主要出身于地主阶级的知识分子感到出头有日，大大减少了抵触情绪。到1650年大西军出兵"以复中原"的前夕，孙可望等还选派马兆羲"考试滇南生童"，意在吸收知识分子出任收复地区的官职。当时，孙可望亲统大军出征，李定国留守云南，"马兆熙（羲）考试毕，率云、武二府生童赴李定国府谢。定国赏钱三百串，面云'诸生用心读书，不日开复地方，就有你们官了'等语。诸生谢出。由是文教渐复兴也"[4]。1651年（顺治八年、永历五年）以后，刘文秀北出四川，李定国东出两广、湖南，所占地方派设了不少官员，其中相当一部分就是从云贵人士中选拔的[5]。

五、对于云南少数民族和宗教在政策上也做了比较妥善的处理。孙可望等人利用明封黔国公二百多年在各土司中享有的威信广行招徕，注意笼络各少数民族的统治者。只要不持敌对态度就承认其统

---

[1] 《明末滇南纪略》卷四《政图治安》。
[2] 昆明无名氏《滇南外史》。按，《明末滇南纪略》记严似祖为吏部兼礼部尚书。
[3] 《明末滇南纪略》卷三《盘踞滇城》。
[4] 《明末滇南纪略》卷四《悔罪归明》。马兆熙当作马兆羲，见前注。
[5] 参见傅迪吉《五马先生纪年》；李蕃《雅安追记》。

治权，并责成土司提供部分兵员和粮饷，不少土司的头人成了大西军下的将领。孙可望、李定国等人排除民族偏见，对西南少数民族的将士能够用其所长，如山区行军作战、组织象阵等，从而扩大了兵源，形成了西南各族人民共同抗清的局面。清朝廷臣在奏疏中说："孙寇所借兵力，洞蛮为多。"[1]时人李介也说："定国所将半为㑩㑩、瑶佬，虽其土官极难钤束，何定国御之有法也？"[2]这表明大西军领导人在团结西南少数民族问题上收到了显著效果。

在宗教政策上，云南各族人士多虔信佛教。大西军初入滇时对这一特点注意不够，如1647年李定国率军攻克丽江，当地"俗多好佛，常以金银铸佛，大者丈余，次者八九尺，再次者二三尺不等，如是罗列供养"。大西军将士竟然把佛像"尽击碎驮出"，充作军饷[3]。为时不久，孙可望等就改变了政策，明令保护宗教寺观，甚至带头刻印佛教经典、铸造供佛的香炉等器物[4]。这里自然有受习俗熏染转而迷信佛教的一面，但客观上尊重了当地居民的信仰，有利于加强民族团结和地方局势的稳定。

---

[1] 《清世祖实录》卷一百。
[2] 李介《天香阁随笔》卷二。
[3] 《明末滇南纪略》卷三《沐公顺贼》。
[4] 参见《鸡足山志补》及郭影秋《李定国纪年》正文前影印李定国、孙可望刊刻的佛经跋文图片，原件现存云南省图书馆。王尚礼铸造的供佛香炉，拓片藏云南省博物馆。

第十二章
郑成功起兵与鲁监国在浙闽抗清

第一节 郑芝龙降清

郑芝龙既已决定投降清朝,首先撤回防守仙霞岭的军队,使清军得以顺利进入福建;接着又谎称"海寇"侵扰他的故乡安平,在八月间率部返回泉州[1]。九月十九日,清军未遇任何抵抗就占领了福州[2]。郑芝龙的引狼入室是为了向清方表示自己归降的诚意,即如他在给清廷的题本中所说:"臣闻皇上入主中原,挥戈南下,夙怀归顺之心。惟山川阻隔,又得知大兵已到,臣即先撤各地驻兵,又晓谕各府、州积贮草秣,以迎大军。"[3]但他还摸不清楚清朝将给他

---

[1] 《台湾外纪》卷二。
[2] 《思文大纪》卷八记:"九月十九日,清兵至福州,从北门而入。"
[3] 《闽省降员郑芝龙题本》,见《郑成功满文档案史料选译》,福建人民出版社1987年版,第一页。

343

多大的官职和爵位，因此把兵力集中于安平一带，作为向清廷讨价还价的资本。清军统帅博洛将计就计，一面派固山额真富拉克塔等统兵直逼南安，显耀清朝兵威；一面让泉州乡绅郭必昌（曾任明朝兵部尚书，福建晋江人，同郑芝龙关系密切）写信招降。郑芝龙很不高兴地说："我惧以立王为罪耳。既招我，何相逼也！"[1]博洛装模作样地"切责"了富拉克塔，下令把军队后撤三十里，另外派遣内院学士额色黑等二人持书信到安平面见芝龙，信中说："吾所以重将军者，以将军能立唐藩也。人臣事主，苟有可为必竭其力；力尽不胜天，则投明而事，乘时建功，此豪杰事也。若将军不辅主，吾何用将军哉！且两粤未平，今铸闽粤总督印以相待。吾欲见将军者，商地方故也。"[2]郑芝龙阅信后决定前往福州，成功对父亲的所作所为颇不以为然，在这关键时刻更是极力劝阻。《台湾外纪》中有这样一段记载：

  其子成功劝曰："吾父总握重权，未可轻为转念。以儿细度，闽粤之地，不比北方得任意驰驱。若凭高恃险，设伏以御，虽有百万，恐一旦亦难飞过。收拾人心，以固其本；大开海道，兴贩各港，以足其饷。然后选将练兵，号召天下，进取不难矣。"

  龙曰："稚子妄谈，不知天时时势。夫以天堑之隔，四镇雄兵且不能拒敌，何况偏安一隅。倘画虎不成，岂不类

---

[1] 徐鼒《小腆纪年附考》，卷十三。
[2] 江日升《台湾外纪》，福建人民出版社1983年版，第七十五页。他书记载文字稍有出入。顺治十一年十月初一日郑成功给其父郑芝龙信中说：清廷所许"四府竟成画中之饼，如演父前所得三省之故伎"。见《郑成功满文档案史料选译》第六十八页，郑亲王济尔哈朗题本。

狗乎？"

成功曰："吾父所见者大概，未曾细料机宜，天时地利，有不同耳。清朝兵马虽盛，亦不能长驱而进。我朝委系无人，文臣弄权，一旦冰裂瓦解，酿成煤山之惨。故得其天时，排闼直入，剪除凶丑，以承大统。迨至南都，非长江失恃，细察其故，君实非戡乱之君，臣又多庸碌之臣，遂使天下英雄饮恨，天堑难凭也。吾父若借其崎岖，扼其险要，则地利尚存，人心可收也。"

龙曰："识时务为俊杰。今招我重我，就之必礼我。苟与争锋，一旦失利，摇尾乞怜，那时追悔莫及。竖子渺视，慎毋多谈。"

成功见龙不从，牵其衣跪哭曰："夫虎不可离山，鱼不可脱渊；离山则失其威，脱渊则登时困杀。吾父当三思而行。"

龙见成功语繁，厌听，拂袖而起。

这段对话不仅反映了郑芝龙、郑成功父子在政治上的分道扬镳，也体现了郑成功的战略眼光。郑成功和郑鸿逵既然无法改变郑芝龙投降清朝的决定，特别提醒他亲自前往清军大营所在的福州风险太大，不可轻率行事。然而，郑芝龙自以为在福建、广东海域拥有强大的水师，满洲贵族的军队擅长骑射，缺乏水上作战能力，势必像明朝皇帝一样借重于自己；何况，二十年来通过垄断海上贸易积聚的巨额财富更使他驽马恋栈。他不听劝告，带了五百名士卒在1646年（顺治三年）十一月十五日到达福州，谒见贝勒博洛[1]。见面之后，博洛伪

---

[1] 日期据计六奇《明季南略》卷八《郑芝龙降清》条。

装出一副仰慕已久的样子，对他大加赞赏，还折箭为誓，许以重用。欢饮三天之后，博洛忽然在半夜传令拔营回京，命郑芝龙随军北上。芝龙心知中计，但已经轻入虎穴，随身所带士卒被安置于别营，自己孤身一人只好听凭博洛摆布了。一位目睹其事的人记载道，当时福建各地应聘而来的明朝官绅齐集于福州，忽然接到清朝巡抚的请柬通知于次日在洪塘聚会，去了之后，"则胡笳四起，毳幕参差，兔网弥天，雉罗遍野。聚立而嗫嚅者几及百人。内院、抚军席地而坐，执册指名，首朱胤冈（朱继祚字），次黄跨千（黄鸣俊字），又次余公诚，余系南中流寓在闽，亦被罗织。拊其背而徘徊，谓：'此三人者非尚书、阁老乎？可随我去。'每人一卒守之。中有紫衣胡服者为郑飞黄（郑芝龙字），亦与焉。彷徨有顷，名次及吴旧抚矣。军门持册手麾曰：'余俱赴京听用。'于是诸人哄然而退，不啻鸟出笼、鱼入海也。时见兵即刻拔营起，四公竟载与俱行"[1]。"神龙失势，与蚯蚓同"，不管郑芝龙是多么大的一条巨鲸，一旦离开了战舰精兵，就成了失水之鱼。郑芝龙只好委婉地向博洛求情，表示就他个人而言既然已经投降清朝，进京"面圣"正是自己的愿望；不过，留在福建沿海的长子和兄弟拥有相当兵力，自己一旦进京，呼应不灵，恐怕海上从此多事。博洛的估计同他正好相反，以为掌握了郑芝龙，郑氏家族群龙无首，又不能不为芝龙的安全着想，必然唯清朝之命是听。因此，他让芝龙当面写了几封信，借以招抚郑氏子弟和部将，并且对芝龙说："此与尔无与，亦非吾所虑也。"[2]这样，郑芝龙在清军严密

---

[1] 华廷献《闽海月纪》，卷二；此文亦收入《明季南略》卷八《附闽事纪》，文字略有不同。按，据华廷献记载，博洛胁带郑芝龙等"拔营起行"似在白天，与他书记载半夜有所不同。

[2] 《明季南略》卷八《郑芝龙降清》条。

监护下被送到了北京。1648年（顺治五年），清廷食言自肥，仅授予他一等精奇尼哈番的空头官衔，拨入旗下，实际上遭到软禁[1]。这段情节后来在郑成功致父书中有一段描写："当贝勒入关之时，父早已退避在家。彼乃卑词巧语，迎请之使，车马不啻十往还，甚至啖父以三省王爵。始谓一到省，便可还家；既又谓一入京便可出镇。今已数年矣，王爵且勿论，出镇且勿论，即欲一返故里亦不可得。彼言岂可信乎？"[2]

博洛回京之前，确实利用了郑芝龙的声望招降其旧部，奉芝龙之命降清的有武毅伯施福、澄济伯郑芝豹和部下总兵十员，兵将十一万三千名[3]。当李成栋由吴淞总兵奉调由浙江、福建入广东时，清方不仅利用了郑芝龙"平国公"的牌札招抚了白沙、甲子等广东东部沿海地带，而且原属郑芝龙部下的总兵施郎、梁立、黄廷、成升、洪习山还由武毅伯施福带领，率兵马五千名跟随佟养甲、李成栋进军广东，在扑灭顺德县"海寇"和镇压东莞、增城地区的张家玉抗清义师中起了不小的作用[4]。直到顺治五年（永历二年）三月"□

---

[1] 《郑成功满文档案史料选译》第一页有顺治四年四月"闽省降员郑芝龙题本"，说明是时尚未授职。顺治五年八月授一等精奇尼哈番事见《清世祖实录》卷四十。直到顺治九年八月郑芝龙给清廷的奏本自署官衔还是"厢黄旗正钦尼哈番"（即镶黄旗精奇尼哈番），见《明清史料》丁编，第一本，第六十三页。谢国桢《南明史略》云，郑芝龙被骗到北京后清廷"只封他为同安侯，叫他住在北京"（第一四二页）。按，清廷封郑芝龙为同安侯在顺治十年五月，目的是招抚郑成功，上距郑芝龙降清已过六年有余。

[2] 杨英《先王实录》，陈碧笙校注本，福建人民出版社1981年版，第六十二页。

[3] 《清世祖实录》卷三十四。

[4] 《清世祖实录》卷三十四；施郎（后改名施琅）、黄廷和副将洪习山在顺治四年十月参加进攻增城的战役见《明清史料》丙编，第七本，第六三九页，顺治四年十一月初七日清两广总督佟养甲揭帖。

（房）镇抚施福、耿献忠大小船数百号上梧州"[1]，即在李成栋指挥下一直攻入广西东部，对南明的危害是相当严重的。由于李成栋对南方兵将存在歧视心理，在奏疏中说从福建带来的施郎等官兵"脆弱不堪，无资战守"[2]，甚至伺机剪灭和解散。施福、施郎、黄廷、洪习山等人过着寄人篱下的生活，忍气吞声，大有怀才不遇、有功不赏之感[3]。顺治五年李成栋反清复明，他们收到郑成功从鼓浪屿（今属福建省厦门市）发来的邀请，决定摆脱李成栋部将潮州总兵郝尚久的控制，率部乘舟投奔郑成功。

第二节　郑成功的早年生活和起兵抗清

郑成功是郑芝龙的长子，母亲是日本女子田川氏，中国文献称为翁氏[4]。1624年（天启四年）七月十四日郑成功生于日本长崎县

---

[1] 鲁可藻《岭表纪年》。

[2] 顺治四年五月二十五日提督总兵官李成栋揭帖，见《明清史料》丙编，第七本，第六〇一页。

[3] 施福曾给清廷上疏奏报"剿抚粤寇之绩"，疏中自称"总督广东陆师原武毅伯施福"，兵部"查施福原系孛罗王（即博洛）发与佟养甲、李成栋酌用。今据自称总督，且广东经制久行佟养甲议定未到，应令将施福并议于经制之内，报部覆可也"。（顺治五年闰四月兵部揭帖，见《明清档案》第八册，A8—92号。）从这件奏疏里也可以看出施福等人对自己功绩、地位的评价和清廷的冷遇。

[4] 郑克塽撰《郑氏附葬祖父墓志》作"曾祖母翁"，见《郑成功族谱三种》，福建人民出版社1986年版，第一〇〇页。其他中国文献也均写作"翁氏"；日本文献作田川氏。一种说法谓成功母是归化日本的泉州冶匠翁笠皇从日本人田川氏领来的养女，参见《郑成功全传》，台湾史迹研究中心1978年版，第三十七页。

平户川内町千里滨[1]，七岁以前随母居住日本。1630年（崇祯三年），郑芝龙派人把他接回福建安平，给他取名森，字明俨，号大木。一些史籍记载1644年郑成功曾经入南京国子监，拜读于钱谦益门下，大木即为钱氏所赐字，如黄宗羲《赐姓始末》记："朱成功者，郑芝龙之子也，母为夷女，初名森，弘光时入南京太学，闻钱谦益名，贽为弟子，谦益字之曰大木。"[2]郑成功入南京国子监就读以及同钱谦益之间的关系尚有待研究[3]。明朝末年武将跋扈的情况虽然已经司空见惯，但武官重视子嗣文化教育的风气并没有改变。因此，郑芝龙延请了饱学之士给郑森讲解经史，终于使这个异国归来的儿子在崇祯十一年五月通过了考试，成为泉州府南安县学的一名生员。他少年时读书的朋友有惠安县生员张若、晋江县人杨于两。"郑成功为诸生时，每自南安来惠（安），主若濠濮斋，论文赋诗，风雨联床，不稍间也。"[4]杨于两是成功妻家董飏先的表侄，刘献廷曾听杨于两亲

---

[1] 参见何廷瑞《日本平户岛上有关郑成功父子之资料》，台湾淡江学院1977年版；上引《郑成功全传》作"诞生于日本平户河内浦千里滨"。美国司徒琳著《南明史》英文版第一一八页说郑成功出生于日本平户，1992年上海古籍出版社中文本第一〇四页竟将郑成功误译为郑芝龙。

[2] 见《明季稗史》正编卷二十一。

[3] 民国九年修《郑氏宗谱》记郑芝龙有五个儿子，长子森下注"翁出，太学生，应袭锦衣卫副千户"，郑森条下没有记载这件事，《郑氏家谱》所记相同，均见《郑成功族谱三种》。明代对有功官员常给以"荫一子入国子监读书"的奖励，但其子弟并不一定入监为太学生。崇祯、弘光时为聚敛钱财曾经强迫富户给子弟纳银入监，使国子监的名声很坏。郑成功是否真到过南京国子监就读，尚有疑问。与此相关联的一个问题是《延平二王遗集》相传为郑成功、郑经父子的作品，集中所载郑成功诗有三首涉及钱谦益：《春三月至虞谒牧斋师》《同孙爱（谦益之子名孙爱）世兄游剑门》《越旬日复同孙爱世兄游桃源洞》，并有钱谦益门生瞿式耜评语。但是，在钱谦益、瞿式耜著作中尚未得到证明。

[4] 嘉庆八年《惠安县志》卷二十六，文苑，《张若传》。

口说过"于两与赐姓（成功）幼同笔研"[1]。1642年（崇祯十五年）郑森十八周岁，曾往省会福州参加乡试[2]。当时他父亲郑芝龙已加官都督，"富拟王者，远交朝贵，近慑抚按，炙手可热"。郑森也完全是一副贵公子的派头，"自泉入福，邮传馆舍皆有司备设。及入棘闱（即考场），监临交遣小吏诣号舍致寒温，预选同舍生代为起草。珍果佳肴，络绎传送。森竟日饮啖而已。漏下便已出闱，传呼归馆舍，共赫奕如此"。福建提学副使郭之奇看得不顺眼，不让他中举。次年（1643）二月岁考，尽管文章写得颇通畅，仍被郭之奇评定为二等，不得食饩为廪生[3]。

隆武帝即位之后，郑芝龙已成为定策元勋，郑森才在父亲的带领下拜见朱聿键。隆武帝见他风度翩翩、一表人才、对答如流，非常赏识，深憾自己没有女儿嫁给他，就赐他姓朱，改名成功，"以驸马体统行事"[4]。这一殊荣自然也具有笼络郑芝龙的意图。郑森自称和被称为朱成功、赐姓、赐姓成功、国姓成功、国姓爷、郑成功都是由此而来。

这里，有必要谈谈郑成功在隆武年间的军事活动。托名黄宗羲

---

[1] 刘献廷《广阳杂记》卷二。

[2] 江日升《台湾外纪》卷二记："崇祯十五年壬午八月，郑森赴福省乡试。"

[3] 李世熊《郭宫詹传略》，见《寒支二集》卷四。《石井本（郑氏）宗族谱》记成功"年十五补弟子员，旋食饩。金陵术士见之，惊曰：此奇男子，骨相非凡，命世雄才，非科甲中人也"。与李世熊所记不同。

[4] 黄宗羲《行朝录》卷十一《赐姓始末》。《台湾外纪》卷二作"封为御营中军都督，仪同驸马，宗人府宗正"。按，该书云："郑鸿逵引其子肇基陛见。隆武赐姓朱。芝龙闻知，次日亦引其子森入见。隆武奇其状，问之，对答如流。隆武抚森背曰：'恨朕无女妻卿。'遂赐姓，兼赐名'成功'，欲令其父顾名思义也。"可见，先一日赐姓者尚有郑鸿逵子。

撰《郑成功传》里不仅说他"意气状貌,犹书生也",而且说郑成功在整个隆武时期"虽遇主列爵,实未尝一日典兵柄"[1],并不正确。郑成功在1644年以前只是一介书生,如果没有在隆武年间(1645—1646)的亲身军事经历,到朱聿键被俘、郑芝龙降清后他即便有志恢复,也很难仅凭世家子弟的身份在短期内组织起一支有效的抗清武装。据《思文大纪》的记载,郑成功至迟在隆武二年初春就已弃文就武,开始了他的军事生涯:

隆武二年(1646)正月,奉命"领兵出大定关"。(卷四)

三月,郑彩因逗留不进,被革去永胜伯、征虏大将军职务,"敕国姓成功招致郑彩逃兵,毋得令其惊扰地方百姓"。同月,"催国姓成功、辅臣傅冠速出分水关,以复江省"。(卷五)

四月,在给军师蔡鼎的敕谕中说:"朕原速期幸虔(江西赣州府),以迎兵未至,故调国姓成功、辅臣冠,护驾前往。今于华玉兵已至;又虔中迎疏叠来,则国姓、辅臣正可用力湖东,不必调到湖西。东西并举,朕亲节制于虔,江省之复可必。著国姓、辅臣速约各镇鼓锐前进,铅山告警,必行兼顾,以巩崇关。"同月,敕谕御营内阁:"国姓成功巡关回来,迎驾暂至邵武,相机出关。""新抚永安、沙县山寇头目一万一十三名隶陈国祚标下,听国姓成功节制。""国姓成功请给新到官兵月饷。上令于邵武近处另给,该部行文去。""谕国姓成功曰:兵、饷、器三事,今日又有手敕,确托卿父子。兹览卿奏,言言硕画,朕读之感动,其总理中兴恢御兵、饷、器甲,统惟卿父子是赖。银关防准造,即以此为文,造完颁赐,以便

---

[1] 《梨洲遗著汇刊》《郑成功传》。浙江古籍出版社1986年5月版《黄宗羲全集》第二册,不收此文。

行事。""敕行在兵部：'国姓速令郭燾守住永定，调陈秀、周麟、洪正、黄山速速往救赣州，杀退清兵，保安赣州。有功重叙，有失重罚。'"（卷六）

五月，"敕国姓成功兼顾大安关，仍益兵防扼，恐有清骑突入。铳器火药，即令二部给发"。（卷七）

六月，"命国姓成功亲到漳、泉，精募兵将，立助恢复，期限二十日即来复命"。同月，"给国姓成功五月兵饷"。（卷八）江日升《台湾外纪》卷二记载，郑成功在1646年三月要求回安平看望久别的母亲，隆武帝准假一月，从三月起到郑芝龙决意降清都未述及郑成功在军中的活动，似乎他这段时间都留在家乡。实际上，江日升的记载可能有不少遗漏。郑成功因母亲翁氏于上年秋天从日本接回福建南安[1]，他思母心切，又听说翁氏患病，请求给假一个月回安平镇探亲。隆武帝为照顾其母子团聚，在六月间同意了他的请求，但这个月初清军已经大举攻入浙东，形势骤然紧张，因此限以时日，并且让他顺便在漳州、泉州二府招募兵将，赶回行在延平。郑成功探望母亲以后，虽然未必招募了多少兵将，但他本人确实返回了抗清前线。据王忠孝的记载：他应隆武之命，"八月抵福京，晤诸公，商榷时艰。望后（十五日以后）登舟溯流而上。距行在（指延平）仅二程，清骑已乘虚而入。赐姓公（郑成功）交锋不利，率师南下，遇余于舟次，语余曰：'上已先四日行，剑南皆北骑，公将安之？'因拉余旋福京，

---

[1] 《台湾外纪》记：1645年"十月，日本国王惧芝龙威权，认翁氏为女，妆奁甚盛，遣使送到安平，即成功生母也"。同书记次年三月郑成功陛见隆武帝请假，顿首曰："非成功敢轻离陛下，奈臣七岁别母，去秋接到，并未一面。忽而病危，为人子者心何安？"旧历十月为冬季，此处以郑成功口述为据。

订举事"[1]。

可见，至少从隆武二年正月起，郑成功一直亲履戎行，参与了许多军事指挥活动。这为他后来独树一帜，领导东南沿海声势浩大的抗清活动奠定了基础。

据史籍记载，郑芝龙从安平前往福州时曾经派人叫郑成功同行。成功拒不应命，回信说："从来父教子以忠，未闻教子以贰。今吾父不听儿言，后倘有不测，儿只有缟素而已。"[2]他在叔父郑鸿逵支持下，带了一支数量不多的军队前往金门。郑芝龙自投罗网以后，清军立即背信弃义地攻入安平镇，大肆抢劫淫掠，成功的母亲翁氏也被奸污，愤而自缢，其时为十一月三十日[3]。郑成功闻讯，痛不欲生，更坚定了武装抗清的信念。清兵饱掠而归后，他回到安平，料理了母亲的丧事，用黄金铸造了一尊翁氏坐像，饰以珠宝，朝夕上供。从此开始了他独当一面的长期抗清斗争。有的文献记载了这样一个故事：成功"携所着衣巾，焚于南安文庙，仰天唏嘘，曰：'昔为儒

---

[1] 王忠孝《自状》，《惠安王忠孝全集》卷二，转引自陈碧笙《一六四六年郑成功海上起兵经过》，载《历史研究》1978年第八期；邓孔昭《试论郑成功对郑芝龙的批判与继承》（见《郑成功研究国际学术论文集》第四十二页）亦引此文，"距行在仅二程"作"距行在所仅二程"，未见原书，特此附注。上引台湾出版《郑成功全传》附《郑氏三世大事年表》说八月二十七日在福建延平"成功与帝相持痛哭"，次日，"帝至汀州，即为北骑所执，遂及于难。成功道中闻变，伏地大恸，晕厥久之"（见该书第四一四页）。据王忠孝所记，日期稍误，延平至汀州也非一日可到。

[2] 《台湾外纪》卷二。

[3] 郑克塽《郑氏附葬祖父墓志》云："翁曾祖母生于壬寅年八月十八日未时，卒于丙戌年十一月三十日巳时，享年四十有五。"按，江日升《台湾外纪》卷三记顺治四年（1647年，丁亥）二月，清将"韩代奉贝勒世子命，统满、汉骑步突至安平"，郑成功母翁氏手持剑不肯去，"大兵至，翁氏毅然拔剑割肚而死"，系时有误。

353

子，今为孤臣，谨谢儒服，惟先师昭鉴！'再拜而去。与所善陈辉、洪旭等九十余人，收兵南澳，得数千人"。[1]

阮旻锡《海上见闻录》（定本）记：1647年"时赐姓谋举义，而兵将战舰百无一备，往南澳招募。闻永历即位粤西，遥奉年号，称'招封大将军罪臣'，有众三百人，于厦门之鼓浪屿训练，委黄恺于安平镇措饷。识者知大可与为，平国旧将咸归心焉"。"八月，以洪政、陈辉为左右先锋，杨才、张进为亲丁镇，郭泰、余宽为左右镇，林习山为楼船镇。进兵攻海澄，扎祖山头。数日，援兵至，洪政中流矢，与监军杨期潢俱死之，遂退兵。会定国公进攻泉州，列营桃花山。清提督赵国祚率数百骑冲营，张进、杨才迎战；定国遣林顺等夹攻，大破之。另遣水兵破溜石炮城，斩参将解应龙，军声大振。泉绅郭必昌之子显欲内应，国祚杀之，灭其家；并系故相黄景昉等。国祚酷虐，泉民不敢喘息。九月，漳州副将王进率兵来援，围解。"[2]这一战役在清福建提督赵国祚（时驻于泉州）顺治五年八月初六日揭帖中也说道："至六月间，建宁失守，汀、漳梗阻，延、邵悬绝，福、兴警报鲜闻。而泉州又有投诚郑芝龙胞弟郑鸿逵伪称定国公、郑芝豹伪称澄济伯，其子郑成功伪称朱姓，兼郑氏亲戚各称贼首文武等衔，俱不思天命久归真主，妄冀恢复。……"八月，郑鸿逵等乘船而至，"联络山寇"进攻泉州。九月初三日攻克溜石，防守参

---

[1] 乾隆二十八年《泉州府志》卷四十《封爵·郑克塽》。《梨洲遗著汇刊》所收托名黄宗羲作《郑成功传》亦载此事，除文字出入外，在所善陈辉、洪旭二人间增入张进、施琅、施显、陈霸，显然有误。施琅当时投降了清军，随佟养甲、李成栋入粤，不可能同郑成功"盟歃"抗清。
[2] 按，郑成功初起兵时仍奉隆武年号，阮氏记载稍误。《台湾外纪》云：郑成功于八月二十二日率部"会鸿逵师于泉之桃花山"。溜石寨为郑成功军攻克，以伏兵击杀出援泉州之清参将解应龙。

将解应龙等官兵溃亡。二十一日，赵国祚密调漳州副将王进抵泉州，内外夹击，郑军失利，二十八日收兵乘船入海。[1]

郑成功和叔父郑鸿逵等人坚持抗清，同郑芝龙选择了截然相反的道路。初期，他们的力量并不大，经过同清方的反复较量，把东南沿海地区的抗清势力汇合成一支劲旅。郑成功也逐步崭露头角，成长为明清之际杰出的统帅。

第三节　鲁监国在浙闽的抗清活动

清军占领浙东、福建，郑芝龙降清以后，原先唐、鲁对立的局势随着发生了很大的变化。隆武朝廷既然已经不复存在，一些不愿投降清朝的文官改奉鲁监国。清政府以为把郑氏集团的头子郑芝龙控制在自己手里就可以使福建诸将听命于己，这个目的也只部分地达到，如施福、洪习山、黄廷、施郎等人归附了清朝。郑氏集团内反对降清的势力也大有人在，郑芝龙被诓骗挟往北京更使他们心怀疑惧。在群龙无首的情况下，郑系将领一时分崩离析，自寻出路。郑芝龙的老部将林察在福州即将失守时率兵保护续封唐王朱聿𨮁乘船逃往广州，成为绍武政权的主要军事支柱。郑芝龙的弟弟郑鸿逵、长子郑成功当时实力和地盘都很小，却志不稍减，致力于招兵置船，恢复海上雄风，他们打的旗号是业已被清军俘杀的隆武帝。郑芝龙的旁系势力郑彩、郑联、杨耿等人则转而改奉鲁监国。

---

[1]　《清代农民战争史资料选编》第一册（下），第三三二至三三三页；同件又见《郑成功档案史料选辑》第九至十一页。

1646年（顺治三年、鲁监国元年）六月，鲁监国朱以海在张名振等保护下乘船渡海到达舟山。驻守在这里的肃虏侯黄斌卿借口自己是隆武朝廷所封，不承认鲁监国的合法性，拒绝朱以海进城。鲁监国在舟山群岛上借住了两三个月，大学士孙嘉绩就病死在这里[1]。九月间，据守金门、厦门一带的永胜伯郑彩、定波将军周瑞带领舟师四百艘来到舟山，见朱以海处境困难，决定把他迎往福建。十月二十五日从舟山出发，十一月二十四日到达厦门。[2]这时，郑芝龙已经由安海赴福州博洛军前投降，派人通知郑彩献出鲁监国向清廷请赏。郑彩不愿降清，他担心鲁监国的安全，就把朱以海藏起来，另找一个相貌类似的人充当替身，叮嘱部将如果郑芝龙命人来抓鲁监国，就把这冒充的人缢死，蒙混过去。幸好，郑芝龙到福州后很快就被清军胁迫北上，顾不上捉拿鲁监国，朱以海才得以在郑彩军驻地安顿下来。

---

[1] 鲁监国自绍兴出海后曾停泊于舟山，诸书记载基本一致，黄斌卿不愿接纳也是事实。但是，朱以海在舟山停留了多长时间，各种史籍记载差异较大。有的书记载鲁监国舟至舟山，黄斌卿不纳，即南航，似乎没有在舟山停留过。李寒求《鲁之春秋》卷一记，七月"初七日，定西将军张名振具舟迎监国航海至舟山，黄斌卿不纳"。下文说，八月"监国次普陀"，十月"永胜伯郑彩帅师奉监国入闽"。查继佐《国寿录》卷三《黄铉传》记："丙戌鲁事败，王东入海，初依肃房伯王（黄）斌卿舟山，继为建国公郑綵（彩）迎去。"《舟山纪略》记："王至舟山，威房伯黄斌卿拒不纳……王舟次普陀"；下文说到顺治四年（1647）五月，清吴淞提督吴胜兆反清时，派使者向舟山的黄斌卿、张名振请求支援，"时王驻玉环山，名振奏请给敕印三百道"。见《明季史料丛书》。可见，黄斌卿不纳是指他不让鲁监国朱以海进入舟山城，朱以海和随从官员兵将曾在舟山群岛的普陀山等地暂住。
[2] 黄宗羲《行朝录》卷四《鲁王监国·纪年下》云：郑彩奉鲁监国至中左所（即厦门），而郑森（即郑成功）"以中左所为营，然亦不欲奉上，改明年为隆武三年。于是，郑彩奉上改次长垣，以明年为鲁监国二年。海上遂有二朔"。按，当时厦门为郑彩、郑联兄弟驻地，黄宗羲所记不确。

从1647年（顺治四年、永历元年、鲁监国二年）开始，尽管东南沿海抗清武装中还有郑鸿逵、郑成功、黄斌卿等人以尊奉业已不存在的隆武朝廷为名，拒不接受鲁监国的领导，但大多数文官武将和浙江、福建绅民都以鲁监国作为抗清复明的旗帜。当时，清军满洲主力博洛已率部返回北京，东南兵力薄弱；抗清运动在鲁监国领导下风起云涌，取得了一系列胜利。这年正月，鲁监国在长垣誓师，"提督杨耿、总兵郑联皆以兵来会。进郑彩为建国公、张名振为定西侯，封杨耿为同安伯、郑联为定远伯、周瑞为闽安伯、周鹤芝为平夷伯、阮进为荡胡伯"[1]；"加东阁大学士熊汝霖太子太傅，司票拟"[2]。朝政军伍初步就绪后，即着手收复失地。正月内，周鹤芝部收复海口，派参谋林龠舞、总兵赵牧防守。二月初一日攻克海澄，次日攻漳平，失利；初三日清方援兵来到海澄，明军退至海上。初五日，攻克漳浦县，任命洪有文为知县；五天后，清兵来攻，漳浦失守，洪有文死难。四月，清兵攻陷海口，林龠舞、赵牧战死，周鹤芝引兵退保火烧岙。六月，明军攻漳州，再度失利。

七月，鲁监国亲征，号召各地绅民起义，一时远近响应，义军飙发。七月初四日郧西王朱常湖、王祁、李长蛟等人带领义军攻克建宁府，击毙清朝总兵李应宗、副将曹胤吉，擒杀清知府高简等人。[3]

---

[1] 黄宗羲《海上恸哭记》。
[2] 李聿求《鲁之春秋》卷二。
[3] 明军收复建宁一带地区主要根据顺治四年十一月浙江福建总督张存仁揭帖，见《明清史料》甲编，第三本，第二一○页；同书第三本第二四六页顺治六年四月御史霍达揭帖所记相同外，还提及府同知沈梦鲸中箭身亡，分巡建南道顾礽、建安知县李之琦先后"孑身逃遁"。参见康熙二十三年《福建通志》卷六十三《杂记》。查继佐《国寿录》卷三《王祁传》记攻克建宁为七月初二日，稍误。

这支义军连克建阳、崇安、松溪、政和、寿宁等县。清浙江福建总督张存仁接到建宁失守的消息,向朝廷报告福建"遍海满山,在在皆贼",他唯恐闽浙路断,于七月下旬带领马步官兵一千名星夜兼程赶赴扼据浙闽咽喉的浦城。八月初九日明军进攻浦城,被张存仁部击败,义军首领李长蛟和兵部右侍郎杨东晟,总兵谢君聘、王印海、张明等阵亡。[1]

但是,福建各地反清复明的烈火仍在不断蔓延。八月,明军攻克连江;十月,收复长乐、永福、闽清、罗源、宁德等县。[2]隆武朝大学士刘中藻也在原籍福安县起兵,攻克县城[3]。十月十三日,另一支义军首领王祁"受伪鲁王伪职,称监国鲁三年号,纠集乡兵"与"伪太师冯生舜"以及陈文达、朱锋等部围攻福宁州,"四面环绕,

---

[1] 顺治四年八月浙江福建总督张存仁揭帖,见《明清史料》丁编,第一本,第十一页。
[2] 黄宗羲《行朝录》卷四《鲁王监国纪年下》。
[3] 查继佐《鲁春秋》记:丁亥(1647)十月,鲁监国"晋刘中藻总制兵部尚书。不受。……中藻,字荐叔,福安人,崇祯庚辰(十三年)进士,授行人司行人,国变归。唐主立福京,擢兵科给事中,腾唐诏(指奉隆武帝命往浙东颁诏鲁监国官员),鲁江上文武皆从中藻表唐。闽事败,中藻走海上,以延平不终之耗未的,奋复诸城,将待后命"。就是说,刘中藻对隆武帝遇难的消息不清楚,不愿接受鲁监国的官职。

阅九个月米盐不通"[1]。清分巡福宁道潘映娄见城中粮尽,"士民饿殍过半",被迫在1648年(顺治五年、鲁监国三年、永历二年)二月初五日出城"讲和"。"有伪巡按吴明中资鲁王敕印入城,升涂登华为振威伯,潘映娄为太仆寺少卿,章云飞为桓武军门,宋若苏为兵部员外,在各官衙门开读。王公哲疑各官受职,随遣伪标官陈功、赖天成带贼三百余人进城探听,本夜被涂登华、章云飞召至察院前假言犒赏,一时尽杀。西路贼首陈文达等见王公哲贼众被杀,遂往福安请刘中藻主盟。中藻与生舜俱至江边地方扎营,称隆武四年号。城内各官分守四门。章云飞出城打仗,云飞兵败,在松山地方下船,张时任被刘中藻获剐,方国庆被杀。四月初五日,涂登华兵寡粮尽,开南门走至南屏地方为中藻追获,收在衙门内;潘映娄亦从南门出城,兵阻复回,至太平台被西路贼首卢守谱兵捆获,解到冯生舜营,亦收入衙

---

[1] 顺治八年四月初七日刑部尚书韩代等题本,见《明清史料》己编,第一本,第八十七页。按,此件中称王祁为"东路贼首王公哲"。王公哲即王祁字拱哲的误写。查继佐《鲁春秋》记:"秋七月,僧王祁以郧西王朱常湖起兵破建宁守之。总兵曹大镐先登,并下寿宁、政和二县,桂主封祁郧国公。"下注:"王祁,字拱哲,太仓王氏奴也。乙酉不肯剃发,去为僧。鲁败,入闽,栖建宁之大中寺。"后与郧西王朱常湖相遇,起义于建宁。"祁以王常湖主兵,而身为国师。""荆国(指荆国公方国安)故标曹大镐者以兵来会,守精,北师攻围数月辄不利去。"李聿求《鲁之春秋》卷二记,顺治四年二月"进王祁为郧国公、张名振定西侯"。王祁自称国师,郧国公封爵为鲁监国所授,查继佐云"桂王(永历)封祁郧国公",误。

359

内。……"[1]明军遂占领福宁州。

1647年七月,明同安伯杨耿领兵一度收复平海卫。清朝援军赶到后,杨耿兵主动撤退,平海卫的老百姓惨遭屠杀。与此同时,兴化府(府治在莆田县)绅民王继忠、王时华、吴永宁、林孟畇、林淑德、游慎行、梁鼎钟、林兰友、周霱等纷纷起兵抗清。八月,围攻府城莆田。十一月,清福宁道彭遇颽引兵来救,义师大败,周霱、梁鼎钟、游慎行、林淑德战死。彭遇颽打算乘胜搜山追剿,福建巡按御史周世科因为省会福州也遭到义师袭击,撤回大部兵力。义师趁机再次围攻莆田,双方相持到1648年(顺治五年)春天,彭遇颽和兴化总兵张应元多次派兵出城作战,都被义师击败。城中原有居民二十七万,因长期受困大批死于饥饿和杀掠,只剩下三分之一[2]。正在这时,原隆武朝大学士朱继祚从北京回到原籍福建兴化(朱继祚在顺治三年冬同郑芝龙一道被博洛挟送北京,郑芝龙一直被扣留,朱继祚被准许回籍),义师首领前来探听消息。朱继祚心不忘明,为了洗刷自己曾向清朝屈膝的羞耻,当即表示支持复明义师,给他们鼓舞打气道:"北方方乱,何能及我,且仙霞之路已绝,诸君何患?"[3]他还派人秘密

---

[1] 顺治八年四月初七日刑部尚书韩代等题本,见《明清史料》己编,第一本,第八十七至八十八页。按,黄宗羲《行朝录》卷四记鲁监国二年(1647)十月,"大学士刘中藻起兵福安,攻福宁州,将破。其帅涂登华欲降,第谓人曰:'岂有海上天子、船中相公?'钱肃乐致书谓:'将军独不闻有宋末年,二王不在海上,文、陆不在身中乎?后世卒以正统归之,而况不为宋末者乎!今将军死守孤城,以言乎忠义,则非其主也;以言乎保身,则非其策也。依沸鼎以称安,巢危林而自得,计之左矣!'登华得书,遂降。"刘中藻等攻克福宁州在1648年四月初五,黄宗羲曾在鲁监国政权中任职,何至于误于1647年十月,具体情节亦不合。

[2] 林佳矶《闽记》,见抄本《明季稗史》第三种。

[3] 林佳矶《闽记》,见抄本《明季稗史》第三种。

进城劝说彭遇颽反正。彭遇颽受困数月，业已束手无策，就同朱继祚约定在闰四月十七日夜间举兵内应。届时，彭遇颽指挥手下亲信马兵三十名、步兵数百名突然袭击兴化总兵张应元部，张应元被打得措手不及，带着残兵败卒乘夜逃往仙游县；次日晨，朱继祚带领义师进城[1]。

到1648年（顺治五年、永历二年、鲁监国三年）上半年，以鲁监国为首的明朝义师已经收复了闽东北三府一州二十七县[2]，省会

---

[1] 在南明史籍中对义师收复兴化府城的时间和情节记载常有出入。如黄宗羲《海外恸哭记》记："戊子春正月丁酉朔，上次闽安镇。同安伯杨耿、大学士朱继祚攻兴化，克之。房守道彭遇颽，故弘光时之御史也，至是纳款。杨耿攻兴化，遇颽令其守将出战，登陴立大明帜，守将不敢入。"查继佐《鲁春秋》记戊子"三月原任礼部尚书朱继祚以乡校破兴化府，北兵宪彭遇颽为内应，监国仍令遇颽署道事守之，继祚来朝。先是，窑户王士玉等以义激众万余取仙游县，攻府城不利。会继祚与闽部黄鸣俊并逮燕京，释归，继祚潜黄石，密招士玉等复起。时兴化镇将李应元忌遇颽，隙，遇颽内不自安，密通继祚，约是月之十有八日开门纳士玉兵，先期宴诸文武商所以应敌，猝起杀尚参将及黎知府，诸唯诺，应元逸去。奉城中一完发者为县令，驰捷鹭门，监国为加衔仍署守兴化。"《闽记》作者林佳矶为莆田人，所记皆依据耳闻目睹，所以本书采取他的说法。另参见顺治五年八月浙江福建总督陈锦"为恭报恢复兴化，抚绥地方，仰慰圣怀事"揭帖，见《郑成功档案史料选辑》第十一至十二页。按，此件标点有误："及查兴化之失陷也，全由于分守漳南道改调福宁道彭遇颽及按臣周世科，前委监军推官彭云骧、戴嘉祉等为之内应。今遇颽伪授兵部尚书，窜伏山泽，逆子家属现禁省城。""按臣周世科"名字后面的逗点应去掉，否则将误认周世科亦为内应之人，实际上周世科当时在省会福州，并未反清。

[2] 黄宗羲《海外恸哭记》云"三府州二十七县"；他的另一部著作《行朝录》卷四《鲁王监国·纪年下》记载为"三府一州十七县"。按，顺治六年七月靖南将军陈泰等题本说："福建所属二府一州二十九县及漳州赤美、云澳曾为贼攻陷。"下文又说，"官兵收复二府一州二十九县及云澳镇，且进驻毕。赤美轰毁，我兵退回福安，于福州候旨。"见《郑成功满文档案史料选译》第二页。可证二十七县的说法比较准确。三府一州指福州府、建宁府、兴化府和福宁州，但福州府城（即省会）始终没有攻下。

361

福州几乎成了孤注。监国朱以海亲临福州城外的闽安镇指挥攻城。南明君主之中，朱以海是比较勇敢的，监国绍兴时敢于到钱塘江前线犒劳军队；这次在福州未克的情况下能够驻跸于闽安镇；后来在清军三路进攻舟山时又能亲领舰队出海迎战，比起隆武帝朱聿键"亲征"而踌躇不前，永历帝的望风逃窜，确实值得称赞。史载在鲁监国亲征的鼓舞下，福建"义师起，八郡同日发"；福州城里的清朝官员由于"四方俱起，城中坐困。兵马日出于掠，家甲戒严，不时查点。不在者便为通贼，多一人即为奸细。其令十家连坐，人人重足"；城内饿死"十之八九"，"城外皆义师营头千种，皆禀监国鲁王令。农夫渔翁俱任都督，衣穿袄袯，腰系印绶。至村妇、化僧亦受职衔掌兵。城中饿夫逃出者，悉隶其籍。若无引证，即以为奸细，杀之。或带有防身余物，即时掠尽"[1]。清朝浙江福建总督陈锦在一份奏疏中诉苦道："我国家定鼎以来，干旄所指，无不披靡，未有如建宁之贼死守难攻者。类而推之，可知闽省之贼非懦弱而易剿者。今建府一城之贼虽除，其余属县以及延平府属漫山遍野，无处非贼。若福州以上各府尚梗阻无耗，见在侦剿，大约处处皆然也。……况漳、泉逼临大海，犹贼类出没之乡；江西见在叛逆，更贼党通联之处。……故闽省虽云已入版图，较之未入版图之地，尤难料理。"[2]

由于各地义师自行署衔，造成官职紊乱，礼部尚书兼通政司吴钟峦不得不上疏给鲁监国要求申明职掌，加以整顿。疏中说："远近章奏，武臣则自称将军、都督，文臣则称都御史、侍郎，三品以下不

---

[1] 海外散人《榕城纪闻》。
[2] 顺治五年四月二十一日浙江福建总督陈锦"为闽省遍地皆贼，城野焚掠皆空"奏本，见《明清史料》丁编，第一本，第二十页。

计。江湖游手之徒，则又假造符玺，贩鬻官爵。偃卧邱园，而云'联师齐楚'；保守妻子，而云'聚兵数万'。请加严核，募兵起义者，则当问其册籍花名；原任职官者，则当辨其敕书札付。"[1]这固然反映了当时龙蛇混杂的状况，更重要的是说明了福建各地抗清运动的汹涌澎湃。

浙江的情况也很类似。查继佐记载：鲁监国"建旄海表，戊己（1648—1649）之间，内地持仗倡山谷者，咸使人间道浮海报职事。王又时时驰敕书潜通山谷诸部，而宁（波）、绍（兴）一带义奋尤烈。凡城以内皆清兵也，负郭二三里外无不奉鲁朔者，旌旗相望，舳舻衮接，富者贡粮粮，贫者效筋力，城中不敢问。乡之人有以其实微告清，则立碎之。间敦请素行廉干者使佐事，虽谨畏不敢不听。远近数百里顶帻缝掖如故，清但固扃关门静而待之。而浙以西则自天目诸山无下数千部"。[2]

福建、浙江各地百姓的纷纷起来抗清，主要原因是清朝统治者以征服者自居，推行一系列暴政。顺治五年四月浙闽总督陈锦在一份奏疏中说："切闽浙士民质本脆弱，亦易治而易安者。故王师所到，率土皆宾，兵不血刃，而地方大定。今反侧时见，处处弄戈，其乱萌不过各地方一二戎首纠集亡命，威逼愚民，顺之则亲如手足，逆之则焚其庐舍，毁其室家，使民无所归，此戎首逼民为贼也。更有地方民牧抚绥无法，而朘削横加，差徭繁重，而敲朴不已，民不安生，遂铤而走险，此官吏逼民为贼也。又防剿官兵以守土为名，暴虐过甚，居其室而掠其野，少不遂欲，鞭挞滥施，至经过之处，任意摧残，民若

---

[1] 黄宗羲《行朝录》卷四《鲁王监国·纪年下》。
[2] 查继佐《国寿录》卷三《黄铉传》。

畏避,即拆屋舍,毁器具,靡所不至,斯民无地可安,不得不行从贼,此官兵逼民为贼也。害民之事有三,而利民之事全无,贼用是滋蔓矣。"[1]陈锦身为清朝总督,自然把地方不靖的原因首先归咎于明方,但他不能不承认清方接管浙江、福建以后"利民之事全无",文官武将巧取豪夺,无恶不作,以致官逼民反,兵逼民反。这以后,清政府采取了一些安抚措施,情况才有所好转,即所谓"是后,清招抚之令下,解散十六七矣"[2]。

事实表明,闽浙各地百姓迫于清朝暴虐统治,如火如荼地掀起反抗斗争,鲁监国朱以海不失时宜地组织抗清,颇有一番作为。特别是1648年江西、广东相继反正,整个南方的抗清运动一度进入高潮,南明复兴的形势相当可观。

然而,复明各派势力之间的钩心斗角,互相倾轧,终致坐失良机,使清廷得以凭借有限的兵力各个击破。郑彩拥戴鲁监国,实际上是重演郑芝龙操纵隆武帝于股掌之上的故伎。1648年(顺治五年、鲁监国三年)正月十七日,他悍然击杀大学士熊汝霖[3]。义兴侯郑遵谦愤慨不平,郑彩又命部将吴辉诱擒遵谦,迫使他投海而死。鲁监国对郑彩的跋扈自雄、擅杀大臣极为不满,史籍记载他得知熊汝霖、郑遵谦遇害后,"大怒曰:杀忠臣以断股肱,生何益耶?欲跳水死。左右与彩力劝止,遂究首谋十余人磔之"[4]。这不过是表面文章,对朱以海略事安抚而已。查继佐记载郑彩擅自杀害大学士熊汝霖之后,"阁

---

[1] 顺治五年四月闽浙总督陈锦"为详议剿抚机宜"等事揭帖,见《明清史料》丁编,第一本,第二十二页。
[2] 查继佐《国寿录》卷三《黄铉传》。
[3] 任光复《航海遗闻》。
[4] 任光复《航海遗闻》。

部钱肃乐等请罢朝谕祭,监国畏彩,不果行"。郑遵谦被逼投海而死后,"监国闻之为泣下,辍朝五日,不敢问"[1]。总之,鲁监国受制于郑彩无疑是事实。他任命兵部尚书钱肃乐接任大学士,负责朝政票拟。事情并没有了结。郑彩对大学士刘中藻收复福宁心怀妒意,不仅不予支持,反而出兵"掠其地"。钱肃乐在给刘中藻的信中对郑彩的行径多有指责,被郑彩侦知,故意向肃乐引述其信中之话,肃乐大惊,于1648年五月呕血而死[2]。

当鲁监国为首的浙江、福建各地抗清运动处于高潮时,清廷于1647年(顺治四年)十一月派遣礼部侍郎陈泰为靖南将军,率领梅勒章京董阿赖(东阿来)、刑部侍郎李延龄以及李率泰、济席哈、祖泽远诸将统兵南下福建,配合浙闽总督陈锦的军队大举反攻。[3]鲁监国政权内部既因郑彩排斥异己不能团结对敌,在泉州、漳州一带活动的郑鸿逵、郑成功军固然牵制了一部分福建清军,却以拥戴不复存在的隆武朝廷为名拒绝同鲁监国合作。1648年三月下旬,清军进攻建宁,城中粮食不足,郧国公王祁"丐粟于国姓成功,允而不发"[4]。"国姓成功以奉桂朔专,不赞鲁一矢,亦二其从弟建国彩,兵不逾洛阳桥之北"[5]。清陈泰、陈锦等部满汉军队于三月二十九日包围了

---

[1] 查继佐《鲁春秋》。
[2] 黄宗羲《行朝录》。查继佐《鲁春秋》记戊子(顺治五年)"五月,大学士吏部尚书钱肃乐卒。……肃乐居琅琦山,以建国彩跋扈内残,鲁事不办,积咽不食,病剧,猝闻连江事败,以头触床几碎,遂卒"。未提及刘中藻事。
[3] 《清世祖实录》卷三十五、卷三十九。顺治五年八月浙闽总督陈锦奏疏,见《郑成功档案史料选编》第十二页。
[4] 查继佐《鲁春秋》,下注:"时成功绸缪漳泉,不与建国彩通呼吸,于建宁之役益远不及左右。"
[5] 查继佐《鲁春秋》。

建宁，凭借优势兵力发起猛烈攻击，到四月初四日占领该城，明郧西王朱常湖、国师王祁等死于乱军之中。[1]同月，清援闽主力进入省会福州。[2]明大学士刘中藻领导的义师一度声势颇盛，曾经先后攻克福建的福安、罗源、宁德、政安和浙江处州府属的景宁、庆元、云和、松阳等县，也被优势清军击败，刘中藻自杀殉国[3]，所复州县重新落入清军之手。

鲁监国在形势恶化的情况下，于1649年正月移驻闽、浙交界的沙埕。六月，定西侯张名振攻克健跳所；七月，鲁监国移居该地。一度威福自操的建国公郑彩因为郑成功袭击其弟郑联，占领厦门，向鲁监国上表求救。忠于朱以海的诸将深恶其人，乘机击破郑彩余军。郑彩从此一蹶不振，后来请郑芝龙的母亲黄氏代为疏通，郑成功才让他返回厦门闲住，终老于该地。

鲁监国收复福建的战略意图既已失败，几乎没有立足之地。当时，黄斌卿据守着舟山群岛，有割据自雄之意。史籍中说他"怯于大

---

[1] 顺治五年四月浙江福建总督陈锦"为捷报克复建宁仰慰圣怀事"揭帖，见《明清史料》丁编，第一本，第二十三页。

[2] 顺治六年正月初三日浙江福建总督陈锦揭帖，见《明清史料》丁编，第一本，第二十七页。

[3] 刘中藻兵败自杀事在文献记载中有较大差异。顺治四年十一月浙江巡按秦世祯揭帖中说：刘中藻亲自率领士卒五千名守浙江庆元，清浙江当局调总兵刘世昌、马得功等进剿，十一月初二日庆元城破，刘中藻"自缢焚死"，见《明清史料》丁编，第一本，第十四页。黄宗羲《海外恸哭记》云：鲁监国四年（顺治六年）"夏四月，虏陷福安，大学士刘中藻死之"。翁洲老民《海东逸史》卷五《刘中藻传》记："丁亥（顺治四年）十月，中藻率兵攻取福宁州，守之，与周鹤芝相犄角。久之，移驻福安，郑彩遂掠其地。北兵乘之来攻。中藻善守，所杀伤数千人。己丑（顺治六年）三月，北兵乃循城十里掘濠树栅以困之，中藻不能出战，食尽，冠带坐堂上，为文自祭，吞金屑而死。"查继佐《罪惟录》卷十二下《刘中藻传》及《鲁春秋》均云己丑（顺治六年）四月刘中藻守福宁州，城陷，饮鸩死。

敌，而勇于害其同类"[1]。对于因兵败移驻舟山的鲁监国文官武将不仅无恤怜之义，反而乘人之危，派兵攻杀，掳掠其财物，收编其军队。如巡抚荆本彻、户部尚书朱常淓、总兵贺君尧等都惨遭毒手；兴国公王之仁携家属辎重来避难，遭到他的偷袭后极为愤慨，自行赴清方请死。由于他遵奉隆武帝，朱聿键对他多少有点纵容，《思文大纪》记，"上闻威房伯黄斌卿杀□□荆本彻，曰：本彻虽非贼寇，乃尔骚扰地方，民恨实甚，杀了便罢；所招降将士，善为约束，勿令流毒，致重民怨"[2]。黄斌卿自以为得计，更把舟山群岛看作自己的禁脔，对忠于鲁监国的定西侯张名振、荡胡伯阮进、平西伯王朝先等部多方排挤，引起诸将的公愤。当时，鲁监国驻于健跳所，这里只是浙江临海县濒海的一个小地方，很难立足。鲁监国及其随从实际上经常住在船上，以防不测。即如黄宗羲所说"以海水为金汤，舟楫为宫殿"，"御舟稍大，名河船，其顶即为朝房，诸臣议事在焉。落日狂涛，君臣相对，乱礁穷岛，衣冠聚谈"[3]，景象是相当可怜的。1649年（顺治六年、鲁监国四年）九月，张名振、阮进、王朝先合谋决定以舟师护送鲁监国移驻舟山。对于鲁监国的到来，黄斌卿自然是极不情愿。他借口自己是隆武帝封的官爵，不便接待鲁监国；又"以地窄粮寡为辞"表示难于供养鲁监国属下官兵和他们的家属。在这种情况下，只有诉诸武力了。黄宗羲记："朝先遂与名振、

---

[1] 温睿临《南疆逸史》卷五十三《黄斌卿传》。
[2] 《思文大纪》卷八。按，隆武帝在1646年八月遇害，可知黄斌卿杀荆本彻在此以前。郑达《野史无文》卷十一《黄斌卿传》记："十月初旬，原任巡抚荆本彻携家航海洋中，被斌卿营将沉其家人百口于海，而收其兵千人。十一月，原任户部尚书朱常淓，旧为按臣与斌卿有隙，携家百口浮海，被斌卿营将截杀，收其兵八百人；原任总兵贺君尧家口兵众亦然。"所记时间有误。
[3] 黄宗羲《行朝录》卷四《鲁王监国·纪年下》。

阮进合谋，上疏监国。有旨进讨。斌卿遣将陆玮、朱玖御之，数战数败，求救于安昌王恭㮛、大学士张肯堂，上章待罪：'所不改心以事君者，有如水。'又议和于诸营曰：'彼此皆王臣也，兵至无妄动，候处分。'九月二十四日，胥会于海上。初皆安堵，已而陆玮、朱玖背约出洋，阮进等疑斌卿之逃也，纵兵大掠，斫伤斌卿，沉之水中，二女从之死。"[1]任光复的记载是："己丑秋，王朝先取粮温、台，斌卿标将黄大振得罪逃，诳朝先曰：'将军家口及标属尽被本爵（指黄斌卿）所抄没，以将军久假不归，有怀二心故也。某以苦谏获戾故出亡耳。'朝先蓄恨已非一日，遂厉兵誓师揭奏斌卿逆恶罪状。王命朝先、阮进水陆并进。名振泣谏曰：'臣与斌卿联姻，路人所共知，今以朝先一言而加兵问罪，臣日待罪左右，其如物议何？'俯伏不已。王因手敕和解之。朝先得敕，先致温旨以缓其备。仲冬（十一月）二十一日，朝先兵逼斌卿舟。斌卿备香烛，著冠服，手捧来旨大言曰：'圣上有旨，谁敢？谁敢？'时安昌王恭㮛、义阳王朝瑾、锦衣李向荣俱环坐。顷之，旗鼓尹明以诈禀投见，挥刃斩斌卿，沉之舟侧。其弟孝卿及家属尚在，匍匐江滩。任颖眉差兵救之，令舁入名振府第。寻迎鲁王至舟山，以参将府作行在。"[2]这里列举的只是两种有代表性的记载，在其他史籍中具体情节常有出入。就当时形势推断，张名振是这一事件的主谋大概是没有问题的。在袭杀黄斌卿之后，黄部兵将一度出现混乱，张名振宣布"监国之来，代唐恢复，肃鲁（虏）原部自应协力"。接着，又以监国的名义以礼祭葬黄斌卿，优养其家属，对黄斌卿旧部加以安抚，将校一体升赏，无分彼此。这

---

[1] 黄宗羲《行朝录》卷七《舟山兴废》。
[2] 任光复《航海遗闻》。

样，终于稳定了舟山局势，使鲁监国政权有一片存身之地。查继佐写道："是役也，名振实忠诚，苦欲安监国，为此密计。"[1]这一论断比较公允。

鲁监国在舟山站住了脚，重新整顿朝政。他派出使者敦请原隆武朝吏部尚书张肯堂为大学士[2]，吴钟峦继续担任礼部尚书，孙延龄为户部尚书，朱永佑为吏部左侍郎主管文官铨选，李长祥、张煌言为兵部右侍郎，徐孚远为国子监祭酒，任廷贵为太常寺卿，其他官职也做了安排。[3]从这时起到1651年（顺治八年、鲁监国六年），舟山群岛成为鲁监国领导下浙东抗清武装活动的中心，牵制了东南地区大量清军，为郑成功部在福建沿海的扩展创造了有利条件。

---

[1] 查继佐《罪惟录》卷三十二《黄斌卿传》。
[2] 张岱《石匮书后集》卷五十《张肯堂传》载有鲁监国敦请张肯堂的敕文，并说张得敕后即来舟山，任武英殿大学士；黄宗羲《海外恸哭记》则说张肯堂原在舟山，鲁监国授予东阁大学士。
[3] 任光复《航海遗闻》记："晋张肯堂东阁大学士，沈宸佺阁部，吴钟峦、李向中宫保，朱永祐吏部左侍郎掌铨政，李长祥、张煌言兵部右侍郎，徐孚远祭酒，陈九征太常少卿，兼太常卿任廷贵、御史俞图南往日本，杨玑钦天监丞。晋名振定西侯，王朝先平西伯、涂登华太子太保，阮进太子少傅，进佺英义将军阮美、阮骍、阮骥俱左都督。"此外还有总兵等官多人。

第十三章
永历朝廷的建立

第一节　朱由榔在肇庆监国和绍武争立

1646年八月,隆武帝在汀州遇害;九月,消息传到湖广和广东、广西等地,在南明各地官绅中又一次引起极大的震动。皇室继统问题再次提上紧急日程。

在大多数官绅心目中,桂藩朱由榔是最合适的人选。这主要是出于血统亲近的考虑。明末宗室中,同崇祯皇帝朱由检最亲的是他的祖父明神宗的子孙,即福、瑞、惠、桂四藩王。瑞王朱常浩原封陕西汉中,1643年李自成军攻入潼关,常浩逃到四川重庆;次年张献忠军攻克重庆,常浩全家被杀。福王常洵之子由崧即上文所述弘光帝。惠王常润原封荆州,当农民革命风暴席卷湖广时,他经长沙、衡州逃到广西，弘光在位时移住浙江嘉兴[1]。1645年六月清军迫近杭州，监国潞王朱常淓投降，常润和周王、崇王也在清军统帅博洛招诱下降清[2]，被押送到北京，后来同朱由崧、朱常淓等一道处死。这样，到1645年六月以后，神宗子孙剩下的只有桂藩了。

桂王朱常瀛是明神宗第七子[3]，原封湖南衡州，天启七年（1627）九月二十六日就藩（即离京前往封地）。崇祯十六年（1643）八月，张献忠部进军湖南，常瀛逃往广西。由于奔窜慌忙，乱兵乘机抢劫，朱常瀛只带着第三子安仁王由㰆逃到了广西梧州；第四子永明王由榔在永州被大西军俘获[4]。正在性命难保时，受到一个混入大西政权的明朝官员的暗中保护，又恰逢张献忠决定做战略

---

[1] 《明季南略》卷二记：弘光元年五月初二日"移惠王于嘉兴"。

[2] 林时对《荷牐丛谈》卷四《蠡城监国》记，潞王朱常淓降清后，"时周王寓萧山，惠王寓会稽，崇王寓钱塘，鲁王寓临海。贝勒遣骑修书，以参貂等物为贽，邀诸王相见。鲁王以道稍远，辞疾不至。周、惠两王渡江偕崇王赴召，寻送南京，同弘光帝、潞王俱北去"。朱常润到北京后曾在顺治二年十一月向清廷上"明惠亲藩朱常润揭为恭谢圣恩事"奏疏，其中说："本年五月二十日大兵至江南，润即于六月内差贵表文章玺赴江西豫王殿下投诚。……昨进朝主上，更荷恩隆。"影印揭帖见《明清档案》第三册，A3—144号。

[3] 常瀛是神宗第几个儿子，诸书记载不同。乾隆二十八年《清泉县志》卷三十六《杂志》说是"神宗第五子"。根据《明神宗实录》卷三六四，万历三十九年十月十五日册立皇太子和四王诏，皇长子常洛为皇太子，三子常洵为福王，五子常浩为瑞王，六子常润为惠王，七子常瀛为桂王。神宗第二、第四子早夭，所以有的书把常瀛记为第五子。

[4] 乾隆《清泉县志》卷三十六《杂志》记：朱常瀛"惑于因果，广修寺观，黄冠缁衲，蓄养千计。生七子，长世子及次子、少子俱早夭，第三子名由㰆，刘贵人所生，封安仁王，赐婚吴氏，系衡良家女。四子名由榔，苑贵人所生，封永明王，赐婚王氏，系南直人，业医王公亮孙女。第五子、六子逸其名，幼，未赐婚，癸未之变（指张献忠军入湘）第五、六子为寇掳去"。史惇《痛余杂记》云："桂藩体肥重，舆夫须十八人乃举。有别苑十二区，集女乐百二十人。癸未之变，孔全斌副将部兵先于城外劫典铺。桂藩即集诸女乐并宫女二千余人聚而燔之，号呼震天，并宫殿付之一炬。"

371

转移，率领大西军入川，义军北上后，明朝广西征蛮将军杨国威和部将焦琏率领四千多名士卒开进湖南永州等地，朱由榔才得以死里逃生，被护送到梧州同其父聚合。1644年十一月初四日，朱常瀛在梧州病死[1]，安仁王由㰒掌府事。次年弘光朝廷覆亡，广西巡抚瞿式耜有意拥戴由榔继位。但当时南明的政治中心仍在东南，支派甚远的唐王朱聿键在郑芝龙兄弟和黄道周等人的支持下捷足先登，由监国而称帝。瞿式耜的愿望不仅没有实现，自己也因受隆武帝的猜忌而被调职[2]。不久，朱由㰒一病不起，由榔被册封为桂王[3]。

清军占领浙江、福建以后，客观的形势造成了南明残余势力向西南转移。原任广西巡抚瞿式耜等人再次提议拥立朱由榔即位继统。掌握地方实权的两广总督丁魁楚却心怀观望，拖延不决。直到接到隆武朝大学士何吾驺的亲笔信通知隆武帝、后都已蒙难，建议速立桂藩以后，才决定参加拥立行列。

1646年十月初十日，朱由榔经过照例的三疏劝进，就任监国[4]。

---

[1] 李清《南渡录》卷四。同书又记，弘光元年（1645）二月初三日"谥桂王曰端"。

[2] 《瞿式耜集》卷三，书牍，《丙戌（1646）九月二十日书寄》。

[3] 邵廷寀《东南纪事》卷一于隆武元年（1645）八月下记："遣使册封桂世子由榔（榔）为桂王。"沈佳《存信编》卷一记："隆武丙戌春，遣司礼监太监庞天寿谕祭端王、安仁王，即封上为桂王，居肇庆府。其诏有'天下王之天下'语。"屈大均《安龙逸史》卷上记安仁王由㰒"丙戌九月病薨"，时间有误。瞿式耜信中说："自安仁薨后，太妃暨永明俱不乐居梧州。八月间，余复迎太妃、永明至肇"（《瞿式耜集》第二五六页）。可证朱由㰒病死不迟于八月。

[4] 朱由榔就任监国日期据《岭表纪年》卷一为"十月十日壬辰"；《明季南略》卷九《粤中立永历》条记"以十月初十日监国，十四日丙戌即皇帝位"；道光十三年《肇庆府志》卷二十二《事纪》云："十月十四日称监国于肇庆。十一月十八日遂称尊号，改元永历，以肇庆府署为行宫。"

朱由榔相貌堂堂，据说很像祖父万历皇帝朱翊钧，可是生性懦弱，瞿式耜说他"质地甚好，真是可以为尧、舜，而所苦自幼失学，全未读书"[1]。父、兄的相继去世，使他成为最有"资格"的朱明皇朝继统人，但他对做皇帝的言谈举止却一窍不通。凑巧太监王坤（又名王弘祖）投入他的府中，这人早在崇祯年间就已经受到皇帝的信任[2]，懂得宫中"故事"，指点仪注，使他知道如何摆出皇帝的架势，不至于出丑，王坤因此深受宠信。丁魁楚参与拥戴稍迟，又唯恐当不上首席大学士，于是同王坤串通结纳，得以如愿以偿[3]。王坤的弄权，使永历朝廷一开始就陷入混乱和矛盾之中。按明朝成例，入阁大学士本应由吏部尚书会同其他高级官员会议推举若干名，呈请皇帝点用；大学士的地位又一般是按入阁先后次序排列。丁魁楚时任两广总督是实权人物，因犹豫不决错过了首先拥戴的机会，桂藩继统的局面明朗后，又急于攫取首席大学士的位置，不得不求助于内官王坤，等于把朝廷用人决策大权奉送给了宦官。朱由榔出任监国前夕，丁魁楚玩弄权术，给桂藩上启本，请求辞去首辅，桂藩尚在三推三让之时就批示"不准辞"，这在瞿式耜等人眼中就已经被视为笑柄。至于崇祯时期已入阁的何吾驺、隆武时入阁的陈子壮等人得知这一消息后，都认为举措不公，有违成例，宁可株守家中也不愿来肇庆。在失去广州人望的情况下，永历朝廷粉墨开场了。丁魁楚当上了首席大学士兼兵部尚书，瞿式耜为东阁大学士兼吏部左侍郎管尚书事，同时任命了各部院官员。不久，在湖广的督师何腾蛟、湖广巡抚堵胤锡也上

---

[1] 《瞿式耜集》卷三，书牍《丁亥正月昭江道中寄》。
[2] 王坤在崇祯朝即已用事，见之不少记载，如孙承泽《春明梦余录》卷四十八，崇祯六年二月初八日"召对王副宪纪"即为王坤上疏纠廷臣所引起。
[3] 上引《瞿式耜集》；参见钱秉镫《所知录》卷二。

表劝进，朱由榔得到了拥明派官绅多数的支持。

然而，朱由榔遇事毫无主见，用人又不当，实在承担不起中兴重任。监国七天之后，十六日传来了赣州失守（十月初四日）的消息。尽管广东肇庆距离江西赣州还有相当一段路程，却举朝汹汹，监国的喜庆气氛消失得无影无踪。司礼监太监王坤主张立即逃难，首辅丁魁楚随声附和，大学士瞿式耜等力主镇定，也只推迟了四天。十月二十日，小朝廷终于逃往广西梧州。这种惊慌失措的举动，对于维系广东人心自然是非常不利的。其直接恶果是续封唐王朱聿𨮁在广州称帝，又一次演出了朱明宗藩同室操戈的闹剧[1]。

当清军进入福建的时候，隆武帝的弟弟续封唐王朱聿𨮁和其他一些藩王乘船经海路逃到广州，本来不过是为身家性命着想，未必有觊觎大宝之心。朱聿𨮁的被拥立为皇帝，同桂王监国政权的举措失宜有密切关系。赣州陷落时，广东全省还在明朝管辖之下，朱由榔领着朝臣逃往广西，在广东士人看来无异于放弃封疆，不顾自己的死活。南明官僚的内部矛盾又因桂监国政权处置不当而激化。原隆武朝大学士苏观生奉命援救赣州，踟蹰不前，从南雄退回广州。他得知桂王朱由榔在肇庆监国时，也想参与拥立之列，依旧做大学士。可是，首辅丁魁楚却唯恐苏观生以原任大学士的身份入阁将影响自己揽权；大学士吕大器又从资历的偏见出发，认为苏观生不是科举出身，不具备入阁资格。因此，对苏观生的附名拥戴置之不理。苏观生自觉扫兴，知道

---

[1] 何是非《风倒梧桐记》卷一云："内外局惟魁楚主裁。端溪隔羊城省会止四百里，拥立时嫉凌烟列名多人，无一函商及三司各属，既立后不复颁新天子诏，惟翯是谋。时羊城左藩顾元镜耻不与策勋勋，适隆武阁臣何吾驺、苏观生从闽逃归，亦遂立隆武弟也为皇帝。"瞿式耜在十月十六日反对移跸梧州时也申说："且东人未附，东饷未来，骤焉一行，后必滋悔。"见《瞿式耜集》卷三，书牍，《丁亥正月昭江道中寄》。

在朱由榔政权中不会受重视。但在桂王监国之初，他仍然不甘寂寞，想出了出奇制胜的策略，一是派兵部职方司主事陈邦彦前往梧州劝进，请朱由榔以临时性的监国正式称帝[1]；二是请移跸广州，使朝廷进入自己的势力范围。十月二十九日，唐王朱聿𨮁同邓王、周王、益王、辽王乘船由总兵林察护送到广州[2]。苏观生等人觉得与其乞怜于桂藩，不如干脆另起炉灶，援引兄终弟及之义拥立唐藩。

十一月初二日，苏观生同广东布政使顾元镜、侍郎王应华等奉请朱聿𨮁监国，并且抢在朱由榔之前，在同月初五日正式称帝[3]，改明年为绍武元年。尽管朱聿𨮁的政权在这年十二月即被清军摧毁，绍武年号从来没有使用过[4]，在南明史上仍习惯称之为绍武政权。

十一月初八日，朱聿𨮁在广州即位的消息传到梧州，朱由榔和廷臣丁魁楚等人大吃一惊，连夜召见广州派来的使者陈邦彦。陈匆匆登上监国乘坐的龙舟，灯火辉映下见朱由榔居中端坐，太妃垂帘于后，丁魁楚侍立一旁。朱由榔开门见山地说："闻四王至广州，甚喜。然孤既监国矣，辅臣观生既具启入朝矣，彼胡为者？"陈邦彦并

---

[1] 屈大钧《翁山佚文辑》卷上《顺德给事岩野陈公传》。

[2] 朱聿𨮁隆武二年十一月敕谕张家玉云："朕同邓、周、益、辽航海来粤，访寻上皇驻跸之地。有全粤臣民因监国之御弟，推名分以立君。"转引自谢国桢《增订晚明史籍考》卷十九，第八八〇页。

[3] 钱秉镫《所知录》卷二记："于十月二十九日拥唐王入广州城，以十一月初二日监国；初五日即位，改元绍武。"瞿式耜在《丁亥正月昭江道中寄》信中说："竟以十月廿九日拥之入广城，初二日且登大位，改元绍武矣。"见《瞿式耜集》卷三，以监国日作即位日，时间稍有差误。钱秉镫所记得自后来随李成栋反正诸官之口，较为准确。黄宗羲《行朝录》卷二《绍武之立》云唐王于十一月朔（初一日）监国，初五日即位；监国日误。

[4] 谢国桢《增订晚明史籍考》记有永历年间刻本张家玉撰《名山集》，内收朱聿𨮁隆武二年十一月、十二月敕谕，证明唐王在粤虽已监国、称帝，但仍沿用隆武年号。本书作者未见此刻本，附记于此。

不知道广州政局的突然变化，回答说可能是民间的讹传。丁魁楚告诉他，广州称帝的事已确凿无疑。朱由榔接口道："今非战则和，二者安出？"邦彦建议"速返肇庆，正大位以属人心"，让绍武政权"代吾受虏，从而乘其蔽"，不要主动进兵广州[1]。十一日晚，朱由榔又召见陕西道御史连城璧，问道："先生自肇庆来，知广州事否？"连城璧回答："臣本月初四日离肇庆，未有所闻。至德庆有传说者，臣亦不信。殿下监国，苏观生有表笺来贺，差监纪推官陈邦彦，殿下加以科衔，特旨召用观生及广州诸旧臣，黄士俊、陈子壮、黄（王）应华、关捷先等皆奉旨敦请，广东布政顾元镜加升户部侍郎。岂有如此大事不关白两院，既从一而悖举之理？"朱由榔说："事多实，奈何？"城璧对曰："论天命者必推本人心，殿下为神宗皇帝之慈孙，聪明仁寿，恭俭静深，在潜邸人心悦服已非一日，今臣民爱戴，尊贤亲亲，皆仰承天意，谁得以私觊觎，特殿下幸梧，未正大位，或贪人昧理，亦终不能济。"[2]朱由榔等人自知铸下大错，为了收拾广东民心，在十一月十二日东返肇庆，十八日宣布即皇帝位，祭告天地、社稷、祖宗，改明年为永历元年[3]。同时，追尊其父朱常瀛为端皇帝，兄朱由㰒为桂恭王；嫡母王氏为慈圣皇太后，生母马氏为昭圣皇太后[4]。这样，在广东一省之内，几乎同时建立了两个南明政权，重演了闽、浙相争的闹剧。它再次说明南明统治集团的极端腐朽，绝

---

[1] 屈大均《翁山佚文辑》卷上《顺德给事岩野陈公传》。

[2] 连城璧《寒愚录》。

[3] 南沙三余氏《南明野史》卷下记载，定永历为年号是"取藩封永字，又以神宗孙取历字"，即永明王与万历各取一字。又见屈大均《安龙逸史》卷下。

[4] 文安之《黔记》说朱由榔十一月十四日舟至德庆，"十七日幸端州，还行宫"。见《长恩阁丛书》收《滇缅录》附。永历帝的生母另一种说法是"苑贵人"，见前引《清泉县志》。

大部分官僚仍然因袭了过去朝廷上党争故套，一切都以个人和小集团的利害为转移，国家大局被置于脑后。即便有少数正派官僚以民族大义为重，希望共赴国难，挽救危局，他们的努力也在一片纷争当中化作泡影。

绍武政权的建立，在历史上没有任何积极意义。它只能说明朱聿𨮁、苏观生在日暮途穷之时，急于过一下皇帝瘾、宰相瘾罢了。史籍记载了苏观生等人迫不及待地争夺帝位的情况："且谓先发夺人，宜急即位。遂仓卒立事，治宫殿、器御、卤簿，举国奔走，夜中如昼。不旬日而授官数千。即位之际，假冠服于优人而不给。"[1]绍武政权在很大程度上是苏观生趁朱由榔君臣逃往广西的机会拉拢一部分广东官员建立的，社会基础非常狭窄。连本省的一些著名官绅如曾任大学士的何吾驺、陈子壮、兵部侍郎张家玉等人均持反对态度，陈子壮虽因丁魁楚不择手段自任首辅拒绝入阁，当苏观生拥立朱聿𨮁时，他却特派使者请桂监国出兵扫灭[2]。因此，苏观生拼凑起来的广州朝廷基本上是一批官场中的投机分子和不得志的士绅武弁。他自己因拥立有功，被朱聿𨮁任命为首席大学士，封建明伯；关捷先、曾道唯、顾元镜、王应华等人都入阁为大学士兼任各部尚书，洪朝钟在十天之内升官三次，当上了国子监祭酒。潮州人杨明竞赤手空拳，凭借三寸不烂之舌自称有精兵十万"满潮、惠之间"，居然被委任为潮惠巡抚[3]。兵力上除广东总兵林察所部以外，苏观生还招来了石壁、马玄

---

[1] 沈佳《存信编》卷一。
[2] 许多南明史籍都说何吾驺参加了绍武政权，并任大学士，实际情况很可能是绍武朝廷曾请他入阁，他未应聘。陈子壮"致书式耜，力请馘观生，而趋兵东下"，见钱秉镫《所知录》卷中。
[3] 沈佳《存信编》卷一。

生、徐贵相、郑廷球四姓海盗[1]，借以增强绍武政权实力。

桂、唐二藩的争立，给南明残疆剩土的地方官也增添了混乱。湖广的何腾蛟、堵胤锡、章旷以及其他文武官员都先后收到了两个朝廷颁发的"喜诏"，虽然他们基本上都站在桂藩朱由榔一边，唐藩使者处处受冷遇，但事实上既给了他们"择君"的机会，朝廷的威望自然相对削弱，在许多问题上处于被动局面。瞿式耜在一封信中写道："自唐僭号而广之府库尽为所有，广之属邑并邻郡皆为所煽。我监国之诏未达，而彼登极之诏先颁。凡吊钱粮、征兵马，动辄牵碍。光三（丁魁楚字）乃集议，仍请跸肇庆，登大宝，少司马（兵部侍郎）林佳鼎力佐之，在廷亦遂不敢梗议。十一月十八日正位端州（即肇庆），即行颁诏，兼议攻守之事。"[2]

永历朝廷迁回肇庆以后，派兵科给事中彭耀、兵部职方司郎中陈嘉谟前往广州，劝说朱聿𨮁取消帝号，退位归藩。彭耀到达广州后声泪俱下地对苏观生说："今上神宗嫡胤，奕然灵光，大统已定，谁敢复争？且闽、虔既陷，强敌日逼，势已剥肤。公不协心勠力，为社稷卫，而同室操戈，此袁谭兄弟卒并于曹瞒也。公受国家厚恩，乃贪

---

[1] 诸书记载"石、马、徐、郑四姓海盗"均不详其名。顺治四年三月二十五日两广总督佟养甲揭帖中说："广府十州县连遭四姓剧贼马玄生、石壁、徐贵相等，白旗黄信、林芳等环海攮害。……"见《明清史料》甲编，第二本，第一八九页。石壁时为绍武政权总兵，见《瞿式耜集》卷一《特举谠直疏》。郑姓，在钱秉镫《所知录》卷二中说是郑昌，上引佟养甲揭帖中提到"郑昌、杨光林皆聚党数千，山海纵横，已经曲谕招徕矣"，下文又提及"海贼徐贵相"等，似乎郑昌不属四姓海盗。沈佳《存信编》卷一记顺治三年十二月清军占领广州后，"遣副将狗东莞、新会诸县，四姓盗郑廷球降清，成栋因之以攻其党，斩石、马二姓，徐独身走，尽得其水士、精舟、利器"。

[2] 《瞿式耜集》卷三，书牍，《丁亥正月昭江道中寄》。

一时之利，不顾大计，天下万世，将以公为何如人也？"[1]苏观生大怒，悍然下令把彭耀、陈嘉谟拖出处斩，随即派陈际泰为督师，调动军队向肇庆进攻[2]。永历政权见调解无望，也调兵遣将，以广东学道林佳鼎为兵部右侍郎总督军务，夏四敷任监军，会同从韶州调来的武靖伯李明忠带领一万多名士卒迎击。十一月二十九日，内战正式爆发，双方在广东三水县城西交战，绍武政权的军队大败，陈际泰临阵脱逃。林佳鼎初战告捷，踌躇满志，命令士卒昼夜行军，直奔广州，企图一举扫灭绍武政权。绍武方面的总兵林察利用与林佳鼎同族和过去共事关系，采取伪降诱兵深入之计，指使四姓海盗"乞降于佳鼎，察因书请举广州以附"[3]。林佳鼎轻信寡谋，依约率部乘船前往三山，突然遭到四姓兵的攻击。林佳鼎部所乘内河小船无法同四姓海上大船作战，被迫登陆迎敌。又因地理不熟，陷入了三尺多深的泥淖，结果一败涂地，林佳鼎和夏四敷溺死水中，李明忠单骑逃出，部下兵员几乎全军覆没[4]。败讯传到肇庆，永历朝廷又陷入一片惊慌失措之中，大学士瞿式耜自告奋勇，督领招募的义兵前往迎敌。没过几天就传来了清军占领广州、绍武政权覆亡的消息。十二月二十六日朱由榔又再次登舟离开肇庆，经广西逃往湖南[5]。

---

[1] 瞿共美《粤游见闻》。
[2] 上引瞿式耜信中说："时三水有陈际泰贼兵一股方至……"何是非《风倒梧桐记》卷一误将永历政权之林佳鼎记为绍武政权的"总宪行大司马事提兵西上三水，意侵端溪"，署名为方以智的《两粤新书》错误相同。谢国桢《增订晚明史籍考》亦将《两粤新书》作者归之方以智，其实，方以智参与永历政权的建立，身经其事，绝不致颠倒错乱至此。
[3] 沈佳《存信编》卷一。
[4] 沈佳《存信编》卷一。
[5] 《瞿式耜集》第二五八，二六一至二六二页。

第二节　绍武政权的覆亡

正如古语所说："螳螂捕蝉，黄雀在后。"当绍武政权在同永历朝廷交战中取得胜利的时候，清军在佟养甲、李成栋统率下正由福建经潮州、惠州向广州急速推进，一路上几乎没有遇到任何抵抗。李成栋等人利用绍武政权的注意力完全集中于同西面的永历朝廷打内战的机会，以迅雷不及掩耳之势从东面直扑广州，进军途中每到一地立即扫除传递军情的塘兵，封锁消息，用缴获的南明地方官印发出太平无事的塘报[1]。十二月十五日，清军前锋以帕包头，伪装成明朝军队，出其不意地闯入广州。朱聿𨮁和他的大臣们仍在梦中，预定是日"幸武学，百官咸集"，忽然有人报告清军来袭，苏观生还以妄言惑众把报信人处斩。转眼之间，清军登上城墙，随即去掉伪装，露出辫子，乱箭下射，城中顿时鼎沸起来[2]。苏观生急令关闭城门，调兵作战。可是，精兵都派往肇庆方面去对付永历朝廷，一时调不回来。广州重镇就这样糊里糊涂地被清军占领[3]。绍武帝朱聿𨮁见大势已

---

[1] 乾隆四十四年《揭阳县志》卷九《事纪》记载：顺治三年"冬十二月，总督佟养甲、提督李成栋定潮、惠、广三郡，路过揭之铺前。时两将既定福建，遂进取广东。养甲先遣闽士黄梦麟授知府衔，至潮宣谕威德，士民趋附"。

[2] 邝露《邝海雪集笺》卷七有《扈跸临雍归自中书堂呈苏相国一百韵》，题下笺云："按是年十二月总兵李成栋轻骑直入广州，绍武方幸学，闻交易服出走。诗似作于此时。"笺注有误，如果是在这次幸学时清军破城，邝露绝不可能有那样的闲情雅致赋诗百韵。邝诗中扈跸临雍当是指在这以前随朱聿𨮁往太学，十二月十五日所幸为武学。

[3] 九龙真逸《胜朝粤东遗民录》卷四引苏国祜（苏观生嗣子）《易簀遗言》云：广州之陷为明叛将谢尚政接引，"大兵至广，尚政为向导，复纠六营兵内应，城遂陷。观生死，尚政没其产"。《行在阳秋》记：十二月十五日，"清将佟养甲、李成栋遣游击虎起龙伪为援兵求入城，城内信之，遂蜂拥而入。内兵登城战一昼夜，擒斩清游击王士选。清兵欲退，会有内应，遂陷"。

去，拖了一条被子混在乞丐当中，被清军查出，关在东察院。李成栋派人送饮食，朱聿锷说："吾若饮汝一勺水，何以见先帝于地下。"自缢而死，总算有点骨气[1]。苏观生在墙壁上写了"大明忠臣，义固当死"八个大字，然后悬梁自尽。从各地逃至广州的明朝亲王、郡王共十六人，大抵被清方处斩。大学士顾元镜、曾道唯等都屈膝投降。顾元镜还替清方起草劝降檄文，其中说："既不能为首阳之饿夫，即当为识时之俊杰。"[2]

绍武政权从建立到覆亡不过一个多月，它的"业绩"就是打了一场争夺帝位的内战和导致广东一省的陷没。其后果是十分严重的，因为南明残山剩水本已不多，广东又是财赋充溢、人才密集的地方，一旦易手，南明朝廷回旋余地大为缩小，财源和人力更加捉襟见肘。

佟养甲、李成栋占领广州以后，于顺治四年正月十六日向肇庆进发。在这以前，永历朝廷又故技重演，于1646年（顺治三年）十二月二十六日离开肇庆逃入广西[3]。永历元年正月初一日，朱由榔到达梧州，仍恐不安全，又经平乐府逃到桂林。李成栋部于顺治四年正月十九日由三水进至高明，留守肇庆的明两广总督朱治涧不战而逃，李成栋即命部将罗成耀（又作罗承耀）留镇肇庆，自己领主力进攻梧州。梧州是广西东面重镇，为明广西巡抚驻节地。清军向广西推进时，明将陈邦傅在二十八日夜间弃城而逃，一时风声鹤唳，人无固

---

[1] 沈佳《存信编》卷一。
[2] 《存信编》卷一。顾元镜以大学士的身份降清见顺治四年五月初十日两广提督李成栋揭帖，《明清档案》第五册，A5—171号。
[3] 《存信编》卷一作"二十三日乙未，清兵逼肇庆，二十五日丁酉驾发肇庆"。《瞿式耜集》卷三记永历帝西逃为十二月二十六日，从之。

志。苍梧知县万思夔用木头制作了一个大乌龟，命人拖着沿街大喊："降敌者似此！"二十九日，李成栋兵接近梧州，明广西巡抚曹烨迎降道旁，口称："烨不知天命，不早事君。使君怀怒以及下邑，烨之罪也。若以罪不赦俘诸军，惟命；若惠邀天之幸苟保首领，使得自新，君之惠也。""涕泣不敢仰视。李成栋笑而释之。"清军兵不血刃地占领了梧州，万思夔在木龟上大书"曹烨"二字，自行逃去[1]。清署两广总督佟养甲札委广东布政使耿献忠为广西巡抚，以总兵徐国栋镇守该地[2]。永历朝廷首席大学士丁魁楚见形势危急，在逃离梧州的时候就脱离永历帝，带着家眷和多年搜刮得来的大批金银财宝，笼络一支为数不多的军队做护卫，私自乘船避往岑溪。为了保护身家财产，丁魁楚暗中派人前往李成栋军中接洽投降，成栋将计就计，许以两广总督的职位。丁魁楚大喜过望，在二月间由岑溪出降，清副将杜永和把他押回广东，半路上杀死，其家产和眷属全部落入清将之手，据说仅白银一项就多达八十余万两。后来有人见到丁魁楚的一个年幼孙子为李成栋部将罗成耀收养，问他姓什么，若回答姓丁，立即遭到

---

[1] 《东明闻见录》。
[2] 顺治四年二月初三日及初四日两广总督佟养甲揭帖，见《明清档案》第五册，A5—96号及A5—97号。李世熊《寒支初集》卷九《巫丞传》亦记："正月二十九遂入梧州，广西巡抚曹烨迎降，属官悉稽首上郡邑印及尺籍恐后。"按，清梧州总兵徐国栋不久即病死，见上引顺治四年五月初十日两广提督李成栋揭帖。

一顿毒打[1]。

永历君臣的争相逃窜，给清军以可乘之机。二月间，李成栋占领梧州后，曾经派出一小股清军跟踪追至平乐府，进逼桂林。永历帝依然故我，在二月十五日逃离桂林，准备进入湖南投靠兵力较多的军阀刘承胤。大学士瞿式耜坚决反对，他指出朝廷不组织抵抗，只是一味避敌先逃，"今移跸者再四，每移一次，则人心涣散一次。人心涣而事尚可为乎？"[2]朱由榔根本听不进去，在司礼监太监王坤、锦衣卫马吉翔的怂恿下，向全州逃难。瞿式耜只好请求自己留守桂林，会同思恩侯陈邦傅稳定广西局势，并且推荐礼部尚书吴炳入阁任大学士司票拟之职。永历皇帝勉强同意了他的建议，得旨："准卿以兵部尚书特进太子太傅，留镇西土。"[3]瞿式耜出于稳定人心的考虑，要求朱由榔无论如何不要离开广西，哪怕暂驻于靠近湖南的全州也好。不料永历帝畏清若虎，在四月间还是逃到了武冈。

---

[1] 关于丁魁楚降清被杀事，华复蠡《粤中偶记》叙述颇详，绘声绘色地描写李成栋亲自带兵前往岑溪，假装欢迎丁魁楚来降，四月初四日晚上突然请丁魁楚父子过身议事，随即命军士处斩，吞没其家产妾媵。这一说法未必可靠。李成栋在二月间已奉佟养甲檄文回援广东，三月已在广东增城、东莞等地镇压张家玉等的抗清活动，不可能四月初四日尚在广西岑溪地区。《苍梧县志》记："魁楚因土镇徐海、徐浤入岑北科为避地计。会连城土寇将攻城，时三营官兵尚存，魁楚又檄阳、电兵来援。正月二十九接战于葛石坡，魁楚念岑不可居，谋上浮。二月，军门道部将杨姓入岑，魁楚踉跄遁"（府志）。"二月，丁魁楚出降，副将杜永和押赴广东，半途杀之"（旧志），见同治十一年《苍梧县志》卷十八，外传纪事，下，本朝。钱澄之（秉镫）《所知录》卷二记："吾犹见其一孙才数岁，为罗成耀养子。"华复蠡《两广纪略》记："人言：魁楚官囊精银八十万，珍珠金宝番货十倍之。所遗二孙闻在李氏官头家做奴仆，见其自言姓丁，又打头半死云。"

[2] 《瞿式耜集》卷一，奏疏。

[3] 《瞿式耜集》卷一，奏疏。

三月间，一股广东清军经平乐推进，陈邦傅"竟拔营而去"[1]，逃往柳州。清军趁势直犯桂林，十一日前锋数百人突然冲入城中，幸亏明军焦琏部前一天赶到了桂林，把清军击退，桂林才转危为安。五月二十五日，又有一股清军再次经平乐、阳朔突袭桂林，瞿式耜指挥焦琏、白贵等将领分守各城门，并在城头用司礼监太监庞天寿主持铸造的西洋大炮轰击来犯清军。清军见城中有备，被迫撤退。瞿式耜在风声鹤唳之时，能够镇静处之，防止了桂林地区的瓦解，值得充分肯定。但当时清广东提督李成栋带领的主力在进到梧州后即奉两广总督佟养甲的檄文回救广东，顺治四年春夏间进犯桂林的清军都只是李成栋留在广西的小股武装[2]。瞿式耜多少沾染了明末官场夸张习气，得一小捷则大肆铺张，就实际情况而言保卫桂林的战役规模是很小的。

第三节　陈邦彦、张家玉、陈子壮在广东的抗清活动

佟养甲、李成栋部清军偷袭广州得手以后，永历君臣仓皇逃窜，势同瓦解。佟养甲等人趁势收取广东其他府县。顺治三年十二月二十二日，佟养甲派副将张道瀛、阎可义同新委南雄副将李仰臣、董

---

[1]《瞿式耜集》卷一，奏疏《省会无虞再赴行在疏》。
[2] 顺治四年五月二十五日两广提督李成栋向清廷报告："职所统原部北来官兵吴淞旧额四千一百三十一员名"，其中马兵三百名，"历浙抵闽以及入广，万里驰驱，冲锋破敌，险阻备尝，病故及阵亡者，人马已损失过半矣"。虽在入粤时带有闽地土著之众每府七八百名，俱"脆弱不堪，无资战守"。就在这件奏疏中，李成栋说他自己带兵"追捕永历"仅到梧州，并没有继续西上。见《明清史料》丙编，第七本，第六〇一页。

方策、张友德、韶州总兵叶成恩、副将杨友贤、王庆甫等领兵由广州北上,同月二十九日在英德县击败明将陈课、童以振二部,随即占领韶州[1]。次年正月初七日,叶成恩部进抵南雄,当地官员不战而降[2]。明高雷廉琼巡抚洪天擢退守琼州府(今海南省),四月初一日清副将阎可义领兵渡海,洪天擢兵力不敌,乘舟逃走,琼州遂为清军占领[3]。这样,广东十府之地全部沦入清方之手。就兵力而言,佟养甲、李成栋本部兵马只有四千一百余名,从福建带来的原郑芝龙旧部施福、施郎、洪习山、黄廷等部也不过几千人[4],实力相当有限。1647年正月,李成栋率主力进攻广西,广东清军留守兵员更形单薄。

然而,腐朽无能的永历朝廷不知清军虚实,非降即逃,近于自行瓦解。镇守柳州、南宁一带的明庆远伯陈邦傅也被清军声威吓倒,私自派人同佟养甲、李成栋联络,准备投降清朝。在这种危急关头,广东的一批仁人志士奋然而起,凭借自己在地方上的影响和熟悉山川险要,组织义军展开反清活动。广东各地义师的兴起,使坐镇广州的

---

[1] 顺治四年二月初三日两广总督佟养甲揭帖残件,见《明清档案》第五册,A5—96号。

[2] 参见同上件及乾隆十八年《南雄府志》卷十七《编年》。

[3] 顺治四年五月初三日两广总督佟养甲揭帖,见《明清档案》第五册,A5—169号。按,华复蠡《两广纪略》洪天擢条云:"洪天擢乙酉、丙戌两年俱在广东做两司官,拥戴永历时自择其地,要做高雷廉琼四府军门,即以都察院副都御史写敕驻高州。丁亥正月清兵下高州,则携妻子奔雷州;清兵至雷州,则携妻子奔琼州。清兵以无船过海,札徐闻者一月,天擢在琼,为练兵措饷索诈地方几万金,复擅行杀戮者几千人。至四月初二日先航海投诚于李成栋,仍以海道事畀之管理。"

[4] 顺治四年五月二十五日两广提督李成栋"为东粤地阔兵单、战守不足"事揭帖,见《明清档案》第五册,A5—176号。

清两广总督佟养甲穷于应付，不得不急檄进入广西梧州的李成栋部回援。正是由于他们的斗争，才使永历朝廷免遭灭顶之灾，重新稳定了广西的局势。广东素称忠义之乡，在明末清初的历史上出现了一批英雄人物，其中最负盛名的是南明"三忠"：陈邦彦、张家玉、陈子壮。

陈邦彦在绍武争立时，支持永历朝廷。朱由榔派他回广州劝说苏观生改弦更张，正值林察等击败林佳鼎，绍武君臣趾高气扬，陈邦彦知道无法完成使命，藏入高明山中。不久，佟养甲、李成栋部清军偷袭广州，绍武政权覆亡。李成栋军乘胜追入广西，永历朝廷岌岌可危。邦彦"出自山中，临西江之口，望敌旌旗，叹曰：莫救也！夫若乘其未定，得奇兵径袭广州，此孙膑所以解赵也"。他亲自前往甘竹滩联络余龙等部义军，得众数万人，奋起抗清。二月初十日，义军在江中击败清军水师，降清总兵陈虎被击毙，焚毁清方船只一百余艘；十一日，进攻广州。清两广总督佟养甲关闭城门，派使者檄令李成栋火速回援[1]。义军攻城不下，清方又扬言李成栋将回师先捣甘竹滩，被迫撤退。陈邦彦聚兵于高明，派门生马应房以舟师攻顺德。

张家玉在隆武朝廷中曾任建国公郑彩监军，督兵援赣；后升任礼、兵二部左侍郎[2]，清军入闽时，他正奉命回广东招募义勇。陈邦

---

[1] 陈恭尹述《兵科给事中赠资政大夫兵部尚书先府君岩野陈公行状》，见《独漉堂集》补遗。《明清史料》已编，第一本，第三十页，《两广总督佟养甲残揭帖》中报告义师攻广州之役时间完全相同，只是陈恭尹说这是其父陈邦彦联络的余龙等部，佟养甲则混称为"四姓白旗等贼"。
[2] 张家玉在隆武朝廷中所任官职见汪宗衍《南明金石小识》引张家玉墓碑拓本，该文收入《艺文丛谈续编》。汪文所引张碑间有误植，如"钦命监军便宜行军"，"行军"当为"行事"；"蒙恩加赠……寺正文臣"，"寺正文臣"当作"守正文臣"。

彦起兵反清时给他写信说:"成不成,天也;敌不敌,势也。方今乘舆播迁,桂林危如累卵。得牵制毋西,浔、平之间庶可完葺,是我致力于此,而收功于彼也。"[1]张家玉非常赞同他的意见,于1647年三月间在东莞县到窖寨起兵抗清,十四日攻克东莞县城,活捉清知县郑鋈[2]。这时李成栋已率师回粤,会同施福(隆武朝封武毅伯,降清后仍用此衔)部合攻东莞。张军击杀施福部副将成升,终因义师缺乏作战经验,被清军击败。张家玉树起抗清义旗,得到了许多地方的响应。东莞有总兵张安国、陈镇国等;新安有总兵陈文豹等;南海、顺德、增城有总兵邝日晋、湛壮等;龙门有参将刘龙、李启新、冯家禄等;潮州府属镇平、平远有兵部主事赖其肖、总兵谢志良等。清副将文贵金往剿,"伏兵四起",文贵金被击毙[3]。此外,韶州有陈慎、简信等;惠州有苏成等;各称拥众数万,一时声势颇众。到滘和东莞县城被李成栋军攻破后,张家玉的家属被杀三十余口。但他义无反顾,同总兵陈文豹攻克新安县,不久又被清军击败,陈文豹战死。张家玉志不稍馁,委派陈镇国、冯家禄领兵会合刘龙、李启新部于四月十九日收复龙门。接着,他自己亲率各部义军在七月初十日攻克博罗、连平、长宁、乳源、归善、河源等县。十月初二日进攻增城。初十日,清李成栋部主力赶到,令副将阎可义、梁得胜、张道瀛、马宝、吴之蕃等堵截通往龙门之路;副将杜永和、李汉贵等从南面进

---

[1] 温睿临《南疆逸史》卷二十五《陈邦彦传》。
[2] 两广总督佟养甲"为恭报粤地贼情仰祈圣鉴事"揭帖残件,无奏报日期,清廷收到时间为顺治四年七月初十日,见《明清史料》已编,第一本,第三十页。
[3] 两广总督佟养甲"为恭报粤地贼情仰祈圣鉴事"揭帖残件,无奏报日期,清廷收到时间为顺治四年七月初十日,见《明清史料》已编,第一本,第三十页。

攻，参将王定国从中路进攻，总兵施郎、黄廷、副将洪习山等接应，与增城守兵内外夹击。义军虽奋勇作战，终因众寡不敌，被清军击败。张家玉中箭负伤后投水自尽，他的侄儿张胤隆等被俘[1]。

陈邦彦与义师余龙部一度攻克顺德。李成栋率军来攻，余龙战死。邦彦移师江门，会同霍师连等部攻克清远、三水等县，兵锋直逼省会广州。清两广总督佟养甲见形势危急，檄李成栋火速来援。当成栋部向清远推进时，霍师连率舟师堵截，被清军用火攻击败，师连战死。九月十七日成栋部将杨大甫兵抵清远；十九日成栋亲自带领副将杜永和、张月、马宝猛攻清远。城陷，陈邦彦身中三刃被俘，与总兵曹天琦等六人被押解到广州。九月二十八日，佟养甲下令把他们"寸磔于市"[2]。史载，"邦彦自起兵来，日一食，夜假寐不就枕，与士卒同劳苦。故其下人人感动，即小衄无思叛者"[3]。

陈子壮，字集生，号秋涛，广东番禺人。万历四十七年探花，崇祯朝仕至礼部侍郎，弘光时以礼部尚书召，隆武时以东阁大学士召，均未到职。桂藩朱由榔在肇庆立国，仍授大学士。陈子壮虽因丁魁楚窃取首辅，不愿入阁受事，但他是支持永历朝廷的。当绍武政权据广州自立时，他拒不承认，写信给永历朝廷表示拥戴。不久，清军入广，家乡沦陷，陈子壮奋起抗清。他和朱实莲等官绅组织义兵以南海县九江村为基地，联络各地义军展开敌后斗争。当时，李成栋统

---

[1] 九龙真逸（陈伯陶）《胜朝粤东遗民录》卷二所收张家玉之父张兆龙给永历朝廷的奏疏。参见顺治四年十一月初七日两广总督佟养甲"为汇报擒磔逆渠三大捷事"揭帖，《明清档案》第六册，A6—182号；同件又见《明清史料》丙编，第七本，第六三九至六四〇页。

[2] 见上引顺治四年十一月初七日佟养甲揭帖。张家玉殉难日期为十月初十日，次日清监军道戚元弼即已报捷。

[3] 《南疆逸史》卷二十五《陈邦彦传》。

兵在外，广州城里的清军很少，陈邦彦同陈子壮密谋攻取省城。他们同广州城内的原明朝广州卫指挥使杨可观、杨景晔秘密联系，"暗用桂字印票，号召多人"为内应，又指示"花山盗"三千人向佟养甲伪降，分守广州东门。约定七月初七日夜三鼓里应外合，一举攻克广州，救出"披缁为僧"的明赵王朱由榛以资号召。这个计划本来制订得相当周全，不料，陈子壮带领的义师数万人在预定日期前两天的七月初五日即进抵广州城下，张贴檄文的家僮被清军捕获。佟养甲审出密谋后，自知城中清军不过二百，"又有内应，城守万分危急"，他立即采取行动，捕杀杨可观、杨景晔，以犒赏为名诱杀花山义师三千人[1]，并勒令赵王朱由榛"引缳自尽"[2]。钱秉镫《所知录》卷二记："七月，大学士陈子壮起兵九江村，与陈邦彦共攻广州。初，邦彦约城内诸降将为内应，期以是月之七日三鼓内外并起。子壮先期以五日舟师薄城，谋泄。北抚佟养甲捕诸内应者，悉斩之；发巨炮击舟，舟毁，兵退。北风大作，养甲乘风追之，子壮大败于白鹅潭。成栋亦自新安至。子壮退保九江，又弃九江入高明，与监军道麦而炫、知县朱实莲婴城固守。"十月二十五日，李成栋率本部兵马和武毅伯施福部大举进攻陈子壮扼守的高明县。直到二十九日才用"大炮火药轰倒城墙"，冲入城内，朱实莲阵亡，陈子壮和兵部区怀炅、知州区宇宁、户部程玄等被活捉。受审讯时，陈子壮除要

---

[1] 陈恭尹《独漉堂集》第八八六页。
[2] 顺治四年八月二十二日两广总督佟养甲"为逆藩授首事"题本，见《明清档案》第六册，A6—62号。按，查继佐《国寿录》便记《赵王传》将其名写作曰𨨞，云："王因亦为僧，六月入广州，清令处于光孝寺西禅房内。闻会陈子壮、张家玉等起兵，佟使两县官请至元妙观自尽，父子俱死。"赵王名当以佟养甲题本为准。

求赦免幼子陈上图外，表示"愿膏斧锧"，视死如归。佟养甲、李成栋等会商后决定将陈子壮"寸磔于教场"[1]。

陈邦彦、张家玉、陈子壮领导的广东义师虽然先后被优势清军所镇压，但是，死难者的鲜血并没有白流。正是由于他们在广东各地掀起势如潮涌的武装抗清运动，迫使清两广当局匆忙调回进攻广西的主力，永历朝廷在广西的统治才赖以维持下来。而且，清朝主将李成栋在镇压义师的过程中，亲眼看到了人心所向，这对于他次年的反清归明无疑是一个重要的因素。

第四节　永历朝廷在武冈

　　永历帝由桂林逃到全州后，这里已是军阀刘承胤的势力范围。刘承胤原是一介武夫，常使用一根铁棍，人称"刘铁棍"。明朝末年任黎靖参将，崇祯十六年武冈袁有志等起义攻杀岷王。他奉巡抚王聚奎之命带兵镇压了这次起义，救出岷世子，升任副总兵[2]。弘光初，沅抚李乾德题授总兵官，镇守武冈。1646年七月，隆武帝封他为定蛮伯[3]，他从此拥兵自重。当1647年初永历帝由梧州逃至桂林，惊魂不定时，他上疏迎驾，表面上是保护朝廷安全，实际上是挟天子以自重。这年（永历元年）四月十五日，朱由榔在刘承胤唆使下，迁入

---

[1] 顺治四年十一月初七月两广总督佟养甲"为汇报擒磔逆渠三大捷事"揭帖，见《明清档案》第六册，A6—182号。
[2] 康熙七年《新化县志》卷十一《别志》作"癸未三月，武冈袁有志作乱，弑亲王及诸宗室"。
[3] 沈佳《存信编》卷一。

武冈州[1]，以岷王府为行宫，刘承胤迎驾有功进封武冈侯。随永历帝迁入武冈的大臣有东阁大学士吴炳、吏部尚书李若星（原贵州总督）、兵部左侍郎管部事傅作霖（原任御史）、户部右侍郎管湖广布政司事严起恒（原为衡永副使）[2]、太常寺卿仍管吏部文选司事吴贞毓等。五月，改武冈州为奉天府，晋封刘承胤为安国公[3]，"政事皆决于承胤矣"[4]。朱由榔既然以为刘承胤兵强可倚，刘承胤也借此挟制朝廷。在移跸武冈之后，刘承胤即威福自操，骄横跋扈。"一日，承胤索饷于上，率兵清宫。王皇太后女中尧舜也，曰：'国公知老身贫乎？'尽宫中簪珥之资简以与之，不上五百金"[5]。有的史籍还记载，刘承胤曾企图废除永历帝，另立他的女婿岷王[6]。"上苦承允（胤）专横，亲书密诏除刘救驾，天语极为悲切"。太监杨守春"又述上谕：内廷俱系刘党"[7]。刘承胤营建私邸，"画阁丹梯，隐房曲间，备极俨雅"[8]。

六月间，督师大学士何腾蛟至武冈朝见永历帝，对刘承胤的威

---

[1] 见《瞿式耜集》卷三，书牍，《丁亥五月二十八日书》。
[2] 钱秉镫《所知录》卷上记："上在奉天，召户部右侍郎严起恒为大学士，同吴炳入阁办事。"
[3] 沈佳《存信编》卷一记：永历元年五月初二日"晋封刘承胤安国公。承胤骄横日甚，动辄以兵挟朝廷，群臣畏其刚暴，争诣之以自固，交疏颂功德，遂进封兴（安）国公、上柱国，赐尚方剑、蟒玉，便宜行事。二子皆世袭锦衣卫指挥"。
[4] 吴晋锡《半生自纪》。
[5] 吴晋锡《半生自纪》。
[6] 蒙正发《三湘从事录》云："刘承允（胤）横肆日甚，且阴蓄异谋，有废上立伊婿岷王之意。"
[7] 蒙正发《三湘从事录》。
[8] 彭而述《读史亭文集》卷十，记下《宝庆至沅州日记》，他过刘国公旧第在顺治十七年，见"柱间偶句如新，近为防兵屯扎，稍改，非旧观矣"。

福自操非常不满,就同部分大臣疏请永历帝回驻桂林。疏中说:"使武冈果有山川之险,兵甲之雄,粟米之富,粗号偏安。然未有处一隅而能图四海之大者,况堂堂天子,各镇皆欲争奉之以成其大,汉、唐、宋以来未之前闻。今日移跸大事,听皇上自择自行,督师一人护驾,敢有议迎、议留者、议送者,当与众共殛之。"[1]刘承胤原是何腾蛟的部将,受过何腾蛟的栽培,这时却唯恐何腾蛟来到武冈危及自己的权势。对于何腾蛟等人建议永历帝离开武冈更是不满,于是,他上疏要求改任何腾蛟为户部尚书专理粮饷,解除其督师职权。永历帝拒绝了他的要求,他仍不死心,面见何腾蛟索取督师敕印,大言不惭地说:"今督师非我莫人能为也。"[2]何腾蛟断然回答督师敕印不能私相授受,需要皇帝的旨意才可以办理交接手续。同时,也不客气地告诉刘承胤,自己统率的军队中张先璧部比较弱,你连张部都制伏不了,要想让马进忠、郝永忠等部听从命令根本不可能。刘承胤自知实力有限,不再逼迫何腾蛟交出敕印,却企图在何腾蛟辞朝以后,于路途中加以谋害。何腾蛟早有防备,离开武冈之前疏请把赵印选、胡一青带领的云南军队拨给自己作为督师亲军,得到永历帝的同意。于是,他先假称患病,借住在武冈城外一所荒庙里;过了几天,突然带领赵印选、胡一青两营兵夜间出发。第二天,刘承胤得到消息,已经无可奈何了。接着,张先璧从江西败回,带兵数万人来到武冈朝见永历。刘承胤唯恐张部进入武冈,迫使永历帝下诏制止。张先璧大怒,顿兵于武冈城下,指责刘承胤"劫驾",承胤则反斥先璧为"犯阙"。双方剑

---

[1] 查继佐《国寿录》卷四《中湘王何腾蛟传》。
[2] 沈佳《存信编》卷一。

拔弩张，互不相下。永历帝命兵部官员龙之沫前往张先璧营中宣谕和解，张部才转往沅州驻扎[1]。

1646年（顺治三年）八月，清廷以恭顺王孔有德为平南大将军，偕怀顺王耿仲明、智顺王尚可喜、续顺公沈志祥、固山额真金砺、梅勒章京屯泰领兵往征湖广、两广[2]。次年（1647）三月，孔有德率领的清军由岳州进兵长沙，明督师何腾蛟、恢抚章旷与总兵王进才等闻风而逃，浏阳总兵董英以城投降。清军占领长沙后南下衡州，明总兵黄朝宣投降；孔有德等以其蹂躏地方，民怨甚深，下令解除其部下的武器，"召朝宣人，历数残暴之罪，支解之，以快人心"[3]。何腾蛟、章旷等人一味奔窜，势同瓦解，永州府（府治零陵）城也一度为清方所派知府接管。明副将周金汤察知城中并无清军，率领二百名士卒乘夜鼓噪登城，清知府纪某逃回衡州。何腾蛟、章旷等人才在永州府境东安县白牙市一带苟延残喘。这时已入盛暑，清兵不耐炎热，在长沙、衡州一带休息。八月初八日，章旷病死于永州。同月，清军乘秋高气爽进攻武冈、永州。当孔有德部向武冈进逼时，刘承胤部将陈友龙等迎战，"蒋虎、孙华、聂鸣鹤、张承明、张大胜等于斗溪铺俱战死"[4]。"承允（胤）驰令禁友龙不得战，又不发救兵，友龙败还。恭顺离武冈山三十里下营，承胤轻骑出降"[5]。他向孔

---

[1] 《存信编》卷一。按，吴晋锡《半生自纪》中说龙之沫为常德人，谄附刘承胤得任御史，人称"跛脚御史"。
[2] 《清世祖实录》卷二十七。屯泰即屯代，也就是佟养和。
[3] 吴晋锡《半生自纪》。乾隆二十八年《衡州府志》卷二十九《兵燹》记："顺治四年丁亥四月，恭顺、怀顺、智顺三王帅师取衡。黄朝宣兵溃，率其姬侍匿于郡南花药寺，前锋执而杀之。"
[4] 康熙二十四年《宝庆府志》卷二十一《武备志·兵纪》。
[5] 蒙正发《三湘从事录》。

有德表示愿意献上永历皇帝做觐见礼。孔有德怀疑其中有诈，没有立即答应。刘承胤为了表示自己真心投降，一面下令将武冈城门严密看管，防止永历帝出逃；一面自己剃头再次前往清军营中接洽投降。武冈城中的永历帝和他的一小批亲信见清军迫近，刘承胤行踪诡秘，感到情况不妙，请出刘承胤的母亲和兄弟刘承永，要求移跸靖州。在刘母出面干预下，城门才开，永历帝和少数朝臣带着宫眷匆忙出城逃难，象征皇帝威严的仪仗乘舆等都来不及收拾，全部丢弃在武冈[1]。出城二十里，朱由榔想到靖州是刘承胤军队的控制区，立刻吩咐："靖州不可往，当从间道走广西。"[2]于是，另寻小路直奔广西。到达广西古泥时，有总兵侯性接驾，朱由榔才放了心，在侯性护送下到达柳州。侯性因护驾有功，晋封商丘伯。由武冈出逃时，朱由榔鉴于情况紧急，命大学士吴炳护送皇太子取道城步县入广西，结果为清军截获，太子和吴炳都被押至衡州[3]。

刘承胤降清后，清兵随即占领武冈。孔有德发现永历帝已经逃走，立即派护军统领缐国安带领一千名骑兵追往靖州。缐国安部攻克靖州，生擒了明总兵萧旷等，却没有抓到永历帝。吴炳被俘后自

---

[1] 顺治五年冬清署贵州巡抚彭而述曾在武冈见"公廨旁鸾舆尚在，左纛黄屋俱置城隍祠中"。顺治十七年他再度路过武冈时已"不可考"。见彭而述：《读史亭文集》卷十《宝庆至沅州日记》；参见同书卷十五《仕楚纪略》。

[2] 《三湘从事录》。

[3] 吴晋锡《半生自纪》云：永历帝决定"分两路行，或未至并与之遇。命大学士吴石渠公护太子驻城步，上从皇太后幸靖州。太子至城步果有兵守之，为所获，同吴石渠公送衡州矣"。《清世祖实录》卷三十五记顺治四年十二月丙戌日孔有德等奏报平定湖南，"获伪永历太子朱尔珠"。永历太子之名似有误。

缢[1]；吏部尚书李若星、兵部尚书傅作霖不屈被杀；偏沅巡抚傅上瑞等投降。

孔有德等部清军这次进兵湖南，除了郝摇旗在桂阳、张先璧在沅州稍事抵抗外，南明将领非降即逃。据清方奏报，投降的不仅有明安国公刘承胤，还有封为伯爵的王允成、刘承永、董英、周思仲、高清浩、郑应昌，总兵四十七员，副、参、游等官员两千余名，马步兵六万八千有奇。[2]这充分地反映了永历朝廷的腐败和何腾蛟、章旷、傅上瑞等人的无能。当时，除了制抚堵胤锡率马进忠等部退入湘西九溪卫坚持抗清，曹志建领兵扼守湘桂交界的镇峡关（曹志建将关名改为龙虎关）外，湖南各地都被清军占领。

九月，孔有德派刘承胤部将陈友龙攻入贵州黎平府，俘获明督师何腾蛟的继母孙氏、妻徐氏等家属一百余口。孔有德让何腾蛟的亲戚将自己的手书和腾蛟的家信带往广西兴安，信中备述清方对腾蛟的母亲和其他眷属奉养甚厚，借以招降何腾蛟。何腾蛟不为所动，坚决拒绝了清方的招降[3]。

武冈失守以后，永历帝由小路逃往广西，驻于湖南西部的一些明朝官员同朝廷失去联络，以为刘承胤降清时必定把朱由榔当作觐见礼。因此，以制辅堵胤锡为首的部分文官武将一度商议拥立荣王朱由

---

[1] 上引《清世祖实录》卷三十五孔有德等奏报中说"伪内阁吴秉"等降。吴秉为吴炳之误译，他被俘后不久自杀，说他降清不妥。

[2] 见上引《清世祖实录》卷三十五，王允成误译作王云程。

[3] 《三湘从事录》记，十月初三日孔有德派何腾蛟至戚持手书并贵阳王金印一颗与夫人家报至。按，孔有德利用抓获何腾蛟家属进行招降确有其事，但说他送来贵阳王金印当属讹传。

桢为帝[1]。这件事在熊开元（隆武朝大学士）的著作中有明确记载，他在《答熊石儿直指书》中说："私以今日所急在讨贼，不在立君。何也？讨贼正立君之本，立君乃致寇之媒。征诸前事，靡不然者。况乘舆所向未卜，万一或有参差，鲁与唐近辙曷可再寻。""千钧之势，争此一发。事不堪再误，愿老公祖转白荣殿下及堵、傅、杨诸公祖并各勋镇，千万珍重，千万密急。"在《答堵牧游总制书》中又再次劝说道："侧闻荣殿下诚明简毅，备诸福德，高皇帝之业将在于斯。又得老公祖领袖群贤，共相推戴，而复仇不即位尤合春秋之义。……惟老公祖断于乃心，迅图一举。"[2]堵胤锡为人敢作敢当，在永历帝下落不明时有意拥立荣王朱由桢即位作为明室尚存的象征，颇符合他的性格。他的主张既遭到熊开元等人的劝阻，不久又得到永历帝安全到达柳州、象州、桂林的消息，立即改弦易辙，避免了可能导致南明内部再度分裂的错误。

---

[1] 荣王是明宪宗子朱祐枢的后裔。嘉靖《常德府志》卷四《建设志·藩封》记："荣王，宪宗皇帝之第十子，弘治十一年建王宫于常德，正德四年之国"；《明史》卷一一九稍有不同。明末荣藩的情况在史惇《恸余杂记》中记载较多，但荣王的名字文献内有分歧，顺治四年十月清湖广总督罗绣锦"为恭报常军两捷事"揭帖中云："故明荣王朱学洪纠众称兵，要复常德。"同件中提及堵胤锡、袁宗第、马进忠、牛万才等人，堵胤锡拟奉为主者似应为"朱学洪"，但按明太祖所定诸王二十字辈行，朱棣下无学字辈，晋王下第十六辈为学字，荣王既不是晋藩后裔，明亡时各藩约传至十辈以内，所记必有误。《清世祖实录》卷三十八记，顺治五年四月"壬午，平南大将军恭顺王孔有德疏报：大军至辰州，擒伪荣王朱有桢子朱松于苗洞"。朱有桢当为朱由桢之误。参考各种史籍，明末荣宪王朱由枵死后，世子慈炤尚为婴儿，朱由桢大概是荣宪王之弟。

[2] 熊开元《鱼山剩稿》卷二，书。

第五节　郝永忠部由湘入桂

郝永忠在1646年秋奉何腾蛟之命领兵援赣，迎接隆武帝。由于何腾蛟私下叮嘱不可假戏真做，郝永忠在九月初二日到达郴州后一直观望不前，在该地驻扎了几个月。就时间而言，郝部到达郴州时，隆武帝已经遇难，杨廷麟、万元吉等部明军尚在赣州苦撑。何腾蛟控制着除岳州以外的湖南全部疆土，兵力多达十三镇，却只知据地自雄，毫无恤邻之念。十月初四日，赣州失守，援赣已经没有意义了。1647年春，清孔有德等部入湘，何腾蛟、章旷等节制无能，一溃千里，长沙、衡州、常德先后失守。何腾蛟、章旷带着残兵败卒逃到永州白牙桥。郝永忠兵单势孤，由郴州撤至桂阳州，在这里同清军交战后退到永州。七月，又撤至道州同保昌伯曹志建分汛据守[1]。清军占领武冈、永州后，何腾蛟逃至广西兴安，郝永忠也率部由湘入桂，这本来是无可非议的。不料，留守桂林大学士瞿式耜和两广总督于元烨等人认定郝永忠原为"闯贼"部将，对他怀有极深的敌意，开初想阻止郝部进入广西，后来得报郝军已过兴安、灵川，又如临大敌地关闭桂林城门，拒绝郝部入城。于元烨等还妄想"闭门歼除"，派兵剿杀郝部，只是由于督镇标将马之骧仅有兵员数百，不敢接受"剿除"任务，才未致动武。郝永忠的先头部队在桂林城下吃了闭门羹，过了两

---

[1] 同治九年《江华县志》卷七《寇变》记：顺治"四年丁亥五月，曹志建称保昌伯由江西赣州仁化来驻江华。……曹志建既去，永忠遂帅兵尾其后住三日，追及永明，遂与志建分据，志建截上流驻镇峡关，永忠截下流驻道州"。康熙六年《永明县志》卷九《兵寇志·兵变》记：顺治四年五月，"我师破湖南，南昌伯（当为南安伯）郝永忠走道州"。"七月，曹志建统兵万余抵永明，屯兵县西，与郝永忠盟分县以西八里属曹，以东八里属郝。未几，永忠遁去，通县钱粮总归志建"。

天，永忠派营中收留的通山王朱蕴鈖、东安王朱盛蒗、督饷佥都御史萧琦（后改名萧如韩）、司礼太监王坤进入桂林，在太监庞天寿家中同于元烨、广西巡按鲁可藻接洽。于元烨顽固地拒绝郝部入城，鲁可藻私下对他说："既不请新兴（指新兴伯焦琏）来，又不及预止，且不能止矣。宜亟图之，毋为牛后也。"元烨终执前说。第二天，郝永忠率大队兵马同宜章伯卢鼎来到桂林城下。萧琦竭力劝说守辅瞿式耜出城相见，于元烨坚决反对。鲁可藻感到这样僵持下去将危及桂林地区的安全，拉着瞿式耜一道出城晤见。于元烨坐在自己衙门里不动，还为瞿、鲁冒险入"贼"营捏一把汗。瞿式耜、鲁可藻出城后，见郝营"官头下马避道，共知出晤为是矣"。郝永忠以礼相待，"但谓不应逐客"。瞿式耜婉转解释，"答应千言，不激不随，极为得体"[1]。第二天早晨，郝永忠进城回拜，"欲无礼于元煜（烨）"，卢鼎从中调解，才在瞿式耜举行的宴会上"一笑而叙阔别"。这只是在兵力不敌的情况下，采取的官场手腕。瞿式耜等人对原大顺军、大西军所持敌对态度始终没有改变，他们是南明政权中目光短浅的一批死硬分子，对原农民军极尽打击排斥之能事。明军与农民军联合抗清中波涛迭起，都是这些掌握着南明朝廷和地方大权的官僚从中作梗，终致局势日趋恶化。何腾蛟、章旷、傅上瑞等人在湖南排挤刘体纯、袁宗第、田见秀、张鼐等大顺军旧部已开其端；瞿式耜在广西排斥郝永忠部是这样，次年阻击由湖南退入广西的李过、高一功统率的忠贞营是这样，在联合原大西军的问题上也是这样，可谓"吾道一以贯之"。

当时，包括由湖南退入广西的各部明军之中，郝永忠的军队实

---

[1] 鲁可藻《岭表纪年》卷一。

力最强。瞿式耜等人出于偏见，故意扣发粮饷。郝永忠为解决部下兵马的粮草和添补器械，被迫在桂林一带打粮索饷。广西巡按鲁可藻记，永历元年（1647）十月"郝永忠索饷于桂林。司、道、府各官各千、万不等，其饷抚萧琦为之聚敛。初，永忠扎营教场，日取乡民，弦绞其腿，讯诸司贤否贫富，阅十百人，乃于各名下画圈，以多寡分饷高下，按而索之"[1]。瞿式耜等人还指使桂林乡村居民立团聚保，阻止郝兵需索薪菜；郝永忠大为愤慨，派出军队剿灭乡团。这些事情又成为南明官绅污蔑郝永忠的口实。

十一月，清怀顺王耿仲明等大举进攻广西全州。明督师何腾蛟驻兴安指挥，南安侯郝永忠"亲统大兵出灌恢道，于兴安闻警，一面发兵扼守灌阳，一面统兵星驰援全。本月十三日辰时，同卢（鼎）、焦（琏）、滇（赵印选、胡一青）三营至脚山，离全二十里。三营由大路往全，本爵（郝永忠自称）由小路午时抵全，至北关。虏于北门扎营，势甚猖獗。本爵身先士卒，率标镇马骑直冲虏营。虏交锋大败，奔溃北走。我兵直赶三十里，杀虏千余级，生擒二名，夺大西马三百余匹，小马无算，火炮、弓箭、衣甲、器械不计其数"[2]。全州之战，各"勋镇共以首功归永忠"[3]，连瞿式耜在同月十六日奏捷疏中也不能不说："南安侯郝永忠、宜章伯卢鼎、新兴伯焦琏与滇镇赵印选、胡一青，诚不愧标名麟阁。"永历帝则称赞"全阳奇捷，真

---

[1] 鲁可藻《岭表纪年》卷一。
[2] 瞿式耜永历元年十一月十六日飞报大捷疏，见《瞿式耜集》第七十七页。
[3] 鲁可藻《岭表纪年》卷一。

中兴战功第一"[1]。正是由于郝永忠等在全州狠狠打击了入犯广西的清军，永历帝才在这年（1647）十二月初五日应瞿式耜等人之请移跸桂林[2]。

第六节　永历帝逃离桂林

1647年（顺治四年、永历元年）九月，朱由榔到达柳州以后，瞿式耜坚持请他移跸省会桂林。他指出"桂林为西省上游，形胜嵯峨，城郭坚固，确然兴王根本之地。北规楚，东恢粤，惟此地为适中"。南面有思恩侯陈邦傅扼险于梧州，新兴伯焦琏镇守阳朔、平乐；北面有督师大学士何腾蛟、南安侯郝永忠堵敌于全州、兴安一带，万无一失[3]。朱由榔认为驻于广西内地比较安全，没有立即采纳他的建议。直到十一月十三日何腾蛟节制的郝永忠、赵印选、胡一青、焦琏、卢鼎四营（按，赵、胡所领兵马合称滇营）在全州击败来犯的耿仲明部清军后，朱由榔才在十二月初五日再次来到桂林。

[1] 瞿式耜永历元年十一月十六日飞报大捷疏，《瞿式耜集》第七十八至七十九页。按，蒙正发《三湘从事录》记全州之战云，"十一月二十日，怀顺道将同董英领马步三千，从间道袭全州"，不仅日期有误，而且只字不提郝永忠以及同郝关系密切的卢鼎，却塞进了他梦寐以求的所谓"恢抚官兵"，适足令人齿冷。与蒙正发沆瀣一气的王夫之在《永历实录》卷十五《郝永忠传》中断言："永忠从无一矢功，惟残毁内地，屠士民，尤为诸将所恶。"此即王氏"实录"。
[2] 鲁可藻《岭表纪年》卷一记："十二月初五日辛巳，上跸桂林，入行宫受朝，赐郝永忠蟒玉。"钱秉镫《所知录》卷二亦云："十二月初五日，上自象驻桂，太后及两宫俱驻南宁府。"
[3] 瞿式耜九月初三日《请移跸桂林疏》，十月初二日《请速幸桂林疏》，见《瞿式耜集》第七十五至七十六页。

然而，事有意外。广东清军提督李成栋在镇压了陈子壮、张家玉、陈邦彦等人组织的抗清活动之后，稳定了广东局势，又出兵西上，思恩侯陈邦傅不战而遁，十一月间清军重新占领梧州[1]。陈邦傅军撤退的消息传到全州，郝永忠唯恐己部留在桂林的老营（家眷和辎重等）将被陈军抢掠，急忙率兵从全州驰还桂林；督师何腾蛟带着卢鼎部也跟着南撤。全州本是焦琏的汛地，他听说郝、何率部回桂林，不知道是怎么一回事，只留下部将唐文曜同全永总兵王有臣守全州，自己也带领主力奔往大墟（今桂林东南大圩）。唐文曜、王有臣眼看各营主力纷纷撤回桂林，又得到梧州失守的消息，判断在清军东、北二路夹击下广西难保，就同全永道马鸣銮合谋于十二月十二日派使者往湖南永州（零陵）向清方接洽投降。清怀顺王耿仲明不久前进军受挫，对他们的主动请降心怀疑虑，拒绝接受。明全州监军周震坚决反对降清，对唐、王、马的变节行径痛加斥责。三人恼羞成怒，当即把周震拖出衙门杀害，然后派人带着周震的头和敕印往永州纳降。耿仲明大喜，派两千骑于十七日到达全州接管该地，"全州遂拱手送人矣"[2]。

全州降清以后，广西门户洞开。1648年（永历二年、顺治五年）正月，督师何腾蛟驻守兴安，发出檄文命令各将领抽调兵马赴该地堵截清军由全州南下。郝永忠派部下罗中军带领一千名骑兵前往兴安。二月初一日，清孔有德、耿仲明、尚可喜三王兵由湖南经广西全

---

[1] 同治十一年《苍梧县志》卷十八《外传纪事下·本朝》。
[2] 鲁可藻《岭表纪年》卷一。按，蒙正发《三湘从事录》记马鸣銮为全州知州；据瞿式耜永历元年十一月十六日"飞报大捷疏"中有"据全永镇臣王有臣、全永道臣马鸣鸾塘报"；鲁可藻书中亦云"全阳镇、道"降清，可证蒙氏之误。然时日则据《三湘从事录》。

州向桂林推进。明督师何腾蛟惊慌失措，竟然在滇将胡一青等保护下临阵脱逃，郝永忠派出的骑兵在兴安陷入重围，城破后全部战死[1]。郝永忠接到报告后大为愤慨，坚决拒绝同守辅瞿式耜一道保卫桂林，主张奉永历帝向后方转移。二月二十一日深夜，得报清军已经进入严关，瞿式耜赶往行在（原靖江王府），见郝永忠、卢鼎、马吉翔、兵部尚书萧琦都聚集在司礼太监处商议，他叙述所见情况道："臣聆永忠议论，则以人马挫折，意懒心灰，竟欲即刻整旅西行，绝无意于省城者。臣既以好语慰之，复以正言规之，而内訾不入。"接着，瞿式耜面见永历帝，"则暂避永福之圣意已定，臣竟无从插齿，只争起驾之时刻耳"。式耜力主镇定，指出即使清军已经到达兴安，督师何腾蛟应该有告急塘报，在没有接到准确消息以前不宜轻易移跸。"若以走为上策，桂危，柳又不危乎？今日可到桂，明日独不可到南、太乎？"朱由榔回答道："卿不过欲朕死社稷耳。"[2]后来瞿式耜在奏疏中也追叙了当时的情景："皇上声色俱厉，谓今日事势，远过武、攸。尔等必欲留朕，两宫太后即烦尔等照管。"式耜不敢再说，随众退出。次日五鼓他又面见永历帝，奏言"圣驾即欲行，宜少从容，盖乱兵乘驾发之后，必有一番抢攘。圣驾稍停，一可以救满城百姓，二可以救满朝百官"，朱由榔置之不埋。瞿式耜出朝途中接到赵印选的奏疏和何腾蛟的书信，知道进入广西的清方兵力并不多，又再次入朝，以何腾蛟的书信为证，劝永历帝暂缓移跸。可是，朱由榔已如惊弓之鸟，吩咐左右立即准备撤离桂林。"随驾诸臣车马匆匆，有行色矣。"式耜的意见遭到永历帝的断然拒绝，"时天颜愈厉，天

---

[1] 《三湘从事录》。
[2] 《东明闻见录》。

语愈严",式耜只有叩头请死,含泪而出。二十二日上午,朱由榔和宫眷、随驾官员离开桂林。郝永忠等部明军士卒立即乘势抢夺官私财物,瞿式耜由于主张坚守桂林,拒不随驾,在一片混乱当中,他的家产也未能幸免。从他的奏疏看,郝永忠曾经派了两名官头到瞿家禁止抢劫,但是主力既已转移,禁令也难以贯彻,乱兵以索取犒赏为名,连瞿式耜本人也受了一番折磨[1]。撤离桂林时出现的混乱和抢劫,无疑是事实;不过瞿式耜和南明其他一些官僚的记载颇多夸大其词。有的南明史籍更是添油加醋,穷极形象,如说郝永忠于二月二十三日"抢入大内,劫帝于寝被中,舁出城外"[2];"留守(即瞿式耜)裸体坐署中"[3]。这类谣言显然不可信。

---

[1] 瞿式耜永历二年三月初一日《变起仓卒疏》中说:他自己"肩背腰肋,无不重伤,牵曳捽扑,以白刃加于颈者数十次,历辰、巳、午、未四时,地狱变相,无所不尝"。见《瞿式耜集》第七十九至八十一页。
[2] 计六奇《明季南略》卷十三《永历走平乐》条引《粤事记》。
[3] 《东明闻见录》。

第十四章
郑成功在闽粤沿海地区的军事活动

第一节　郑军同安之役

1647年八九月间泉州战役，郑成功还是以定国公郑鸿逵的助手身份参战的。战败返回安平以后，他加强了自身力量的积聚，广泛招募文武人才。在他的感召下，原浙江巡抚卢若腾、进士叶翼云、举人陈鼎等相继而来。郑成功对他们礼敬有加，待如上宾，每遇重大事情都征求他们的意见，逐渐形成了一个政治上参与决策、联络各地抗清势力和治理地方的文官幕僚班子。同时凭借他在隆武朝廷内的地位和郑芝龙的旧关系，招集兵将，不断扩大自己的军事实力。

郑成功的部将主要来自四个方面：一是跟随他起兵的少数将领，如洪旭等人；二是福建沿海应募而来的有志之士，如海澄人甘辉、漳浦人蓝登等；三是跟随郑芝龙降清，拨归佟养甲、李成栋部下进攻两广，1648年李成栋反正后由粤返闽的将领，如施琅（当时名施郎)、洪习山、黄廷等;四是清方派驻东南沿海的少数仍怀故国之思的将领自拔来归。郑成功对于这些不同出身的将领大体上能做到一视同仁,唯才是举,特别是在军事组织上做了精心的改编,防止了将领拥兵自雄、飞扬跋扈的局面。这是他总结了弘光、隆武以来朝廷姑息养奸教训而采取的坚决措施。正是由于建立了极为严格的军事组织和纪律,郑成功才成为一位真正的统帅,而不是虚有其名的盟主。

郑成功不仅在选拔和驾驭将领上著称于世,而且非常注意练兵。他冷静地估计到己方所长是海战,然而要同优势清军作战,收复失地,必须训练步兵和骑兵。由于东南沿海缺少马匹,郑成功在组建骑兵时受到很大的限制,这是他后来同清兵作战中往往失利的一个重要原因。郑成功的严格训练海上水师是人所共知的,厦门鼓浪屿上的日光岩就因他当年雄立山顶检阅舟师而传颂至今。但是,作为一位雄才大略的统帅,他知道要恢复失地必须凭借陆战,所以他组建了许多以陆战为主要任务的营、镇,"朝夕操练部伍阵法"。

郑成功的军需供应一直是史学界关心的问题。因为他的兵力控制的地区仅限于沿海岛屿和小片滨海地区,靠当地的物力、财力肯定支持不了他的日益扩充的军队(最多时达几十万人),维持一支这样庞大的舟师和陆战部队,还要养活官兵家属,需要巨额的银钱、粮食、木材、铜铁和火药等物资。要同据有全国大部分地方的清廷抗衡,他不能不尽量扩充军队。那么,后勤支援是怎样解决的呢?大致来说,郑成功的军事供应来自三个方面:一是他继承了郑芝龙开创的海外贸易的垄断地位,充分利用自己在海上的优势,把内地的出口物资通过秘密渠道运往海外,取得巨额利润,这大概是他解决军费的主要办法。由于东南各省已被清军占领,这种对外贸易基本上是以秘密走私方式进行,现存清方档案中的片段材料可以证明其规模相当大,却无法窥知其总额和每年利润的确数。二是在攻占地区征收粮饷，从一些史料来考察，田赋额和因用兵而征发的劳役是相当重的，这固然解决了郑军的一部分燃眉之急，也极易失去民心。郑成功攻占的福建、广东沿海地方往往很快沦陷，这不仅是个兵力对比问题，税役的畸重（有时根本不能算赋税，而是赤裸裸的掠夺）使他难以得到当地百姓的支持。三是福建泉州、潭州一带在承平之时就缺少粮食，要从附近省份运销供应，填补不足，其中相当一部分是从广东潮州、惠州地区转贩而来。郑成功通过海上贸易赚到的利润大抵是白银和其他物资，解决不了军民每天必需的粮食供应，因此他几次出兵潮州，目的主要是搜括粮食。

大致可以说，郑成功从1646年底开始组建自己的军队，到1648年才形成一支对清朝颇具威胁的力量。

1648年（顺治五年、永历二年）四月初十日，郑成功率领部将洪习山、甘辉等进攻福建同安县。清军副将廉彪、游击折光秋引兵出城迎敌，被击败退入城中。十八日，郑军直抵城下，清朝知县张效龄和廉彪、折光秋带着残兵败卒弃城而逃。[1]郑成功入城后出令安民，委任叶翼云为同安知县，陈鼎为教谕，号召诸生起义勤王，劝谕百姓缴纳粮饷。正在这时，原先奉唐王朱聿鐭入广州建立绍武政权的总兵林察从广东逃回，报告了广西、湖广等地拥立永历帝的消息。郑成功举手加额说："吾有君矣！"[2]排设香案望南而拜，从此遥奉永历正朔。他派隆武朝中书舍人江于灿、黄志高携带表文乘船由海道前往广

---

[1] 顺治六年三月福建巡按霍达为查参泉属失城事揭帖，见《郑成功档案史料选辑》第十六至十七页。按，江日升《台湾外纪》中把廉彪写作廉郎、折光秋写作祁光秋，职务均作游击，稍误。
[2] 《台湾外纪》卷三，第八十八页。

东,向永历朝廷报告自己在福建沿海抗清的情况,表示愿意在永历朝廷领导下东西配合,共谋复兴。

李成栋反正以后,永历帝由南宁迁回广东肇庆,整个广东都在南明统治之下。按理说,驻于福建铜山一带的郑成功既由虚戴隆武年号改尊永历朝廷,地理位置又非常接近,似乎可以在统一部署下联兵北讨。实际情况并不如此。当时永历朝廷正处于"中兴"时期,留下的记载比较多,却极少提到郑成功。原因在于李成栋系统的将领同随成栋入粤的福建将领之间存在很深的隔阂。成栋反正以前,对郑芝龙的旧部施福、施郎、洪习山、黄廷等人既利用他们冲锋陷阵,又在给清廷的奏疏里把他们贬得一文不值。反正以后,李成栋意气发舒,把广东看成自己的势力范围,奏请永历帝核准把施福等福建兵将遣送回籍。八月,永历朝廷改封武毅伯施福为延平伯,"敕仍回闽恢剿"[1]。闽系将领跟随李成栋反正,不仅没有像成栋嫡系那样因反正有功加官晋爵,反而在遣回福建途中遭到李部将领暗算,企图加以火并收编。如施郎所部"自南雄抵潮郡。适潮将郝尚久者,粤师将也。阳犒师牛酒,而包藏祸心,召诸部阴为图公(指施郎)。公侦知其事,急拔众走饶平,踞守阅月突围出,且战且行,连日夜间关险阻,从弟肇琏、肇序皆随殁军中",勉强拖到粤闽交界的黄冈镇才得以脱身,投入郑成功部下。[2]永历朝廷内实权人物对郑氏家族旧将既如此蛮横无理,以施福为首的福建将领给郑成功带回的讯息就不言而喻了。

---

[1] 鲁可藻《岭表纪年》卷二,原文为"改封施福延平伯,杨仍回闽恢剿"。"杨"字当系"敕"字之误。
[2] 施德馨《襄壮公传》,见《靖海纪事》福建人民出版社1983年版,第三十四页。

七月，清靖南将军陈泰、浙闽总督陈锦和福建提督赵国祚派军进攻同安。守将邱缙、林壮猷、金作裕与知县叶翼云、教谕陈鼎协力坚守。至八月十六日城破[1]，邱、林、金阵亡，叶、陈被俘，不屈被杀。清兵屠城，"血满沟渠"。郑成功在铜山接到同安告急文书，亲统大队舟师来援，因北风正厉，船行受阻，五天后才到达金门，同安失守的消息传来，他为死难者痛哭遥祭，怅怅然回师铜山。这年福建濒海地区闹大灾荒，一斗米价格近千钱，约为平年的十倍。郑成功和郑彩组织大批船只前往广东高州（今广东茂名）明思恩侯陈邦傅辖地购买粮食，在军事上没有什么作为。直到次年（1649，顺治六年、永历三年）九月，清云霄营副将张国柱御下刻薄寡恩，部下千总王起俸带领几名亲信乘船来铜山向郑成功投降，表示愿意充当攻取云霄的向导。十月，郑成功领军直入云霄港，初十日从白塔登岸，分兵三路：左先锋施郎、援剿左镇黄廷、前冲镇阮引、正兵营卢爵由左而进；右先锋杨才、援剿右镇黄山、后冲镇周瑞、左冲镇林义、右冲镇洪习山由右而进；郑成功自己带领戎旗中军康明、中冲镇柯宸枢、亲丁镇张进由中路推进。清云霄守将张国柱命中军旗鼓姚国泰守城，自己领兵出城五里迎战。初十日午时两军相遇，张国柱被郑军左先锋施郎部下副将施显砍伤，落水而死，兵员溃散，郑军乘势攻克云霄，俘姚国泰。[2]

云霄之战以后，郑成功发兵扼守盘陀岭，自己领军围攻与广东

---

[1] 据前引霍达顺治六年三月揭帖清军攻破同安为八月二十六日。
[2] 云霄战役的经过见阮旻锡《海上见闻录》（定本）、杨英《先王实录》；又见清福建总督陈锦顺治七年正月"为塘报海寇突陷云霄，官兵旋已恢复事"揭帖（收入《郑成功档案史料选辑》）。江日升《台湾外纪》记于顺治五年（1648），误。

接境的诏安县。清漳州总兵王邦俊乘郑军西下,进攻盘陀岭。二十八日晨大雾弥漫,清军大举突击;郑军抵敌不住,中冲镇柯宸枢阵亡。败讯传来,郑成功被迫放弃围攻诏安的计划。这次战役双方都损兵折将,控制区也没有什么变化。但郑军得到了王起俸、姚国泰两员擅长骑射的将领,成功任命王起俸为铁骑镇(不久改为正兵镇)"教以学射,教以骑马"[1],开始组建陆战的骑兵,这对郑军后来的发展起了一定积极作用。

第二节　郑军潮州之役

1649年(顺治六年、永历三年)前后,郑鸿逵、郑成功军同广东郝尚久部争夺潮州之战,是南明史上的一次内讧。郝尚久是李成栋的部将,入广后奉命镇守潮州。1648年李成栋反清归明,郝尚久也随之反正,永历朝廷封为新泰伯。按理说,潮州紧接郑氏家族占领的铜山、厦门一带,本应共赴国难,联军恢复福建。可是,南明的派系矛盾使这一前景归于幻灭。江日升记载,李成栋反正后曾经上疏建议"速当发诏通成功,连兵恢复"[2],永历帝也曾为此颁发诏书。郑成功叔侄却垂涎于广东潮州一带产粮区,早在1648年(顺治五年、永历二年)四月,郑鸿逵就率领舟师三千余名来到潮州府属的揭阳县征粮收饷[3]。这正是李成栋反清复明的时候,双方的摩擦日益加深。郑

---

[1] 郑亦邹《郑成功传》。该书认为在郑军中教以骑射,制定骑兵作战纪律"割马耳者同首功,杀马如屠,自起凤(俸)始"。
[2] 江日升《台湾外纪》卷三。
[3] 乾隆四十四年《揭阳县志》卷七《事纪·附兵燹》。

成功曾经派杨乾生为使者致信潮州总兵郝尚久,遭到断然拒绝[1]。郑成功信中究竟提出了什么要求,未见明确记载,估计是以"连兵"为由要求入驻该府。郑氏集团觊觎潮、惠由来已久,定国公郑鸿逵和郑成功急于解决粮饷来源问题,原先随李成栋入广的郑芝龙部将施福(又名施天福)等人又因长期受到李成栋等"北人"的歧视,一直耿耿于怀,纷纷怂恿郑成功夺取潮州,以泄私愤。杨英的一段记载透露了其中委曲:

时武毅伯施天福同黄海如来见,藩(指郑成功)令天福典兵柄;辞以老,从之。谓海如曰:"我举义以来,屡得屡失,乃天未厌乱。今大师至此,欲择一处,以头(?)练兵措饷之地,必何而可?"海如曰:"潮属鱼米之地,素称饶沃,近为各处土豪山义所据,赋税多不入官,藩主策而收服之,藉其兵□而食其饷,训练恢复,可预期也。"藩曰:"我亦思之,但潮邑属明,未忍为也。"时参军藩□□言曰:"宜先事入告,然后号召其出师从王,顺者抚之,逆者讨之。"……[2]

这段记叙反映了郑成功出兵广东时的矛盾心理,既"思"夺取这块"素称饶沃"之地,又因该处已"属明"不"忍"下手。那位参军建议"先事入告"(即报告永历皇帝),然后"名正言顺"地取

---

[1] 《台湾外纪》记于顺治六年三月。
[2] 杨英《先王实录》。"参军藩"下脱二字,陈碧笙先生校云为庚钟,则藩字当为潘字之误。

之。这在实际上根本行不通，无非是为打内战找一个自欺欺人的借口。永历皇帝当时在很大程度上是依附于反正过来的李成栋等"东勋"，不论郑成功以什么理由上疏朝廷要求把成栋部将控制下的潮州转交给自己，永历朝廷绝不会同意。尽管如此，郑鸿逵和郑成功在1649年到1650年多次出兵广东，除击败盘踞潮州沿海达濠埔等处的许龙、张礼等"不清不明"的地方武装外[1]，主要目的是同郝尚久争夺潮州府。1649年（顺治六年、永历三年）八月，郑鸿逵舟师与郝尚久军交战于揭阳，互有胜负。"十二月十七日，郑成功亲率林胜、杨才、黄山、施信、杨勇、洪进、阮引、康明、甘辉、黄凯、史朝纲、潘加钟、林期昌、林翰、颜尚通、萧武、戴彰、翁文贤等共二十四镇至揭，每镇五百人，大举入潮"[2]，与郑鸿逵会师。郑成功明知郝尚久镇守下的潮州府已属南明永历朝廷，"彼尚借明号，岂可自矛盾"[3]，却故意制造事端，擅自派遣军队到处搜刮粮饷，遇有"不服输将"者就"声罪致讨"，攻城破寨，俘掠百姓。郝尚久见郑军在自己的管辖区内如此胡作非为，愤而出兵阻拦。郑成功就乘机宣布"郝虏助逆，加兵擒而灭之，师出有名矣"[4]，肆无忌惮地大打内战，先后占领了潮州府属的海阳、揭阳、潮阳、惠来、普宁等县，并在1650年（顺治七年、永历四年）六月间包围了潮州府城。

---

[1] 许龙等同郑芝龙一样带有浓厚的海盗色彩，他们的存在影响了郑氏家族对海上贸易的垄断地位。张礼因兵力不敌投降郑成功，被郑鸿逵沉入海中淹死。
[2] 乾隆四十四年《揭阳县志》卷七《事纪》。杨英《先王实录》第十二页记于十二月十四日。
[3] 《先王实录》第十二页。
[4] 《先王实录》第十五页。

永历朝廷对郑成功的挑起内衅显然是不赞成的，但又无可奈何。鲁可藻在记载永历四年（1650）八月朝廷给"东勋"（李成栋部将）杜永和、张月、李元胤、张道瀛、郝尚久、李建捷、罗成耀、马宝晋封侯爵一事时，对郝尚久评论道："尚久则未尝有事，虽朱成功围困潮城，乃穴中之斗，难以言功。"九月，朝廷派中书舍人陆漾波以监军给事中名义"捧敕回潮州，谕解朱成功、郝尚久之争"[1]。

就在郑军争夺潮州府的时候，清尚可喜、耿继茂军由江西南下，于1650年二月进抵广州城下。三月，镇守惠州府的明奉化伯黄应杰、惠潮道李士琏剃发降清[2]。尚可喜等派尚奇功、白万举二将往惠州"协守"[3]。郝尚久镇守的潮州西面已归附清朝，与永历朝廷隔绝；东面又遭到"遥奉永历"的郑成功军的进攻，他一怒之下同潮惠巡道沈时决定叛明降清。六月二十五日派戎旗游击刘清正等赴福建漳州请清兵来援，同时向清平、靖二藩递上降表请援。尚可喜和耿继茂当时正顿军于广州坚城之下，无兵可派，转檄福建漳州总兵王邦俊出兵援潮。王邦俊当即率师入潮，会同郝尚久击败郑成功，迫使郑军退回福建铜山[4]。

就事实而言，郑成功、郑鸿逵进攻潮州是极失策略的，它加

---

[1] 鲁可藻《岭表纪年》卷四。这时，郝尚久已经降清，见下文。
[2] 鲁可藻《岭表纪年》卷四。按，原文云永历三年三月黄应杰降清，"应杰为镇惠凤化伯"；同书卷二记永历二年封李成栋部将黄应杰为奉化伯。凤字为奉字之误。
[3] 《平南王元功垂范》。
[4] 顺治七年十一月十九日福建巡抚张学圣"为进缴潮州各官伪敕印札事"揭帖中说："闽之漳州与粤潮接壤，唇齿相依。前因潮州总兵郝尚久投诚，而海寇郑成功恶其归顺，攻围潮城，势甚危急。尚久遣官赴闽请援……"（见《郑成功档案史料选辑》第二十五至二十六页）。按，郑军攻潮并非因郝尚久投降清朝已见上述。

速了清军侵占广东全省的过程。郑氏集团鼠目寸光，只知从自身利益出发，想夺取已属于南明永历朝廷的潮州府，借以解决粮饷问题。结果是鹬蚌相争，渔翁得利，迫使郝尚久把这块富饶之地献给了清方。郑成功以铜山、南澳一带为基地，背靠永历朝廷管辖区，如果以大局为重，西连两广，北连舟山，南明各派抗清武装气脉相通，可以有一个全盘的复兴计划。至于粮饷困难，郑成功本可上疏请求永历朝廷拨给或经正当途径到潮、惠等地采购。郑氏志不在此，一心想在南明政权内部扩张自己的领地，终于导致大局逆转。某些史著把郑成功1649—1650年潮州之役归入抗清范畴，显然不正确。

第三节　1651年清军袭占厦门

1650年（顺治七年、永历四年、鲁监国五年）七月，郑成功从广东败回，没有实现以潮州为基地的愿望。在兵力上，他已经在郑氏集团中崭露头角，拥有的地盘却小得可怜。郑成功暗自决心首先要像他的父亲郑芝龙一样成为郑氏集团公认的霸主。这年八月，他带领舟师向厦门（当时的名称是中左所）进发，趁建国公郑彩引兵外出、厦门只有郑彩之弟定远侯郑联据守的机会，袭取该岛。他采纳施琅的建议，以亲亲通好为名，先给郑联送去稻米一千石，要求郑联让自己的军队登岸。郑联正因为缺粮发愁，又认为成功毕竟是自家人，爽快地答应了。八月十五日，郑成功军全部到达厦门，突然将郑联部士卒缴械，随即捕杀郑联。郑联的部将陈俸、蓝衍、吴豪等人都被收编。郑彩部下将领杨朝栋、王胜、杨权、蔡新等人也在郑成功的招徕下，渐

413

次来归。郑彩失去了兵权,归老于家。[1]

郑成功吞并了郑彩、郑联兄弟的兵将、船只,又取得厦门一带具有战略意义的岛屿,实力大大增强,从而改变了郑芝龙降清后原郑氏集团各自为政的局面。由于兵员激增,粮饷的来源成了他面临的首要问题。正在这时,郑成功得到广东传来的消息,惠来县失守,"潮阳山贼复起,不服追征"[2]。他的叔父定国公郑鸿逵在潮州地区筹集粮饷由于赋额太重,引起百姓的反抗,又受到优势清军的压力,已经陷入困境。这年(1650)十月,郑成功决定亲自带领主力前往潮州,留堂叔郑芝莞率领阮引、何德部水师、蓝登部陆师守御厦门。

1651年(顺治八年、永历五年)正月,郑成功军到达广东南澳,郑鸿逵引兵来会。两人商议后决定鸿逵回厦门,部众交成功统一指挥攻取潮、惠[3]。当时,清平南王尚可喜、靖南王耿继茂藩下的军队已经基本上控制了广东的局势,郑成功的舟师可以称雄于海上,

---

[1] 阮旻锡《海上见闻录》(定本)。黄宗羲《行朝录》卷四记,鲁监国五年九月,"彩与朱成功争中左所,彩大败,泊沙埕,具表请援。芝、进既怨瑞,而名振欲结欢于成功,反击破彩之余兵"。《南疆逸史》卷五十三《郑彩传》云:郑彩乃郑芝龙族侄。"庚寅,与郑成功构衅,成功击走之,袭执其妻子。成功祖母责其孙善遇之,得释还。秋,北至武环山,欲争平夷侯(周鹤芝)地,相攻杀者累日,后阮助平夷,彩遂败走。始,闽安周瑞、荡胡阮进皆彩义子也,平夷侯则称门生者也。至是互相攻杀,惟力是视矣。彩漂泊海中无所适,成功以书招之,乃归,死于家云。"

[2] 阮旻锡《海上见闻录》(定本)卷一,第十二页。

[3] 阮旻锡《海上见闻录》(定本)卷一记,1650年"十二月,赐姓抵揭阳,与定国公商议。赐姓欲南下,定国回厦门"。接着记1651年"正月,赐姓至南澳"。杨英《先王实录》记1651年"正月初四日,藩驾至南澳"。据乾隆四十四年《揭阳县志》卷七《事纪·附兵燹》记载,郑鸿逵原在揭阳,顺治八年(1651)正月二十一日"帅众还闽"。鸿逵军离开揭阳后,清朝官员和军队才陆续至县。可见,郑成功在1651年正月由厦门到南澳,郑鸿逵即领军由揭阳到南澳与他相会。阮旻锡所记有误。

但陆战较弱,征取粮饷必须占领较大的地方,而且需要较长的时间才能实现。左先锋施琅认为厦门初定,主力远征清方兵力较强的地方,有可能变生意外。他知道郑成功性格刚强,不敢直说郑军同闽、粤两省清军相比兵力处于劣势,更不便以疏间亲地说郑成功的叔父未必能保住厦门,于是,他面见成功时假托自己头天夜间做了一个梦,预示出师前景不利,请郑成功慎重考虑。郑成功并没有听出施琅弦外之音,认为他白日说梦,心存胆怯,阻碍自己的战略部署。当即下令把施琅的左先锋印和部下兵将移交副将苏茂掌管,让施琅随定国公郑鸿逵一道回厦门。[1]

三月初十日,郑成功舟师进至大星所(今广东平海海口),伙兵上岸砍柴,被清兵和当地百姓赶走。成功大怒,传令扎营,进攻大星所城。部将万礼奉命阻击惠州来援的清军,在龙盘岭伏击得胜,全歼惠州来援之敌。十五日,郑军攻克大星所,缴获了城中囤积的一些米谷。

就在郑成功大军由海上进攻广东的时候,清朝福建巡抚张学圣、巡道黄澍、福建右路总兵马得功获悉郑成功主力已经南下,厦门守兵单薄,他们对于郑氏家族垄断对外贸易积累下的巨额财富早就垂涎三尺。三人密议后,于闰二月二十七日调集军队乘坐小船渡海偷袭厦门。守将前冲镇阮引、后冲镇何德被击败,率领舟师撤至金门(浯洲),郑芝莞惊慌失措,乘船逃跑。三月初一日,清军攻入中左所城内,仓促之间成功的妻子董氏带着郑经怀抱祖宗牌位乘小舟逃至郑芝莞船上。寄居厦门的大学士曾樱自杀。清军占领中左所后,把郑氏家

---

[1] 阮旻锡《海上见闻录》(定本)卷一,第十三页;杨英《先王实录》第二十五页。

族的金银财宝掠夺一空，出征将领的家属也深受其害。除了兵丁抢得少数财物以外，大部分金钱落入了张学圣、黄澍、马得功的腰包。从各种史料来看，这批财物的数量相当惊人，郑成功致父书中说："掠我黄金九十余万，珠宝数百镒，米粟数十万斛，其余将士之财帛、百姓之钱谷何可胜计。"[1]郑鸿逵在致其兄郑芝龙信中也说：清军"侵掠中左，男女遭惨，不可胜数，宝物黄金，计近百万"[2]。顺治九年（1652）冬，清廷有意招降郑成功，得到报告说郑成功因厦门财产被抢，"借口索偿，兴兵结怨"[3]，对抚、道、镇臣瓜分财宝隐匿不奏大为愤慨，把张学圣、黄澍、马得功和巡按御史王应元革职，扭解京师，由刑部、都察院、大理寺三法司会审。张学圣、黄澍、马得功拼死不招，一口咬定城中并无财宝，若有私分情形，"甘愿凌迟处死"[4]。这笔庞大的财富估计当事人用了相当一部分贿赂承审官员，结果三法司议罪时"三四其说"（题本后朱批语），游移不定，

---

[1]《先王实录》。按，郑成功信中所列金宝粮饷数字虽然比较具体，但这封信实际上是写给清廷看的，难免有所夸张，不能全信。比如"米粟数十万斛"按当时清军船只的运载能力就不可能在短期内运回大陆。张学圣、马得功、黄澍后来受审时也不可能隐匿这批粮食。江日升《台湾外纪》中记郑芝莞战败后"席卷珍宝，弃城下船"，成功妻董氏登上此"重载"之船，芝莞恐"识破机关"，再三请她移乘家眷船，董氏坐而不动。后来，郑成功"将董氏所乘芝莞船积藏金银搬充军饷"（见该书第九十六至九十七页）。可见，郑芝莞出逃时携带了为数可观的金银财宝，后来被郑成功收回。但是，郑成功等人的家产无疑有相当一部分被清军掠去。

[2]《先王实录》。

[3] 顺治十年九月十七日刑部尚书觉罗巴哈纳等"为劣抚轻贪启衅，致地方沦陷，仰祈圣鉴治罪，以速靖地方事"题本，见《郑成功满文档案史料选译》第十四页。同件汉文本残件见《明清史料》丁编，第一本，第七十九至八十二页，此句作"借口索偿，弄兵修怨"。

[4] 见《郑成功满文档案史料选译》第十九页。

最后草率了事。

厦门的失守也反映了郑氏集团同清方的微妙关系。除了这个集团的首领郑芝龙被软禁在北京以外，郑芝龙的母亲黄氏和五弟郑芝豹[1]居住在安海（即安平）老家，处于清方控制区内。张学圣等决定偷袭厦门时，搜集了七十条船，其中郑芝豹提供了八艘。马得功之所以能轻易地攻占厦门自然同郑芝豹有关。三月十二日，张学圣、黄澍到厦门做短暂停留（估计是去同马得功分赃）后，马得功仍留在岛上。这时，郑鸿逵带领从广东返回的部分军队到达厦门，"复将城围住"。马得功向张学圣求援，张派漳州参将冯君瑞领兵六百往援，遭到郑军阻击，不能进城。马得功被困在中左所城内，无法脱身，又估计到郑成功主力回师后必遭灭顶之灾。于是，他派人去安海向郑芝龙的母亲求情，请黄氏写信给郑鸿逵让他网开一面，放清军返回大陆。郑鸿逵碍于母命，除了归还缴获的郑芝豹提供的八艘船外，另派三十艘兵船将马得功及其部众送回大陆。郑鸿逵后来写给郑芝龙的信中谈到这件事说："泉镇马得功贪恋无厌，尚留岛上，被各舟师重围，三战三北，援绝势孤，乃乞命于弟。弟怜海百万生灵纷纷逃窜，不得安生乐业，姑许其请，遂纵舟全渡人马，使得功生还泉郡，弟之力也。"下文说"大侄"郑成功回师后得知马得功被他放走，非常不满，从此"相见尤罕"[2]。

当使者带来厦门失守的消息时，郑成功大为震惊，部下将士担心亲属安全，"哭声遍闻"，一致主张回师厦门。这里涉及郑成功统

---

[1] 《明清史料》丁编，第一本，第六十三页，顺治九年八月十一日厢黄旗正钦尼哈番（即镶黄旗精奇尼哈番）郑芝龙奏副中说郑芝豹是他的五弟。参见石井本《郑氏宗族谱》。
[2] 杨英《先王实录》第九十至九十一页。

军入粤究竟是出于什么目的？跟随他出征的户官杨英特别强调郑成功对永历朝廷的忠心。他在书中记载郑成功对部下将领说："奉旨勤王，今中左既破，顾之何益？且咫尺天颜，岂可半途而废？国难未报，遑顾家为？"由于"诸镇亦来劝驾回棹，谓三军各怀家属，脱巾亦是可虞。藩无奈，姑南向拜曰：'臣冒涉波涛，冀近天颜，以佐恢复，不意中左失守，将士思归，脱巾难禁。非臣不忠，势使然也。'挥泪痛哭，三军哀恸。入谕诸将曰：'班回杀虏，须足粮食，先就近处取粮满载，俟风开驾，何如？'请将曰：'可。'"[1]后世学者不少人都相信杨英的说法，朱希祖在《从征实录》（即《先王实录》）序中盛赞该书记载郑成功"勤王"事迹之详，"实为成功大增光彩"[2]。其实，杨英对"藩主"事迹的记载有许多溢美掩饰之词，不能轻易相信。顺治八年（1651）春广东省处于清平、靖二藩占领之下，广西的大部分地区也已被定南王孔有德占领，永历帝局促于南宁，朝不保夕，孙可望的军队主要集中于贵州省，郑成功的海师距离永历朝廷的行在相当远，完全不像杨英代郑成功立言所说的"咫尺天颜"。如果郑成功此举目的在"勤王"，就必须同清平南、靖南、定南三藩进行大规模的陆上战斗，郑成功未必有这样大的决心和兵力。1653年（顺治十年）郑成功给郑芝龙的信中说："儿于己丑岁（1649）亦已扬帆入粤屯田数载矣。不意乘儿远出，妄启干戈，袭破我中左。"郑鸿逵给郑芝龙的复信中也说："辛卯春（1651，顺治八年），本省抚、镇、道觑大任屯田于粤，侵掠中左。"[3]可见，郑

---

[1] 《先王实录》。
[2] 影印本《延平郡王户官杨英从征实录》序。
[3] 《先王实录》。

军的几次进攻广东,包括1649年进攻臣属永历朝廷的郝尚久所据潮州府都是为了"屯田",即搜括粮饷。1651年的广东之役固然是抗清运动的组成部分,但像杨英那样描绘得栩栩如生志在勤王,根本不符合当时的形势。

三月二十五日,郑成功率舟师从大星所一带返航;四月初一日到达厦门,清军马得功部已逃回大陆。他了解了事情的来龙去脉后,极为愤怒:"引刀自断其发,誓必杀虏。又传令不许芝莞及定国(郑鸿逵)与诸亲相见。曰:'渡虏来者澄济叔(郑芝豹),渡虏去者定国叔,弃城与虏者芝莞功叔,家门为难,与虏何干?'"[1]郑鸿逵写信请他回中左所城,他派人回答道:"定国公与虏通好,请我似无好意。回报定国,谓不杀虏,无相见期也。"郑鸿逵自知铸下大错,回信说:"马虏之归,盖以吾兄(郑芝龙)身在于清,重以母命故耳。不然,我亦何意何心也?倕有疑吾之言,不亦惜乎?"随即交出全部军队,不再参与成功军事,只留下部分船舶从事对外贸易,自己搬往白沙居住。四月十五日,郑成功扎营于厦门澳仔(据陈碧笙先生考证为今厦门大学校址),召集诸将追查厦门失守的责任。郑芝莞应召而来,成功责备道:"吾南下时,未敢以地方城池付汝,是汝自请水陆拨镇付汝提调,有失依军令。今有何说?"芝莞归罪于阮引未能阻止清军登陆。成功说:"水师未败,而汝先搬物,身已在船矣。"下令推出处斩,诸将跪请从宽处理,成功不听,将郑芝莞斩首传示军中。阮引也被处斩;何德革职,捆责一百二十棍;蓝登免罪。

---

[1] 《先王实录》。

第四节　郑、施交恶和施琅降清

　　施琅在清军登上厦门岛形势极为严峻的时候，曾经率领部卒数十人奋力作战；郑成功回到厦门论功行赏，奖给白银二百两。表面上是赏罚分明，可是，郑成功对施琅的傲慢跋扈却怀有戒心。作为一军统帅，郑成功的弱点在于不能充分任人器使，不能容忍下级对他的不尊重。施琅在明清之际确实是一位出类拔萃的将才，但是他在军旅生涯的前期始终没有受到重视。跟随黄道周率军援赣时所提建议被拒不听用；降清后随李成栋入粤又备受压抑；广东反正后转入郑成功部下本想大显身手，却仍受到部分将领的排挤，郑成功也未能发挥其所长。尽管郑成功肯定了他在厦门迎战清军的功绩，却不肯归还他的兵权。施琅在广东时曾经委婉地提请郑成功注意主力西进后后方兵力单薄的危险，郑成功听不得不同意见，解除了他的兵权。在施琅看来，自己在总的用兵策略上提的建议已经被事实证明是正确的，遣回厦门以后又不顾个人安危，奋勇同清兵作战，满心以为郑成功班师归来将恢复自己的左先锋职务。不料，郑成功回到厦门以后，并不让他官复原职，左先锋仍由苏茂担任，而且提升施琅的副将万礼为镇将（即总兵），施琅依旧落职闲住。施琅大为不满，向成功报告自己心灰意懒，想去当和尚，借以探测成功对他的态度。成功不为所动，叫他另行募兵组建前锋镇。施琅见难以挽回，一气之下剃光头发，不再参见郑成功。这时，施琅的弟弟施显任援剿左镇，也对成功的处置不满，双方的矛盾日益激化。

　　导致郑、施公开决裂的是曾德事件。曾德原先是郑彩部下的将领，隆武年间随郑彩、张家玉入赣，兵败后改守仙霞岭[1]。隆武二年

---

[1] 邵廷寀《东南纪事》卷一，见排印本第一五六页、一六二页、一六七页。

420

六月因巡按御史尹民兴劾奏他"淫纵多端",一度解职回京(福京,即福州),以都督杨耿接替。不久,应郑芝龙的请求仍派曾德回守仙霞岭[1]。郑芝龙降清后,曾德似乎不大得志,在郑成功军中受施琅节制。施琅既被削去兵权,曾德为求出头之日,利用过去在郑氏家族军队中的关系投入成功营中充当亲随,即所谓"恃郑氏亲昵,逃于郑所"[2]。施琅听到消息后,大为愤慨,派人把曾德捉回斩首。郑成功"驰令勿杀",施琅却悍然不顾,"促令杀之"[3]。许多史籍记载郑、施交恶常把曾德说成施琅的"亲丁""标兵""标弁"或"从将""逃将",并且说他是犯了法逃往郑成功处。这看来是不了解曾德原在郑氏军中地位较高,虽一度隶属于施琅部下,无论犯法与否,也无论施琅是否已经解除兵权,施琅都无权擅自将他处斩。正是因为诸书作者未查明曾德的背景,误以为他只是个一般兵弁,才对郑成功的勃然大怒感到不可理解,似乎是意气用事。郑成功见施琅违令擅杀郑氏旧将,断定他是反形已露,就在五月二十日密令援剿右镇黄山以商量出军机宜为名逮捕施琅之弟施显,同时命右先锋黄廷带领兵丁包围施琅住宅,将施琅和他的父亲施大宣拘捕。施琅被捕后,在一些亲信部将和当地居民的掩护和帮助下,竟然奇迹般地逃到大陆[4]。郑成功获悉施琅已经逃入清方管辖区后,怒不可遏,在七月间把施大

---

[1] 《思文大纪》卷八。
[2] 施德馨《襄壮公传》,见《靖海纪事》福建人民出版社1983年版,第三十四页。
[3] 江日升《台湾外纪》。
[4] 施琅撰《都闻安侯施公行述》云:"亡何,余以旧将苏茂仗义相周旋,因集众扬飘宵遁,赖族父武毅伯潜驾舟接□(至)安平内地。"引自庄为玑、王连茂编《闽台关系族谱资料选编》,福建人民出版社1985年版,第四二二页。

宣、施显处斩。施琅得知父亲和弟弟被杀的消息，对郑成功恨之入骨，死心塌地投靠清朝，一意同郑氏为敌。史学论著里对施、郑交恶叙述颇多，这是因为他们是明清双方争夺福建沿海地区和台湾起了决定性作用的两个人物。个人的恩怨有时会改变历史的局部面貌。本书无意于纠缠一些细节问题，只想就大的方面分析一下这两位先后叱咤风云的人物分道扬镳的关键。施琅的一生证明他不愧是一位智勇双全的将领，虽不能说他缺乏政治主见，但他忽明忽清表明他总是以个人的立功扬名置于一姓王朝利益之上，也许可以说"士为知己者用"是他信奉的行为准则。恃才傲物是他性格上的弱点，无论在明朝还是在清朝他都表现出得意时踌躇满志，失意时口吐不满。然而，却从来没有看到他有非分之想的政治野心。对于这样一个人物，完全在于驾驭得当，用其所长，制其所短。熟悉清史的人都知道，后来康熙皇帝对施琅就是恩威并用，深得御将之道。郑成功一直坚持抗清，这同施琅在政治上的反复无常有很大的区别。但他少年得志，性格刚毅，遇事容易冲动，往往凭一时的好恶不计后果地处理问题，缺乏作为统帅人物必需的全局观念。施琅叛逃之后，又株连到他的父亲和兄弟，很难说是明智之举。郑氏家族靠的是海上活动起家，清军不习海战，这是郑军能够长期活跃于东南沿海的重要原因。郑成功处置失当，导致施琅这样一位杰出的海军将领投入清方怀抱，使清廷能够建立一支足以同郑军相抗衡的水师，这对后来局势的发展确实是关系匪浅的。

第十五章
吴胜兆、王光泰等的反清

1647年是永历改元的第一年，呈现在朱由榔面前的图景是非常黯淡的，清兵步步进逼，险象毕露；南明方面虽然还有几个老臣如瞿式耜、何腾蛟、堵胤锡勉强支撑着残山剩水，也不过苟延残喘而已。

永历二年（1648）的元旦，朱由榔在桂林行宫里接受了臣工的朝贺。参加庆典的官员寥寥可数，更增添了冷落的气氛。朱由榔下诏给占据四川各地的军阀封爵，如赵荣贵为定随侯，王祥为荣昌侯，袁韬为定西侯，杨展为广元伯，李占春为綦江伯，于大海为武隆伯，侯天锡为永宁伯，武大定为犁庭侯，其他兵力较少的军阀如三谭（谭文、谭弘、谭诣）之流也授以挂印将军的官衔[1]。采取这个举动，不过是把实际上控制不了的四川各镇在名义上加以笼络，借以掩盖由于湖南全省沦入清方之手造成的人心离散局面。正月下旬，清军由湖南

---

[1] 沈佳《存信编》卷二。

攻入广西,连克灵川、兴安。南安侯郝永忠见桂林危急,催促永历帝赶快南迁。三月初十日,朱由榔逃到南宁时,跟随的臣子不过大学士严起恒、吴贞毓、王化澄、萧琦等七人而已[1]。尽管在瞿式耜组织下挫败了进犯桂林的清军,暂时稳定了局势,但是永历朝廷所能控制的广西一省防御力量的薄弱也暴露无遗了。

在前途渺茫的境况下,忽然"于无声处听惊雷",喜讯接二连三传来,给永历朝廷带来了无限的欣慰,看来中兴有望了。这就是1648年(顺治五年、永历二年)正月二十七日金声桓、王得仁在江西南昌反正归明;三月十七日李成栋在广州反清;十二月初三日姜瓖在山西大同反正。这三个事件都可以说是震惊全国的大变,事变的发生不是偶然的。金声桓、李成栋、姜瓖等人都是明朝的总兵,投降清朝以后凭借手中实力为满洲贵族平定地方立下了汗马功劳。可是在清廷重满轻汉、重辽东旧人轻入关后归附人员的歧视政策下,他们不仅功高无赏、升官无望,而且受到清廷的猜疑和文官的压制,大有动辄获咎之慨。何况在投靠清朝的三年左右时间里,他们多少摸清了满洲贵族的实力并不像清朝统治者自己吹得那么神;各地汉族绅民反清的运动和思潮也使他们不能无动于衷。"蓄之既久,其发必速",他们先后以迅雷不及掩耳之势揭起了反清复明的旗帜,割辫复制,在很短的时间里就造成全国形势风云突变。

在叙述金声桓、李成栋、姜瓖反清的经过以前,应当首先谈谈吴胜兆和王光泰兄弟的反清活动。这不仅是因为吴胜兆、王光泰兄弟起兵在前,而且还应考虑到吴胜兆同李成栋曾经在吴淞共事;王光泰兄弟的起兵和清廷的穷于应付,无疑对金声桓、李成栋、姜瓖

---

[1] 华复蠡《两广纪略》;何是非《风倒梧桐记》卷一。

等人的相继而起具有不可低估的影响。实际上，在二王以前，还有陕西的贺珍等人揭帜抗清，但贺珍是大顺军部将，情况稍有不同。

第一节　吴胜兆反清和陈子龙等人的遇难

1647年（顺治四年、永历元年）四月十六日，在苏州发生了苏松提督吴胜兆反清复明的事件。吴胜兆，辽东人[1]，曾经在明朝军中任指挥；降清后跟随多铎大军南下，顺治二年七月二十六日到苏州就任苏松常镇提督。顺治三年正月，太湖义师攻破吴江县，吴胜兆带兵进剿，在县城内外大肆抢掠，"远近怨声沸腾"，闽浙总督张存仁上疏参劾，清廷给他罚俸六个月的处分，吴胜兆因此"心甚怏怏，每怀异念"[2]。在扫荡太湖等地的抗清武装时，他招降了不少义军首领，兵力大增，又与同驻苏州的清江宁巡抚土国宝摩擦甚多。土国宝密报驻于江宁（南京）的内院大学士洪承畴，说吴胜兆招降纳叛，心怀不轨。洪承畴认为这是巡抚和提督之间的矛盾，命吴胜兆于顺治三年七月初八日移镇松江。吴胜兆受到土国宝的排挤，内心更加不满。他部下的参谋戴之俊（字务公，长洲生员）、吴著等人原是抗清义师首领，乘机劝他反清复明。吴胜兆后来供称：

---

[1]　顺治四年七月初十日招抚江南大学士洪承畴揭帖，见《史料丛刊初编》。按，《吴郡日记》第二一五页说吴胜兆"虽生蓟北，原籍南京"。
[2]　《明清史料》己编，第一本，第四十页《刑部残题本》中云：顺治三年奉圣旨，"李成栋、吴胜兆着各罚俸六个月"，这以后吴胜兆"怨望弥深"。

顺治四年三月内，有戴之俊前向胜兆吓称："苏州拿了钱谦益，说他谋反，随后就有十二个人来拿提督。你今官已没了，拿到京里有甚好处？我今替你开个后门，莫如通了海外，教他一面进兵，这里收拾人马，万一有人来拿，你已有准备。"胜兆又不合回称："我今力单，怎么出海？"戴之俊回云："有一原任兵科陈子龙，他与海贼黄斌卿极厚，央他写书一封，事必妥当。"胜兆又不合允从，即令戴之俊前向陈子龙求书。子龙即发书一封，内大意云"胜兆在敝府做官极好，今有事相通，难形纸笔，可将胜兆先封为伯，后俟功成再加升赏，其余不便尽言，来将尽吐其详"等语，将书封付戴之俊回见。胜兆遂不合与李魁、吴著等及在官（按，明清术语"在官"意为已被捕"在押"）陆罔、左帅、刘承高，并胜兆舅子林可进、亲弟吴胜秦、族侄吴奇，先逃今投到马雄及脱逃未获顾有成等各不合商谋。胜兆说："我如今手下有兵马四千号，要取苏、松不难，海外黄斌卿兵马亦不便前往，只要分兵一枝到江阴，一枝扎镇江海口，牵制江宁兵马，我便好取苏州，然后会齐水陆并进，往江宁去。"[1]

陈子龙是明末复社巨子，以经世致用自命，在绅衿中有很大的影响，清军南下后他积极参加抗清运动。戴之俊的来访立即得到他的支持。他不仅慨然允诺利用过去任绍兴府推官时同昌国参将黄斌卿

---

[1] 见前引顺治四年七月初十日招抚江南大学士洪承畴揭帖。

的旧交写信牵线搭桥[1]，还请友人夏之旭做代表去见吴胜兆，鼓励他反戈易帜[2]。当时，据守舟山的明军主要是隆武帝所封肃虏侯黄斌卿的部队，鲁监国部将定西侯张名振以及总督浙直水师户部左侍郎沈廷扬、监军张煌言等也有一部分军队驻于该地。开初，黄斌卿不愿出兵接应；沈廷扬、张名振、张煌言和给事中徐孚远、御史冯京第等人都认为机不可失，力主出兵。黄斌卿难违众议，同意派部分兵将参与接应。张名振等人立即用银铸造监国鲁王颁隆武三年"平江将军之印"一颗，另有封定吴伯加平江大将军敕书一道，交密使带回授予吴胜兆，并且告诉他将另行"补铸伯印赍来"[3]。在密信中约定四月十五、十六日舟山海师进抵吴淞，同吴胜兆内外配合，共襄复明大业。吴胜兆收到密信和银印后当即按计划而行，由戴之俊草拟了"恢复中兴条约"[4]。四月十六日，他以会议"下湖剿贼"事务为名，把松江府海防同知杨之易、理刑推官方重朗请到提督署内。二更时分，

---

[1] 王沄续《陈子龙年谱》，见上海古籍出版社1983年版《陈子龙诗集》第七一九页。

[2] 参见张岱《石匮书后集》卷三十五《夏之旭传》。

[3] 《明清史料》己编，第一本，第四十页《刑部残题本》云："至三月十六日回松江，先领与吴提督□□□（银印一）颗，伪印上镌监国鲁王颁隆武三年□□□□（×月，伪印）上篆平江将军，（下缺十二字）日补铸伯印赍来。"同书第三十二页另一件《刑部残题本》中也说："隆武三年新铸之银印已入胜兆之囊。"又，《明清史料》甲编，第二本，第一八五页"苏松巡按卢传揭帖"残件（顺治四年六月初九日到）中也说："诋意叛督吴胜兆潜通贼党，曾受伪鲁国银印，甘为内应。"按，这颗银印既以"监国鲁王"名义又用隆武年号，反映了舟山群岛内尊鲁、尊唐势力之间的争执和妥协。翁洲老民《海东逸史》卷十二《张名振传》记载："时斌卿已进肃虏侯，其肃虏伯印犹在。名振即以其印封胜兆，刻师期。"当为传闻之误，自应以档案记载为准。

[4] 《明清史料》己编，第一本，第三十三页《刑部残题本》。

吴胜兆喝令一声："拿了！"副将李魁立即率领官兵一拥而上，当场把杨、方二人乱刀砍死，下令文武官员割辫反清[1]。吴胜兆派督标中军副将詹世勋、左营中军都司高永义前往海边迎接舟山海师。

对于吴胜兆的决意反清拥明，张名振认为是一个难得的机会，只要吴胜兆部同舟山明军会合就可以轻易拿下松江、苏州两府，然后同太湖地区的抗清义师分头出击，有可能趁势收复南京，推动大江南北的抗清斗争。因此，他和沈廷扬等带领本部兵员和黄斌卿的一部分军队分乘战船二百多艘，从舟山出发，准备按预定日期到达松江[2]。不料四月十三日在崇明附近海面遇上飓风，不少船只被汹涌的波涛掀翻[3]。张名振的座船也在风浪中撞破，他坠入海中，抱着帆桅挣扎上岸，找到附近一座小庙藏身。寺里的和尚玄一是位同情复明运动的僧人，一见张名振的装束，立刻明白他的处境，给他剃发换衣，饭后

---

[1]《明清史料》丁编，第一本，第六页，顺治四年四月江宁巡抚土国宝"为紧急塘报事"揭帖；《明清史料》己编，第一本，第三十二至三十四页《刑部残题本》。李魁为吴胜兆下崇明营副将，见顺治四年三月苏松巡按卢传揭帖，《明清史料》丁编，第一本，第四页。

[2]《海东逸史》卷八《沈廷扬传》记"统水船二百余号"；同书卷十二《张名振传》作"联艘二千"。顺治四年五月江宁巡抚土国宝"为再报湖海并捷以靖海氛事"揭帖说"贼船百余号"，见《明清档案》第五册，A5—190号，估计遇风前约为二百余艘。

[3] 佚名《舟山纪略》云："丁亥五月吴淞提督吴胜兆谋叛，以血书通名振求援。时（监国鲁）王驻玉环山（即玉环岛，属浙江省），名振奏请给敕印三百道，命张煌言监其军，徐孚远副之。五月初六日自岑江（即舟山岑港）进发，联艘二千六百号，兵五万有奇。……十三日祀神放炮，龙惊鼓浪，飓风大作，北师乘之，全军尽覆。……"这里所记的五月当是四月之误，其他情节可以同他书相参照。《海东逸史》卷十二《张名振传》记舟山海师"将抵崇明，海啸，大风，舟覆"。据《明清史料》丁编，第一本，第十二页"兵部尚书阿哈尼堪等残题本"云，沈"廷扬口供，张名振在阵堕海，止有黄斌卿孤踞舟山，不久自殒"，可以证明黄斌卿本人并没有参加进攻吴淞之役。

428

催他快逃。张名振把随身携带的银印交玄一保存，匆匆找了一条小船返回舟山。追捕的清军在寺内搜出"大领湿衣"和银印，推测张名振脱逃不久，质问去向，玄一故意指错道路，清兵追缉不获，以隐匿纵逃罪把玄一处斩。[1]监军张煌言也因"飓风覆舟，陷虏中七日，得间行归海上"[2]。沈廷扬、总兵蔡聪（黄斌卿妻舅）等将领十余人上岸后被清军俘获，七月初三日就义[3]。这样，从舟山出发去接应吴胜兆的海师被迫返航。

詹世勋、高永义瞭望海上，直到天亮不见援兵踪影，感到事情不妙，就同另一副将杨文启、材官沈兰等合谋反戈一击。他们带领兵丁攻入提督衙门，砍死李魁，逮捕吴胜兆、陆冏，解送苏州转押南京。吴著、戴之俊、乔世忠、王兴邦、黄国桢、孟学孝等人当场被杀，借以灭口。

消息传到南京，洪承畴同操江总督陈锦、镇守南京满兵提督巴山会商后，决定由陈锦、巴山亲自统兵前往苏州、松江。二十二日到

---

[1] 顺治四年七月初十日招抚江南大学士洪承畴"为苏松提督吴胜兆忽有变异事"揭帖（见罗振玉编《史料丛刊初编》）中说：张名振"满身湿衣，投入松江之僧庵，以腰藏伪银印向僧玄一易布衣二件，剃发留顶而逃"。任光复《航海遗闻》也记载了这件事，但把玄一写作一泓，其文云："初，名振兵败于洪涛中，遇煌言浮篷上得不死。寻逼岸暗行二里，遇一庵，名振叩之，僧号一泓者见名振即为剃发易服，饭毕令即走。名振贻印嘱以后骑（期？）。会缉兵骤至，搜捕之，得大领湿衣并印。僧赚以他路，追不获，僧伏诛，名振得脱，遂归舟山。"洪承畴疏中说张名振以"伪银印向僧玄一易布衣二件"，似乎玄一帮助名振脱险是为了图利，实则不然。名振孤身一人化装脱逃，不便携带明朝官印，交玄一代为保管自在意料之中。

[2] 张煌言《北征录》，见《张苍水集》第一九二页。

[3] 见上引顺治四年七月初十日洪承畴揭帖；参见上引《明清史料》甲编，第二本，第一八五页，"苏松巡按卢传揭帖"残件，张名振之弟张名斌登岸后"势穷"降清。

达苏州,正值"湖浸跳梁",陈锦、巴山判断这是吴胜兆联络的太湖义师,立即分兵先行入湖清剿[1]。接着在苏州、松江一带大肆搜捕抗清人士,稳定局势[2]。从四月下旬到五月间,清军在松江、苏州、太仓二府一州严缉党羽。陈子龙被指控为主谋,他隐姓埋名从松江逃往嘉定侯岐曾家,又转往昆山顾咸正、顾天逵父子家,终于被清军捕获。五月十三日用船押解途经娄县吕冈泾时,陈子龙借口出恭,乘看守人员不备,跳进河中淹死,清军把他的头砍下来悬挂示众[3]。夏之旭于五月二十五日自缢于文庙。接着,清政府又抓获了参与吴胜兆反清活动的吴胜秦(胜兆弟)、吴奇(胜兆族侄)、林可进(胜兆妻舅)、刘承高、左帅、黄锦标、钱彦林、顾咸正、夏完淳、钦浩、刘曙等人。顾咸正是明朝举人,曾任延安府推官,逃回故里后隐居不仕,仍不忘明室,他的儿子顾天逵是侯岐曾的女婿,侯岐曾的哥哥侯峒曾在顺治二年嘉定抗清中遇难;侯峒曾的幼子侯玄瀞又是夏完淳(其父夏允彝亦因抗清死难)的姐夫。三家患难与共,风雨同舟,经常聚会于侯玄瀞家内,"谈及时事,各蓄异谋"。顾咸正提出"海外黄斌卿是夏允彝结拜兄弟,可结连他起兵,我等作为内应"。三人即各具奏本、禀揭、条陈等文书托反清志士谢尧文交付给通海舵工孙龙送往舟山黄斌卿处。此外,托谢尧文、孙龙带通海文书的还有"结连过苏松湖泖各处豪杰、同心内应好汉"的钦浩、吴鸿等人,他们也写

---

[1] 顺治四年十一月二十一日兵部尚书阿哈尼堪等题本残件,见《明清史料》丁编,第一本,第十二页。
[2] 参见顺治四年四月江宁巡抚土国宝"为紧急塘报事"揭帖,《明清档案》第五册,A5—155号;同件又见《明清史料》丁编,第一本,第六页。
[3] 王沄续《陈子龙年谱》,见《陈子龙诗集》附录二。顺治四年七月初十日招抚江南大学士洪承畴揭帖,见《史料丛刊初编》。

就各类禀帖，推荐某人可为文官，某人可任武职（谢尧文即被荐为游击）。行前，顾咸正等郑重叮嘱谢尧文道："你须谨慎，此事关系身家性命。"[1]不料，三月十九日谢尧文身着"宽衣大袖，形迹可疑"，被清朝柘林游击陈可截获[2]，审出窝藏的通海文书。清政府即按名搜捕，除侯玄瀞逃出外，其余抗清人士都被查获，侯岐曾、顾天逵等首先被杀。清刑部题本中说：顾咸正等"率皆心膂共剖，肝胆相许。文愿设谋于帏幄，武愿勠力于疆场。虽射天之弓未张，而当车之臂已怒。无将之诛，万不能为各犯贷也"[3]。清廷下令把顾咸正、钦浩、吴鸿、夏完淳、谢尧文、汪敬、孙龙等三十四人不分首从一律处斩，妻妾子女入官为奴，财产籍没充饷。九月十九日，两案四十四人在南京遇难[4]。依据其他文献，在这次大搜捕中遇难的还有张宽、殷之辂等人不在上述数十人之内。殷之辂曾任明朝中书舍人，洪承畴审问时说："汝是明朝都大的官，做谋反大逆的事？"殷之辂冷言反讥道："汝是明朝都大的官，做谋反大逆的事？"洪承畴恼羞成怒，命人拖出处斩[5]。因吴胜兆一案牵连被杀的还有杨廷枢。廷枢，字维斗，吴县人，崇祯三年应天乡试解元，为人尚气节，著名于当时。清兵南下后，他避居于邓尉山中。鲁监国遥授以翰林院

---

[1] 顺治四年八月二十二日刑部尚书吴达等题本，原件藏中国第一历史档案馆，顺治题本，叛逆类第二十号。按，邓之诚《骨董琐记》三记卷五《顾咸正一案刑部题本》条收录了这件题本，个别文字有误。

[2] 《明清史料》己编，第一本，第三十九页《刑部残题本》。

[3] 顺治四年八月二十二日刑部尚书吴达等题本，原件藏中国第一历史档案馆，顺治题本，叛逆类第二十号。按，邓之诚《骨董琐记》三记卷五《顾咸正一案刑部题本》条收录了这件题本，个别文字有误。

[4] 《明清档案》第六册，A6—108号，A6—109号，洪承畴题本，其中一人名沈台监毙，戮尸。

[5] 《殷顽录》抄本。

检讨兼兵科给事中的官衔。他不仅秘密联络抗清志士，还通过门人戴之俊直接策动吴胜兆反正。事败以后，四月二十日被清军捕获，遭到严刑拷打，"遍体受伤，十指俱损"，仍矢志不屈。清朝官员想借重他的名望，劝他剃发。他回答道："砍头事小，剃发事大。"五月初一日被杀，时年五十三岁。这位自幼仰慕宋末文天祥为人处世的爱国志士，终于不负平生所学，为抗清复明事业慷慨捐躯。[1]

吴胜兆反清活动的失败，原因是多方面的。首先，他策划反清本来应该严格保守机密，尽量使易帜反正显示其突发性，以收出敌不意之效。一旦宣布反正，立即固守松江，夺取苏州，会合舟山海师和太湖义旅共图进取。可是，许多史料都记载，吴胜兆起事之前他的参谋人员即在四出联络时张扬其事，弄得人言籍籍，结果仓促而起，终归失败。其次，参与密谋的核心人物应当非常可靠，吴胜兆对部下将领缺乏控制力，他被捕后在供词中说："四月初六日（即起事前十天），在官中军原任副将詹世勋率领各标头领泣向胜兆苦劝不可乱做，外边口声不好，不如将戴之俊、陆㘉、吴著杀了以谢人言。胜兆不肯听从，说我谋反有何凭据，教我杀他三人，不如先杀我罢。众将不敢再言。"[2]吴胜兆既明知中军副将詹世勋等不可靠，就应该先发制人，另以亲信取代。四月十六日宣布反正时，高永义、沈兰"不肯割辫"，吴胜兆只是逼勒割去辫子，又未采取断然措施，在关键时刻粗心手软，以致祸起萧墙，功亏一篑。其三，舟山派来的接应海师遇上飓风，不战而败，这一偶然事件并不是关键因素，从清方奏报来

---

[1]　《吴郡日记》卷中；《南疆逸史》卷十三《杨廷枢传》。按，《南疆逸史》等书记杨廷枢遇害时"大声曰：'生为大明人'，刑者急挥刃，首堕于地，复曰：'死为大明鬼。'监刑者为咋舌"。恐系传闻之词。
[2]　前引顺治四年七月初十日洪承畴揭帖。

看，海师因天有不测风云颠覆了部分船只，兵员损失并不太大。松江起事以后仍可派兵接应，加上太湖义师和潜伏于松江一带的复明势力配合作战，清方南京、苏州驻扎的有限兵力很难应付。事后，洪承畴在奏疏中也说："非仰仗圣天子弘福，吴会半壁尽属战场矣。"[1]

第二节　宁波华夏等人的密谋反清

1647年（顺治四年）冬，浙江宁波（今宁波市鄞州区）发生了所谓"五君子翻城"之役。"五君子"是史籍中一个不十分准确的概念，它实际上指的是华夏、王家勤、屠献宸、杨文琦、杨文瓒、董德钦、董志宁等人在宁波策划的反清密谋。华夏等人在弘光朝以前都是生员，清兵侵入浙江后，他们奋不顾身地参加了抗清运动。华夏任鲁监国兵部职方司郎中，董志宁、王家勤任大理寺评事，屠献宸任兵部车驾司主事，杨文瓒任御史，董德钦任监纪推官，杨文琦任隆武朝廷监纪推官。[2]1646年清军渡钱塘江南下，他们身在故里，心怀明室，力谋恢复。在清军主力一部分撤回京师，一部分转入福建、广东，浙江驻军相形单薄的情况下，华夏、董志宁等人认为这是乘虚而起的大好时机。当时，浙江各州县虽已在清方控制之下，但在舟山群岛有明肃虏侯黄斌卿部水师，四明山中有王翊、李长祥等义军扼险据守。正如史籍所载：丙戌"七月而江上溃，时浙东未下者翁洲弹丸地，而士

---

[1] 前引顺治四年七月初十日洪承畴揭帖。
[2] 华夏等人在鲁监国或隆武政权中所授官职诸书记载略有不同。这里是依据翁洲老民《海东逸史》卷十四《忠义一》。

大夫以至军民尚惓惓故国，山寨四起，皆以恢复为辞"。[1]1647年冬，华夏、屠献宸、董志宁、王家勤、杨文琦等人为了恢复浙东，密谋把各种抗清力量联合起来，一举攻克绍兴、宁波。他们一面派人同在大兰山（位于四明山区中部）结寨抗清的明兵部职方司主事王翊联络，一面通过在舟山的御史冯京第劝说黄斌卿带领海师来接应。计划由王翊会同立寨东山的李长祥部突袭绍兴，得手后即与黄斌卿海师合攻宁波；华夏等人在宁波府城内秘密联络清海道孙枝秀麾下的中军游击陈天宠、仲谟（二人曾在史可法部下任偏裨，藏有史可法颁给的札书）届时反正。王家勤自称："吾招集城东豪杰几三千人，管江诸社为之魁，其饷吾一人可任也。"[2]经过奔走联络，预定于十二月初四日乘清浙江巡按御史秦世祯移驻天台，各官到渡口送行，城中无人料理之际，内外并起，一举攻克宁波。[3]不料，鄞县降清未用的废绅谢三宾探知消息，在十一月间向清分守宁绍台道陈谟告密。[4]秦

---

[1]　华夏《过宜言》附《镇海县志》人物志《华夏传》。

[2]　全祖望《鲒埼亭集》外编，卷六《施公子邦玠墓碣铭》。

[3]　华夏等人密谋恢复宁波的时日，诸书记载不一致。应以被捕的主谋华夏在狱中所作《过宜言》为准。下文记黄斌卿海师也在十二月初四日到达宁波府城东门外，可资旁证。

[4]　全祖望在文章中常说谢三宾赚取"大兰帛书"，李聿求《鲁之春秋》卷十八也记，"丁亥十一月，（华）夏所贻大兰帛书中途为谢三宾所得，告之"。其实，谢三宾只探得其事，先行告发。华夏等人的帛书是清军在王翊山寨中缴获的。华夏在《两番对簿语略》内描写审讯时的情况：清巡按"讯予，出谢揭二，一则载有屠献宸、董德钦、董志宁、王家勤、杨文琦、文瓒、文球七人，一则李文缵及予及慈水诸冯氏也。复出职方营（即王翊山寨）所获同盟帛书二通"。华夏《与林霞举书》云："孰知观海有寨，寨主逃而先事附往联络之公家帛书遂露，所由殃及同盟也。"顺治五年二月浙江巡按御史秦世祯揭帖中所述情况相同，见《明清史料》丁编，第一本，第十九页。

世祯得到报告,立即改变行期,急调附近驻军进攻大兰山、东山、管江各义军山寨。定海总兵张杰奉命突袭大兰山,王翊仓促率部转移。清军在王翊营中缴获了明鲁监国颁发的印、敕和书信,其中有华夏、董德钦、王家勤、屠献宸、董志宁联名在一幅小白绢上写给王翊的密信,内云:"敝府布置已定,越(指绍兴)举随举,定越之日,急指一旅到宁,以便壶浆。"又有屠献宸用竹纸写的致王翊书云:"敝府发不待时,乞提师合慈,直捣定海,敝地亦从东直下,与抵关师合攻,亦要着也。"[1]清政府依据谢三宾告密书揭和缴获的书信按名搜捕,十二月初二日华夏首先被捕,屠献宸、董德钦等也先后入狱,董志宁脱逃(后在顺治八年于舟山殉难)。王家勤于同月十六日与总兵杜英侯、施仲吾等率领义军在鄞县管江庄同清军作战时被擒获[2]。

黄斌卿原先不同意出兵,华夏等派出的使者再三申说浙东各地义师已布置就绪,专等海师接应,恢复宁波颇有把握。在冯京第的劝说下,黄斌卿才勉强同意。届期他并不知道内应已被破获,按照预定方案在十二月初四日上午率领舟山海师乘船数百艘直抵宁波东门。这时,清方已有戒备,原定内应的陈天宠、仲谟二将兵力有限,不敢响应[3];四明山寨的义师又已被清军先行击败。黄斌卿

---

[1] 顺治五年二月浙江巡按试御史秦世祯"为捉获叛犯请旨处分事"揭帖,见《明清档案》第七册,A7—144号。同件又见《明清史料》丁编,第一本,第十九页。

[2] 顺治五年正月浙江福建总督张存仁"为塘报宁郡官兵擒斩逆贼事"揭帖,见《明清史料》丁编,第一本,第十六页。

[3] 李聿求《鲁之春秋》卷十七《屠献宸传》记:"舟山师次城下,天宠与谟秣马,犹思应之。海道孙枝秀登陴以望,骇曰:'海师翘首望城上,而不发一矢,望内应也。'即调兵分守诸门,居民敢出衢巷瞻眺者击杀之。天宠与谟不敢发。"

见城内毫无动静。估计破城无望，在城外同清江口协镇总兵张杰等部交战至黄昏，即下令返航。清军趁势追杀，黄部副将李让战死，船只沉没数十艘。[1]

清政府官员惊魂稍定，立即着手审理参与密谋的抗清志士。华夏自被捕到牺牲始终坚贞不屈。他正气凛然地承认自己志在恢复大明，"只今尚恢复不来，兵马莫集，粮草莫办，徒耿耿耳"[2]。清朝官员抓住密信中所说"布置已定，发不待时"八字严讯同党，意在一网打尽。华夏为了保护其他同谋者，拼死不招，说这只是虚造声势，"苟有可通，不能不大言以壮任事之气，而又何借区区实布置为？"[3]被夹刑晕而复苏后仍然大声喊道："崇祯先帝造谋，弘光皇帝统兵，其余大学士范景文、四川御史陈良谟、南京礼部仪制司主事黄端伯、杭州府钱塘县知县顾咸建、监国太常寺少卿陈潜夫一班忠义（均为已死难者）皆予布置也。"[4]1648年五月初二日，华夏英勇就义。刽子手要他跪下受刑，他挺立不屈，被击伤脚后盘坐地上，大呼高皇帝者三，又呼"藿食谋之，藿食死之"，然后被杀[5]。屠献宸、董德钦、杨文琦、王家勤、杨文瓒等也同时或稍后遇难。

攻取宁波之役因谢三宾的告密而全盘失败。谢三宾唯利是图，本意是保住他"家富耦国"的家产并"求用于新朝"，没想到"功"

---

[1] 顺治五年正月十五日浙江福建总督张存仁"为海贼突犯宁郡官兵奋剿大捷"题本，见《明清档案》第七册，A7—75号。
[2] 华夏《过宜言》卷一《两番对簿语略》。
[3] 华夏《过宜言》卷一《两番对簿语略》。
[4] 同上。
[5] 自称与华夏有生死之交的"东海碧樵"撰《过宜先生华公状略》，张孔式《过宜先生华公传》，均见《过宜言》附录。"藿食"指食无肉的普通百姓，与"肉食者"贵族对称，见刘向《说苑》。

不见录，清巡海道孙枝秀对他的巨额财产早已垂涎三尺，故意把他说成是"同谋"叛逆，捉拿入狱[1]。审讯过程中，谢三宾丑态毕露，华夏记载："先讯谢，谢频叩地，称述清功德及表已向推诚，靡敢失此生节至意。颂直指（即巡按御史）万年德音，介福启后，备诸乞怜态。且曰：'治民若有异心，未敢出两次首也。'"[2]尽管孙枝秀事先暗中派人告诉华夏说："谢氏汝冤家，可力引之，当为汝报仇。"他却在公堂审讯时义正词严地说："谢三宾最为宁郡人不齿，甲申之变，犹居乡也；弘光皇帝蒙尘，彼竟降虏。追钱刑部（肃乐）起义，王武宁（之仁）执词问谢罪，彼愿督饷自赎。监国幸越，不次入东阁，惟问暮夜金，即用千金买美姬行乐耳。坐陷钱塘，急切奔降，而大刊揭帖告当事，明归心大清赤忱。是一反复小人，行同狗彘也。此好事，岂有他分？惜与他同狱，未免抱愧耳。"[3]谢三宾听说华夏斥责自己是猪狗一般的小人绝不会参加殉明抗清的"好事"，不禁连连叩头称："长者，长者！"[4]由于主谋华夏耻与谢三宾为伍，谢氏方能脱狱，正如华夏戊子（顺治五年）正月狱中《与林霞举书》中所说："弟惜与三宾同禁数日，至今其座觉污之。谁知三宾竟以弟得生，为之一叹。"[5]

　　宁波诸君子"翻城"之役在相当程度上反映了大官僚地主为

---

[1]　《过宜言》附录《镇海县志》人物传《华夏传》。
[2]　华夏《过宜言》卷一，《两番对簿语略》；同卷廿四日《与林霞举书》亦云："初九日院审、道审时，谢三宾之摇尾乞生，万分狼狈。"
[3]　华夏《过宜言》卷一《两番对簿语略》。
[4]　全祖望《鲒埼亭集·外编》卷十《华氏忠烈合状》；李聿求《鲁之春秋》卷十六《华夏传》。
[5]　华夏《过宜言》卷一。

保全巧取豪夺积累起来的巨额资产在政治上表现的鲜廉寡耻，真所谓"肉食者鄙，未能远谋"。当审讯华夏时，问曰："无乡绅预谋邪？"华夏回答道："悲夫，何言之苦也！大明无乡绅久矣。即有亦膏腴洁衣，多买田产为子孙计耳。否则拥姬妾傲物取快一时，如与大明结没世不可解之仇矣。安得乡绅？只苦这几个秀才为着明伦堂三字丹心耿耿，刻不能昧。一戴纱帽，狼心狗行，无复人理。"[1]这一番激烈陈词虽主要针对谢三宾而发，却揭露了明清易代之际多数大官僚地主的政治动向。大抵家资愈厚者，身家之念愈重，故国之思愈薄。可见，"乡绅"一词并不能准确地说明曾经出仕明朝的官僚的政治态度，也不能与"绅衿"等同。

第三节　王光泰兄弟在襄阳、郧阳反清

王光恩、王光泰、王昌[2]三兄弟原来都曾参加明末农民起义，王光恩在义军中绰号"关索"，颇有点名气。崇祯后期王光恩接受明朝招抚，所部改编为官军，固守郧阳。李自成义军在1643年和1644年多次进攻该城，都未能攻克。1645年清军追击大顺军进至郧阳时，他跟随明朝委任的郧阳抚院徐起元投降了清朝，被委任为襄阳总兵。

---

[1]　华夏《过宜言》卷一《两番对簿语略》。
[2]　《清世祖实录》卷三十二、三十三，王光泰均误书为王光代，王昌讹为王成。按，王光恩的两个弟弟的名字史籍中记载有出入，明末高斗枢以荆南道守郧阳时，王光恩在其麾下，招弟光兴来归，"光兴改名光泰"，见《守郧纪略》。后来在夔东抗清时，明清双方均称之为王光兴，与下文注引地方志不同。

1647年四月，王光恩因为同清朝委任的郧阳抚院潘士良闹摩擦，被诬陷逮捕押往北京。[1]

清政府调总兵杨文富署理总兵，漆尚友任右营副将，企图改编这支部队。王光恩的弟弟王光泰（又名王二）、王昌（又名王三）知道来者不善，就在四月二十九日率领部下兵将七八千人反清，杀杨文富、漆尚友、分巡下荆南道甘文奎、襄阳知府杨镶、推官李实发、襄阳知县潘朝佑。五月初三日，率部转至郧阳地区，杀清朝分守下荆南道刘开文、郧阳知府董有声、同知刘璇、推官孙阳声、郧县知县赵丕承、竹山知县童士勤、保康知县薛溥、郧阳行都司表捷等[2]。他们一面派使者前往湖南向明督师阁部何腾蛟报告反清经过；一面向附近地

---

[1] 康熙二十四年《郧阳府志》卷二十八《事纪》云：顺治"四年，都御史潘士良与王光恩以争礼微嫌，密疏题参。械系光恩赴京。其弟同光兴、光泰杀襄阳官吏，两日夜至郧，杀守道刘开文、知府董有声。……"康熙十一年《襄阳府志》卷一《郡纪》云："四年四月，抚治都御史潘士良会同总督罗绣锦于安陆府，奉旨拿解王光恩。五月，恩弟王二、王三叛，杀官，大掳掠，破谷城，陷均州，据郧阳。"同治四年《房县志》记："三年，都御史潘士良与王光恩以争礼微嫌，密疏题参。诏械光恩入京，其弟光兴、光泰以众叛。"康熙十二年《均州志》卷一《州纪》，同治六年《谷城县志》卷八《纪事》，光绪九年《光化县志》卷八《兵事》所记大致相同。按，《满汉名臣传》附贰臣传（甲）《孙定辽传》记王光恩兄弟事云："以郧襄道李之纲劾其结连土贼陈蛟恣行贪暴事逮问，其弟光泰遂叛，自称明镇武伯，偕弟昌纠党掠襄阳。……"黑龙江人民出版社1991年12月版，第四四一四页，标点有误。又，王二当即王光泰，王三即王昌，《郧阳府志》记"其弟同光兴、光泰杀襄阳官吏"，不应加"同"字。王二为王光泰在顺治四年七月湖广巡按曹叶卜揭帖中说得很清楚。揭帖内"王二""王光泰"混用，如"王二僭称镇武伯"，"该职看得叛逆王光泰负崛郧阳，目无天日，妄改永历年号，僭称镇武伯"。见《明清史料》甲编，第二本，第一九四页。

[2] 顺治五年三月十二日湖北巡按曹叶卜题本，见《明清档案》第七册，A7—155号，参见同书第八册，A8—71号、A8—152号。

区散发谕帖札付,"妄称永历年号,笼络民心"[1],檄文中自称"奋勇兴师,广罗英雄,勷扶帝业"[2]。永历朝廷派兵部职方司官员封王光泰为"钦命提督郧襄等处联络秦豫一带义镇、挂镇武将军印、镇武伯"[3],授王昌为郧襄总兵,李世英为河南总兵[4]。清廷在刚刚得到王光泰等起兵消息时,曾经力图挽回,把王光恩释放,不久获悉王光泰等连破襄阳、郧阳,处死大批清朝文武官员,并且公然打出反清复明的旗号,才将王光恩追回处斩[5]。三月十一日,清湖广提督孙定辽亲自带领马兵五百六十七名,步兵三千三百三十三名,从武昌赶赴郧阳进剿[6]。六月十一日孙定辽所统前锋一千五百名官兵行至距郧阳四十里的安阳口。这里三面临水,一面阻山,王昌趁其立营未定,立刻发起攻击;孙定辽措手不及,大败而逃,奔至河湾时因水深难渡,坠于马下,被义军击毙;副将李显功被活捉,拿进郧阳城内,从他身上搜出被委任为署襄阳总兵的札付,也拖出斩首;兵员除少数

---

[1] 顺治四年七月郧阳抚治赵兆麟等"为塘报逆叛情形伏祈圣鉴"等事揭帖,见《明清档案》第六册,A6—34号。顺治四年七月湖广巡按曹叶卜揭帖中也说王光泰在"郧阳僭称年号永历元年",见《明清史料》甲编,第二本,第一九四页。

[2] 顺治四年九月湖北巡按曹叶卜"为再报逆贼盘踞益坚、狂逞益甚"等事揭帖,见《明清档案》第六册,A6—129号。

[3] 《明清档案》第六册,A6—129号。王夫之《永历实录》卷十五《李来亨列传》附王光兴传记永历朝廷封王光兴为"南漳伯"。

[4] 《明清档案》第六册,A6—129号。原文王昌讹写为"王成"。

[5] 鲁可藻《岭表纪年》卷二记:"郧阳降□(房)王关索部将杀其新镇守杨天儿(当即杨文富)并道府各官,走入四川归正。"(原注:杨天儿谋守郧,计使逮关索赴北。北已释关索,闻郧变,追杀之。)又,《清世祖实录》卷三十二,六月丁亥日条下记:"襄阳总兵官王光恩有罪被逮,弟王光代、王成遂叛,法司引叛律论光恩斩。得旨:光代等闻兄被逮惊叛亦未可知,不可遽以谋叛谳狱。况人命至重,恐涉冤枉,著再详鞫。"

[6] 顺治四年五月十一日孙定辽揭帖,见《明清档案》第五册,A5—172号。

逃出外，大部被歼灭。[1]

败军覆将的消息传到北京，七月十八日清廷命吏部侍郎喀喀木等领满、汉军队前往郧阳镇压。[2]在喀喀木所统清军尚在途中时，王光泰曾于九月十八日领马兵一千余名进攻河南淅川县，被清河南总兵张应祥、开归总兵高第等部军队击败。[3]不久，喀喀木会合河南、湖广清军向郧阳推进，王光泰兄弟自知兵力不敌，在九月内退出郧阳[4]，行前把郧阳府城的大小城楼和城上驻兵窝铺二十九座焚毁一空。[5]光泰兄弟由房县进入四川，其部下总兵李世英奔往陕西兴安府境，企图同曾经在该处活动的抗清武装米国轸、武大定等部会合，不料米国轸已被清军捉获，十一月二十二日李世英部被清兴安总兵任珍击败，世英及副将李锦山、苏名榜等都被杀。[6]这以后，王光泰兄弟一直活动于夔东地区，同大顺军余部李来亨、刘体纯、袁宗第、郝摇旗、贺珍等部联合作战，成为著名的"夔东十三家"之一。

---

[1] 顺治四年十二月湖广四川总督罗绣锦"为恭报镇臣失利情形及随征兵将颠末仰乞圣鉴事"揭帖，见《明清档案》第七册，A7—61号。又见顺治五年三月十二日湖北巡按曹叶卜题本，见《明清档案》第七册，A7—155号。

[2] 《清世祖实录》卷三十三。

[3] 顺治四年十月郧阳抚治赵兆麟"为郧贼侵犯淅川"等事揭帖，见《明清档案》第六册，A6—174号。

[4] 康熙十一年《襄阳府志》卷一《郡纪》云：四年"九月，吏部哈哈木（即喀喀木）复郧，王叛遁"。康熙二十四年《郧阳府志》卷二十八《事纪》亦云：四年"九月，满洲大人哈哈木抵讨王光兴，追及大垭，破之。"

[5] 顺治十二年郧襄总兵穆生辉揭帖残件，见《明清史料》甲编，第四本，第三五九页。

[6] 顺治四年十二月十一日陕西巡抚黄尔性塘报，见《明清档案》第七册，A7—41号；同件又见《明清史料》甲编，第三本，第二一一页。

第十六章
金声桓、李成栋的反清归明

第一节　金声桓、王得仁领导的江西反正

金声桓原来是明宁南侯左良玉的部将，明朝灭亡时升至总兵官。1645年四五月间，清英亲王阿济格大军追剿李自成部进至九江一带，左良玉病死，部将随良玉之子左梦庚在东流县（今安徽东至县）境降清。阿济格令左梦庚带领麾下将领往北京朝见，金声桓唯恐失去兵权，要求率领所部兵马收取江西，为清朝开疆拓地，得到阿济格同意，授予提督江西全省军务总兵官的官衔。和金声桓同行的有原大顺军将领王体中部。王体中原在大顺军镇守德安的大将白旺部下，1645年五月初李自成突然遇难，大顺军内部发生混乱，王体中乘机杀害了白旺，率领部众向阿济格投降[1]，被授予副总兵官职。

---

[1] 吴伟业《绥寇纪略》卷九，附纪。

五月下旬，金、王到达九江，派人持牌前往南昌，声称满洲大兵马步二十余万旦夕将至，只有迅速归降才可免遭屠城。南明江西巡抚邝昭吓得面色如土，解印而逃；其他官员和部分绅士也一哄而散，省城南昌转瞬之间陷入无政府状态。六月初四日，南昌士民推出的一些代表到达九江迎接"金督镇"。十九日，金声桓、王体中乘船溯赣江到达南昌，在岸边受到几十名生员的欢迎。进城以后，金声桓部驻于西城，王体中部驻于东城[1]。金声桓倚仗王体中的兵力收取了南昌附近州县，然而他对王体中的骁勇善战、兵力强劲却深怀戒心，时刻寻找机会吞并王部兵马。闰六月，清廷下达的剃发令传到了江西，金声桓即率部遵令剃头。七月二十一日，王体中领兵从抚州回到南昌，坚决拒绝剃头。金声桓认为这是除掉王体中的最好时机，私下笼络了王体中标下游击王得仁（绰号王杂毛），于七月三十日假称议事把王体中刺杀。事件发生后，王部兵校大为愤慨，"拥至辕门，喊杀震天"[2]。金声桓督兵巷战，经过两天交锋，王部因首领被杀和王得仁的招诱，终于归附了金声桓。

金、王二部既合，攻克明永宁王朱慈炎所据的抚州，追杀慈炎；收取吉安，并将逃往该地的明巡抚邝昭押送武昌[3]，接着又占领广昌等府。八月二十五日派部将何鸣陛、盖遇时等进攻袁州（府治在

---

[1] 徐世溥《江变纪略》。

[2] 顺治二年八月江西提督金声桓给湖广等处总督佟养和的呈文，见《明清史料》丙编，第五本，第四九七页。按，徐世溥《江变纪略》云："八月二十五日剃发令至。……令下三日未有应者。声桓曰：此王兵为梗也。明日请体中计事，即共揎时刺之。"据此推算，王体中被刺杀在八月二十九日，但当以金声桓呈文为准。

[3] 顺治二年八月总督江西湖广等处地方军佟养和"为报捷事"揭帖，见《明清档案》第三册，A3—58号。

宜春县），击败明将黄朝宣部五千余人，占领袁州。至此，江西十三个府除赣州、南安外都被清方控制[1]。金、王自以为不费满洲一兵一卒，而占州据县，能博得清廷的特殊封赏。不料清廷毫无作兴之意，在平定江西大部分地区之后，仅委任金声桓为镇守江西等地总兵官[2]，王得仁屈居副将。顺治三年（1646），金声桓请求清廷另颁敕书，授予他"节制文武""便宜行事"的权力。同年五月清廷发兵部议奏，结果是驳回了他的要求，只将他的官衔由镇守江西等地总兵官改为提督江西军务总兵官，并且规定"剿抚机宜事关重大者，该镇应与抚、按同心商略，并听内院洪督臣裁行"[3]。朝命下达后，金声桓大失所望，内心里埋怨清朝刻薄寡恩。特别是金声桓、王得仁在收取江西郡县时凭借武力勒索了一批金银财宝，成了暴发户；清廷新任命的江西巡抚章于天、巡按董学成看得眼红，危言耸听，胁迫他们献上钱财[4]。权力和金钱之争，使金声桓、王得仁对清廷的不满日益增长。

就南明而言，由于自己兵力不足、疆土日蹙，也力图高悬爵赏策动降清将领幡然来归。早在隆武二年（1646）春天，督师阁部黄道周准备由福建进入江西时，就先后三次写信给金声桓，劝他改弦易

---

[1] 顺治二年九月江西提督金声桓"为塘报事"揭帖，见《明清档案》第三册，A3—76号。
[2] 《清世祖实录》卷二十一，顺治二年十月辛丑（二十三日）"授札委总兵金声桓为左都督充镇守江西总兵官"。同书卷二十四，顺治三年二月己丑（十二日）条提及金声桓时用了"江西提督总兵官"，当系误记。
[3] 顺治三年五月兵部揭帖，见《明清档案》第四册，A4—115号。参见《清世祖实录》卷二十六。
[4] 在金、王反清以后，南赣巡抚刘武元给清廷的奏疏中说："如巡按董成学（当为董学成之误写）者，闻以劾将召侮，索馈遗、索金珠至再至三，而一旦衅起不测，激成大祸。"见《明清史料》丙编，第八本，第七六二页。

辙，建不世之功[1]。当时，金声桓等还在得意之时，黄道周的兵力非常有限，招降没有起到什么效果。据守赣州的南明督师万元吉在崇祯后期曾任督师阁部杨嗣昌的主要谋士，同左良玉部将领有较多接触。他凭借过去的老关系，派密使带着亲笔信件规劝金声桓反清。金声桓虽然不写回信，却接待了使者，私下殷切讯问万督师的情况，秘密放回[2]。不久，黄道周、万元吉先后兵败身死，金声桓自然不敢轻举妄动。但隆武朝廷大臣亲自致书劝说，许以高官显爵，对金声桓等人肯定具有一定的诱惑力。何况南昌的一些明朝遗老耆旧还不时给金声桓传递一些真假莫辨的消息，如隆武帝、杨廷麟、万元吉尚在人间，"隆武屡有手诏，许公能以江西归明者，即举江西封公，亦尝达一二乎？"[3]

与此同时，金、王和清廷委派的江西抚、按之间的矛盾也在加深。"七月，得仁提兵如建昌，章于天差官票追其饷三十万。得仁大怒，槌案大呼曰：'我王流贼也，大明崇祯皇帝为我逼死，汝不知耶！语汝官，无饷可得，杠则有之。'声如嘶吼，目睛皆出，敲其差官三十杠曰：'寄章于天，此三十万饷银也！'声桓闻之，谓其客曰：'王家儿急矣！'……"[4]江西巡抚章于天、巡按董学成对金声桓、王得仁暗中同南明势力的来往已经秘有所闻，加紧搜集证据上报清廷。

1648年（顺治五年、永历二年）正月二十七日，金声桓、王得

---

[1] 黄道周《黄漳浦集》卷十七，书《与金将军书》三件。
[2] 康熙五十九年《西江志》卷三十三，武事。
[3] 徐世溥《江变纪略》。
[4] 徐世溥《江变纪略》。

仁先发制人，擒杀巡按董学成、布政使迟变龙、湖东道成大业[1]，宣布反清复明，"文、武强半从贼"[2]，"尽弃顶带而换冠裳"[3]，少数不愿追随反清的官员均被捕杀，只有江西掌印都司柳同春抛下妻儿家属，缒城而出，乔扮和尚，星夜逃往南京报告江西发生了重大事变，后来又为南下的清将谭泰提供地理图，在进攻南昌及其附近州县中起了不小的作用[4]。当时，清江西巡抚章于天正出巡瑞州，王得仁"遣人邀擒章于天于江中"[5]，于天贪生怕死，愿为金、王效劳，出任兵部尚书[6]，负责制造炮车[7]。

金声桓、王得仁起事时，还不知道永历帝即位的消息，因此在发布的安民告示上署隆武四年，文中有"劳苦功高，不惟无寸功之见录，反受有司之百凌。血气难平，不得已效命原主"等语[8]。金声桓自称豫国公，王得仁称建武侯。明弘光朝大学士姜曰广是江西新建

---

[1] 《八旗通志》卷二百三十《迟变龙传》《成大业传》。乾隆五十四年《南昌府志》卷十九，《武备》记成大业为湖西守道。

[2] 徐世溥《江变纪略》。

[3] 柳同春《天念录》，顺治十年八月《自陈奏疏》。按，这个柳同春就是拙著《明末农民战争史》第四四二页表内所列大顺政权忻州、定襄守将，顺治元年十一月他率领马步兵五百余名降清，后来被任命为江西掌印都司。

[4] 顺治九年六月浙江巡按杜果揭帖，见《明清档案》第十四册，A14—166号。按，此揭帖为残件，其全文见柳同春编《天念录》。

[5] 徐世溥《江变纪略》。

[6] 柳同春《天念录·自陈奏疏》中说："即抚臣如章于天者……亦伪称大司马。"

[7] 南赣巡抚刘武元奏本中云："江抚章于天非旧官乎？先事失于调停，临事不能担当。一旦被其凌逼，尚苟延性命，受兵部伪职，为之打造炮车。其忠君爱国之念何在？臣日为痛恨切齿者此也。"见《明清史料》丙编，第八本，第七六二页。参见《清史列传》卷八十《逆臣传·章于天传》。

[8] 徐世溥《江变纪略》。

（今属南昌市）人，罢官后居住在本县浒湖里，金声桓、王得仁认为他是先朝重臣，把他迎接到南昌城中以太子太保、吏部尚书兼兵部尚书、中极殿大学士的名义号召远近[1]。另有明朝旧官刘思贽、余应桂也列名其间，官衔不详[2]。金、王自行任命文武官员，以黄人龙为总督川、陕、山东、山西、河南五省兵部侍郎，金声桓的中军官宋奎光为左军都督府都督金事，王得仁的妻弟黄天雷为兵部侍郎、锦衣卫同知；至于江西地方官则以王得仁幕中书记陈芳为江西巡抚，金声桓的幕府书记吴尊周为巡按江西监察御史，其他司道官也大抵是两家的幕客[3]。

不久，他们得知隆武帝已经遇难、桂王朱由榔即位为帝，于是文书告示改署永历二年，派幕客雷德复为密使装扮成和尚，携带佛经一部内藏给永历朝廷的奏疏，前往广西行在报告反正情况。永历朝廷下诏封金声桓为昌国公，王得仁为繁昌侯。金声桓提出自己已经用豫国公名义发布文告，改封昌国公不妥；经朝廷同意声桓仍封豫国公、

---

[1] 美国印第安纳大学司徒琳教授著《南明史》英文版一二七页提及"弘光大学士姜曰广"，1992年上海古籍出版社中文译文第一一五页竟误译为"前大学士，湖广人姜曰广"，把"弘光"译成了"湖广"。
[2] 清江西都司柳同春在金声桓、王得仁反清后从南昌逃出，后来多次上疏清廷争功，顺治十年绘成"异惨全图"恭呈御览，这幅图收入他所编辑的《天念录》之首，题为《御览异惨图》。图绘清兵四面包围之南昌城内：有明朝衣冠的刘思贽、姜曰广、金声桓、金（余）应桂、王得仁、宋奎光六人站立，持刀兵丁六七人，中间尸骸若干具，上书"妻子亲属三十二口"。由此推知图中标名姓的六个人是柳同春心目中的"罪魁祸首"。
[3] 这里是依据《江变纪略》的记载。鲁可藻《岭表纪年》卷二，永历二年十一月内记，"江西巡抚吴尊周请缓入朝"，接着又说："尊周原声桓幕宾，反正题为巡按。"前后自相矛盾。另据乾隆五十四年《南昌府志》卷十九，《武备》记封"刘一鹏为汉城侯"。

得仁建武侯[1]。江西绝大多数府县都闻风而动，纷纷树起了反清复明的旗帜。其中比较重要的是吉安府守将刘一鹏、李士元率部归附金声桓[2]；饶州守将潘永禧，袁州守将汤执中、盖遇时也据城反正[3]。其他府县如后来清江西巡抚朱延庆所说："江西变乱之时，全省已无坚城。"[4]只有清南赣等地巡抚刘武元和南赣总兵胡有升、副将杨遇明、高进库等据守以赣州为中心的赣南地区和参将康时升等扼守的广昌府（府治在上饶）仍在清方控制之下[5]。

金声桓、王得仁起事前后，曾经派遣密使策动其他降清将领一道反戈，共襄盛举。据刘武元、胡有升报告，金、王"遣使遗书，希图煽惑，不啻数十余次"[6]。遣密使致书河南开归（开封、归德）总兵高第（明亡时任山海关总兵）"约期举兵"，高第"执其使以闻"[7]。又致书清署长沙总兵徐勇（徐勇和金声桓曾在左良玉麾下

---

[1] 王夫之《永历实录》卷十一《金声桓传》记，雷德复到达广西桂林，见着督师何腾蛟，"腾蛟惊喜，即填空头敕，铸银印，间道遣使仍封金声桓豫国公，总督南、浙、江、闽，便宜行事。使先达，声桓拜命。已，德复至南宁，诏封声桓昌国公。声桓曰：'吾以豫国举义，人但知有豫国，而不知有昌国。'辞后敕，请如腾蛟敕。上许之，为加敕行"。同书卷一《大行皇帝纪》云"仍声桓、得仁承制封如故"，亦指此。

[2] 顺治六年二月南赣巡抚刘武元揭帖，见《明清档案》第十册，A10—47号。

[3] 康熙五十九年《西江志》卷三十三，武事五。

[4] 顺治六年十一月二十日江西巡抚朱延庆揭帖，见《明清档案》第十一册，A11—19号。又，《清世祖实录》卷四十六，顺治六年十一月戊午日（是月丙辰朔）下记："江西巡抚朱延庆疏言：顺治五年间，江西遭金、王二逆之变，文武各官俱相效割辫从逆，惟故巡按御史董学成、分守湖东道参议成大业、新喻县知县张云翚、庐陵县知县常庚、袁州副将尚第。"不从被杀。

[5] 上引顺治六年十一月二十日江西巡抚朱延庆揭帖。

[6] 刘武元《虔南奏议》卷一，顺治五年八月初一日题本；胡有升《镇虔奏疏》卷上，顺治五年八月初六日题本。

[7] 《清世祖实录》卷三十七。

任总兵），要他起兵响应，使者被徐勇杀害[1]。策反工作虽未能全部如愿，但对于广东提督李成栋的决策反清显然起了重大影响。

反清之后，摆在金声桓、王得仁面前的任务是向何方进兵。开初，金、王的决策是北上拿下九江，然后顺江而下进攻南京。二月初，王得仁领兵进抵九江，清镇守九江总兵冷允登带领部下士卒五千名开城响应，接着占领湖口[2]、彭泽[3]。清九江知府吴士奇等地方官都来归附，王得仁命部将吴高接管九江府防务[4]。幕客胡澹提出了奇袭南京的建议："乘破竹之势，以清兵旗号服色顺流而下，扬言章抚院（指章于天）请救者，江南（指南京）必开门纳君，其将吏文武可以立擒。遂更旗帜，播年号，祭告陵寝（指明孝陵），腾檄山东，中原必闻风响应，大河南北，西及山、陕，其谁得而为清有也？"[5]王得仁很重视这个建议，一面派兵入长江，收取九江上下游地方，一面派使者回南昌请示金声桓。

王得仁的军队占领九江一带以后，地处长江中游的湖北、安徽许多地方的复明势力迅速响应，一时风起云涌，形势颇为可观。在湖广方面，二月二十八日王得仁部下一支军队乘船五百余艘，直抵蕲州城下，陆路马步军五千余人也进攻南门。因清兵固守，未攻下蕲

---

[1] 《满汉名臣传》所收《徐勇传》，黑龙江人民出版社1991年版，第四四二三页。
[2] 嘉庆二十三年《湖口县志》卷十七《史事》记："顺治五年戊子，江西提督金声桓叛，道其党王得仁攻陷九江。二月朔，据湖口。"
[3] 康熙二十二年《彭泽县志》卷十四《杂记》载："顺治五年江西提督金声桓叛，遣其党王得仁攻陷九江，伪署吴高镇之，属县皆被其害。"
[4] 康熙五十九年《西江志》卷三十三《武事五》。
[5] 《江变纪略》。

州[1]，但王得仁军已占领黄梅、广济等县，派设了文武官员[2]。蕲水县境复明势力也很活跃，该县县志记载，"（顺治）五年戊子，江西金逆叛兵抵九江。蕲、黄、英、罗各山寨误听之。联结雄长，亘数百里。蕲东北一带亦为所愚，攻城掠野几一年许，民用逃窜。己丑夏，督抚迟及柯率师招安之。寻又变，大兵复进，又招安，然妇女庐室之分离扰乱甚矣"[3]。《麻城县志》记载："顺治五年，江西金声桓据省城反，风闻江北，周承谟等因从北乡倡乱，连延东南山以及英、霍山谷，揭竿啸聚。知县徐鼎请兵讨平之。"[4]后来清湖广四川总督罗绣锦在一件奏疏中说："江右金逆自顺治五年二月内称兵告叛，而黄属地方除黄陂外揭竿响应者无地非贼矣。各县皆坚壁御贼，彼其时期于城守无虞幸也，赋税之征岂能问乎？"疏中还具体指出了蕲州、麻城、罗田、蕲水、黄梅、广济、黄冈、黄安各州县在顺治五、六两年都为"土贼盘踞，田地抛荒"[5]。甚至在省会武昌西北面的孝感县反抗势力也大为高涨，地方官员惶惶不可终日。《孝感县志》记载："顺治五六年时，邑盗贼大起，在途人必让路，

---

[1] 顺治五年三月二十二日湖广提督柯永盛"为逆贼窜犯蕲城，官兵奋勇获捷"事揭帖，见《明清档案》第七册，A7—163号。康熙三年《蕲州志》卷十二《兵寇》记："顺治五年三月，九江寇水陆并进，至蕲州□城南，参将韩友领兵击败之。"

[2] 顺治五年三月二十二日柯永盛"为官兵擒获逆帅谨据实报闻事"揭帖，见《明清档案》第七册，A7—164号，同件又见《明清史料》甲编，第三本，第二二二页。

[3] 康熙二十三年《蕲水县志》卷一《沿革》。

[4] 康熙九年《麻城县志》卷三《变乱》。

[5] 顺治七年八月湖广四川总督罗绣锦"为报明勘确兵荒州县逋负万不能完，仰乞圣慈鉴允除豁事"揭帖，见《明清档案》第十二册，A12—6号；又见《明清史料》甲编，第三本，第二七一页。

客会坐必绝席，有犯则醵金出之，首告则官必楚之。盗得气甚，乃作韵语宣言于邑曰：'弟兄一千七，天下无人敌。有人来犯我，一个一两一。'"[1]真可谓意气风发。有的史书记载清湖广总督罗绣锦唯恐金、王义师进攻武昌，不得不采取缓兵之计，派人致信说："人心未死，谁无汉思？公创举非常，为天下倡，天下咸引领企足，日夜望公至。但赣州东西要害，山川上游，公欲通粤，则赣介其中；公欲他出，则赣乘其后，计莫若先下赣，赣下则楚地可传檄定矣。"[2]清廷接到江西起事的报告之后，立即命令进至湖南的孔有德、耿仲明、尚可喜三王率部退回汉阳。孔有德见人心不稳，为了防止内变，竟然把在湖南降清的原明安国公刘承胤、偏沅巡抚傅上瑞等人全部杀掉[3]。这些事实说明当时清朝对湖广的统治还不稳固，防守兵力相当有限。

九江以东的安徽部分州县情况也很类似。温睿临记载："戊子春正月，江西金声桓来归，九江以东，望风趋附。"太湖（安徽县名）、宿松、潜山、英山一带的反清势力相继而起，各立山寨，奉南明永历朝廷的正朔。这年二月十四日，各山寨义军共立明宁藩后裔朱统锜为石城王，居于潜山飞旗寨，"以永历纪年造作符印，以次拜官，自郡县、监司、抚按、科道、部院、总镇之属咸备。他寨未有谒者以兵降之。其授部院职者有傅梦弼、傅谦之、桂蟾、义堂和尚之属，皆佐统锜，在诸寨为飞旗外卫。于是，统锜抚有二十四寨，因

---

[1] 顺治《孝感县志》卷二十二《逸事编》。
[2] 瞿共美《天南逸史》。按，原文写作"大清镇守湖广罗提督"，提督当为总督之误。王夫之《永历实录》卷十一说，金声桓派使者劝罗绣锦反正，罗犹豫不决，"然已密遣优人具冠带袍笏矣"。
[3] 鲁可藻《岭表纪年》卷二。

联络蕲黄四十八寨，其来谒者，各受职有差"[1]。《太湖县志》记："时金逆突起，大江以南望风披靡。皖属安危在呼吸间。……宿邑（指宿松县）已署伪官，本县城空，官民俱弃不守。"清操江都御史李日芃急忙移镇安庆，由于顺江东下的明军不多，在小孤山被清军击败[2]。潜山县百姓因受清政府高额榨取，这时也乘机而起，史载顺治五年十月潜山县有所谓"十亩贼"，"土贼余公亮"，粮里也，因知县胡绳祖加田亩过额，十月初一日啸众千人据英寘寨为乱，名十亩贼。时监生胡经文屡蓄不轨，事觉，久逃他郡，至是亦据舒界横山寨应之。十二月二十三日，英寘数百人掠县市。将官李之培领兵百人往御，莫支。自是，天堂、埭口二十余寨俱陆续相继立矣。[3]据清方档案："惟英寘一寨山势最险，贼兵最强。各寨倚英寘为主，英寘借各寨为援。"直到次年（1649）六月，清军在总兵卜从善督战下才攻破该寨[4]。《桐城县志》记载："五年戊子春三月，土贼范大、范二起桐白云寨。次年春二月，镇将卜从善等抚之。"[5]建德县乡宦胡士昌公然网巾大袖，口称大事已就，劝知县速为迎顺，以至"人心汹汹，咸无固志"。胡士昌虽然被清政府擒杀，但他的行动显然反映了当时安徽民心的动向[6]。庐州府朱国材化名冯弘图，"假称史阁部（可

---

[1] 《南疆逸史》卷四十八，宗藩《朱常巢、朱统锜传》。
[2] 康熙十四年《太湖县志》卷二《兵氛》。按，该书还记有闰四月太湖县"山贼陈麟等密受伪札谋乱"，被清政府擒获事。
[3] 康熙二十二年《安庆府志》卷十四《兵氛》。
[4] 顺治六年六月二十四日刘弘遇揭帖残件，见《清代农民战争史资料选编》第一册下，第二六七页。
[5] 康熙十二年《安庆府桐城县志》卷二《兵事》。
[6] 顺治五年三月十二日江南总督马国柱题本，见《明清史料》丙编，第七本，第六一一页。

法)"名义起兵,先攻克巢县,接着又联合无为州乡宦吴光宇、生员沈士简、吴乾生等人,于顺治五年正月二十九日夜间里应外合,攻克无为州。二月初六日,朱国材在同来援清军交战时被擒杀[1]。

江西反正之后很短时间里,湖北、安徽反清浪潮的高涨,说明金声桓、王得仁以主力出兵北上,在长江中下游会合各地义师共图恢复是唯一正确的方针。尽管由于柳同春逃往南京告警,清方已有戒备,不可能假冒清兵旗号偷袭南京,但是,金、王主力北进可以同武昌至南京之间的广阔地区内复明势力连成一片,对清朝对南方的统治必然构成极大的威胁,清廷由北京遣发的援军也不可能顺利进入江西。

清廷在接到江西叛变和湖广、南京的告急文书后,深知江南兵力有限,迅速采取对策,调兵遣将。三月十五日,摄政王多尔衮派正黄旗满洲固山额真谭泰为征南大将军,同镶白旗满洲固山额真何洛会、降将刘良佐带领满、汉、蒙兵马从北京赶赴江西,镇压金声桓、王得仁起义[2]。同时,命固山额真朱马喇、江南总督马国柱领兵由江宁(南京)溯江而上,在安庆府(今安徽省安庆市)同谭泰军会合[3]。为了防止反正的明军占领湖北,又命令正在湖南作战的孔有德、耿仲明、尚可喜三王率部撤回汉阳地区。战局的这一变化,对南明无疑非常有利。

---

[1] "巡按淮扬等处试监察御史为塘报贼情事"残揭帖(顺治五年十二月初九日到),见《明清史料》甲编,第三本,第二四〇至二四一页。顺治五年四月江南上江巡视御史潘朝选揭帖中说"土贼袭破无为州、巢县",江南总督马国柱、操江陈锦发满汉军星飞渡江,收复二州县。见《明清史料》丙编,第七本,第六七四页。
[2] 《清世祖实录》卷三十七。参见《清史列传》卷七十九《刘良佐传》。
[3] 柳同春《天念录》,顺治十二年九月初六日《部覆知照》。

然而，永历朝廷虚有其名，无人统筹全局做出相应的决策，各地实力派自行其是。江西的金声桓、湖南的何腾蛟都缺乏战略眼光，没有抓住有利时机，互相配合，赶在清廷援军到达以前迅速收复失地，扩大辖区和政治影响。

从当时的情况来看，江西反正后紧接而来的是李成栋的叛清归明（见下节），龟缩于赣州等少数城池的清军只能固守待援或观风察势，不足以对反正明军构成重大威胁。王得仁部前锋在二月间已经占领了广济、黄梅、湖口、彭泽，控制了九江东西航道，如果金声桓率领主力接应，既可以扼守广济阻击湖广来犯之敌，顺长江东下攻取安徽、江苏；也可以扼守彭泽小孤山一带，阻击由南京而来之敌，抢在孔有德等三王未返汉阳之前（三王兵在四月间才由湖南撤到汉阳）进攻该地。可是，王得仁的使者到达南昌后，金声桓召集亲信官幕商讨大举出兵东下南京的方案，参加会议的人多数都表示赞成，说："此上策也。若西取武汉，连衡郧襄，与湖南何氏（指何腾蛟）鼎足相投，此为中策。万一不然，攻城破邑，所过不留，重为流寇，此出下策。虽然，审能如是，竟亦不失中策。待永历帅六师，堂堂正正而后北伐，清兵猝至，婴城自守，则无策也。"[1] "总督"黄人龙却力排众议，断言"三策皆非也。不闻宁王之事乎？赣州高氏（指高进库）在彼"。金声桓一介武夫不知史事，愕然询问详情，人龙说："昔者明有宁王名曰宸濠，反于江西，以不备赣州故，为赣州巡抚王守仁所擒也。"[2] 黄人龙的危言耸听使金声桓顿时改变了主意，决

---

[1] 徐世溥《江变纪略》。
[2] 徐世溥《江变纪略》。

策调回王得仁军，并在三月上旬亲自率领主力南下进攻赣州[1]。三月二十三日，清江宁（今南京）同知赵廷臣派船到江西彭泽侦探，发现金、王所设官员已经撤退，只在小姑山（即小孤山）两岸留有少数军队布防[2]。这一关系匪浅的决策无疑犯下严重错误。当年宁王朱宸濠起兵时的情形与此时并不一样。首先，宸濠是以明朝藩王的身份以南昌一城之地反叛朝廷；金声桓则是反清归明，南明力量虽弱毕竟还有一隅之地和相当的政治影响。其次，刘武元、胡有升、高进库等人很难同王守仁类比，他们原先是明朝中级武将或臣民，既可以投机降清也可以投机归明。特别是金声桓、王得仁反清两个多月后，广东李成栋也加入了反清复明的行列，整个两广各府县都转入南明之手，南赣巡抚、总兵兼辖的湖南郴州、桂阳又处于南明督师何腾蛟控制之下，刘武元等仅以一镇兵力根本不可能离开巢穴赣州北攻南昌；何况王守仁起兵平定宸濠时得到了吉安知府伍文定的大力支持，而这时地处江西中部的吉安重镇已倒向金声桓。稍假时日，赣州孤城很可能自动倒戈。正如钱秉镫《盱江感事》诗中所云："中兴时异承平计，误拟文成据上游。"[3]战略决策上的重大失误导致了惨败。

三月十六日，金声桓亲自统领大军"二十余万水陆并进，直犯赣界"，十九日进抵赣州城下。攻城之前曾多次进行招降，对高进库等将领许以加封官爵。这里顺便说一下，南明人士所撰史著中常常过

---

[1] 徐世溥记："三月丙辰，乃出师。骑步舳舻旌旗辎重，水陆亘三日不断。"按是月丙申朔，丙辰为二十一日，据清方档案，金声桓兵十六日已入赣州界，十九日至城下，《江变纪略》有误。

[2] 顺治五年四月提督操江李日芃揭帖，见《明清档案》第八册，A8—56号。

[3] 钱秉镫《所知录》卷四。按，此诗在《藏山阁诗存》卷八《生还集》中，原题为《江城感事》，戊子九月作。

分夸大了高进库的作用，把他说成据守赣州的清军主将。其实，当时在赣州的有南赣巡抚刘武元（此人原为明朝参将，在辽东降清）、南赣总兵胡有升下辖五营，每营一千名，协守将领高进库、徐启仁二营，每营兵额也是一千名[1]，总共不过七千兵马。金声桓兵临城下时，李成栋尚未反清（成栋易帜在四月十五日，距金声桓进攻赣州不到一个月），刘武元、胡有升不仅没有感到后顾之忧，还派急使要求佟养甲、李成栋出兵相救。金声桓的招降只收到部分效果，赣州右协副将徐启仁在双方交战于城外时，就"暗通逆贼，卖阵回营"。总兵胡有升见兵力不敌，数十次下令全军入城凭险扼守，徐启仁却带领部下一千名兵马奔回原驻地南安府，连同府内的道、府文官举城投顺了金声桓[2]；镇守南雄的雄韶协将李养臣也跟着投降[3]。赣州虽然成了一座孤城，但该城三面临水，地势险要，城墙坚固，是易守难攻的重镇。刘武元、胡有升督促部将高进库、刘伯禄、杨遇明、贾熊等奋力顽抗，双方相持不下。闰四月初一日，王得仁又带领由九江回师的兵力号称十余万来到赣州，同金声桓一道继续猛攻。闰四月二十二日，赣州清军突然出城反击，王得仁中炮负伤。这以后，金、王"重挖深濠，重筑营城，层层围困，意在不克不休。我兵内绝粮草，外无

---

[1] 胡有升《镇虔奏疏》卷上，顺治四年十二月二十八日"备陈赣南情形疏"。

[2] 徐启仁投降金声桓后，曾率部参加进攻赣州之役，后被清军擒杀。见刘武元《虔南奏议》卷二，顺治六年五月初七日"为确察南安失事情形遵旨具奏事"疏。

[3] 乾隆十八年《南雄府志》卷十七《编年》记："顺治五年戊子，江右金声桓、王得仁反，遣伪总兵侯攻陷南雄，守将李养臣降之。"又见胡有升《镇虔奏疏》顺治五年八月初六日"题报战守杀贼情形疏"。

救兵……势难久待"。城内米价高达四十五两银子一石[1]，南赣总兵胡有升见士卒饥馁不堪，被迫"将自备战马初则变价以犒兵，继则活宰以充饥"[2]，赣州已危在旦夕。

然而，赣州城下旷日持久的战役对金声桓、王得仁是非常不利的。清方的奏报对金声桓、王得仁统率的兵力数字肯定有所夸大，但是金声桓指挥围困赣州的兵马肯定超过城内清军，王得仁的率部增援不仅毫无必要，而且造成了赣北防守力量严重不足。就在金、王大军顿兵于赣州城下的时候，清廷派遣的征南大将军谭泰带领满、汉军队已经迫近江西。闰四月下旬，清军进至东流县，兵分两路，谭泰部攻九江，何洛会部攻饶州府。同月底，奉金声桓、王得仁之命镇守九江的明将吴高弃城而逃。五月初一日，清两广援剿副总兵杨捷占领江西门户九江[3]。何洛会军也在闰四月三十日攻克饶州府。五月初七日，清军前锋进入南昌府境[4]。消息传来，金、王为救老巢不得不下令全军撤退，回保南昌。刘武元、胡有升乘机命令部将于五月初九日开城出击；金、王无心恋战，后卫部队损兵折将，狼狈撤退。五月十九日，金声桓、王得仁引军返回南昌。六月初三日，王得仁领精兵出城迎战南下清军，在七里街被清军击败，退回南昌。谭泰乘胜挥军前

---

[1] 顺治六年三月二十七日南赣总兵胡有升揭帖，见《明清档案》第十册，A10—52号。

[2] 胡有升《镇虔奏议》卷下，顺治八年十一月十二日"圣明亲政伊始，敬陈任内事实疏"。

[3] 顺治五年十月初六日江西巡按王志佐"为要地必需良将事"揭帖，见《明清档案》第九册，A9—104号。参见康熙十二年《九江府志》。

[4] "征南大将军固山额真谭泰等奏本残件"，见《明清史料》丙编，第八本，第七〇六至七〇七页。

进,在七月初十日包围了南昌[1],分兵四出,扫除外围,切断省会同其他州县的联系。清军大肆抢掠,驱迫数以十万计的附近乡民挖掘壕沟,深广各二丈;在赣江上构造浮桥三座。抓来的民夫每天只给粥一餐,"溽暑督工不停晷,上曝旁蒸,死者无虑十余万";"妇女各旗分取之,同营者迭嬲无昼夜"。八月初九日左右,挖壕工程完毕,"所掠男女一并斤卖",南昌"附郭东西周回数十里间,田禾、山木、庐舍、邱墓一望殆尽矣"[2]。

南昌城里的金声桓、王得仁除了固守城池,等待援兵以外,多次亲自带领兵马出城向据守壕沟的清军发起冲击,但都被击退。徐世溥在《江变纪略》中不知出于什么动机,竭力丑化金、王。在他笔下,金声桓是"面色如土,嚄恨而已。诸将裨稟问,百不一应。惟日责姜太保(指姜曰广)令其遣客间道出城,号召四乡起义";王得仁则在危城之中,"方娶武都司女为继室,锦绮金宝,筐箧万千,以为聘币。亲迎之日,绣旆帷灯,香燎历乱,鼓乐前后导从溢街巷"[3]。实际上,依据清方档案,从八月初九日到十月二十六日,南昌明军选择不同方向开城出战至少有九次,其中王得仁带领冲锋三次,金声桓带领冲锋的有两次,金、王共同指挥的一次,不详指挥者的两次,由刘总兵(刘一鹏)带领的一次[4]。这就足以证明金声桓、王得仁在战略战术上虽不怎么高明,但勇于拼搏则毫无疑问。清方以八旗劲旅为主的大批军队顿兵坚城之下达数月之久,一等梅勒章

---

[1] 《清世祖实录》卷四十二。
[2] 徐世溥《江变纪略》。
[3] 《江变纪略》。这种说法为《南疆逸史》等书所沿袭。
[4] 《明清史料》丙编,第八本,第七〇六至七〇七页,"征南大将军固山额真谭泰等残奏本"。

京觉罗顾纳岱在攻南昌府城时"中炮阵亡"[1]，说明金声桓、王得仁指挥的官兵作战非常英勇。

南昌城被围困日久，粮食薪柴均告匮乏。城中米价先涨到一石要六十两银子，后来更高达六百两，最后是断粜，"杀人而食"，拆屋而炊。城中军民处境十分艰难，不少人为了不致饿死，从围城中逃出。不料清军主帅谭泰早已拿定主意，不管是来降官兵，还是逃出难民，一律屠杀。据清方报告：顺治五年九月三十日"省城各门投出百姓有三四十者，有五七十者，有百余者，俱出投降。拿到谭固山面前审毕，发与众家男妇不留，俱杀讫。十月初一日，省城百姓从四门投出男妇共有三百余名，谭固山审问，据说城内绝粮半月有余，米卖银八钱一升，糠卖银二钱一升，老鼠一个卖银二钱，人吃人，不能支捱；审毕发出分杀讫。初二日，"贼伪王副将乘城内火起，带领贼兵并家眷五百余名，剃发押甲投出，谭固山止留十一员名，余贼分杀讫。初三日午时，有贼将一员领贼兵一百二十名携带大独眼枪四杆、三眼枪四杆、鸟枪七杆、火药三桶，投在厢红旗下；火药、火器留用，贼官贼兵俱杀讫。本日未时，城内投出百姓男妇七十余名，男人分杀，妇女分留……"[2]这就是满洲贵族"仁义之师"的本来面目！

迁延到1649年（顺治六年、永历三年）正月十八日，清军发动猛攻，十九日午后蒙古兵竖云梯登上城墙，南昌失守。金声桓身中二

---

[1] 鄂尔泰编《八旗通志》卷一四三《觉罗顾纳岱传》。
[2] 顺治五年十月江南江西河南总督马国柱"为塘报剿杀江西逆贼情形事"揭帖，见《明清档案》第九册，A9—144号。

箭,投入帅府荷花池内自尽,大学士姜曰广在偰家池投水而死[1]。"王得仁突围至德胜门,兵塞不能前,三出三入,击杀数百人,被执,支解"[2]。刑前,谭泰派人审问王得仁为何叛清,得仁回答道:"一念之差。"[3]逃往南京报信的江西都司柳同春质问道:"你为什么把我妻子杀了?"王得仁坦然回答:"是,然是该杀的。听见说你去请大兵,故此杀了。"[4]应对中颇露豪爽之气。

坚持了将近一年的金声桓、王得仁反清斗争遭到血腥镇压。谭泰、何洛会奏报平定江西捷音中说:"南昌、九江、南康、瑞州、临江、袁州等府地方俱平,获金银、骡马、船只、珠、珀、珊瑚、玉帛、貂裘等物无算。"[5]江西百姓遭受了一次浩劫,满洲贵族及其帮凶们又发了一大笔横财。

金声桓、王得仁领导的江西反清在南明史上是一个比较重要的事件。不到两个月广东又发生李成栋反正,本已走到山穷水尽的永历朝廷转眼之间顿觉柳暗花明,中兴有望了。然而,南明当局的腐败无能却表现得淋漓尽致。江西反正后,清廷唯恐九江上游失守,在1648年四月就把孔有德、耿仲明、尚可喜三王兵马撤回武昌、汉口,留守湖南的兵力非常薄弱。南明当国大臣在湖南战场上毫不积极,坐

---

[1] 《江变纪略》。温睿临《南疆逸史》卷六《姜曰广传》记,金声桓"自投于城之东湖"。彭士望《耻躬堂诗集》卷十六《山居感逝》诗注中说,姜曰广"缢于敕赐故翰林郭思颜仁臣之心坊下"。魏耕《雪翁诗集》卷四,《题姜阁老曰广绝命辞卷后》诗中有"满门同日赴黄泉"句。

[2] 《江变纪略》。

[3] 顺治九年六月浙江巡按杜果题本,见《明清档案》第十四册,A14—166号。按,参与审讯的柳同春在《天念录》中记王得仁答语为"一念差错"。

[4] 柳同春《天念录》,顺治十二年九月初六日《部覆知照》。

[5] 《清世祖实录》卷四十二。

失事机。督师阁部何腾蛟在五月间收复广西全州,拖到十一月初一日才攻下湖南永州,接着又同堵胤锡、李赤心部为争夺恢复湖南功绩大闹矛盾。与何腾蛟气脉相通的留守大学士瞿式耜在1648年十一月的一件奏疏中说:"该臣等看得,逆虏之大队力攻江西也,以首倡反正之故;而我国家之光复中兴也,亦惟江西胜败是视。臣等每常拊心祝天曰:'祖宗其庶几鉴金、王两勋镇以殄灭此羯虏乎!'而果然矣。"[1]从表面上看,瞿式耜、何腾蛟也知道江西战役是南明能否中兴的一个关键,可是瞿式耜的奏疏是根据何腾蛟十月底的塘报,塘报中虽然提到南昌在"八月初十日城内粮尽,城外虏炮千门,昼夜攻打,几破两门",接着就说十一日金、王背城大战,清兵溃乱,"自相披靡,折虏万级,获虏马万匹,虏众风鹤,大黄船万只自弃江干,奔下江口去,会城遂定"。"今金、王日发前锋刘一鹏领兵四万,入楚会师,听督师调度,火牌直抵鄜县。赣州高虏(指高进库)闻知李成栋兵十万到南雄,已于九月二十八日窜入兴国、雩都山谷一带,吉、赣各官已定,两府伏平。"这一系列江西"奇捷"的假情报肯定出自何腾蛟的编造,说明其人虚夸争功已经到了不择手段的程度。南昌城被围困得人吃人,守军望援,度日如年;永历朝廷重臣却谎报奇捷,"不胜雀跃",准备"告庙策勋",这大概就是瞿式耜疏中所说的"人谋既臧"[2]。

湖南的何腾蛟既然谎报江西南昌、吉安、赣州均已取得大捷,自然无须出兵救援;广东的李成栋虽然曾经两次进攻赣州,但据当时

---

[1] 《瞿式耜集》卷一,奏疏。
[2] 《瞿式耜集》卷一,奏疏。按,刘一鹏与郭天才等都在南昌城破后被清军捕杀,根本没有什么领兵四万入楚听何腾蛟调度之事。

正在江西的钱秉镫分析，李成栋本来可以引兵直下南昌，解金、王之围，合击谭泰部清军，但他另有自己的打算。钱氏说："然吾观粤东之师，志在得赣（指赣州），非真有救南昌之志也。彼反正初心，以同事者（指佟养甲）攘其功而位踞其上，己反俯听节制，以此怏怏而反，既得其位而全省皆为所有，志愿足矣。岂知因时举事为国家收李、郭之勋哉！其志在图赣，特借救南昌为名，实欲自广其土地而已。未尝念江西亡则粤与俱亡，而救江西为自救之计也。"[1]南明朝廷内部矛盾重重，湖南、广东实权人物只顾自己眼前私利，根本谈不上互相配合作战。1648—1649年江西之役最值得总结的是：清廷不论怎么落后、野蛮，毕竟像个政府，能够统筹全局，令行禁止。而南明政权历来是派系纷争，各实力集团或互相拆台，或坐观败亡，朝廷是个空架子，缺乏起码的权威。历来的史家都把清胜明败归因于清兵强劲无敌，这种观点不过是清朝统治稳固以后"钦定"的翻版。上文指出为清廷收取江西的是金声桓、王得仁等汉族军队；金、王反清之后引兵南攻赣州在战略上犯了致命的错误。然而，清朝湖广、江南都没有足够的力量出兵援赣，清廷被迫由北京派谭泰、何洛会两个固山额真领兵迢迢数千里走了两个多月（三月至五月间有四月和闰四月）才赶到江西，使金、王攻赣之役功败垂成。反观南明，南昌从1648年七月被围到1649年正月城陷，长达六个月，没有得到南明其他军队的任何支援。这就证明，清军作战能力相当有限，南明各派势力的互相拆台才是导致自身瓦解的真正原因。

---

[1] 钱秉镫《藏山阁文存》卷五《粤论》。

三月间，南昌城陷，清军屠城。[1]金声桓等殉难的消息报至行在肇庆，永历帝赠金声桓为豫章王，谥忠烈；王得仁赠建国公，谥武烈；[2]姜曰广赠进贤伯，谥文毅[3]。

在金、王反正之时，崇祯朝兵部左侍郎余应桂、生员吴江也在南康府起兵，攻克都昌、湖口、星子等县。吴江自称巡抚，余应桂称兵部尚书。清军入赣时，首当其冲，先后覆败，吴江、余应桂都被杀害[4]。

第二节　李成栋以广东全省反正

1648年（顺治五年、永历二年）四月[5]，清两广提督李成栋反清复明，这是继金声桓、王得仁江西反清之后又一件震动全国的大事。李成栋曾经参加明末农民起义，绰号"李诃子"[6]，长期跟随李自成的部将高杰（绰号"翻山鹞"），后来随高杰投降明政府，弘光时任徐州总兵。1645年高杰在睢州被许定国刺杀，清兵南下时，李

---

[1]　彭孙贻《茗斋集》卷四，《道经南昌府君祠下》诗前序云："戊子，声桓又叛，清谭泰攻灭之，屠南昌。"

[2]　钱秉镫《所知录》卷三。王夫之《永历实录》卷十一记金声桓赠榆林王，谥忠武；同书卷一《大行皇帝纪》又说金声桓谥忠毅，王得仁谥忠壮。

[3]　《永历实录》卷一《大行皇帝纪》。

[4]　《清世祖实录》卷四十；《南疆逸史》卷十六《余应桂传》。参见《甲申朝事小纪》第四编卷七《余应桂纪略》《吴江纪略》。李元度《国朝先正事略》卷十一《杨敏壮公事略》记，杨捷时任清朝九江总兵官，"旋率兵复都昌，获伪官余应桂等，斩之，江西平"。

[5]　这是清时宪历，清历置闰于四月，明大统历置闰于三月，若按大统历则为闰三月。

[6]　《清史列传》卷八十《李成栋传》。

成栋奉高杰的妻子邢氏投降了清朝。在清廷进兵江南的过程中,李成栋奉命率部沿江苏、浙江、福建、广东、广西一线进攻,为清方收取了大片疆土。特别是在清方第一次进攻广东和广西部分州县的战役中,李成栋起了关键作用。他自以为功勋卓著,两广总督一职非己莫属。不料清廷在任用汉人官职上总是优先选用所谓辽人。同李成栋一道从福建入广的汉军总兵佟养甲属于辽阳世家,这个家族自明初以来不少人担任过卫所军职。努尔哈赤进攻抚顺时,他的同族兄弟佟养正叛变投降,佟氏家族因此遭到明政府的严厉迫害,一部分在辽阳被杀,一部分押进山海关内拘禁。佟养甲的父亲佟进被押进关内受冤而死,养甲为避祸计改姓名为董源投入左良玉幕下谋得一个督理盐饷的差使。1645年清军南下,他投靠清朝,恢复姓名,立即受到满洲贵族的信任[1]。占领广州以后,尽管他没有多少军队,也没有多大战功,却被任命为两广总督兼广东巡抚[2],李成栋只被任命为两广提督,不仅无权过问地方政务,而且在军事行动上还要接受佟养甲

---

[1] 鲁可藻《岭表纪年》卷二记:"养甲为宁南侯左良玉督饷盐于扬州,名董元。降□(房)乃复姓名。扬州未陷时,养甲至南京劝马士英为降计,士英笑而不答。养甲知失言,急出登舟。士英随悟不应放之去,差人觅之,已解维。"瞿共美《天南逸史》记:"养甲于崇祯年间诡名董英,由提塘起,得至总兵。弘光时,贿马士英,提督南直盐法,赢积过多。贝勒至,携之入闽,因令取粤。"初读此事,颇觉离奇,似难置信。后阅《佟氏宗谱》(康熙年间修),内收顺治十三年南赣巡抚佟国器撰《先世被难述略》,文中云:"曾叔祖讳进,号静斋,系宿学明经,解进关内收系狱中,含冤而死。子讳养甲,患难流离,易姓董,更名源,顺治元年始复姓,历官两广总督兵部尚书……"可证确有其事。但佟国器记其复姓名在顺治元年,当是二年之误。
[2] 按照明后期的惯例,广东、广西设置两广总督,广东巡抚由总督兼任,另设广西巡抚驻于桂林,处理广西事务,听从总督节制。清初沿袭了这种安排,后来才增设广东巡抚。

的调度和节制，两人原先的同僚地位变成了上下级关系[1]。清廷重用"辽人"而做出的不公平的待遇，对于野心勃勃的李成栋是难以忍受的，内心的不满逐渐积累起来。到1648年正月江西提督金声桓、副将王得仁反清归明的消息传来时，李成栋认为时机成熟，决定反正易帜。四月十五日，他在广州发动兵变，剪辫改装，用永历年号发布告示，宣布反清归明；总督佟养甲仓皇失措，被迫剪辫，违心地附和反正[2]。广东全省都在李成栋的部将控制之下，各州县官员望风归附。广西巡抚耿献忠也在梧州同梧州总兵杨有光、苍梧道陈轼率部反正，并且立即派使者进入南明辖区报告两广反清归明，接着李成栋的使者带来了正式贺表和奏疏。当时，永历朝廷正处于艰难窘迫之中，广东全省和广西已失府州的突然反正简直是喜从天降，开初都不敢相信，经过几天的探听，特别是原已降清的广西巡抚曹烨、高雷巡抚洪天擢等人前来朝见，说明原委，永历君臣才解除了疑虑，顿时一片欢腾，收拾逃难行装，准备重整河山了。

李成栋决策反清归明经过一段密谋策划，内幕情况在南明史籍中记载分歧。促成他决心反正的原因除了上面说过的清廷歧视政策以外，还有三个原因：一是张家玉、陈子壮、陈邦彦等人的誓死抗清，杀身成仁，使他这位明朝降将不能无动于衷，尽管他亲自镇压了这些起义，但良心并未完全泯没；二是在广东的一部分原明朝官绅如大学士何吾驺、吏科都给事中袁彭年等人心不忘明，当他们察觉李成栋同

---

[1] 清廷的正式任命佟养甲为两广总督兼广东巡抚在顺治四年五月，李成栋在同年六月，见《清世祖实录》卷三十二，这以前为贝勒博洛札委。有的史籍上说李成栋只被任命为广东总兵，不确。

[2] 佟养甲心怀异志，后来被杀，见下文。在李成栋反正后被处死的还有清广东巡按刘显名，见《八旗通志》卷二百三十《刘显名传》。

佟养甲（实际上是同清廷）有矛盾时，立即抓住机会暗中策动李成栋反正；三是成栋爱妾赵氏以死相激成为反正的导火线。下面就史料分歧较大的后两点做必要的阐述。

何吾驺、袁彭年等人的幕后策划和参与密谋确有其事。何吾驺，香山县人，崇祯年间已入阁任大学士，隆武时继黄道周为首辅，兵败之后逃回广东。许多史籍说他参加了绍武政权，未必可信。瞿式耜记载酝酿拥立桂藩时，两广总督丁魁楚还在动摇观望，直到收到何吾驺的信后才拿定主意，可见何吾驺是主张拥立朱由榔的[1]。清军入广以后，何吾驺虽然没有起兵抗清，但他并没有出仕清朝，而是以在野的身份暗中展开策反工作，"密通书于故吏潘曾纬、洪天擢，相机说成栋举事"[2]。到李成栋反正前夕，他才亲自出面，和另一位原任明朝大学士黄士俊应李成栋的邀请"就议密室"。成栋表达了自己决心反正的意向时，"公（指何吾驺）亟相率下拜，曰：'公言及此，我太祖高皇帝之灵，宗庙社稷之福也！'于是督公（指李成栋）下令归版籍，迎乘舆，以端州为行在所"[3]。由此可知，何吾驺作为两朝元老，在策动和赞决李成栋反正上是起了重要作用的。袁彭年曾在崇祯、弘光朝任职推官、给事中，隆武时任吏科都给事中。清兵入闽后投降，任清广东学道；顺治四年五月因广东布政使耿献忠升任广西巡

---

[1] 瞿式耜《丁亥正月昭江道中寄》书信中说，两广总督丁魁楚"踌躇不决"，"必待何象冈（即何吾驺）书至而意始决，其持重老成如此"。见《瞿式耜集》第二五六页。金钟《皇明末造录》卷上也说："九月，旧阁臣何吾驺航海至粤，书至总督丁魁楚，述上之变。因言即今永明王讳由榔……序亲序贤宜立。"

[2] 康熙十二年《广州府志》卷末《艺文志》，樊泽远《请祀乡贤疏》。

[3] 黄士俊撰《大明首辅象冈何公墓志铭》，转引自马楚坚《明清边政与治乱》，天津人民出版社1994年8月版，第五一五页。

抚，袁彭年由佟养甲题请补授广东布政使[1]。按明、清定制，布政使掌管一省行政、财政，袁彭年即利用这一权力成为李成栋密谋反正的核心人物之一。据记载，李成栋曾"同署藩司袁彭年、养子李元胤登楼去梯，相谓曰：吾辈因国难去顺归清，然每念之，自少康至今三千余年矣，正统之朝虽有败，必有继起而兴者。本朝深仁厚泽，远过唐宋。先帝之变，遐荒共悯焉。今金将军声桓所向无前，焦将军琏以二矢复粤七郡，陈将军邦傅虽有降书而不解甲，天时人事，殆可知也。又闻新天子在粤西，遣人瞻仰，龙表酷似神祖，将相交和，神人共戴。若引兵辅之，事成则易以封侯，事败亦不失为忠义"[2]。永历三年五月南明朝廷赐给左都御史袁彭年的诰命中有这样的句子："以风波仅存之身，遘鼎玺屡迁之际。矢丹心而贯日，运神臂以擎天。去梯密画，时帝闻之；给印沉几，无卿比者"[3]，明确肯定了袁彭年参与李成栋反正密谋的功绩。其他史籍也记载了袁彭年同李成栋勾结，谎称府库空虚，不发军饷，为李成栋制造兵变的情况[4]。南明一些史籍坚决否认何吾驺、袁彭年等人参与李成栋反正，是出于派系

---

[1] 顺治四年五月初三日两广总督佟养甲"汇报两广委员补缺事"揭帖，见《明清档案》第五册，A5—165号。

[2] 《东明闻见录》。

[3] 永历三年五月赐左都御史兼院事袁彭年晋阶为柱国、光禄大夫、太子少保，亡妻罗氏赠一品夫人诰命，实物原件。

[4] 钱秉镫《所知录》卷二记，佟养甲命李成栋分兵两路进攻南宁，"成栋辞以无饷，观望不进。养甲趣藩司即行措办。置布政袁彭年先以库存八万两付成栋，养甲不知也。三月十七日黎明，成栋密令兵齐集教场，哗言无粮，欲为变。自诣总督，请养甲亲出拊循。养甲出城，铁骑布满城外，马步五万余，拥之大噪。成栋先取其总督印握之，三军欢呼，同时割辫。养甲亦自割辫，即时出榜，以反正晓谕吏民，用永历年号……"参见嘉庆二十四年《三水县志》卷十三，《编年》。

斗争的需要。那些一直跟随永历帝的朝臣唯恐广东反正来归的官绅将在改组的朝廷中占据重要职位，阻碍自己进身之阶。他们既不敢指斥手握重兵的李成栋等"东勋"，就竭力抹杀参与反正的文官的作用。如时任永历朝廷广西巡抚的鲁可藻就断言："若诸文官，绝无预闻反正者。"[1]他特别针对金堡推崇袁彭年在反正文官中功居第一的说法批驳道："袁彭年实未一预。"[2]行人司行人王夫之因为同以袁彭年为首的"五虎"沆瀣一气，在所著《永历实录》中肯定了袁彭年参与反正密谋，而对何吾驺则恣意贬斥，如说"吾驺降清，思以文望动人，得复大用，乃撰□□□史，称述功德，内书：'楚贼何腾蛟遣张先璧入寇。'镂板行于岭外"[3]。甚至说"吾驺富甲东南，销银为小山，高广丈余，凡十余所，露置宅院隙地。成栋兵初至，欲凿取之，不能动"[4]，这简直近乎天方夜谭了。古语说："尽信书，则不如无书。"何吾驺始终为明，袁彭年大节有亏，就策动李成栋反清归明而言，事实俱在，不容否认。

关于李成栋的爱妾以自刎激发成栋反清复明事，在南明史籍中也是一个记载很多而众说纷纭的问题。钱秉镫不相信这种说法，在所著书中写道："或云：成栋取两广，收印信数千颗，独取总督印密藏之。一爱妾揣知其意，劝举事。成栋拊几曰：'如松江百口何？'成

---

[1] 鲁可藻《岭表纪年》卷二。

[2] 鲁可藻《岭表纪年》卷四。

[3] 《永历实录》卷四《何吾驺传》。钱秉镫《所知录》卷中也说，何吾驺"剃发出降，与成栋相得甚欢。令修《粤东志》，阿谀新朝，为粤人所嗤"。何是非《风倒梧桐记》卷二云："何吾驺投诚乞修明史，门署纂修明史额。广东人有'吾驺修史，真堪羞死'之谣。"鉴于南明党争极其复杂，这些记载未必可信。

[4] 王夫之《永历实录》卷四《何吾驺传》。

栋松江人，时孥帑在焉。姬曰：'丈夫不能割爱乎？请先死君前，以成君志。'遂自刎。成栋哭曰：'我乃不及一妇人！'乃与袁彭年、张调鼎谋，挈金赂要人，以取孥帑之在松江者。将发而金声桓以南昌变。……"接着，钱秉镫声称："然予所闻于反正诸公者，实不然也。"[1]

钱氏史笔远较王夫之、蒙正发等人正派，尽量忠于事实，但是这件事他没有弄清楚。李成栋并不是松江人，他的家属却因为他曾任清朝松江总兵而留在该地。顺治四年（1647）五月两广总督佟养甲给清廷的题本揭帖中说："职查提督臣李成栋既须在粤镇守地方，而家眷尚寄松江。即杜永和等家属亦果见居松江。各官眷丁在彼支给饷银，而在此所费亦复不减。不如搬取以归一处，既免叠支之费，又使勠力戎行者室家完聚，而无内顾之忧。"[2]大概经清廷批准之后，李成栋等人即派官役前往松江迎接家属，取道长江、赣江入粤，途经南昌时金声桓、王得仁已经反清。李成栋的家属目睹了江西反清势力的高扬；金声桓反正之后曾经写信策反李成栋，自然也很可能趁机做些劝说工作[3]。李成栋的爱妾赵氏到达广州时，成栋正在密谋策划反清归明，赵夫人不知内情，私下怂恿成栋举兵响应江西。李成栋唯恐走漏消息，厉声斥责赵夫人胡言乱语。于是，演出了一场死谏的悲壮剧。时人邝露作《赵夫人歌》记其事，后记中说："永历二年闰三

---

[1] 钱秉镫《所知录》卷二。按，张调鼎反正前，先任清广东海道，接替袁彭年任广东学道。
[2] 顺治四年五月初三日两广总督佟养甲为"恳恩具题搬取家属以免内顾事"揭帖，见《明清档案》第五册，A5—168号。
[3] 《岭表纪年》卷二记："成栋差接家眷旗鼓范承恩，为王得仁留署数月，至是回住南雄，寄禀云：'江西兵实强盛不可当。'成栋意益决。"可见，李成栋反正前确实曾经派人到松江接家眷，途经江西。

月十五日，东粤始复冠裳。廿有五日，过谒何夫子（即明大学士何吾驺），见其述忠媛赵夫人事甚悉，率尔漫赋。"歌序中说："夫人神明之胤，食氏广陵，敦说诗雅，明古今治乱之数；歌舞独步一时，非天朝将相，莫币塞脩。时督院李公，镇抚三吴，感夷吾白水之辨，杂佩以要之，素琴以友之，不啻青鸟翡翠之婉娈矣。毋几何，两都沦陷，公服受事，系粤宅交，潜运忠谟，效狄梁公反周为唐故事。几会辐辏，乃遣使迎夫人。夫人至，脱珈捐珮，扬衡古烈，劝公迎驾邕、宜（指广西南宁一带），为诸侯帅。言泛长江，过彭蠡，讴吟思汉，不谋同声。天下脱有微风，义旗将集君所矣。公筹画已定，不肯少泄。翌日，设醴寿公，跽申前请。公惧壁间有人，叱曰：军国大事，出于司马，牝鸡之晨，将就磔矣。夫人谢罪归院，卒以尸谏，血书藏于祎服。浃旬之间，西迂乘舆，复我汉官，如运诸掌。香山何夫子传记其事，命露作歌。盖王化始于闺门，俟采风者择焉。"[1]李成栋反正十天之内就有何吾驺为赵夫人作传，又命门人邝露作歌，可见确有

---

[1] 邝露《邝海雪集笺》卷六《赵夫人歌》并序。邝露曾参加绍武政权，成栋反清时他正在广州，顺治七年尚可喜、耿继茂兵再破广州，遇害。按，台湾《大陆杂志史学丛书》第四辑第五册收简又文撰《南明民族女英雄张玉乔考证》，论证何吾驺作传、邝露作歌的赵夫人就是陈子壮的遗妾张氏，即长于广州的名妓张二乔之妹张玉乔。何、邝写作"赵"氏乃为子壮讳。这种说法自然有一些影子，但并不仅仅是改名换姓的问题，歌中情节也同原居广州的张氏不合。简氏引徐鼒《小腆纪年》、江日升《台湾外纪》等书为证，而推徐鼒为此说之"滥觞""最早提出"者。其实，江日升为康熙时人，徐鼒为道光前后人，两书相距一百五十余年，徐说本于江氏而杂取诸家尸谏之说。这种考证上的疏漏，难以信服。

其事[1]。

广东反正之后，永历帝下诏封李成栋为广昌侯，佟养甲为襄平伯，升耿献忠为兵部尚书。不久，又晋封成栋为惠国公[2]。成栋派使者迎请永历帝移跸广东，他的初意是以广州为行在，大学士瞿式耜等认为朝廷若迁至广州，势必为反正官员操纵，表示强烈反对，最后才决定以永历帝即位的肇庆为行在。1648年（永历二年、顺治五年）六月初十日，朱由榔由广西南宁启程，前往肇庆[3]。李成栋先派养子李元胤到梧州迎接。八月初一日，朱由榔乘船到达肇庆，李成栋郊迎朝见，在行宫中预先准备白银一万两，供永历帝赏赐之用。

李成栋反正初期，对永历帝相当虔诚，颇能尊重朝廷，恪守臣节。尽管广东全省和广西梧州等地是由于他反正而归入南明版图，他却主张地方官员应该由朝廷任免，嘱咐布、按二司说："皇上到，造册一本送部，或用，或不用，或更调，听部为之。"[4]可是，没有

---

[1] 李成栋遣人往松江接家眷，并不排除他在松江仍留有部分眷属、家产。《吴城日记》卷中记："松镇李虎子（指成栋）领兵在闽（粤），与金声桓合，其家口尚留松江。土公（指清江宁巡抚土国宝）于十月中往松江，出不意执其家眷，送江宁羁留之。"《过墟志》述籍没成栋家得刘氏女，后为清某王之妃，当为好事者之戏作。

[2] 钱秉镫《端州拟上第二疏》，见《藏山阁文存》卷一。

[3] 华复蠡《粤中偶记》（是书又名《两广纪略》）。

[4] 鲁可藻《岭表纪年》卷二。永历三年瞿式耜在《请力破积习疏》中也说："昨年勋臣李成栋反正之后，圣驾跸东。成栋取东粤全省官吏造册送部，疏请圣裁，忠挚执谦，尊君守礼。乃庙堂之上，因循沿习，以待西勋（指庆国公陈邦傅）者待成栋，岂成栋之志哉！臣犹闻梧州知府束玉受委之日，勋臣成栋命之曰：'尔至地方，须要清廉洁已做好官，反正一番，事事以遵朝廷，奉皇上为主，朝廷若选新守来，汝即让之，勿与抗也。'即此一端，成栋忠谨之心亦可见矣。"见《瞿式耜集》卷一，奏疏。

过多久，李成栋就发现永历朝廷从上到下窃权弄私，几无功过是非可言。拿封爵来说，朝廷因他反正功高封为公爵，据守广西一隅的思恩侯陈邦傅立即攀比，自称"扈驾"有功，要挟朝廷加封，永历帝竟然同意封为庆国公。权臣文安侯马吉翔为了显示自己可以左右朝政，对成栋说："上念贵标诸镇将从公反正，功不可泯，尚未颁爵赏。烦疏姓名，以便上闻。"李成栋开了个名单给他，马吉翔当着他的面缮写奏疏封进，不一会儿，永历帝就依吉翔所拟诏封杜永和为江宁伯、阎可义为武陟伯、张月为博兴伯、董方策为宣平伯、罗成耀为宝丰伯、郝尚久为新泰伯、黄应杰为奉化伯、杨大甫为乐安伯、张道瀛为镇安伯，范承恩、杨有光、叶承恩、马宝为都督同知。李成栋对马吉翔的威福自操深感不满，回到住所叹息道："人言马皇帝，岂不信哉！懋赏不典也，五等显秩也，爵人于朝，与士共之。乃于一座之顷，呼吸如意，何其神也？我弃老母、幼子为此举，惟望中兴有成，庶不虚负，今见权奸如此，宁有济哉！"[1]至于用人行政、兵马钱粮等问题，由于广东的反正，既扩大了来源，也增加了摩擦。

佟养甲的参与反正本来就是被迫的，永历朝廷虽然封他为襄平伯，挂了一个管理中军都督府事的空衔，实权完全落入李成栋的手里。他不甘寂寞，上疏永历朝廷说："疑臣则杀之，不疑则任之，何能郁郁居此？"朝廷只是"优诏"应付，不给他任何实际职务[2]。佟养甲既怀念清廷的宠信，又明知在永历朝廷内备受猜忌，就暗中派人递表给清廷说明两广事变的情况，同时请派兵南下，自己充当内应。不料使者在路上被李成栋部卒查获。成栋养子李元胤当

---

[1] 蒙正发《三湘从事录》。
[2] 沈佳《存信编》卷二。

时担任锦衣卫都督同知提督禁旅，密奏永历帝以祭祀兴陵（即朱由榔之父老桂王朱常瀛墓）为名派佟养甲前往梧州，预先在佟的座船必经之处设下伏兵，擒杀养甲[1]。随即把佟养甲的亲信全部处斩，以清内患。

第三节　李成栋的进攻赣州和败亡

　　江西和两广的相继反正，骤然改变了明清相持的格局。永历朝廷的无能突出地表现在缺乏全局战略眼光，把时间都耗费在移跸和加官晋爵等不急之务上，仿佛从此可以结束四处奔走的逃难生涯，静听各勋捷报了。李成栋反正之时如果立即出师北上，可以赶上金声桓、王得仁攻取赣州之役，赣州清军当时已弹尽粮绝，必下无疑。然后合兵北上，迎击谭泰、何洛会清军，取胜的把握要大得多。五月，金声桓、王得仁被迫解赣州之围回救南昌，江西的形势明显恶化。要想扭转战局，关键在于李成栋北上江西，与金、王所部内外夹攻，击破清军，收复全省。八月，成栋在广州教场点兵拨将，亲自统率大军直趋南雄。"旌旗器仗焜耀一时，所携粮饷、弓刀、铳炮、火药等不可计数。其气壮，意在必得。"[2]出兵前后，李成栋多次致信清朝赣州守将，进行招降。刘武元、胡有升、高进库等人采取缓兵之计，不断派使者回信表示愿意反正，借以麻痹李成栋；实际上却乘金声桓、王

---

[1]　《岭表纪年》卷二记十一月杀佟养甲于白沐洲头；《存信编》卷二记十月初十日杀于杨柳沙。
[2]　鲁可藻《岭表纪年》卷二。

473

得仁退后，赣州围解，广东明军未到之时在附近乡村搜括粮食，加固城防工事。钱秉镫在奏疏中说：

> 臣顷度岭（《所知录》作"予以九月初旬度岭至南雄"），遇勋臣成栋出师下赣，兵威甚盛。成栋尚驻南雄，以俟赣州之降，监军侍郎张调鼎见臣，言赣州降书叠至，旦暮可下，赣下即长驱而进，以解南昌之围。臣以为赣未必下，而南昌事甚急也。臣所从间道去赣城三十里，土人有言：城中兵每日早出暮归，每骑须括粮三石，押运入城，今村中粮且尽矣。据此乃坚壁清野之计，无降意也。其言降者所以缓王师之出岭而候南昌之信。以南昌卜也，我胜则降，彼胜则抗，情理易见。而勋臣信其必降，退居岭上，听其增修守御，误矣！
>
> 且解南昌之围，何必定先下赣州乎？赣州虽不降，亦仅足以自守。今以一兵驻南安缀赣州，使不敢出；而湖东、湖西皆有路可达南昌。臣由湖东来，建、抚各郡邑皆为我守，虏亦置之不问。自新城历南丰、广昌、宁都以至雩都，皆两勋（指金、王）所设官征粮守城，士民冠服如故。惟雩都城内仍是虏官，城外皆为我百姓，无剃发者；间有剃发者在津口守渡，以舟渡臣，自言系守城兵，报称岭南军威之壮，兵甲之精，意若引领望其速来，则此辈情已可知。至于湖西一路，臣不深悉。闻吉安守将刘一鹏本与两勋同举事者，今虽为虏守，犹怀观望。此两路皆可进兵。今督师何腾蛟新复衡州，其势甚锐，各路之兵尽壁长沙。诚令以偏师由衡州出吉安，数日可至，吉安必望风而

降。而长沙一营直趋袁州，取临江，其势甚易。成栋舍赣州不攻，以全师驻信丰，下兵雩都，收召湖东义师，可得十数万使为前驱，而会湖西之师两路并进，分驻东西二隅，以全力与虏对垒，以游兵统率义师更翻往来，四路迭进，以挠守围之兵。义兵虽不足战，而以填堑决围则虏兵分而备御不及。城中受困已久，望见两路旗麾，大兵云集，勇气自倍，奋死开门背城一战，外内合击，虏未有不败，围未有不解。解围之后，而并力乘势直下江南，江南可传檄而定也。臣故曰：救江西为今日中兴之急着；舍赣州而径下尤为今日救江西之胜算也。[1]

张调鼎曾将钱秉镫的意见传达给李成栋，成栋不以为然，说他是书生不知军计，未予采纳。

九月下旬，李成栋部越过梅岭，分兵两路，一由龙南、信丰，一由南安（今大余）、南康，直逼赣州。十月初一日，李军到达赣州城下，"连营数十余座，炮火连天，环攻彻夜"[2]。清南赣巡抚刘武元、总兵胡有升、副总兵高进库、刘伯禄、先启玉等见明军势大，商定"利在速战"，即趁李军营垒未固、壕沟未成之时，挑选精锐士卒突然开城出战。次日凌晨，清南赣守军分别从小东门、南门、西门出城，"奋命冲杀"。成栋军立脚未稳，猝不及防，被清军冲入营垒，将士惊惶败退，自相蹂践，阵势大乱，兵员和器械损失很多。李成栋

---

[1] 钱秉镫《藏山阁文存》卷一《初至端州行在第一疏》；参见其《所知录》卷二。
[2] 刘武元《虔南奏议》卷一；参见《明清档案》第九册，A9—162号，南赣等处巡抚刘武元奏疏残件。

被迫撤军南安，自己返回广州。清南赣巡抚刘武元报告说："贼带红衣大炮一百位，来攻赣城四十位，尚有六十位见在梅岭。……今诸贼虽落胆败遁，屯驻南安，纠合各处土贼，多携大炮，势必复来犯赣。而残破城垣立见倾颓，万一人心惊惶，战守而无所恃，职死固不足惜，而朝廷四省咽喉尽轻弃于一旦耳。"[1]明鲁可藻也记载道："成栋至南雄，扛舟过岭，尽运所携资械，气甚壮。营栅未定，赣人突出一冲，争渡不及，溺水者以万计，幛房衣甲尽弃，神气以是而沮，元气以是而伤。"[2]李成栋第一次进攻赣州失利是由于既不知己也不知彼，开战以前还没有做好充分准备就以气吞万里如虎之势直薄赣州城下立营猛攻；失利之后又过高地估计了赣州清军的力量，没有组织手头兵力继续进攻。十月初二日的受挫，从清、明两方的记载来看，大约损失了兵卒夫役一万，盔甲、大炮、马骡、器械的一半[3]。而成栋部下将领并没有伤亡，运到梅岭一带的大炮器械尚多。赣州守城清军侥幸得胜，但"兵马有限"，估计最多只有五六千名[4]。所以，刘武元等在险胜之后"激切启请征南大将军（指谭泰）发兵急救"[5]。李成栋初战受挫后即放弃进攻，自行返回广州，不仅使赣州清军得到休整的机会，而且由于南昌方面来援的清军及时到达，取胜的把握更加渺茫了。

[1] 《明清档案》第九册，A9—162号，南赣等处巡抚刘武元奏疏残件。
[2] 鲁可藻《岭表纪年》卷二。
[3] 上引南赣巡抚刘武元奏疏中说，李成栋"乌合十余万众于十月初一日突犯我赣"。初二日出城反击，"斩杀万计，活擒数百，而盔甲、大炮、马骡、器械半归我有"。清方奏报数字不免夸大，但说明成栋的主力并未被歼。
[4] 前引清方奏报，赣州总兵力为七千，其中徐启元所辖一千降明，在金声桓、王得仁攻城时也必然有伤亡。
[5] 《明清档案》第九册，A9—162号，南赣巡抚刘武元奏疏残件。

经过短暂的休整和补充兵员、装备，李成栋在1648年（顺治五年、永历二年）除夕赴肇庆面见永历帝"请方略"[1]，次年正月再次从广州率军北上南雄。二月下旬，成栋大军已经全部度过梅岭，进入江西境内。为了避免重蹈上年十月间匆促攻城招致失败的错误，李成栋决定先占赣州外围各县，然后进攻赣州。他亲自率领主力驻于信丰，派宣平伯董方策等占领雩都等县[2]。从清方来说，正月间攻克了南昌，赣州已无后顾之忧，而且征南大将军谭泰所派梅勒章京胶商等统领的正红旗与正白旗满洲兵也来到赣州，兵力有所增强。很明显，双方的态势已经发生了变化。尽管在兵员数额上李成栋军仍占优势，但清军凭借挫败李军攻赣和攻克南昌的声威，正处于士气高昂之际。按情理说，李成栋进至南雄以后，应当得到金声桓、王得仁覆败的消息，本该扼守梅岭，稳扎稳打，待谭泰、何洛会、刘良佐等班师回京以后（谭泰等奉旨"凯旋"在三月间，清廷直到五月间才得到李成栋攻赣败亡的消息。可见无论是清廷还是谭泰、何洛会等人在镇压金、王反清活动后都急于把这支清军撤回北京），再徐图入赣。换句话说，李成栋二次入赣只在战术上做了一些改变，并没有从战略上考虑双方条件的变化。南赣清军将领刘武元、胡有升、梅勒章京胶商密议后，决定仍以"利在速战"为方针，在明军临城之前主动出击。二月十六日，清满汉主力由赣州出发，向李成栋所驻的信丰进攻，同时派兵八百名前往雩都协防。二十八日，清军进攻屯扎于渠岭的明武陟伯阎可义部，连破阎部在该地设置的木城五座（按，木城是以木桩部分

---

[1] 鲁可藻《岭表纪年》卷二。
[2] 顺治六年三月二十七日胡有升题本、二十九日刘武元题本中均云："李逆在信丰，有伪伯董、张等贼已犯雩都下赣去讫"，成栋部将中封伯者有博兴伯张月、镇安伯张道瀛，不能确定张姓者为谁。

埋入土中相连而成的防御工事）。二十九日午时，清军进至距信丰五六里处，李成栋挥军迎战，为清军所败，成栋退入城中。三月初一日，清军开始攻城。当时信丰东门外桃江河水泛涨，不能涉渡。清军即在西、北两门外和南门旱路上挖壕栽桩，防止明军突围。成栋军心不稳，于是日夜间出东门渡河逃窜。清军占领信丰，对城中居民滥加屠杀[1]，同时乘势尾随追击。李军大乱，将领纷纷南窜，成栋在渡河时坠马淹死。关于李成栋之死，清南赣巡抚刘武元、总兵胡有升奏报中说，三月初四日"生擒活贼审供，李成栋投河淹死等语"。初五日左协副将高进库部下兵丁在河滩"捉获大马一匹，镀金鞍辔俱全，送营报验，审问活贼供称系李成栋骑的战马，随验明转解江西（指南昌）报功"[2]。从南明史料来看，李部将士在信丰突围时各自争相逃命，直到撤至大庾岭清点兵马时才发现主帅无影无踪，经过追查方知成栋落水淹死[3]，当时的混乱可想而知。

　　1649年春天，永历朝廷经历了一场中兴的幻灭。正月，何腾蛟在湘潭被俘杀；金声桓、王得仁在南昌覆亡；三月，李成栋兵败身死。噩耗接踵而来，朝廷上下一片惊惶。李成栋部将江宁伯杜永和原为成栋中军，重贿诸将推自己为留后，让武陟伯阎可义率众扼守梅岭，自己同其他将领返回广州。成栋养子李元胤在肇庆行在，面见永

---

[1]　康熙五十九年《西江志》卷三十三，武事五记："大军屠信丰。"

[2]　顺治六年三月二十七日南赣总兵胡有升"为汇报满汉官兵剿灭广逆恢复信丰异常奇捷事"题本，见《镇虔奏疏》卷上；《明清档案》第十册，A10—86号即为此件揭帖，但后半部分已残缺。同月二十九日南赣巡抚刘武元有同一内容的题本，见《虔南奏议》卷二。

[3]　钱秉镫《所知录》卷三等书记载成栋渡河至中流时，"人马俱沉"，略误。鲁可藻《岭表纪年》卷三记于二月，云："成栋扎营信丰，分兵取各县，意在孤赣之援以困之也。赣侦知，分兵单趋信丰。成栋度不支，合各镇走。自饮火酒十余瓯，渡河投水死，辎重器具无一存者。虏骑掠至南雄而回。"

历帝痛哭流涕，永历帝封元胤为南阳伯挂车骑将军印；元胤辞免，仍旧以锦衣卫都督同知提督禁旅。永历朝廷追赠李成栋为宁夏王，谥忠武，赐祭九坛，葬礼极为隆重，"甲马数十队以彩缯为之，一时灰烬"；"爱妾数人皆令盛服赴火死，尽用夷礼"[1]。永历帝派戎政侍郎刘远生持手敕前往广州慰劳诸将，打算利用刘远生和李成栋是陕西同乡的关系接管两广总督职务。不料，杜永和掌握着两广总督大印，公然开印视事；永历朝廷无可奈何，只好默认。关于这件事，钱秉镫有一段议论颇有见地。他认为"当时诸将惟成栋子元胤可用。使闻变之时，即令李元胤驰入其军，摄行帅事，而召杜永和入代元胤禁旅之任。彼即拒朝命，无以拒元胤也。元胤果断有智略，又其诸弟李元泰、李建捷皆军府要职，最称骁健。元胤至，诸将即有异志，元胤亦足以制之矣。于是移军府于南龙，宿重兵于岭上，北师虽锐未可长驱而入也"[2]。永历朝廷的当权人士既昧于洞察形势的能力，又缺乏知人之明，以为趁李成栋溺水而死的机会可以通过任命刘远生为总督把广东一省军政大权收归朝廷。结果事与愿违，杜永和联络诸将推自己为留后，实际上又节制不了原先同自己地位相仿的将领，广东的局势从此逆转。杜永和等人毫无远志，一味麇集于广州等富庶之区，过着花天酒地的生活[3]。

---

[1] 钱秉镫时在广州，亲见其事。所引见《藏山阁诗存》卷十一《行朝集·己丑·广州杂诗》。
[2] 钱秉镫《藏山阁文存》卷五《粤论》。
[3] 鲁可藻《岭表纪年》卷三记：五月，"以董方策守罗定，杨大甫守梧州，马宝守德庆。虽云为忠贞入粤，实各勋镇与杜永和不相下，不肯听其调度，求入内地养闲也"。新泰伯郝尚久在上年（1648）即由李成栋派驻潮州。张月、罗成耀等均随杜永和遁回广州。可见，成栋身亡后，部下主力除武陟伯阎可义率部镇守南雄外，其他都驻扎于广东南部。

第十七章
北方各省的反清运动

第一节 山东等地的反清斗争

历来讲南明史的人大抵都把视线集中于江南，很少甚至完全不涉及黄河流域的反清复明的运动。自然，南明的几个朝廷都是在南方建立的，相对而言明、清对峙的局面在南方表现得最明显；但是，北方汉族官民的反清斗争是不容忽视的，这种斗争不仅牵制了清廷兵力，延长了南明政权存在的时间，而且在某些情况下（比如姜瓖等的反清复明）对清廷的威胁更大。人们常有一种错觉，以为清兵入关以后，推行民族征服、民族压迫政策在南方遇到顽强的抵抗，而在北方除了一些所谓的"土贼"和"兵变"外，统治相当稳固，没有出现多大的社会动荡。实际情况并不这样简单。分析一下1644年夏季以后的全国形势，应当说黄河流域和南方各省确实存在差别。随着以崇祯帝自尽为标志的明王朝覆亡，黄河流域的汉族官绅一度受到大顺

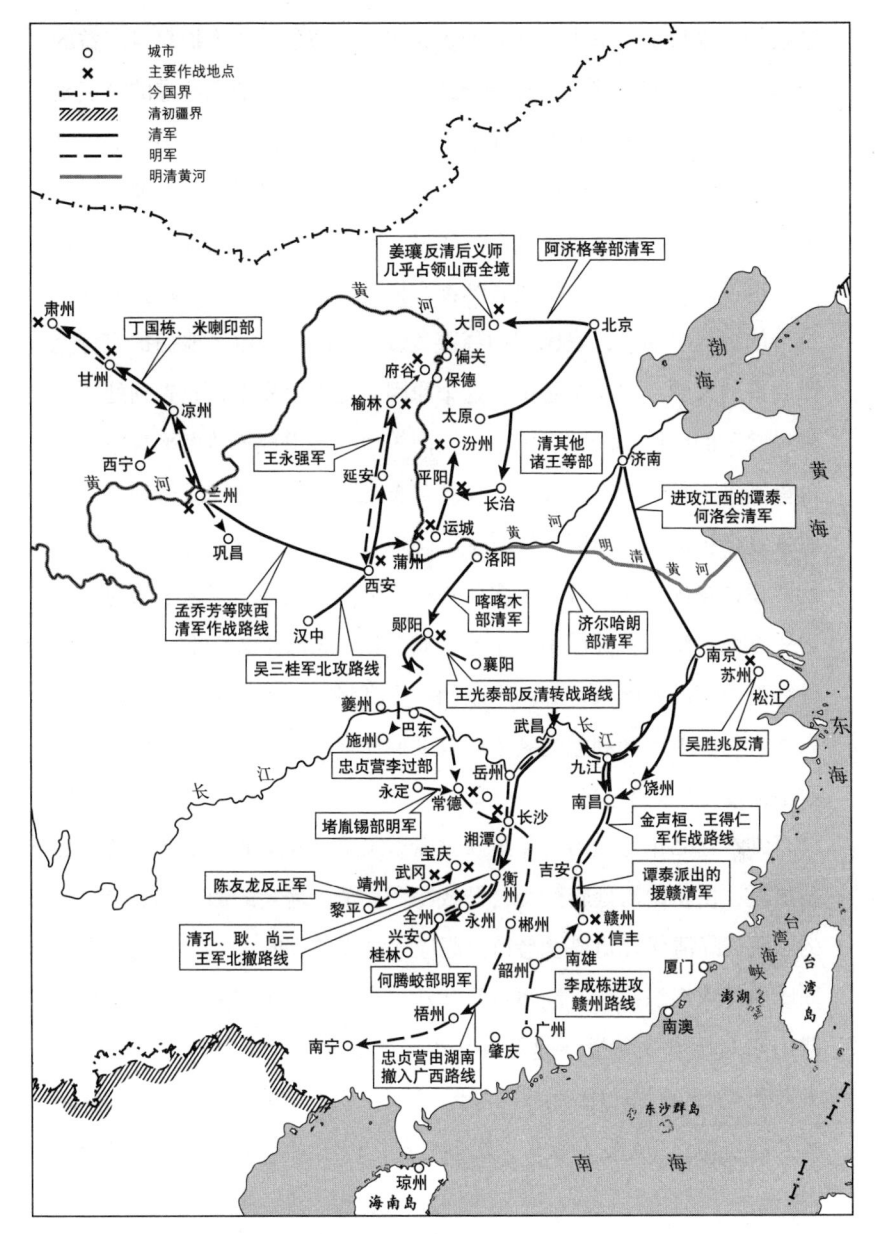

1647—1648年各地反清活动图

政权的沉重打击，不少人把满洲贵族建立的清廷看成维护自身利益的新靠山；而江南官绅并没有亲身经历这场大变革，他们考虑的重点是维护自己的安乐窝。然而，江淮以北的辽阔地区同样存在尖锐的民族矛盾和阶级矛盾。清廷标榜的"代明剿贼""吊民伐罪"以及对汉族官绅的某些笼络政策只收到部分效果，既不能代表广大贫苦农民的意向，也不能说所有北方汉族官绅都心悦诚服地归顺清朝。在大顺政权统治的短暂时期里，农民们如释重负，扬眉吐气，由衷地拥护实行免赋政策的大顺政权。正是由于这个原因，在甲申夏季，原先到处"土贼蜂起"的山西、河北、山东、河南等地一度出现了"太平景象"。可惜好景不长，清军入关后，公开宣布维护当地官绅的既得利益，同时恢复征粮征赋，新旧官绅有恃无恐地大搞反攻倒算，各地自发性的武装反抗烽火连天，数量之多、规模之大甚至超过了明末崇祯时期。另一方面，汉族官绅慌不择主地投靠清廷，为时不久就发现满洲贵族推行的民族歧视政策，如剃发改制、重满轻汉、重辽东旧人轻新附汉人，自己的尊严和利益受到不同程度的损害。华北地区的汉族官绅在政治态度上随之发生分化。一部分官绅忍气吞声乞怜于清廷；另一部分官绅在1645年（顺治二年）六月以后眼看满洲贵族征服者的骄焰日益显露，由依附清廷转变为公开或秘密反清。著名的例子如上文提到的凌駉；降清任青州道参与镇压赵应元起义的韩昭宣，后来跑回山西同虞胤等人组织抗清；濮州乡官叶廷秀在1644年（顺治元年）八月向清山东巡抚方大猷呈请速派援兵镇压"土寇马应试"，以"救民水火"，[1] 大约在1647年他却同江苏沛县著名文人阎尔梅参加山东榆园军共同抗清，"欲假为绿林、新市之资，以图南阳（指东汉光武帝）

---

[1] 《明清史料》丙编，第五本，第四二八页，《山东巡抚方大猷揭帖》。

之业也",最后被清军捕获,就义于东昌府(府治聊城)[1]。此外,如弘光朝东平侯刘泽清降清后虽官封"一品世职",也不甘寂寞,策划在北京和山东曹州同时并起,推翻清廷(详见下述)。至于山西、陕西等地汉族文官武将降清后又重新参加反清复明运动的人更是为数众多。明末大学士惠士扬、李建泰名重一时,降顺降清,似乎不顾名节,最后却都以激烈反清遇害。事实说明,民族矛盾的激化并不限于南方。由于北方绅民的反清运动比较分散,南明方面的史籍又很少记载(这在相当程度上反映了南明朝廷当权人士的胸无全局,满足于偏安一隅),下面只能在为数众多的反清斗争中选出一些有代表性的事例叙述,以窥一斑。

山东谢迁起义。1646年(顺治三年)冬,谢迁在高苑领导起义,攻克高苑县城,处死清朝知县武振华,将该"县百姓照册点名"[2]。接着,又攻克新城县[3]。次年(1647)四月二十六日攻破长山县,活捉清知县周懋臣,随即将库载银两席卷而去[4]。六月十三日谢迁率领义军突然进抵淄川城下。城中义士丁可泽等充当内应,于第二天凌晨破城,擒获降清乡绅孙之獬。孙之獬在明末清初官场上是一个声名狼藉的人物。崇祯初惩办魏忠贤阉党,他抱着《三朝要典》哭告太庙,从此列名逆党,废黜不用。清兵入京后,他立即投靠新主,极尽巴结之能事。《研堂见闻杂记》云:"我朝之初入中

---

[1] 阎尔梅《阎古古文集》附张相文撰《阎古古年谱》。
[2] 乾隆二十三年《高苑县志》卷十《灾祥》。顺治四年六月兵部揭帖,见《明清史料》丙编,第七本,第六〇二页。
[3] 康熙三十二年《新城县志》卷十《灾祥》。
[4] 顺治四年十一月十一日山东巡抚张儒秀"为塘报长山县被贼失陷事"题本,见《明清档案》第七册,A7—9号。

国也，衣冠一仍汉制。……有山东进士孙之獬阴为计，首剃发迎降，以冀独得欢心。乃归满班，则满人以其为汉人也，不受；归汉班，则汉以其为满饰也，不容。于是羞愤上疏，大略谓：'陛下平定中国，万里鼎新，而衣冠束发之制，独存汉旧，此乃陛下从中国，非中国从陛下也。'于是削发令下。而中原之民无不人人思挺螳臂，拒蛙斗，处处蜂起，江南百万生灵，尽膏野草，皆之獬一言激之也。原其心，止起于贪慕富贵，一念无耻，遂酿荼毒无穷之祸。"[1]谢迁义军深恨其无耻，用锥子遍刺其身，插上头发，恨声不绝地骂道："我为汝种发！"孙之獬自知众怒难犯，已无活理，破口大骂。义军将其口缝上，凌迟而死，还把他在城中的孙子、曾孙杀了个干净[2]。顾炎武听到这个消息后，极为开心，特作《淄川行》一首志庆："张伯松，巧为奏，大纛高牙拥前后。罢将印，归里中，东国有兵鼓逢逢。鼓逢逢，旗猎猎，淄川城下围三匝。围三匝，开城门，取汝一头谢元元。"[3]谢迁部义军据守淄川县城达两月之久，后来被清军挖地道用火药轰塌城墙，才失守[4]。

山东榆园军的反清斗争。山东东昌府濮州、范县一带从明朝末年以来就有所谓的"榆园贼"。据记载，由于万历后期山东天灾人祸

---

[1] 孙之獬领先剃发确有其事，顺治二年八月十七日在摄政王多尔衮面前展开一场竞争时，就曾提到"孙之獬于众人未剃发之前，即行剃发；举家男妇皆效满装"。见《清世祖实录》卷二十。

[2] 顺治四年九月山东巡抚张儒秀揭帖，见《明清史料》丙编，第七本，第六二二页；同伴影印本见《明清档案》第六册，A6—122号。参见顺治四年九月初二日兵部尚书阿哈尼堪题本，见《明清档案》第六册，A6—95号。"种发"事见谈迁《北游录》纪闻下《辫发》条。

[3] 《顾亭林诗集汇注》卷一。按，此书解题云"是年九月，丁可泽勾引谢迁等陷淄川，擒之獬，支解死"，误，当为六月。

[4] 乾隆八年《淄川县志》卷三《兵事》。

不断，耕地大面积抛荒，"榆钱落地，久皆成大树"。任七、张七为首的饥民"啸聚其中"，"号百万"。他们不仅利用茂密的榆林做掩护，还创造了地道战术，在地下挖掘纵横交错的通道，长达数百里，神出鬼没地袭击官军。到清朝初年，榆园军已经蔓延到朝城、观城、郓城、城武等县[1]，声势颇为浩大。

到1648年（顺治五年）五月，降清后居住北京的原明东平侯刘泽清（曹州人）见"如今处处反乱"，断定"清国不会用人，国运不久了"，秘密派遣侄儿刘之榦与麾下副将郑隆芳、姚文昌潜往南方同"南朝"联络，带回口信说"君王甚喜"（按当时形势和刘泽清曾掌握部分舟师分析，使者很可能是朝见了鲁监国，而不是永历帝）。刘泽清认为这是反清复明的大好时机，召集亲信李化鲸[2]，到北京密商，约定八月十五日刘泽清"从京中起手，尔等亦于是日举事"[3]。李化鲸返回曹州招兵买马，暗中进行反清的准备工作。清河道总督杨方兴"微闻其不法状"，采取调虎离山计题授李化鲸为兖州守备，让他"单骑就职"。李化鲸被迫提前在七月间起事。他联络附近榆园等义军拥立一个明朝宗室为王，以天正为年号发布文檄，连

---

[1] 乾隆二十一年《曹州府志·杂志》；康熙十一年《濮州志》卷一《年纪》。按光绪《濮州志·兵事》写作曹县土寇张七、任复性。任复性大概就是任七。
[2] 据康熙十三年《曹州志》卷二十《杂志》，李化鲸，号仁宇，城武县人，明末曾任地方捕快，顺治初年被清山东地方官员委任军职，以合法身份掌握了一小支武装。
[3] 顺治五年十月刑部尚书吴达海等题本稿残件，见《明清史料》丙编，第七本，第六九八至七〇〇页。

续攻克曹州、定陶、城武、东明等州县[1]。山东巨野和同曹州接境的直隶大名府、河南归德府的百姓纷纷响应。清廷唯恐事态扩大，不可收拾，下令调三省官兵会剿。参加围剿的有驻防东昌府梅勒章京赖恼、沂州总兵佟养量、临清总兵宜永贵、保定总兵鲁国男、河南总兵高第、河北总兵（指镇守河南省黄河以北三府地区）孔希贵等部。大批清军蜂拥进至曹州，义军虽然奋勇抵抗，终因寡不敌众，被杀得"尸横遍野，血染草丹"。清军先后夺回东明、定陶、城武等县，八月初一日包围了曹州。李化鲸等见形势不利，"出城讲说"；二十八日把拥立的"伪王绑缚献出"，希望借此换取清方退兵。自然这是不现实的，清方绝不会容忍李化鲸据守曹州，继续围攻。九月十五日，李化鲸等又出城谈判，被清军扣留，把他和"伪王"以及刘泽清的三个侄儿押解进京。在这种情形下，曹州城里的义军仍然坚守城垣。十月初二日，清郑亲王济尔哈朗统率由京师南下湖广的军队行至曹州，用红衣大炮攻城。初四日，城陷，清军"搜剿无遗"[2]。

李化鲸等人被押解到北京同刘泽清对质。刘泽清知道密谋败坏，私自烧毁密信等证据，又被家中婢女告发。十月二十五日，清廷经过大臣会审后，刘泽清和他的弟弟、侄儿、李化鲸等人以谋反罪被押赴市曹处斩[3]。

---

[1] 前引康熙十三年《曹州志》记，李化鲸招纳亡命，"纠党谋逆，求得宗姓者拥戴之，伪称公侯。于是年秋七月令其党先举兵反，陷曹县、定陶及城武，次攻曹州，化鲸为内应，杀宪使黄，劫州库。居三日，分其党北攻濮，东攻巨野，而自率大众西攻东明，皆弗克。旋为大兵破，走据曹邑。筑长围困之。城溃，党与皆尽屠戮，执化鲸俘京师，伏诛"。参见康熙十一年《重修大名府志》卷六《年纪新志》；咸丰《大名府志》卷四《年纪》。

[2] 顺治五年十一月河道总督杨方兴揭帖，见《明清史料》丙编，第七本，第六九五至六九七页。

[3] 《清世祖实录》卷四十。

刘泽清、李化鲸的反清活动虽然被清政府镇压下去，但榆园军的反清斗争仍在继续进行。1649年（顺治六年），清廷任命张存仁为直隶、山东、河南三省总督，统一事权，加紧围剿。张存仁到任后，命部将张胆领兵砍伐焚烧榆园林木，又决引黄河之水淹灌地道。义军失去了凭借，终于被清朝官军击败。1651年（顺治八年）十月，榆园军首领梁敏遇难，"张七伏诛，任复性投降"[1]。王熙作《骠骑将军张公传》中说："榆园者，山左之险僻地也。山林箐莽，溪洞盘亘，巨寇梁敏、杨三吾等倚为窟穴，踞险啸聚，时出惨掠旁郡，官兵莫能制。朝命张存仁总制三省相机往剿。张公曰：吾用赵人久，剿荡榆寇非张副戎（当时张胆任副总兵）莫办。遂亟疏于朝请迁公直隶、河南、山东三省大厅（实际为三省总督之中军），节驻天雄（指大名）。公提兵至其地周视曰：是贼无能为！绝其区，防奔逸，一鼓就擒矣。乃阴使人持火具从间道焚林烈泽，烟焰涨天，继遣健丁操锐斧列阵而进，摧枯刊木，灌莽若洗，贼始惶骇，思鸟兽散。先是，榆寇穿地道千里，急则潜行以遁。公诇知之，使卒决黄水灌之。穴塞，贼益窘迫，乞命。匝月而渠魁授首，余党悉平。总督马光辉以公屡建大功，疏题天津总兵……"[2]

此外，清初山东各地的反清斗争还有不少。如《武定府志》记载："顺治三年冬十月，寇破沾化，令与尉死焉。四年夏六月破阳信；秋九月破海丰。是时寇势张甚。"[3]冠县在顺治三年有裴守政、刘丝桐起义；顺治五年有王奎光起义[4]。顺治四年十一月十二日，

---

[1] 康熙十一年《濮州志》卷一《年纪》。
[2] 乾隆十年《铜山县志》卷十一，艺文。
[3] 咸丰九年《武定府志》卷三十四，艺文，《海丰县令杜民祚传》。
[4] 道光十一年《冠县志》卷十《纪变》。

义军丁鸣吾（有的史籍写作丁明吾）、周魁轩带领骑兵四百余名、步兵不计其数，攻克峄山，夺取库藏财物，释放狱囚，第二天主动撤出[1]；随即北上攻克蒙阴，杀清知县崔葑，直到顺治八年才被清朝总督张存仁镇压下去[2]。高唐州有蔡乃憨（有的史籍写作蔡奶憨）、周桂轩、崔三棱等起义，于顺治三年十月攻破州城[3]。夏津县有宋鸭蛋、陈国造、三帽檐子的反清斗争[4]。东昌府有丁维岳领导的起义。丁维岳原先是明朝寿张县练总，1647年（顺治四年）十月十四日夜间他率领"马贼千余，步贼数万，四面举火，喊声动地"，攻打漕运重地张秋，未能得手，次日攻克寿张县"[5]；同月十四日杨云山部义军又攻克堂邑县，对运河交通构成重大威胁。山东满汉清军紧急出动扫荡，临清总兵宜永贵会同梅勒章京秃江带领兵马围攻丁维岳的据点陈家楼（在寿张县城西南十八里），二十四日陈家楼被攻克，丁维岳的父母、兄嫂、妻妾等人都被清兵掳去，但他本人先于二十日会同其他义军进攻阳谷、观城，"尚未回巢"[6]。十二月初四日，丁维岳、周魁轩、张尧中等率骑兵四百、步兵千余攻克阳谷县，杀清委知县[7]。同月十六日，清将沙儿胡达领满汉兵由向导带路，向聚集在郓城县王

---

[1] 顺治四年十一月山东巡抚张儒秀"为塘报峄县失守事"揭帖，见《明清档案》第七册，A7—22号。
[2] 康熙二十四年《蒙阴县志》卷八《兵燹》。
[3] 康熙十二年《高唐州志》卷三《兵燹》。
[4] 乾隆六年《夏津县志》卷九《杂志·记遗》。
[5] 顺治四年十月山东巡抚张儒秀"为塘报叛贼谋攻镇城，官兵堵御获捷，并报寿张失城事"揭帖，见《明清档案》第六册，A6—164号。
[6] 顺治四年十月二十六日山东临清总兵宜永贵塘报，见《明清史料》甲编，第三本，第二〇三页。
[7] 顺治五年正月初十日兵部尚书阿哈尼堪等题本，见《明清档案》第七册，A7—73号。

家海子的义军突然发动攻击。义军猝不及防，首领丁维岳、张尧中阵亡，周魁轩负伤逃走。清山东巡抚飞报大捷道："该职看得丁维岳、张尧中乃西南之巨凶也，逆党数千肆毒于东、兖之区，陷城劫库，害及济宁道臣，贼势已成燎原矣。"[1]另一路清军在梅勒章京库儿蟾率领下有满汉铁骑千余名赶往堂邑，直抵杨云山部据点王家屯，得知义军挖有地道，"曲折约远二三里"。清将命令士兵尽力挖掘，未能奏效，改用柴草火药进行烟熏，义军被窒息呛死的有一百多人。清军缴获了一幅"黄绢伪谕"，"上用伪印一颗，朱钤隆武三年字样，上有监国鲁王之称"[2]，这表明山东各地的抗清斗争虽然分散，却同鲁监国政权保持着联系，是复明运动的一个组成部分。

京师王道士案。弘光朝廷官员投降清廷之后又从事秘密反清活动的，除了刘泽清以外，还有所谓的"王道士伙党"。这个案件的详情还缺乏研究，但卷进去的人相当不少。据《清实录》记载，顺治四年五月二十一日，"投诚伯常应俊，总兵李际遇、马儒齐、黄明先、丁启光（即下文丁启睿之弟），副将王士永、一把撒、夏五岳、贾应迨、骆和萧、刘方侯，参将乔松，游击滕和齐、于起范、冯可松（按即弘光朝掌锦衣卫的冯可宗）、傅有功，都司马崇臣、卫士龙，守备李豪、张嵩，闲散官丁启睿（原明崇祯朝总督）等坐与贼党王道士通谋，并其兄弟及子，俱伏诛"[3]。

---

[1] 顺治四年十二月山东巡抚张儒秀"为擒斩大逆飞报捷功事"揭帖，见《明清档案》第七册，A7—54号；又见《明清史料》丙编，第七本，第六四七页。
[2] 顺治四年十月二十三日山东巡抚张儒秀"为塘报堂邑失陷并报微臣扫穴事"题本，见《明清档案》第六册，A6—148号。
[3] 《清世祖实录》卷三十二。

刘泽清是同山东地方势力联合反清，王道士案则是以弘光朝文武官员为主串通河南反清势力进行密谋[1]。这两个事件虽然都被清政府破获，参与人员均遭捕杀，然而联系到1648年（顺治五年）金声桓、李成栋、姜瓖、王永强、丁国栋、米喇印等人的反清，说明了一个事实，就是这些人降清以后不仅受到满洲贵族的歧视，而且察觉清廷实力有限，认为大可一试身手。

第二节　姜瓖等人领导的山西反清运动

山西省的复明运动是以大同总兵姜瓖反清揭开序幕的。姜瓖，陕西延川县人[2]，原是明朝挂镇朔将军印大同总兵官。1644年三月大顺军攻克太原后，他主动派人联络，投降了大顺政权。同年五月，传来了大顺军在山海关战败、放弃北京的消息，姜瓖又发动叛乱，杀害大顺军守将张天琳，归附了清朝。由于他在起兵叛乱夺得大同的时候并不了解清廷有入主中原的意图，拥立了一个名叫朱鼎珊的明朝宗室（代藩枣强王后裔）"以续先帝之祀"，被清廷斥为"大不合理"[3]。七月十五日，姜瓖不得不上疏请求原谅自己"不学无术之罪"，并且要求"解臣兵柄，另选贤能"，让自己"休息田间，从此

---

[1]　顺治四年七月二十二日刑部尚书吴达海"为密拿叛党事"题本，见《明清史料》丙编，第七本，第六一一页。

[2]　顺治六年三月山西巡抚祝世昌揭帖中说："且瓖原籍榆林延川"，见《明清档案》第十册，A10—59号。

[3]　《清世祖实录》卷五。朱鼎珊当是代王朱桂的九世孙。

有生之日皆歌咏太平之年矣"[1]。清摄政王多尔衮一面让他继续充当大同总兵，一面警告他"洗心易虑"，"倘仍前不悛，越分干预，国有定法，毋自取戾"[2]。这年十月，他奉命抽调大同地区的精锐兵马跟随英亲王阿济格西征，在镇压陕北大顺军高一功等部时颇为卖力。没想到次年（1645，顺治二年）七月他被叫到北京，由大学士刚林秉承摄政王多尔衮的意旨进行质讯，指责他顺治元年六月初八日上表归顺清廷，七月间却用明朝崇祯年号发给文武官员札付，又拥戴明朝宗室枣强王，"此罪不小"。姜瓖跪在地上解释清兵入关之初人心未定，不得不采取一些权宜之计，"原不敢有二心"。刚林又无中生有地斥责他"去年冬英王西征路出大同，你心生疑虑"。最后，才宣布："今大清恩宽，王上令旨许功罪相准，往事并不追究。着你仍镇大同，洗心涤虑，竭力尽心，以报国家大恩。"姜瓖自以为不费清朝一兵一卒，把大同地区拱手献给了清廷，接着又在陕西榆林击败大顺军，不仅功高无赏，反而备受猜疑。他一肚子怨气，但又不得不"叩头谢恩"[3]。这以后的三年里，清廷对陕南、四川用兵，曾多次征发山西的人力、物力，加重了官民的负担。1647年（顺治四年）三月，清廷下令"在京官员三品以上，在外官员总督、巡抚、总兵"各"送亲子一人入朝侍卫，以习满洲礼仪，察试才能，授以任使"。这显然具有人质的用意。姜瓖接到兵部传旨后不敢怠慢，把长子姜之升送往北京[4]。

---

[1] 见《明清档案》第一册，A1—22号。

[2] 《清世祖实录》卷六。

[3] 《明清史料》丙编，第五本，第四九四页，《记注残叶》。

[4] 顺治四年八月二十二日大同总兵姜瓖"为恭谢天恩事"揭帖，见《明清档案》第六册，A6—63号。

1648年（顺治五年）十一月，蒙古喀尔喀部二楚虎尔犯边。清摄政王多尔衮召集诸王、大臣会议，决定派英亲王阿济格、端重亲王博洛、承泽郡王硕塞、多罗郡王瓦克达等领兵戍守大同，加强这一地区的防务。姜瓖对清朝统治者崇满歧汉政策早已心怀不满，这时又正是在江西金声桓、广东李成栋反清之后，清廷对手握军权的汉族将领猜忌甚深，他判断满洲大军云集大同将对自己不利。大同地区的清朝官员又奉命征集粮草，急如星火，百姓怨声载道。于是，姜瓖在十二月初三日乘宣大总督耿焞等人出城验粮草的机会，突然关闭城门，下令"易冠服"，自称大将军，公开揭起了反清的旗帜[1]。耿焞逃往阳和，家属被姜瓖处死。阿济格闻讯，连夜进兵，于初四日到达大同城下[2]。姜瓖反清以后，"飞檄安官，朔（州）、浑（源）一带俱受伪札"[3]。阿济格在十二月间的报告中说："叛者不止大同，其附近十一城皆叛。"[4]大同举义后，山西各地的汉族官绅纷纷响应。

　　晋西北，"明废弁万练乘变袭踞偏关，瓖即以练为伪偏关道。宁武、岢岚、保德相继失守。刘迁者，亦明废弁也，纠亡命，受伪左大将军职，略雁门关及代州、繁峙、五台等邑，太原告警"[5]。关于刘迁的情况，顺治六年正月二十四日山西巡抚祝世昌塘报中说："本院

---

[1]　康熙二十一年《山西通志》卷三十《杂志·盗贼附》。《清史列传》卷八十《姜瓖传》把姜瓖反清系于十一月，时间有误。
[2]　《清世祖实录》卷四十一。
[3]　康熙二十一年《山西通志》卷三十。雍正十三年《朔州志》卷八《武备兵氛》记："五年十二月，大同总兵姜瓖叛，遣逆党姚姓袭朔州，守备张楹率叛兵内应，兵道宋子玉、通判杨遽、知州王家珍皆死之"，众奉张楹为总兵。
[4]　《清世祖实录》卷四十一。
[5]　《清史列传》卷八十《姜瓖传》。

□虑雁门系大同孔道，预遣抚标右营游击高国盛同蒙古艾大人驻防代州。突有明季副将刘迁诈称起用伪总兵，伪牌伪言，日每招聚乌□（合）……。初十日，逆贼刘迁果率领马步贼约有万余将代州围困十一日，竟入关厢。"高、艾见"贼众兵寡"，"密差役前往大同英王爷驾前请兵"。[1]

晋中，《定襄县志》记载："五台、忻州、盂县皆授姜瓖伪札，转相煽惑，丑类尚累数万，旗帜队伍蚁聚蜂屯。宁武已附姜瓖。兵备道蔺与太原参将李好贤住札忻州、定襄，每侦贼警则引兵救援。至九月，宣府总兵李刚奉旨剿擒高鼎，鼎负隅，每夜出，恣其劫掠。后听抚，贼众渐散，鼎复据曹家寨……俟招俟叛。"[2]《静乐县志》也说："时三晋草寇转相煽惑，驱逐长令，卖降恐后。……太原一郡全城自守者惟榆次、平定、乐平、太原、崞县、盂县而已。"[3]

晋东南，"汾、潞、泽、辽等郡邑小丑乘时蜂起，伪帅胡国鼎啸聚潞安，祸连沁属"[4]。"伪将"陈杜、张斗光等领兵攻克泽州（今晋城）。[5]平顺有姜瓖所"遣贼将牛光天破城劫库，男妇掳掠甚多。至十月，原任赖知县请兵恢复，贼始灭"。[6]

晋西南蒲州到黄河西岸属陕西的韩城一带有虞胤、韩昭宣、李企晟等闻风响应，他们"私立伪韩王，行伪永历事"[7]。清陕西

---

[1]　《明清档案》第十册，A10—9号。
[2]　康熙五十一年《定襄县志》卷七《灾异》。
[3]　康熙三十九年《重修静乐县志》卷十《杂纪志》。
[4]　乾隆六年《沁州志》卷九《灾异》。
[5]　康熙四十五年《泽州志》卷二十八《祥异》附兵燹。
[6]　康熙三十二年《平顺县志》卷八《祥灾志·兵燹》。
[7]　顺治十三年湖广总督祖泽远"为飞报密擒渠逆叛党"等事题本残件，藏第一档案馆。

三边总督孟乔芳向朝廷奏报："伪六省军门虞胤、伪总督韩昭宣、伪总兵封汝宦等克陷蒲州及蒲属临晋等县，伪立永历年号，诈称二十八万。"[1]

在很短的时间里，山西全省除了省会太原和少数城池外，差不多都被义师占领。而山西的反清复明运动又迅速波及陕西等西北地区（见下节）。

从地理位置来看，山西紧靠畿辅，形势的风云突变对满洲贵族的统治中心威胁极大。不过，山西距离永历朝廷控制的地区相当远，其间又被清统治区隔断，双方的联络自然比较困难。许多南明史籍都不讲以姜瓖为代表的晋、陕等地的反清复明运动，或者只是在讲时代背景时一带而过，他们心目中的"南明史"是地道的南方拥明势力的历史。然而纵观全局，清初的复明运动并不能局限于南方，姜瓖等人领导的反清绝不是一般的兵变或叛乱，而是北方复明势力同清朝的一次大规模较量。

姜瓖起事后立即"易冠服"，各地闻风响应的军民都以割辫为标志[2]，军队"以明旗号"相号召[3]，发布文告遵用永历正朔[4]。这些都说明姜瓖等人领导的晋、陕反清运动是以恢复明朝为宗旨的。

---

[1]　孟乔芳《孟忠毅公奏议》卷上，顺治五年八月初六日题本。
[2]　参见顺治六年四月山西巡按蔡应桂揭帖，见《明清档案》第十册，A10—71号；同月山西巡抚祝世昌揭帖，上书A10—74号。
[3]　傅山《霜红龛集》卷十五《汾二子传》记："己丑（顺治六年）四月，大同兵以明旗号从西州入汾，薛（宗周）以策干帅江某，劝急捣太原虚，江不能用。"有人劝薛宗周不要参加复明义举，"薛厉声言：极知事不无利钝，但见我明旗号尚观望，非夫也"。按，"江某"即义军山西巡抚姜建勋，见康熙三十九年《重修静乐县志》卷十《己丑纪变》。
[4]　顺治六年八月陕西总督孟乔芳疏报："山西逆寇虞允等称伪永历年号，陷蒲州及临晋、河津等县。"见《清世祖实录》卷四十二。

他们同永历朝廷也有联络,沈佳《存信编》卷二记载,"清大同总兵姜瓖以大同来归"。1649年(顺治六年、永历三年)八月,永历朝廷"遣太监马鸣图赍敕联络山西总兵姜瓖。鸣图漆身吞炭而行",携带"以黄绢五寸方用御宝为敕书,外用黄蜡封固为药丸"[1]。1653年(顺治十年)清廷缉获"叛党"吕肖渠的罪状就是"先投山西姜逆营内抢掳,带有永历伪札前往河南"散发[2]。这些零星材料(当时在山西各地张贴和颁发的用明永历纪年的文告和札付数量必定极为庞大,失败后荡灭无存罢了)证明姜瓖等人的反清不是孤立的,更不是一般的兵变,而是以拥护南明永历朝廷为宗旨遍及全国的复明运动的一个重要组成部分。《清史稿》说,"其无所附丽而以叛闻者为姜瓖"[3],完全错误!

姜瓖起事以后,清廷最初企图采取招抚政策加以解决。多尔衮当时已经自称为皇父摄政王,想以最高统治者的身份劝说姜瓖回心转意,他在十二月初十日派使者向姜瓖解释阿济格等领兵往大同是"因有事北方蒙古……与尔等全无干涉",故意把姜瓖起兵反清说成只是误解了清廷意图,给以下台的机会,接着宣布若能悔罪归诚,仍将"照旧恩养"[4]。然而,姜瓖反清的导火线固然同阿济格重兵迫境有关,根本原因在于满汉民族矛盾。举事之前既已遭到清廷猜忌,反清之后再图归顺好比覆水难收,前途更不堪设想,因此他对多尔衮的安抚置之不理。多尔衮见解释无效,决心武力解决。1649年(顺

---

[1]　屈大均《安龙逸史》卷上。
[2]　见《明清档案》第十七册,A17—164号,河道巡抚吴景道题本。
[3]　《清史稿》卷四百八十七《忠义一》,中华书局排印本,第四十四册,第一三四七一页。
[4]　《清世祖实录》卷四十一。

治六年）正月初四日，他派敬谨郡王尼堪等统兵入山西。二月间，多尔衮亲自带领军队往征大同。在攻克浑源州、招降应州和山阴县后，突然接到北京传来消息，他的同母弟辅政德豫亲王多铎染上天花，危在旦夕。多尔衮无心恋战了，三月间在赶回北京的途中，他来到大同城下，希望凭借自己的最高权威劝说姜瓖投降。在谕旨中说："向使他人至此，尔或顾畏不从；予兹躬临，可欢然来顺。如来归顺，庶阖城获苏。予方欲天下之人戴吾恩德，尔姜瓖诸罪悉与赦免。谕到可即出降，自恩养如故。勿更怀疑虑，以贻害阖城官民也。予来尔不归顺，则再无生路矣。予言一出，脱有反复，天下之人谁复信之？"[1]

姜瓖在回信中先列举了自己为清廷立了大功，"未有毫发罪过"，然而不仅"未蒙升赏"，跟随他降清的百姓"亦贴危已极。且选出各官又肆行陵虐，民盖难堪。顷者，英王师至，催办粮草，绅士军民苦不可当。动辄欲行杀戮，臣与大同一方百姓委属无辜，谁肯坐而守死？"接着，他针对多尔衮的谕旨表示，"况阖城之人矢志誓死，王纵开诚肆赦，谁敢遽信？是惟更降一谕，明指以全活之方。若不开恩，臣惟率众以俟，无他想望矣。"[2]姜瓖要求多尔衮"指以全活之方"含义是什么，史无明文，按当时情况推测是让清廷退兵，使大同地区的军民有实际的安全感。而且，当时晋、陕反清义师风起云涌，姜瓖的回信也可能是一种缓兵之计。

自从山海关战役以来，执掌清廷最高权力的摄政王多尔衮没有亲自统兵出征过。究其原因，一是进入北京之后，百务丛集，他难以

---

[1] 《清世祖实录》卷四十三。
[2] 《清世祖实录》卷四十三。

分身；二是满洲贵族内部权力之争一直在进行；三是他的健康状况不佳[1]。这次亲征大同实在是迫不得已，山西全省一旦失陷，必然引起连锁反应，且不说南方大片地方尚未平定，在姜瓖反清后不仅山西各地纷纷响应，陕西、甘肃等地反清运动势若潮涌，连畿辅和山东也竟然"山贼蜂起"[2]。满洲贵族遇到了入关以来最大的挑战。

到1649年（顺治六年）四五月间，山西的局势已经十分严重。阿济格等率领的军队围困着大同，并且挫败了来自长城外助马路（今助马口）、得胜路（今得胜堡）来援和姜瓖派出接应的军队，切断了大同和其他山西抗清力量的联系，尽管调来了红衣大炮，大同的防守依然坚固得很。阿济格、尼堪等部顿兵坚城之下，毫无进展。山西其他地区的反清运动却好比烈火燎原，迅速席卷全省各地。清政府能够控制的只是省会太原、晋南平阳（今临汾）几座孤城[3]，其他府、州、县差不多全被反清复明武装占领。这年四月山西巡按蔡应桂揭帖中说："先是，石楼、永和、交城相继告陷。……乃各州县报贼者日常数四，此煽彼惑，已遍满三晋矣。"四月初一日"又接抚臣祝世昌会揭，逆贼刘迁聚众谋攻代州；又云宁武贼众攻围忻州等情"。陕西

---

[1] 早在顺治三年（1646）二月间，多尔衮召集大臣时就曾说自己"代上摄政，唯恐事多阙误，生民失所，念民为邦本，日夜焦思。又素婴风疾，劳瘁弗胜"。见《清世祖实录》卷二十四。

[2] 顺治六年八月礼科右给事中姚文然奏："北直接壤山东、河北一带，盗贼日炽，商贾不前，耕桑失时"。见《清世祖实录》卷四十五。

[3] 乾隆二年《翼城县志》卷二十六《祥异》附兵燹记："顺治六年大同总兵姜瓖叛，分遣贼首攻平阳，不克。其时州县或逃或降，固守者郡城及翼城而已。"按，明代至清初平阳府属三十五州县，1649年清军所能固守者不过两座城池。据同书记载，翼城县外有陕西王永强所遣部将围攻，境内有"哈哈教余孽安定国、混天猴等揭竿而起"，城守岌岌可危，直到1654年（顺治十一年）安定国被诱杀，才"四境帖然"。

497

义军也利用木筏、牛皮浑脱等物渡河入晋，"该职看得，三晋自三边以至省城、汾（州）、平（阳）一带，遍地皆贼，伪牌伪示，络绎不绝。民如鸟兽散，势若土崩瓦解，无论郡邑之城池不能保守，而省城之重地患切垂危。"[1] 就在这个月里，义军占领汾州府城，清山西巡抚祝世昌报告："四月十三日，贼众至汾州府……贼众兵寡，退而守城，则城关大开，合城喊起，郑名标率军民割辫。"清分守冀南道许养高领着永宁知州、平遥、介休二县知县、汾州营参将等人仓皇逃往平阳[2]。《五台县志》记："顺治五年冬，姜襄（瓖）踞大同，送伪札于台人，率众攻城。时有刘永忠等至忻州，拥众至台，不啻十余万。"[3] 晋东南的长治地区也全部易帜，"潞安之变，盖因姜逆首祸，叛党四起，一府八县，相继沦陷"[4]，省会太原岌岌可危。巡抚祝世昌向朝廷求援道："值今伪督抚姜建勋、伪刘总兵、伪司道等贼众，秦晋合伙，失陷汾州府，拥聚十数万，截断省南平阳、潞安两府大路，分贼安官，附近各州县破竹瓦解，势已决裂，此省南之贼景如此。又省之东北五台、繁峙，刘迁、张五桂等勾连宁武众贼盘踞忻口，攻围崞县，北路堵塞，音信已绝。今晋之西北宁武、偏关、河

---

[1] 《明清档案》第十册，A10—71号。
[2] 顺治六年四月山西巡抚祝世昌"为道、将率官逃归，恭报上闻，仰祈圣裁事"揭帖，见《明清档案》第十册，A10—74号。康熙三十五年《介休县志》卷一《灾异·兵劫附》记："顺治六年，流贼自河曲来，陷据府城（指汾州府），县官逃去。城内士民严守，抢掠乡村，掳杀子女。"按，据康熙三十九年《静乐县志》卷十《己丑纪变》，姜建勋由原平南下占领忻州、定襄，与满兵战于牧马河上，败绩。三月间，建勋部向西取静乐后，南下攻占汾州。
[3] 康熙二十六年《五台县志》卷八《祥异志·兵革》。
[4] 顺治八年十月十二日山西巡抚刘弘遇题本，见《清代农民战争史资料选编》第一册上，第一五八页。

曲、兴、岚等州县至汾州府属延袤千里，悉为贼据。今省城孤悬一土，势切危急。……恳乞皇父摄政王俯念三晋百万田赋之区，生灵汤火之日，危亡目下，速赐急发大兵，或敕英王、敬谨王兵马星驰前来扑剿逆贼，尚可恢复残疆。稍若迟延，全晋俱隳矣。"[1]

　　四月下旬到五月上旬，复明义军在占领晋西北、晋南大片地区[2]后，会同晋中、晋东南的反清力量迅速接管各地政权。四月二十六日，占领祁县，二十八日接管武乡，同日"沁州伪官请本州乡绅士庶皆服明季衣冠，同诣关圣庙共议战守。每垛口守夫三名，十垛口生员一名。又称贼头赏军，每丁五钱，用银五万，未曾赏遍（可见参与沁州起义的当在十万人以上）。其中贼丁抢掠者枭首一十三名，当时严肃。凡有投营，即赐伪职"。二十九日，占领榆社县。五月初一日，义军进入清源县，清太原驻防满军曾一度来援，见"贼势浩大"，被迫带着知县携印退回省城。初二日，义军占领徐沟。初五日，"西路贼大营由清源县拥众北来，至太原县境晋祠，离省城四十余里；又据报东路贼由徐沟犯省"[3]。当时，清政府驻守太原的兵力相当有限，"太原土陋兵无几，保会城不敢为进取计"[4]。一旦省会失守，不仅政治影响极大，清廷在山西设置的政权几乎全部瓦解。何况，山西的抗清运动很快波及邻省，如1649年（顺治六年）六月山西义军魏世骏等派出一支军队进入河南，接管了武安、林县、涉县，任命了知

---

[1]　顺治六年四月山西巡抚祝世昌"为省会危亡至急，贼氛聚结至众，再恳急发大兵救援事"揭帖，见《明清档案》第十册，A10—73号。

[2]　顺治十六年《绛县志》卷上《祥异》记："顺治六年五月府属大乱，贼入县城，知县逃去。"按，明代至清初绛县属平阳府。

[3]　山西巡按御史蔡应桂"为塘报紧急贼情事"揭帖，见《明清档案》第十一册，A11—3号。

[4]　康熙三十九年《重修静乐县志》卷十，杂纪志《己丑纪变》。

499

县、守备等文武官员[1]。

多尔衮深知局势的险恶，他不敢撤出包围大同的兵力来镇压遍及山西各地的反清烽火，以免放虎出柙，使山西反清盟主姜瓖同其他各部汇成一片，只好从京师抽调一切可用的满、蒙、汉军投入山西战场。除了英亲王阿济格、敬谨亲王尼堪领军围困大同外，被调往山西作战的还有端重亲王博洛、承泽亲王硕塞、和硕亲王满达海、多罗郡王瓦克达。至于康熙初年专政的鳌拜不过是随军偏裨而已。此外，陕西方面还有平西王吴三桂、固山额真李国翰、陕西三边总督孟乔芳等人领军配合作战。

列出上述清将名单，不难发现多尔衮决心孤注一掷，精兵猛将几乎全部派往山西。熟悉清初历史的人都知道，入关以来的领军统帅豫亲王多铎在顺治六年三月病死，肃亲王豪格已经罪废幽禁，郑亲王济尔哈朗在姜瓖反清以前同勒克德浑统兵往征湖南，到七年正月才返回北京。其他能带兵的亲王、郡王几乎全部带领八旗子弟云集山西。值得注意的是，阿济格、博洛、尼堪等人都曾经是独当一面的统帅，而在山西战场上扮演的只是前线指挥官。留守北京的却是刚从江西凯旋的谭泰、何洛会两名固山额真。六年八月，多尔衮感到京师地区兵力过于单薄，下令端重亲王博洛"酌撤闲驻兵还京"。博洛报告："太原、平阳、汾州三府属州县虽渐收复，然未复者尚多，恐撤兵后，贼乘虚袭据，应仍留守御。"[2]多尔衮勉强同意了。

历来治史者谈及南明，大抵着眼于南方，对姜瓖、王永强等人

---

[1] 顺治九年四月初三日刑部尚书蓝拜等"为缉获在逃叛党请旨正法事"题本，见《清代农民战争史资料选编》第一册下，第一五九至一六〇页。
[2] 《清史列传》卷二《博洛传》。

的反清复明运动注意不够。这反映了他们不大了解当时全国的形势，很可能是受南明史籍影响过深。永历朝廷虽然在口头上以复明自任，但情报不明，从来没有一个高瞻远瞩的战略计划。在南明方面的史籍里除了有几条姜瓖的记载以外，他们对山、陕各地风起云涌的大范围、大规模反清运动似乎知之甚少，对清廷的精兵猛将全部调往山西、其他地方兵力单薄的窘境更是一无所知。永历朝廷在全国反清复明运动处于高潮的时候，只知道江西、湖广战局逆转，金声桓、王得仁、李成栋、何腾蛟遇难，陷于张皇失措之中。永历君臣完全不了解谭泰、何洛会在稳定江西局势后不敢深入广东而撤兵北返，济尔哈朗、勒克德浑出兵湖南原定目标是追剿李锦等为首的忠贞营，由于明督师阁部何腾蛟为争功而瞎指挥，糊里糊涂地被清军擒杀，济尔哈朗等趁势暂时稳定了湖南局势，顾不上原定目标就匆忙回京[1]的原因。两路清军的北撤很明显是清廷为了加强京畿根本之地，永历朝廷沉浸于金、王、李、何覆亡的悲痛之中，庆幸清军未乘胜直下广东、广西，不知道这时正是清廷最吃紧的时刻。在将近一年时间里，朱由榔、瞿式耜、杜永和、陈邦傅等人又昏天黑地地过起太平生活，局促于两广之地钩心斗角。"时举朝醉梦，有假为吴三桂反正疏及南京反正书者，谓四方好音日至。"[2]直到清廷派孔有德、尚可喜、耿仲明率军南下，才如梦初醒，乱作一团。南明君臣的闭目塞听、得过且

---

[1] 《清世祖实录》卷四十五记：顺治六年八月二十三日清廷即命济尔哈朗班师回京，当时大同仍在固守之中。这年清辰常总兵徐勇题本中说："前幸仰赖亲王大兵奋扬神武，何腾蛟首先被缚，虽伐谋之元凶已剪，而王、马、只虎等逆尚漏天诛。臣私冀圣明庙算无遗，必余氛不除不止。夫何全捷未奏，而大凯倏班。然犹望固山图赖之兵足资弹压，以作缓急互应之需。讵图赖又复北调矣。"见《明清史料》丙编，第八本，第七六八页。
[2] 徐鼒《小腆纪年附考》卷十六。

过，由此可见一斑。凭借这种朝廷要实现抗清复明的大任，无异于痴人说梦。姜瓖、刘迁、王永强、虞胤等人的抗清斗争一方面证明清朝在北方的统治远未稳固，另一方面又证明满洲八旗兵的作战能力相当有限。从江西、广东反正后永历朝廷及时封爵拜官，而山西、陕西的各支义军首领大抵是遥奉明廷，自称大将军、大学士、巡抚、总兵，永历朝廷似乎只知道姜瓖在大同反清，其他就不甚了了。山河阻隔固然是原因之一，但后来孙可望、李定国、鲁监国、郑成功等经常派密使深入清统治区联络各地潜伏的义士，相形之下永历朝廷的目光短浅实在令人惊异。

永历朝廷既是这样无能，清廷才能放心大胆地集中兵力镇压晋、陕义军。姜瓖反清后，清廷归罪于宣大总督耿焞未能事先防范，把他革职[1]，由佟养量接任。佟养量带领所部山东兵进攻代州一带的刘迁部，先后在平刑（平型关）、雁门击败刘军，刘迁率领部众退入五台山区扼险据守。清军凭借优势兵力在降将引路下翻山越岭逐寨进攻，把刘迁部压缩到一个狭小的山区[2]。最后在黄香寨激战，刘迁父子阵亡[3]。代州地区复明武装的覆败，解除了围困大同清军的背面威胁，初步使山西战局变得对清方有利。

---

[1] 《清世祖实录》卷四十二。
[2] 顺治六年七月初五日"击败贼首刘迁塘报"残件（缺奏报官员职名，估计为宣大总督佟养量所上），见《明清史料》甲编，第三本，第二五〇至二五一页。这件塘报中说："看得刘迁作叛，流毒三晋，恃险负隅，岂止狡兔之三窟。其代东一带村堡不下数百余处，尽皆迫胁从贼，经今半载有余……"又说："姜逆叛乱以来，不逞之徒，随声吠影，如刘迁倡众摇惑平刑、雁门一带，迫胁良民，大肆鸱张，负嵎为害，已非一日，此晋地之元凶也。"
[3] 顺治八年宣大总督佟养量揭帖，见《明清史料》甲编，第三本，第二八三页。

到1649年（顺治六年）六月，清军虽然攻克了山西部分州县，形势有所好转，多尔衮担心在山西被牵制的兵力太多，旷日持久必将影响全国，于是他决定再次亲征大同。离京前夕召集朝廷各衙门满、汉官员做了一番解释，说："予之行也，非以诸王大臣不胜其任，但恐行师之际扰及良民，故为亲行。"[1]这种不成理由的说法只是为了掩盖他内心的焦虑。多尔衮的第二次亲征历时一个多月，八月间回京时他本人并没有取得什么战果。但是，清廷差不多把全部精锐兵力投入山西战场，当地的复明势力终于招架不住了。大同城里的粮食消耗已尽，"兵民饥饿，死亡殆尽，余兵无几"[2]。在外援无望的情况下，姜瓖部下的总兵杨振威变节，暗中派人出城向围城清军接洽投降。八月二十八日，杨振威带领六百余名官兵叛变，杀害姜瓖与其兄姜琳、弟姜有光，持首级出城投降[3]。次日，清军入城。多尔衮得到报告后，下令除杨振威的官兵家属外，大同城内的"官吏兵民尽行诛之"。由于围攻八月之久始终攻不下这座坚城，多尔衮传谕把城墙高度拆除五尺，借以泄愤。在这前后，征西大将军和硕亲王满达海军攻克朔州、马邑等处，明宁武总兵刘伟等投降。定西大将军端重亲王博洛军攻克孝义、平遥、辽州、榆社等处。陕西总督孟乔芳和户部侍郎额色带领满汉兵渡过黄河攻克蒲州、临晋、河津、解州、猗

---

[1]　《清世祖实录》卷四十四。
[2]　《清世祖实录》卷四十六。
[3]　《清世祖实录》卷四十六；《清史列传》卷八十《姜瓖传》记参与叛变的还有"伪官裴季中"。

氏等处，义军首领白璋在荣河阵亡[1]。九月二十二日，陕西清军攻克运城，明义军元帅韩昭宣阵亡，战死官兵一万余人，"尸满街衢"；另一位首领虞胤乘乱逃出[2]。同月，博洛、满达海二亲王会兵合攻汾州。十三日夜间，用红衣大炮猛轰北关，第二天从城墙坍塌处冲入城内，义军所设巡抚姜建勋、布政使刘炳然突围出城后被清军擒杀。由于清军攻破汾州后把城中百姓屠戮一空，岚县、永宁州（今吕梁市离石区）绅士唯恐同归于尽，把义军委派的知县、知州绑赴军前，开城投降[3]。十月初四日，满达海军用红衣大炮攻破太谷县；初十日占领沁州，接着又攻克潞安（今长治市）[4]。十一月，博洛率领镇国公韩岱、固山额真石廷柱、左梦庚等部在泽州（今晋城）击败反清义师，

---

[1] 光绪十二年《永济县志》卷二十三《事纪·兵略》记："六年，贼首虞允、封汝宜等倡乱陷蒲州，知州钱法裕、游击武韬、守备许世德死之。八月初一日，陕西总督孟乔芳率满汉官兵恢复州城，斩馘无算，余众败溃。"光绪七年《荣河县志》卷二《兵附·兵事附》记："顺治六年，虞允等倡乱。秋，陕甘总督孟乔芳同固山达根特等大破贼于荣河，斩伪帅白璋。"乾隆二十八年《稷山县志》卷二《兵防》附《武事》云："顺治六年，土贼白璋西来据城。"

[2] 山西巡按御史蔡应桂"为恭报恢城剿贼捷功事"揭帖，见《明清档案》第十一册，A11—2号。

[3] 顺治六年九月十八日满打亥（满达海）、宰罗（博洛）奏稿，见《明清档案》第十册，A10—144号；同件又见《明清史料》丙编，第八本，第七三一页。按，康熙三十九年《静乐县志》卷十记："建勋知不支，缢死南城楼。"

[4] 山西巡抚祝世昌"为遵旨回奏事"揭帖，见《明清档案》第十一册，A11—1号；参见《清世祖实录》卷四十六。

504

义军部院陈杜、监军道何守忠、守将张斗光等被擒杀[1]。这时，山西大势已定，多尔衮才决定诸王统军回京，只留下多罗郡王瓦克达继续清剿山西未平各地[2]。十二月，陕西清军吴三桂、李国翰部击败榆林义军，杀刘登楼、任一贵、谢汝德等首领人物。吴三桂平定该地后，分兵渡河进攻山西偏关，义军总兵贺国柱见大势已去，为清军充当内应，义军总督万练自焚而死[3]。

　　山西曲沃人李建泰曾任明崇祯朝和清顺治初年的大学士，平陆人原明朝宁夏巡抚李虞夔都积极参加了反清运动。李建泰在晋陕复明斗争中，大约和姜曰广在江西金声桓、王得仁起事中扮演的角色基本相同。有的史籍说"姜瓖起兵，又召为相"[4]，详细情况已经难以查考。只知道他不仅在家乡曲沃一带组织抗清，还曾经亲笔写信策动翼城等县乡绅共襄义举[5]。后来，在太平县扼守二十多天，无援出降，被清廷处死。李虞夔在山西反清运动失败后逃到河南永宁县龙沟山林内潜藏，1650年（顺治七年）六月被清政府缉获遇害[6]。晋、陕反清复明运动最大的特色是当地百姓广泛参与，上自文武高官，下至普

---

[1] 康熙四十五年《泽州志》卷二十八《祥异》附《兵燹》。顺治六年十二月山西巡抚祝世昌"为王师剿荡逆贼，克平地方恭报上闻事"揭帖，见《明清档案》第十一册，A11—60号。按，原文内左梦庚误写作"左孟根"，查《清史列传》卷七十九《左梦庚传》，顺治"六年，随英亲王征大同叛镇姜瓖，攻左卫，克之，寻擢本旗汉军都统"，可证左梦庚确曾参与镇压山西抗清运动。

[2] 《清世祖实录》卷四十六。

[3] 《明清档案》第十一册，A11—55号；参见《清世祖实录》卷四十六。

[4] 李天根《爝火录》卷十九。

[5] 《清世祖实录》卷四十六。

[6] 顺治七年七月山西巡抚刘弘遇"为恭报擒获渠魁事"揭帖，见《明清档案》第十一册，A11—175号；同件又见《明清史料》丙编，第八本，第七五六页。

通军民几乎都自愿地奋起反抗，这正是清廷难于对付他们的主要原因。

山西、陕西等地的大规模反清复明运动坚持了一年之久，终于被占压倒优势的清军扑灭。尽管由于所见史料的限制，很难把这场轰轰烈烈的抗清斗争的全貌和组织情况叙述清楚，但已经可以从中看出北方汉族百姓为反对满洲贵族的暴虐统治而展开的殊死斗争是何等惊心动魄，丝毫不逊于南方[1]。清军在镇压山西反清复明运动中不分青红皂白，滥杀无辜老弱，表现的野蛮残酷令人发指。清代官书虽然尽力遮盖真相，从一些档案和地方志里仍然可以窥见一页页血迹斑斑的历史场面。大同城破以后根据多尔衮的命令实行屠城，执行得相当彻底。大同和大同左卫两座城里的监狱关有重犯五名，由于"城破尽屠，无凭究拟"，人都杀光了，无法找到原告和证人，新任地方官只好题请销结案件[2]。顺治七年十二月清宣大山西总督佟养量揭帖中报告："大同、朔州、浑源三城，已经王师屠戮，人民不存。"随之而来的是大片耕地荒芜，"如浑源州原额地（指明代册额）七千九百九十五顷四十九亩零，除先任宣大耿部院题免无主荒地外，又姜逆叛之后，屠戮复荒无主地四千八百余顷，见今成熟地八百三十二顷三十六亩。朔州原额地三千二百六十五顷八十八亩零，除耿部院题免无主荒地外，又姜逆叛后，人民屠戮复荒无主地一千六百八十一顷，见今成熟地三百八十九顷七十二亩。

---

[1] 史学界和思想文化史界对于顾炎武、屈大均等清初著名学者、复明志士长期活动于晋、陕地区的动机存在着很大的分歧。从1649年晋、陕抗清运动的深入人心和失败以后残余力量长期坚持于山区来看，顾炎武等人肯定是有所为而往的，不是单纯的学术游历活动。

[2] 顺治六年十一月二十一日宣大巡按金志远题本，见《明清档案》第十一册，A11—20号。

大同共额地一万三千七百二十一顷七十六亩八分零，除耿部院题免无主荒地外，又姜逆叛后，人民屠戮复荒无主地七千一十八顷零，见今成熟地二千四十五顷四十六亩六分零"。"实核三州县户口之死亡者一万八千八百六十四丁，而见存者五千四百七十九丁，所遗荒田一万三千五百顷余，该粮二万七千八百三十余两"[1]。《朔州志》记："城破，悉遭屠戮。"[2]《五台县志》记："自戊子延及辛卯（1648—1651），人民死徙，地土荒芜，迄今三十余年，流亡尚未全复，土田尚未尽垦也。"[3] 封建史家常常把李自成为首的农民军描绘成杀人不眨眼的贼匪，而对清朝"大兵"倍加歌颂，说成是"出民于水火"的"仁者之师"。这完全颠倒了两者对普通百姓的态度。康熙《静乐县志》记："甲申（1644）逆闯设伪官第五浪，民无大害。受害惟己丑（1649）为甚。"[4] 乾隆《汾州府志》收录了胡庭作《李节妇传》，摘录如下：

> 节妇居郡城之南郭，奇妒，夫畏之过于严父。甲申（1644），贼自成陷郡城。李舍舍贼可五六十辈，纷纷托索器物肆蝶嫚。李察其为首领者招之曰："我夫远出，谅不肯相免，幸禁士卒，夜静暗中来，勿使张扬，去与我留少颜面。"首领亦幸其秘密，喜甚。迨夜，李与妾及一女奴升屋脊，去梯，俟首领入，遽乱声锣。巡捕者逮诣自成，斩以

---

[1] 《清代农民战争史资料选编》第一册上，第一五三至一五五页。
[2] 雍正十三年《朔州志》卷八《武备·兵氛》。
[3] 康熙二十六年《五台县志》卷八《祥异志·兵革》。
[4] 康熙三十九年《重修静乐县志》卷十《杂纪志》。

507

殉。李不肯退，曰："为一妇人，诛一将，部曲谁肯甘心？虽畏法，临启行时，何难戕害？"自成发令箭，驱众贼出，封其门。己丑（1649，顺治六年），城屠，被虏，至濠次，扑马下，击石碎首死。[1]

这个发生在汾阳的故事真切具体地证明了李自成领导的大顺军纪律极为严明，而博洛、满达海两个清朝亲王攻破汾州，全城遭殃，男子被屠杀一空，女子、财物成了满洲贵族军队的战利品。二者相较，何啻天渊。尽管作者把明清之际汾阳发生的变故记载下来是为了表彰"节妇"，还是要感谢他无意之间提供了第一手材料给那些为多尔衮之流评功摆好的卑琐文人一记响亮的耳光。

山西大规模的反清运动被清军镇压下去之后，剩下的复明势力仍然利用险峻山区坚持斗争。如从运城地区突围出来的虞胤率领残部进入华山，自称陕西总统。1650年（顺治七年、永历四年）虞胤亲赴贵州安龙朝见永历帝，同年十月接受指令后由陕西秘密返回山西阳城、沁源山中联络各地抗清武装[2]。姜瓖的部将牛光天进入太行山区，自称山西总统[3]。高鼎等人则盘踞于五台山。直到1655年（顺治十二年、永历九年），他们不仅互相串联，"联络各处贼头"，还派使者前往湖广均州郝永忠营中领取永历朝廷印札，"商议联络内外

---

[1] 乾隆三十五年《汾州府志》卷二十六《杂识》。
[2] 山西巡抚陈应泰"为拿获叛逆事"题本残件，见《清代农民战争史资料选编》第一册下，第一七一页。
[3] 康熙三十二年《平顺县志》卷八《祥灾志·兵燹》记："顺治六年姜瓖作乱，遣贼将牛光天破城劫库。"可见，牛光天原为姜瓖部将，其年十月清军收复平顺后，牛光天转入太行山。

兵马",并且由郝营派人引导赴云贵同永历政权直接联系[1]。次年（1656，永历十年）五月初一日，朝廷封虞胤为莱国公，仍以文渊阁大学士兼兵部尚书总督军务的官衔深入敌后组织抗清斗争[2]。1658年（顺治十五年）五月，牛光天在直隶长垣（今属河南省）被保定巡抚派兵擒获[3]，这已经是姜瓖反正差不多十年之后了。

第三节　王永强等在陕北起兵反清

　　王永强，陕西吴堡县人[4]，姜瓖在大同举兵反清时，他任延安营参将，"与瓖通谋"。清延绥巡抚王正志、延绥总兵沈文华调他带领马兵赴神木、府谷等处防河，永强趁机在1649年（顺治六年）二月十五日占领榆林，杀王正志、沈文华和靖远道夏时芳，"自称招抚大将军"[5]。随即引兵南下，二十一日会同留守延安的王永镇占领该城。三月初九日，王永强亲到延安，杀清知府宋从心[6]。同时起义

---

[1] 顺治十三年湖广总督祖泽远题本残件，藏第一档案馆。
[2] 沈佳《存信录》卷四，是时永历帝在李定国扈卫下刚从安龙移驻昆明。原文说，丙申十年"五月己卯朔，封虞胤为莱国公，督总（总督？）、文渊阁、兵尚如故。以韩王璟溧（韩王松九世孙）请加封以规后效也"。
[3] 顺治十六年二月二十七日河南巡抚贾汉复揭帖，见《清代农民战争史资料选编》第一册下，第一八七页。
[4] 道光二十七年《吴堡县志》人才部，武选附。
[5] 《清史列传》卷八十《姜瓖传》。按，《爝火录》卷十九记载这件事比较详细。但说"王永强自立为延绥大元帅"，王正志讹为王志，沈文华讹为沈朝华。
[6] 顺治九年三月延绥巡抚董宗圣揭帖，见《明清史料》甲编，第三本，第二九一页。

的有神木县人高友才[1]。义军声势大震,在很短的时间里就接管了陕北十九个州县[2],在这一地区委任了巡抚以下的各级文武官员。王永强还曾派出一部分兵马渡过黄河支援山西的抗清斗争。这样,秦、晋两省复明势力连成了一片,使清廷在北方的统治受到重大威胁。

清廷见陕北的反清浪潮迅速扩大,满洲八旗主力又被牵制在山西,于是命令屯驻于汉中地区的平西王吴三桂、固山额真李国翰部负责镇压王永强。三月十三日吴三桂、李国翰会同汉羌总兵张天福、兴安镇游击盛嘉定各路兵马赶到咸阳,清陕西巡抚黄尔性、驻防西安满军首领吏部侍郎喀喀木亲往咸阳会商进剿事宜,决定兵分三路,一由黄龙山,一由澄城县,一由同官县,预定在洛州、鄜州(今富县)地区截剿[3]。谁知王永强兵进展迅速,三月二十一日即已到达蒲城,除派出部分兵马入城防守外,王军主力西进,有进攻西安的意图。这时吴三桂等已北行至宜君,得到消息连夜赶回富平县。二十三日,双方相遇于流曲镇以北美原。王永强列阵大战,因兵力不敌,被清军击败[4],王永强

---

[1] 乾隆五十年《绥德直隶州志》卷三《纪事》云:"康熙(应为顺治)六年二月,神木贼高友才、延安参将王永强反,延绥州县俱陷。"道光二十一年《榆林府志》卷九《纪事志·历代纪事》记:"六年,延绥叛将王永强拥神木贼高友才等作乱,袭陷榆林。"

[2] 《清世祖实录》卷四十四。

[3] 顺治六年三月十八日陕西巡抚黄尔性"为大兵已到、恢剿在即、恭报上闻,以慰圣怀事"揭帖,见《明清档案》第十册,A10—51号。

[4] 顺治六年三月陕西巡按卢传"为飞报第二次大捷事"揭帖,见《明清档案》第十册,A10—61号。

阵亡[1]。清军乘胜移攻蒲城，城中居民固守，到四月初五日被清军攻破，"遂屠之，杀戮万余人，匕筋无遗"[2]。

同王永强一道起兵的神木人高友才部在王永强南下时仍据守府谷。顺治六年八月，吴三桂领兵包围府谷，直到次年十一月，县城才被攻克，高友才投河自尽[3]。

第四节　甘肃回民米喇印、丁国栋为首的抗清运动

1648年（顺治五年）三月，甘肃回族将领米喇印[4]、丁国栋等发动反清起义[5]，连克甘州（今张掖）、凉州（今武威）、肃州（今酒泉），清朝甘肃巡抚张文衡、甘肃总兵刘良臣、凉州副总兵毛镔、肃州副总兵潘云腾、甘凉道林维造、西宁道张鹏翼等都被擒杀。接

---

[1] 顺治九年三月初七日延绥巡抚董宗圣"为恭报查明延属失守文武官员情形仰祈圣鉴敕部分别议处事"题本，见《明清档案》第十四册，A14—33号，同件揭帖为A14—58号。

[2] 康熙五年《蒲城县志》卷二《祥异·屠城》。

[3] 道光二十一年《榆林府志》卷九《纪事志·历代纪事》。

[4] 据顺治三年正月清陕西甘肃总兵刘有实揭帖，甘镇"明时旧设有义勇前锋一营，尽皆土著回兵。即以土官回回都督米喇印统领，其兵马粮刍且系自备，是以向来抚镇递相札委参将职衔。……喇印胸怀示赤，勇冠三军，且系世袭土官，亦非札委流职可比"，可知米喇印是甘州世袭土官，由明、清朝廷授予武职官衔。

[5] 米喇印等人的起兵反清据乾隆四十四年《甘州府志》卷三记载是因为巡道林某（当即林维造）是明朝巡抚林日瑞的侄儿，日瑞死于大顺军攻克甘州之役。林维造仕清，严治"闯贼余党"，因而激变。可能米喇印、丁国栋等都曾出任大顺政权武职。起兵的时间据陕西三边总督孟乔芳奏报是"乘调兵下川之际，遂行作乱"（见《清世祖实录》卷四十一）；《甘州府志》卷三说成是"会调兵征湖广茅卢山"，大误，征茅麓山是康熙元年至三年事。

511

着引兵东进，攻破兰州，杀同知赵冲学、知县赵翀；连克临洮、河州（今甘肃临夏）、洮州（今甘肃临潭附近）、岷州（今岷县），围攻巩昌府（府治在今甘肃陇西），义军声势大振。清"庄浪道范芝失印、失城，潜藏山穴"，肃州道等官下落不明[1]。清政府在甘肃的统治几乎全部瓦解。义军乘胜南下青海，进攻大通，"威胁湟中"（今西宁市），被清军击退[2]。参加米喇印、丁国栋领导的反清运动的回族百姓很多，史载"临洮、兰、岷、洮、河诸回皆叛应，连陷郡邑"[3]，反映了甘肃等地的回民对清廷的暴虐统治严重不满。米喇印、丁国栋起兵的时候，"拥立伪延长王朱识，煽惑人心"[4]；尽管朱识不久就被清军擒杀，却表明甘肃的反清运动也是以恢复明朝为号召的。从清方奏报文书中还可以看出参加米喇印、丁国栋起义的有不少汉族百姓，因此，不能归结为单纯的回民起义，而是全国抗清浪潮中的一个重要组成部分。

清廷得报后，在这年（1648）四月派固山贝子吞齐（即屯齐）为平西大将军，同固山额真韩岱（即汉岱）领兵前往甘肃征剿[5]。陕

---

[1] 顺治五年六月陕西巡按王世功"为铨补抚、道重臣以资弹压事"揭帖，见《明清档案》第八册，A8—171号。参见乾隆十四年《五凉考治六德集全志》，《武威县志·地理志·星野》。

[2] 乾隆十一年《西宁府新志》卷三十一《纲领下》。

[3] 《清史列传》卷七十八《马宁传》。中华书局1987年排印本第六五〇八页标点稍误，作"临洮、兰岷、洮河诸回皆叛应"。黑龙江人民出版社1991年版《满汉名臣传》第四五〇四页《马宁传》沿袭其误。"兰岷洮河"乃指兰州、岷州、洮州、河州四地。

[4] 《清世祖实录》卷三十八。按明代宗藩命名规定，"识"字辈为第一代肃王朱楧的八世孙。

[5] 《清世祖实录》卷三十八。

西总督孟乔芳"恐道远劳师糜饷,密疏止之"[1],吞齐、韩岱的军队后来留在山西大同归英亲王阿济格指挥[2]。孟乔芳调部将马宁与驻防西安满军户部侍郎额塞(即额色)统兵进剿。闰四月二十二日清军攻克洮州。二十四日,满、汉兵会集兰州,大举攻城;义军战败,米喇印、丁国栋"率败残人马焚桥西遁",兰州失守[3]。清军乘胜追击,五月二十七日追及于水泉(约为今甘肃永昌西之水泉子),米喇印领兵迎战,不幸遇难[4]。余众在丁国栋、黑承印率领下退往甘州、肃州。八月,清署甘肃总兵张勇、副将马宁等包围甘州,相持至1649年(顺治六年)正月,清兵攻占甘州[5],丁国栋等扼守肃州。不久,肃州也被张勇、马宁等部攻破,丁国栋、黑承印等人都被擒杀[6]。震惊关陇的回族首领发动的反清起义遂告失败。

---

[1] 魏源《圣武记》卷七《国朝甘肃再征叛回记》。

[2] 《清史列传》卷三《汉岱传》《屯齐传》都说二人受命出征时"会总督孟乔芳已击斩米喇印、丁国栋",故未行。实际上丁国栋被擒杀是一年多以后的事。

[3] 顺治五年五月十八日陕西甘肃巡按试监察御史王世功题本,见《明清史料》甲编,第三本,第二二六页。

[4] 顺治五年六月陕西甘肃巡按试监察御史王世功揭帖,见《明清档案》第八册,A8—171号。

[5] 顺治六年二月二十七日署甘肃总兵张勇塘报,见《明清史料》丙编,第八本,第七一一页。

[6] 《清世祖实录》卷四十六。按,道光十三年《兰州府志》卷六《兵事》记:"顺治五年三月,甘州回民米喇印等反临洮,回党应之,杀城守游击及生员李文炜等,焚掠连旬。总督孟乔芳帅总兵王思谦等与战于金县川,大破之。遣游击张复临洮,斩贼首土伦太,生擒丁国栋、黑承印。秋七月,……余党悉平。"给人印象似乎丁国栋等五年三月起义,七月间即已被清军扑灭,时间和地点均误。

激发个人成长

多年以来，千千万万有经验的读者，都会定期查看熊猫君家的最新书目，挑选满足自己成长需求的新书。

读客图书以"激发个人成长"为使命，在以下三个方面为您精选优质图书：

1. 精神成长

熊猫君家精彩绝伦的小说文库和人文类图书，帮助你成为永远充满梦想、勇气和爱的人！

2. 知识结构成长

熊猫君家的历史类、社科类图书，帮助你了解从宇宙诞生、文明演变直至今日世界之形成的方方面面。

3. 工作技能成长

熊猫君家的经管类、家教类图书，指引你更好地工作、更有效率地生活，减少人生中的烦恼。

每一本读客图书都轻松好读，精彩绝伦，充满无穷阅读乐趣！

认准读客熊猫

读客所有图书,在书脊、腰封、封底和前后勒口都有"**读客熊猫**"标志。

两步帮你快速找到读客图书

1. 找读客熊猫

2. 找黑白格子

马上扫二维码,关注"熊猫君"

和千万读者一起成长吧!